国际贸易
理论与实务

主编◎吴国新 何一红

International Trade
Theory and Practice

清华大学出版社

北 京

内 容 简 介

本书作者结合自身的实际工作经验，对当前国际贸易理论与实务课程的体系和框架做出了大胆的改革和创新。全书内容丰富，体系独特，分为理论与实务两篇，系统地阐述了国际贸易的基本理论、政策和措施以及国际贸易实务方面的知识。

本书理论经典，同时注重实务性和可操作性，案例丰富，可读性和趣味性强，可显著提高学生的学习效果。本书适合高等院校国际经济与贸易学专业、工商管理专业的本科生和研究生以及国际贸易理论和实务工作者阅读，也可作为我国外销员、跟单员等资格考试的复习备考资料。

图书在版编目（CIP）数据

国际贸易理论与实务 / 吴国新，何一红主编. —北京：清华大学出版社，2022.3
ISBN 978-7-302-60181-4

Ⅰ. ①国… Ⅱ. ①吴… ②何… Ⅲ. ①国际贸易理论—高等学校—教材 Ⅳ. ①F740

中国版本图书馆 CIP 数据核字（2022）第 030953 号

责任编辑：邓　婷
封面设计：刘　超
版式设计：文森时代
责任校对：马军令
责任印制：丛怀宇

出版发行：清华大学出版社
　　网　　址：http://www.tup.com.cn，http://www.wqbook.com
　　地　　址：北京清华大学学研大厦 A 座　　　　邮　　编：100084
　　社 总 机：010-83470000　　　　　　　　　　邮　　购：010-62786544
　　投稿与读者服务：010-62776969，c-service@tup.tsinghua.edu.cn
　　质量反馈：010-62772015，zhiliang@tup.tsinghua.edu.cn
印 装 者：北京同文印刷有限责任公司
经　　销：全国新华书店
开　　本：185mm×260mm　　印　　张：29.5　　字　　数：682 千字
版　　次：2022 年 3 月第 1 版　　　　　　　　印　　次：2022 年 3 月第 1 次印刷
定　　价：75.00 元

产品编号：091898-01

序

    《国际贸易理论与实务》分为理论篇和实务篇。理论篇主要以自由贸易理论和保护贸易理论为研究对象，同时介绍了国际贸易的最新理论和发展动态，从宏观角度论述了国际商品劳务交换的发展规律和发展动向，介绍了区域经济一体化理论、要素理论和国际服务贸易等内容，同时介绍了国际贸易政策、关税和非关税措施以及世界贸易组织（WTO）的相关内容；实务篇则从实务角度论述了国际商品交换的操作过程，以进出口交易磋商、签约和履行合同这一基本程序为主线，贯穿应遵循的国际惯例和法规。

    本书内容涵盖面广、深入浅出，对重点问题进行了挖掘，突出理论性、政策性、应用性和实践性；在内容处理上注重理论与实践相结合，力求原理清晰、实务突出，有利于培养学生的综合应用能力，与应用型本科院校培养学生的宗旨相吻合。具体表现在以下两个方面。

    （1）内容新颖，体系完整，便于学习。本书介绍了国际贸易管理的新变化和新发展。例如，INCOTERMS 2020、我国报检报关主管部门合并而带来的相关政策内容的变化、报关与检验检疫流程方面的变化以及海关总署于 2019 年 1 月 22 日发布公告对《中华人民共和国海关进出口货物报关单填制规范》进行了修订，等等。本书体例完整，每章都有小结和重要概念，便于学生学习；开篇均有案例，章后均有思考题，便于学生把握重点，加深对教材内容的吸收和消化，有利于提高学生分析问题和解决问题的能力。

    （2）实务篇注重应用性。该篇的知识内容力求与外贸公司的实际业务紧密相连，强调案例分析，有助于提高学生思考问题的能力。

    参加本书编写的有上海对外经贸大学的吴国新教授，上海商学院的何一红老师，上海应用技术大学的汪浩泳、陈红进老师等。吴国新教授负责对全书进行修改、总纂和定稿。

    本书是上海市教委重点教材建设项目（项目编号：J041）、上海市教委重点课程建设项目（项目编号：M07005）的建设成果。

    限于编者水平，书中难免存在疏漏与不足，敬请读者指教匡正。

编 者

目　录

上篇　理　论　篇

下篇 实 务 篇

理 论 篇

第一章 导　论

学习目的和要求

通过本章的学习，应掌握国际贸易的概念和分类；了解国际贸易发展的历史；理解国际贸易理论的研究范围和方法；掌握国际贸易的相关指标及使用。

开篇案例：贸易，一种伟大的交流

【案情】

现在的年轻人也许会认为，以国际贸易为终身事业似乎不像做 IT 或投资银行那么有吸引力，不过如果你读了威廉·伯恩斯坦（William J. Bernstein）的《一种伟大的交流：贸易如何影响世界》（*A Splendid Exchange: How Trade Shaped The World*），想法可能会改变。这本书中讲述了贸易发展的历史，在该书的序言中，作者用一个浅显的例子来说明国际贸易的影响力，虽然这种影响力很可能并未被我们所意识到。

那是一个秋天，作者正在柏林旅行。离开酒店时，他顺手从前台的果篮里拿走了一个苹果。之后不久，他走到一个公园，感觉有点儿饿了，就从背包里拿出了苹果。这时，他忽然注意到苹果上的标签，小小的苹果竟然来自新西兰，跨越了半个地球！虽然，就在不远的德国乡村果园，本地苹果也成熟了……

数千年以来，人们消费了很多来自远方的商品。在 1800 年前的罗马，最具有地位象征意义的进口商品是中国丝绸，极高的运输成本和风险使之过于昂贵，仅供社会顶尖的精英阶层享用。而如今，发达的科技和物流基础设施使越来越多的商品能够以较低的价格被提供给社会各阶层的人们。

但是，这种繁荣景象只在和平年代才有。纵观历史，贸易依赖着它与政治之间的脆弱平衡：一旦贸易路线被战争中断或被单一帝国垄断，商品价格就会上涨，商品流通也会被限制或彻底中止。

亚当·斯密（Adam Smith）认为，人类具有"内在贸易倾向"，这是因为贸易使人们更加专注（贸易使社会分工成为可能）。你能想象自己必须发明并制造日常生活中用到的每一件东西吗？除非你是漂流到荒岛上的鲁滨逊或者是《瓦尔登湖》的作者亨利·戴维·梭罗（Henry David Thoreau），否则这种情景是非常可怕的。

从政治角度来说，国与国之间总会有利益冲突。总有人赞成贸易保护主义，不管是在欧洲国家还是在美国，甚至是在中国；也有像梭罗这样的人，批评科技给社会带来的便捷。所有这些声音都有它们的道理。然而，伯恩斯坦强调：自由贸易是和平及繁荣的最好推动者。

（资料来源：裴克为. 贸易，一种伟大的交流[EB/OL]. （2010-01-15）. http://blog.ceconlinebbs.com/BLOG_ARTICLE_8462.HTM. ）

【讨论】

国际贸易发展的历史是怎样的？贸易真的是推动文明进步的力量吗？

【分析】

国际贸易是在国际分工和商品交换的基础上形成的，属于历史范畴，它是在一定历史条件下发展起来的。具有可供交换的剩余产品和存在各自为政的社会实体是国际贸易得以产生的两个前提条件。

在原始社会早期，生产力水平极为低下，人类处于自然分工的状态。公社内部的人们依靠共同的劳动来获取十分有限的生活资料并且按照平均主义的方式在全社成员之间实行分配。当时没有剩余产品和私有制，也没有阶级和国家，因而没有对外贸易。

人类社会的三次社会大分工一步一步地改变了上述状况。第一次社会大分工是畜牧业和农业之间的分工。它促进了生产力的发展，使产品有了剩余。在氏族公社的部落之间开始有了剩余产品的相互交换，但这还只是偶然的物物交换。第二次社会大分工是手工业从农业中分离出来，由此出现了直接以交换为目的的生产，即商品生产。它不仅进一步推动了社会生产力的进步，而且使社会中产品相互交换的范围不断扩大，最终导致了货币的产生，产品之间的相互交换渐渐演变为以货币为媒介的商品流通。这直接引起了第三次社会大分工，即出现了商业和专门从事贸易的商人。在生产力不断发展的基础上，形成了财产私有制，原始社会末期出现了阶级和国家，于是商品经济得到进一步发展，商品交易最终超出国家的界限，形成了最早的对外贸易。

在奴隶社会，由于生产力低下、交通不便，商品流通量不大，国际贸易很有限，交易的商品主要是奴隶和供奴隶主消费的奢侈品。在封建社会，随着社会经济的发展，国际贸易也有所发展。这一时期，中国与欧亚各国通过丝绸之路进行国际贸易活动，地中海、波罗的海、北海和黑海沿岸各国之间也有贸易往来。15世纪末至17世纪的地理大发现推动了国际贸易的发展，当时参与贸易的商品主要是一般消费品和供封建主消费的奢侈品。

资本主义生产方式产生后，特别是产业革命以后，由于生产力迅速提高，商品生产规模不断扩大，国际贸易迅速发展并开始具有世界规模。17—19世纪，资本主义国家的对外贸易额不断上升，英国在国际贸易中长期处于垄断地位。当时参与国际贸易的商品主要是一般消费品、工业原料和机器设备。19世纪末，进入帝国主义时期后，形成了统一的、无所不包的世界经济体系和世界市场。

此后，第一次世界大战的冲击和1929—1933年的世界经济危机使资本主义世界经济遭到很大的破坏，世界贸易额锐减并停滞不前。第二次世界大战后，国际贸易进一步扩大和发展，美国成为国际贸易中的头号大国。20世纪50年代以后，随着生产的社会化、国际化程度的不断提高，特别是新科技革命带来的生产力的迅速发展，国际贸易空前活跃并带有许多新的特点，贸易中的制成品已超过初级产品而占据主导地位，新产品不断涌现，交易方式日趋灵活多样。

当代国际贸易以发达国家为主，美国仍是世界最大的贸易国，但地位有所下降；德国、日本等国的对外贸易有极大的发展；广大发展中国家在国际贸易中所占份额不大，但与自身相比，对外贸易也有了很大的发展，成为国际贸易中一股不可轻视的力量。国际贸易在当代国际事务中具有举足轻重的影响，对各国的经济发展也有重要意义。

第一节 国际贸易的概念及发展简史

随着经济全球化趋势的不断加强，不同国家之间的经济联系变得比以往任何时候都更加紧密，跨国界的生产和销售变得越来越普遍，国际贸易作为世界经济增长的动力源泉，进一步被世人所关注。我国作为 WTO 的成员国，需要更多的人去学习和研究国际贸易。

一、国际贸易的概念

国际贸易（international trade）是指世界各国或地区间货物、服务和知识交换的活动，是各国或地区间分工的表现形式，并且反映了世界各国在经济上的相互依赖关系。

如果仅从一个国家或地区的角度来看，该国或地区在商品和服务方面同其他国家进行的交易就是对外贸易（foreign trade），如果把贸易对方国家也包括进去，从各国或地区间整体的角度来看，则称为国际贸易。如果从世界的角度来看，就把各国对外贸易的总和称为世界贸易（world trade）。一些国家或地区，如英国、日本、我国台湾等，也常用海外贸易（oversea trade）来表示对外贸易。

二、国际贸易发展简史

（一）国际贸易的产生

国际贸易是在一定的历史条件下产生和发展起来的。当人类的生产有了剩余产品后，不同产品之间就有了交换。当产品归属私人所有后，交换就成了贸易。大约在公元前 3000年，古代埃及、幼发拉底河和底格里斯河流域出现了国家的雏形，同时也产生了国际贸易。由此可见，对外贸易的产生必须具备两个条件：① 可供交换的剩余产品；② 在各自为政的社会实体之间进行产品交换。

（二）国际贸易发展的历史过程

1．奴隶社会、封建社会的国际贸易

在自然经济占统治地位的奴隶社会，商品生产数量微不足道，只有有限的商品进入流通领域且当时落后的生产技术、简陋的交通运输条件使对外贸易的范围受到很大的限制。奴隶社会的国际贸易中心有埃及、罗马、希腊等，贸易中的商品主要是王室和奴隶主阶级追求的奢侈品，如宝石、装饰品、各种织物、香料等，此外还有奴隶主阶级的生产工具——奴隶。

封建社会的国际贸易有了较大的发展。早在西汉时期，我国就已有了与中东、欧洲进行贸易往来的著名的"丝绸之路"，当时我国主要"出口"的产品是丝绸、茶叶、瓷器等，"进口"的有宝石、香料等；海上贸易的开拓始于明朝，郑和七次下西洋，通过海路扩大了国际贸易，这些曾是我国贸易历史上闪光的篇章。由于古代封建生产关系的稳定性和历代王朝的重农抑商政策，我国的对外贸易始终没有发展起来。欧洲国家的对外贸易虽然在古罗马、古希腊时已经出现，但真正意义上的"国际"贸易产生于10—11世纪之后。"十字军"的东征（1096—1291年）对于加强东西方的贸易起了很大的作用。15世纪末至17世纪的地理大发现（哥伦布发现新大陆，瓦斯科·达·伽马从欧洲经由好望角到达亚洲，麦哲伦完成环球航行）扩大了世界市场，给欧洲各国的商业和工业带来了空前的刺激。当时英国就成立了许多对外贸易的特许公司，与许多国家进行广泛的贸易活动。这一时期，西欧其他国家也在不同的条件下，借助暴力侵略陆续发展了对亚洲、非洲和拉丁美洲各国的贸易。

2．资本主义社会的国际贸易

国际贸易的历史虽然悠久，但真正出现大发展并开始形成世界市场是在资本主义生产关系出现之后，尤其是在工业革命发生之后。一方面，对外贸易作为商品销售和资本积累的方式，促进了资本主义的发展；另一方面，对外贸易作为资本主义社会化生产方式的必然产物而被不断扩大。工业革命从技术上使国际贸易变得更有必要、更有可能。工业革命不但大大提高了劳动生产力，创造出了更多更好的产品用来交换，也大大促进了交通的发展，使国际贸易变得更加迅速、方便。最主要的是，工业革命使世界从单一的农业社会转向以工业生产为主的现代经济。与农产品和其他初级产品不同，工业产品的种类千千万万，变化无穷无尽，任何一国都不能自己生产全部的工业产品，也就不可能达到农业社会时的那种"自给自足"。各国都只能生产一部分产品，然后用自己的产品与外国的产品进行交换，这种国际范围内的分工和交换使国际贸易逐渐成为现代经济中必不可少的一部分。从18世纪初到19世纪初，世界贸易总额增长了一倍多，而在1800—1870年，世界贸易增长了6~7倍。

3．当代国际贸易新发展

当代国际贸易通常是指二战以后的国际贸易。在第三次科技革命的影响下，国际贸易飞速增长，主要发生了如下变化。

（1）国际贸易功能多元化。二战后相对和平的国际贸易环境给国际贸易的平衡发展提供了良好的条件。二战后至今的国际贸易实践证明，国际贸易的发展不但推动了世界经济的迅速增长，而且其在带动各国产业结构的调整和优化、增加劳动就业、扩大财政收入、加速资金积累，以及企业加强管理、改进技术、提高经济效益、增强经济竞争力、扩张军事力量等诸多方面均显示出独特的功能。

（2）国际贸易格局集团化。二战以后，国际竞争日益激烈，世界主要贸易国为了保持在国际市场的竞争力，不断寻求与其他国家的合作，通过各种方式组建区域贸易集团，实现在区域内的贸易自由化。进入20世纪90年代后，区域经济合作的深度、广度不断获得推进，区域内贸易集团化步伐进一步加快，贸易集团激增，区域内贸易日益活跃和扩大。欧盟（European Union，EU）、北美自由贸易区（North American Free Trade Area，NAFTA）和亚太经济合作组织（Asia-Pacific Economic Cooperation，APEC）是世界上最大的三个区域性集团，全球区域贸易额已占世界贸易总额的50%以上。

（3）国际贸易方式多样化、内容丰富化。随着世界科学技术的进步、社会生产力的发展，国际分工（指世界各国之间的劳动分工，它是社会分工发展到一定阶段，国民经济内部分工超越国家界限发展的结果）的广度、深度不断发展，国与国之间在资金、技术、服务、科研和知识产权等方面进行合作，促进了国际经济合作形式和国际贸易方式的多样化，使国际贸易在内容和形式上都有很大的突破。国际贸易方式主要有补偿贸易、对外加工装配贸易、租赁贸易、寄售贸易等。

（4）国际服务贸易迅速发展。20 世纪 70 年代以来，服务贸易摆脱了附属于商品贸易的地位。它作为一种相对独立的国际贸易，比国际商品贸易增长得更快。1979 年，全球服务贸易以 24%的增长速度超过了增幅为 21.7%的货物贸易，这是服务贸易的增长速度首次超过货物贸易的增长速度。20 世纪 80 年代以来，为了应对全球市场竞争，跨国公司不断调整资源配置和公司经营战略，按照成本和收益原则剥离非核心的后勤与生产服务业务，再加上技术的飞速发展，大大增强了服务的可贸易性，服务贸易增长异军突起，服务产品的生产也成为国际投资的重要领域。根据世界贸易组织公布的统计数据，2013 年全球服务贸易总额达到 89 650 亿美元，相比 2012 年增长了 6.1%，相比全球商品贸易增速（2.1%），其增长明显加快。近年来，全球服务贸易一直保持着较快的增长速度，根据联合国贸易和发展会议（以下简称"联合国贸发会议"）的统计，2020 年，全球服务贸易总额达到 96 650.3 亿美元，我国的服务贸易进出口总额为 6617.17 亿美元，占比为 6.85%。

（5）跨国公司成为国际贸易主力军。跨国公司在二战后得到迅速发展。自 20 世纪 60 年代以后，跨国公司的增长速度超过了国际贸易的平均速度，主宰全球经济局面的仍然是世界上最大的跨国公司。随着国际化大生产的发展，跨国公司在经济全球化中所起的作用越来越大。根据联合国贸发会议于 2021 年 6 月 21 日发布的《2021 年世界投资报告》，2020 年，全球外国直接投资下降了 35%，从 2019 的 1.5 万亿美元左右降至 1 万亿美元左右。新型冠状病毒肺炎（简称 COVID-19）疫情导致的封锁减缓了现有投资项目的发展，而经济衰退的前景迫使跨国企业重新评估新项目。其中，发达经济体的外国直接投资下降了 58%，发展中经济体的外国直接投资更有弹性，仅下降了 8%，这主要受益于亚洲的外国直接投资势头较为强劲。2020 年，发展中经济体的外国直接投资占全球总量的三分之二，而其在 2019 年的占比不到全球总量的一半。

第二节　国际贸易理论的研究范围和方法

一、国际贸易理论的研究范围

国际贸易理论是通过研究国际贸易的产生、发展以及贸易利益等问题揭示其中的特点与规律，为贸易实践提供必要的理论支持。学习国际贸易理论，掌握分析国际贸易政策的方法，可为开展国际贸易工作奠定良好的基础。

本书理论部分的安排采取如下结构。

（一）国际贸易理论与学说

在探索国际贸易发展及贸易利益的原因与结果时，形成了不同的国际贸易理论与学说。

在资本主义原始积累时期有重商主义；在资本主义自由竞争时期，英国古典学派经济学家亚当·斯密和大卫·李嘉图提出自由贸易学说，德国历史学派李斯特提出动态的保护贸易学说；20 世纪 30 年代，瑞典经济学家俄林等人提出要素比例贸易学说。第二次世界大战后，国际贸易理论又有了新的发展，先后出现了战略性贸易政策学说、超保护贸易学说等。

（二）对外贸易政策与措施

为了通过对外贸易促进本国的经济发展，各国都制定了有利于本国对外贸易的政策，如自由贸易政策、保护贸易政策。各国为执行贸易政策都采取了相应的措施，如关税和非关税措施、鼓励出口和缔结贸易条约与协定。通过研究各国的对外贸易政策与措施，可以更有力地促进本国的对外贸易发展，充分发挥对外贸易在国民经济发展中的作用。

（三）当代国际贸易的影响因素

国际贸易受诸多经济因素、经济现象的影响，当这些影响国际贸易的因素发生变化时，国际贸易的基础和模式也随之发生变化。在诸多的影响因素中，本书主要分析生产要素的国际转移及其对国际贸易的影响、区域经济一体化及其对国际贸易的影响、世界贸易组织及其对国际贸易的影响。

二、国际贸易理论的研究方法

（一）马克思主义的唯物辩证法是研究国际贸易理论的总的方法论指导

国际贸易理论产生于国际贸易的实践活动。在国际贸易的实践活动中，人们用全面的、历史的、发展的观点去观察和分析国际贸易活动中的各种问题，经过综合、提炼，上升为国际贸易理论；国际贸易理论反过来通过实践指导人们的贸易活动验证国际贸易理论的有效性，逐步发展和完善国际贸易理论。辩证唯物主义和历史唯物主义的各项原理完全适用于国际贸易理论的研究。

（二）实证分析与规范分析相结合

从研究的性质来看，国际贸易理论也像其他经济学一样，可以分成实证的（positive）理论和规范的（normative）理论。所谓实证分析，主要是揭示各种经济变量之间的关系，分析各种贸易行为和政策的前因后果而不去详论好坏、对错。规范理论则会对实证分析的结果做出判断、评论，而这种判断、评论在很大程度上反映了不同的认识和价值观。例如，在分析进口关税的结果时，实证贸易理论将揭示这一政策所造成的消费者、生产者和整个国家的得失，至于怎样来看待这些利益和损失，这些得失的重要性如何，则是规范理论的问题。不过在任何一项具体研究中，这两者都是密切相连、不可分割的。实证分析为规范理论提供基础，离开实证分析的理论往往是缺乏说服力的，仅仅是实证分析而没有规范研究则会失去经济学的社会意义。因此，整个国际贸易理论体系是实证和规范的统一。

（三）动态分析与静态分析相结合

静态分析就是分析经济现象的均衡状态以及有关经济变量达到均衡状态所需要具备的

条件,是静止地、孤立地考察某些经济现象的方法。动态分析是对经济变动的实际过程进行分析,考虑时间因素的影响,把经济现象的变化当作一个连续的过程来看待。在国际贸易的研究中,要采用动态分析与静态分析相结合的方法。例如,国际贸易额、进出口商品结构的分析既要采用静态分析方法来说明,也要用动态分析方法来说明其变化规律。国际贸易理论的研究逐步由静态分析转向动态分析。

第三节 国际贸易的分类

国际贸易按照不同的标准可以分为不同的种类。

一、按货物移动方向划分

(一)出口贸易

出口贸易(export trade)是指将本国生产和加工的商品运往他国市场销售。

(二)进口贸易

进口贸易(import trade)是指将外国的商品输入本国市场销售。

对卖方是出口贸易,对买方则是进口贸易。在国际贸易中,一国对从外国进口的商品不经任何实质性加工处理又输出到国外,如进口货物的退货等,称为复出口(re-export)。一国的产品销往别国后未经加工改制又输入国内,如在国外未售出的寄售商品运回国内等,称为复进口(re-import)。造成复进口的原因主要是销路不畅或货物破损等质量方面的问题,经济体制方面的原因也有可能偶尔造成复进口。

(三)过境贸易

过境贸易(transit trade)是指货物通过一国国境,不经加工处理运往另一国的贸易活动。例如,甲国出口到乙国的货物经由丙国的国境运送时,对于丙国而言,便是过境贸易。过境贸易中的货物不经过境国海关保税仓库存放,完全为了转运的,为直接过境贸易;而由于种种原因(如商品需要分类包装、暂时的转运困难、购销当事人的意愿中途变更等)把货物先存放在过境国的海关仓库,未经加工改制从仓库提出运往国外,这就是间接过境贸易。

二、按国境和关境划分

(一)总贸易

总贸易(general trade)是指以国境为标准划分进出口而统计的国际贸易,它说明一国在国际货物流通中所处的地位和所起的作用。凡进入国境的商品一律列为进口,即总进口(general import);凡离开国境的商品一律列入出口,即总出口(general export)。总出口额与总进口额之和就是一国的总贸易额,过境贸易列入总贸易,采用这种标准的国家有中国、美国、日本、英国、加拿大、澳大利亚等。

（二）专门贸易

专门贸易（special trade）是指以关境为标准划分进出口而统计的国际贸易，它说明一国作为生产者和消费者在国际货物贸易中具有的意义。从外国进入关境和从保税仓库提出进入关境的商品列为进口，称专门进口（special import）。从国内运出关境的本国产品以及进口后未经加工运出关境的商品列为出口，称专门出口（special export）。专门出口额与专门进口额之和即专门贸易额，过境贸易不列入专门贸易，采用这种划分方法的国家有德国、意大利、瑞士等。

联合国所公布的各国贸易一般都注明是总贸易额或专门贸易额。

三、按商品形态划分

（一）货物贸易

货物贸易（goods trade）即通常意义上的商品购销活动。因为货物或商品具有看得见、摸得着的物质属性，故货物贸易也称有形贸易（tangible goods trade）。国际贸易的有形商品种类繁多，为便于国与国之间进行协调统计，联合国于 1977 年修订了 1950 年版的《国际贸易标准分类》（*Standard International Trade Classification*，SITC）。世界各国多采用这个分类标准对国际贸易货物进行统计，划分进出口货物的结构。在该标准中，国际贸易货物被分为十大类，有 63 章、233 组、786 个分组和 1924 个基本项目。该分类目录编号采用五位数，第一位数表示类，前两位数表示章，前三位数表示组，前四位数表示分组，五位数表示项目。

这十类货物分别为：食品及主要供食用的活动物（0），饮料及烟草（1），燃料以外的非食用粗原料（2），矿物燃料、润滑油及有关原料（3），动植物油脂及油脂（4），未列名化学品及有关产品（5），主要按原料分类的制成品（6），机械及运输设备（7），杂项制品（8），没有分类的其他货物（9）。在国际贸易统计中，一般把 0~4 类货物称为初级产品，把 5~9 类货物称为制成品。

例如，活山羊在标准分类中的目录编号为 001.22，其含义为 0 类，食品及主要供食用的活动物；00 章，主要供食用的活动物；001.2 分组，活绵羊及山羊；001.22 项目，活山羊。

（二）服务贸易

根据世界贸易组织《服务贸易总协定》的定义，服务贸易（trade in services）是指：① 从一成员的境内向另一成员境内提供服务（过境交付，不构成人员、资金的流动，如卫星发射、邮电服务）；② 从一成员的境内向另一成员的服务消费者提供服务（境外消费，如接待外国游客、留学生，诊疗国外病人）；③ 通过一成员的法人在另一成员境内的商业存在提供服务（商业存在，如外资在国外开办银行、开商店、设立中介机构）；④ 由一成员的自然人在另一成员境内提供服务（自然人存在，指医生、教授、艺术家等出国提供服务，不同于移民）。

世界贸易组织提出了以部门为中心的服务贸易分类方法，将服务贸易分为十二大类：商业性服务，通信服务，建筑服务，销售服务，教育服务，环境服务，金融服务，健康及社会服务，旅游及相关服务，文化、娱乐及体育服务，交通运输服务，其他服务。

一般认为，货物贸易和服务贸易的主要区别是：货物的进出口经过海关手续，从而显示在海关的贸易统计上，这是国际收支中的重要项目；服务贸易不经过海关手续，通常不显示在海关的贸易统计上，但它也是国际收支的组成部分。

四、按有无第三方参与划分

（一）直接贸易

直接贸易（direct trade）是指贸易商品由生产国直接运销到消费国，没有第三方参与的贸易活动。

（二）间接贸易

间接贸易（indirect trade）是指通过第三国或其他中间环节把商品从生产国运销到消费国的贸易活动。

（三）转口贸易

转口贸易（entrepot trade）是指一国（或地区）进口某种商品不是以消费为目的，而是将它作为商品再向别国出口的贸易活动。商品生产国与消费国通过第三国进行的贸易对生产国和消费国而言是间接贸易，对于第三国而言则是转口贸易。转口贸易可分为两种：① 直接转口贸易，即转口商参与交易过程，但货物直接从生产国运往消费国；② 间接转口贸易，即货物由生产国输入转口商的国家，再输往消费国。从事转口贸易的大多是地理位置优越、运输便利、信息灵通、贸易限制少的国家或地区，如新加坡、我国香港特别行政区、伦敦、鹿特丹等。

五、按货物运送方式不同划分

（一）陆路贸易

陆路贸易（trade by roadway）是指采用陆路运送货物的贸易。陆地相邻国家通常采用陆路运送货物，开展贸易，运输工具主要是火车、汽车、马车等，如美国与加拿大之间的贸易。

（二）海路贸易

海路贸易（trade by seaway）是指通过海上运输货物的贸易。国际贸易大部分属于此类，运输工具主要是各种船舶。

（三）空运贸易

贵重或数量小的货物，为了争取时间，赶上销售季节，往往采用航空运输，即空运贸易（trade by airway）。由于运费较贵，一般不宜采用空运方式。采用空运的多为体积小、重量轻、价格贵、时间紧、必须快速运输的商品。

（四）邮购贸易

邮购贸易（trade by mail order）即采用邮政包裹方式寄送货物。邮购的货物通常都是比较急需的；邮购比空运慢些，但邮费较之稍便宜些。

六、按清偿工具的不同划分

（一）自由结汇方式贸易

自由结汇方式贸易（free-liquidation trade）是指在国际贸易中以货币作为清偿工具的贸易。目前，在国际贸易中可直接作为支付工具的货币主要是美元、欧元、日元等。

（二）易货方式贸易

易货方式贸易（barter trade）是指在国际贸易中以经过计价的货物作为清偿工具的贸易。它的特点是进口与出口相联系，以货换货，进出基本平衡，可以不用现汇支付。易货方式贸易解决了那些缺乏外汇国家难以开展对外贸易的问题，加上现在各国之间的依赖性加强，有支付能力的国家也不得不接受这种贸易方式。

七、按经济发展水平划分

（一）水平贸易

水平贸易（horizontal trade）是指经济发展水平比较接近的国家之间开展的贸易活动，如南南之间、北北之间以及区域集团内的国际贸易。"南"是指发展中国家，"北"是指发达国家。南南贸易（south-south trade）是指发展中国家之间的贸易活动，北北贸易（north-north trade）是指发达国家之间的贸易活动。

（二）垂直贸易

垂直贸易（vertical trade）是指经济发展水平不同的国家之间的贸易活动。垂直贸易的双方在国际分工中所处的地位相差甚远，如南北之间的贸易一般就属于此类。

第四节 国际贸易的相关指标

一、对外贸易额与对外贸易量

（一）对外贸易额

对外贸易额是以货币表示一国对外贸易的规模大小，又称对外贸易值（value of foreign trade）。各国一般都用本国货币表示对外贸易额，为了便于国际比较，许多国家同时又用美元计算。一定时期内，一国从国外进口货物或服务的全部价值称为进口（贸易）总额，一国向国外出口货物或服务的全部价值称为出口（贸易）总额。这两者的和即对外贸易额，是反映一国对外贸易规模的主要指标。

从世界范围来看，由于一国的出口就是其他有关国家的进口，为了避免重复计算，把世界上一定时期内所有国家和地区的进口总额或出口总额按同一种货币单位换算后加在一起即得到国际贸易额（value of international trade）——世界进口（贸易）总额或世界出口（贸易）总额。从世界范围来看，所有国家和地区的进口总额应等于所有国家和地区的出口总额。但由于各国在进行贸易统计时，出口额一般以 FOB 价进行统计，而进口额按 CIF 价进行统计，进口统计包括运输费及保险费，故一般世界出口额小于世界进口额。因此，在世界贸易统计中，世界贸易额为各国或地区出口额的总和。

（二）对外贸易量

对外贸易量（quantum of foreign trade）是以商品的计量单位（如数量、重量等）表示贸易规模的指标。贸易量比贸易值更能真实地反映贸易规模，因为贸易值会受价格变化的影响，贸易值增加了，贸易量不一定增加，反而有可能减少。为剔除价格变动对以货币表示的对外贸易额的影响，准确地反映一国对外贸易的实际规模，往往用一定年份为基期计算的进口价格或出口价格指数去除当时的进口总额或出口总额，得到相当于按不变价格计算的进口额或出口额，通过这种方法计算出来的单纯反映对外贸易的量就叫对外贸易量。再用一定时期为基期的贸易量指数同各个时期的贸易量指数比较，就可以看出正确反映贸易实际规模的贸易量。计算公式为

$$比较期价格指数 = \frac{\sum P_1 Q_1}{\sum P_0 Q_1} \times 100\%$$

$$比较期贸易量 = \frac{比较期贸易值}{比较期价格指数}$$

$$比较期贸易量指数 = \frac{\sum P_0 Q_1}{\sum P_0 Q_0} \times 100\%$$

式中：P_1 为比较期价格；Q_1 为比较期数量；P_0 为基期价格；Q_0 为基期数量。

例如，某国 2000 年的出口值为 5757 亿美元，2011 年为 9938 亿美元；2000 年出口价格指数为 100%，2011 年为 180%。其 2011 年的贸易量指数为

$$2011年贸易量 = \frac{9938}{180\%} = 5521.11 （亿美元）$$

$$2011年贸易量指数 = \frac{5521.11}{5757} \times 100\% = 95.9\%$$

通过以上计算可以看出，2011 年按贸易值计算，该国的出口规模比 2000 年扩大了；但按贸易量计算，该国的出口规模与 2000 年相比没有扩大，反而缩小了。

二、净进口与净出口

（一）净进口

净进口（net import）是指在一定时期内，一国或一地区在某种商品大类的对外贸易中，

进口量大于出口量的部分。

（二）净出口

净出口（net export）是指在一定时期内，一国或一地区在某种商品大类的对外贸易中，出口量大于进口量的部分。

在国际贸易中，由于一国对于某种商品的各品种的生产和需求不一定一致，因此在同类商品上往往既有出口也有进口。如果一国对某类商品的生产能力大于需求，则该国在该类商品的外贸中会出现净出口，反之则出现净进口。同时，这两个指标也反映了一国的某种商品在国际贸易中所处的地位，净出口即表示处于有利地位，净进口表示处于不利地位。净出口和净进口一般以实物数量来表示。

三、贸易差额与国际收支

（一）贸易差额

贸易差额（balance of trade）是指一定时间内一国出口总额与进口总额之间的差额。贸易差额用以表明一国对外贸易的收支状况和一国的商品在国际市场上的竞争力。当出口总额超过进口总额时，称为贸易顺差（favorable balance of trade），我国也称为出超；当进口总额超过出口总额时，称为贸易逆差（unfavorable balance of trade），我国也称为入超。如果出口总额与进口总额相等，则称为贸易平衡（equilibrium）。

一般来说，贸易顺差表明一国在对外贸易上处于有利地位，表现为该国国际竞争力的提升，外汇储备的增加，应付国际金融问题的能力增强，贸易逆差则表明一国在对外贸易上处于不利地位。但是，这并不是绝对的。如果一个国家大量出现顺差，就意味着国内大量经济资源外流，结果是国内积累大量外汇，可能促使本币升值，使本国出口货物的竞争力下降，出口减少，所以长期顺差不一定是好事。同样地，逆差也并不绝对是坏事，在这种情况下，外汇储备减少，造成本国货币贬值，使本国出口货物的竞争力上升，出口扩大，改善逆差状况。同时，适度地利用外资引进先进技术及生产资料而发生的逆差能促进经济发展。从长期趋势来看，一国的进出口贸易应该基本保持平衡。

（二）国际收支

国际收支（balance of payment）是指在一定时期内，一国居民与非居民之间经济交易的系统记录。如果收入大于支出，就叫国际收支顺差（或黑字）；支出大于收入就叫国际收支逆差（或赤字）；收支相等叫国际收支平衡。国际收支反映了国内外经济联系的情况及其相互影响。国际收支平衡表由经常项目、资本项目、错误与遗漏项目、总差额、储备及相关项目组成。对外贸易收支是经常项目的主要内容。因此，贸易差额对国际收支具有重要影响。

四、对外贸易与国际贸易的货物结构

（一）对外贸易货物结构

对外贸易货物结构（commodity composition of foreign trade）是指一定时期内一国进出

口贸易中各类货物的构成，即某大类或某种货物进出口贸易额与进出口贸易总额之比，用份额表示。例如，我国出口货物中，制成品的比重不断上升，初级产品的比重不断下降。1978年，初级产品出口占53.5%，工业制成品出口占46.5%；1985年，初级产品出口占50.6%，工业制成品出口占49.4%；2006年，初级产品出口占5.5%，工业制成品出口占94.5%；到2012年这一比例基本保持不变，分别是：初级产品出口占4.9%，工业制成品出口占95.1%。之后，我国工业制成品出口占比一直保持在90%以上。

（二）国际贸易货物结构

国际贸易货物结构（commodity composition of international trade）是指一定时期内各大类货物或某种货物在整体国际贸易中的构成，即各大类货物贸易额与世界出口贸易额之比。例如，2000年，世界货物贸易中，农产品、矿产品、制成品占世界出口的份额分别为9%、13.1%、74.9%。

国际上采用统一的划分标准即前面介绍的《国际贸易标准分类》（SITC）来划分表示国际贸易商品构成。一般将0～4类商品列为初级产品（未经加工或经简单加工的农、林、牧、渔、矿产品）；把5～9类商品列为制成品（经机器加工的产品，如机器设备、化学制成品和其他工业产品等）。相关计算公式为

$$制成品在商品贸易中的比重 = \frac{5～9类商品贸易额}{0～9类商品贸易额} \times 100\%$$

$$初级产品在商品贸易中的比重 = \frac{0～4类商品贸易额}{0～9类商品贸易额} \times 100\%$$

$$某类商品在商品贸易中的比重 = \frac{某类商品贸易额}{大类商品贸易额} \times 100\%$$

一个国家的对外贸易货物结构可以反映出该国的经济发展水平、产业结构状况、科技发展水平等。国际贸易货物结构可以反映出整个世界的经济发展水平、产业结构状况和科技发展水平等。

我国对外贸易货物结构的变化反映了我国内部工业结构的变化及科技水平的提高。国际货物贸易结构中，制成品在全球贸易结构中的比重较大，这说明世界各国的工业化发展水平有所提高。

五、对外贸易地理方向与国际贸易地理方向

（一）对外贸易地理方向

对外贸易地理方向（direction of foreign trade）又称对外贸易地区分布或国别结构，指一定时期内各个国家或区域集团在某个国家的对外贸易中所占有的地位，通常以它们的贸易额在该国进出口总额中的比重来表示。对外贸易地理方向指明一个国家出口货物的去向和进口货物的来源，从而反映一个国家与其他国家或国家集团之间进行经济贸易联系的程度。一个国家的对外贸易地理方向通常受经济互补性、国际分工的形式与贸易政策的影响。例如，2011年，我国货物出口排名前5位的国家和地区是美国、我国香港、日本、韩国和

德国；我国货物进口排名前 5 位的国家和地区是日本、韩国、美国、我国台湾、德国。

（二）国际贸易地理方向

国际贸易地理方向（direction of international trade）又称国际贸易地区分布，它表明世界各洲、各国或各个国家集团在国际贸易中所占的地位。计算各国在国际贸易中的比重，既可以计算各国的进口额、出口额在世界进口额、出口总额中的比重，也可以计算各国的进出口总额在国际贸易总额（世界进出口总额）中所占的比重。

1978 年，我国货物进出口总额仅排在世界第 29 位，2012 年则比 1978 年增长 186 倍，年均增长 16.6%，居世界第二。其中，货物出口总额 20 487 亿美元，增长 209 倍，年均增长 17.0%，居世界第一；货物进口总额 18 184 亿美元，增长 166 倍，年均增长 16.2%，居世界第二。2012 年，我国货物出口总额和进口总额分别占世界的 11.2% 和 9.8%。2005 年，世界货物出口、进口值均首次突破 10 万亿美元。2012 年，世界货物出口总值为 183 514 亿美元，进口总值为 185 124 亿美元；名列前五位的国家依次为中国、美国、德国、日本和荷兰。

据海关数据统计，2018 年，我国货物贸易总值约为 30.51 万亿元人民币，比 2017 年增长了 9.7%，排名世界第一，占全球贸易总额（约 259.66 万亿元人民币）的 11.75%。其中，出口额达到了 16.42 万亿元人民币，同比增长 7.1%，占全球出口总额（约 128.54 万亿元人民币）的 12.8%，位居世界第一；进口总额达到了 14.09 万亿元人民币，同比增长 12.9%，占全球进口总额（约 131.12 万亿元人民币）的 10.75%，位居世界第二。2020 年，受 COVID-19 疫情等多种因素的影响，我国服务进出口总额约为 45 642.7 亿元人民币，同比下降 15.7%。

六、对外贸易依存度

对外贸易依存度（degree of dependence on foreign trade）又称对外贸易系数，指一国货物和服务进出口额与其国内生产总值（gross domestic product，GDP）或国民总收入（gross national income，GNI）的比值，即一个国家的全部国民总收入中有多少是由对外贸易创造的。计算公式为

$$进口依存度 = \frac{进口总额}{GDP \text{ 或 } GNI} \times 100\%$$

$$出口依存度 = \frac{出口总额}{GDP \text{ 或 } GNI} \times 100\%$$

$$对外贸易依存度 = \frac{进出口总额}{GDP \text{ 或 } GNI} \times 100\%$$

对外贸易依存度是经济开放度的参考指标之一，它在一定程度上反映了一国对外贸易在国民经济中的重要性。对外贸易依存度受一国人口的多少、地域辽阔与否、自然资源多寡等多种因素的影响。应该辩证地看待对外贸易依存度，对外贸易依存度大，一方面可以获得更多的比较利益，而另一方面也容易接受国际负传递，把别国的失业和通货膨胀转移过来。同时，依存度大的国家最容易受风云变幻的世界市场的冲击。

随着经济一体化进程的加速，世界各国在经济发展过程中相互依赖、相互影响的程度越来越高，因此世界各国的对外贸易依存度呈上升趋势。世界进出口总额占 GDP 的比重：1950 年为 5%，1960 年为 10.5%，1970 年为 14.9%，1980 年为 16.6%，1990 年为 19.2%，之后逐年缓慢上升，到 2012 年达到 31.6%。我国改革开放以来，对外贸易依存度也在大幅度上升：1978 年为 10.7%，1985 年为 23.2%，1990 年为 29.7%，1995 年为 38.3%，2000 年为 43.9%，2005 年超过 70%；"入世"后的前五年是我国外贸依存度增长得最快的时期，2008 年全球金融危机后，我国加快经济增长方式的转变，外贸依存度开始逐步回落，到 2012 年降至 47%。2019 年，我国对外贸易依存度降至 31.8%。

本章小结

国际贸易、对外贸易、海外贸易、世界贸易是从不同角度来理解国家或地区之间的商品和服务的交换活动。社会生产力的发展和社会分工的扩大是国际贸易产生和发展的基础。在不同社会发展阶段，国际贸易呈现出不同的发展特征，要结合时代背景分析国际贸易发展的新趋势。

国际贸易研究国际贸易的产生、发展和贸易利益，揭示其中的特点与运动规律。在学习和研究国际贸易的过程中要掌握正确的研究方法，做到以马克思主义为指导，理论联系实际，实证分析和规范分析相结合，动态分析和静态分析相结合。只有这样，才能正确地分析和解释国际贸易。

国际贸易范围广泛、性质复杂，本章从七个主要的角度对国际贸易进行了分类，便于从不同角度对国际贸易进行理解。研究国际贸易问题，编制各国对外贸易统计都经常需要使用一些概念和指标，本章对各种有关国际贸易的基本概念和指标做了介绍，正确理解这些概念和指标有利于在国际贸易实践中对它们加以合理运用。

本章重要概念

国际贸易	转口贸易	复进（出）口	服务贸易
专门贸易	国际贸易量	贸易差额	净进（出）口
总贸易	国际贸易地理方向	对外贸易依存度	国际贸易商品结构

思考题

1. 国际贸易研究中要掌握哪些基本方法？
2. 国际贸易产生的条件是什么？

3. 分析国际贸易发展的现状和趋势。

4. 国际贸易主要分为哪几类？试举例说明。

5. 怎样计算国际贸易量？

6. 如何正确看待贸易差额？

7. 出现复进（出）口以及净进（出）口的原因是什么？

8. 何谓对外贸易依存度？怎样分析对外贸易依存度？

9. 如何正确理解贸易条件这一指标？

10. 如何运用有关指标分析一国对外贸易状况？

学生课后参考阅读文献

[1] 薛荣久. 国际贸易[M]. 5 版. 北京：对外经济贸易大学出版社，2008.

[2] 陈宪，张鸿. 国际贸易：理论·政策·案例[M]. 3 版. 上海：上海财经大学出版社，2012.

[3] 张汉林. 国际贸易[M]. 北京：中国对外经济贸易出版社，2002.

[4] 彭福永. 国际贸易[M]. 上海：上海财经大学出版社，2002.

[5] 吴国新，杨勐. 国际贸易理论与政策[M]. 北京：清华大学出版社，2016.

[6] 联合国贸易和发展会议（UNCTAD）官网（http://unctad.org）

[7] 世界贸易组织官网（http://www.wto.org）

[8] 中国服务贸易指南网（http://tradeinservices.mofcom.gov.cn）

第二章 自由贸易理论

学习目的和要求

通过本章的学习，应掌握自由贸易理论发展的脉络、古典贸易理论两个阶段的主要观点、赫克歇尔-俄林的新古典贸易理论内容，理解新自由贸易理论各流派的主要观点等内容。

开篇案例：计算器的国际产品生命周期

【案情】

袖珍计算器经历了产品生命周期的各个阶段。该产品由 Sumlock Comptometer 公司于 1961 年发明并很快以近一千美元的价格投放市场。与滑尺（当时被高中生和大学生广泛使用）相比，Sumlock 袖珍计算器的计算结果更为精确并且较机械计算器和计算机等功能相似的产品更便于携带。

到 1970 年，几家美国公司和日本公司陆续进入袖珍计算器市场，这些公司包括德州仪器、康柏和卡西欧（日本），日趋激烈的竞争迫使 Sumlock 袖珍计算器的价格下降到 400 美元。接下来的几年里，又有一些企业进入该市场，其中的部分企业开始在新加坡等国和中国台湾等地区设厂，利用廉价的劳动力装配自己的计算器，然后再把这些计算器运往美国。技术的稳步提高在完善产品的同时却使价格不断下跌。到 20 世纪 70 年代中期，袖珍计算器的售价通常为 10～20 美元，有时甚至更少。进入 20 世纪 70 年代后期，袖珍计算器已经达到产品生命周期的标准化生产阶段，产品技术在整个产业趋于普及，价格（成本）竞争成为最重要的制胜因素，产品差异化得到了广泛运用。不到 20 年，袖珍计算器就已经完成了其国际产品生命周期。

（资料来源：尹翔硕. 国际贸易教程[M]. 上海：复旦大学出版社，1998. ）

【讨论】

1．什么样的商品在国际贸易中更容易体现国际产品生命周期理论的正确性？

2．分析国际产品生命周期理论和传统贸易理论的关系。

【分析】

1966 年，美国哈佛大学教授雷蒙德·弗农（Raymond Vernon）在其《产品周期中的国际投资与国际贸易》一文中首次提出了国际产品生命周期（product life cycle，PLC）理论。弗农认为，产品生命是指产品的市场寿命，是一种新产品从开始进入市场到被市场淘汰的整个过程。产品仿佛人的生命，要经历一个从开发（或引进）、成长、成熟到衰退的过程周期，这个周期在不同技术水平的国家里，发生的时间和过程是不一样的，存在较大的差距和时差。时差表现为不同国家在技术上的差距，它反映了同一产品在不同国家市场上的竞争地位的差异，从而决定了国际贸易和国际投资的变化。为了便于区分，弗农把这些国家依次分成创新国家（一般为高度发达国家）、一般发达国家和发展中国家。

和传统国际贸易理论相比，国际产品生命周期理论揭示了某一新产品从高度发达国家向一般发达国家进而向发展中国家转移的规律性。它用技术进步、发展新产品等动态因素解释国际贸易和国际投资结构变化，其对里昂惕夫之谜的解释构成了二战后国际贸易新理论的主要内容。同时，国际产品生命周期理论被广泛运用于国际营销的管理实践，这是传统贸易理论所没有的功能。

产品生命周期理论基于对新产品扩散过程的广泛观察和调研，产品生命周期是指新产品上市后随着时间的推移不断地被越来越多的消费者所采用的过程。在新产品的市场扩散过程中，由于社会地位、消费心理、消费观念、个人性格等多因素的影响，导致不同顾客接受新产品的快慢程度不同。美国学者罗杰斯在对新产品扩散过程的研究中发现，某些性格上的差异是影响消费者接受新技术和新产品的重要因素。就消费者而言，罗杰斯按照顾客接受新产品的快慢程度，把新产品的采用者分为以下五种类型。

（1）创新采用者。该类采用者约占全部潜在采用者的 2.5%。任何新产品都是由少数创新采用者率先使用，因此他们具备如下特征：极富冒险精神；收入水平、社会地位和受教育程度较高；一般是年轻人，交际广泛且信息灵通。

（2）早期采用者。早期采用者是第二批采用创新产品的群体，占全部潜在采用者的13.5%。他们大多是某个群体中具有很高威信的人，受到周围朋友的拥护和爱戴。正因为如此，他们常常去收集有关新产品的各种信息资料，成为某些领域的舆论领袖。这类采用者多在产品的介绍期和成长期采用新产品并对后面的采用者的影响较大。因此，他们对创新产品的扩散具有决定性影响。

（3）早期大众。这类采用者的采用时间较平均采用时间要早，占全部潜在采用者的34%，其特征是：深思熟虑，态度谨慎；决策时间较长；受过一定的教育；有较好的工作环境和固定收入；对舆论领袖的消费行为有较强的模仿心理。他们虽然也希望在一般人之前接受新产品，却是在产品经过早期采用者认可后才购买，从而成为赶时髦者。由于该类采用者和晚期大众占全部潜在采用者的 68%，因此研究其消费心理和消费习惯对于加速创新产品扩散有着重要意义。

（4）晚期大众。这类采用者的采用时间较平均采用时间稍晚，占全部潜在采用者的34%，其基本特征是多疑。他们多通过周围的同事或朋友而很少借助宣传媒体收集所需要的信息，其受教育程度和收入状况相对较差。他们从不主动采用或接受新产品，直到多数人都采用且反映该产品良好时才行动。

（5）落后采用者。这类采用者是采用创新产品的落伍者，占全部潜在采用者的 16%。他们思想保守，拘泥于传统的消费行为模式。落后采用者相互之间关系密切，极少借助宣传媒体收集信息，其社会地位和收入水平最低。因此，他们在产品进入成熟期后期乃至进入衰退期时才会采用。

罗杰斯对新产品采用者的划分是新产品市场扩散理论的重要依据。创新采用者和早期采用者所占比例比较小。一方面，因为一种新产品的使用能在一定程度上引起消费者生活习惯、生活方式的改变，同时其质量、性能、使用效果、价格和服务等方面能给人们带来比原有产品更多的利益；另一方面，消费者都存在不同程度的疑虑心理，采取购买行为，事实上要冒一定的风险，这往往使消费者接受新产品时需要经过或快或慢、或简单或复杂的心理过程。创新采用者和早期采用者对新产品的扩散极为重要。因为经过他们的试用后，新产品的相对优点会得到显露与证实，其他消费者就会减少或消除疑虑心理，增强对新产品的信任感，从而促使形成人数较多的早期大众和晚期大众，直到最后落后采用者也开始使用。消费者的这种从众心理是人们寻求社会认同感和安全感的表现，是产品得以流行的重要条件。

从国际贸易的角度看，新产品本身的特性在一定程度上会影响其国际产品生命周期。例如，新产品的优点是否明显，使用方法是否复杂，性能是否容易被说明和示范，是否可试用等都影响了其扩散的速度和周期。依托现代科技发展而产生的电子类产品在产品的全球扩散中较明显地体现了国际产品生命周期理论。

自由贸易理论（the theory of free trade）是国际贸易理论的主流学说和核心内容，它对后来的国际贸易理论的发展产生了重大的影响。本章对自由贸易理论的论述主要包括古典贸易理论、新古典贸易理论和现代自由贸易理论三部分内容。

第一部分是古典贸易理论。古典贸易理论是全部贸易理论的基础，其发展大致经历两个重要阶段：① 亚当·斯密的首创阶段；② 大卫·李嘉图的继承和发展阶段。经过这两个阶段的发展，以比较利益为支柱的古典贸易理论体系得以形成。这部分主要介绍亚当·斯密的绝对优势理论和大卫·李嘉图的比较优势理论。

第二部分是新古典贸易理论。自由贸易理论从不同角度对国际贸易利益问题进行了探讨。其中，理论研究贡献比较突出的是瑞典的两位经济学家赫克歇尔和俄林，由于他们在分析中将贸易的缘由和各国竞争力的差异归因于各国生产要素的禀赋差异，因此人们把他们的观点称为要素禀赋理论。赫克歇尔-俄林理论被誉为国际贸易理论从古典贸易理论向新古典贸易理论和现代自由贸易理论发展的标志，它是国际贸易理论发展的一个里程碑，奠定了新古典贸易理论的基石。

第三部分是现代自由贸易理论。现代国际贸易实践突破了传统贸易理论——古典贸易理论和新古典贸易理论的视野和局限，立足当代，预见未来，确立新视角，应用新方法，创立新学说，从而使现代自由贸易得到了长足发展。在现代国际贸易发展的形势下产生了一些符合时代需求的新国际贸易理论，这些理论极大地丰富了现代国际贸易理论，其主要成果有需求相似理论、规模经济理论、产品生命周期理论、产业内贸易理论和技术差距理论等。

第一节　古典贸易理论

一、绝对优势理论

亚当·斯密（1723—1790）是英国著名的经济学家，他在 1776 年出版的经济学巨著《国民财富的性质和原因的研究》（*Inquiry into the Nature and Cause of the Wealth of Nations*，

简称《国富论》）标志着自由贸易理论的诞生。斯密在该书中大篇幅地批判了重商主义，首次提出绝对优势理论（the theory of absolute advantage），有力地论证了自由贸易的合理性与可行性，被世人公认为自由贸易理论的先驱。由于斯密在该书中首次全面而系统地论述了市场机制的基本机理，故被人们称为现代经济学的奠基人，《国富论》也被世人誉为经济学的"圣经"。

（一）绝对优势理论的基本含义及内容

绝对优势理论的基本含义是由于拥有不同的自然优势或后天优势，两国在同一产品的生产成本上存在绝对差异，因此各国都选择对自身绝对有利的生产条件进行专业化生产，然后进行交换，使两国的国民福利水平都得到提高。

在绝对优势理论的论述中，斯密认为分工可以提高劳动生产率，其原因包括：① 分工能提高劳动的熟练程度；② 分工使每个人专门从事某项作业，可能节省与生产没有直接关系的时间；③ 分工有利于发明、创造和改进工具。斯密还以制针业中手工工厂的例子来说明分工可以提高劳动生产率。他认为根据当时的情况，在没有分工的情况下，一个粗工每天甚至连一根针也制造不出来；而在分工的情况下，每天能生产 4800 根针，每个工人的劳动生产率提高了几千倍。至于如何分工，他指出："以每个私人家庭中的精明处事行为在一个大国里同样处事，不会是愚蠢的。如果外国供应的商品比我们自己生产这些商品要便宜一些，那么我们最好用自己具有优势的产业生产的部分产品去购买外国产品。"也就是说，每一个国家生产本国具有绝对优势的产品，然后用这种产品换取本国的劣势产品，从中获利，这就是所谓的绝对优势理论。

（二）绝对优势理论的假设

斯密的绝对优势理论是建立在以下假设的基础之上的。

（1）世界上是只有两个国家的，各自只能生产两种产品，即 2×2 模型。

（2）劳动是构成生产成本的唯一要素。

（3）生产要素在两国之间不能流动，但在一国范围内可以流动，即资源可以从国内一个部门转移到另一个部门。

（4）两国资源都已得到了充分利用，一国内某个部门资源的增加就意味着另一个部门资源的减少。

（5）当资源从一个部门转移到另一个部门时，机会成本不变。

（6）没有运输或其他贸易成本，产品可以在两国间自由流动。

（7）进出口的价值相等。

（8）生产和交换在完全竞争的条件下进行。

（三）绝对优势理论的具体分析

斯密的绝对优势理论认为，两国生产同一种商品只存在成本差异，差异建立在两个国家所拥有的自然优势或后天优势的基础上。他主张，如果外国产品比本国国内生产的便宜，那么最好是输出本国在有利条件下生产的产品去交换外国产品，而不是自己生产。他举例说，在苏格兰，人们可以利用温室种植葡萄并酿造出同法国一样好的葡萄酒，但是由于苏格兰缺乏种植葡萄酒原料的优良自然条件，其生产成本是法国的 30 倍。如果苏格兰人真利用温室种植葡萄来酿葡萄酒，那是十分愚蠢的行为。

为了说明这一理论，斯密做出了进一步分析。

假定英国、葡萄牙两国都生产葡萄酒和毛呢两种产品，斯密认为在这种情况下可以进行国际分工和国际交换，其结果对两国都有利。具体情况如表 2-1 所示。依照斯密的分工原则，英、葡两国进行分工，结果两国所拥有的产品产量都比分工前提高了（其中英国增加了 0.7 单位，葡萄牙增加了 0.375 单位）。通过国际贸易，两国人民的消费和福利水平都获得了相应的提高。

表 2-1　绝对优势理论投入产出分析

时　期	国　家	酒产量/单位	所需劳动投入/（人/年）	毛呢产量/单位	所需劳动投入/（人/年）
分工前	英国	1	120	1	70
	葡萄牙	1	80	1	110
分工后	英国			2.7	190
	葡萄牙	2.375	190		
国际交换	英国	1		1.7	
	葡萄牙	1.375		1	

（四）对绝对优势理论的评价

应当肯定，绝对优势理论在历史上首次阐明了国际贸易可以是贸易双方都得益的正和博弈的观点，并为国际贸易的实践找到了理论依据。绝对优势理论对国际贸易的发展无疑具有开拓性历史贡献。然而，这一理论本身的缺陷也是很明显的，其根本缺陷在于它表明只有在具有绝对成本优势的国家之间才能开展国际贸易，而对于不具有绝对成本优势的国家，贸易双方在国际贸易中没有任何利益，只有损害，这不符合国际贸易的实际情况。例如，广大发展中国家受限于劳动生产率，可能在所有产品的生产上都比不上发达国家，但它们仍然在进行国际贸易，也未因此而使这些国家的产业走向衰亡。因此，绝对优势理论所阐明的国际贸易的好处缺乏普遍性，这一缺陷被后来李嘉图的比较优势理论所克服。

二、比较优势理论

斯密的绝对优势理论暗含着一个假定前提，即贸易双方至少有一种绝对低成本的商品。假如一国连一种生产成本绝对低的产品也没有，那它还能不能参与国际分工和贸易呢？即使有国际贸易，双方还能分享贸易利益吗？这是绝对优势理论所没有解决的问题，后来大卫·李嘉图对这一问题做出了回答。

大卫·李嘉图（David Ricardo，1772—1823）是英国工业革命发展时期的经济学家。他于 1817 年出版了《政治经济学及赋税原理》（*On the Principle of Political Economy and Taxation*）。在该书中，他首先以比较优势理论（the theory of comparative advantage）补充与发展了斯密的自由贸易学说，故人们将他同斯密并称为自由贸易学说的奠基人。

（一）比较优势理论的假设

李嘉图在阐述他的比较优势理论时，为了突出比较优势的差别，对复杂的经济情况进行了简化，这些简化构成了该理论的假定前提条件，具体包括以下内容。

（1）两个国家、两种产品模型，即只考虑两个国家、两种产品。

（2）以英国、葡萄牙两国的真实劳动成本的差异为基础并假定所有劳动都是同质的。

（3）单位产品生产成本不因产量的增加而变化，即规模报酬不变。

（4）运输费用为零。

（5）包括劳动在内的生产要素的使用是充分的，而且它们在一国内完全流动，但在国家之间不能流动。

（6）生产要素能自由地进出任何市场，产品市场也是完全竞争的市场。

（7）收入分配不因分工和自由贸易而发生变化。

（8）贸易是按物物交换的方式进行的，而不是以货币作为媒介进行的。

（9）不存在技术进步，国际经济是静态的。

（二）比较优势理论的主要内容

在做出上述假设后，李嘉图提出了比较优势理论，比较优势理论是在斯密的绝对优势理论的基础上发展起来的。根据斯密的观点，国际分工应按地域、自然条件及绝对的成本差异进行，即一个国家输出的商品一定是生产上具有绝对优势，生产成本绝对低于他国的商品。李嘉图认为，假如某国在各种产品生产上都没有任何绝对优势，但只要各国间的价格比例有所不同，则各国都会有一种比较优势。也就是说，在各种产品的生产上都占有绝对优势的国家，应集中资源生产优势相对更大的产品，而在各种产品的生产上都居绝对劣势的国家，应集中资源生产劣势相对更小的产品，然后开展国际贸易，这样对各国均有利，即"两利相权取其重，两害相权取其轻"的思想在比较优势理论中得到了体现。

为了说明这一理论，李嘉图引用了斯密采用的例子，但改变了其中的一些条件，如表 2-2 所示。

表 2-2　比较优势理论投入产出分析

时　期	国　家	酒产量/单位	所需劳动投入/（人/年）	毛呢产量/单位	所需劳动投入/（人/年）
分工前	英国	1	120	1	100
	葡萄牙	1	80	1	90
分工后	英国			2.2	220
	葡萄牙	2.125	170		
国际交换	英国	1		1.2	
	葡萄牙	1.125		1	

从表 2-2 中可以看出，葡萄牙生产酒和毛呢，所需劳动投入均少于英国，从而英国在这两种产品的生产上都处于不利地位。根据斯密的绝对优势理论，两国之间不会进行国际分工。而李嘉图认为，葡萄牙生产酒所需劳动人数比英国少 40 人，而生产毛呢只少 10 人，即分别少 1/3 和 1/10。显然，葡萄牙在酒的生产上的优势更大一些；英国在两种产品生产

上都处于劣势，但在毛呢生产上的劣势较小一些。因此，葡萄牙人应取优势较大的酒来生产，英国应取劣势较小的毛呢来生产。按这种原则进行国际分工，在两国投入的劳动人数没有发生变化的条件下进行国际贸易，两国都会得利。

李嘉图认为，在资本与劳动力不能在国际上自由流动的情况下，按照比较优势理论的原则进行国际分工可使劳动配置更合理、增加生产总额，这对贸易各国均有利，但其前提为必须是完全的自由贸易。

（三）对比较优势理论的评价

1．比较优势理论的主要贡献

李嘉图的比较优势理论克服了绝对优势理论的缺陷，阐明了国际贸易的互利性和普遍适用性，即任何国家都能从国际贸易中获得利益，从而成为"分析巨大'贸易利益'来源的基本方法"[①]，奠定了自由贸易的理论基础。

2．比较优势理论存在的不足之处

（1）该理论的分析方法属于静态分析方法。李嘉图提出了9个假定作为其论述的前提条件，他把多变的经济状况抽象为静态的、凝固的状态，其假定前提过于苛刻，不符合国际贸易的实际情况。

（2）该理论的出发点是认为这个世界是一个静态均衡的世界，认为资本主义国际分工和国际贸易是自然的永恒现象，与马克思主义的关于经济范畴及规律具有历史相对性刚好相反。马克思主义认为，资本主义的国际分工和国际贸易等经济范畴和经济现象只具有历史暂时性，而不能看作永恒的规律。

（3）比较优势理论只提出国际分工的一个依据，未能揭示国际分工形成和发展的主要原因。成本、自然条件等因素对国际分工的形成有一定的影响，但不是唯一的和根本的因素。实际上，生产力、科学技术、社会条件等都对国际分工有重要的影响。

（4）比较优势理论未能揭示国际商品交换所依据的规律，即价值规律的国际内容。由于未能理解劳动力的两重性和受当时世界市场发展状况的限制，李嘉图把支配一国商品交换的价值规律运用到国际商品交换时做出了支配一个国家的商品价值的规则不能支配两个或更多国家间互相交换的商品的相对价值的结论。他认为，由于资本在国际上不易流动，因此各国之间的利润率无法趋于一致。这就是一个国家包含少量劳动的商品能够和另一个国家包含大量劳动的商品相交换的原因。那么，如何决定外国商品的价值呢？李嘉图认为，一切外国商品的价值是由用来和它们交换的本国土地和劳动产品的数量来衡量的，即使由于新市场的发现使本国一定量的商品所交换的外国商品数量增加一倍，本国所得的价值也不会更大。这样，他就把国际贸易中价值决定的问题转换为交换价值的决定问题，以交换价值来取代价值正是李嘉图的劳动价值论不完善的具体表现。

三、古典贸易理论的贸易利益图形解释

绝对优势理论和比较优势理论只是从理论上说明了贸易的利益，下面运用简单的图形

① 伊特韦尔，等. 新帕尔格雷夫经济学大辞典（中文版）[M]. 北京：经济科学出版社，1992：558.

分析来解释这一问题。

为了方便起见，仍以上述英国和葡萄牙两国为例。假定两国都只生产酒和毛呢两种产品，在贸易前，以酒表示的毛呢的机会成本不随产量的变化而变化。在这种不变机会成本的假定下，英国的生产可能性如表 2-3 所示。

表 2-3　英国的生产可能性

产品组合点	酒	毛　呢	产品组合点	酒	毛　呢
a	12	0	e	4	16
b	10	4	f	2	20
c	8	8	g	0	24
d	6	12			

由表 2-3 可知，对于英国而言，每多生产 4 个单位毛呢，必须放弃 2 个单位的酒的生产。类似地，假设葡萄牙的生产可能性如表 2-4 所示。

表 2-4　葡萄牙的生产可能性

产品组合点	酒	毛　呢	产品组合点	酒	毛　呢
a	10	0	d	4	3
b	8	1	e	2	4
c	6	2	f	0	5

由表 2-4 可知，葡萄牙每多生产 1 个单位的毛呢，必须放弃 2 个单位酒的生产。

现将两国的生产可能性描绘成图，即得出英国和葡萄牙的生产可能性曲线，如图 2-1 所示。

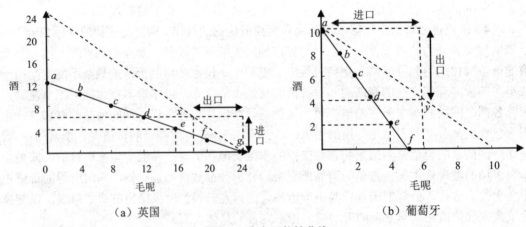

（a）英国　　　　　　　　　　　（b）葡萄牙

图 2-1　生产可能性曲线

假定在两国贸易前，英国的生产状态位于图 2-1（a）中的 e 点，即该国生产 4 个单位的酒和 16 个单位的毛呢；葡萄牙的生产状态位于图 2-1（b）中的 e 点，即该国生产 2 个单位的酒和 4 个单位的毛呢。如果两国进行贸易，由于英国具有生产毛呢的优势，将全部资源用来生产毛呢，即不生产酒，生产 24 个单位的毛呢，这时生产状态位于图 2-1（a）中的

g 点；同理，由于葡萄牙具有生产酒的优势，将全部资源用来生产酒，即不生产毛呢，生产 10 个单位的酒，这时生产状态位于图 2-1（b）中的 a 点。

为了简单起见，假定两国货币的兑换率为 1∶1，这意味着两国可以沿着图 2-1 中各自的生产可能性曲线消费。设英、葡两国分别在图 2-1 中的 x 和 y 点进行消费，在 x 点，英国消费 6 个单位的酒（消费比贸易前生产状态多 2 个单位）和 18 个单位的毛呢（消费比贸易前生产状态多 2 个单位）。在 y 点，葡萄牙消费 4 个单位酒（消费比贸易前生产状态多 2 个单位）和 6 个单位的毛呢（消费比贸易前生产状态多 2 个单位）。

需要注意的是，英、葡两国的生产和消费必须是相匹配的，这是因为一个国家的出口就是另一个国家的进口。例如，英国若在 g 点生产，则该国必须在 x 点消费，剩余 6 个单位毛呢出口，而且等于葡萄牙毛呢进口量，以交换进口的 6 个单位的酒。两国在 x 点和 y 点消费所生产出的贸易效应归纳如表 2-5 所示。

表 2-5　英国、葡萄牙生产可能性、贸易利益计算结果

	葡　萄　牙		进口（−）	英　　国		进口（−）	总　　计	
	生　产	消　费	出口（+）	生　　产	消　费	出口（+）	生　产	消　费
贸易前								
酒	2	2	0	4	4	0	6	6
毛呢	4	4	0	16	16	0	20	20
贸易后								
酒	10	4	+6	0	6	−6	10	10
毛呢	0	6	−6	24	18	+6	24	24

第二节　新古典贸易理论

由斯密与李嘉图建立与发展起来的古典贸易理论的一个基本特点就是只用单一要素的生产率差异来说明国与国之间为什么会发生贸易行为以及为什么生产率不同的两个国家会通过国际分工与贸易增加各自的收入和提高各自的福利水平。而以俄林为代表的新古典贸易理论研究者则假定各国在生产商品时所使用的生产技术是一样的，即生产函数相同，因而排除了各国劳动生产率的差异。他认为，国际贸易的内在动因是国与国之间要素生产率的差异，而国与国之间要素生产率的差异又主要来源于各国的不同生产要素存量的相对差异以及在生产各种商品时利用各种生产要素的强度的差异，这些不同要素的供给会影响到特定商品的生产成本。这一基本思想奠定了新古典贸易理论的基石。

一、赫克歇尔-俄林理论

伊·菲·赫克歇尔（Eli Heckscher，1879—1959）是瑞典著名的经济学家，他于 1919 年发表了经典论文《对外贸易对收入分配的影响》（*The Effect of Foreign Trade on the*

Distribution of Income）。他认为，两国之间产生比较成本差异必须有两个前提条件：① 两国的要素禀赋不一样；② 不同产品生产过程中所使用的要素比例不一样。在这两个条件成立的情况下，两国间才会发生贸易往来。

贝蒂·俄林（Bertil Ohlin, 1899—1979）是赫克歇尔的学生，他在其博士论文中发展了其导师的观点并于 1933 年出版了《区域贸易与国际贸易》（*Interregional and International Trade*）一书，对他的导师的理论做出了清晰而全面的解释。在该书中，他提出了生产要素禀赋论，建立了 H-O 模型，开创了国际贸易的现代理论，后经许多经济学家的充实和发展，其理论成为当今西方国际贸易理论的主流。俄林因创建国际贸易理论，获得了 1977 年诺贝尔经济学奖。

（一）赫克歇尔-俄林理论的基本假设

赫克歇尔-俄林理论（Heckscher-Ohlin theory）的基本假设共有三组。

（1）把问题变得容易处理的假设，包括：① 只有两个国家、两种产品、两种生产要素（资本和劳动），即 2×2×2 模型；② 各国可供利用的生产要素的总量不变；③ 两国消费者的偏好基本相同，消费无差异曲线的方位与形状一样。

（2）有关生产技术的假设，包括：① 两国生产时采用同一种技术，具有相同的生产函数；② 规模报酬不变，生产函数是线性齐次的；③ 两种生产要素（资本和劳动）在生产中可以完全相互替代；④ 不存在要素密集度逆转的情况，如果一种产品在一国是资本密集型产品，在另一国也是资本密集型产品；⑤ 两国经济总量总是处于均衡状态。

（3）有关贸易条件的假设，包括：① 运输成本为零，也不存在其他交易成本；② 自由贸易；③ 市场结构是完全竞争的；④ 生产要素只能在一国范围内流动，但产品可以在国家之间自由流动。

如果以上任何一个假设被放松或发生变化，那么赫克歇尔-俄林理论的结论就可能发生变化，甚至完全不能成立。

（二）赫克歇尔-俄林理论的基本内容

俄林认为，国际贸易是在国家（地区）之间展开的，而国家（地区）的划分标准是生产要素禀赋的情况。所谓生产要素禀赋，是指生产要素在一个国家（地区）中的天然供给情况。俄林所说的生产要素是指劳动、资本和土地，当然，每一种生产要素还可以细分。由于俄林将贸易中国际竞争力的差异归于生产要素禀赋的国际差异，故人们将赫克歇尔-俄林理论称为要素禀赋理论（the theory of factor endowment）；又由于该理论特别强调不同国家拥有不同的生产要素比例，故人们又将之称为要素比例理论（the theory of factor proportions）。

赫克歇尔-俄林理论关于国际贸易理论的基本内容主要由两部分组成：① 关于贸易的基础或原因，即生产要素供给比例理论；② 贸易带来的结果，即要素价格均等化理论。

1. 生产要素供给比例理论

俄林的生产要素供给比例理论是从商品价格的国际绝对差开始逐层展开的。

（1）商品价格的国际绝对差是国际贸易产生的直接原因。当两国间的价格差大于商品的各项运输费用时，则从价格较低的国家输出商品到价格较高的国家是有利的。

（2）商品价格的国际绝对差来自成本的国际绝对差。同一种商品的价格在国家之间存在的差异主要是成本的差异。所以，成本的国际绝对差是国际贸易发生的最主要原因。

（3）两国国内各种商品成本比例不同是国际贸易发生的必要条件。俄林认为，如果两国国内成本比例是相同的，一国的两种商品成本都按同一比例低于另一国，那么这两国将只能发生暂时的贸易关系。当两国的汇率变化使两国商品的单位成本完全相等时，这两国将不会发生贸易关系。

（4）生产要素的价格比例不同决定各国商品价格比例不同。为什么不同国家有不同的成本比例呢？俄林认为是因为各国国内的生产诸要素的价格比例不同。不同的商品是由不同的生产要素组合生产出来的，在每个国家内，商品的成本比例反映了它的生产诸要素的价格比例关系，也就是工资、地租、利息之间的比例关系。由于各国的生产要素价格不同，就产生了成本比例的不同。

（5）要素供给比例不同是决定要素价格比例不同的因素。在各国要素需求一定的情况下，各国的要素禀赋不同，导致要素的价格不同。一些供给丰富的生产要素的价格便宜，而稀缺的生产要素的价格昂贵。由此得出，要素价格比例不同是由要素供给比例不同决定的。同样地，假设生产要素供给比例是相同的，各国对这些生产要素的需求不同也会产生要素的不同价格比例。

从以上分析可以看出，俄林从价格的国际绝对差出发，分析了成本的国际绝对差，接着又探讨了不同国家内的不同的成本比例，进而探讨了生产诸要素的不同的价格比例，最后分析了生产要素的不同的供给和需求比例。其基本理论逻辑框架如图 2-2 所示。

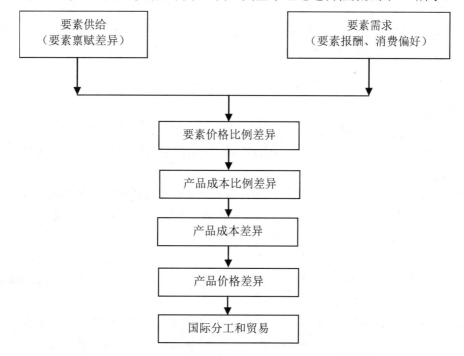

图 2-2　赫克歇尔-俄林生产要素供给比例理论的逻辑框架

在上述链条中，俄林认为要素供给比例是最重要的环节，但没有一个单一的环节是国际贸易的最终基础，各个环节之间的互相依赖关系决定了每个国家的价格结构。而各个国家的价格结构决定了其在国际分工和国际贸易体系中的比较利益，同时也构成了国际分工和国际贸易的基础。

2．要素价格均等化理论

要素价格均等化理论进一步论述了两国在发生贸易之后，两国之间的资源将会发生怎样的变化。俄林认为，虽然国际生产要素不能自由流动，但商品的国际流动在一定程度上弥补了国际上生产要素缺乏流动性的不足，而且贸易的扩大和发展将会减少两国间要素价格的差异，从而导致两国生产要素的相对价格和绝对价格趋于均等化，这就是所谓的要素价格均等化理论（factor-price equalization theory）。

但是，俄林认为，要素价格均等只是一种趋势，完全相等几乎是不可能的，其主要原因有以下几点：① 影响市场价格的因素复杂多变，而不同地区的市场又存在差别，价格水平难以一致；② 生产要素在国际上不能充分流动，即使在国内，生产要素从一个部门流向另一个部门也不是十分便利的；③ 集中的大规模生产必然使有些地区的要素价格相对较高，而另一些地区的要素价格相对较低，从而阻碍了生产要素价格完全均等。

（三）赫克歇尔-俄林理论的三个主要结论

（1）每个国家或区域在国际分工和国际贸易体系中应该生产和输出本国丰裕要素密集的商品，输入本国稀缺要素密集的商品。

（2）区域贸易或国际贸易的直接原因是价格差别，即各个地区间或国家间的商品价格不同。

（3）商品贸易趋向于（即使是部分地）消除工资、地租、利润等生产要素收入的国际差异，导致国际商品价格和要素价格趋于均等化。

（四）对赫克歇尔-俄林理论的评价

1．积极方面

（1）要素禀赋理论把传统的比较优势理论中的一种生产要素投入（劳动）的假定扩展至两种或两种以上的要素投入，进而提出了生产要素的组合比例问题，使国际贸易理论的分析更加符合现实。

（2）要素禀赋理论不是从技术差别而是从要素禀赋上来考察国际贸易的动因，找到了国际贸易的另一基础，正确地指出了生产要素在各国对外贸易中的重要地位。

2．不足之处

（1）赫克歇尔-俄林理论违背了劳动价值论。马克思主义认为，资本主义是一个剥削体系，资本的利润、土地的地租都是剥削收入，而俄林却认为它们是正当收入，抹杀了劳动收入和财政收入的区别。

（2）忽视技术进步的作用。在当代国际分工和国际贸易中，技术进步、技术革新可以改变成本和比例，从而改变比较成本。赫克歇尔-俄林理论排除了技术进步因素，这影响了该理论的广泛适用性。

（3）赫克歇尔-俄林理论与当代大量贸易发生在要素禀赋相似、需求格局接近的工业国之间的实际情况不符，影响了该理论对国际贸易实际情况的深入分析。

（4）抹杀了国际生产关系，抽象地谈论国际贸易可以使各国收入均等化，这不符合国际贸易的实际情况。赫克歇尔-俄林理论认为，只要实行自由贸易，国际收入分配不均的问题就可以迎刃而解。这种单纯以经济观点分析的方法脱离了历史实际、政治实际和社会实际。如果这样，只能出现发达国家与发展中国家之间的不等价交换。

（五）赫克歇尔-俄林理论的扩展

赫克歇尔-俄林理论的问世给关注贸易问题的经济学家以巨大的思想启迪，关于要素禀赋理论的成果纷纷出现，在此只介绍美国经济学家萨缪尔森（P.A. Samuelson）的要素价格均等化定理（factor price equalization theorem）。萨缪尔森认为，要素价格均等化不仅是一种趋势，而且是一种必然。鉴于要素价格均等化定理对赫克歇尔-俄林理论的发展，人们称之为赫-俄-萨定理（H-O-S theorem）。

萨缪尔森的这一思想是在其于 1947—1972 年发表的系列论文中得到逐步阐述的。他认为，即使生产要素在国际上不能自由流动，但只要商品能在国际上自由流动，那么不同国家生产出口和进口商品的同种生产要素价格也将趋于相等。该理论认为，两国在实行分工和贸易后，各自大量使用本国丰裕要素进行商品生产并出口，从而使这些要素价格日趋上涨（原来该类要素价格低）；同时，由于各自不断进口本国稀缺要素密集的外国产品，将使本国这类要素的价格不断下跌（原来该类要素价格高）。这样，通过国际贸易导致了两国间的生产要素价格差异缩小并使要素价格趋于均等化。只要两国生产要素相对价格存在差异，贸易仍将持续扩大和发展，而贸易的扩大和发展将会减小两国间要素价格的差异，直到两国国内各种商品的相对价格完全均等化为止，这时就意味着两国国内的要素相对价格也完全均等化了。

萨缪尔森还进一步论证了两国要素的绝对价格均等化问题。在要素的相对价格均等化、商品市场和要素市场是完全竞争的以及两国的技术是相同的条件下，国际贸易将会导致要素绝对价格也完全均等化。

二、里昂惕夫反论

里昂惕夫（Wassily Leontief，1906—1999），美籍苏联人，1930 年移居美国，1932 年任教于哈佛大学经济系，因提出投入-产出分析理论而获得 1973 年诺贝尔经济学奖。

（一）里昂惕夫反论的提出

按照赫克歇尔-俄林理论，一国应当出口密集使用其相对丰裕要素所生产的产品，而进口密集使用其相对稀缺要素生产的产品。1953 年，里昂惕夫利用他的投入-产出分析法对美国的对外贸易商品结构进行具体计算来验证赫克歇尔-俄林理论，即美国是否像该理论所描述的那样出口资本密集的商品，进口劳动密集的商品，因为美国是当时世界上资本最丰富的国家。

里昂惕夫把生产要素分为资本和劳动力两种，对 200 种商品的统计数据进行了分析，对 1947 年美国生产每百万美元的出口商品所包含的资本与劳动力的数量进行了计算。但对进口商品，他不能这样做，因为他只有美国出口商品的投入-产出表，而没有美国进口商品国家的投入-产出表。为此，他采用从美国的数据中计算进口替代品的要素密集度的方法来估计进口商品的要素密集程度，其计算结果如表 2-6 所示。

表 2-6　1947 年美国每百万美元出口商品和进口替代品的要素投入量

项　　目	出口商品	进口替代品
资本/美元	2 550 780	3 091 339
劳动力/（人/年）	182 313	170 004
资本（劳动）	13 991	18 184

由表 2-6 可知，1947 年美国进口替代品生产人均资本使用量与出口商品生产人均资本使用量的比率为 1.30，也就是说，作为世界上资本最丰裕的国家，美国出口的是劳动密集型商品，而进口的是资本密集型商品。正如里昂惕夫所言："美国参加国际分工是建立在劳动密集型生产专业化的基础上，而不是建立在资本密集型生产专业化的基础上。"[①]这个验证结果正好与赫克歇尔-俄林理论相反，也完全出乎里昂惕夫本人的预料，而且有悖常理，后被人们称为里昂惕夫反论（leontief paradox）或里昂惕夫之谜。

1956 年，里昂惕夫利用投入-产出法和美国 1951 年后的统计资料对美国贸易结构进行了第二次验证，验证结果以《生产要素比例和美国贸易结构：进一步的理论和验证分析》为题于同年发表，得出 1951 年美国进口替代品人均资本使用量与出口商品生产人均资本使用量的比率为 1.06，这与其 1953 年的结论基本相同。

（二）对里昂惕夫反论的解释

里昂惕夫发表其验证结果后，西方经济学界大为震惊，因而将这个不解之谜称为里昂惕夫反论并由此产生了围绕"反论"的国际贸易理论，其中有以下几个代表性解释。

1. 需求偏好差异说

该学说认为，赫克歇尔-俄林理论的假设条件不成立。该理论成立的一个前提假定是贸易国双方的需求偏好相似、消费结构相同，忽略了两国需求偏好差异对贸易方式的影响。然而，实际上贸易各国国民的需求偏好是不同的，而且这种偏好会强烈地影响国际贸易方式。里昂惕夫之谜之所以在美国发生，是由于美国人对于资本要素密集型产品的强烈偏好。正因为美国人强烈地偏好于资本要素密集型商品，故不得不进口资本要素密集型商品而出口劳动要素密集型商品。

2. 要素密集逆转说

该学说认为，赫克歇尔-俄林理论的另一个假定是要素密度不发生逆转，即如果在一种要素价格比率下，一种商品较另一种商品是资本密集型的，那么它将在所有的要素价格比率下都属于资本密集型，但现实情况是要素密度是会发生逆转的。例如，美国是世界上最

---

① 里昂惕夫. 国内生产与对外贸易：美国资本状况的再检验[R]. 美国哲学协会会议录，1953 年 9 月.

大的粮食出口国之一，但是与泰国相比，美国的粮食生产显然是资本密集型的，然而与美国生产的机器制成品相比却又是劳动密集型的。这样，虽然从世界的角度来看美国出口的是资本密集型商品，但从美国的角度来看其出口的是劳动密集型商品。

3．人力资本说

该学说认为，赫克歇尔–俄林理论将劳动视为一种同质的生产要素的假定是不现实的。实际上，一国的人力要素禀赋都是具有异质性的，在构成和质量上都不同于其他国家。美国经济学家基辛（D. B. Keesing）利用美国 1960 年人口普查资料将美国企业的从业人员分为熟练劳动力和非熟练劳动力两大类并按技术熟练程度由高到低分为八个等级。他还根据这两大分类对包括美国在内的 14 个国家的进出口商品结构进行了分析。在这 14 个国家中，美国出口产品所使用的熟练劳动力的比例最高，而进口商品所使用的熟练劳动力的比例最低。这表明美国出口的是技能密集程度最高的产品，进口的是技能密集程度最低的产品。

美国经济学家凯南（P. B. Kenen）认为，熟练劳动技能是社会投资与教育、培训的结果，熟练劳动技能是人力资本，它与有形资本一起组成资本投入。人力资本投入可提高劳动技能和专门知识水平，促进劳动生产率的提高。由于美国投入了较多的人力资本，因而拥有更多的熟练劳动力，因此美国出口产品会有较多的熟练劳动力。凯南对人力资本进行量化，把熟练劳动力高于非熟练劳动力的收入部分资本化并同有形资本相加。经过这样的处理后，从表面上看，美国出口的主要是劳动密集型产品，而实际上出口的是人力资本密集型产品，即美国出口产品的资本密集度高于进口产品的资本密集度。这样，引入人力资本这一新要素，里昂惕夫反论就不存在了。

4．贸易保护说

鲍德温认为，赫克歇尔–俄林理论的前提假设是自由贸易，而里昂惕夫所使用的资料是美国进出口构成的实际数字。在里昂惕夫进行统计分析的年代，美国事实上有很高程度的贸易保护，这种贸易保护主要针对的是美国缺乏国际竞争力的劳动要素密集型商品，以保护美国的这些行业，提高国内就业水平。如果没有这种保护性贸易政策，美国进口中的劳动密集型产品的份额便会高于存在这些限制的情况下的份额。1947 年，美国对劳动密集型商品征收的关税率超过 25%，而对资本密集型商品征收的关税率则较低。根据鲍德温的计算，如果美国的进口不受限制的话，则其进口产品的资本与劳动力的比率将比实际进口所计算的比率低 5%。该学说认为是美国的关税结构导致了贸易类型的扭曲。

5．自然资源说

该学说指出里昂惕夫之谜的根源在于，里昂惕夫的统计只考虑资本和劳动这两种要素投入，忽略了自然资源。有证据表明，美国出口产品中消耗了大量的自然资源，它们的开采、提炼与加工均投入了大量的资本。如果加入这部分资本投入量，里昂惕夫之谜就不存在了，赫克歇尔–俄林理论也会同国际贸易实践相吻合。

由于理论世界重新审视了赫克歇尔–俄林理论的立论前提的合理性并深入思考了里昂惕夫统计检验方法的有效性，从而丰富和发展了自由贸易学说。但是也有一些经济学家对赫克歇尔–俄林理论的检验结果与赫克歇尔–俄林理论不一致，由于对这个模型的实证研究不能完全令人满意，一些经济学家把注意力转向了新的研究领域，探索新的国际贸易理论。

（三）对里昂惕夫反论及其解释学说的评价

（1）里昂惕夫反论运用了科学的分析方法。里昂惕夫反论说明赫克歇尔-俄林理论脱离国际分工和国际贸易的实际情况，从而引起对"反论"的各种解释和有关理论的发展。由于里昂惕夫在验证赫克歇尔-俄林理论时首次运用投入-产出法，把经济理论、数学方法和统计三者结合起来，对国际分工和国际贸易商品结构进行了定量分析，这种研究方法具有一定的科学意义。

（2）对里昂惕夫反论解释的相关学说是对传统国际贸易理论的补充和发展。这些学说不是对比较成本说和赫克歇尔-俄林学说的全盘否定，而是采用把定性分析和定量分析相结合，把理论研究和实证分析相结合，把比较利益的静态分析和动态分析相结合的方法，针对二战后国际分工和国际贸易的新情况，在继承这些传统理论的基础上有所创新、有所发展。

（3）这些学说存在的问题。这些学说与传统国际贸易理论一样，仅仅从生产力的角度研究国际分工和国际贸易的产生、发展和贸易利益问题而不涉及国际生产关系，把国际分工与国际贸易作为分配世界资源的中性机制，抹杀了发达国家对发展中国家进行利益侵吞的历史事实，掩盖了国际分工和国际贸易的性质。

第三节　现代自由贸易理论

按照古典贸易和新古典贸易理论的解释，大部分国际贸易应该是在资金充裕的发达国家与劳动力资源丰富的发展中国家之间进行，而且主要是工业制成品与初级产品之间的贸易。但是二战以后，国际贸易实践出现了与传统贸易理论不相符的三个显著特征，具体如下。

（1）发达国家之间的贸易迅速增长并成为国际贸易主流。据统计，世界贸易量的60%以上均集中在发达国家之间。这些国家的经济发展水平大体相同，国民收入也很接近。

（2）产业内贸易大大增加，许多国家不仅出口工业产品，也大量进口类似的工业产品。产业内贸易在世界贸易中的比重不断上升，其原因是什么呢？

（3）知识密集型产品在国际贸易中的比重不断上升。在现代国际贸易中，以资本密集、技术密集、知识密集为特征的现代制成品贸易、高科技产品贸易逐渐占据国际贸易的主导地位，贸易各国的国际竞争力日益取决于科技竞争力。人类已从工业经济时代跨入了知识经济时代（knowledge economy），时代特征的变化是传统贸易理论所无法预见的，因而传统贸易理论也无法解释这些新变化。贸易实践对贸易理论的挑战激发了一些经济学家对传统理论进行反思，同时又对新形势下的某些贸易现象进行了解释。在这些新理论中，主要介绍以下几种。

一、规模经济理论

古典贸易理论和新古典贸易理论都是假定产品的规模报酬不变，而规模经济理论

（economic of scale theory）则认为这种假定是不完全的。因为规模经济现象在许多行业中非常突出，如在制造业中，随着生产规模的扩大、生产时间的延长，机器设备闲置减少及利用率提高，劳动者的技术及熟练程度提高，从而导致单位产品的成本降低，即出现了规模报酬递增的情况。

保罗·克鲁格曼（P. R. Krugman）对规模经济理论的研究取得了一定的成就。1979 年，他在发表的论文中将规模报酬理论引入国际贸易分析中，成为当代贸易理论具有代表性的学说之一。该理论认为，即使两国在要素禀赋与消费偏好上完全一样，即不存在比较优势，但只要存在报酬递增的规模经济，经济发展水平大体相同的国家之间照样能产生国际分工和国际贸易。这样，该学说从理论上对二战后发达国家之间工业品的"双向贸易"做出了较有说服力的解释。

二、产业内贸易理论

美国经济学家格鲁贝尔（H. G. Grubel，1934— ）等人在研究共同市场成员国之间贸易的增长时发现，发达国家之间的大量贸易是产业内同类产品的贸易，因而对产业内贸易进行研究，形成产业内贸易理论（intra-industry trade theory），解释了产业内同类产品贸易增长的原因及其特点。

（一）产业内贸易的概念和特点

当代国际贸易的产品结构大致可分为产业间贸易和产业内贸易两类。产业间贸易是指非同一产业内的产品在两国间的进口和出口贸易，也称为垂直贸易。例如，我国向美国出口纺织品，而从美国进口计算机芯片。与之相对应的是产业内贸易，它是指同一产业的产品由具有相同或相似的生产要素禀赋的两国互相进口和出口的贸易活动，一般也称为水平贸易。例如，美国和日本之间的汽车贸易就属于这种贸易。

一般来说，产业内贸易具有以下四个特点。第一，它与产业间贸易相比，在内容上有所不同，是产业内同类产品的相互交换，而不是产业间非同类产品的交换。第二，产业内贸易的产品流向具有双向性，即同一产业内的产品可以在两国之间相互进出口。第三，产业内贸易的产品具有多样化特点，既有劳动密集型产品，也有资本密集型产品。第四，产业内贸易的产品必须具备两个条件：一是在消费上能够相互替代；二是在生产中需要相近或相似的生产要素投入。

（二）产业内贸易的发展状况

20 世纪 60 年代以来，产业内贸易的贸易量大大增加，传统的国际贸易模式逐渐改变，产业内贸易量占全球贸易量的比重日益上升并逐渐成为国际贸易的主要力量。早在 1978 年，哈沃列利辛（O. Havrylyshyn）和奇范（E. Civan）根据 62 个国家或地区的产业内贸易占其总贸易额的测算，得出产业内贸易额与人均收入水平正相关的结论。这一结论在 20 世纪 90 年代得到了国际贸易实践的证明。现在产业内贸易占全球贸易的比重已提高到 60% 以上，而且 70% 的产业内贸易是由发达国家的跨国公司完成的。当年哈沃列利辛和奇范的统计数据如表 2-7 所示。

表 2-7　62 个国家（地区）产业内贸易量在总贸易量中的比重（1978 年）

国家（地区）分组	人均国民生产总值/美元	产业内贸易量占总贸易量的百分比/%
15 个低收入国家	261	21.4
18 个中等收入国家	1273	25.7
6 个新兴工业化国家（地区）	1466	36.6
23 个高收入国家	7722	60.3
所有 62 个国家（地区）	2909	55.7

注：低收入国家为人均国民生产总值在 600 美元以下的国家，高收入国家为人均国民生产总值在 2400 美元以上的国家，6 个新兴工业化国家或地区为巴西、墨西哥、新加坡、韩国及中国香港特别行政区、中国台湾地区

资料来源：世界银行《1980 年世界发展报告》。

（三）产业内贸易成因分析

格鲁贝尔对产业内贸易的成因做出了解释。他认为，同一产业的产品可以分为同质产品和异质产品。同质产品在价格、品质、效用上基本相同。对于同质产品间贸易的成因，他认为首先是运输，消费者希望能就近获得供应，于是就会发生就近进口或出口；其次是一些产品的季节性特点和各国生产季节的差异会导致一国对这类产品既有进口又有出口。

格鲁贝尔认为，同类产品的异质性是产业内贸易的重要基础，这种异质性主要表现在商标、牌号、款式、性能、质量、用途、包装、信贷条件、交货时间、售后服务和广告宣传等方面。这种异质产品可以满足不同消费心理、消费欲望和消费层次的消费需求，从而导致不同国家之间产业内贸易的发生。

三、技术差距理论

技术差距理论（technology gap theory）又称技术间隔论，是由美国经济学家波斯纳（M. U. Posner）提出，经格鲁伯（W. Gruber）等人进一步发展而形成的。技术差距理论认为，各国技术发展情况不一致，技术革新领先的国家就可能享有出口技术密集型产品的比较优势。技术领先的国家发明出一种新产品或新的生产流程时，由于其他国家尚未掌握这项技术，因而就产生了国际上的技术差距（technology gap）。但是，随着新技术向国外的扩散，其他国家迟早会掌握这种技术，从而使国际上的技术差距逐步缩小，直至消失，其过程如图 2-3 所示。

图 2-3 中，t_0 为创新国生产产品的开始，随后其生产逐步扩大，经过一段时间之后又逐步缩小。波斯纳在描述技术差距时，提出了模仿时滞和需求时滞。需求时滞是指从创新国新产品问世到其他国家消费者认识其价值并对它产生需求的时间差距，即图中的 t_0—t_1，它取决于收入因素、模仿国消费者对新产品的认识等。模仿时滞是指在技术创新国的新产品问世以后到其他国家仿制的产品出口以前的这一段时间差距，即图中的 t_0—t_3，它又分为反应时滞和掌握时滞，前者是指创新国新产品问世以后到进口国开始仿制的时间间隔，即图中的 t_0—t_2，它取决于模仿国厂商的反应以及规模经济、贸易壁垒、运输成本、收入水平等

因素；后者是指模仿国开始生产到国内生产扩大和开始出口的时间间隔，即图中的 t_2—t_3，它取决于创新国技术转移的时间以及进口国对新技术的需求强度、科研基础、科研费用和生产条件等因素。由于需求时滞和模仿时滞的差距，导致了国际贸易的可能性，其贸易区间为 t_1—t_3。

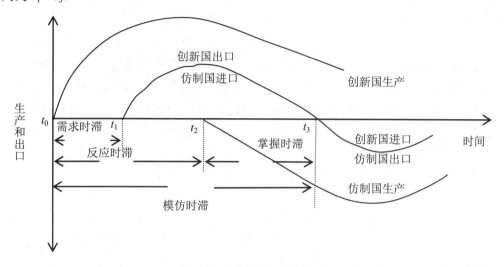

图 2-3　技术差距与国际贸易

四、产品生命周期理论

在现代国际贸易中，作为技术创新的知识密集型产品大多是由以美国为代表的西方发达国家创造发明的，随着产品标准化程度的提高，该类产品的生产与出口逐渐由原发明国转向其他国家。美国经济学家雷蒙德·弗农（Raymond Vernon）于 1966 年发表的《产品周期中的国际投资与国际贸易》（*The International Investment and International Trade in the Product Cycle*）一文对这一现象做出了解释，由于弗农在该文中提出了产品生命周期的概念，故人们将弗农的这一理论称为产品生命周期理论（the theory of product life cycle）。

（一）产品生命周期理论的基本内容

弗农把参与贸易的国家分为三类：第一类，发明和出口新产品的工业发达国家，如美国等；第二类，比较小的工业发达国家，如日本等；第三类，广大发展中国家。同时，他认为一个新产品的技术发展大致经历创新、成熟和标准化三个阶段，各个阶段的特点不同，对国际贸易的影响也不同。

第一阶段：创新阶段（new product stage）。弗农认为新产品最初总是出现在最发达的国家，这是因为在发达国家，良好的教育条件与雄厚的科技力量可以充分提供企业创造发明所需的人才资源和科研条件，完备的知识产权保护体系和旨在鼓励创造发明的税收结构与产权制度为产品的研究与开发提供了宽松的外部环境且有创新、进取精神的企业家对新机会的把握和利用能力较高；同时，由于新产品具有需求价格弹性较低、收入弹性较高的特点，发达国家的社会要素积累与较高的社会购买力足以从供给和需求两个方面为新产品的生产提供技术与经济上的支持。

第二阶段：成熟阶段（mature product stage）。在这一阶段，技术已成熟，产品已定型，生产规模不断扩大，国外的需求也在增加。这个时期，发达国家在向本国消费者提供这种产品的同时，还将产品大量出口到对其生产的新产品产生需求的外围国家，或者给国外生产者出售生产许可证，或者在国外设分厂生产并销售新产品。

第三阶段：标准化阶段（standardized product stage）。在这一阶段，生产技术和产品本身都已经标准化，即不仅在发达国家已经普及，而且已扩展到发展中国家，技术本身的重要性已逐渐消失。此时，新产品的要素密集性已发生变化，即从知识与技术密集型产品转变为资本与非熟练劳动要素密集型产品，产品的生产已转移到生产成本相对较低的外围国家。随着生产过程的外向转移，贸易的方向也会颠倒过来，即原来出口该新产品的发达国家将成为该产品的进口国。

上述产品生命周期各阶段的特征与贸易的流向特征如表 2-8 所示。

表 2-8　产品生命周期与贸易流向的特征

项　　目	创新阶段	成熟阶段	标准化阶段
需求	发达国家人均收入高	需求扩散	欠发达国家需求增加
供给	发达国家技术先进	规模经济	资本与熟练劳动
贸易	无	向外出口	从外进口

（二）产品生命周期理论图示

产品生命周期与国际贸易格局变化模式如图 2-4 所示。

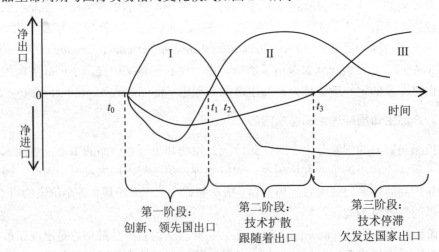

图 2-4　产品生命周期与国际贸易格局变化模式

在图 2-4 中，横轴表示时间，纵轴上半轴表示产品净出口量，下半轴表示产品净进口量。曲线 I、II 与 III 分别表示新产品发明国、其他工业国与欠发达国家的进、出口量随时间变动的情况：0—t_0 为产品创新阶段，发达国家本国生产、本国消费，没有出口；t_0—t_1

为产品成熟阶段，产品主要在发明国生产并出口或在其他工业国国内直接投资生产与销售；t_1 之后，产品进入标准化阶段，其中 $t_1—t_3$，其他工业国主要承担该产品的生产与出口职责；从 t_2 起，原发明国转变为净进口国，此时产品为资本密集型产品；t_3 以后，产品变为劳动密集型产品。

五、需求相似理论

瑞典经济学家林德（S. B. Linder）于 1961 年出版了《贸易和转移支付》（*An Essay on Trade and Transformation*）一书，他认为赫克歇尔-俄林理论适于理解初级产品，尤其是自然资源密集型产品（natural resource intensity）的贸易方式，但不适于解释制成品，尤其是资本密集型产品的贸易方式。对于后者的解释，林德提出了需求相似理论（theory of demand similarity）。

林德的需求相似理论主要包括以下几点内容。

（一）一个国家的工业制成品的出口主要取决于其国内需求条件

第一，企业家对国内市场的熟悉程度要低于对国外市场的熟悉程度，在生产初期，他们更看重在本国的获利机会。只有当这种产品在国内市场立足、企业规模已发展到足够大的时候，企业家才会考虑国外市场。因此，出口只是对市场的延伸，而不是市场的开端。第二，本国需求是产品发明与创新的原动力，是因本国具体环境及有特殊问题需要解决才推动人们去从事技术革新与发明创造。例如，印度一年四季不冷，印度人当然不会对皮衣、皮帽产生需求，因此，在印度，该类产品的开发很少。第三，当一种产品适合市场需求时，生产者与消费者之间交流的信息会及时地影响产品的发展方向，这种相对低廉的信息成本使得该产品具有更大的相对优势。

（二）工业品贸易量取决于需求结构和需求偏好的相似程度

林德指出，两国间的需求结构和需求偏好越相似，其贸易量就越大。一旦产生贸易，需求结构和需求偏好相似的两国的贸易量要大于需求结构和需求偏好差别较大的两国的贸易量。如果两国的需求结构和需求偏好完全一样，一国可能进出口的商品，也就是另一国可能进出口的商品。

（三）一国的需求偏好和需求结构取决于该国的人均收入水平

林德指出，影响一国需求结构的主要因素是人均收入水平，人均收入水平的相似程度可以用来作为衡量需求结构相似程度的指标。人均收入水平越相似的两个国家，其消费偏好和需求结构越相近，产品的相互适应性就越强，贸易机会就越多，而人均收入水平的差异则是贸易的潜在障碍。当然，收入不均的低收入国家中的高收入阶层与高收入国家中的低收入阶层的需求结构和需求偏好也会存在相似性，因此两国需求存在重叠，需求重叠使这两种类型的国家之间的贸易成为可能。

📓 本章小结

　　本章介绍了古典贸易理论、新古典贸易理论和现代自由贸易理论，这些理论随着国际贸易的发展，从不同阶段和角度说明和分析了国家贸易的基本动因。

　　古典贸易理论主要有亚当·斯密的绝对优势理论和大卫·李嘉图的比较优势理论。由于斯密的绝对成本差异的约束条件在现实经济中很难获得满足，存在一定的局限性，李嘉图放宽了斯密绝对成本差异的前提条件，以比较成本的差异为前提假设，建立了比较利益理论，从而奠定了自由贸易理论的理论基础。

　　与古典贸易理论相比较，新古典贸易理论不仅承认比较利益是贸易发生的基本原因，而且找到了比较利益得以形成的源泉，那就是贸易双方要素禀赋的差异。但是新古典贸易理论的前提假设过于苛刻，不能解释一些贸易现象。美国经济学家里昂惕夫最先对新古典贸易理论提出挑战，即里昂惕夫之谜，之后，许多经济学家试图对此做出解释，从而丰富和发展了国际贸易理论。

　　现代自由贸易理论主要介绍规模经济理论、产业内贸易理论、技术差距理论、产品生命周期理论和需求相似理论五种贸易理论。规模经济理论从供给角度解释了产业内贸易发生的原因，而对差别产品的需求则从需求角度回答了产业内贸易得以发展的原因；技术差距理论以不同国家之间的技术差距为分析前提，认为技术差距和模仿时滞决定了现实的国际贸易格局；产品生命周期理论从动态角度回答了产业内贸易产生的原因；需求相似理论则从需求方面探索了国际贸易发生的动因。

　　由此可见，现代自由贸易理论不是对新古典贸易理论的否定，而是对新古典贸易理论的补充和发展。

✒️ 本章重要概念

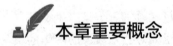

绝对优势	比较优势	贸易收益	要素禀赋
丰裕要素	稀缺要素	里昂惕夫之谜	人力资本
要素密度逆转	规模经济	规模报酬递增	产业内贸易
模仿时滞	需求时滞	产品生命周期	需求偏好

思考题

1. 简述绝对优势理论的主要内容。

2．简述比较优势理论的主要内容。

3．古典贸易理论与新古典贸易理论有何区别和联系？

4．何谓里昂惕夫之谜？经济学家是如何解释的？你有何见解？

5．何谓需求相似理论？它能充分解释现代贸易实践吗？

6．何谓产业内贸易？其原因是什么？

7．何谓产品生命周期？它与国际贸易有何关系？

8．传统国际贸易理论能解释当代国际贸易现象吗？为什么？

9．根据技术差距理论，模仿时滞与需求时滞之间有何关系？这种关系会对贸易产生什么影响？

10．假设 A、B 两国同时生产大米和棉布，其劳动生产率相同，即生产每单位大米均需 10 个单位的土地和 1 个单位的劳动力，生产每单位棉布均需 1 个单位的土地和 10 个单位的劳动力。假设 A 国每单位土地价格为 4 万元，每单位劳动力价格为 1 元；B 国每单位土地价格为 1 万元，每单位劳动力价格为 2 元。试用赫克歇尔-俄林的要素比例说计算两国生产这两种产品的比较成本并说明 A、B 两国应如何分工。

 ## 学生课后参考阅读文献

[1] PAUL R KRUGMAN. International economics[M]. New York: Harper Collins College Publishers, 1994.

[2] 约夫，卡瑟．国际贸易与竞争[M]．宫桓刚，孙宁，译．大连：东北财经大学出版社，2000．

[3] 斯密．国民财富的性质和原因的研究[M]．北京：商务印书馆，1972．

[4] 李嘉图．政治经济学及赋税原理[M]．南京：译林出版社，2011．

[5] 俄林．地区间贸易和国际贸易[M]．王继祖，等，译．北京：商务印书馆，1986．

[6] 华民．国际经济学[M]．上海：复旦大学出版社，1998．

[7] 苟小菊．国际贸易概论[M]．北京：中国商业出版社，2001．

[8] 孙丽云，王立群．国际贸易（修订本）[M]．上海：上海财经大学出版社，2000．

[9] 吴国新，杨勤．国际贸易理论与政策[M]．北京：清华大学出版社，2016．

第三章　保护贸易理论

学习目的和要求

通过本章的学习，了解重商主义的产生背景，掌握早期和晚期重商主义的主要思想；了解幼稚产业保护理论的产生背景，掌握汉密尔顿和李斯特的幼稚产业保护理论的主要内容；理解并掌握凯恩斯的超保护贸易理论；理解并掌握战略贸易理论；理解并掌握普雷维什的中心-外围论的主要观点。

开篇案例：金融危机导致贸易保护主义抬头

【案情】

2008 年年底从美国爆发并蔓延至全球的国际金融经济危机造成贸易保护主义抬头，以下是 2008—2009 年摘自新浪财经的美国、欧盟、印度的贸易保护措施的相关报道。

1. 美国

2008 年 12 月 19 日，美国向世界贸易组织（WTO）上诉，称中国违反该组织规则，对纺织品、冰箱、化工产品等部分品牌产品提供补贴。

同年 12 月 23 日，美国时任贸易代表施瓦布向国会提交《2008 年有关中国 WTO 事务的国会报告》。报告列举了 6 宗正在进行的美国政府对中国的诉讼，内容涉及汽车配件、行业补贴、知识产权保护等。

2009 年 1 月 27 日，美国国际贸易委员会投票通过针对中国床垫弹簧征收反倾销税的提案，为美国商务部对进口自中国的非封闭内置弹簧组件征收 164.75%～234.51% 的关税提供支持。

同年 2 月 17 日，美国政府通过《新经济刺激方案》，其中的"购买美国货"条款规定，在"不违背已签署的国际贸易协议"的前提下，该方案所涉及的基础设施投资项目中需要的钢铁均要由美国企业在国内生产且美国运输安全管理局使用的任何制服和纺织品也必须是真正的"美国制造"。

2. 欧盟

2009 年 2 月 1 日，欧盟理事会宣布对中国紧固件企业征收 77%～85% 的惩罚性关税，期限为 5 年。

同年 2 月 13 日，欧盟宣布对中国产钢盘条征收最高达 25% 的临时反倾销税，6 个月后再决定是否征收至少 5 年的最终关税。

同年 3 月 3 日，欧盟贸易专门小组裁定，将对自美国进口的生物柴油开征反倾销税和反补贴税，期限为最少 6 个月。

3. 印度

2009 年 1 月 23 日，印度宣布禁止从中国进口玩具，期限为 6 个月。

同年 2 月 19 日，印度贸易部秘书长表示，印度政府可能会对进口自中国的铝制品征收保护性关税并将对其他进口的中国商品进行调查。

（资料来源：根据 2008—2009 年新浪财经有关美国、欧盟、印度贸易保护措施的报道整理而成。）

【讨论】

1．上述报道中各国和地区主要采取了哪些保护贸易措施？

2．这些做法主要体现了什么保护贸易理论？

【分析】

贸易保护主义是指在对外贸易中实行限制进口以保护本国商品在国内市场免受外国商品竞争并向本国商品提供各种优惠以增强其国际竞争力的主张和政策。在限制进口方面，主要是采取关税壁垒和非关税壁垒两种措施。前者主要是通过征收高额进口关税阻止外国商品的大量进口；后者则包括采取进口许可证制、进口配额制等一系列非关税措施来限制外国商品自由进口。这些措施是经济不发达国家保护民族工业、发展国民经济的重要手段，也是发达国家调整国际收支、纠正贸易逆差的重要工具。在自由竞争资本主义时期，较晚发展的资本主义国家通过推行贸易保护主义政策为自己赢得发展的时间和机遇；发达国家则大多提倡自由贸易，贸易保护主义政策只是用作对付危机的临时措施。到了垄断资本主义时期，发达国家推行的贸易保护主义已不仅仅是抵制外国商品进口的手段，更成为对外扩张、争夺世界市场的手段。

在 2008 年金融危机发生后，美国、欧盟等发达国家和地区采用了针对中国的以征收反补贴税、反倾销税为目的的调查，印度则直接采用了禁止进口某类产品的更为直接的保护措施。这些措施基本上还是属于传统贸易保护主义的政策主张，主要是为了保护国内市场，以促进国内生产力的发展，这与早期的重商主义的保护贸易目的大不相同。重商主义限制进口，鼓励出口，其目的是积累金银财富；而现在主张的保护贸易的目的则是提高创造财富的生产力。国家通过有针对性地对自己直接、强劲的竞争对手加强保护主义政策，利用各种限制进口的措施保护本国市场免受外国商品的竞争。

应当引起注意的是，世界经济处于增长和繁荣阶段易实施自由贸易政策，而世界经济面临或处于萧条阶段则易实施贸易保护措施。理论上，自由主义占据霸主地位的时间较长，在现实中真正发生的贸易自由却很短暂。自由主义在更多的时候是宣传的口号，可用一句形象的话来表达：自由贸易只是高高举起的旗帜，但在这面旗帜下没有更多的国家跟从。在未来很长的时间里，贸易保护仍然是各国贸易政策的支撑点。不仅包括发展中国家，一些发达国家之间由于竞争的激烈会不断地实施贸易保护，保护的手段时而透明、极端化，如危机发生时使用关税、政治、军事等手段；时而隐蔽化，如各种技术性贸易壁垒、绿色壁垒等非关税壁垒。

自由贸易理论通过相关模型说明了各国如何通过自由贸易来获得利益。如果不能满足自由贸易这个最为紧要的前提条件，那么自由贸易理论所预期的结果就不会发生。然而，现实经济生活中，纯粹的自由贸易难寻踪迹，而盛行的却是保护贸易（the theory of trade protection），即一国政府为实现本国贸易利益最大化，通过判定某些保护性贸易措施而使本国的生产者在国内的市场上获得足以同来自外国的进口商品进行竞争的优势。以 15 世纪的重商主义（mercantilism）为起点，保护贸易理论产生了众多的学术流派。本章重点介绍重商主义、幼稚产业保护理论和现代一些具有代表性的保护贸易理论。

第一节　重 商 主 义

一、重商主义产生的历史背景

重商主义产生于 15—17 世纪欧洲资本主义原始积累时期，是资产阶级国际贸易理论的早期理论，马克思称之为对资本主义生产方式的"最早的理论探讨"。重商主义的产生反映了当时的时代特征，有其思想、政治和物质基础。起源于 14 世纪的文艺复兴使人们开始重视自身的物质利益和精神需求，热忱关注对财富的积累并进而演化出"拜金主义"这一社会思潮。随着商人经济实力的加强，人们开始用商人的价值尺度而非牧师的宗教标准来衡量价值观念，这一切为重商主义的产生奠定了思想文化基础。随着商品生产与交换的不断发展，新兴的商人阶级要求清除封建的市场割裂状态，建立中央集权国家，以控制同海外的贸易，这一切都需要借助国家强大的政治与军事力量的保护。而西欧封建统治王朝为满足王室巨额的生活开支和军事开支，需要从商人阶级那里取得支持。同时，作为新兴的民族国家，它们纷纷提出富国强兵的口号。因此，建立强大的海军、参与海外殖民地的开拓和发展对外贸易就成了封建国家的首要选择。这样，商人的经济利益和国家的政治利益的结合使商人阶级获得了崇高的社会地位和政治特权，这为重商主义的产生奠定了政治基础。15—17 世纪的地理大发现开辟了海上新航线。新航线的开辟使欧洲商业资产阶级对美洲、欧洲殖民地的掠夺成为可能，大量金银流入对欧洲商人资本的发展起到了巨大的促进作用。正如马克思和恩格斯在《共产党宣言》中所说的，"美洲的发现、绕过非洲的航行，给新兴的资产阶级开辟了新天地。东印度和中国的市场、美洲的殖民化、对殖民地的贸易、交换手段和一般的商品的增加，使商业、航海业和工业空前高涨……"，这一切为重商主义的产生奠定了物质基础。

二、重商主义的基本理论

重商主义是指 15—17 世纪在英、法等西欧国家盛行的有关政府对经济进行管制，阻止金银外流的学说，其基本思想内容有：① 货币就是财富，财富就是货币，财富和货币是完全统一的；② 一国的金银等贵重金属的拥有量大小是其富裕与否的标志，一国拥有的黄金和白银越多，其财富的拥有量就越大，因而也就越富有；③ 对外贸易是财富的源泉，重商主义认为只有对外贸易才能不断增加一国货币量，从而增加国家的财富。因此，该理论强调国内的商品生产应服从于对外贸易的需要，国家应通过鼓励工厂手工业的发展来促进商品的出口，以增加黄金、白银的流入，把黄金、白银留在国内。由于重商主义跨越三个世纪，人们一般将其划分为早期重商主义和晚期重商主义。

（一）早期重商主义

早期重商主义的基本观点为：① 货币——金银是唯一的财富，任何商品输入都会使货币流出，减少本国货币拥有量，从而减少本国的财富。因此，一国在对外贸易中应该尽可能多输出商品而尽可能少输入，最好是不输入商品，只有这样，一国才能迅速地增加货币，积累财富。因此，重商主义又称为重金主义（bullionism）。② 重商主义认为对贸易要进行严格的管制，力争让每一笔贸易均保持顺差，从而使金银不流出本国，因此这一理论又被称为货币差额论。

推崇早期重商主义的代表人物是英国的威廉·斯塔福（William Stafford，1554—1612），他在其所著的《对我国同胞的某些控诉的评述》一书中写道："外国商人从我们手中廉价地购买羊毛，再将羊毛织品高价卖给我们，以此从我们手中赚得的货币就离开我们，一去不复返了。"他还进一步分析了逆差对英国的危害性，他认为进口商品，特别是进口本国能生产的商品是有害的。因此，他认为对外贸易要时刻保持顺差，不允许出现一笔贸易逆差，禁止货币出口。

（二）晚期重商主义

按照早期重商主义的观点，各国都限制金银的外流，其结果只能是令贸易"窒息"，阻碍金银的流入。因此，按照这种理论逻辑，早期重商主义陷入了"理论困境"。重商主义者在实践中逐步认识到货币只有在运动、流通中才能增值，他们开始明白，被一动不动地放在钱柜里的资本是"死"的，而流通中的资本会不断增值……人们开始把自己的金币当作诱鸟放出去，以便把别人的金币"引"回来。于是，早期重商主义发展为晚期重商主义，即重商主义从货币差额论发展成为贸易差额论。

晚期重商主义的基本思想从其代表人物托马斯·孟（Thomas Mun，1571—1641）的代表作《英国得自对外贸易的财富》一书中可以看出。孟认为，增加英国财富的手段就是发展对外贸易，但必须遵循一个原则，即每年卖给外国人的东西要比英国人消费的多，但不要求对每个国家的贸易都保持顺差。他反对早期重商主义者禁止金银输出的思想，他把货币与商品联系起来，指出"货币产生贸易，贸易增多货币"[①]。只有输出货币，才能输入更多的货币。为了保证有利的贸易顺差，孟主张扩大出口，减少外国制品的进口，反对英国居民消费英国能够生产的外国产品，还主张发展加工工业和转口贸易。因此，人们又称晚期重商主义为贸易差额论。马克思对孟的代表作深为欣赏，称之为重商主义的"圣经"。

此外，晚期重商主义者为保证国内出口产品有充裕的货源供应，主张政府应当鼓励对原料和半成品的进口，对出口工业的发展给予税收等方面的优惠，加强工人技术培训，鼓励吸收外国优秀的技工移民。因此，人们又称晚期重商主义为重工主义。

三、对重商主义的评价

重商主义在历史上曾起到过积极作用，它对当时欧洲各国制定外贸政策起到了指导作

---

① 孟. 英国得自对外贸易的财富（中译本）[M]. 袁南宇，译. 北京：商务印书馆，1965：16.

用，促进了资本的原始积累，推动了资本主义生产方式的建立和发展。

但是，重商主义存在明显的不足：① 对货币和财富的错误理解导致其对国际贸易的理解有误，认为国际贸易是一种零和博弈，这一错误观点后来遭到古典经济学派的猛烈抨击；② 其理论只考虑流通领域而忽视生产领域，因而是不科学的。重商主义对社会经济现象的探索只局限于流通领域，而未深入生产领域，因而其经济理论是幼稚的。正如马克思在《资本论》的第三卷中所说的："现代经济的真正科学，是在理论考察由流通过程过渡到生产过程时开始的。"

第二节　幼稚产业保护理论

一、幼稚产业保护理论的历史背景

18 世纪中叶，英国的产业革命使其成为"世界工厂"并逐步推行自由贸易政策。但当时美国刚刚取得独立和统一，德国结束了其封建割据的状态，开始工业化进程。19 世纪初，虽然美国的农业、工业和德国的纺织业、采矿业、冶金业、机械制造业等都有所发展，但与当时的英国相比，美、德的工业比较幼稚，生产力发展还较为落后，尤其是畅销全球的英国廉价工业品给美、德工业带来了较大的冲击。因此，美国和德国于 19 世纪先后实行了严厉的保护贸易政策，使本国工业在英国等欧洲先进工业国的强大压力下得以生存并获得发展。

美国经济学家亚历山大·汉密尔顿（Alexander Hamilton，1755—1804）和德国经济学家弗里德里希·李斯特（Friedrich List，1789—1846）正是在这种条件下，代表各自工业资产阶级利益提出了幼稚产业保护理论。他们是保护贸易理论的代表人物。

二、汉密尔顿的幼稚产业保护理论

汉密尔顿是美国开国元勋，第一任财政部长。1776 年 7 月 4 日，美利坚合众国宣布独立，但独立以后，其经济遭到了严重的破坏，呈现一片萧条的景象。在经济上，美国仍严重依赖英国，传统的贸易往来使美国南方的种植园得以发展，但美国北方工业的发展困难重重。当时摆在美国人面前的只有两条路：一条是实行英国人倡导的自由贸易政策，继续向英、法等国出售农产品，而从这些国家进口工业品以满足国内市场对工业品的需求；另一条是实行保护贸易政策，独立自主地发展本国工业。在此情况下，汉密尔顿于 1791 年向国会递交了《关于制造业的报告》（*Report on Manufacture*），报告中明确地表达了他的关税保护思想。他认为，美国工业起步晚、基础薄弱、技术落后、生产成本高，难以和经济起步较早的英、法、荷等国进行自由竞争。因此，美国必须实行保护贸易政策。他主张用征收关税的办法来鼓励本国幼稚工业的发展，但他并不主张对一切进口商品征收高关税或禁止进口，而应是对本国能生产的但竞争力弱的进口商品实施严厉的限制进口政策。他认为，发展本国工业作用巨大：可以提高机械化水平，促进社会分工；增加就业机会；吸引外国移民；提高自我消化农产品的能力，保证农产品的销路，稳定生活必需品的供给等。

因此，制造业的发展与美国利益关系重大。

为此，汉密尔顿主张加强政府干预，实行保护关税政策，以保护本国新兴的工业。具体措施包括：第一，向私营工业发放贷款，扶持私营工业发展；第二，实行保护关税制度，保护国内新兴工业；第三，限制重要原料出口，免税进口本国急需原料；第四，给各类工业发放奖励金并为必需品工业发放津贴；第五，限制改良机器及其他先进生产设备输出；第六，建立联邦检查制度，保证和提高工业品质量；第七，吸引外国资金，以满足国内工业发展需要；第八，鼓励移民迁入，以增加国内劳动力供给。

汉密尔顿的保护贸易主张使美国民族工业得到顺利发展。19世纪初，美国开始工业革命，为抵御英国工业品的竞争，扶植国内工业的发展，美国不断提高关税，1816年关税率为7.5%～30%，1824年平均税率提高到40%，1825年又提高到45%。保护关税政策使美国工业得以避免外国竞争而得到巨大发展，使美国经济很快赶上英国。19世纪80年代，美国工业产值位居世界首位；1900年，美国在世界对外贸易总额中仅次于英国，位于世界第二位。

尽管汉密尔顿的幼稚产业保护理论不成系统，但它毕竟为落后国家与先进国家相抗衡提供了理论依据。从实践上看，汉密尔顿的主张对当时美国经济的发展产生了重大而深远的影响，具有历史进步意义。时至今日，其思想对广大发展中国家仍具有一定的指导作用。

三、李斯特的幼稚产业保护理论

弗里德里希·李斯特是德国历史学派经济学家，幼稚产业保护理论的创始人。他本人虽未受过高等教育，但聪颖好学，于1817年任德国都平根（Tubingen）大学教授。在李斯特所处的时代，德国工业品市场受到来自英、法等国的严重冲击，同时德国国内的高额关税严重阻碍了该国商品的流通和国内统一市场的形成。为推动德国统一市场的形成，扫除德国发展资本主义道路的各种障碍，李斯特积极参与了新兴工业资产阶级组织的取消国内各邦之间关税和建立统一关税的活动，因而触犯了德国政府当局，于1825年被迫移居美国。李斯特到美国后，亲眼见到美国实施保护贸易政策的成效，深受汉密尔顿保护贸易思想的影响，回国后竭力宣传其思想观点并于1841年出版了《政治经济学的国民体系》（*Das National System der Politischen Oekonomie*）一书。该书中，李斯特批判了古典贸易理论，全面论述了幼稚产业保护的思想。尽管其思想启蒙于汉密尔顿，但远比汉密尔顿的思想更加深刻和系统，故后人称李斯特为贸易保护理论的鼻祖，其代表作《政治经济学的国民体系》被公认为幼稚产业保护理论的经典著作。下面介绍该理论的基本内容。

（一）批评古典贸易理论忽视各国在历史和经济上的特点，提出经济发展阶段论

李斯特认为，按照比较成本理论形成的国际分工是一种不考虑各国性质和各自特有利益的世界主义经济学，不利于各国参与自由竞争，因而是错误的。对于现实世界经济来说，自由贸易的经济基础并不具备，因为各国处于不同的经济发展阶段。李斯特根据国民经济的发展状况，认为各国经济的发展都必须经过五个阶段，即"原始未开化阶段、畜牧阶段、

农业阶段、农工业阶段、农工商业阶段"①。处于不同经济发展阶段，各国采取的贸易政策也应不同。处于农业阶段的国家应实行自由贸易政策，使未开化的农业国尽早地摆脱经济的落后和文化的停滞。处于农工业阶段的国家，由于本国已有工业发展，但并没有发展到能与国外产品相竞争的地步，"要使工业、海运业、国外贸易获得真正的大规模发展，只有依靠国家力量的干预才能实现"②，因此必须实施保护贸易政策。处于农工商业阶段的国家，由于国内工业产品已具备国际竞争力，国外产品的竞争威胁已不存在，因此应该实行自由贸易政策。李斯特认为，当时的英国已处于农工商业阶段，法国处于农工业与农工商业阶段之间，德国与美国处于农工业阶段，葡萄牙与西班牙处于农业阶段，盲目推行自由贸易，只能产生英国统治世界经济的格局。因此，李斯特根据其经济发展阶段论，主张当时的德国应实行保护工业政策。

（二）批评李嘉图的比较优势理论，提出发展生产力论

李斯特认为，根据李嘉图的比较优势理论，向外国购买廉价的商品，表面上看起来是合理的，即德国可以获得短期的贸易利益——财富，但是这样做的结果是德国的工业不可能得到发展，而会长期处于落后和从属于外国的地位，使德国社会丧失长期保持与创造物质财富的能力。他认为，对于一个国家、一个民族的经济发展而言，财富的生产力至关重要——"财富的生产力比之财富本身，不晓得要重要多少倍"③。因此，他认为德国应采取保护关税政策，虽然一开始会使工业品的价格提高，但经过一定时期，德国工业得到充分发展，生产力将会提高，商品生产费用将会下跌，商品价格甚至会低于外国进口的商品的价格。

（三）批判古典贸易理论的"自由放任"，提出国家干预论

与英国自由贸易理论家相反，李斯特把国家比喻为国民生活中如慈父般的有力指导者，"不论何处，不论何时，国家的福利同人民的智力、道德与勤奋总是成正比的，财富就随着这些因素而增进或减退"④。他认为，要想发展生产力，必须借助国家的力量。他形象地以风力和人力在森林成长中的作用比喻国家在经济发展中的重要作用，他说："经验告诉我们，风力会把种子从这个地方带到那个地方，因此荒芜的原野会变成茂密的森林；但是要培养森林，因此就静等着风力作用，让它在若干世纪的过程中来完成这样的转变，世界上岂有这样愚蠢的办法吗？如果一个植林者选择树秧，主动栽培，在几十年内达到了同样的目的，这不算是一个可取的办法吗？历史告诉我们，有许多国家就是由于采取了那个植林者的办法，成功实现了它们的目的。"⑤由此可见，不能听任市场机制的随机作用，而应当借助国家主动、合理的政策调控。

① 李斯特. 政治经济学的国民体系[M]. 陈万煦，译. 北京：商务印书馆，1979：116.
② 李斯特. 政治经济学的国民体系[M]. 陈万煦，译. 北京：商务印书馆，1979：155.
③ 李斯特. 政治经济学的国民体系[M]. 陈万煦，译. 北京：商务印书馆，1979：116.
④ 李斯特. 政治经济学的国民体系[M]. 陈万煦，译. 北京：商务印书馆，1979：98.
⑤ 李斯特. 政治经济学的国民体系[M]. 陈万煦，译. 北京：商务印书馆，1979：100，101.

（四）保护对象的选择

李斯特认为，保护幼稚产业不是盲目地保护一切产业，而是理性地保护那些能增加国家物质财富、创造国民精神的产业。在他看来，工业具备这种能力。从经济角度来说，工业的优先发展不仅创造了机器设备的制造力和物质资源的利用力，而且扩大了农产品的销售市场，为国家提供了巨大的财政收入；从文化角度来说，工业的发展可以革除农业国怠惰、散漫、不思进取的国民陋习，培养人民勤勉劳作、积极创新、大胆探索的时代精神。正是因为工业所具有的物质创造功能和文化变革功能，"一切现代化国家的伟大政治家，几乎没有一个例外，都认识到工业对于国家的财富、文化和力量的重大意义，有加以保护的必要"[①]。李斯特提出选择保护对象应遵循一些条件：① 一国工业虽然幼稚，但没有强有力的竞争者时，不需要保护；② 只有刚刚开始发展且有强有力的外国竞争者的幼稚产业才需要被保护，即面临其他国家强有力的竞争而又无法与之相抗衡的新兴工业，否则不需要被保护。李斯特认为保护的最高期限为 30 年，也就是说，保护贸易不是保护落后和低效率。

（五）保护幼稚工业的具体原则和措施

李斯特提出，"对某些工业可以实行禁止输入或规定的税率事实上等于全部或至少部分地禁止输入"[②]。其保护幼稚工业理论的具体原则和措施为：第一，保护的目的是促进和保护国内民族工业生产力的发展。第二，保护的主要手段是禁止进口和征收高额进口关税。第三，应视不同的情况给予不同程度的保护。对那些国内急需发展的产品，用高税率禁止或大量限制同类产品的进口；而对那些比较贵重和精细的、国内生产比较困难的产品，税率应适当调低一些。

李斯特的幼稚产业保护理论不仅对德国资本主义的发展起到了极大的促进作用，而且对于当今发展中国家如何发展国内产业、提高国际竞争能力提供了一些借鉴。

四、对幼稚产业保护理论的评价

无论是汉密尔顿还是李斯特，其幼稚产业保护理论都促进了各自国家的经济发展，使美、德两国缩短了与英、法等西欧国家的差距。该理论的积极意义在于：① 幼稚产业保护理论认为国家生产力水平高低直接关系到国家的兴衰存亡，而建立高度发达的工业又是提高生产力水平的关键，因而有必要对国内处于发展中的、有前途的但又面临国外强有力竞争的产业部门采取适当的保护；② 幼稚产业保护理论把经济发展看作一个具有规律性的历史过程来研究，强调国际贸易中国家、民族的长远利益，强调各国应根据各自国家的国情和经济发展水平选择对外贸易政策，该理论对经济不发达国家具有重大参考价值；③ 幼稚产业保护理论强调保护的有选择性和过渡性，强调贸易保护是发展工业、生产力的手段，而不是目的，认为随着生产力水平的提高将逐步降低保护程度，最终走向自由贸易；④ 从实践来看，幼稚产业保护理论对当时美国、德国经济政策的形成产生了重大的影响，也对

---

① 李斯特. 政治经济学的国民体系[M]. 陈万煦，译. 北京：商务印书馆，1979：131.

② 李斯特. 政治经济学的国民体系[M]. 陈万煦，译. 北京：商务印书馆，1979：101.

美、德两国资本主义经济的发展起到了巨大的促进作用,从而使美、德两国的工业得以生存并迅速发展,直至赶超世界先进国家。

当然,幼稚产业保护理论也存在许多缺陷,主要表现在:① 对生产力这个概念的理解比较含糊,对影响生产力发展的各种因素的分析也很混乱;② 以经济部门作为划分经济发展阶段的基础是错误的,它扭曲了社会经济发展的真实过程;③ 保护对象的选择缺乏客观、具体的标准。

日本经济学家小岛清认为,一国应依据要素禀赋比率和比较成本的动态变化来确定其经济发展中应当予以保护的幼稚产业。为此,他提出了三个条件:① 潜在资源的利用标准,即如果某种贸易保护政策能促使一国创造出利用潜在资源的国内市场等条件,从而带动整体经济增长,那么,该保护政策是可取的;② 保护幼稚产业要有利于对国民经济产业结构的动态调整,某产业获得保护以后要有利于国民经济结构的动态转变;③ 保护幼稚产业要有利于要素使用效率的改善,即新兴产业可快速实现技术进步,从而导致比较优势转型。

从李斯特的幼稚产业保护理论分析中可以清楚地看出,发展中国家应利用保护幼稚产业的契机进行产业结构转换,改变自身与发达国家竞争时处于不利地位的竞争局面,进而取得国际竞争的相对优势。这在发展中国家已有很好的例证,如印度软件产业的腾飞。

印度是世界纺织品出口大国,其国内产业结构是传统的劳动力密集型产业占据主导地位。但在20世纪90年代,印度的国内产业结构成功地完成了转换,其软件产业迅速崛起,软件出口的增长速度保持在年均50%以上。2003年,印度软件产业的出口额达到200亿美元,占当年印度出口总额的23%,软件产业成为印度第一大出口产业。由此可见,印度成功地完成了产业结构转换并取得了相应的国际竞争优势。据统计,1980年的印度软件产业出口额仅400万美元,到1999年,其软件产业出口额达40亿美元,19年出口增长1000倍,其发展速度可见一斑。到2012年年底,其计算机和信息产业的出口额达473.23亿美元,位居世界第一。印度软件产业的崛起对提高印度国际竞争优势的作用显而易见。

第三节　现代保护贸易理论

现代保护贸易理论起始于20世纪30年代约翰·梅纳德·凯恩斯(John Maynard Keynes,1883—1946)的超保护贸易理论(super-protective theory),该理论主要是为了解决当时西方各国由于世界性经济危机而引起的社会有效需求不足和失业问题而提出的。二战以后,资本主义经济经历了二十多年的高速发展,但到了20世纪70年代后,西方发达国家的经济增长速度普遍放慢,甚至出现了停滞与下降趋势,失业率不断上升,致使贸易保护再度兴起,从而出现了新贸易保护主义理论和战略贸易理论等。

一、超保护贸易理论

(一)凯恩斯的超保护贸易理论

凯恩斯是20世纪英国最著名的经济学家,是凯恩斯主义的创始人,也是超保护贸易理论的代表人物。凯恩斯一生著作甚丰，其中影响最大的是于 1936 年出版的《就业、利息和货币通论》（*The General Theory of Employment,Interest and Money*）。与其"前辈"李嘉图、俄林等一样，凯恩斯是一位集经商、从政与治学于一身的成功的经济学家，他早年曾在英国皇家学院任教，曾任英国内阁财政经济顾问委员会主席并于 1944 年率领英国代表团参加了在美国新罕布什尔州布雷顿森林城召开的国际金融货币会议。尽管凯恩斯没有一本全面、系统地论述国际贸易的专门著作，但他和他的追随者有关国际贸易方面的论述为超保护贸易提供了重要的理论依据。

1．凯恩斯超保护贸易理论产生的历史背景

1929—1933 年，资本主义社会爆发了世界性经济危机。整个资本主义世界经济增长下降，失业人口不断增加，面对这一局势，资本主义国家所实行的自由放任政策显得无能为力。此时，各国政府开始直接干预经济，力图扩大出口、限制进口，以缓和国内危机，保护其在国际市场上的竞争力。在当时的情况下，资产阶级也迫切需要为其政策措施提供理论依据。凯恩斯正是在这样的情况下，顺应历史的需要，创立了凯恩斯主义。后来，其追随者又充实和发展了凯恩斯关于贸易方面的观点，从宏观角度论证了对外贸易差额对国内经济的影响，主张国家干预经济，实行奖出限入的政策，最终形成了遵从凯恩斯主义的贸易保护理论。

2．凯恩斯超保护贸易理论的基本内容

（1）对古典自由贸易理论的批评。20 世纪 30 年代的大危机使凯恩斯从一个坚定的自由贸易论者转变为保护贸易论者，他认为自由贸易理论过时了。首先，大量失业人口的存在已无法满足自由贸易论"充分就业"的前提条件；其次，他认为，古典自由贸易论者虽然以"国际收支自动调节说"来说明贸易顺差、逆差最终均衡的过程，但忽略了在调节过程中，对一国国民收入和就业所引起的影响的分析。凯恩斯认为，应当仔细分析贸易顺差与逆差对国民收入和就业的作用，他认为贸易逆差会减少国民收入、加重失业。因此，凯恩斯极力鼓吹贸易顺差，反对逆差，积极主张国家干预经济，以促进国内经济发展。

（2）对外贸易乘数理论。对外贸易乘数理论（theory of foreign trade multiplier）是凯恩斯投资乘数理论在对外贸易方面的应用。为说明投资与国民收入和就业之间的关系，凯恩斯提出了投资乘数理论。他认为一国投资量的变动（增加或减少）与国民收入的变动之间存在一种客观依存关系，这种关系被称为投资乘数或倍数。他认为投资而引发的一国国民收入变动往往是投资量变动的几倍，倍数的大小取决于该国的边际消费倾向。假设投资乘数用 K 来表示，边际消费倾向用 MPC 来表示，则其计算公式为

$$K = \frac{1}{1 - \mathrm{MPC}}$$

从公式中可以看出，边际消费倾向 MPC 与投资乘数 K 成正比，MPC 越大，则 K 越大；MPC 越小，则 K 越小。当边际消费倾向为 0 时，投资乘数为 1；当边际消费倾向为 1 时，乘数趋向于 $+\infty$。

在国内投资乘数理论的基础上，凯恩斯的追随者马克卢普（F. Machlup）和哈罗德（R. F. Harrod）等将凯恩斯的投资乘数引用到对外贸易中，创立了对外贸易乘数原理。他

们认为一国投资生产的产品出口，从国外得到了货币收入时，首先会使出口商品的生产部门的收入增加，消费也随着增加，对生产资料和生活资料的需求也相应增加，从而引起其他产业部门的生产、就业、收入的增加。如此反复下去，国民收入的增加量将是出口增加量的若干倍。相反地，从国外进口商品服务时，本国货币外流，造成收入下降，消费也随着减少，从而会造成投资、生产不景气。因此，只有当贸易出现顺差时，对外贸易才能使本国的就业和国民收入增加，这就是凯恩斯主义的对外贸易乘数理论的基本内容。凯恩斯主义的对外贸易乘数理论为超保护贸易政策提供了理论根据。

那么，在开放经济条件下，如何计算对外贸易顺差对国内就业和国民收入的影响呢？凯恩斯主义追随者们给出了计算公式。

假设 ΔY 代表一国国民收入的增加额，ΔI 代表投资增加额，ΔM 代表进口增加额，ΔX 代表出口增加额，K 代表对外贸易乘数，则计算对外贸易顺差对国民收入的增加的公式为

$$\Delta Y = [\Delta I + (\Delta X - \Delta M)] \times K$$

其中，

$$K = \frac{1}{1 - 边际消费倾向 + 边际进口倾向}$$

从公式中可以看出，边际进口倾向越小、边际消费倾向越大，对外贸易乘数 K 越大，等量出口推动国民收入增加量就越大；反之，则越小。当 ΔI 与 K 一定时，贸易顺差越大，则 ΔY 增加量越大；反之，ΔY 会下降。因此，为创造充分就业，增加有效需求，一国应尽量扩大出口、减少进口。

3．对凯恩斯的超保护贸易理论的评价

凯恩斯的超保护贸易理论与传统的保护贸易理论有本质区别。传统的保护贸易理论的保护对象是国内幼稚工业，而超保护贸易理论保护的是高度发展的资本主义工业。具体来说，凯恩斯的超保护贸易理论的积极作用包括：① 为发达国家如何通过实施保护贸易政策实现国内充分就业，提高国民收入水平提供了理论依据，它在客观上对发达资本主义国家的对外贸易和经济发展起到了十分重要的促进作用；② 凯恩斯主义的对外贸易乘数理论揭示了一国对外贸易与其宏观经济之间的相互依存关系，在一定程度上指出了对外贸易与国民经济发展之间的规律性。

当然，凯恩斯的超保护贸易理论也存在明显的不足：① 该理论没有考虑到国家之间贸易政策的连锁反应，一国的奖出限入势必会招致其他贸易伙伴国家的报复，从长期来看，会对国民经济与贸易产生严重的负面效果；② 在运用乘数理论做短期均衡分析时，该理论没有考虑到时间因素；③ 该理论忽视了外贸漏出效应，如果新投资引起的收入增加用于购买进口货，便不能产生连锁反应了，大量存货的存在也会影响新投资发生的连锁反应。

（二）其他超保护贸易理论

1．改善国际收支论

持有这一观点的贸易保护主义者认为，通过贸易保护来减少进口，减少本国的外汇支出而扩大出口可以增加本国的外汇储备，这样外汇收支的增减结果就可以使本国的国际收支状况得到改善。对于一个国家来说，保持国际收支的基本平衡是必要的，但如果任意使

用贸易保护的做法来改善国际收支甚至片面地追求贸易顺差，必然会遭到有关国家的报复和制裁。以改善国际收支作为贸易保护的依据，这在发展中国家较为普遍，分析其原因，主要是发展中国家的大多数产品缺乏竞争力。近年来，亚洲国家外贸普遍出超，美国因此与亚洲国家产生的贸易摩擦也越来越多。例如，美、日之间的贸易摩擦此起彼伏，中、美贸易不时出现麻烦。因此，从长期来看，通过提高出口行业劳动生产率、降低出口产品成本、提高出口产品质量、优化出口商品结构等措施来提高国际竞争力以获得贸易出超是国家改善国际收支的关键所在。

2．改善贸易条件论

贸易保护主义者认为，增加关税等贸易保护措施可以改善贸易条件，因为在一定条件下对进口商品征收关税或限制进口可以压低进口商品的价格，而贸易条件是出口商品与进口商品的价格的比率，因而进口商品价格的降低可以改善进口商品的贸易条件。但实现这一目标要满足以下条件：① 进口国必须是大国贸易条件，即它对某一商品的进口需求量在该商品世界出口量中占有相当大的比重，否则，无论如何限制进口，也不会影响国际市场价格。② 出口国该种商品供应刚性，即无论价格如何变化，出口量都难以做大幅度调整。③ 进口国通过贸易保护措施来改善贸易条件必定以出口国不采取同样的贸易保护措施为前提，如果出口国采取同样的贸易保护措施，那么该进口国的贸易条件将因为进口价格和出口价格变动的相互抵消而得不到改善，甚至还可能恶化。

3．夕阳产业保护论

夕阳产业是一国失去竞争优势即将被淘汰的产业。夕阳产业保护论认为，夕阳产业在历史上曾经是国民经济的支柱产业，为一国经济发展做出了重要的贡献，如果不对其实行保护措施，将造成大量失业人口和生产设备的闲置。尽管这些产业最终将被淘汰，其资源和劳动力可以转移到其他产业，但这一转移过程是漫长的，为防止因大量资源和劳动力的闲置引起的经济和社会震荡，对夕阳产业实行保护措施是完全有必要的。但从世界资源最优化配置的角度来讲，这些夕阳产业应该转移到具有比较优势的其他国家。一国对本国不具有比较优势的夕阳产业的保护不但妨碍了本国其他产业的发展，而且也损害了其他国家的贸易利益，完全是一种"损人不利己"的行为。

4．矫正国内市场扭曲论

该理论认为，在现实的经济中，一国国内市场由于存在外部经济或外部不经济、不完全竞争和生产要素的非移动性等因素，使得价格机制不能充分地发挥作用，商品市场或要素市场存在一定程度的"扭曲"，即生产要素的配置不合理。在此情况之下进行自由贸易，其最终结果是使国民福利水平降低或恶化，故只能通过政府干预，适当地消除市场扭曲所引发的不良影响，政府通过征收关税或发放补贴来对贸易进行调节会改善国民福利水平。因此，在存在国内市场扭曲的情况下，保护贸易的贸易利益优于自由贸易的贸易利益。

5．保护就业论

保护就业论者认为，通过限制进口可以把国内对国外产品的需求转移到对国内产品的需求上，从而扩大本国生产和就业。保护就业论是在20世纪80年代以来西方经济不景气、失业率不断上升的条件下产生的。它是建立在凯恩斯主义的经济学说基础上的。该理论认为增加有效需求是一国实现充分就业的关键，而贸易保护通过增加净出口可以增加有效需求，从而提高就业水平。

从理论上来说，一国出口或净出口的增加可以扩大就业，但是通过贸易保护来增加净出口进而增加就业的论点并不一定正确。根据 1989 年美国经济学家戴维·塔（David Tarr）提供给美国联邦贸易委员会的一份研究报告，尽管美国对纺织品、汽车和钢铁业的进口限制使纺织业和钢铁业的就业有所增加，但因此减少了其他许多部门的就业，该国总体就业水平并没有提高。具体情况如表 3-1 所示。

表 3-1　美国纺织品、汽车、钢铁业进口限额造成的就业变化

单位：万人

就业增加的行业	人 数 估 计	就业减少的行业	人 数 估 计
纺织业	15.756	农业矿业	1.989
钢铁业	1.622	汽车制造业	0.195
		服务业	5.588
		制造业	7.862
		消费品工业	1.745

资料来源：海闻. 国际贸易：理论·政策·实践[M]. 上海：上海人民出版社，1993：146.

6. 保护公平贸易论

不公平贸易是指通过政府的直接或间接介入使国内外商品进行不公平竞争的现象，如通过政府补贴使得本国商品得以在国外市场上以低于正常价格的价格进行倾销，击败国外同类产品并占领国外市场的行为。保护公平贸易论者认为，国际贸易的规则应该是公平贸易，对于通过不公平手段强行进入进口国市场的商品，必须通过征收高额关税和限制进口的办法来消除不公平贸易对进口国的负面影响。持该理论的主要国家是美国，其早在 1897 年就通过了《反补贴关税法》；1930 年的《关税法案》又对反补贴做了更为详细的规定并在 1979 年和 1984 年两次做了进一步的修改；1916 年通过了《反倾销法》；1974 年通过了贸易法案中的"301 条款"，对采取措施对付任何外国不公平贸易行为做了明确规定；1988 年的《1988 年综合贸易法》中的特殊 301 条款规定，美国可以对"不公平贸易"实施报复措施。

然而保护公平贸易论在实践中不一定能达到预期的效果，其原因包括：① "反不公平贸易"往往被用作反对进口的借口，使其成为实行保护贸易政策的武器；② 一国以公平贸易作为理由实施保护政策会激起对方国家的反报复，其结果可能是双方都会遭受更大的损失。

7. 非经济目标的超保护贸易论

除了经济方面的理由，贸易保护论者还提出了许多非经济因素的观点，主要有民族自尊论、社会公平论、国家安全论和环境保护论等。

（1）民族自尊论。该理论认为，如果将进口产品全部改由国内生产就可以增强民族自尊和民族自豪感，这样一方面可以增强民族自信心，另一方面可以促进民族工业的发展。借维护民族自尊而实行贸易保护政策的观点是非常片面和有害的，因为国际分工越来越细，许多产品的生产是由若干个国家合作的结果，最终很难确定一个单一的生产国。例如，当

代许多产品是由跨国公司来生产的，许多发达国家品牌的产品生产都是由包括我国在内的发展中国家来完成的。

（2）社会公平论。所谓社会公平，是指社会各阶层或各种生产要素所有者在收入上的相对平衡。社会公平论者认为，虽然自由贸易可以增加一国福利，但它也可能使某地区、某民族、某一行业的收入受到损害。利用贸易保护措施来调节国内各阶层或不同生产要素所有者之间的收入差别可减少社会矛盾和冲突，维护社会公平。最典型的例子是发达国家为了维护农场主阶层的利益而实行的农产品出口补贴政策。

（3）国家安全论。以维护国家安全为由而实行贸易保护政策的做法由来已久，从 17世纪的英国重商主义至今，借维护国家安全而实行贸易保护政策的主张和行动经久不衰。国家安全论的基本观点是自由贸易将导致本国对外国的依赖，一旦发生战争，致使国外供给剧减或断绝，本国国防力量必将大受影响，从而使本国处于极其不利的地位。为避免这样的局面出现，政府必须对国内的"基础产业"，如制造业、农业等战略产业实施保护措施并提高自身的生产能力，以备战时的物资供应需要。发展国内经济必须考虑国家安全，但以国家安全为借口实行贸易保护政策的做法是不可取的。这是因为现代战争是综合国力和整体经济实力的较量，不是单靠少量军事工业。而且，依靠贸易保护来发展的"基础产业"是没有竞争力的，如果在和平时期没有竞争力，那么，在战争时期同样没有竞争力。

（4）环境保护论。随着全球性环境问题的日益突出，保护环境和实行可持续发展已成为世界各国共同追求的目标，2002 年 8 月 26 日至 9 月 4 日在南非约翰内斯堡召开的可持续发展世界首脑会议就是对这种呼声的反映。作为人类重要的经济活动，国际贸易也必须为环境保护和可持续发展服务，这是毋庸置疑的。但是，一些国家浑水摸鱼，以环境保护之名行贸易保护之实，以环境保护为借口制定本国的环境标准然后强加于他国，排斥或限制他国商品进口，这是限制和阻碍正常国际贸易活动的做法。

二、新贸易保护主义理论

新贸易保护主义理论的代表人物是英国经济学家高德莱（Wynne Godly），他认为传统的贸易理论忽视了对外贸易与一国主要宏观经济因素和变量的关系，即对外贸易对一国总需求和就业水平具有不可替代的作用，主要表现为：① 出口扩大、贸易顺差将提高一国国民收入和就业率；② 对进口的限制将诱发国内和私人投资的增加，私人投资的增加会提高社会就业率，增加政府财政收入和政府公共投资，而这一切又将进一步刺激私人投资，这样，通过一系列连锁反应将直接促进国民收入和就业水平的提高。

由此可见，贸易保护可以通过双渠道增加国民收入、提高就业水平。

三、战略贸易理论

战略贸易理论是关于政府通过扶持战略性产业的发展来增加国民福利的一种理论。在数篇早期的探索性文章中，布朗德和斯潘塞描述了政府的干涉行为是如何将垄断利润从一个外国生产者那里转移到国内的生产者手中的。此后，美国经济学家保罗·克鲁格曼进一步发展和丰富了战略贸易理论。

（一）布朗德-斯潘塞的以补贴促进出口论

布朗德和斯潘塞认为，传统贸易理论是建立在完全竞争的市场结构的基础之上的，而现实市场是在规模经济条件下的不完全竞争市场。他们根据博弈论的研究成果创造性地论述了在不完全竞争市场和规模经济条件下，政府补贴对一国产业发展和贸易发展的影响，建立了战略贸易理论的基本框架。"实际上，政府事先制定补贴的行为改变了国内企业行为的模式"[①]，即政府通过对本国厂商生产和出口某产品进行补贴，可以使本国厂商实现规模经济，降低产品的边际成本，从而使得该厂商或产品可以在国外竞争中占有较大的市场份额和垄断利润。因此，布朗德和斯潘塞认为，"政府应当认识到行业的结构并且能够事先为企业决定出口的数量提供一个有保障的补贴"[②]，这是一国产业或产品在国外市场竞争中保持领导地位的基础。

（二）保罗·克鲁格曼的以进口保护促进出口论

美国经济学家保罗·克鲁格曼（Paul R. Krugman）通过一个非正统的假设在根本上改变了分析问题的方法，即一国可以通过限制进口的战略部署来促进出口。他认为，在不完全竞争市场尤其是在寡头垄断市场和存在规模效益递增的条件下，对一国国内市场的保护可以促进该国的出口。

克鲁格曼的分析依赖于两个基本要素：卖方的国际垄断和规模经济。关于卖方垄断，他假定有两个企业（一个国内的企业和一个国外的企业），都生产一个单一的产品，向许多市场销售，而国内、国外市场由于政府政策被分割，一个受到保护的企业可以充分利用国内封闭起来的市场扩大生产规模而取得静态规模经济效益，从而使得产品生产的边际成本不断下降。关于规模经济，克鲁格曼分析到，当一个政府把外国生产者从一个开放的市场中排除出去的时候，干预行为会在竞争双方的边际成本上引起相反的结果。国内的生产者因国外生产者被逐出而在国内市场上销售出比以往更多的商品，这样的话，国内厂家的边际成本将会下降，而国外厂家的边际成本由于被逐出受保护的市场使产量下降而上升，同时，克鲁格曼还引入"干中学"（learning-by-doing）的经济含义，即通过销售经验的积累，使销售成本沿着学习曲线下降，从而使生产产品的总成本也随之下降。

由此可见，克鲁格曼的以进口促进出口的具体过程可以表述为：进口保护措施为本国企业提供了超过国外竞争者的规模经济优势，这种规模经济优势将转化为更低的边际成本和更高的市场份额，从而形成从边际成本到产量再到边际成本的循环的因果关系链条。而正是这一循环过程"形成了进口保护和出口促进的机制"[③]，即一国政府通过对本国市场的保护可以为本国企业带来不断增大的规模经济利益，从而进一步提高企业的竞争能力，使

[①] BRANDER J A, SPENDER B J. Export subsidies and international market share rivalry[J]. Journal of International Economics, 1985, 18: 89.

[②] BRANDER J A, SPENDER B J. Export subsidies and international market share rivalry[J]. Journal of International Economics, 1985, 18: 85.

[③] PAUL R KRUGMAN. Import protection as export promotion:international competition in the presence of oligopoly and economics of scale[M]//Kierzkowski. Monopolistic competition in International Trade. Oxford: Oxford University Press, 1984: 185.

该国企业在所有市场上扩大本国的销售量。克鲁格曼的以进口保护促进出口论使人们对战略贸易理论发生作用的机制有了更加清晰的认识。

四、普雷维什的中心-外围论

普雷维什（Raul Prebisch）是当代著名的阿根廷经济学家，与以往的保护贸易理论不同，普雷维什的中心-外围论以不发达国家作为主要研究对象并从理论上揭示了发达国家与不发达国家之间的不平等贸易关系，在国际贸易理论界引起了巨大的反响。

（一）中心-外围论的内涵

古典贸易理论研究国际贸易时将世界作为一个整体，李斯特等保护贸易主义者强调国家的重要性，而普雷维什则将世界分为中心国家和外围国家，即整个世界由发达国家构成的中心体系和发展中国家构成的外围体系组成。普雷维什认为，中心国家和外围国家在经济上是不平等的：中心国家是技术的创新者和传播者，外围国家则是技术的模仿者和接受者；中心国家生产和出口制成品，外围国家则从事初级产品的生产和出口；中心国家在整个国际经济体系中居于主导地位，外围国家则处于附属地位并受中心国家的控制和剥削。在这种国际经济贸易关系下，中心国家享有国际贸易利益，外围国家则享受不到这种利益。

普雷维什认为造成这种局面的原因在于：① 中心国家通过资本输出，凭借其技术和管理上的垄断优势构筑和强化外围国家在经济上对中心国家的依赖；② 传统的国际分工造成外围国家的经济结构单一，使外围国家成为中心国家的原料产地和制成品销售市场；③ 外围国家的贸易条件长期恶化。

（二）外围国家贸易条件恶化的原因分析

普雷维什采用 1876—1938 年英国的进出口价格统计资料推算了初级产品和制成品的价格指数之比，结果发现外围国家的贸易条件出现长期恶化的趋势。若以 1876—1880 年外围国家的贸易条件为 100，1936—1938 年外围国家的贸易条件已降到了 64.10。通过分析，普雷维什认为造成外围国家贸易条件长期恶化的原因主要有：① 技术进步利益分配不均衡。由于技术进步往往发生在中心国家并直接应用于中心国家的工业发展，而外围国家几乎享受不到世界科技进步带来的利益，只好长期充当向中心国家提供初级产品的角色。随着中心国家的技术进步和经济发展，企业家的利润和工人的工资不断提高，而且提高的幅度大于劳动生产率提高的幅度，工业品的价格又具有垄断性。而外围国家的收入增长慢于劳动生产率的增长，初级产品垄断性差，价格上涨时缓慢，下降时又比工业品降得更快，所以外围国家的初级产品贸易条件必然恶化。② 工业品的需求收入弹性一般大于初级产品。随着收入的增加，人们对工业品的需求会有较大幅度的增加，相反地，对初级产品的需求增加得较少，甚至会出现下降。因此，以出口初级产品为主的外围国家的贸易条件存在长期恶化的趋势。③ 中心国家的工资弹性得到工会组织的强化。中心国家的工人拥有强大的工会，它在经济高涨时可以迫使雇主增加工资，经济萧条时又可以迫使雇主不降或少降工资，因而工业品的价格必须维持在较高的水平上；而外围国家的工会则没有这么强大的力量，工人工资水平低，因而使初级产品价格较低，这是导致外围国家贸易条件恶化的另一个原因。

（三）普雷维什的政策建议

基于以上分析，普雷维什认为，外围国家必须要通过实行保护贸易政策独立、自主地发展民族经济，实现工业化来摆脱其在国际分工与贸易中的不利地位。他指出，外围国家的保护政策与中心国家的保护政策不同，外围国家的保护是为了发展本国工业，有利于世界经济的全面发展；而中心国家的保护是对外围国家的歧视和遏制，不仅对外围国家不利，而且对整体世界经济发展也不利。因此，他呼吁中心国家对外围国家放宽贸易限制，消除对外围国家工业品的进口歧视，为外围国家的工业品在世界市场上的竞争提供平等的机会。普雷维什还主张外围国家应建立区域性共同市场，开展区域经济合作，以便相互提供市场，促进外围国家的经济发展。

（四）对中心-外围论的评价

（1）普雷维什的中心-外围论一改过去将发达国家作为研究出发点的做法，把发展中国家作为主要研究对象，在国际贸易研究领域具有开拓性。

（2）普雷维什的保护贸易理论第一次在理论和实践上揭示了发达国家与不发达国家之间贸易关系的不平等本质，探讨了不发达国家贸易条件长期恶化的趋势，提出了实行贸易保护政策、走发展工业化道路、打破传统国际分工体系、建立国际经济新秩序等一系列政策主张。这些政策的实施对不发达国家工业部门的建立和完善，经济结构的调整，外贸结构状况的改善都起到了积极的作用。

（3）该理论存在一定的局限性。中心-外围论没有揭示传统贸易理论是如何造成利益分配的不平等，从而导致不发达国家经济贸易状况不断恶化的；也没有对不发达国家贸易条件长期恶化做更深入、具体的分析。

本章小结

保护贸易旨在实现本国贸易最大化，因此保护贸易理论比自由贸易理论更深入人心。本章主要介绍了重商主义、保护幼稚产业理论和现代一些具有代表性的保护贸易理论。

重商主义产生于资本主义原始积累时期，因此总是强调贸易顺差是可以理解的。但是，重商主义者把贸易看作一种零和博弈是错误的，重商主义之后的国际贸易发展史雄辩地证明了重商主义者对贸易的看法是错误的。

汉密尔顿和李斯特的保护幼稚产业理论产生于资本主义自由竞争时期，它说明了资本主义国家在工业化进程中发展的不均衡性，即使在自由竞争时期，弱国同样惧怕竞争。汉密尔顿和李斯特的保护贸易理论为工业发展较落后国家的贸易保护提供了理论依据。

现代保护贸易理论起源于20世纪30年代的全球经济大危机，西方各国为增加社会有效需求，创造充分就业，纷纷采取贸易保护政策，较之以前的保护幼稚工业，保护对象空前扩大，相关理论主要包括超保护贸易主义理论、新贸易保护主义理论、战略贸易理论和发展中国家的保护贸易理论（中心-外围论）等。

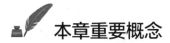 **本章重要概念**

贸易保护	重商主义	货币差额论	贸易差额论	保护公平贸易论
保护就业论	社会公平论	国家安全论	幼稚产业	新贸易保护主义
环境保护论	战略贸易理论	中心-外围论	竞争优势	矫正国内市场扭曲论

 **思考题**

1．什么是重商主义？早、晚期重商主义有何不同？

2．简述汉密尔顿的保护贸易理论的基本内容。

3．简述李斯特的幼稚产业保护理论的基本内容。

4．请利用幼稚产业发展的一般均衡分析图说明一国应如何进行产业结构调整，以增强其产业的国际竞争优势。

5．简述凯恩斯的超保护贸易理论的基本内容。

6．简述保护就业论的基本内容。

7．试评述凯恩斯的超保护贸易理论。

8．简述战略贸易理论的基本内容。

9．简述普雷维什的中心-外围论的基本内容并做出评价。

10．假设一国当年增加投资 850 亿美元，出口 150 亿美元，进口 200 亿美元，边际消费倾向为 0.85，边际进口倾向为 0.1，试通过计算说明该国当年国民收入的变化情况。

学生课后参考阅读文献

[1] PAUL R KRUGMAN. International economics[M]. New York: Harper Collins College Publishers,1994.

[2] 约夫，卡瑟．国际贸易与竞争[M]．宫桓刚，孙宁，译．大连：东北财经大学出版社，2000．

[3] 斯密．国民财富的性质和原因的研究[M]．北京：商务印书馆，1972．

[4] 李嘉图．政治经济学及赋税原理[M]．北京：商务印书馆，1962．

[5] 俄林．地区间贸易和国际贸易[M]．王继祖，等，译．北京：商务印书馆，1986．

[6] 华民. 国际经济学[M]. 上海：复旦大学出版社，1998.

[7] 吴国新，杨勖. 国际贸易理论与政策[M]. 北京：清华大学出版社，2016.

[8] 孟. 英国得自对外贸易的财富（中译本）[M]. 袁南宇，译. 北京：商务印书馆，1965.

[9] 李斯特. 政治经济学的国民体系[M]. 陈万煦，译. 北京：商务印书馆，1997.

[10] 大卫·格林纳韦. 国际贸易前沿问题[M]. 冯雷，译. 北京：中国税务出版社；北京腾图电子出版社，2000.

[11] 格鲁格曼，奥伯斯法尔德. 国际经济学[M]. 5 版. 海闻，等，译. 北京：中国人民大学出版社，2002.

第四章　国际交换与贸易条件

学习目的和要求

　　通过本章的学习，理解国际价值和国际价值量的含义，掌握影响国际价值量变化的因素；理解国际市场价格的两种类型，掌握影响国际市场价格的因素；理解并掌握贸易条件的含义及其表现形式；理解并掌握穆勒的相互需求原理和马歇尔的提供曲线。

开篇案例：国际价值的决定

【案情】

　　假设世界上只有 A、B、C、D 四个小麦生产兼输出国，其中 A 国允许小麦自由地输出入，其他三国不允许小麦自由地输出入。如果在某一年内，A 国生产小麦 5000 万吨，其中出口 1000 万吨；B 国生产小麦 1500 万吨，出口 500 万吨；C 国生产小麦 600 万吨，出口 200 万吨；D 国生产小麦 400 万吨，出口 100 万吨。根据国际商品的概念，只有自由输出入的商品及参与国际贸易的商品（如各国的出口商品）才能计入国际商品数量。这样，该年国际小麦量是 5000+500+200+100=5800（万吨）。如果这一年国际小麦需求量也为 5800 万吨（包括 A 国国内消费量 4000 万吨，但不包括其他三国的国内消费量）且 A、B、C、D 四国生产每吨小麦所耗费的死劳动和活劳动总量分别是 40、50、60 和 45 劳动小时，那么，这一年小麦的国际价值为

$$\frac{5000\times40+500\times50+200\times60+100\times45}{5800}=41.64（小时/吨）$$

　　小麦的国际价值 41.64 小时/吨比较接近于 A 国生产每吨小麦所耗费的死劳动和活劳动总量 40 劳动小时，究其原因在于 A 国参与国际贸易的小麦数量具有绝对优势。其他三国的小麦出口数量总和为 800 吨，占国际贸易总量的 13.8%，而 A 国小麦出口数量占国际贸易总量的 86.2%。也就是说，如果在较好条件下生产的商品的出口量大大超过在中等条件和较坏条件下生产的商品的出口量，那么，国际价值就由较好条件下生产的那部分商品来调节。

　　现在，如果 A 国生产小麦 100 万吨，出口 50 万吨；C 国生产小麦 6000 吨，出口 5500 吨，其他条件不变，则这一年小麦的国际价值为

$$\frac{100\times40+500\times50+5500\times60+100\times45}{100+500+5500+100}=58.63（小时/吨）$$

　　显然，这就表明在较坏的条件下生产的商品的国别价值不能由较好条件下生产的商品的国别价值平衡，其量相当大，那么国际价值就由在较坏条件下生产而出口的大量商品来调节。

以上分析已经表明国际价值的大小取决于国际贸易量占绝对优势的国别价值，但如果绝大多数国家贸易商品是在大致相同的正常国别社会必要劳动时间下生产出来的，则情况就有所不同。如果上述例子中，B、C 两国生产每吨小麦所耗费的死劳动和活劳动总量分别为 41、42 劳动小时，则这年小麦的国际价值为

$$\frac{5000\times40+500\times41+200\times42+100\times45}{5800}=40.24（小时/吨）$$

此时，国际价值由国际社会必要劳动时间决定，也就是由生产该商品的各个国家的社会必要劳动时间决定，而基本上与各个国家参与国际贸易的该商品的数量无关。特别极端的情况是，若 A、B、C、D 四国的小麦的国别价值均为 40 小时/吨，则无论各国出口小麦的数量如何，小麦的国际价值都是 40 小时/吨。

最后还要说明的是，以上讨论均是在国际小麦需求量与供给量平衡的条件下进行的。

如果这一年小麦的国际社会需要量不是 5800 万吨，而是 5600 万吨，即供大于求，小麦生产实际耗费的劳动时间大于国际社会总劳动中分配给它应该耗费的劳动时间，那么，小麦的国际价值就会发生变动，变动的趋势取决于小麦的需求弹性和供给弹性。如果需求弹性和供给弹性之和等于 1，国际价值仍由实际耗费的劳动时间决定；如果需求弹性和供给弹性之和大于 1，国际价值将高于实际耗费的劳动时间；如果需求弹性和供给弹性之和小于 1，国际价值将低于实际耗费的劳动时间。假设需求弹性为 0.4，供给弹性为 0.6，当消费小于生产即需求小于供给时，如果国际价值下降 1%，那么，消费量将增加 0.4%，导致国际价值回升 0.4%，生产量将减少 0.6%，导致国际价值回升 0.6%，这时国际价值的下降量和回升量相等，因而它仍然等于生产中实际耗费的劳动时间。但如果设需求弹性为 0.5、供给弹性为 0.7，当消费小于生产时，如果国际价值下降 1%，那么，消费量将增加 0.5%，导致国际价值回升 0.5%，生产量将减少 0.7%，导致国际价值回升 0.7%，这时国际价值下降量（1%）小于回升量（1.2%），因而国际价值将高于实际耗费的劳动时间。同样可以举例说明，如果需求弹性和供给弹性之和小于 1，国际价值将低于实际耗费的劳动时间。

（资料来源：姚贤镐，漆长华．国际贸易学说[M]．北京：中国对外经济贸易出版社，1990：337-338．）

【讨论】

1．国际价值的大小取决于国际贸易量占绝对优势的国别价值，但如果绝大多数国家贸易商品是在大致相同的正常国别社会必要劳动时间下生产出来的，则情况又有什么不同呢？

2．有人认为根本就不存在国际社会必要劳动时间，国际交换所依据的基础是比较利益。你认为这个说法对吗？为什么？

【分析】

我们知道国际价值由国际社会必要劳动时间决定，但到底怎样决定呢？该案例提供了具体的方法。当供给与需求平衡时，如果某商品的国别价值悬殊，国际价值取决于该商品出口数量的权重数，由贸易数量占绝对优势的商品的国别价值决定；如果某商品的国别价值比较接近，则国际价值就是生产该商品的各个国家的社会必要劳动时间。当供给与需求不平衡时，国际价值不仅取决于上述因素，还与该商品的需求弹性和供给弹性有关，即还

与根据国际市场需要分配于某种国际商品应该耗费的国际社会必要劳动时间有关。

由此可见，当生产与消费即供给与需求平衡时，国际价值由现有的国际正常的生产条件和劳动熟练程度与强度生产某种国际使用价值所需要的劳动时间决定；当生产与消费即供给与需求不平衡时，国际价值不仅与生产商品实际耗费的劳动时间有关，还与该商品的需求弹性和供给弹性有关。换句话说，国际价值由现有的国际正常的生产条件和劳动熟练程度与强度生产某种国际使用价值所需要的劳动时间以及根据国际市场需要分配于某种国际商品生产应该耗费的国际社会必要劳动时间共同决定。

第一节　国际价值与国际市场价格

一、国际价值的形成

任何国家所生产的商品的价值内容都是由抽象的社会劳动所决定的。在资本主义商品生产建立在机器大工业基础上之后，分工发展成国际分工，市场发展为世界市场，货币发展为国际货币，商品交换发展为世界性交换。这时，社会劳动便具有了普遍的国际性质，商品的价值也就具有了国际性质，发展成为国际价值。因此，商品的国际价值是在国别价值的基础上形成的。

商品的国别价值和国际价值作为一般人类劳动的凝结物，在本质上是完全相同的，具有质的同一性，但在量上则是不同的。国别价值量是由某国生产某商品的社会必要劳动时间决定的。由于各国经济发展程度不同、平均劳动熟练程度和劳动强度不同，商品的国际价值量由世界劳动力的平均单位决定。这个平均的劳动单位就是在世界经济的一般条件下生产某种商品时所需要的特殊社会必要劳动时间。另外，二者在表现形式上也是不同的：商品的国别价值以一国货币表示，而在世界市场上，由于商品普遍展开它们的价值，商品的国际价值形态直接以世界货币表示。

各国在同一时间里生产的国际价值量是不同的，经济发展水平越高的国家，其国民的劳动强度和劳动生产率越高，反之则越低。由于各国经济发展水平的差异，有的国家的国民平均劳动强度和平均劳动生产率高于国际水准，有的则低于国际水准。因此，不同国家在同一劳动时间内所生产的同种商品的不同量有不同的国际价值，从而表现为不同的价格。

二、影响国际价值量变化的各种因素

国际价值量随着社会必要劳动时间的变化而变化，影响国际价值量变化的因素有以下三个。

（一）世界平均劳动生产率

商品生产的一般规律是劳动生产率与单位时间里生产商品的数量成正比，与单位商品的价值量成反比。劳动生产率的变化必然会引起生产单位商品的社会必要劳动时间发生变化，从而导致商品的国际价值量发生变化。若世界各国的劳动生产率普遍提高，由于生产商品所需的社会必要劳动时间缩短，单位商品的国际价值量就会减少；反之，商品的国际价值量就会增多。

劳动生产率的高低取决于多种因素，其中主要有劳动者的熟练程度、生产资料特别是生产工具的装备水平、劳动和生产组织的状况及管理水平、科学技术发展和应用的程度、原料和零部件的优劣以及各种自然条件等。在不同的部门和企业中，上述每一种因素对其劳动生产率的影响程度是不同的，如在农业和采矿业中，劳动生产率受自然条件这一因素的影响较大，而自然条件对一般加工业的影响较小。

（二）世界平均劳动强度

劳动强度是指劳动的紧张程度，即单位时间内劳动者体力与脑力的消耗程度。就单个国家而言，劳动强度的大小和国际价值量成正比，即在相同时间内，强度大的国民劳动会比强度小的国民劳动创造出更多的价值。但是，如果世界上所有国家的劳动强度同时普遍增加了，则新的较高的劳动强度就会成为新的世界劳动强度标准，从而影响国际价值量。

（三）主要供货国的生产条件

某一商品的国际价值是由世界平均社会必要劳动时间决定的，但是这一世界平均必要劳动时间并不是各国生产该商品所耗费的国别必要劳动时间的平均数，而是世界市场上所有供货国生产该商品所需的社会必要劳动时间的加权平均数。某商品的国际价值在很大程度上受到该商品的主要供货国的社会必要劳动时间的影响，因此经常会出现这种情况：本国价值未变，而国际价值却由于各个国家向世界市场提供商品的份额的增减而发生变化。这种变化可分为如下三种情形。

（1）如果进入世界市场的某商品绝大部分是在大致相同的中等生产条件的国家内生产的，只有小部分在较差或较好生产条件的国家内生产，则此商品的国际价值就会根据中等生产条件国家生产这种商品的社会必要劳动时间来确定。在这种情况下，商品的国别价值和国际价值基本一致。

（2）如果进入世界市场的某商品绝大部分是在生产条件较差的国家，即劳动生产率较低或劳动强度较低的国家生产的，尽管同时进入世界市场的也有中等和较好生产条件下生产的商品，但该商品的国际价值将主要根据生产条件较差的国家生产该商品的社会必要劳动时间来确定。

（3）如果进入世界市场的某商品绝大部分是在劳动生产率较高的国家生产的，即生产条件较好的国家生产的商品的出口量大大超过生产条件中等和较差的国家所生产的商品的出口量，此时该商品的国际价值就由较好生产条件国家生产该商品的社会必要劳动时间来确定。

三、国际市场价格

（一）国际市场价格的决定因素

（1）商品的国际价格是商品的国际价值的货币表现。商品的国际价值是商品国际价格变动的基础。但是，随着资本主义的发展和世界市场的形成，利润转化为国际平均利润率，商品的国际价值也因此转化为国际生产价格。这时，国际商品不是按国际价值交换，而是按国际生产价格来交换，商品的国际生产价格成为国际商品市场价格变化的基础和中心。

国际生产价格作为国际价值的转化形态，取决于各国商品的平均生产成本和各国平均利润之和，而商品的国际价值则取决于国际社会必要劳动时间，二者存在密切的联系，其变动方向基本是一致的。

（2）商品的国际价值通过国际生产价格成为国际市场价格变动的中心。价值规律要求商品交换依据商品的价值来进行，但这并不意味着每一次商品交换时的价格都是和国际价值（国际生产价格）相一致的。这是因为，商品的国际市场价格要受多种因素的影响，尤其是要受商品供求关系的影响。当国际市场上某商品供不应求时，其市场价格就会上升，甚至可能高于其国际生产价格；反之，当某商品供过于求时，国际市场价格会下降，甚至低于其国际生产价格。但是从较长时期的价格变动来看，"一切种类的商品平均说来总是按它们各自的价值即它们的自然价格出售的"[①]。通过国际市场价格围绕其国际生产价格的上下波动，国际市场上的供求关系才达到平衡。

（3）影响供求关系的主要因素。垄断有可能使商品的国际市场价格高于国际生产价格，马克思指出："当我们说垄断价格时，一般是指这样一种价格，这种价格只由购买者的购买欲望和支付能力决定，而与一般生产价格或产品价值所决定的价格无关。"另外，各国政府采取的各种政策措施，如价格支持政策、出口补贴政策、进出口管制政策、汇率政策、税收政策、战略物资收购及抛售政策等也会对商品的国际市场价格产生影响，使其高于或低于商品的国际生产价格。

另外，经济周期也会影响商品的国际市场价格。在经济繁荣时期，商品的市场价格可能会高于其平均水平，而在危机和萧条时期，商品的市场价格可能会低于其平均水平。市场经济中的商品价格随着经济周期的波动而不断波动。而国际上的政治、军事形势，一些突发的自然灾害和货币危机，商品销售中的广告、促销措施等都有可能引起国际市场价格的波动。因此，可以这样说，商品的国际市场价格以国际价值（国际生产价格）为基础并受一系列复杂因素的影响。

（二）国际市场价格的种类

国际市场价格按其形成原因及变化特征可分为以下两大类。

1. 世界"自由市场"价格

商品的世界"自由市场"价格是指商品在国际上不受垄断力量干扰的条件下，由独立经营的买者和卖者进行交易的价格。此时，任何一个买者或卖者都不能决定或操纵某商品的市场价格，其价格完全是在国际市场供求关系的影响下形成的。通常把交易大宗农产品、矿产品等初级产品的商品期货交易所和拍卖市场的价格看作"自由市场"价格，包括美国谷物交易所的小麦价格，泰国大米的曼谷离岸价格，阿根廷玉米的英国到岸价格，砂糖的加勒比口岸离岸价格，咖啡的纽约港交货价格，可可豆的纽约/伦敦日平均价格，茶叶的伦

---

① 中共中央马克思恩格斯列宁斯大林著作编译局. 马克思恩格斯选集（第2卷）[M]. 北京：人民出版社，1995：177.

敦拍卖市场价格，伦敦金属交易所的铜、铅、锌、锡的价格等。

2. 世界"封闭市场"价格

商品的世界"封闭价格"是指商品通过封闭性渠道到达消费者手里，即买卖双方在一定约束关系下形成的价格。商品在国际上的供求关系一般不会对该价格产生实质性影响，如跨国公司在内部交易时采用的调拨价格及其与外部企业交易时采用的垄断价格、区域性经济贸易集团内的价格和国际商品协定下的协定价格等。

（1）调拨价格。调拨价格又称转移价格，是指跨国公司为了在国际经营中最大程度地减轻税负或逃避东道国的外汇管制以及实现调节利润、转移资金、控制市场、扶植幼小的子公司等目的，在母公司与子公司、子公司与子公司之间销售商品和服务时采用的内部价格。该价格一般不受国际市场供求关系的影响，由公司上层管理者根据跨国公司的战略目标制定。

（2）垄断价格。垄断价格是国际垄断企业或组织利用其经济实力和对市场的控制力在同其他企业交易时采用的价格。其分为卖方垄断价格和买方垄断价格两种形式，前者是高于商品国际价值的价格；后者是低于商品国际价值的价格，如垄断企业或组织以低于国际价值的价格从发展中国家购买原料、食品、中间产品等，从而降低生产费用。在这两种垄断价格下，垄断企业或组织均可取得垄断超额利润。垄断企业或组织在国际上采用垄断价格的条件是某一部门相互竞争的公司数量，产品的价格需求弹性、替代弹性的大小以及国际经济、政治形势等。此外，由于各国政府通过各种途径对价格进行干预，世界市场上还出现了国家垄断价格或管理价格。

（3）区域性经济贸易集团内的价格。二战后，各国联合成立了许多区域性经济贸易集团，如欧洲经济共同体（现称欧盟）、北美自由贸易区、中美洲共同市场等。这些经济贸易集团对内实行优惠政策，对外则保持各自的关税或实行统一的关税政策。有些经济贸易集团则形成了集团内价格，如欧盟通过共同农业政策不仅统一了农产品价格，而且建立了共同农业基金，用来收购过剩农产品或对各成员国农产品出口给予补贴。

（4）国际商品协定下的协定价格。订立国际商品协定的目的在于稳定价格，消除短期和中期的价格波动。所有的国际商品协定都规定有一种或数种方法（如采取出口限额或进口限额、缓冲存货、规定最低价格和最高价格）来稳定商品价格。当有关商品价格降到最低价格以下时，就减少出口或用缓冲基金收购商品；当有关商品价格超过最高价格时，则采取扩大出口或抛售缓冲存货的办法来平抑价格。可见，国际商品协定下的协定价格是一种受控制的价格。

第二节 贸易条件

一、贸易条件的定义与类型

（一）贸易条件的定义

贸易条件（terms of trade，TOT）是指一定时期内一国每出口一单位商品可交换多少单位外国进口商品的比例。由于国际贸易涉及不同国家使用不同的货币，国际贸易条件可表现为以同种货币表示的出口商品价格与进口商品价格的比率。这里的进、出口商品价格指的是所有进、出口商品价格，故必须计算进、出口商品的平均价格，同时还要考虑基期的选择问题，因此现实中的贸易条件计算一般采用以一个国家的出口商品价格指数与进口商品价格指数直接进行比较的做法。

（二）贸易条件的类型

在国际贸易中，贸易条件主要有以下几种类型。

1．净贸易条件

它是以一国一定时期的出口价格指数与同期进口价格指数的比率来反映。计算公式为

$$N = \frac{P_x}{P_m} \times 100\%$$

式中：N 为净贸易条件，P_x 为出口价格指数，P_m 为进口价格指数。

如果用 X_i 表示第 i 种商品占出口总额的比重，用 M_i 表示第 i 种商品占进口总额的比重，P_i 表示第 i 种出口（进口）商品价格，则

$$P_x = X_i P_i, \quad P_m = M_i P_i$$

例如，某国以 1990 年价格为基期，1999 年的出口价格指数为 140%，进口价格指数为 80%，那么该国 1999 年的净贸易条件为 140%÷80%×100%=175%。这说明在以 1990 年价格为基期的条件下，该国出口商品价格的平均变化相对于进口商品价格的平均变化处于有利地位，即每单位出口商品换得的进口商品的数量在增加，该国在保持原有出口规模不变的条件下可以增加进口。

再如，某国仍以 1990 年价格为基期，2001 年的出口价格指数为 100%，进口价格指数为 140%，那么该国 2001 年的净贸易条件为 100%÷140%×100%=71.43%。这说明在以 1990 年价格为基期的条件下，该国出口商品价格的平均变化相对于进口商品价格的平均变化处于不利地位，即每单位出口商品换得的进口商品的数量在减少，在这种条件下，该国若想保持原有的进口规模，只能扩大出口。

因而，可以得出结论：净贸易条件大于 1 说明一国的出口商品价格上升幅度超过进口商品价格上升幅度或出口商品价格下降幅度小于进口商品价格下降幅度（即出口商品价格相对于进口商品价格在上涨），该国的贸易条件改善了，有利于进口能力的提高。反之，净贸易条件小于 1 说明一国的出口商品价格上升幅度低于进口商品价格上升幅度或出口商品价格下降幅度大于进口商品价格下降幅度（即出口商品价格相对于进口商品价格在下降），该国的贸易条件恶化了，进口能力受到削弱。

2．收入贸易条件

净贸易条件只考虑到了进、出口价格变化对一国进口能力产生的影响，而收入贸易条件共同考虑了出口规模变化与进、出口商品指数相对变化对一国进口能力的影响。计算公式为

$$I = \frac{P_x}{P_m} \times Q_x$$

式中：I 为收入贸易条件，P_x 为出口价格指数，P_m 为进口价格指数，Q_x 为出口商品数量指数。

仍沿用前面例子的数据，某国以 1990 年价格、出口数量为基期，2001 年的出口价格指数为 100%，进口价格指数为 140%，出口商品数量指数为 150%，那么该国 2001 年净贸易条件为 100%÷140%×100%=71.43%，而收入贸易条件 100%÷140%×150%=107.14%，这说明虽然净贸易条件计算结果表明在以 1990 年价格为基期的条件下，出口商品价格的平均变化相对于进口商品价格的平均变化处于不利地位，即每单位出口商品换得的进口商品的数量在减少，贸易条件对该国而言恶化了，但是由于出口规模扩张了 50%，不仅可以扭转出口价格相对于进口商品价格变化所处的不利局面，而且使该国的进口能力提高了 7.14%。

续上例，如果出口商品数量指数不是 150%，而是 120%，则收入贸易条件的计算结果将变为 85.71%。这说明单纯从净贸易条件上看，该国由于进口价格上升而出口价格不变导致进口能力削减 28.57%，但由于出口数量增加了 20%，从而可以部分抵消由于进、出口相对价格变化对该国进口能力带来的消极影响，使进口能力削减的幅度从 28.57%降低到 14.28%。如果出口数量指数为 90%，收入贸易条件计算的结果变成 64.29%，这说明出口规模的萎缩和进、出口价格相对不利变化共同对该国进口能力产生了不利影响，即出口规模的萎缩进一步强化了该国进口能力的下降，使进口能力的下降幅度从 28.57%变为 35.71%，贸易条件继续恶化。

3．单因素贸易条件

单因素贸易条件是在净贸易条件的基础上考虑出口商品劳动生产率的变化对一国贸易利益的影响。计算公式为

$$S = \frac{P_x}{P_m} \times Z_x$$

式中：S 为单因素贸易条件，P_x 为出口价格指数，P_m 为进口价格指数，Z_x 为出口商品劳动生产率指数。

仍假定某国以 1990 年价格、出口商品劳动生产率为基期，2001 年的出口价格指数为 100%，进口价格指数为 140%，出口商品劳动生产率指数为 130%，则该国 2001 年净贸易条件为 71.43%，单因素贸易条件为 100%÷140%×130%=92.86%，这说明尽管净贸易条件恶化了，但是由于此间劳动生产率的提高部分抵消了出口商品价格变化相对于进口商品价格变化的不利，使单项因素贸易条件向好的方向发展。

4．双因素贸易条件

双因素贸易条件是在单因素贸易条件的基础上考虑了进口商品劳动生产率的变化，其计算公式为

$$D = \frac{P_x}{P_m} \times \frac{Z_x}{Z_m} \times 100\%$$

式中：D 为双因素贸易条件，P_x 为出口价格指数，P_m 为进口价格指数，Z_x 为出口商品劳动生产率指数，Z_m 为进口商品劳动生产率指数。

假定上例中的进、出口商品价格指数和出口商品劳动生产率指数不变，进口商品劳动

生产率指数为 150%，则双向因素贸易条件等于 61.90%。这说明虽然出口商品劳动生产率的提高可以部分抵消出口价格变化相对于进口价格变化的不利，但是进口商品的劳动生产率也在提高并且其进口商品价格上涨幅度还超过出口商品价格上涨幅度，从而导致出口国的贸易条件进一步恶化。在这种情况下，只有出口商品的劳动生产率指数高于进口商品劳动生产率指数，方可缓解出口商品价格相对于进口商品价格变化不利而对该国贸易条件带来的不利影响。

综上可以得出结论：任何一种贸易条件形式，其结果大于 1 时，表明一国贸易条件得到改善；小于 1 时，则表明一国的贸易条件恶化。

二、贸易条件的决定过程

贸易条件的计算结果主要取决于一国进、出口商品价格的变化方向与程度，但是进、出口商品价格是由什么因素决定的？商品之间的交换比价又是由谁决定的呢？下面通过介绍穆勒（John S. Mill）的相互需求原理和马歇尔（Alfred Marshall）的提供曲线对上述问题进行解释。

（一）穆勒的相互需求原理

穆勒的相互需求原理认为，所有的贸易都是商品的互相交换，一方的供给构成对对方产品的需求，供给和需求就是相互需求。贸易条件就是由贸易双方相互需求对方产品的强度决定的。贸易双方的国内交换比例规定了贸易条件的上限和下限，贸易条件便在这一界限内摆动，摆动的方向和幅度取决于一国对另一国出口商品的需求强度，只有需求强度相同时，贸易条件才趋于稳定。稳定下来的这一贸易条件可以使两国各自的全部出口价值恰好能够偿付其全部进口价值，即它必须能够满足国际需求方程式，即

甲国进口需求量×其国际价值=乙国进口需求量×其国际价值

穆勒假定两国所投入的生产成本相同，所生产的产品数量有差异，即以两国劳动投入相等而产出品数量不同作为研究论述的起点，这在形式上正好与李嘉图对劳动生产率的假定——不同国家生产同一商品所需成本不同是相反的。例如，英国和德国各自生产甲、乙两种产品，在同一劳动投入量的条件下，两国的产品数量如表 4-1 所示。在没有国际分工和国际贸易的情况下，英国国内甲、乙的交换比率为 1∶1.5，德国国内两种产品的交换比率为 1∶2。显然，德国生产乙产品具有比较优势，英国生产甲产品具有比较优势。

表 4-1 英国、德国在同一劳动投入量条件下的产品数量比较

国　　家	甲	乙
英国	10	15
德国	10	20

如果英、德两国甲、乙的交换比率大于 1∶1.5，即 1 单位的甲产品可换得 1.5 单位以上的乙产品，对英国有利；反之，对于德国来说，以少于 2 单位的乙产品去换得 1 单位的甲产品是有利的。因此，英、德两国间物物交换的界限位于 1∶1.5～1∶2。在这个界限内

有许多可以发生贸易关系的交换比率，具体的交换比率则由两国国内对对方产品的需求量来决定。

假定英、德两国甲、乙的交换比率为 1∶1.7，在这个交换比率水平上，英国对德国的乙产品需求为 800 单位×17，德国对英国甲产品的需求为 1000 单位×10。德国对甲产品的需求超过英国对乙产品的需求 200 个单位，在这种条件下，德国必须要以更高的价格来购买甲，从而使甲、乙产品的交换比率变成 1∶1.8。在新的比率下，英国对乙产品的需求增加到 900 单位，而德国对甲产品的需求则下降到 900 单位。此时，英国对乙产品的需求量恰好等于德国为换取甲而愿意提供的乙产品的数量；德国对甲产品的需求量也恰好等于英国为获得乙产品愿意提供的甲产品的数量。此时两国间甲、乙产品的交换比率 1∶1.8 就成为均衡的交换比率。

如果英、德间甲、乙的交换比率为 1∶1.8，在这个交换比率水平上，英国对德国的乙产品需求为 1200 单位×18，德国对英国甲产品的需求为 900 单位×10。德国对甲的需求少于英国对乙的需求 300 个单位，在这种条件下，英国必须要以更高的价格来购买乙，从而使甲、乙产品的交换比率变成 1∶1.6。在新比率下，英国对乙产品的需求减少到 1000 单位，而德国对甲产品的需求则会增加到 1000 单位。此时，英国对乙产品的需求量恰好等于德国为换取甲而愿意提供的乙产品的数量；德国对甲产品的需求量也恰好等于英国为获得乙产品愿意提供的甲产品的数量。此时两国间甲、乙产品的交换比率 1∶1.6 就成为均衡的交换比率。

从以上举例，穆勒得出如下结论。

（1）在由比较成本所决定的国际交换比率界限内，两国间具体的商品交换比率是由两国对彼此商品的需求强度决定的。

（2）只有相互需求均衡，一国输出商品数量恰好等于另一国输入商品数量时所形成的交换比率才可体现商品的国际价值。

（3）由于两国对彼此商品的需求强度不同，由此确定的均衡交换比率或贸易条件对两国的有利程度不一样。一国以它的产品与另一国进行交换，它对另一国产品的需求和另一国对它的产品的需求数量及需求增加的程度比较，外国对它的商品的需求超过它对外国商品的需求越多，贸易条件就越对它有利。而贸易条件越是接近外国国内的两种商品的交换比率，它的一定数量的商品就可以换回更多的外国商品。

虽然相互需求原理可以解释国际交换比率或贸易条件的确定，但它只能应用于经济规模相当、双方的需求对市场价格有着显著影响的情况。如果两国经济规模相差悬殊，小国的相对需求强度远远小于大国的需求强度，则大国的国内交换比率就决定了国际商品交换比率。

（二）马歇尔的提供曲线理论

尽管穆勒的相互需求原理可以解释均衡贸易条件的决定过程，但不太准确。于是，在穆勒的相互需求原理的基础上，马歇尔提出并运用提供曲线，通过几何分析，详尽地论证了均衡贸易条件的决定过程。

马歇尔首先用几何方法分析了相互需求原理关于贸易条件的决定过程。他假定甲、乙两国都生产棉花和小麦,这两种产品在甲国的交换比率为1∶2,在乙国的交换比率为2∶1,这两个比例构成了贸易条件的上限和下限。如图 4-1 所示,这两个贸易条件的上、下限可以用从原点引出的两条射线(OA 和 OB)来表示,OA 和 OB 之间的区域构成了甲、乙两国的互利贸易区域。在这个贸易区域内,可以从 O 点引出多条射线,其斜率就是两国的贸易条件,这些射线就成为贸易条件线。贸易条件线越靠近 OA,表明甲国越愿意用更多的小麦来获取棉花,贸易条件变得对乙国有利,而对甲国不利;反之,贸易条件线越靠近 OB,表明乙国越愿意用更多的棉花来获取小麦,贸易条件对甲国有利,而对乙国不利。

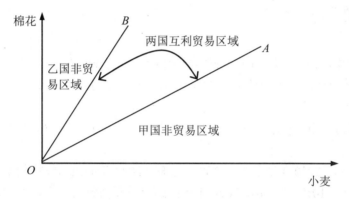

图 4-1　甲、乙两国的互利贸易区域

马歇尔认为,贸易条件的变动可用提供曲线来表示。所谓提供曲线,就是一国贸易条件的变动曲线,又称为相互需求曲线。它表示在各种贸易条件或交换比率下,一国愿意为进口一定数量商品而提供的本国商品数量,是供给曲线和需求曲线的结合。它既反映一国对进口商品的需求,同时也反映在不同交换比率下该国愿意提供的本国生产商品的数量,即它既是一条需求曲线,又是一条供给曲线。从供给角度看,它表明出口产品数量将随着相对价格的上升而不断增加;从需求角度看,则表明进口产品数量将随着相对价格的降低而有所增加。在这里,一种产品的相对价格是以它所交换到的另一种商品的数量来表示的。一种商品相对价格的上升意味着它所能交换到的另一种商品的数量的增加,一种商品相对价格的下降则意味着它所能交换到的另一种商品的数量的减少。

📔 本章小结

本章首先介绍了马克思的国际价值和国际市场价格理论,阐述了国际价值的形成机制和影响国际价值量变化和国际市场价格变化的各种因素;然后介绍了贸易条件的含义及其类型;最后从贸易条件出发,通过穆勒的相互需求原理详细分析了国际贸易中的均衡及价格的决定过程并简要介绍了提供曲线的形成及其位移。

本章重要概念

| 国际价值 | 国际市场价格 | 贸易条件 | 贸易利益 |

提供曲线　　穆勒的相互需求原理

思考题

1. 什么是国际价值？影响国际价值量变化的因素有哪些？

2. 国际市场价格有哪两种类型？影响国际市场价格的因素有哪些？

3. 什么是贸易条件？它主要有哪几种表现形式？

4. 试用穆勒的相互需求原理和马歇尔的提供曲线说明国际贸易的均衡条件是如何决定的。

5. 假设某国以 2010 年贸易条件 100 为基期，2020 年的出口价格指数下降 5%，为 95，进口价格指数上升 10%，为 110，2020 年该国的出口商品劳动生产率指数由 2010 年的 100 提高到 130，进口商品劳动生产率指数由 2010 年的 100 提高到 2020 年的 105，则 2020 年该国双因素贸易条件为多少？它说明了什么？

学生课后参考阅读文献

[1] 胡涵钧. 新编国际贸易[M]. 上海：复旦大学出版社，2000.

[2] 庄芮. FDI 流入的贸易条件效应：发展中国家视角[M]. 北京：对外经济贸易大学出版社，2005.

[3] 黄宁. 基于比较优势动态化的中国贸易条件研究[M]. 北京：人民出版社，2008.

[4] 王蕴琪. 中国农产品贸易条件研究[M]. 北京：中国农业出版社，2009.

[5] 吴国新，杨勰. 国际贸易理论与政策[M]. 北京：清华大学出版社，2016.

第五章 地区经济一体化及经济全球化

学习目的和要求

通过本章的学习,掌握地区经济一体化的含义及其形式;理解不同形式的一体化组织对组织内部成员和外部成员的影响;理解并掌握关税的经济效应;理解协议性国际分工理论的内容;理解区域经济一体化与经济全球化的关系;理解经济全球化的特征及经济全球化对世界经济的影响。

开篇案例:南方共同市场

【案情】

南方共同市场(Mercado Común del Sur,MERCOSUR,简称"南共市")是拉美地区举足轻重的区域性经济合作组织,由巴西、阿根廷、乌拉圭、巴拉圭和委内瑞拉(2012年)五个成员国以及智利(1996年)、玻利维亚(1997年)、秘鲁(2003年)、哥伦比亚和厄瓜多尔(2004年)等联系国组成,共有2.46亿人口,约占南美洲总人口的65%,年产值超过1万亿美元,贸易额达2000亿美元。南共市建立于1991年3月26日,试运转三年多后于1995年1月1日正式运行。成立以来,南共市取得了令人瞩目的成绩,目前已成为世界第四大经济集团。而且,该组织的合作范围还在向其他领域,特别是政治、外交领域拓展。

南共市成员国间对绝大部分商品实行无关税自由贸易,共同对外关税则为23%。

南共市为各成员国带来了巨大的现实利益。南共市成员国间贸易和对外贸易增长显著,最初的四个成员国之间的贸易额从1991年的四十多亿美元猛增到1998年的二百一十多亿美元,平均每年递增20%。1995年,南共市和欧盟签署框架协议,计划于21世纪初实现两集团间自由贸易,1994年双边贸易额已经达到550亿美元。1998年4月,南共市还与安第斯共同体(简称安共体)签署了旨在2000年建立集团间自由贸易区的框架协议。

南共市的宗旨是通过有效利用资源、保护环境、协调宏观经济政策、加强经济互补,促进成员国科技进步和实现经济现代化,进而改善人民生活条件并推动拉美地区经济一体化进程的发展。南方共同市场充满活力的运转和广阔的发展前景吸引了众多投资者,流入该地区的外国直接投资逐年增长,成员国之间的相互投资也随之增多,各个领域的合作关系均有长足发展,相互依存的程度不断加深。

但是2011年年初以来,南共市最大的成员国巴西因本国货币雷亚尔大幅贬值而引发金融动荡,使巴西本国的经济陷入严重困境,也给拉美地区其他国家带来不利影响。南共市面临着组建以来最严峻的考验。

(资料来源于网络并经作者加工整理。)

【讨论】

1．和欧洲、亚太、北美地区的经济一体化组织相比较，南共市的发展有何特殊性？

2．南共市发展中的主要问题是什么？

【分析】

南共市是世界上第一个完全由发展中国家组建的共同市场，和欧洲、亚太、北美地区的经济一体化组织相比较，南共市作为拉美最大的一体化经济组织，其形态更接近于欧盟，但在发展速度上快于欧盟，在运行机制的建设方面则吸收了欧洲、亚太、北美一体化组织的优点，在成员国的努力下，其在拉美的影响力日益加强。南共市的规模不断扩大主要表现在以下三个方面。

第一，区内贸易增长迅速，规模不断扩大。在 1991 年签订《亚松森条约》之前，巴西、阿根廷、乌拉圭和巴拉圭四国间的贸易总额仅为 51 亿美元；1995 年，区内贸易额达 150 亿美元；1996 年增至 174 亿美元；1997 年达 211 亿美元。内部贸易占四国出口总量的比重从 1991 年的 11.1%增至 1997 年的 24.7%；1998 年区内贸易略有减少，但与 1997 年基本持平；1999 年区内贸易额较 1998 年减少了 50 亿美元。随后，在阿根廷经济危机、乌拉圭经济危机和巴西金融动荡的影响下，南共市区内贸易额一度跌落到 2002 年的 105 亿美元。2003 年，随着拉美经济的整体复苏，南共市区内贸易开始回升，达到 130 亿美元；2004 年，达到 172 亿美元；2005 年，达到 211 亿美元（回到了 1997 年的水平）；2006 年，达到 258 亿美元；2007 年，达到 324 亿美元；2008 年，达到 416 亿美元；受全球金融危机影响，2009 年为 330 亿美元；2010 年又增至 440 亿美元，2011 年则增长到 540 亿美元的高点；2012 年，四国区内贸易总额为 490 亿美元[①]。

第二，地区一体化进展显著，内部机制不断完善。南共市运行后，巴西和阿根廷把南共市作为推行外交政策的平台，积极加强南共市内部的合作，进而实现南美洲共同体的目标。南共市除上述五个成员和多个联系国的机制外，还设置了"观察员国"资格制度（墨西哥，2004）并欢迎所有希望加入南共市的国家加入，以扩大南共市的影响并最终建立拉美自由贸易区。

南共市在政治、经济、社会等方面取得了一定的进展。在经济方面，南共市通过召开首脑会议，在自由贸易、经济政策协调、对外共同关税方面签署了多项协议并就相互开放电信、交通、金融、能源等领域的服务贸易达成一致。1999 年，确定通过协调成员国的宏观经济政策，建立本地区货币联盟的战略目标。2000 年，决定制定统一宏观经济政策并提议建立欧盟式货币同盟和解决贸易争端机制。2001 年，签署了汽车贸易协定。2003 年，成员国同意推动成立南共市争端仲裁法庭和南共市议会，支持巴西提出的 2006 年实现"关税同盟"的倡议。同年，成员国就成立南共市常设代表委员会、协调共同关税政策、加强贸易仲裁法院作用、合理解决贸易纠纷、完善南共市金融体系等达成共识。2004 年，南共市通过正式设立贸易争端仲裁法庭和加强成员国之间信息、环境保护、农业技术合作等决议；宣布成立南共市统一基金，以此减少区内成员国的经济差距，还签订了避免双重征税协定（从 2008 年起执行）。2005 年 5 月，南共市落实了地区一体化基金的数额和运作方式。

---

① 上述数据均来自 WTO 官网历年的国际贸易统计报告（ITS）。

在政治方面，南共市对持续实施民主体制达成共识，在数次首脑会议上强调实施民主体制是推进南共市一体化发展进程的政治保障和动力；同时，还就加强成员国在国际事务中的合作达成了一致，决定建立成员国外交部间人权问题的磋商制度。2001年，南共市决定加强内部协调与合作，以集团形式与美国和欧盟开展自由贸易对话，重新启动与安共体建立自由贸易区的谈判。2004年12月，第27届首脑会议决定在2006年12月31日前建立南共市议会，在政治和外交上协调立场，共同行动，维护南共市的整体利益。

2010年12月16日，南共市通过两份文件，旨在推进四个成员国之间的社会一体化进程，实现更紧密的"社会关联"。同年12月17日，南共市四个成员国的首脑正式批准了旨在促进社会一体化的《社会行动战略计划》和"南共市公民"计划书。四国有望在10年内互免签证并统一公民身份证、汽车牌照、消费者保护体系、养老金制度。

第三，通过签署自由贸易协定，不断扩大影响。在加强内部合作的同时，南共市还积极发展同本地区及世界主要国家和集团的合作。近年来，南共市先后启动了与安共体、欧盟、海湾合作委员会及亚非一些国家的自由贸易谈判并取得重要成果。2004年10月，南共市同安共体签署了自由贸易协定。同年12月，南共市四个成员国同五个安共体成员国及其他三个国家在秘鲁成立了南美国家共同体。此外，南共市还同中美洲国家签署了旨在推动两地区间经济合作的贸易投资框架协议。2000年年底，南共市就降低对外关税问题达成协议，决定从2001年起对成员国之外的国家降低0.5%的进口税。目前，南共市同中国、欧盟、日本、俄罗斯和韩国等建立了对话或合作机制。2007年年底，南共市和以色列签署了自由贸易协定。2010年3月，巴西正式批准以色列与南共市签署的自由贸易协定，这是南共市首次与地区外贸易伙伴签署自由贸易协定。同年8月，南共市成员国和埃及政府签署自由贸易协定，这是南共市与第二个本地区外的贸易伙伴签署自由贸易协定。此外，南共市和约旦、摩洛哥以及海湾合作委员会等贸易伙伴正在进行自由贸易协定谈判。

南共市在发展中也遇到一些问题，主要包括以下三方面。

第一，成员国间存在诸多分歧，内部协调有待加强。南共市成员国和联系国之间没有太多的历史纠葛，但因同属发展中国家，经济结构较为类似，成员国和联系国的利益追求有所趋同，这势必造成一些利益争端。自1995年正式运行以来，南共市内部的分歧和争端一直没有间断过，其中以巴西和阿根廷的矛盾最为突出，两国贸易争端甚至上升到政治层面，直接影响南共市整体目标的实现，阻碍一体化的深化。虽然南共市在巴西的对外政策中更具有国际战略性质，但从实际效果看，作为地区政治大国和经济大国的巴西并没有很好地尽到领导国的责任。一方面，南共市内部经济发展水平不尽相同，既包括经济开放程度较高的智利，也涵盖了巴西和墨西哥两个地区经济大国，还存在玻利维亚、巴拉圭、秘鲁等非常贫困的国家。在这样的集团内部，客观存在着一定的产业冲突。另一方面，成员国和联系国无法真正实现宏观经济政策一致的主观目标。如何在发展中求均衡，在自由贸易中照顾弱国的困难是摆在南共市各国领导人面前的一道难题。

第二，美国的"分而治之"政策及南共市内部的离心倾向使南共市难以黏合成一个有机整体。除内部因素外，南共市在发展过程中也遇到了美国所推行的"美洲自由贸易区"政策的巨大挑战。随着美、拉在美洲自由贸易区谈判上陷入僵局，美国采取了"分而治之"

的政策，借以分散南美特别是南共市的力量。在面临拉美内部经济压力时，南共市成员国曾一度放弃共同对外谈判的立场，独自寻求摆脱危机的解决办法。阿根廷曾多次表示要与美国缔结双边贸易协定。2002 年，乌拉圭前总统巴特列也表示："南共市要么抱在一起死亡，要么各自寻找生路。"为了摆脱对南共市的过分依赖，乌拉圭决定独自与美国举行自由贸易谈判，希望在美国找到更大的出口市场，以此振兴本国经济。此外，巴拉圭企业部门也曾要求政府退出南共市。巴拉圭前总统杜阿尔特曾表示："南共市继续是一个挑战，对于许多人来说它继续是一种梦想。但如果我们看到它的一些进展，我们就可以获得重要的迹象。"巴拉圭前外长拉奇德则指出："像欧盟这样一体化最为完整的集团都遇到了困难，我们怎么能说我们正在走出幼稚阶段，走进成熟阶段！我们仍然有许多路要走。"

第三，受政治的影响较大，政策上的不连续性使南共市的发展出现较强的阶段性特征。在拉美历史上存在一个非常明显的传统，即对外政策在很大程度上取决于执政者的意愿。受这种因素的影响，南共市从建立至今体现出非连续性的阶段性发展。以巴西为例，南共市是在卡多佐第一次执政时期建成的，但由于巴西和阿根廷当时的执政党与美国的关系相对较好，在推动南共市内部体制建设上，很多决议仅停留在书面形式，付诸实施的计划甚少。有统计数字表明，南共市建立以来共签署了近 100 项协议，但四个成员国议会表决通过的协议仅有 21 项。在巴西和阿根廷左派政党上台时，两国的外交政策会出现较为明显的回归南美的倾向，正是在这种强化一体化的意愿指导下，南共市内部合作得到一定的强化，规模也得到进一步的扩大，协作机制也开始逐步完善。

世界经济的发展和交通通信工具的发达导致了经济的全球化趋势，也引起了经济一体化倾向的加强。经济一体化已成为世界经济发展的重要趋势，二战以后，各种形式的区域一体化组织大量涌现，它已经成为各国维护自己经济贸易利益的重要手段。世界经济的区域一体化趋势是促进经济和贸易的全球化还是把世界分割成不同的部分？实际上，区域经济一体化应该是走向全球经济一体化的重要步骤。

第一节　地区经济一体化概述

一、经济一体化的概念

经济一体化（economic integration）至今尚无一致公认、明确的定义。经济一体化的含义有广义和狭义之分。广义的经济一体化即世界经济一体化，指世界各国经济之间彼此开放，形成一个相互联系、相互依赖的有机体。狭义的经济一体化即地区经济一体化，指在一个由政府授权组成的并具有超国家性的共同机构里，通过制定统一的对内、对外经济政策，财政与金融政策等，消除国与国之间阻碍经济贸易发展的障碍，实现区域内互利互惠、协调发展和资源优化配置，最终形成一个政治、经济高度协调统一的有机体。

虽然对经济一体化的含义有不同的理解，但是人们对经济一体化一般从贸易领域开始这一点没有异议并且对经济一体化的几种基本形式也是认可的。

二、经济一体化的形式

（一）按贸易壁垒的取消程度划分

1．优惠贸易安排（preferential trade arrangement）

这是经济一体化中最低级、最松散的一种形式，指在实行优惠贸易安排的成员国之间，通过协定或其他形式对全部商品或部分商品规定特别的关税优惠。英国与英联邦成员国于1932 年建立的英联邦特惠制，二战后的东南亚国家联盟、非洲木材组织等就属于此类型。

2．自由贸易区（free trade area）

签订有自由贸易协定的国家所组成的经济贸易集团在成员国之间废除关税与数量限制，使区域内各成员国间的商品可自由流动，每个成员国仍保持自己对非成员国的贸易壁垒。对外关税税率的不同使得非成员国将商品出口至低税率的成员国，然后再转出口至高税率的成员国，从而使那些实行高税率的成员国的关税政策失效，由此产生了所谓的贸易的偏转（trade deflection）。因此，成员国政府一般采用原产地规定（rules origin）来阻止非成员国为逃避高税率而进行的区内转运活动。这一规定使得只有自由贸易区内的成员国生产的商品才能享受到关税豁免的待遇，如欧洲自由贸易联盟、北美自由贸易区。

3．关税同盟（customs union）

关税同盟是经济一体化的较高层次，是由两个或两个以上的国家完全取消关税或其他壁垒并对非同盟国家实行统一的关税税率而结成的同盟。这样，非同盟国在同盟内部进行转运的活动就会失去经济意义。因此，关税同盟在与非成员国就关税问题进行谈判时是以一个整体的地位出现的。它开始带有超国家的性质，是在自由贸易区的基础上建立起对非同盟成员国统一的关税税率。最有代表性的例子就是欧洲联盟，它是 1957 年由联邦德国、法国、意大利等六国发起成立的，在当时被称为欧洲经济共同体。

4．共同市场（common market）

共同市场是经济一体化发展的更高层次，指两个或两个以上的国家完全取消关税与数量限制，建立对非成员国的统一关税，在实现商品自由流动的同时，还实现生产要素（劳动力、资本）的自由移动。劳动力和资本在成员国之间的自由流动代表经济一体化已经进入一个较高的阶段，同时意味着各成员对自身经济的控制力进一步下降。欧盟在1992 年年末由关税同盟过渡到共同市场，使各成员国经济一体化的程度进一步提高。

5．经济联盟（economic union）

经济联盟是更为高级的经济一体化形式。实行经济联盟的国家不仅实现商品、生产要素的自由流动，建立共同对外的关税，而且要求成员国制定和执行某些共同经济政策和社会政策，逐步废除政策方面的差异，使一体化的程度从商品交换扩展到生产、分配乃至整体国民经济，形成一个有机的经济实体。

6．完全经济一体化（complete economic integration）

完全经济一体化是经济一体化的最高阶段。所有成员国实行单一的货币和统一的经济政策，存在超国家的机构来管理组织内的经济事务，任何阻碍商品、服务和生产要素流动的壁垒都不再存在。所以，各成员国的商品价格在扣除运费之后应完全一致。接近达到这一形式的一体化组织有欧洲经济和货币联盟（European Economic and Monetary Union），该组织于 1998 年 6 月 1 日建立欧洲中央银行（European Central Bank）并于 1999 年 1 月 1 日开始正式实施单一货币——欧元（euro）。但在该联盟的运行过程中，各成员国发现按照经济一体化的要求放弃国家经济主权是极为困难的，因此欧洲经济和货币联盟是否能取得成功尚存在许多不确定因素。

表 5-1 概括了经济一体化的各种形式在理论上的区别。每个一体化组织可根据经济因素及政治因素决定采用何种形式，并不需要经历所有阶段。

表 5-1　经济一体化的各种形式在理论上的区别

政 策 取 向	形　　　式					
	优惠贸易安排	自由贸易区	关税同盟	共同市场	经济联盟	完全经济一体化
对内取消贸易壁垒	×	√	√	√	√	√
对外共同关税	×	×	√	√	√	√
要素流动	×	×	×	√	√	√
经济政策协调	×	×	×	×	√	√
经济政策完全统一	×	×	×	×	×	√

（二）按经济一体化的范围划分

1. 部门一体化（sectoral integration）

部门一体化即对区域内成员国间的一个或几个部门（或商品）加以一体化，如欧洲煤钢联营、欧洲原子能联营。

2. 全盘一体化（overall integration）

全盘一体化即对区域内所有经济部门加以一体化的形态，如欧盟。

（三）按参加国的经济发展水平划分

1. 水平一体化（horizontal integration）

水平一体化是指经济发展水平大致相同或接近的国家共同形成的经济一体化。

2. 垂直一体化（vertical integration）

垂直一体化是指经济发展水平不同的国家所形成的一体化。经济一体化运动的发展对于传统的以比较利益学说为基础的，推崇世界范围内自由贸易的国际经济理论是一个新的挑战。实现世界范围内的自由贸易体制十分渺茫，与其坐等，不如先在较小的地区范围内建立统一体，这就是次优理论学说。

第二节　地区经济一体化理论

区域经济一体化、贸易集团化趋势在第二次世界大战后迅速发展，许多经济学家对这一现象进行研究和探讨，形成了各种理论和学说。

一、关税同盟理论

关税同盟成立以后，一方面，区域内商品的流动不再受到限制，这将促进关税同盟内部的贸易；另一方面，关税同盟对外实行统一关税，成员国与非成员国之间的贸易是被扭曲的。因此，必须对成立关税同盟是否一定会增进成员国和世界的福利水平进行具体分析。

系统提出关税同盟理论的是经济学家维纳（J. Viner）和李普西（K. G. Lipsey），他们的主要观点包括以下内容。

（一）关税同盟的静态效应

关税同盟的成立带来了两种主要效应，即贸易创造和贸易转移，这两种效应综合决定了关税同盟的福利效应。

1. 贸易创造效应（trade creating effective）

贸易创造效应是指同盟内部关税取消后，国内生产的较昂贵的产品被成员国生产的较低廉的进口品取代，从而使资源的使用效率提高，扩大了生产所带来的利益，同时通过专业化分工使本国该项产品的消费支出减少，而把资本用于其他产品的消费，扩大了社会需求，结果使贸易增加。贸易创造的结果是关税同盟国的社会福利水平获得提高。

假设在一定固定汇率下，商品 X 在 A 国用货币表示的价格为 35 元，在 B 国为 26 元，在 C 国为 20 元，B 国为 A 国未来的关税同盟国。从图 5-1 可看出，在缔结关税同盟前，A 国征收 100%的高关税，将来自 C 国和 B 国的 X 商品拒之门外。A、B 两国建立关税同盟后，彼此取消关税，于是 A 国停止生产 X 商品，改从 B 国进口，把原本用于生产 X 商品的资源用于生产其他商品，这样就扩大和充分利用了自然资源。对于 B 国而言，由于 A 国市场消费的 X 商品均由其生产，B 国获得生产规模扩大、生产成本降低的好处。这样，低效率的 A 国生产被高效率的 B 国生产所取代，资源在整个同盟内部得到了更合理的配置，这有助于 A、B 两国整体福利水平的提高。缔结关税同盟后，创造出了从 B 国向 A 国出口的新的贸易和国际分工（专业化），这就是所谓的贸易创造效应。对于 C 国而言，由于它原来就不与 A、B 两国发生贸易关系，因此仍和新的贸易开始一样，没有什么不利，如果把关税同盟国增加收入、增加其他商品的进口的动态效果计算进去，C 国也会有利可图。因此，从世界范围内看，福利水平也是提高的。

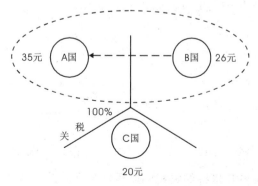

图 5-1 贸易创造效应示意

2．贸易转移效应（trade diverting effective）

贸易转移效应是指同盟国内部关税消除后，最初来自于非同盟国家的廉价进口品被成员国相对昂贵的进口品所取代，这是关税同盟给成员国带来的不利影响。在缔结关税同盟前，本国在自由贸易条件下从世界上生产效率最高、成本最低的非成员国进口产品，关税同盟成立后，同盟国因其他成员国借助内部关税减免而比非成员国具有价格优势，于是本国向其他成员国进口。如果同盟国内生产效率最高的国家不是世界上生产效率最高的国家，则关税同盟的歧视性税率安排使生产效率最高的国家失去了部分出口，高效生产被低效生产所取代，进口成本增加，消费支出扩大，对整个世界来说是一种福利损失。

如图 5-2 所示，在自由贸易条件下，设 A 国自由地从 B、C 两国进口，A 国将从成本和价格最低的 C 国进口。设立关税同盟后，假设 A、B 两国的关税同盟对 C 国制定 30%以上的统一关税。于是，A 国把 X 商品的进口从 C 国转移到同盟内的 B 国，即从成本低的供给来源向成本高的供给来源转移，这就是贸易转移效应。A 国和 C 国当然受到损失，同时因不能有效地分配资源而使世界整体福利降低。即使 A 国在缔结同盟前有关税保护并且税率在 30%的范围之内，结果仍然如此，这是因为 A 国的进口还是从结盟前较低的供给来源转移到现在较高的供给来源。

3．局部均衡分析

设有 A、B、C 三个国家，A 国与 B 国缔结关税同盟。如图 5-3 所示，S 和 D 分别表示 A 国国内的供求曲线。OP_C 是 C 国的价格，OP_B 是 B 国的价格。A 国与 B 国组成关税同盟前，A 国从 C 国进口商品，进口价格是 OP_C 加上关税 P_CP_T，A 国国内的价格为 OP_T，此时，国内生产供应量为 OQ_1，国内需求量为 OQ_2，供需缺口为 Q_1Q_2（进口量）。A 国与 B 国组成关税同盟后，相互间实行自由贸易，统一对外关税。对外关税如果与 A 国参加关税同盟前的关税相同，那么由于 A 国从 B 国进口所实际支付的要比从 C 国进口所实行支付的低，A 国停止从 C 国进口，改为从 B 国进口，此时，A 国国内生产供应量由于价格下降到 OP_B 水平，而减少到 OQ_3，国内需求量增加到 OQ_4。因此，A 国增加进口 Q_3Q_1 和 Q_2Q_4，这就是贸易创造效应。

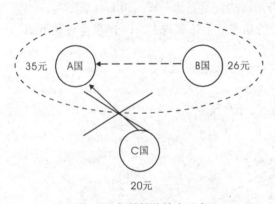

图 5-2　贸易转移效应示意

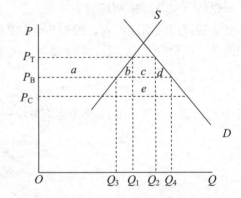

图 5-3　关税同盟经济效应的局部均衡分析

如图 5-3 所示，A 国与 B 国缔结关税同盟后，由于 A 国从 B 国进口比其从 C 国进口所支付的要少，因此 A 国不再从 C 国进口而改为从 B 国进口，于是原来从 C 国进口数量为 Q_1Q_2 的商品，在缔结关税同盟后转而从 B 国进口，这就是贸易转移效应。

缔结关税同盟导致 A 国国内价格下降，消费需求扩大。A 国的消费者剩余增加为 $a+b+c+d$，这是 A 国的福利所得。但是，由于 A 国国内价格下降导致国内生产供应缩减，进而使得 A 国的生产者剩余减少 a。从同盟国 B 国进口而不需要征收关税，将会导致政府关税收入减少 $c+e$，$a+c+e$ 是 A 国的福利所失。其中，生产者剩余损失的 a 和关税损失的 c 与消费者剩余所得中的 a 和 c 相抵。这样，消费者剩余所得中还余下 $b+d$。现在要把 $b+d$ 的福利所得与关税收入损失 e 进行比较，如果 $b+d$ 大于 e，则 A 国的福利是净增加；反之，则 A 国的福利是净损失。如图 5-3 所示，本国的供求弹性越大（图中的供求曲线越平坦），本国与同盟国贸易之间的成本差异越大，同时同盟国与世界的成本差异越小，结成关税同盟后贸易创造的利益就越大。反之，本国的供求弹性越小，本国与同盟国的成本差异越小，同盟国与世界的成本差异越大，组成关税同盟后贸易转移的损失也就越大。

（二）关税同盟的动态效应

1. 规模经济效应

组成关税同盟以后，成员国的内部市场扩大了，对于规模报酬递增的产业来说，随着规模的扩大，平均成本将下降，效率将提高。另外，随着生产规模的扩大，从企业内部来看，分工更加细密，从而降低管理人员的比例，增加生产设备的购买量。由于国民经济各部门之间是相互关联的，某一部门的发展可能在许多方面带动其他部门的发展，可以获得服务运输、金融、人才供应、信息等多方面的便利条件。但是，规模也不是越大越好。对于那些规模报酬不变或者规模报酬递增不明显的产业来说，大公司由于程序繁多，反应比较迟钝，其效率可能反而没有小公司高。

2. 生产要素的自由移动效应

关税同盟成立后，内部市场趋于统一，生产要素可以在成员国间自由流动，提高了生产要素的流动性。生产要素由相对丰裕的地区流向相对稀缺的地区，生产要素得到了更为合理的配置，减少了生产要素的闲置，提高了对生产要素的使用。例如，劳动力的自由流动有利于人尽其才，增加就业机会，提高劳动者素质；自然资源的流动能使物尽其用。生产要素的移动能使进步的新技术、新观念、新管理以及企业家精神在领域内传递，实现对生产要素的最佳配置。

3. 刺激竞争效应

关税同盟成立前，各国实行保护关税政策，保护国内的生产和市场。高关税容易导致垄断，一国的产业由于缺乏来自外部的竞争，长期处于一种低水平发展状态。当国内市场比较狭小时，这种作用就更加明显。组成关税同盟后，成员国之间取消关税，扩大市场会导致同盟国内部竞争加强，专业化分工程度加深，从而提高生产效率和经济福利。

4. 增加投资效应

成立关税同盟后，市场的扩大、投资环境的改善使得区内投资增加。一方面，随着市场的扩大，风险与不稳定性降低，成员国厂商会增加投资，关税同盟为商品自由流动开拓了广阔的市场，使竞争进一步加剧。为了提高竞争能力，成员国的厂商会增加投资，改进产品品质，扩大研究与开发，促进技术进步，降低生产成本，提高竞争力。另一方面，关税同盟内部成员国之间消除关税、对外统一关税具有贸易保护性质，非同盟国的厂商为了绕过关税壁垒会到同盟国内去投资设立关税工厂，在同盟国内进行生产、销售，以求获得豁免关税的利益。

二、大市场理论

如上所述，共同市场与关税同盟相比较，其一体化程度有进一步的提高。共同市场的理论基础是动态的大市场理论，其代表人物是西托夫斯基（T. Scitovsky）和德纽（J. F. Deniau）。大市场理论的核心是通过国内市场向统一的大市场延伸，扩大市场范围，创造激烈的竞争环境，进而达到实现规模经济和技术利益的目的。

西托夫斯基提出了西欧国家"高利润率恶性循环"的命题。由于西欧国家的生产厂商和企业家们为了保持高利润率而热衷于狭窄的市场和受保护的、缺乏激烈竞争的市场，阻止新的具有竞争性的企业进入，导致市场停滞。较高的价格使得广大消费者望而却步，耐用消费品普及率较低，无法进入大众消费市场，因此就不能进行批量生产，最终使厂商陷入狭窄的市场—高价格—高利润率—低资本周转率的恶性循环中。他认为，打破恶性循环的方法应是通过建立共同市场或推行贸易自由化创造良好的竞争环境。通过激烈的竞争，优胜劣汰，使生产厂商由小规模生产转向大量生产，并且在大多数产业都实现了规模经济效益时还能产生外部经济效益。与此同时，随着消费者实际收入的提高，有了对耐用消费品的承担能力，进而产生如下良性循环：大市场的产生—向大量生产规模转换（以及其他的合理化）—生产成本下降—大众消费者增加（市场扩大引起的）—竞争进一步激化—大市场产生。

德纽认为，在大市场化过程中，充分利用机器及最新技术在激烈的竞争环境中进行专业化生产会导致生产成本和销售价格的下降。同时，关税取消也可能使价格有所降低，从而导致购买力增加，提高实际生活水平。随着消费人数的增加，又可能使这种消费和投资进一步增加，经济就会像滚雪球似的扩大。消费的扩大会引起投资的增加，增加投资又导致价格下降、工资提高、购买力全面提高，因而，只有市场规模迅速扩大才能促进和刺激经济扩大。

三、协议性国际分工理论

协议性国际分工理论是由日本教授小岛清提出的。他认为，在经济共同体的发展中完全依靠比较优势原理不可能完全实现规模经济的好处，反而可能导致各国企业的垄断和集中，影响经济共同体内分工的和谐、贸易的稳定发展。因此，必须实行协议性国际分工，使经济共同体内经济、贸易健康发展。

所谓协议性国际分工，是指在成本递减的情况下，如果两国都能生产某两种商品，则双方应当分别放弃对自身劣势商品的生产并把这种商品的国内市场提供给对方，即必须达成互相提供市场的协议，也就是实行协议性国际分工。达成协议的条件包括以下几点。

（1）参加协议性国际分工的国家与地区的资本劳动禀赋比例差异不大，工业化水平和经济发展阶段大致相同，协议性分工的对象产品在每个国家或地区都能生产。

（2）作为协议性国际分工的商品应该是能获得规模经济效益的商品。

（3）每个国家自己实行专业化的产业和让给对方的产业之间没有优劣之分，否则不容易达成协议。产业优劣主要取决于规模扩大后的成本降低率和随着分工而增加的需求量及其增长率。

上述条件表明，经济一体化容易在同等发展阶段的国家间建立，而不能在工业国与初级产品生产国之间建立。同时，在发达国家间，可以进行协议分工的商品范围越大，利益就越大。生活水平和文化等互相类似、毗邻的地区更易达成协议且易保证相互需求的均衡增大。

图 5-4 所示为 I 国和 II 国 X、Y 两种商品的成本递减曲线，其中，纵轴表示两国分别生产两种商品的成本。现假定 I 国和 II 国达成互相提供市场的协议，I 国要把 Y 商品的市场提供给 II 国，II 国要把 X 商品的市场提供给 I 国，即 X 商品全由 I 国生产并把 II 国 X_2 的市场提供给 I 国；Y 商品全由 II 国生产并把 I 国 Y_1 的市场提供给 II 国。两国如此进行集中生产，实行专业化之后，如图中虚线所示，两种商品的生产成本都大幅度下降。但这仅仅是每种商品的产量等于专业化两国产量之和的情况，如果同时考虑随着成本的下降所引起的两国需求的增加，实际效果将更大。

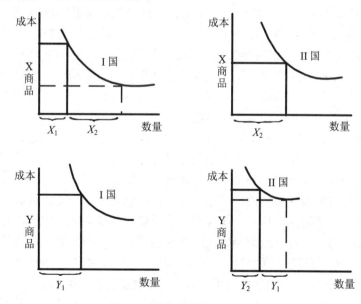

图 5-4　协议性国际分工示意

四、区域经济一体化的发展

区域经济一体化已成为当代世界经济发展的一大特点。现在世界上有几十个区域经济一体化组织，下面介绍几个主要的区域经济一体化组织。

（一）欧洲联盟

欧洲联盟（European Union，EU）的前身是欧洲共同体（European Community，EC）。1951 年 4 月，西欧六国（法国、联邦德国、意大利、荷兰、比利时、卢森堡）在巴黎签订了《欧洲煤钢联营条约》（也称《巴黎条约》），建立了欧洲煤钢共同体。欧洲煤钢共同体建立之后，西欧六国试图把《巴黎条约》的原则扩大到其他领域。1957 年 3 月 25 日，西欧六国政府在意大利罗马签订《欧洲原子能联营条约》和《欧洲经济共同体条约》，这两个条约统称为《罗马条约》。《罗马条约》于 1958 年 1 月 1 日生效，欧洲原子能共同体和欧洲经济共同体正式成立。《罗马条约》的主要内容有：建立全面的关税同盟，即内部取消各种工业的关税，对外使用统一关税，实行共同的贸易政策，内部实施共同农业政策，逐步协调经济和社会政策，实现商品、人员、劳务和资本的自由流动。

按照《罗马条约》的规定，关税同盟的建设应在 1958—1969 年年底完成。这个近 12 年的过渡期分为三个阶段，每个阶段逐步削减成员国之间的关税，实现自由贸易，调整成员国的对外关税，实现共同的对外关税。到 1968 年，西欧六国提前达到了《罗马条约》的预定目标，完成了关税同盟的建设。同时，欧洲煤钢共同体、欧洲原子能共同体、欧洲经济共同体的主要机构合并，统称为欧洲共同体。

进入 20 世纪 70 年代后，经济危机使欧洲共同体一体化建设的步伐放慢了，欧洲共同体的经济发展出现了停滞。成员国领导人经过长期协商，决定建立欧洲统一市场，以振兴经济，与美、日争夺世界市场的主导权。自 1985 年起，欧洲共同体执行委员会主席雅克·德洛尔相继组织起草了三份重要文件——《关于完善内部市场的白皮书》《欧洲一体化文件》《为一体化文件的成功而奋斗：欧洲的新世界》，提出了在 1992 年年底建成欧洲统一大市场的具体计划。该计划不仅得到了各成员国首脑的批准，而且实施得比较顺利。到 1992 年年底，各国基本撤除了各种阻碍商品和要素自由流动的壁垒，一个欧洲统一大市场基本上形成了，这也意味着欧洲共同体从关税同盟进入了共同市场。

在建设欧洲统一大市场计划确定之后，欧洲共同体又不失时机地把经济与货币联盟的建设提上议事日程，以实现《罗马条约》的最终目标。1991 年 12 月，欧洲共同体在荷兰马斯特里赫特城举行了成员国首脑会议，决定正式签署《马斯特里赫特条约》（以下简称《马约》），又称《欧洲联盟条约》。这个条约由《欧洲经济与货币联盟条约》和《政治联盟条约》组成，前者的最终目标是实现欧洲货币统一和成立欧洲中央银行，后者的目标是建立共同外交、防务、社会政策等方面的国家联盟。《马约》需先由成员国国内批准，待所有成员国批准后，条约方可生效。《马约》的生效日期原定于 1993 年 1 月 1 日，目的在于与统一大市场衔接。由于欧洲于 1992 年 9 月爆发了一场金融风暴，《马约》在有些成员国国内的通过过程中有一些波折，一直到 1993 年 11 月，《马约》才被所有的成员国批准通过，欧洲共同体则被称为欧洲联盟。欧洲联盟的主要机构有部长理事会、执行委员会、欧洲议会、欧洲法院和欧洲理事会，欧洲联盟的总部设在比利时首都布鲁塞尔。1999 年 1 月 1 日欧元诞生，2002 年欧元全面进入流通领域。

（二）北美自由贸易区

北美的经济一体化是在 20 世纪 80 年代兴起的，最初是在美国和加拿大之间进行。美、加两国经过 23 轮，历时一年零四个月的谈判，拟订了双边自由贸易的草案。1988 年 1 月 2 日，美国总统和加拿大总理签署了《美加自由贸易协定》。该协定在 1989 年 1 月 1 日分别获得了美国国会和加拿大议会的批准，开始正式生效。美国在签订了《美加自由贸易协定》后，马上又在 1990 年 6 月与墨西哥协商签订《美墨自由贸易协定》事宜，双方在商谈中认识到加拿大应当参加谈判。于是，美、加、墨三国于 1991 年 6 月正式开始谈判，经过 14 个月的讨论和协调，美、加、墨三国于 1992 年 8 月 12 日签订了《北美自由贸易协定》，该协定自 1994 年 1 月 1 日起正式生效。

在美、加、墨三国决定开展《北美自由贸易协定》谈判后，美国政府提出了"美洲倡议"，想把自由贸易的范围扩大到拉丁美洲，建立美洲自由贸易区（Free Trade Area of Americas，FTAA）。《北美自由贸易协定》生效后，1994 年 12 月，在美国的召集下，由北美、南美和加勒比海所有国家（除古巴外）共 34 个国家参加的美洲国家首脑会议在美国迈阿密召开，会议讨论建立美洲自由贸易区，通过了相关原则声明和行动计划，决定在 2005 年完成美洲自由贸易区的谈判。1998 年 4 月，第二届美洲国家首脑会议在智利首都圣地亚哥召开，会议的中心议题和最大成果之一就是于当年 5 月正式启动将于 2005 年建立美洲自由贸易区的谈判计划。

（三）亚太经济合作组织

亚太经济合作组织（Asia Pacific Economic Cooperation，APEC，简称亚太经合组织）是一个区域性经济论坛和磋商机构。"冷战"结束后，国际形势趋向缓和，世界经济全球化、贸易投资自由化和区域集团化的趋势渐成潮流。在欧洲经济一体化进程加快、北美自由贸易区已显雏形、亚洲地区经济在世界经济中的比重明显上升等背景下，1989 年 1 月，澳大利亚总理霍克提出召开亚太地区国家部长级会议，讨论加强相互间经济合作的倡议，得到美国、加拿大、日本和东盟的积极响应。同年 11 月，第一届亚太经济合作组织部长级会议在澳大利亚堪培拉举行，与会的国家为亚太地区的 12 个国家（美国、日本、澳大利亚、加拿大、新西兰、韩国、马来西亚、泰国、菲律宾、印度尼西亚、新加坡、文莱），这标志着亚太经济合作组织的成立。该组织的宗旨与目标是："支持亚太区域经济可持续增长和繁荣，建设活力和谐的亚太大家庭，捍卫自由开放的贸易和投资，加速区域经济一体化进程，鼓励经济技术合作，保障人民安全，促进建设良好和可持续的商业环境。"

APEC 各成员奉行相互尊重、协商一致、自愿以及开放的地区主义原则，该组织与其他国际组织有鲜明的区别特征：① 地理跨度广。作为一个区域性国际经济组织，APEC 地跨亚洲、大洋洲、北美洲和南美洲四大洲，这是其他任何一个地区性国际经济组织都不能比拟的。② 成员多样化。该组织的成员具有多样性，组织内部不设谈判场所和谈判机构，整个组织就像一个论坛。③ 信誉高。尽管 APEC 协商的结果不具有法律效力，但首脑们做出的承诺公布于各共同宣言和联合声明中，受到很强的道义和国家名誉上的约束力。④ 从宗旨来看，它是在亚太地区地域广、民族众多的前提下对国际经济组织形式与开展地区合作样式的一种创新，是地区内人民智慧碰撞的结晶。

到目前为止，亚太经合组织共有 21 个成员：澳大利亚、文莱、加拿大、智利、中国、中国香港、印度尼西亚、日本、韩国、马来西亚、墨西哥、新西兰、巴布亚新几内亚、秘鲁、菲律宾、俄罗斯、新加坡、中国台北、泰国、美国和越南。东盟秘书处、太平洋经济合作理事会和太平洋岛国论坛秘书处为该组织观察员，可参加亚太经合组织部长级及其以下各层次的会议和活动。

亚太经合组织下设亚太经合组织领导人非正式会议、部长级会议、高官会、秘书处、委员会和工作组。亚太经合组织的正式工作语言是英语。

APEC 首届部长级会议发表的《堪培拉声明》用了近一半的篇幅来阐明 APEC 与 GATT（General Agreement on Tariffs and Trade，关税与贸易总协定）的关系，APEC 各成员一致认为"乌拉圭回合"是在广泛的基础上追求 APEC 目标最直接和最现实的机遇；新加坡第二届部长级会议再次表达了尽早完成"乌拉圭回合"的强烈愿望；汉城会议提出的宗旨和目标是"相互依存、共同利益、坚持开放性多边贸易体制和减少区域间贸易壁垒"，关注"乌拉圭回合"的进展是汉城部长级会议的最优先内容；1992 年的曼谷会议再次讨论了"乌拉圭回合"，积极促进"乌拉圭回合"谈判尽快结束。事实上，APEC 的积极努力对"乌拉圭回合"最终达成协议发挥了巨大作用。1993 年的西雅图会议要求 APEC 承担在地区范围内深化和扩展"乌拉圭回合"的成果的任务；1994 年的茂物会议进一步规定了 APEC 各成员实现贸易投资自由化的时间表；1995 年的大阪会议继续沿着茂物会议制定的 APEC 目标制定了具体可行方案；1996 年的苏比克会议中，各成员制定了单边自由化行动计划；1997 年《APEC 经济领导人温哥华宣言》重申了 APEC 的任务是完全履行已达成的世界贸易组织的所有协议并建议在 9 个领域提前实现自由化；1998 年的吉隆坡会议中，由于相当多的成员陷入亚洲金融危机，APEC 在 9 个部门的提前自由化上遭受了巨大的挫折；1999 年奥克兰会议上，21 个成员一致强调确保充分实施 WTO 现有协议的重要性；2000 年 11 月文莱会议上，与会领导人一致认为 APEC 应继续致力于推动世界贸易组织新一轮谈判尽早启动。2001 年的 APEC 上海会议支持世界贸易组织在即将召开的部长级会议上启动新一轮谈判，反对贸易保护主义并且重申发达国家成员在 2010 年，发展中国家成员在 2020 年实现亚太地区贸易投资自由化和便利化。2002 年 10 月，APEC 墨西哥会议发表了领导人宣言，表示欢迎"多哈发展议程"启动，要求该组织成员全面、积极地参与世界贸易组织新一轮谈判并保证在 2005 年 1 月 1 日前结束谈判。会议还宣称，要在加强安全的同时，保持货物、资金和人员的顺畅流动。

APEC 建立以来，在地区内的成果更多地反映为机制化的次区域合作，这也是 APEC 的典型模式，最典型的代表有东盟自由贸易区，10+3 机制，美、加、墨自由贸易区等。由于 APEC 成员具有不同的文化、政治和经济背景且差异巨大，因而 APEC 内的合作不可能实现较高程度的一体化，但这并不影响其中相近或相邻的成员间实现较密切的合作。特别是 1998 年吉隆坡会议宣告"部门自愿提前自由化"计划失败，双边、次区域自由贸易协定如雨后春笋，使 APEC 倡导的"开放的地区主义"遇到严峻挑战，APEC《上海共识》重振贸易投资自由化势头并针对以往 APEC 缺乏有效执行机制的问题提出同行审议机制，在一定程度上强化了 APEC 的执行机制，对次区域合作的机制化有进一步的促进作用。

第三节　经济全球化的发展特点及经济影响

一、经济全球化的含义及成因

经济全球化是一个比较复杂的概念，其内涵十分丰富和广泛，目前学术界没有形成一个统一的大家都认可的定义。一般认为，经济全球化具有多维特征，它是指人类经济活动超越民族、国家界限以及各国经济在世界范围的相互融合过程。以此为出发点，经济全球化既指通过资本、生产、技术、信息、货物等生产要素在全球范围内的跨国界、广泛、自由流动实现资源有效配置的过程；也指由于这个过程的深化，使各国之间的联系和相互作用不断加强，使各国经济形成"你中有我，我中有你"的相互依赖甚至制约关系，它是生产力和国际分工向高级阶段发展的必然结果。全球化并非一种新现象，只是自 20 世纪 80 年代中期以来，特别是"冷战"结束后，经济全球化得到了进一步的有力推动和迅速发展，其原因是复杂的、多方面的。

首先，东西方由对抗走向对话，使国际形势趋于缓和。在国际关系中，经济因素居于主导和支配地位，从而为全球经济发展与合作奠定了新的基础。

其次，跨国公司迅猛发展，成为推动经济全球化的主要载体。跨国公司的全球经营战略大大推动了生产的跨国组合、国际贸易的繁荣及国际投资的增加，尤其是出现了南北间资金的双向流动，这已成为一种不可忽视的、相互连接的合作纽带。

再次，科技革命加速发展，特别是信息技术日新月异，推动了经济运行数据的收集、分析与决策的自动化和透明度，缩小了经济活动的时间和空间距离，加速了经济信息在全球范围内的传递，提高了各国宏观经济和微观经济的管理水平。信息技术的飞速发展业已成为经济全球化的根本动力。

最后，市场经济体制已为世界各国所接受并发挥越来越重要的作用。随着世界经济发展和形势变化，发达国家推行的不同类型的市场经济模式正在进行调整和改革，不断加以完善。发展中国家，特别是经济转轨国家，也先后从计划经济体制向市场经济体制转化。一些国家建立了社会主义市场经济体制和资本主义市场经济体制，有力地促进了世界统一市场的形成和发展，因而使经济全球化成为可能。

上述种种方面促进了经济全球化的发展，而经济全球化的发展又反过来为这些方面的发展提供了广泛的空间和良好的条件，二者形成相辅相成的互动关系。

二、经济全球化的发展趋势与特点

（一）科学技术对经济全球化的推动作用会更加明显

随着高科技产业特别是信息产业的迅猛发展，以国际互联网为标志的信息技术使全球的经济商务活动几乎不存在空间距离和障碍。国际经贸活动和生产的组织管理可以越来越多地在网上进行，一切市场信息也都可能从网上获取。电子信息技术等高新技术的发展及其在全球生产中的迅速推广运用将大大缩短发达国家与发展中国家之间的技术差距。

（二）国际分工将进一步深化

国际分工会进一步加深，生产将在更大程度上根据比较优势、资源禀赋和市场需求而在全球范围内展开。国际分工将继续由垂直型分工向水平型分工发展，后者尤其是在发达国家之间呈日益扩大趋势。国际分工的不断深化将继续推动形成新的分工格局：一方面，发达国家日益转向新产品的研制和开发，而新产品的生产过程往往通过跨国生产系统安排在发展中国家进行，从而加深了研究开发与生产制造之间的分工两条线；另一方面，传统产业特别是劳动密集型和资源密集型产业有进一步向发展中国家集中的趋势，它们将成为发展中国家的主要产业。

（三）跨国公司将日益成为世界生产的主要组织者和投资者

跨国公司不断发展和扩张，其对全球经济的影响日益增大，使得国家疆界的经济意义更加淡化。跨国公司将持续推动企业的跨国兼并浪潮，尤其是发展中国家之间的企业兼并和发达国家与发展中国家之间的企业兼并会越来越多。跨国公司将日益成为世界范围内社会化生产的组织者，全面规划全球化生产，其结果将使传统意义上的国家之间的国际分工表现为以跨国公司内部生产组织为主要形式的分工，从而也使以国家为主的世界经济有可能向以跨国公司为主体的世界经济过渡。由于对外直接投资是跨国公司全球化生产经营战略的需要，因此跨国公司的对外直接投资将继续迅速发展。发达国家跨国公司相互间的投资将占主导地位。美、欧、日三方彼此互为对方最大投资伙伴的局面会持续发展。跨国公司对发展中国家的投资会稳步上升，特别是对发展中国家服务业和高新技术领域的投资很可能出现加速趋势。但这种投资的发展将是不平衡的，跨国公司对最不发达的发展中国家的忽略仍会加剧全球的两极分化。

（四）金融全球化将继续深化，金融风险依然存在

今后，随着经济全球化的发展，世界各国会逐步解除对金融资本跨国界流动的限制，加之各种衍生金融工具的出现和信息技术的高速发展，金融资本在全球范围内的流动速度会日益加快。然而，由于导致20世纪90年代以来几次金融危机发生的一系列基本因素并未消除，还不能排除爆发金融危机的可能性。因此，建立能够与金融全球化相适宜的国际金融新制度和新秩序，确保金融全球化的稳定发展和正常运行，保障金融安全并防范金融风险将是21世纪世界各国面临的共同任务。

三、经济全球化对世界经济贸易的影响

经济全球化对世界各国的经济贸易发展产生了重大的影响，对传统的衡量国家之间经济贸易权益的概念与统计构成了严峻的挑战。

（一）经济全球化使得各国经济相互依存与互动的程度加深

随着世界经济全球化的深入发展，发达国家之间的货物、服务、资金、技术和市场高

度融合，而且发达国家与发展中国家之间的上述关系也在加强。经济全球化使各国经济相互传递的障碍减少，互动性加强。在经济全球化趋势加强下，对外贸易与国际资本流动在各国之间的经济传递中的作用在加强。20 世纪 80 年代以来，在经济全球化趋势下，对外贸易与投资逐渐变成双向传递渠道——发达国家把经济发展与衰退通过对外贸易与投资传递到发展中国家；发展中国家的经济和金融波动也将影响到发达国家。例如，1994 年年底，墨西哥金融危机震动了全世界；1997 年 7 月由泰国引发的金融风暴并未使发达国家幸免。

（二）经济全球化迫使人们进行概念的创新，大国际贸易概念出现

在经济全球化趋势下，一国在对外经济交往合作中不能只考虑货物贸易，还要把货物贸易与直接投资、金融、服务、技术综合在一起考虑，因为货物贸易与投资相辅相成、互相促进，二者已成为各国经济发展的两个支点。应将大国际贸易概念与本国经济的调整优化、改革开放密切结合起来；"贸易立国""贸易为本"的传统信条已让位于"经济接轨"和"市场融合"。各国变被动接受经济全球化为主动参与经济全球化。越来越多的国家认识到，经济全球化是科技革命作用的结果，是大势所趋，纷纷主动改革本国经济体制，发展开放型经济，推行贸易、投资和金融自由化，为跨国公司创造投资条件并积极参与多边贸易体制和活动。在经济全球化背景下，一国对另一国单方面采取"贸易保护""贸易摩擦""贸易制裁"等以邻为壑的措施已开始由自我保护的工具变成了双刃剑，在制裁别国的同时也会使自己受到伤害，上策是通过谈判达成互惠互利的协议，促进双方的经贸发展，取得"双赢"。

（三）经济全球化使国家主权受到冲击，相互协调成为时代主旋律

面对经济全球化的新形势，传统的国家主权内容发生了一定程度的改变，原本是一国独有的权利日益成为国际社会共同拥有的权利。各国的经济活动越来越多地遵循国际条约、协定、规范和惯例来运作；跨国公司在各国经济生活中地位的提高使国家对产业政策的干预作用在减弱。在国家存在的情况下，出现了主权让与，但它是以对等为原则的。共享是让与的前提，没有共享也就不会有让与，经济全球化迫使各国把二者结合起来，由此出现了相互协调并逐步成为各国处理对外经济贸易关系的基石。随着"乌拉圭回合"谈判的结束和世界贸易组织的建立和运行，协调管理贸易政策在国际上和各国贸易政策中开始成为主流。

（四）经济全球化对发展中国家来说，机遇与挑战并存

第一，有利于发展中国家利用外资和对外投资。根据联合国贸发会议于 2021 年 6 月 21 日发布的《2021 年世界投资报告》，2020 年，全球外国直接投资下降了 35%，从 2019 的 1.5 万亿美元左右降至 1 万亿美元左右。新冠肺炎疫情导致的封锁减缓了现有投资项目的发展，而经济衰退的前景迫使跨国企业重新评估新项目。其中，发达经济体的外国直接投资下降了 58%，发展中经济体的外国直接投资更有弹性，仅下降了 8%，这主要受益于亚洲的外国直接投资势头较为强劲。2020 年，发展中经济体的外国直接投资占全球总量的三分之二，而 2019 年的这一占比不到全球总量的一半。

第二，促使发展中国家的出口商品结构优化。由于资本的流入、跨国公司的直接投资活动和本国产业结构的改造，发展中国家出口商品结构有所改善，制成品在出口中的比重不断提高。

第三，迫使发达国家对发展中国家面临的问题予以考虑和解决。发达国家日益认识到在经济全球化背景下，它们的经济稳定和发展有赖于发展中国家，在债务解决、地区经济一体化和联合国的改革等问题上不得不考虑发展中国家的权益。经济全球化有利于发展中国家的整体改革。

第四，经济全球化对发展中国家提出了严峻的挑战。经济全球化有利于发达国家构筑以其为中心的国际经贸基础。在此情况下，发展中国家的主权将会受到更大程度的削弱，发达国家与发展中国家间的不平衡将加剧。经济全球化为以发达国家为主的国际资本开拓了寻求更高利润的地域和空间，在发达国家和发展中国家经济实力相差甚大的背景下，经济全球化使发达国家与发展中国家的收入差距进一步拉大。1965 年，7 个主要发达国家的人均收入是世界最贫困国家的 20 倍，1995 年扩大到 39 倍。同时，发展中国家内部不平衡发展也在加剧，其主要表现在：1980 年年初以来，最富有的 20% 人口的收入所占比重都有增加；熟练和不熟练工人的工资差距在拉大；资本与劳工相比，获利更大；金融自由化引起公营和私营企业部门的债务在扩大。另外，发展的不平衡趋势如得不到解决或抑制，将对投资构成潜在的威胁，刺激泡沫经济的发展，为金融危机埋下隐患，对发展中国家的改革带来巨大的压力。经济全球化使得经济的传递和同步性加强，如何接受经济的正传递，抑制负传递成为发展中国家亟须解决的重大难题。

综观全局，经济全球化对世界各国的经济发展是利大于弊。联合国工业发展组织发表的《全球工业发展报告 1996》指出：在欧洲和北美洲，全球化使工业发展恢复了活力，提高了许多行业承受更大竞争压力的能力。在亚洲，全球化预示着前所未有的高速经济增长和高度的出口竞争力时期的到来。在拉丁美洲，全球化标志着经济发展途径从内向型向外向型急剧转变。在非洲，虽然其自由化进程还不如其他地区走得远，但全球化至少为其进一步发展定下了一个基点。可见，参与经济全球化进程能使国家、企业和其他经济主体抓住新的机遇并从中获利，经济全球化业已成为不可阻挡的历史潮流。值得注意的是，当今世界的经济全球化已超越纯经济形态，它的基本内涵已扩展到更加广泛的领域和层面，包括环境污染的全球化、移民的全球化、犯罪活动的全球化、传染疾病的全球化等。这些问题的最终解决，必须依靠世界各国采取联合行动，共同做出努力。

四、区域经济一体化与经济全球化的关系

（一）区域经济一体化与经济全球化是世界经济发展过程中并存的两个趋势

在世界经济的发展进程中呈现出经济一体化与全球化并存的发展趋势，二者之所以能共同推进世界经济的发展，是因为它们都是在经济资源跨越国界进行流动和配置并在体制框架上加强国际协调的过程中产生的，只不过前者发生在各区域范围内，而后者发生在全球范围内。两者都是生产国际化、一体化发展到一定程度的体现，全球化范围比一体化更

广，一体化层次比全球化更高。

在日益开放的世界中，世界各国都要参与经济一体化进程。同时，世界各国为了加速发展经济以适应国际分工、国际市场、开放性世界经济的发展，必须跨越国家界限，积极参与国际分工、国际市场活动和经济全球化进程并通过这种参与，运用国内外资源、国内外市场来促进本国经济的发展。而全球化与一体化都有自身的特点，因而世界各国都既要参与全球化，又要参与一体化，全球化与一体化这两个发展趋势不能互相代替。

世界各国通过参与全球范围内的资源流动，不断提高资源的配置效率，充分利用自身的比较优势获得国际分工所带来的更大的经济效益，才是世界各国积极参与全球化的重要基础。世界各国的积极参与也推动了全球化的进程并使得相关的全球经济组织和协调机制逐步获得发展和完善。但全球化由于涉及面广、参与者众多且差异巨大，出现了利益协调较为困难的局面。因此，全球范围的资源流动只能说是在与各种障碍、保护的冲撞中朝着自由与开放的方向发展。而在布雷顿森林体系崩溃后的二十多年里，国际社会一直在不断地寻找新的、有效的国际货币调节机制。在这种情况下，地缘经济关系密切，相对经济差异不大、一体化程度较高的区域化以及相应的区域合作组织、机制蓬勃发展起来。因而，区域化资源的流动便捷、自由，如 1993 年 1 月 1 日"欧洲统一大市场"的正式启动实现了区域内商品和生产要素的自由流动；协调功能强健、有效，如 1999 年 1 月 1 日欧元正式启动实现了区域范围的货币金融一体化。因此，全球化与一体化成为世界经济发展的两大趋势。

如果世界各个地区都逐步先实现区域性经济一体化，然后在几个大的区域性经济集团的基础上实现全球化，要比世界各国通过谈判实现全球化更容易。实践证明，区域经济一体化在很多情况下确实推动了各国和区域的贸易和经济发展，从而也间接地促进了世界贸易和经济的发展。正因如此，区域性经济合作受到大多数国家的重视并在 20 世纪 80 年代末 90 年代初全球化方兴未艾的同时，形成了较为强劲的发展势头。

（二）区域经济一体化与经济全球化是对立统一的两个趋势

一般来说，区域性经济合作组织对成员国有区别于非成员国的特殊优惠，对于其带来的特殊利益，非成员国不能分享，这就意味着对非成员国采取某种歧视政策，从而不利于经济全球化的发展，这是区域经济一体化与经济全球化对立的一面，但二者更有统一的一面。区域经济是全球经济的组成部分，区域内部经济自由度的增加意味着世界经济整体变得更为自由开放。从二战后一些主要区域性经济合作组织的发展过程来看，它们在区域内部采取经济一体化措施的同时也相应地减少了对非成员在贸易、投资等方面的障碍，因而并没有加剧与非成员的矛盾。就贸易而言，目前各区域经济合作组织一般都接受世界贸易组织的原则，参加世界贸易组织的谈判并履行相应的义务，于是世界贸易组织并不反对或阻止这些组织的区域性经济一体化活动。区域内一体化深化的内容，有些也会向全球扩散。例如，由亚太经济合作组织提出并在该组织内部获得原则性支持的、涉及有关信息技术产品贸易实行零关税的《信息技术协议》后来在世界贸易组织框架下达成全球范围适用的协议。因此，当前的任务是尽可能地减少区域经济一体化的排他性，增加其开放性，使区域

经济一体化在促进经济全球化的同时得到进一步发展，实现世界各国经济发展的共赢。

第四节　中国（上海）自由贸易试验区的实践

中国（上海）自由贸易试验区（China [Shanghai] Pilot Free Trade Zone，以下简称"上海自贸区"）在本质上属于自由贸易区的狭义概念，即在某一国家或地区境内设立的实行优惠税收和特殊监管政策的小块特定区域，指在领土内运入的任何货物就进口关税及其他各税而言被认为在关境以外并免于实施惯常的海关监管制度。上海自贸区在其规划园区范围内实施"一线逐步彻底放开、二线安全高效管住、区内货物自由流动"的创新监管服务模式。简而言之，就是在上海自贸区内简化监管手续、降低成本，实现"境内关外"。从这个意义上来说，上海自由贸易区实际上是自由贸易园区，在国际上被称作小自由贸易区。

但是上海自贸区不仅仅局限于此，由于它肩负着我国经济进一步改革开放的重任，因此被定位为国际投资规则的试验区、服务贸易创新的引导区、离岸型产业体系的集聚区、对外投资服务的先导区、监管方式优化的先行区、政府管理创新的示范区。虽然面积仅有28.78 平方公里，相当于上海市面积的 1/226，但是，这片土地正被寄予厚望，将成为撬动我国新一轮改革开放的支点之一。

一、上海自贸区的区位

上海自贸区位于上海的浦东新区内，涵盖了上海市外高桥保税区、外高桥保税物流园区、洋山保税港区和上海浦东机场综合保税区四个海关特殊监管区域，总面积为 28.78 平方公里，相当于上海市面积的 1/226。

外高桥保税区和外高桥保税物流园区位于长江口，与长江第一镇高桥镇毗邻，仅隔一条杨高北路，距离城市副中心五角场不到 10 公里，沿着张杨北路开车 15 公里可直接进入陆家嘴金融区，而到外滩的车程也不到 25 分钟。上海外高桥保税区于 1990 年 6 月经国务院批准设立，同年 9 月正式启动，是全国第一个保税区，也是全国 15 个保税区中经济总量最大的保税区。外高桥保税区获得批准时的规划面积为 10 平方公里，位于上海浦东新区，濒临长江入海口，地处黄金水道和黄金岸线的交汇点，紧靠外高桥深水港区，是全国首个"国家进口贸易促进创新示范区"和上海国际航运、贸易中心的重要载体。

上海浦东机场综合保税区于 2009 年 7 月经国务院批准设立，毗邻上海浦东国际机场，距上海迪士尼乐园大约 15 公里，距上海市区大约 50 公里，可以走 S20 外环转中环进入市区，规划面积 3.59 平方公里。它位于我国东部沿海经济带与长江流域的交汇点，紧邻货邮吞吐量位居世界第三的上海浦东国际机场，又处于亚、欧、美三角航线上，具有很强的对外、对内辐射能力。浦东机场综合保税区依托长三角腹地雄厚的经济实力，利用浦东机场丰富的航线资源与独特的区位优势叠加了保税区、出口加工区和保税物流园区三种特殊监管区域的所有功能政策，区内重点发展国际货物中转、国际采购配送、国际转口贸易、国际快件转运、维修检测、融资租赁、仓储物流、出口加工、商品展示交易以及配套的金融保险、代理等业务，成为上海国际航运中心和金融中心建设的重要组成部分，逐步形成亚太地区的航运枢纽。

洋山保税港区毗邻临港新城，到达上海市区需经过 35 公里的跨海大桥和约 75 公里的路面距离，共约 110 公里车程。洋山保税港区的规划面积约为 8.14 平方公里，由保税区陆域部分、东海大桥和小洋山岛港口区域三部分组成，陆域行政归属上海，岛域行政浙江舟山，由上海代管。洋山保税港区的陆域部分面积约 6 平方公里，设有口岸查验区、港口辅助区、仓储物流区、国际中转区、采购配送区、加工制造区、商贸服务区等功能区，主要发展和提供集装箱港口增值、进出口贸易、出口加工、保税物流、采购配送、航运市场等产业和服务功能；岛域部分是集装箱深水港码头作业区域，包括洋山深水港一期、二期码头，面积约 2.14 平方公里，是集装箱装卸、中转的功能区域。一流的深水港口设施、完善的配套条件、与国际惯例接轨的保税港区制度、优惠的投资政策为洋山保税港区的发展做了充分的铺垫，随着三区联动的深入发展、综合保税区资源的优化配置，充满着生机和活力的洋山保税港区正大步迈向口岸物流设施体系完备，集装箱增值服务和航运服务产业发达，国际中转、采购配送和转口贸易功能突出，辐射服务和经济贡献能级强大，具有国际竞争力的上海航运中心核心载体。

二、上海自贸区的实践探索

《中国（上海）自由贸易试验区总体方案》（以下简称《总体方案》）涉及 98 项试点任务，落实到各职能部门推进。这 98 项试点任务涉及制度创新、扩大开放、功能扩展和政策保障四个方面。其中，在自贸区挂牌前要完成的任务有 55 项，涉及制度创新的就占了54 项，具体任务包括：一是探索建立以准入前国民待遇和"负面清单"为核心的试验区投资管理新体制；二是探索建立以货物状态分类监管为核心的试验区贸易监管新体制；三是探索建立以资本项目可兑换和金融服务业全面开放为标志的试验区金融监管新体制；四是探索建立以事中、事后监管为重点的试验区综合监管新体制。

（一）探索负面清单管理

探索负面清单管理模式是上海自贸区改革的一大亮点。所谓负面清单（negative list），即列明了企业不能投资的领域和产业，凡是针对外资的与国民待遇、最惠国待遇不符的管理措施或业绩要求、高管要求等方面的管理限制措施，均以清单方式列明。负面清单管理模式指的是一个国家在引进外资的过程中对某些与国民待遇不符的管理措施，以清单形式公开列明，在一些对外资实行最惠国待遇的国家，有关这方面的要求也要以清单形式公开列明。这种模式的好处是让外资企业可以对照负面清单实行自检，对其中不符合要求的部分事先进行整改，从而提高外资进入的效率。负面清单是国际上重要的投资准入制度，目前国际上有七十多个国家采用"准入前国民待遇+负面清单"管理模式。

根据我国所处的经济发展阶段、政府监管体系等国情，《总体方案》提出，"探索建立负面清单管理模式：借鉴国际通行规则，对外商投资试行准入前国民待遇，研究制定试验区外商投资与国民待遇等不符的负面清单，改革外商投资管理模式。对负面清单之外的领域，按照内、外资一致的原则，将外商投资项目由核准制改为备案制（国务院规定对国内投资项目保留核准的除外），由上海市负责办理；将外商投资企业合同章程审批改为由上海市负责备案管理，备案后按国家有关规定办理相关手续；工商登记与商事登记制度改革相衔接，逐步优化登记流程；完善国家安全审查制度，在试验区内试点开展涉及外资的国家安全审查，构建安全高效的开放型经济体系。在总结试点经验的基础上，逐步形成与国际接轨的外商投资管理制度。"

上海自贸区负面清单依据法律、法规做了大量梳理，按国民经济行业分类，列出 18 个门类 89 个大类 419 个中类 1069 个小类 190 条管理措施，新闻机构，图书、报纸、期刊的出版业务，音像制品和电子出版物的出版、制作业务，目前均属外商投资的"禁区"。在娱乐场所方面，电影院的建设经营受到限制，必须由中方控股。广播电视节目、电影的制作业务仅限合作方式。广播电视节目制作经营公司、电影制作公司、发行公司、院线公司属于外资不能进驻的领域。

根据《总体方案》，外商独资的医疗机构获得了准入的机会，中外合作的经营性教育培训机构和职业技能培训机构也将开放。负面清单显示，医疗机构投资受到三条明确的限制：投资总额不得低于 2000 万元人民币、经营期限不能超过 20 年、不允许设立分支机构。

至于教育领域，负面清单进一步明确了《总体方案》的限定要求。经营性教育培训机构、职业技能培训机构只能以中外合资的方式开展。如果外资试图投资非经营性学前教育、中等职业教育、普通高中教育、高等教育等教育机构以及非经营性教育培训机构、职业技能培训机构，仅限合作且不允许设立分支机构。义务教育以及军事、警察、政治、宗教和党校等特殊领域教育机构，经营性学前教育、中等职业教育、普通高中教育、高等教育等教育机构属于明确禁止外商投资的范围。

对于列入负面清单的外商投资，试验区将按照原有办法进行管理。而对于未列入清单的外商投资一般项目，则将按照内、外资一致的原则，把项目的核准制改为备案制，把原来合同章程的审批改为备案管理，企业最快 4 天可以拿到营业执照、机构代码和税务登记等。

（二）上海自贸区在贸易航运方面的探索

1. 出入境监管

检验检疫方面：进境检疫，进出口检验适当放宽，创新检验检疫监管制度，推进进境货物从口岸直通入区；仅实施动植物检疫、卫生检疫、环保试验和放射性检验；推行"方便进出，严格防范质量安全风险"的检验检疫监管模式。

海关监管方面："一线逐步彻底放开"（货物由境外进入自贸区逐步不受海关监管）；"二线安全高效管住"（货物在自由贸易区和非自由贸易区之间进出，海关实施监管）；采用集中、分类、电子化监管模式，建立优化卡口管理、电子信息联网、进出境清单比对、账册管理、卡口实货核注、风险缝隙等监管制度；探索简化进出境备案清单，简化国际中转、集拼和分拨等业务进出境手续；探索在区内外特定区域设立保税展示交易平台；探索建立货物状态分类监管模式；探索试验区统一电子围网管理，建立风险可控的海关监管机制。

普通区、保税区和自贸区的政策对比如表 5-2 所示。

表 5-2　普通区、保税区和自贸区政策对比

项　目	普　通　区	保　税　区	自　贸　区
对人监管	经检疫检查后方准出入境	经检疫检查后经专用通道进入	必要检疫、检查
对货监管	经检疫检查后方准出入境	经检验疫后出入园区	一线放开、二线管住
	实施进口配额和许可证管理	境外—保税区：备案制，免征关税	简化进出境备案清单
	实施批次监管	保税区—非保税区：进出口配额和许可证管理	集中、分类、电子化监管
	征收关税	保税区内货物自由流转，实行备案制	设立保税展示交易平台

2．税收管理

关税方面，货物在境外与自贸区之间出入免征关税。出口退税方面，区内注册的融资租赁企业或金融租赁公司在区内设立的项目子公司纳入融资租赁出口退税试点范围。企业所得税方面，区内注册符合条件的专业从事境外股权投资的项目公司减按 15% 税率征收企业所得税（待定）；区内符合条件的公司从事离岸业务的收入按 15% 税率征收企业所得税（待定）；区内企业股东因非货币性资产对外投资等资产重组行为而产生的资产评估增值部分实行分期纳税政策。个人所得税方面，对区内企业以股权形式给予企业高端人才和紧缺人才的奖励，可在不超过 5 年期限内实行分期纳税；区内个人股东因非货币性资产对外投资等资产重组行为而产生的资产评估增值部分，实行分期纳税政策。增值税方面，对区内租赁公司及其项目子公司，经批准从境外购买空载重量在 25 吨以上并租赁给国内航空公司使用的飞机，减按 4% 征收进口环节增值税；对设在试验区内的企业生产、加工并经"二线"销往内地的货物照章征收进口环节增值税/消费税。

3．期货、贸易和运输方面

期货交易领域，允许境外期货交易所在自贸区内指定或设立商品期货的交割仓库；扩大完善期货保税交割试点，拓展仓单质押融资等功能；逐步允许境外企业参与境内商品期货交易。

跨境贸易领域，探索在区内设立国际大宗商品交易和资源配置平台，开展能源产品、基本工业原料和大宗农产品的国际贸易；积极培育贸易新型业态和功能，支持区内企业发展离岸业务；探索构建相对独立的以贸易便利化为主的货物贸易区域和以扩大服务领域开放为主的服务贸易领域。

货物运输领域，积极发展航运金融、国际船舶运输、国际船舶管理、国际航运经纪产业，放宽中外合资/合作国际船舶运输企业外资股比限制；简化国际船舶运输经营许可流程，允许中资公司拥有/控股非五星旗船；允许进出口集装箱在国内沿海港口/上海港沿海捎带；积极发挥外高桥港、洋山深水港、浦东空港国际枢纽港联动作用，探索形成有国际竞争力的航运发展制度和合作模式；允许设立外商独资国际船舶管理企业，在区内实行国际船舶登记政策。

（三）跨国公司投资管理和资金运作方面的变革探索

1. 跨国公司入区方面的目标及相关措施

跨国公司入区方面的目标及相关措施如表 5-3 所示。

表 5-3　跨国公司入区方面的目标及相关措施

	跨国公司投资管理中心	跨国公司资金运作中心
目　标	鼓励跨国公司在自贸区建立亚太地区总部，建立整合投资、管理、贸易、物流、结算功能的营运中心	提高跨国公司总部外汇和人民币资金集中运营管理的灵活性，促进跨国公司设立区域性或全球性资金运作中心
相关措施	允许设立股份制外资投资性公司并尽可能大幅地降低设立门槛要求；深化国际贸易结算中心试点，拓展专用账户的服务贸易跨境收付和融资功能	深化跨国公司总部外汇集中运营管理试点措施，逐步实现人民币资本项目可兑换；鼓励企业充分利用境内外两种资源、两个市场，实现跨境融资自由化

2. 外汇管理改革

深化外汇管理方式改革，促进跨境融资便利化，深化国际贸易结算中心试点，拓展专用账户的服务贸易跨境收付和融资功能，主要分三个阶段进行。第一阶段是先试先行阶段。这一阶段主要是在风险可控的前提下，可在区内对人民币资本项目可兑换进行先行先试；在人民币跨境使用方面先行先试。第二阶段是探索建立阶段。在这一阶段探索面向国际的外汇管理改革试点；建立与自贸试验区相适应的外汇管理体制，全面实现贸易投资便利化。第三阶段是自由兑换阶段。在这一阶段对企业法人实行自由贸易区内人民币自由兑换，但对个人暂不实行人民币自由兑换。

3. 投资程序便利化

普通区与自贸区投资程序比较如表 5-4 所示。

表 5-4　普通区与自贸区投资程序比较

项　目	普　通　区	自　贸　区
外商投资管理模式	依照《外商投资产业指导目录》划分为鼓励类、限制类和禁止类	负面清单内，禁止入内；负面清单外，外资准入之前就给予国民待遇
境外向境内投资	外商投资项目采用核准制；外商投资企业合同章程必须由商务部审批；外资投资性公司形式为有限责任公司	外商投资项目由核准制改为备案制；取消外商投资企业合同章程审批，改为备案管理，允许设立股份制外资投资性公司
境内向境外投资	发改委主管对外投资项目的立项审批；商务部门负责具体境外投资事项审批并发放中国企业境外投资证书	对境外投资一般项目实行备案制；境外投资开办企业实行备案制为主的管理方式
工商登记制度	传统工商登记制度	工商登记与商事登记制度改革相衔接；建立注册资本认缴登记制度；建立年报备案制度；建立经营异常名录制度

4. 资本市场创新

国际板方面，上海自贸区允许金融市场在区内建立面向国际的交易平台。境外投资股权投资母基金方面，鼓励在试验区设立专业从事境外股权投资的项目公司，支持有条件的投资者设立境外投资股权投资母基金。股权托管机构方面，支持股权托管交易机构在区内建立综合金融服务平台。

（四）要素市场变革探索

1．金融市场创新

金融市场方面，建立试验区金融改革创新与上海国际金融中心建设的联动机制，鼓励金融市场产品创新。银行方面，放宽设立条件，允许符合条件的外资金融机构设立外资银行；允许符合条件的民营资本与外资金融机构共同设立中外合资银行；在条件具备时，适时在试验区内试点设立有限牌照银行。银行还可以拓宽业务范围，在区内实现金融市场利率市场化（贷款利率全面开放，存款利率可能开放），金融机构资产方价格实行市场化定价；符合条件的中外资银行可赴境外发行人民币债券或创新型资本补充工具，用于向自贸区内企业发放贷款；允许对自贸区内企业的贷款突破现有存贷比限制；外资银行可在保税区内开展试点人民币业务；允许自贸区内符合条件的中资银行（含分行、支行）开展离岸业务。非银行金融机构方面，放宽设立条件，允许外商投资资信调查公司（原属限制类产业）；允许外商投资支付机构领取《支付业务许可证》；对融资租赁公司在试验区内设立的单机、单船子公司不设最低注册资本限制（金融租赁最低注册资本 1 亿）。拓宽业务范围方面，允许融资租赁公司兼营与主营业务有关的商业保理业务；支持开展人民币跨境再保险业务，培育发展再保险市场。

2．其他要素市场

人才市场方面，中外合资人才中介机构的外资最高股权比例由 50% 上升至 70%；允许港澳服务提供者设立独资人才中介机构；降低外资人才中介机构最低注册资本金要求。教育培训方面，允许举办中外合作经营性教育培训机构；允许举办中外合作经营性技能培训机构。医疗服务方面，允许设立外商独资医疗机构；试点设立外资专业健康医疗保险机构。建筑工程方面，对自贸区内为上海市提供服务的外资工程设计（不包括工程勘察）企业，取消首次申请资质时对投资者的工程设计业绩要求；自贸区内的外商独资建筑企业承揽上海市的中外联合建设项目时，不受建设项目的中外方投资比例限制。文化娱乐旅游方面，取消外商独资演出机构的股比限制，允许设立外商独资演出经纪机构，为上海市提供服务；允许设立外商独资的娱乐场所，在自贸区内提供服务；允许在自贸区内注册的符合条件的中外合资旅行社从事除中国台湾以外的出境旅游业务；允许外资企业从事游戏游艺设备的生产和销售，通过文化主管部门内容审查的游戏游艺设备可面向国内销售。信息服务方面，在保障网络信息安全的前提下，允许外资企业经营特定形式部分增值电信业务。

📖 本章小结

区域经济一体化是一种具有组织形式的经济贸易政策的国际协调方式，也是各国加强经济联系、发展经济贸易的一种有效途径。根据经济联系程度的不同，经济一体化可分为优惠贸易安排、自由贸易区、关税同盟、共同市场、经济联盟和完全经济一体化等组织形式。区域经济一体化具有一系列静态经济效应和动态经济效应。关税同盟理论、大市场理论、协议分工理论从不同角度分析了经济一体化的经济效应。从欧洲联盟、北美自由贸易区和亚太经济合作组织等主要的区域经济一体化组织的发展来看，区域经济一体化对国际贸易产生了重要影响，对成员国经济的发展也起到了积极的作用。发达国家的贸易保护主义对发达国家自身和发展中国家的经济都造成了损害，促使世界各国包括发展中国家的多边合作和经济一体化。经济全球化和经济区域一体化已成为当代国际经济关系的新潮流，发达地区和发展中地区均普遍建立经济一体化。

经济全球化是一把双刃剑，它既加快了世界经济的发展，又在全球范围内扩大了贫富差距；既推动了国际贸易和资本市场的大发展，也给一些国家的经济安全和金融体系带来不稳定因素。参与经济全球化是以经济实力为基础的，因此发达国家在经济全球化中起到了主导作用；发展中国家在获得资本和技术的同时，也增加了遭受外部冲击的风险。发展中国家要想不长期落后、被动挨打，只得顺应历史潮流，力争在国际经济合作和竞争中发挥"后发优势"，实现跨越式发展。

区域经济一体化与经济全球化既有对立的一面，也有统一的一面。区域经济一体化与经济全球化并存是世界经济发展的趋势，应不断减少区域经济一体化的排他性，增加其开放性，使区域经济一体化在促进经济全球化的同时也得到进一步发展，以实现世界各国经济发展的共赢。

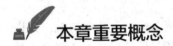

本章重要概念

地区经济一体化	优惠贸易安排	自由贸易区	关税同盟
贸易创造效应	贸易转移效应	经济联盟	经济全球化
共同市场	完全经济一体化	上海自由贸易试验区	

思考题

1. 区域经济一体化有哪些形式？

2. "地区经济一体化对其成员来说总是有利的，对非成员来说都是不利的。"应用有关理论对这句话进行分析。

3. A国从国际市场进口商品 X，每单位 10 美元。该商品在 A 国国内的需求曲线是 $D=400-10P$，供应曲线是 $S=50+5P$。

要求：

（1）计算自由贸易时 A 国进口商品 X 的数量。

（2）如果 A 国对进口商品 X 征收 50%的进口关税，则 A 国的国内价格和进口量各为多少？

（3）如果 A 国与 B 国成立关税同盟，对外关税不变，B 国以每单位 12 美元的价格向 A 国出口商品 X，则 A 国的国内价格和进口量为多少？

4．协议性分工理论的内容是什么？

5．区域经济一体化与经济全球化的关系是什么？

6．经济全球化的特征是什么？

7．经济全球化对世界经济的影响是什么？

8．我国应当如何应对经济全球化的挑战？

学生课后参考阅读文献

[1] 张幼文，等．世界经济一体化的历程[M]．上海：学林出版社，1999．

[2] 张彬，等．国际区域经济一体化比较研究[M]．北京：人民出版社，2010．

[3] 杨勇．国际区域经济一体化与中国对外贸易：基于贸易效应与生产效应的研究[M]．北京：人民出版社，2011．

[4] 赵俊平，付会霞，姚丽霞．区域经济一体化理论与实践[M]．哈尔滨：黑龙江大学出版社，2012．

[5] 郭连成．经济全球化与不同类型国家的应对[M]．北京：中国财政经济出版社，2001．

[6] 陈明生，巫云仙．全球化与中国经济[M]．北京：首都经济贸易大学出版社，2013．

[7] 唐国强．跨太平洋伙伴关系协定与亚太区域经济一体化研究[M]．北京：世界知识出版社，2013．

[8] 吴国新，杨勤．国际贸易理论与政策[M]．北京：清华大学出版社，2016．

第六章 生产要素的国际流动

学习目的和要求

通过本章的学习，理解生产要素流动与商品流动的关系；了解国际资本流动的演变过程，掌握国际资本流动的各种形式；理解不同形式的国际资本流动的动机及其福利效应；理解二战后国际资本流动的特点及其对国际经济的影响；了解国际劳动力流动的发展过程及原因；理解国际劳动力流动的福利效应。

开篇案例：人才流动的未来——2011全球雇员指数报告

【案情】

Kelly Services 与智联招聘、《中国人才》、世界经理人网站联合发起了一项针对全球包括美洲、欧洲和亚太等地区近十万名雇员的职业发展问题的研究，来自中国的9986名雇员（覆盖30个省市，13个行业）的调研结果如下。

第一，超过8成（82%）的中国雇员愿意接受异地工作机会，超过全球平均水平（77%）；超过3成（34%）的中国雇员跨国工作意愿高，超过全球平均水平（30%）；而近5成（48%）中国雇员倾向国内跨城市工作。

第二，中国雇员跨国流动方面，初级雇员、"90后"及"80后"雇员的跨国工作意愿高，但专业技术人员是主流。其中，职级方面，初级雇员占37%，专业人员占35%，中级管理人员占31%，高级管理人员占31%；年龄方面，"90后"占41%，"80后"占36%，"60～70后"占29%。

第三，欧洲成为中国雇员跨国工作首选之处，亚太地区超过北美名列第二。中国雇员青睐的前三大工作地依次为欧洲（48%）、亚太地区（23%）、北美（16%）。中国雇员对亚太地区的兴趣超过北美，该比例高于全球平均水平一倍，而对北美的兴趣低于全球平均水平。中国初级雇员与专业人员对欧洲的兴趣最高，高管对亚太地区的兴趣排名第一。

第四，中国雇员跨国工作意愿排名前三的城市是上海（45%）、北京（39%）和苏州（38%）；一级城市及沿海热点城市的雇员的跨国工作意愿高于内陆城市平均水平（20%）。

第五，现代服务业跨国工作意愿高于传统行业，排名前五的行业依次是能源（石化类等）（44%）、商业服务（36%）、金融（35%）、物流（35%）、高科技（35%）；排名前五的职位依次是IT（37%）、研发（35%）、市场（34%）、HR（33%）、销售（32%）。

（资料来源于网络并经作者加工整理。）

【讨论】

1. 请分析影响雇员跨国流动的因素有哪些？

2．为什么雇员的职级、年代不同会出现明显的跨国工作意愿的差异？

3．中国雇员选择跨国工作的区位方向受哪些因素影响？

【分析】

本章讨论的生产要素的国际流动主要是指资本和劳动力的跨国流动。从影响雇员的跨国流动因素来看，主要包括宏观和微观两个方面。

从宏观方面看，主要是企业的海外扩张力度和速度以及政府鼓励产业升级的政策。例如，中国近年来海外投资快速发展，2009 年，中国海外投资额在全球排名第六，比 2008 年提高了六位，其重点放在拓展石化、制造业及技术等领域。中国的全球能源战略投资拉动了能源尤其是石化类人才的跨国流动意愿；制造及工程等行业作为中国传统优势行业正在积极拓展海外业务，2010 年，中国已经跃升为全球第二大制造业大国并预计短期内赶超美国。又如，政府为鼓励新兴产业（如现代服务业）发展，希望员工赴海外学习成熟市场经验；外企则将海外工作派遣作为职业发展的方式吸引和挽留人才。政府在一级城市及沿海热点城市鼓励高附加值的现代服务业，而中国现代服务业服务水平与全球领先水平缺口较大，商业服务（教育、管理、市场、HR、法律等）、金融、物流等行业雇员倾向通过海外工作提高其专业技能。

从微观方面看，雇员更关心的是：① 薪酬水平、职业发展或职位层级提升；② 被派遣地经济发展水平及所属行业情况；③ 派遣时间及回国后工作安排。

另外，雇员的职级、出生年代不同也会造成明显的跨国流动意愿的差异。初级雇员的跨国工作意愿高，但可行性低，这是由于初级雇员通常入职时间较短，能力相对低，压力相对大，流动率较高。同时，"90 后"及"80 后"雇员追求个性、独立，喜欢新鲜感，风险意识较弱，家庭负担较轻，他们希望通过海外工作经验为自己的背景加分，但其核心能力不足，跨国工作的可行性偏低。而关键人才（专业技术及中高级管理人才）的跨国工作可行性非常高。跨国工作的主流是专业人员，他们将从事重要项目管理、监督及尖端领域研发等工作。而且，企业在完成海外收购后，需要开拓海外业务，管理人员缺口较大。

中国雇员选择跨国工作的区位方向受如下因素影响：① 经济投资方向：2009 年，13 000 家中资企业投资全球 177 个国家及地区，亚太排名第一，其次为欧洲及非洲。② 发展空间：亚太区经济增长迅猛，带来了更大的发展空间；目的国的生活质量及生活成本、安全及税收法规等；尽管中资在非洲投资较高，但雇员的兴趣较低。③ 目的国的优势行业、职业机会、工作条件等：不同技能人才流动方向有着明显的倾向性，如绿色能源、环保行业（欧洲）、计算机网络人才（美国）、石化人才（非洲）、矿产（非洲、拉美、亚太）等。④ 目的国的竞争压力，如美国近年来失业率持续走高，更多人才面临工作机会的竞争压力。

生产要素是指一切商品（包括有形的和无形的商品）生产过程中能够帮助生产的各种手段和条件。主要的生产要素一般指劳动力、资本、土地和技术，现代生产要素除了包括以上四大要素外，还包括企业家才能、管理经验、信息和知识等新要素。本章首先分析了生产要素流动与商品流动的关系，然后重点讨论资本和劳动力这两个要素。

对于土地要素，尽管它具有不可移动的自然特性，但在现实的、开放的世界经济条件下，作为生产要素之一的土地仍具有相对移动的经济属性。例如，当甲国的一块土地作为一种生产要素被租赁给乙国一家企业用作投资建厂、从事经营活动时，甲国的这块土地的使用权已经发生了转移，即在租赁期内，甲国的这块土地的使用权已经被转移到了乙国。土地本身不可能移动，我们称上述转移为变相转移或相对转移。乙国的自由贸易区、出口加工区或保税区等经济特区或开放区就是一种变相的土地转移的结果。

经济开放区尽管在数百年前的欧洲就已出现，但直到 20 世纪 50 年代前，土地转移并不是经常现象。直到 20 世纪 50 年代后，由于大量自由贸易区、出口加工区等经济特区在世界上陆续出现，国际土地转移才得到迅速发展。无论是发达国家之间还是发达国家与发展中国家之间，土地的相对转移都对两国各自的经济和对外贸易发展产生了重要的推动作用。发达国家和发展中国家之间的土地转移更加频繁，这主要是因为发展中国家的经济较落后，土地资源、劳动力等相对丰裕，为了促进投资、发展对外贸易、增加产品及劳务输出、增加国内就业和外汇收入、迅速发展经济，许多发展中国家在本国开辟出一块土地，设置经济开放特区，使本国的土地资源发生相对转移，以吸引其他国家特别是发达国家的投资者把资本、技术和设备带入经济开放特区并在区内建设厂房、车间，从事东道国法律允许的一切经营活动，特别是进出口加工贸易活动。例如，印度、菲律宾、巴西、韩国、泰国、马来西亚、印度尼西亚、新加坡以及中国台湾等国家和地区均在本国或本地区内设置了一个或一个以上的经济开放特区，以吸引发达国家投资者到区内办厂，从事进出口加工等经济贸易活动。

第一节　生产要素流动与商品流动

古典和新古典国际贸易理论均假设生产要素只能在一国内移动，而不能在国际上移动。然而，在现实世界中，资本、劳动力和技术等生产要素在国际上确实是可以流动的，虽然这种流动经常受到各种各样的限制，但伴随着世界经济一体化和区域化的进程，生产要素的跨国界流动变得越来越普遍，甚至越来越自由。那么生产要素流动和商品流动究竟有何关系？生产要素流动和商品流动相比较有何特殊性呢？

一、生产要素流动与商品流动的替代

生产要素流动与商品流动的关系中的一个重要问题就是它们之间的替代性。如果把要素看作一种特殊的商品，那么要素在国际上流动所遵循的规则在纯理论意义上与商品流动并没有区别。

在要素禀赋理论中，国与国之间生产要素不能流动的情况下，劳动力方面具有比较优势的国家将出口劳动密集型产品，而具有资本优势的国家将出口资本密集型产品。在允许生产要素在国际上自由流动的条件下，资本相对丰富的国家既可以选择出口资本密集型产品，也可以直接输出资本；同样地，该国也可以在进口劳动密集型产品和允许国外的劳动力移民进入本国之间进行选择，不同选择的结果都将导致该国内外生产要素的报酬趋于一致。从这种意义上来说，生产要素流动是对商品流动的替代。

不管是假定仅有商品的国际流动，还是假定仅有要素的自由流动或者是假定商品以及要素均可在国际上自由流动，最后所达到的均衡都是相同的，那就是要素价格与贸易商品的价格的一致。

二、实际情况下的不完全替代

尽管从纯经济意义上来说，要素流动与商品流动似乎是两种完全可替代的战略，但是在实际的经济生活中，二者不仅同时存在，而且都不可或缺。两者之间是非完全替代的关系，它们之间还存在着其他关系。

首先，应考虑在实际经济生活中存在着外部规模经济。所谓外部规模经济，是指企业在选择生产均衡点时所忽视的那些外部要素的规模对它的影响。企业并不把这些要素纳入最优生产决策体系，但它们确实为企业的生产带来了规模经济效应，因而说是外部的。这种外部规模经济可能是国家范围的，也可能是国际范围的，这主要取决于企业的生产函数是仅被经济体内（一国范围内）的产量影响，还是受整体世界产量的影响。

在国家外部经济的条件下，如果假定资本和商品可以在国际上自由流动，那资本就会从小国流入大国，这是因为大国的外部规模经济效应较大，商品的生产成本低于小国，在存在统一的国际商品市场的前提下，大国的资本回报率高于小国，资本为追逐高的报酬率就会从小国流入大国。如果商品流动是被禁止的，就会得出相反的结论，因为商品的价格在国内市场上形成，而小国的生产成本高于大国，从而小国的同种商品的价格要高于大国，在自由贸易被禁止的情况下，大国的资本为获取高的回报，将会流入小国。可见，只允许国际商品流动和只允许国际资本流动以及二者都存在的情况下，所达到的均衡是不一致的。因此，要素流动与商品流动之间并不是完全可替代的关系。

在国际外部经济条件下，自由的商品贸易、要素的国际流动都会导致要素与商品价格的均等。但在实际经济生活中，一国的生产更多地受制于国内的经济因素，而且国际经济环境对于贸易各国的经济影响也各不相同，因此，尽管国际外部经济的假定会使得出的结论更接近于理论的推断，但与实际生活是不相符的。

其次，商品流动和要素流动存在互补性。要素流动和商品流动并不是截然分离的，它们经常结合在一起，相互促进，有一定的互补性。例如，跨国公司的直接投资既可能取代商品贸易，也可能创造贸易。随着跨国公司对外国的投资，它与子公司之间或子公司与子公司之间的交易将因此而增加，从而增加了世界贸易的总量。再如，移民的生活方式与移入国的差异会导致对进口产品的需求增加；同时，技术熟练程度较高的移民会推动移入国产业的更新换代，从而促进出口，改善贸易条件。因此，劳动力的流动也会带来国际贸易的增长。

另外，国际上的要素流动比商品贸易更容易受到政治因素的影响。各国在资本的输出和输入方面都实施一定的管制，在移民方面的限制更加严格，如人权等对要素流动的影响直接而迅速，这使得要素流动不像商品贸易那样引起经济学家的足够重视。

第二节　国际资本流动

一、国际资本流动的产生、发展及原因

国际资本流动是资本主义发展到垄断阶段（约19世纪末）时才开始出现的经济现象。尽管在这之前由于跨国银行的出现，国际货币资本的流动已经产生，但并不是经常性经济现象，而到了19世纪末，伴随着跨国公司的产生和发展，除了国际货币资本流动大量出现外，国际生产资本流动也开始大量出现。国际资本流动至今大致经历了三个发展阶段。

（一）初级阶段（1870—1914年）

此阶段是主要资本主义国家从自由竞争阶段向垄断阶段过渡的时期，资本集中迅速加剧。垄断资本巨大的积累和国内新投资场所不足的矛盾以及生产无限扩大趋势和国内销售市场相对狭小的矛盾相互交织在一起，使主要资本主义国家的资本相对过剩，资本输出显得尤为必要。这一阶段，资本流动的主要特征为：① 国际借贷是资本流动的主要形式；② 主要资本输出国是最早完成工业化的英、法、德三国，英国居主导地位；③ 主要资本输入国是当时的新兴工业国，如美国、加拿大、澳大利亚、新西兰等以及亚、非、拉地区的一些殖民地和半殖民地国家；④ 对外直接投资主要用于东道国的自然资源开发和铁路建设等。

（二）缓慢发展阶段（1915—1945年）

由于两次世界大战的爆发以及1929—1933年全球经济大危机的发生，国际生产和国际贸易均受到严重阻碍，国际资本流动增长得十分缓慢。这一阶段，国际资本流动的主要特征为：① 主要资本输出国是英、美两国，美国逐步替代英国占据主导地位；② 主要资本输入国是殖民地国家的涉外领地和亚、非、拉落后国家，主要投资部门是采掘业和农业等；③ 私人对外投资规模仍占主导地位，但政府对外投资规模迅速扩大。

（三）高速稳定发展阶段（1946年至今）

二战后，国际政治相对稳定，国际经济高速发展，国际资本流动高潮迭起、迅速发展，成为世界经济中重要的经济现象。此阶段，国际资本流动的主要特征为：① 主要资本输出国是美、欧、日等发达国家和地区。20世纪70年代前，美国占主导地位；20世纪70年代后，欧、日崛起，美国只占相对主导地位；20世纪80年代末开始，日本成为世界上最大的资本输出国。② 从20世纪70年代开始，亚洲"四小龙"、巴西等一些新兴工业化国家和地区纷纷加入资本输出的行列。③ 主要资本输入国和地区既有发展中国家，也有新兴工业化国家和地区，更有工业发达国家且工业发达国家吸收了世界上大部分的对外投资。④ 自20世纪70年代末以来，中国一直保持着世界上最高的经济增长速度，年增长率达9%以上，从而吸引了大量的资本进入中国。1992年至今，中国成为发展中国家中最大的资本输入国，每年输入国际资本达到300多亿美元。据联合国贸发会议《2002年世界投资报告》显示，在全球外国直接投资总额下降的形势下，中国2001年吸收外资总额仍继续增长，

达 470 亿美元，2002 年首次突破 500 亿美元。⑤ 大约 1/3 的国际资本输出是通过跨国公司进行的。在 20 世纪 90 年代后期，涉及跨国公司的贸易约占全球贸易总额的 2/3。由于通过跨国公司进行的国际资本流动基本上是对外直接投资形式，故此阶段的国际资本流动的主要形式是外商直接投资。⑥ 国际资本流动围绕着世界产业结构大调整而展开。

值得注意的是，在 2000 年全球外商直接投资流量出现创纪录的高水平之后，2001 年出现了 10 年来第一次大幅下降，流量比 2000 年下降了 51%，仅为 7350 亿美元，其中 5030 亿美元流向发达国家和地区，2050 亿美元流向发展中国家和地区，270 亿美元流向中东欧转型国家和地区。

二战后国际资本流动迅速发展的原因归纳起来有如下几个方面。

1．生产国际化、经济一体化的发展

二战后，由于生产国际化的发展，各国在生产过程中加强专业化协作，各国现代化所需要的生产资料在更大程度上依赖国外供应；同时，各国的产品有更多的部分要在国外市场上销售，这使得国际资本的流动具有更大的可能性和必要性。因此，生产国际化的发展是这一时期国际资本流动迅速增长的客观基础；同时，资本等生产要素的自由流动又成为各种一体化组织不断向前推进的必要条件之一。

2．科学技术的迅速发展和新技术革命的兴起

二战后科技进步和新技术革命的兴起从两个方面促进了国际资本流动的迅速发展。一是科技进步引起发达国家产业结构的变动和调整，包括劳动密集型产业和污染比较严重的产业在内的一些传统产业纷纷迁至发展中国家，带动了资本从发达国家向发展中国家的流动。二是科技发展的不平衡及技术优势的差异导致了发达国家之间的资本相互渗透：美国在船舶、化工等重工业中的部分优势逐渐丧失，而日、欧在相应行业的优势不断体现，从而引发日、欧企业对美国相应行业的投资。

3．世界各国经济发展不平衡，许多发展中国家和地区的经济实力迅速增强

一般来说，经济发达国家的资本相对过剩，甚至绝对过剩，而且这些国家的平均利润率较低；但是发展中国家由于正处在快速发展的过程中，资本相对稀缺，甚至绝对不足，为了维持正常的经济发展过程，它们必须大量输入资本。另一方面，发展中国家和地区中，一些新兴工业化国家和地区从 20 世纪 70 年代后，随着经济实力的迅速增强，逐步具备了参加国际投资活动的资本和技术能力，努力寻求国际分工中的比较优势，加强对其他发展中国家和地区的直接投资，也促进了资本在国际上的流动。

4．国际商品市场竞争加剧，贸易保护主义盛行

随着区域经济一体化的出现和发展，它在贸易上呈现出排他性和对非成员国的歧视性，这使得非成员国企业只能进行直接投资以占领市场；同时，经济集团内部市场的扩大也迫使各成员国为维护自身利益竞相在其他成员国扩大直接投资。20 世纪 70 年代中期以来，由于 GATT 的约束，以非关税壁垒为主要特征的新贸易保护主义抬头，贸易摩擦加剧，为绕开对方的贸易壁垒，各国企业纷纷借助直接投资的方式进入和占领国外市场，客观上刺激了国际资本的流动。

5. 跨国公司和跨国银行迅速发展

二战后大量的对外投资是通过跨国公司来实现的，同时，工业发达国家资本对外的大量转移成为跨国公司迅速发展的必要条件。另外，跨国银行通过其在海外的分支机构、参股银行、国际联合银行等经营国际金融投资业务，这样可以分散独家银行从事大规模国际借贷活动的风险，从而扩大国际资本流动的规模和活动范围。

二、国际资本流动的主要形式

国际资本流动是指资本从一个国家或地区向其他国家或地区转移，以便进行生产和金融方面的投资活动。由于资本包括借贷资本和实物资本，国际资本流动也可以分为国际货币资本流动和国际生产资本流动。前者以国际资金借贷以及外国证券投资的形式出现，又称外国间接投资（foreign indirect investment）；后者以外国直接投资（foreign direct investment）的形式出现，即 FDI。

（一）国际借贷

国际借贷是指以贷款或出口信贷的形式把资本供给外国企业或政府，包括政府援助贷款、国际金融机构贷款、国际金融市场贷款和出口信贷等形式，一般属于国际金融领域的主要研究对象。但是如果把国际借贷看作今天的商品与将来的商品进行的交换，那么它也是一种特殊形式的国际贸易，称为期间贸易（inter-temporal trade）。

任何一个国家都面临现在消费和未来消费之间的替换问题。一国一般不会把所有的当前产出都消费掉，而是会把一部分产出用于对机器、厂房及其他生产性资本的投资。一国现在的投资越多，它将来的生产和消费也就越多。在没有国际资本流动的情况下，要多投资就必须少消费，以让出资源（假定不存在没有利用的资源）；但在允许期间贸易的情况下，就可以通过国际借款把未来的消费转化为现在的消费。

如图 6-1 所示，假定一国只消费一种商品且只存在于两个时期——现在和将来，那么就可以用期间生产可能性边界来表示对该消费品的生产所存在的现在与将来的替换关系，它看上去就和同一时点两种商品的生产可能性边界完全一样。显然，期间生产可能性边界的形状在各国会不一样，有些国家可能偏向现在产出，而有些国家则可能偏向将来产出。如果假定只有两个国家——本国和外国，本国偏向现在消费，外国偏向将来消费，在没有国际借贷的情况下，本国未来消费的相对价格将比外国的高。那么，什么是将来消费的相对价格呢？

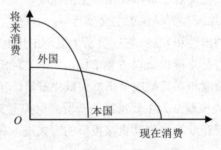

图 6-1　期间生产可能性边界

若假定贷款合同是以实际利率计算的，那么用现在的消费来计算未来消费的价格是与利息率有关的。一个国家借款时，它得到购买一定数量现在消费品的权利的条件是将来以更大的量归还，即将来归还的量是现在借入的量乘以$(1+i)$，i 就是借款的实际利率。显然，由于交换是以 1 单位现在消费品与$(1+i)$单位将来消费品进行的，将来消费品的相对价格就是 $1/(1+i)$。如果允许国际借贷，则将来消费品的相对价格以及世界的实际利率将由将来消费品的世界相对供给和相对需求来决定。本国由于期间生产可能性边界偏向现在消费品，会出口现在消费品而进口将来消费品，即本国会在第一个时期借款给外国，而在第二个时期得到还款。

那么，各国的期间比较优势的来源是什么呢？一个在未来消费品生产方面具有比较优势的国家是一个没有国际借贷时实际利率较高的国家，这一较高的实际利率是与较高的投资回报率相一致的。也就是说，较高的投资回报率使资源从现在消费品生产转向资本品生产、建设等活动，以提高将来生产的能力。因此，在国际市场上借款的国家是那些具有较高生产性投资机会的国家，而那些贷款的国家是国内没有如此投资机会的国家，20 世纪 70 年代国际借贷的情况就充分说明了这一点。由于石油涨价，石油输出国组织国家的石油出口收入大幅增加，但它们国内没有相应的投资机会，所以很自然地就出现了"石油美元"的回流。1973—1981 年，石油出口国贷出了 8840 亿美元，发展中国家借入了 4090 亿美元，而发达国家则借入了 640 亿美元。相反地，像巴西、韩国这样迅速发展的国家，具有很高的生产性投资机会，它们预期的未来收入比较高，因此就会较多地接受外国资金。

（二）外国证券投资

外国证券投资是指投资者在国际债券市场上购买外国企业或政府的中长期债券或在股票市场上购买上市的外国企业股票的一种投资活动。投资者的投资目的在于索取一定的回报，即债券、股票的红利和股息，并不涉及所有权和控制权，故属于金融资本的流动。证券投资一般通过金融机构如银行、投资基金来操作，可以非常迅速，其变动会对一国的外汇汇率产生重大影响。对于发展中国家来说，尽管商业银行贷款和国际证券投资使用起来比较容易安排，但波动性较大，一旦使用不好就有可能引发债务危机、货币危机乃至金融经济危机，而外国直接投资因直接影响实质经济，波动性小。1997—1998 年亚洲金融风暴后，亚洲的借贷资本和证券投资总量大为收缩，但 FDI 仍然保持着相对稳定的上升趋势。1991—1998 年新兴市场经济国家的资本流动概况如表 6-1 所示。

表 6-1　1991—1998 年新兴市场经济国家的资本流动概况

单位：10 亿美元

项　目	年　度							
	1991	1992	1993	1994	1995	1996	1997	1998
净资本流入	123.8	119.3	181.9	152.6	193.3	212.1	149.1	64.3
净直接投资	31.3	35.5	56.8	82.7	97.0	115.9	142.7	131.0
净证券投资	36.9	51.1	113.6	105.6	41.2	80.8	66.8	31.7
其他	55.6	32.7	11.5	−35.8	55.0	15.4	−60.4	−103.4

资料来源：根据 1999 年的 IMF 年报整理。

（三）外国直接投资

外国直接投资是指一种涉及所有权和控制权的国际资本流动，投资者对资本的使用具有处置权。投资者通常通过在国外开设分公司的形式或者通过购买一定比例的外国企业的股票的形式获取对企业的控制权。国际货币基金组织（International Monetary Fund，IMF）规定"只要投资者持有国外企业发行的股票数量达到 10%以上，即可认为投资者直接控制了该企业"，而美国则规定此比例为 25%，日本政府对此没有明确规定，认为只要投资者持有股票的数量使得其在该国外企业获取控制地位，即可认为是对外直接投资。

对外直接投资通常是通过跨国公司进行的，跨国公司既可以通过在股票市场上购买一定比例的某外国企业在外发行的股票而使其成为跨国公司的附属企业，也可以直接在国外投资设厂，成立分公司，后者中投资者显然对该企业拥有所有权和控制权。

在对外直接投资的净流出方面，1985—1990 年全球每年对外直接投资（FDI）的净输出平均额还只有 1555.78 亿美元，而到 1997 年此数字达到 4000 亿美元，2000 年更高达 14 000 亿美元，2001 年和 2002 年出现了大幅下降趋势。20 世纪 80 年代以来，全球国民生产总值年均增长率仅为 1.5%～2%，国际贸易增长率为 4%左右，而 FDI 的增长速度远远超过了国际贸易和国内生产总值的增长速度，这给各国的经济生活带来了广泛而深刻的影响，外国直接投资成为国际经济活动的一个重要组成部分。

三、国际资本流动的动因

国际资本流动的基本原因与一国内部资本流动的原因相同，都是为了获取更高的回报率。但外国直接投资和外国证券投资相比，前者的投资动因更复杂。

（一）外国证券投资的动因

投资者购买外国发行的债券或股票的直接原因就是在国外获取更高的报酬。因此，如果外国债券的回报率高于本国，则本国居民就会投资购买外国债券，这种国际上的资本流动会使资本回报率在国际上趋于一致。同样地，如果一国的投资者认为外国企业的预期利润水平高于本国企业，他们也会倾向于购买外国企业的股票。

但是，为什么会出现资本的双向流动呢？如果一国的证券回报率低于另一个国家，那么资本从前者流向后者是理所当然的，但实际情况是，资本也会反向流动，这时就必须考虑风险因素。投资者在选择投资对象时，不仅要考虑回报率的高低，而且还要考虑投资的潜在风险。公司债券的风险包括公司破产的风险、汇率风险等，而股票的风险还包括收益率低于期望值的风险。因此，投资者只能在一定的风险水平下实现收益最大化，通常只有当回报率较高时，人们才会接受较大的风险。

（二）外国直接投资的动因

一般来说，外国直接投资也是为了追求更高的回报。具有较强国际生产导向的企业会采用在外国设立子公司的方式，这种企业通常比单纯的国内企业有更高的盈利能力，这是因为国外有更廉价的劳动力或者更优惠的税收政策，抑或是基础设施优良且能分散风险。

但是，为什么一国不向外国或本国居民借入资本进行投资，却偏偏接受来自外国的直接投资呢？这其中最重要的原因是，许多大企业拥有一些独特的生产技术或管理技术，只有通过对外直接投资才能实现对生产的直接控制，这涉及水平一体化（horizontal integration）和垂直一体化（vertical integration）。前者指在国外建立与国内母公司生产同类产品的子公司，以直接占领当地市场。例如，DELL（戴尔）有了一种独特的数码技术，它想保持自己的商业机密和专利权，以确保其产品质量和服务体系的稳定，便往往不愿意采取许可证形式转让该技术，而是选择对国外企业进行直接投资，发达国家制造业领域中的直接投资很多是出于这样的考虑。后者是指企业为了获取对生产过程中必需的某种原材料或半成品的控制权，从而确保以最低的成本获得连续供应而在国外设立分公司，在发展中国家和矿藏丰富的发达国家里，外国直接投资一般出于此种考虑，如美国和其他企业在加拿大、澳大利亚、中东等国家和地区拥有矿山、矿井等。对于跨国公司而言，垂直一体化还涉及对国外分销网络的所有权，如大型跨国汽车集团通常在国外设立子公司，以控制本公司汽车在当地的销售。

外国直接投资还有如下动因。

（1）地域上的接近以及已存在的经济贸易关系。美国在拉美地区有大量的直接投资，而欧洲的直接投资主要流向非洲、印度以及东欧等地，日本的直接投资大量分布在韩国、新加坡、泰国以及中国台湾等地。这种分布地区的差异主要是由于地域上的接近以及原已存在的经贸关系。

（2）现已存在的产业特色。由于某些产业可能在一国比较发达，而另外一些产业在他国比较发达，从而产生了双向的外国直接投资，如美国对日本的计算机产业的直接投资和日本对美国的汽车产业的直接投资就属于这种情况。

（3）为了进入一个外国垄断市场以分享利润或者为了防止竞争对手对某市场的占领而抢先进入该外国市场。为了绕过东道国的种种贸易限制，外国企业通常通过直接投资方式来进入东道国市场。

四、国际资本流动对国际经济贸易的影响

由于国际资本流动对生产国际化和国际分工产生深远影响，它也就不可避免地会对国际贸易的各个方面产生影响。二战前，发达国家的资本输出主要集中于经济落后的国家和地区，资本输出集中在采掘业、铁路交通、公用事业及与商品进出口有关的部门，资本输出不仅带动了发达国家机器设备和工业消费品的出口，同时也促进了经济落后国家和地区初级产品的生产与出口，促进了两类国家经济的发展和贸易的往来。

二战后，国际资本流动对国际经济贸易的影响则表现得更为全面、深入，下面从其对资本流出国、流入国的影响以及对整个世界的影响两个方面进行具体分析。

（一）国际资本流动对资本流出国、流入国的影响

1. 国际资本流动的收入再分配效应及其对就业的影响

在只有劳动力和资本这两种生产要素且二者都处于被充分利用的情形下，资本输出国

的资本回报率上升，但劳动力要素的回报率降低，故资本输出国的劳动者是反对资本流向国外的。如果考虑到失业的话，对外投资会降低本国的劳动就业水平，但有利于资本输入国的劳动者就业。

2. 国际资本流动对国际收支的影响

资本流出对于资本输出国而言会引起其资本账户的逆差，对于资本净流入国而言则意味着顺差。美国在 20 世纪 60 年代出现的大量国际收支逆差就是其大量的对外投资造成的，故美国政府在 1965—1974 年就对外投资方面做出了一定的限制。但是，这种逆差往往会在投资 5～10 年后出现"回流"，即随着资本输入国对资本输出国的出口增加和投资利润的汇回，资本输出国的逆差会有所缓和。从长期来看，对外投资会使资本输入国对于资本输出国的商品需求增加，从而产生国际收支上的正效应。

3. 国际资本流动对国际商品贸易的影响

一方面，发达国家通过资本输出不仅促进了本国大型成套设备的出口，而且通过跨国公司在海外设立生产基地促进了发展中国家初级产品的生产与贸易。另一方面，随着外国直接投资进入东道国，东道国逐渐成为许多工业制成品的生产大国，从而改变其原来出口产品结构单一化的状况，制成品出口比重不断提高，促进了资本输入国的工业化进程；但是，东道国出口数量的增加往往使得出口产品的价格下降，如此又恶化了东道国的贸易条件。

4. 国际资本流动的其他影响

一方面，尽管外国投资可能影响到投资国的技术领先地位，但是对跨国公司而言，可以及时、准确地搜集当地市场的商业信息情报，根据市场状况适时地调整生产，生产适销对路的产品；因就地生产、就地或临近销售减少了产品的运输成本以及保险、保管等其他费用，提高了产品的竞争能力，有利于抢占市场份额。另一方面，资本输入国会由于资本流入而降低对本国经济的控制力和制定经济政策的独立性。

（二）国际资本流动对整个世界的影响

1. 国际资本流动加速了国际贸易的发展

二战后，国际资本流动速度的加快和规模的扩大是国际贸易迅速发展的重要原因。战后初期，美国政府便开始向西欧和日本进行国家资本输出。美国进出口银行的贷款规定中，所得贷款必须全部用于购买美国商品，而且货物必须由美国船只运输，由美国保险公司保险。美国于 1954 年制定的《农产品贸易发展与援助法》（《480 号公法》）规定，据此法案进行对外援助应全部出售美国剩余的农产品，西欧和日本在经济恢复后对其他发展中国家进行的援助和贷款也属于这类性质。由此，国际资本流动扩大了商品在国际上的流动，促进了国际贸易的发展。

2. 国际资本流动改变了国际贸易的地理分布和商品结构

二战后，70%以上的国际贸易是在发达国家间进行的，这一方面是由于发达国家间经济发展水平相似，生产、消费结构呈同步化，另一方面则与国际直接投资行为密切相关。二战后，发达国家集中了 75%以上的企业海外投资，这种国际资本流动的地区格局使发达国家间的分工与协作不断加强，促进了它们之间的贸易发展，而发达国家和发展中国家在直接投资总额上的增加也加强了二者的贸易关系。

国际资本流动特别是大量的直接投资资本集中于制造业，使得二战后国际贸易中的工业制成品的比重超过了初级产品。另外，由于跨国公司从全球角度进行资源配置，企业内部间分工协作，定点生产、装配、销售，从而使大量零部件在国际上往返运输，导致中间产品贸易的比重持续增长。

3．国际资本流动加强了国际市场的竞争和垄断，导致发达国家间贸易发展不平衡

国际资本流动，特别是对外直接投资有利于跨国企业增强其产品的国际市场竞争能力，从而有利于其抢先占领国外市场，获得生产和销售某些利用专利或专有技术生产的产品的垄断权，而垄断的产生和发展必然导致贸易不平衡的发展。目前，发达国家双向投资的一个共同目标就是占领当地高科技产业市场，获得东道国的高新技术，提高企业自身的国际竞争力。

4．国际资本流动使国际贸易方式多样化

二战后，跨国公司纷纷通过在海外设置自己的贸易机构或建立以贸易为主的子公司经营进出口业务。由于跨国公司内部分工的发展，公司内部交易范围扩大，使得传统的贸易中间商、代理商的地位相对下降。同时，国际贸易方式也出现了多样化，加工装配贸易、补偿贸易和国际分包合同等形式纷纷流行起来。

五、对外直接投资与跨国公司的贸易效应

随着经济全球化的推进，跨国公司在国际直接投资中的地位不仅没有被弱化，反而日益突出。截至 1998 年年底，6 万家跨国公司及其所拥有的 50 万个海外分公司的生产占全球总产出的 25%，销售额则达到 11 万亿美元，远远超出了 7 万亿美元的全球贸易。与此同时，外商投资企业在全球的投资存量超过了 4 万亿美元，跨国公司和发达国家扮演着国际直接投资的主角。

根据《2021 年世界投资报告》，COVID-19 疫情对所有地区都造成了严重影响，但不同地区存在差异。发展中经济体 FDI（foreign direct investment，外国直接投资）下降幅度最大，因为其对全球价值链（global value chain，GVC）密集型和采掘业的投资依赖度更高，这些产业受到严重打击，而且发展中经济体无法采取与发达经济体相同的经济支持措施。

在发达国家中，2020 年流入欧洲的 FDI 下降了 80%，下降幅度明显高于北美 FDI 的下降幅度（42%）和其他发达经济体的 FDI 下降幅度（平均为 20%），这是因为在疫情发生前，欧洲的经济基础相对薄弱。

2020 年流入非洲的 FDI 下降了 16%，较低的商品价格将加剧这种下降趋势。

相比之下，受到中国因素的驱动，对亚洲发展中国家的外国直接投资抵御了疫情的最严重影响。中国的资本流入增加了 6%，达到 1490 亿美元。

东南亚地区直接投资下跌 25%，但对印度的投资有所增加，部分原因是受到并购的推动。

与亚洲形成鲜明对比的是拉丁美洲和加勒比地区，2020 年其外国直接投资"暴跌"，下跌 45%，至 880 亿美元。

尽管疫情期间，全球 FDI 流量急剧下降，但国际生产体系将继续在经济增长和发展方

面发挥重要作用。联合国贸发会议表示，2021 年全球外国直接投资流量触底并收复部分"失地"，增幅为 10%～15%，但这一水平"比 2019 年水平仍然低约 25%"。

大多数国际贸易理论假定贸易会自动地达到一种均衡状态，在这种情况下，资本流动是对贸易的替代，而国际直接投资既可能是对商品贸易的补充，也可能会创造新的贸易。在传统的贸易理论中，资本流动使得各国之间的生产条件更加相似，从而减少贸易量；而在以跨国公司为基础的理论中，国际投资会促进国家的专业化分工和国际贸易的增长。实际上，直接投资只是跨国公司用来控制它的国际性生产的一种手段，从而确保它的资本转移成为其国际生产的一部分。而跨国公司的增长与直接投资的增长并不会完全一致，因为当国外的子公司处于成熟阶段以后，它会越来越倾向于通过当地直接筹资来获取进一步发展的资本。因此，尽管跨国公司是国际直接投资的载体，但跨国公司的活动不能等同于直接投资。

在理解跨国公司投资与国际贸易之间的关系时应当看到，不同类型的跨国公司的国际生产对于贸易的影响方式是不同的，跨国公司的贸易既可能是产业内和产业间的，也可能是企业内部的；跨国公司的生产活动既可能是贸易替代型的，也可能是贸易创造型的。总之，跨国公司与国际贸易的关系与公司的成熟度和战略有关，因为一个更加成熟的跨国公司和一个高度发达的国家可能会倾向于采取一体化为基础的跨国公司战略，从而对贸易的影响更加多样化。

跨国公司的国际性生产可分为三种类型：资源依赖型、当地市场导向型和国际一体化生产型。

资源依赖型的国际性生产从贸易形式上又叫出口导向型，即跨国公司为了获取生产所需的资源而在国外进行直接投资，设立出口导向型子公司。这种类型的跨国公司的国际性生产创造了贸易而不是取代它，特别是促进了东道国资源类产品的出口，同时也可能增加本国机械设备等的出口。由此产生的贸易可能是企业间贸易，也可能是企业内贸易，而企业内贸易不是完全依靠市场价格机制来运作的，这种跨国公司的对外投资产生的贸易流向与 H-O-S 定理一致，即贸易流向由要素禀赋来决定，发展中国家出口资源密集型产品或劳动密集型产品，而发达国家则出口资本密集型产品。

当地市场导向型又称进口替代型，是指跨国公司以当地市场为导向，以占据东道国市场或满足东道国市场需求作为其国际性生产分布的依据。这种类型的跨国公司的生产可能是贸易替代型的，也可能是贸易创造型的，但贸易替代效应可能更加迅速，因为当地子公司生产的产品取代了原来从国外进口的产品，特别是东道国对于进口产品用关税或其他方法限制进口时，这种投资的贸易替代效应更加明显。不过，如果在东道国的子公司将生产的产品销往第三国或者子公司进口来自母公司的半成品或零部件，就会创造出新的贸易。这种跨国公司的投资方向并不完全由要素禀赋的差异决定，很多对外投资发生在工业化程度相似的国家之间，这些国家的要素禀赋非常相似，投资和贸易主要依赖各国企业的创新能力。在产品生命周期理论中，弗农阐述了跨国公司的投资与贸易流向的决定（见本书第二章第三节），当地市场导向型投资与贸易之间存在着较为复杂的动态关系。

国际一体化生产型是跨国公司在全球范围内安排生产和销售，它在国外的子公司是其全球一体化生产的一部分。这种类型的跨国公司的对外投资不仅为本国和东道国创造了贸易，而且也创造了本国和第三国以及东道国和第三国之间的贸易。对于垂直一体化形式，跨国公司的企业内贸易发展迅速；而对于水平一体化形式，子公司之间的贸易关系会更加密切，还会促进产业内贸易的发展，因为各子公司对某一特定产品的专业化生产，使得它出口此项产品的同时又需进口其他产品，从而使同一产业领域内的产品贸易量增长。

跨国公司在促进世界贸易总量增长的同时带来了另外一个问题，即在跨国公司促进的贸易增长中有很大一部分是企业内部的中间产品贸易，这就意味着生产同样一个商品需要在国际上周转的次数增加了，而这并不意味着贸易领域的交换和分配创造了更大的附加值。跨国公司使得中间产品贸易量相对于最终产品贸易量来说大大增加了。

第三节　劳动力流动

一、国际劳动力流动的产生、发展及原因

劳动力流动是指劳动力在空间的位移。国际劳动力大流动在人类历史上发生过三次。第一次国际劳动力大流动发生在 15 世纪新大陆发现至 20 世纪初第一次世界大战（以下简称"一战"）前。哥伦布发现美洲新大陆，开辟新航线后，西方殖民者在美洲掀起了开发和发展的狂潮，使得美洲的劳动力供给远远小于需求。为了大量补充劳动力缺口，西方殖民者将欧洲大量的破产农民、冒险家、异教徒招募到美洲去从事劳动，同时还从非洲掠夺黑奴贩卖到美洲。19 世纪后，华裔劳工成为美洲重要的劳动力来源。据统计，这段时间共约 1 亿劳工从欧洲、非洲和亚洲迁移到美洲。

第二次国际劳动力大流动发生在一战和二战期间。由于资本主义发展的不平衡，新兴的工业国如美国、加拿大、澳大利亚、新西兰等的经济呈"跳跃"式发展，工业突飞猛进，因而导致这些国家的熟练工人和技术工人奇缺；而一些老牌工业国如英国、法国等则陷入频繁的经济危机中，出现大量失业的熟练工人和技术工人，因此形成了资本主义工业国之间的熟练工人和技术工人的大迁移。同时，帝国主义国家出于发动战争的需要，从殖民地国家输入大量的熟练劳动力从事军事工业和服务，据统计，此间仅华裔劳工就有数十万人被招募到西欧从事英法军队对德作战的军事服务。

第三次国际劳动力大流动是从二战结束后至今。二战结束以来，世界经济经历了战后恢复、快速发展、停滞通胀、复苏和稳健发展等阶段。

（1）在战后初期（20 世纪 50 年代以前），由于二战的主战场欧洲，特别是西欧的许多国家遭受严重的破坏，急需大量输入国外劳动力，而因地缘和经济等因素，经济发展相对落后的南欧等国成为向西欧、北欧国家输入劳动力的主要国家。据统计，在这段时间，西欧各国仅汽车、制造、矿业和服务业等部门就吸纳了外籍劳动力约 800 万人。

（2）20 世纪六七十年代，中东、北非成为吸纳国际劳动力的主要地区。这一时期，许多发展中国家加快了经济发展的步伐，经历了第四次中东战争和两次石油大幅提价，出口石油收入剧增后的石油输出国组织国家大力兴建基础设施和石油加工配套产业及其他制

造业，从国外输入了大量的建筑工人和其他工业的建设工人。据不完全统计，20 世纪 70 年代中东建设鼎盛时期，该地区输入外籍工人人数在 650 万以上。

（3）20 世纪 80 年代以来，随着世界经济重心由大西洋逐渐转移到太平洋，亚太地区经济成为引导世界经济发展的"火车头"，这一地区也是最重要的国际劳动力流动地区。其中，美国、日本、加拿大、新加坡、中国香港等发达和中等发达国家或地区成为主要吸纳劳动力的国家和地区，而菲律宾、印度尼西亚、泰国、马来西亚和中国内地则成为主要输出劳动力的国家和地区。据不完全统计，1969—1989 年，亚太地区发展中国家向海外输出的劳动力达 1200 万人。

从上述国际劳动力流动的发展史可以看出，引起国际劳动力流动的因素可能是经济因素，也可能是非经济因素。经济因素决定着国际劳动力流动的方向、速度和规模。经济因素实质上是指引起世界经济发展不平衡的因素，正是世界范围内各国经济发展的不平衡造成各国劳动力工资水平存在巨大差异，从而促使劳动力从一国流向另一国。具体来说，主要表现在以下几个方面。

（1）国际劳动力流动是地区经济发展不平衡的必然结果。世界经济发展的地区性不平衡导致发达国家与不发达国家的贫富差距进一步拉大。对于富国来说，由于经济发达，国内劳动力供给难以满足经济持续增长对劳动力的需求，必须从国外输入劳动力来弥补国内劳动力的供求缺口；对于穷国来说，由于经济落后、欠发达或正处于发展中，其国内劳动力供给通常超过甚至大大超过国内劳动力需求，有必要向国外输出富余劳动力。另外，经济发达国家的收入水平高，劳动力价格也高，而经济欠发达国家的收入水平低，劳动力价格也低，因此，贫富国家间客观存在的劳动力价格差异又成为经济落后国家的多余劳动力向发达国家流动的内在动力。

（2）国际劳动力流动是世界产业结构大调整的需要。在科技革命的不断推动下，世界产业结构不断进行调整，发达国家将一些传统产业或"夕阳工业"向一些新兴的工业化国家和地区转移，而新兴工业化国家和地区又将自己的一些传统产业逐渐向发展中国家转移。因此，移出传统产业的国家将会出现从事传统产业工作的劳动力过剩，这方面过剩的劳动力有一部分经过培训后可转移到国内其他产业工作，而另一部分就可能流动到国外相同产业工作。

（3）经济区域一体化为国际劳动力流动提供了条件。经济区域一体化既是集团贸易自由化的一种新形式，又是地区贸易保护主义的一种新形式。在典型的、程度较高的区域经济一体化组织内部，各成员国间不仅商品能够自由进出，而且劳动力、资本、技术等生产要素同样能够自由地流动。可见，经济区域一体化为国际劳动力流动提供了客观条件。

（4）跨国公司的发展在国际劳动力流动过程中具有重要作用。由于跨国公司实行全球战略，它在其他国家获得一处投资场所后，会将原先在其所属国内生产的一部分工序，特别是消耗劳动力较多、污染重、利润率较低的生产工序迁往发展中国家，这样就为东道国提供了额外的就业机会。该工序的部分劳动力需求由国外有该工序生产专长的劳动力来满足，另一部分则由东道国的劳动力经过培训来满足，从而形成相对的国际劳动力流动。

二、国际劳动力流动的福利效应

对于个人来说，跨国迁移的愿望主要取决于迁移的预期成本和预期收入，迁移时，本国与外国的预期收入差额、迁移费用以及外国的社会保障措施、教育机会、语言文化等都会成为被考虑的因素，但是在一般理论模型中，预期收入的差异是最重要的因素。劳动力的流动可以影响流出国和流入国的平均工资水平，对于两国而言，劳动力流动都有着明显的福利效应。

（一）不存在过剩劳动力流动的福利效应

假设甲、乙两国的劳动力是同质的、可以流动的，那么劳动力应从充裕的低工资国家流向劳动力稀缺的高工资国家，这会使得劳动力流出国的工资水平上升，而流入国的工资水平下降，在不考虑流动成本的情况下，劳动力的流动一直要继续到两国的工资水平相等为止。

在图 6-2 中，横轴代表两国的劳动力数量，L 线和 L' 线表示两国各自对劳动的需求（由劳动力的边际产品 MPP_L 决定）。如果市场是完全竞争的，劳动力可以跨国界自由地流动，则两国的工资水平应在 A 点达到均衡，此时甲国应雇用 OL_1 的劳动量，乙国应雇用 $O'L_1$ 的劳动量。假设甲国原有劳动力存量为 OL_2，而乙国只有 $O'L_2$，则甲国的劳动力工资水平低于乙国，于是 L_1L_2 的劳动力从甲国流向乙国。随着这种过程的进行，甲国工人的工资水平上升，而乙国工人的工资水平下降，直到两国的工资水平达到一致。

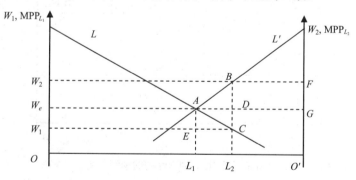

图 6-2 劳动力流动的福利效应

甲国由于劳动力的流失，产出减少，而乙国的产出增加，留在甲国国内的劳动力的工资水平上升，增加了 W_1W_eAE 区域的福利；同时，对于其他要素来说，由于劳动力供给减少，产出数量减少，损失了原有的 W_1W_eAC 区域的福利。甲国 L_1L_2 数量劳动力的流出还使这部分劳动力失去了原有的 L_1L_2CE 区域的工资。对于甲国来说，劳动力流出的福利净损失为 AEC 区域。而乙国的情况正好相反：工资水平的下降一方面使乙国劳动力减少了 $DBFG$ 区域的福利，另一方面使乙国其他要素增加了 $ABFG$ 区域的报酬。新增加的劳动力得到的福利为 L_1L_2DA 区域，乙国劳动力流入的福利净增加为 ABD 区域。

那么，劳动力流动对甲、乙两国以及全世界的福利水平的影响又是怎样的呢？假定边际劳动生产率是递减的，其他条件都相同，则甲国的产出总量下降，但下降比例小于劳动力减少的比例，结果单位劳动的产量增加。而乙国的产出增加幅度也低于劳动力的增长速度，结果单位劳动的产出数量减少。最后，移民使得整个世界的福利增加，因为甲国的产出减少损失的福利为 L_1L_2AC 区域，乙国产出增加的福利为 L_1L_2BA 区域，整个世界增加了区域 ABC 的福利。

（二）过剩劳动力流动的福利影响

假设甲国的市场不完全使得劳动力的供给过剩，那么移民会给世界的福利水平带来更大的影响。一国市场不完全程度越大，即国内劳动力市场的扭曲程度越严重，劳动力在国际上流动带来的潜在福利就越大。如图 6-3 所示，甲国可利用的劳动力在图中表现为 OL_2，而乙国可利用劳动力为 $O'L_2$。甲国的劳动力在本国达到均衡时工资水平为 OW_1，不仅低于乙国的工资水平 $O'W_2$，而且只有 OL_1 的劳动力被雇用，L_1L_2 的工人在现行的工资水平下处于失业状态。如果失业工人由甲国流向乙国，结果使得乙国的产出增加，而甲国产出并未下降。因此，甲国过剩劳动力的流出使其边际产出增加，但并不影响甲国的总产出；而对于乙国来说，总产出增加的同时劳动力的边际产出下降，整个世界的产出净增量为区域 L_1FBL_2。

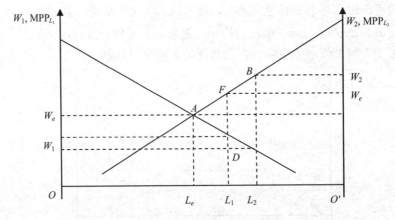

图 6-3　过剩劳动力流动的福利影响

显然，L_1L_2 数量的劳动力流动并未使两国的劳动力市场达到均衡，完全均衡应在 A 点，要求 L_eL_1 的工人也能从甲国流向乙国。如果两国工资水平的差异导致这种流动发生的话，甲国的产出将会下降，整个世界的福利还会增加 AFD 区域。

三、国际劳动力流动影响的动态效应

劳动力的流动会影响到生产结构和各国的贸易结构。

首先假定：① 两国都达到完全就业，国际市场是完全竞争的市场；② 甲、乙两国都是贸易小国，劳动力流动引起的两国贸易量的变化对国际市场上纺织品和汽车的相对价格 P 没有影响；③ 甲国是劳动力充裕的国家，而乙国是资本充裕的国家，两国的贸易按照

H-O 定理进行；④ 劳动力流动前，甲国出口劳动密集型产品——纺织品，进口资本密集型产品——汽车；⑤ 劳动力流动前，乙国出口资本密集型产品——汽车，进口劳动密集型产品——纺织品。

如图 6-4 所示，劳动力从甲国流入乙国的效应近似于乙国劳动力的增长。乙国劳动力的增加使得纺织品的生产增加，而汽车的生产相对减少，同时使得乙国进出口产品的数量下降，因而是一种反向贸易效应。同样地，甲国劳动力的减少使得甲国劳动密集型产品的产量下降，而资本密集型产品的产量上升。劳动力流动对两国的生产结构效应是对称的，而且都是与贸易的流向相反的。

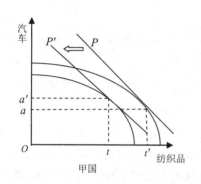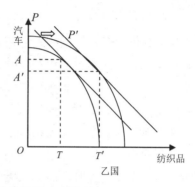

图 6-4　劳动力市场调整和移民的动态效应

另外，劳动力从甲国流入乙国，使得甲国的生产可能性边界向内收缩，而乙国的生产可能性边界向外扩张。对于甲国而言，劳动力流出以后，纺织品生产减少，从原来的 t 变为 t'，而汽车的产量则从原来的 a 增加至 a'；对于乙国而言，纺织品的生产从 T 增加至 T'，汽车产量从 A 降至 A'。两国的生产结构调整都是反贸易倾向的，因为劳动力流动实际上替代了商品的流动。

然而，劳动力流动对贸易结构和贸易总量的影响不仅取决于生产效应，还取决于消费效应。消费效应反映了两国的收入变化后，消费者对不同产品的需求数量的变化又取决于产品本身的收入弹性。

四、对国际劳动力流动的进一步分析

上述分析的必然结果是：一方面，乙国的劳动者希望政府对移民做出限制，因为新来的劳动力降低了他们的工资水平；而资本所有者则愿意接受移民，因为这样可以增加他们的资本回报率。另一方面，甲国的劳动者赞成移民输出，而资本所有者又不愿意劳动者流向国外。下面进一步分析这些问题。

（一）移民收入的回流问题

新的移民可能会把部分收入汇回本国，这样，甲国收入的减少可以得到部分补偿，而乙国由于劳动力的增加带来的总收入增加的部分也会减少。欧洲的一些小国，如西班牙、希腊的移民输出占据了本国劳动力的一大部分，而移民的汇款给本国带来的利益大大降低了移民本身给本国带来的输出成本。

（二）移民的类型问题

在前面的分析中都假定移民是永久性的，新的移民与接受移民的国家的国内工人工资水平相同。这种假定的基础是不允许对永久性移民实行工资歧视，所以在同一个国家里不会出现双重工资标准。但是，移民输入国对于暂时性移民或季节性移民则没有类似规定。如果移民与国内劳动力的工资不同，那么移民输入国的资本所有者就有可能在不减少劳动者收入的前提下获取利益，同时也缓和了国内劳动者反对移民输入的态度。当然，工资歧视对国际劳动力流动会起阻碍作用，因为这会使短期移民的预期收入降低。

（三）移民的性质问题

前面的基本分析中假定各国劳动力都是同质的，这样虽然可以简化分析，但与现实不符。如果放松这一假定，移民的福利影响就会有所不同。为了简单起见，假定每个国家只有两类劳动者——熟练工人和非熟练工人，移民对输出国的影响因移民的技术水平而不同。

传统的移民一般都是在国内处于失业或者半失业状态的非熟练工人，移民动机往往仅仅是获取一份工作。建立在收入差别基础上的非熟练工人的流动对于移民的输入国和输出国的影响与前面的分析一致，整个世界的产量增加，输出国的非熟练工人的平均收入在绝对水平和相对水平上都会上升，而输入国的非熟练工人收入的变化正好相反，但输入国的资本回报率将会上升。

熟练劳动力的国际流动，特别是发展中国家熟练劳动力向发达国家流动是一个有争议的问题。受高工资、高福利、优越的专业环境和实验条件的驱使，发展中国家受过高等教育的劳动力离开本国前往美国、加拿大、西欧等国的数量正在逐年增加，这种劳动力流动被称为人才流失。尽管经济学理论的一般分析表明：如果市场机制完善，劳动者按他们的边际产出的价值获取报酬，熟练劳动力的流动和非熟练劳动力的流动没有区别。但是，实际情况经常是输出国的熟练劳动力供给不足，而这类劳动力给输入国带来了巨大的外部效应——促进了这些国家的技术水平的总体提高，从而促进输入国的产业结构的提升和经济发展；反之，人才流失使输出国的经济增长受到影响，人均收入的增长因此受阻，从而使输出国劳动者收入下降。

另外，输出国对于熟练劳动力的教育进行了大量投入或者支付了大量的社会成本，移民使得稀缺的人力资源流失，又得不到相应的回报。而输入国由于移民较高的劳动生产技能和较低的社会成本获取大量收益，因此，一般情况下，发达国家对于这类移民很少进行限制，甚至还采取一定措施鼓励移民。

发展中国家在人才流失中处境不利。发展中国家熟练劳动力的流出使发达国家的生产效率和产出得以提高，而这些收益的成本是由发展中国家承担的。从长远来看，人力资源的流失会影响发展中国家的长期发展，不断加大发展中国家和发达国家的工资差距，使发展中国家熟练劳动力的流失越来越严重。基于此，发展中国家政府常常对熟练劳动力的移民做出种种限制，但不能从根本上制止人才流失。

本章小结

国际经济的融合不仅可以通过国际贸易实现，而且可以通过要素的国际流动实现。本章首先对商品流动和要素流动的关系进行了简单分析，指出二者不仅存在替代关系，往往还存在互补性，要素流动会促进商品流动。本章分两节详细阐述了国际资本流动和国际劳动力流动的原因、影响及福利效应。在国际资本流动部分，重点介绍了直接投资即直接投资的载体——跨国公司对全球贸易的影响，从跨国公司国际生产的三种类型分析了 FDI 对国际贸易的影响；在国际劳动力流动部分，不仅从静态和动态两个角度分析了国际劳动力的效应，而且就移民的回流、类型、性质问题进行了探讨。

本章重要概念

要素流动	国际借贷	期间贸易	外国证券投资
静态成本	动态成本	剩余劳动力	外国直接投资
垂直一体化	水平一体化	反向贸易效应	
熟练劳动力	非熟练劳动力	国际劳动力流动的福利效应	

思考题

1. 简述生产要素流动与商品流动的关系。
2. 国际资本流动的发展经历了哪几个阶段？有哪几种形式？
3. 简述不同形式的国际资本流动的动机。
4. 作图说明国际资本流动的福利效应。
5. 为什么二战后国际资本流动会迅速发展起来？
6. 国际资本流动对国际经济有何影响？
7. 简述国际劳动力流动的发展过程及原因。
8. 作图说明国际劳动力流动的福利效应。

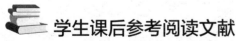

学生课后参考阅读文献

[1] 那军. 跨国公司技术创新要素的国际流动研究[M]. 北京：中国经济出版社，2011.

[2] 张幼文，等. 要素流动：全球化经济学原理[M]. 北京：人民出版社，2013.

[3] 胡涵钧. 新编国际贸易[M]. 上海：复旦大学出版社，2000.

[4] 周琢. 要素流动与贸易收益：外资流入下贸易发展的国民收益[M]. 上海：上海社会科学院出版社，2013.

[5] 李玉蓉. 当代国际资本流动对后发国家经济增长效应研究[M]. 北京：经济科学出版社，2008.

[6] 吴国新，杨勣. 国际贸易理论与政策[M]. 北京：清华大学出版社，2016.

第七章　国际服务贸易

学习目的和要求

通过本章的学习，掌握服务贸易和货物贸易的区别和联系；掌握各种服务贸易的分类；了解国际服务贸易发展的各阶段及特点；理解推动国际服务贸易迅速发展的原因；理解国际服务贸易的发展有何新趋势；了解《服务贸易总协定》的主要内容和意义。

开篇案例：上海自贸区贸易便利化推动服务贸易大发展

【案情】

4个海关特殊监管区，28.78平方千米，从面积上看，中国（上海）自由贸易试验区并不大。由于位置比较偏远，人口也不多，专家指出，试验区要想成为打造中国经济"升级版"的聚焦点，必须在投资、金融等方面有着深层次的开放，必须调动各类企业和金融机构的积极性。

1. 贸易便利化推动服务贸易大发展

贸易便利化是中国（上海）自由贸易试验区最基本的功能。

2013年7月底，国务院常务会议指出，当前我国经贸环境复杂、严峻，进出口增速均明显放缓，要通过制度创新提高贸易便利化水平，增强企业竞争力。

在提高贸易便利化水平的过程中，海关特殊监管区曾经发挥过重要的作用。目前，我国的海关特殊监管区已有约110个，但这些区域实行的仍是"境内关内"政策，而国际通行的自由贸易区则实行"境内关外"政策，即放开一线（国境线），管住二线（与非自由贸易区的连接线），在区内免除海关通常监管。

上海保税区域协会会长卞祖耀表示，未来在试验区内，将按照"一线逐步彻底放开，二线高效管住，区内自由流动"的要求，改革现行的一线进境货物"先申报，后入区"的海关监管模式，允许企业"先入区，再申报"，最大限度地提升一线进出境便利程度和物流效率。

业内人士指出，除了提高贸易便利化程度外，中国（上海）自由贸易试验区还可以探索功能的拓展，让新型贸易业态先行先试。近年来，上海外高桥保税区在融资租赁、期货保税交割、维修检测等方面展开了深入探索，但在服务贸易方面还有很大的提升空间。例如文化贸易，一家拍卖公司如果在试验区内从事进口文化产品的拍卖业务，进来可以不纳税，出去再完税，拍不出去还可以不完税。但在其他地方，如果拍不成再倒回去，会是一件非常麻烦的事情。此外，还有商贸服务。上海将以建立自由贸易试验区为契机，探索打造上海首个兼具免税、保税和完税功能的展示交易综合试验店；研究开展第三方支付机构的跨境电子外汇支付试点，适应电子商务的迅猛发展和进口消费品快速增长的需要。

2. 投资自由化赋予跨国公司地区总部"大脑"功能

国务院常务会议在讨论中国（上海）自由贸易试验区时将"转变政府职能，探索负面清单管理"放在首位，显示改革创新才是试验区的重心所在。

所谓"负面清单"，实际上是定出一个投资领域的"黑名单"。在这个名单之外，"法无禁止即可为"。相比现行的投资审批体制，这种"放权"无疑将大大提高企业的投资自由度。

从现实情况看，对企业管制过多大大限制了其经营活力。以上海为例，虽然吸引的跨国公司地区总部超过 400 家，但这些总部绝大多数是具有行政性质的，缺少有实际价值的资金运作，这对上海建设"四个中心"是不利的。

一位跨国公司高层曾说，中国能吸引如此多的跨国公司地区总部，主要原因是中国的市场非常大。但就营商环境而言，包括上海在内的中国一线城市，与新加坡等亚太竞争对手仍然有相当大的距离。中国的地方政府应该摆脱以优惠政策来招商引资的思维，改为提供高效透明的行政服务，现阶段过多的条条框框不利于跨国公司地区总部发挥应有的功能。在自由贸易试验区内，以政府放权为标志的改革将进一步深化。原先受到较多管制的创新类金融服务、商务服务、文化娱乐教育和医药医疗护理业等将获得很大的发展机会。

要让政府的放权具备可持续性而不是一场运动，法制化是必然的要求。对此，国务院常务会议提出，拟提请全国人大常委会审议关于授权国务院在试验区内暂停实施外资、中外合资、中外合作企业设立及变更审批等有关法律规定的决定草案。这一举措非常具有针对性，20 世纪 80 年代，我国的法律体系很不健全，那时候改革的自由度非常大。到了 20 世纪 90 年代，我国进入立法高潮期，但我国的立法多是由当事人起草，如海关起草海关条例、商务部起草外经贸条例，很多部门利益通过立法固化下来，改革很容易触碰到法律、法规限制，这也是当前改革进入"深水区"的表象之一。不突破现有的法律框架，试验区的制度优势不可能体现出来。国务院常务会议的决定将从"顶层"强化对改革的法制保障。

3. 金融国际化为我国企业"走出去"服务

加快金融开放，推动人民币资本项目可兑换是业界对于中国（上海）自由贸易试验区最重要的期待之一。

如果未来上海自由贸易试验区实现人民币资本项目可兑换，相关的外贸企业可以减少汇兑成本，可以到境外融资，降低资金成本，同时大大减少通关、退税等"程序成本"。人民币资本项目可兑换无疑是一个方向，问题主要在开放的路径和节奏上。受访者普遍认为，推动我国企业的长期对外投资应该是其中的一个优先选项。

我国高达 3.5 万亿美元的外汇储备以及很多行业普遍存在的产能过剩现实都意味着"走出去"是一个大方向。未来五年可能是我国资本输出的最佳时机，如果美国量化宽松政策退出，美元会有一段升值期，我国可以在美元比较值钱的时候把一部分外汇储备花出去。

推动我国企业"走出去"，首先要放松对资本输出的限制。长期以来，我国外汇管理制度鼓励资本流入，限制资本输出。因此，人民币资本项目可兑换首先要清除资本输出方面的限制，为对外投资提供更大的便利。

在服务我国企业对外投资方面，中国（上海）自由贸易试验区可以起到"桥头堡"的作用，我们可以鼓励企业把海外并购主体落户试验区，同时在试验区内聚集一批为海外投资服务的金融机构、咨询公司等，方便企业获得并购贷款和相关风险评估。

有分析指出，在试验区内推动金融开放必然会遇到一些不可预知的风险，这就要求我国提高相应的市场监管能力，建立必要的风险干预机制。

（资料来源：何欣荣，姚玉洁. 企业对上海自贸区三大畅想[N]. 经济参考报，2013-08-26. ）

【讨论】

1. 上海自贸区建设是否真能推动我国服务贸易的大发展？

2. 一国的国际服务贸易快速发展需要具备哪些条件？

【分析】

服务贸易大发展需要某地区在产业结构上预先具备一定的基础条件，主要包括：① 加工贸易的发展。加工贸易与服务贸易是手心与手背的关系，发达的加工贸易必将带来服务贸易的繁荣。② 交通基础设施的建设。交通基础设施的建设将极大地推动与物流有关的服务。③ 金融业的发展。金融业的发展可推动一系列金融中介服务贸易。④ 通信基础设施的发展与完备，这将为与软件、信息化处理相关的服务贸易领域提供发展机遇。

上海是中华人民共和国成立后的特大型城市，在产业结构上率先完成了工业化并在改革开放后逐步完成了产业结构从以传统重工业和轻工业为主向以服务业为主的转型升级。尤其是浦东开发开放之后，上海更成为我国的金融中心并逐步发展成为国际金融重心。中国（上海）自由贸易试验区的成立不仅是为上海本地进一步发展提供了政策支持，更重要的是为我国新一轮改革开放创造了示范效应。

服务贸易的发展不仅是产业结构发展本身内在的要求，同时也与一国的政策推动以及国际经济发展的环境密切相关。上海自贸区的成立具有如下国内外背景。

（1）国内需要深化改革，释放更多制度红利，促进经济转型升级。经过四十余年的改革开放，我国经济享受到了改革的制度红利和加入 WTO 获得的全球化红利。不过，由于在国际需求疲软以及劳动力成本升高的背景下，我国不可能长期依赖外贸出口支撑经济增长，因此继续深化改革、寻找新的制度红利是未来我国经济可持续发展的关键。由于目前我国不同区域之间的发展水平还存在较大的差异，体制改革又涉及行政体制、财税金融、要素价格、民生等多个方面，因此在条件较为成熟的地区先行试点对于探索经验、深化改革具有重大意义。设立上海自贸区不仅有助于促进贸易活动，更能加速要素流动，而且能够推动政府转变职能，释放改革红利，带动全国改革进程。

（2）为适应和参与潜在的、新的世界经济规则做好准备。当前，美国正在亚太和欧洲推动 TPP（Trans-Pacific Partnership Agreement，跨太平洋伙伴关系协议）和 TTIP（Transatlantic Trade and Investment Partnership，跨大西洋贸易与投资伙伴协议）。TPP 和 TTIP 如果在预期内顺利谈成，将在很大程度上改变世界经济贸易规则、标准和格局。由于这两个自贸区都不包括中国，我们有可能被驱赶到新的国际贸易体系的边缘，将面临"二次入世"的危险。未来，我国企业在参与国际竞争的过程中将面临新的限制，同时我国企业参与国际投资活动将受到阻碍，国际竞争力将被削弱。设立上海自贸区就是要先行试验国际经贸新规则、新标准，积累新形势下参与双边、多边、区域合作的经验，为与美国等发达国家开展相关谈判提供参考，从而为我国参与新国际经贸规则的制定提供有力支撑。

由此可见，上海自贸区的建设及国家战略，它不是特区，也不是新区，其目的不在于争取若干优惠政策，而是旨在建立一套与国际接轨的新制度体系，实现对投资、贸易等领域的高效管理。改变我国长期以来采取行政许可、审批制度进行国际经济管理的做法，和国际上的"法无禁止即自由"的管理原则接轨，通过深化改革带来的制度红利推动我国经济的进一步发展。

从服务贸易发展角度看上海自贸区的建设，就是要为我国新一轮的产业结构升级探索制度创新的道路。自贸区将取消 WTO 规则下的保护和限制措施，通过"准入前国民待遇和负面清单管理"等方式营造平等准入和平等经营环境，加快以银行、电信、证券、保险、邮政等为代表的服务业开放，让更多符合条件的民营资本、外资金融机构有望进入金融体系；同时，自贸区还采取了一系列税收优惠、特殊海关监管政策（境内关外），这将使得货物自由进口、制造和再出口变得更加便利，贸易和投资自由化措施的出台将有利于以金融、航运、物流、信息、港口等为主的现代服务业体系的建立和转型升级。

自贸区建设有望在金融市场化改革方面取得重点突破，这包括利、汇率市场化，人民币自由兑换，金融业的对外开放，产品创新等。首先，全球现金管理、供应链融资、大宗商品融资等金融服务需求大量上升。随着大量跨国总部机构聚集在自贸区，使得大量资金和配套产业汇集在自贸区，相应地，也会对基于全球的资金自由调拨、融资租赁、供应链融资、大宗商品融资等金融服务提出更多需求。其次，产生大量离岸金融需求。自贸区鼓励企业充分利用境内外两种资源、两个市场实现跨境融资的自由化，这将促使人民币的跨境使用更加频繁，跨境人民币融资，离、在岸联动产品，保险等离岸金融业务将得到迅速发展。再次，金融市场开放力度加大。为满足自贸区内企业多样化的融资需求，自贸区将放开境外企业参与商品期货市场的限制，支持开展人民币跨境再保险业务。最后，金融创新速度加快。自贸区内允许人民币的自由可兑换、利率和汇率的市场化定价，这意味着基于各种利率、汇率套期保值、衍生品交易、资产证券化等产品的创新速度将明显加快。

国际服务贸易是 20 世纪 80 年代以来发展得极其迅速的一种国际贸易，随着其在世界贸易中所占份额的逐步上升，以知识、技术密集为特征的新型服务行业正在成为推动世界经济发展的增长点。特别是 1993 年 12 月 15 日"乌拉圭回合"正式签署了《服务贸易总协定》（*General Agreement on Trade in Services*，GATS）之后，国际服务贸易向自由化方向进一步发展。本章介绍国际服务贸易的相关概念及种类并指出当代服务贸易发展的特点、趋势及原因，最后对《服务贸易总协定》进行简单介绍和评价。

第一节　国际服务贸易概述

一、服务、服务贸易、国际服务贸易

人类对于服务的认识是一个逐步深入的过程。古典经济学认为服务不能创造价值或至

少服务形成的价值不同于生产性劳动。亚当·斯密在其名著《国富论》中就曾写到，产业工人的劳动能够创造价值，而家仆的服务工作就不能创造价值。现代西方经济学则认识到，服务虽然是一种无形的活动，但就其创造效用这一点来看，它与其他生产劳动并无本质区别。因此，服务是一种以无形的、提供活劳动的方式创造使用价值（效用）来满足他人需求的活动，是一种特殊形式的劳动产品。在现代宏观经济统计中，抽象服务劳动所创造的市场价值和具体商品生产创造的市场价值共同构成一国的国内生产总值（GDP）。但是，服务本身并不一定就是经济行为，它包括非经济性服务和经济性服务两类，前者指无偿提供的非商业性服务，如义务教育、慈善活动等。

服务贸易是指以获取经济利益为目的，追求利润最大化的商业性服务活动。国际标准化组织发布的 ISO 8402—1994《质量管理和质量保证术语》中对商业性服务的定义是：为满足顾客需要，供方和顾客之间接触的活动以及供方内部活动所产生的结果。当服务贸易随经贸活动的发展跨越一国边界时或虽处同一国境内，服务贸易的行为却发生在不同国籍的人之间时，这种服务贸易行为就称为国际服务贸易。

鉴于服务贸易难以定义，《服务贸易总协定》（GATS）按服务贸易方式将国际服务贸易定义为："（a）从一成员方境内向任何其他成员方境内；（b）在一成员方境内向任何其他成员方的消费者；（c）一成员方的服务提供者通过在任何其他成员方境内的商业现场；（d）一成员方的服务提供者通过在任何其他成员方自然人的商业现场所提供的服务。"而联合国贸易与发展委员会则这样来划分国际服务贸易："国际服务贸易的产生源于下列各项之一或与他项结合越过边境：① 商品；② 资本；③ 信息。每项均可越过国境接受或提供一个服务。"

二、服务贸易与货物贸易的区别与关系

（一）服务贸易与货物贸易的区别

同有形的货物贸易相比，服务贸易具有以下特性。

1. 无形性

货物是有形的，服务是无形的。这里的无形有两层含义：一是指在被消费之前，服务没有一种直观的、具体的物理存在形态；二是指服务贸易在各国海关统计中没有记录，只在国际收支统计中以非贸易收入形态出现。这就意味着绝大多数服务必然是在它们生产的同时为消费者所购买和消费，这使得消费者在购买前无法了解其质量，只能在消费中体验甚至在消费后也难以了解服务质量（如律师服务），而供给方对服务质量相对了解得较多，故在供方和需方之间存在信息不对称问题。如果服务贸易中存在严重的信息不对称，就极易引起供方偷懒等道德风险及需方减少服务购买、自我服务等逆向选择现象。

2. 非存储性

货物在被生产出来以后、进入消费领域之前，或多或少均有一个存储的过程，而绝大多数服务的生产和消费是同时进行的，中间没有存储环节。

以下几点需要特别指出：① 不是所有的服务都要求生产者或消费者移动，如广播电视。

② 在许多情况下很难把服务和货物截然分开，许多服务是包含在货物中的并构成货物总价的一部分，如播放唱片是一种服务，但要得到这种服务首先必须有唱片。③ 服务一般是无形的，但它并不必然是不可存储的。是否可以存储的问题实际上是指服务是在购买时被消费还是在购买以后某个日期被消费。例如，购买保险这一服务的某些方面是在购买后的整个有效期内被消费的，即消费者购买后觉得比较放心、有安全感等；而这一服务的另一些方面则可以在有效期内的任何时候的某些情况下被消费，如消费者要求得到赔偿。

3．异质性

同一种服务的质量往往会由于生产者的技术水平差异或消费者在服务消费过程中的偏好差异而产生异质性，这使对服务质量制定统一标准显得非常复杂、困难。以戏剧表演为例，专业剧团的表演显然比学校的业余剧团的表演水平要高一些，但有时学生会喜欢本校剧团的表演；另外，同一剧团的表演也会因观众的不同甚至相同观众的不同表现而出现不同的服务效果（即质量），热情的观众往往能激发表演者的潜能，从而出现更好的表演效果。

4．高垄断性和高保护性

服务贸易的市场垄断性较强，很多服务部门如电信、交通运输、金融等都属于自然垄断部门。服务贸易中的道德风险和逆向选择造成市场失灵，使政府的干预（制定法定标准、执业资格等）不可避免；同时服务贸易在国际上的发展极不平衡，广大发展中国家处于严重的比较劣势，再加上许多服务领域的被迫开放，各国政府往往在市政建设、电信、金融等涉及国家主权或其他敏感问题的领域采取市场限入等非关税壁垒措施，以保护本国的服务市场，从而使服务贸易体现出高垄断性和高保护性的特点。

（二）服务贸易与货物贸易的关系

服务贸易和货物贸易作为国际贸易的两大组成部分，二者既互为补充、相互促进，又存在一定的替代关系。

1．服务贸易和货物贸易的互补性

首先，国际货物贸易的增长带动了与之相关的金融、保险、运输、通信等服务行业的国际化。特别是随着货物商品服务密集程度的提高以及世界竞争逐步从有形的、单纯的物质实体竞争转向物质实体竞争和无形的各种附加服务的复合商品的竞争，服务贸易跟随货物贸易的发展同步快速增长。其次，传统服务贸易的发展和新型服务贸易的出现也促进了货物贸易的发展。例如，运输的增长增加了对汽车、轮船、飞机等交通工具的需求；数据处理和通信服务贸易的增长促进了对微机、大型计算机网络、程控电话设备、通信卫星等商品的需求；文化娱乐服务消费的增长推动了卡拉 OK、游戏机、电视机、影碟机等商品的需求。最后，服务和商品生产的相互渗透增强了二者的互补性。随着科学技术的进步，服务生产出现了"服务硬化"趋势，如无形的程序可以固化到有形的光盘中；同时商品生产出现了"商品软化"的现象，即货物贸易越来越密集地使用科学技术、管理、营销等服务要素，服务和货物相互渗透形成复合产品使二者的互补性增强。

2．服务贸易和货物贸易的替代性

服务贸易对货物贸易也有负面影响。知识、技术等服务产品的出口会降低国外对相关货物商品的需求；汽车、电器等货物商品的修理服务业的发展会延长汽车、电器等的使用寿命，从而相应减少对汽车、电器等的需求。另外，货物商品的质量提高，其耐用性、可靠性、自动化程度的提高会相应地减少有关的修理等人力服务。

三、服务贸易的范围及分类

服务贸易的复杂性和多样性使其产生各种分类方法。

（1）根据服务交易地点及服务提供者和消费者的关系的不同，理论上可把服务贸易归纳为如下四类。

① 分离的服务：服务的供需双方均不移动，如信息的传递，包括卫星电视转播等。

② 供给者定位服务：服务需求方移动而供给方不移动，如旅游、教育和各种基础设施的服务等。

③ 需求者定位服务：仅由服务的提供者移动产生的服务。这种服务的形式主要包括外商直接投资（FDI）、国际劳务输出以及服务部门的国际拓展（如金融部门设立国外分支机构）等。

④ 非分离的服务：服务的供需双方都移动。这类服务贸易往往发生在第三国，如离岸金融业务和各种随机性服务（如英国游客在中国旅游时住在美资的希尔顿饭店）。

（2）根据《关税与贸易总协定》的规定，国际服务贸易可分为过境交付、境外消费、商业存在和自然人流动。

① 过境交付，是指一国向另一国提供服务，没有人员和物资的流动，而是通过通信、邮电、计算机网络实现的，如视听和国际金融中的清算与支付。

② 境外消费，是指一国消费者到另一国消费而受到服务提供者的服务，如本国病人到外国就医、外国人到本国旅游、本国学生到外国留学等。

③ 商业存在，这是服务贸易活动中最主要的形式，是指允许外国的企业和经济实体到本国开业、提供服务，包括投资设立合资、合作或独资企业，如外国公司到中国来开酒店、建零售商店和办律师事务所等。

④ 自然人流动，是指允许单独的个人入境来本国提供服务，如外国教授、高级工程师或医生来本国从事个体服务。

（3）根据 1995 年 7 月 WTO 统计和信息局公布的分类，考虑到跨国境因素，《服务贸易总协定》（GATS）把国际服务贸易分为如下 11 个大类共 142 个服务项目。

这 11 个大类是商业服务，通信服务，建筑及有关工程服务，销售服务，教育服务，环境服务，金融服务，健康与社会服务，与旅游有关的服务，娱乐、文化与体育服务，运输服务。

（4）在国际收支平衡表的统计上，国际货币基金组织（IMF）把国际服务贸易分为 13 项。

这 13 项是运输、旅游、通信服务、建筑服务、保险服务、金融服务、计算机和信息服务、专有权利使用费和特许费、咨询、广告宣传、电影音像、其他商业服务、别处未提及的政府服务。

（5）国际标准化组织（ISO）《质量管理和质量体系要素第 2 部分：服务指南》

（GB/T 19004.2—1994）中将服务行业分成 10 个方面。

这 10 个方面是文化娱乐服务业、交通运输与通信服务业、保健服务业、维修服务业、公用服务业、商贸服务业、金融保险服务业、科教咨询服务业、技术服务业、行政服务业。

综上所述，由于服务业本身的庞杂性，不同的国际组织对国际服务贸易范围的界定以及服务业的内涵和分类存在着差异和交叉，随着国际服务贸易的不断发展，人们对这一行业的认识将越来越深入，分歧也会越来越少。

四、与国际服务贸易有关的一些行业

如上所述，国际服务贸易也可视不同角度进行分类，范围宽广，名目繁多。为了对国际服务业有更深入的理解，以下仅就一些与经贸发展密切关联的行业进行简单论述。

（一）国际运输业

国际运输业是在国际贸易发展过程中形成并不断发展的行业，它是物品从生产部门流向国外消费部门的过程中必不可少的中间环节。现代国际运输业由四个要素构成：运输通路（陆路、水路、航空）；运输工具（船、车、机）；动力（自然动力和人工动力）；电信设备。其在发展中受地球环境、科技水平等诸多因素的制约，同时也与其他行业有很强的关联，在国际贸易中扮演着十分重要的角色。

（二）国际金融业

国际金融业从广义上讲包括资金借贷、外汇与黄金交易以及各类投资银行业务，分别形成短期的货币市场、中长期的资本市场、外汇市场和黄金市场。这几类市场相互联系、相互制约，在现代经济中，货币和汇率是和银行体系密切结合在一起的，大部分货币由银行体系创造，而外汇市场是为银行体系跨国运作提供服务的市场，外汇业务几乎渗透于所有国际金融市场的业务中。

二战后，随着世界经济的复苏和跨国银行的发展，国际金融市场的竞争十分激烈，发达国家争夺国际金融霸权的过程促使金融服务业改革。20 世纪的后半期，以发达国家为先导，全世界的银行体系和金融市场都经历了一次急速的、重大的结构性变化和重整过程，其结果是使国际金融业务发生了如下变化。

1. 金融业务创新化

电子和电信业的高新技术在金融业的应用除将金融信息迅速传播外，还大大提高了金融市场和服务的效率和速度，同时使各类金融创新业务不断涌现，各类金融衍生产品层出不穷，很多交易品种已很难判断其长短和性质，从而使金融机构的业务逐渐走向综合化，使金融业务彼此进一步交叉，传统的金融专业分工界限进一步模糊，金融业的竞争更加激烈。由于金融中介经营活动的自由度大大加强，以往有限度的竞争向全方位的竞争转化，这使一些国家在既成事实面前不得不对某些金融管制予以放松，从而推动了金融自由化的进程，另外还增加了各国货币当局实施货币政策的复杂性，尤其是使得控制货币供应量的操作目标与中介目标更加难以实现，货币政策的效果受到削弱，银行表外业务增加，增大了银行业务的经营风险，导致各国金融管理当局不得不加强相互协调，由此强化了对表外业务的检查与监管。

2．银行业务国际化

银行业务国际化是指发达国家银行广泛开展国际银行业务并在其他国家广泛建立分支机构、开展银行业务以及开放本国银行业务市场的过程。由于贸易、直接投资（实业投资）、科技进步和跨国公司的发展，从20世纪60年代开始，欧洲货币市场迅速发展起来，加上金融创新和金融自由化运动的开展，各国金融机构的业务很快拓展到全球范围，全球化逐渐成为一种必然趋势。

3．金融业务多样化和全能化

由于商业银行一直在西方金融体系中占有主导地位，所以金融业务的多样化主要指的是商业银行业务的多样化。传统的金融业务以存款和贷款为主，随着国际金融和世界经济的发展，商业银行与其他非银行金融机构合并的速度加快，商业银行与投资银行的业务交叉、保险业与投资银行的业务交叉越来越多，金融业务逐渐从单一化和专业化走向多样化和综合化，这一趋势成为金融业务的最新发展趋势之一。

（三）国际电信业

国际电信业在二战后的信息革命中异军突起，成为服务行业中的一个重要行业。传统的电信业务属于社会基础设施和公用事业并具有规模经济的特性，一般均以独占方式由政府经营，向社会提供服务。但通信技术和计算机技术相结合后，电信已从原来仅具电话、电报等信息交换、传输功能向兼具存储和处理功能转变，开发出各种增值业务和新型业务，用户终端的开发已不再具备规模经济的特征，适度的竞争有利于促进技术进步和改善服务。在这种背景下，电信业务市场从垄断走向开放正成为一种国际性趋势。

同时，从全球角度看，电信业的发展又是极不平衡的。各发达国家一般在20世纪70年代末实现了基本电信业务的普及，从20世纪80年代起先后进入通信多元化时代，而广大的发展中国家尚致力于基础民用电信网的建设和基本电信服务的普及。据国际电信联盟调查，地球上还有2/3的人口没有电话，许多国家的电话普及率不到1%，这正好说明了电信业在全世界有着巨大的潜在市场。各发达国家依靠其技术、资金优势在扩大电信设备销售份额的同时都竭力谋求占领海外电信业务市场的良策，由少数发达国家领头的电信自由化、民营化、国际化浪潮愈演愈烈，广大发展中国家显然是这场全球电信争夺战中的重要目标。

（四）国际旅游业

国际旅游业由旅游设施和旅游服务两部分组成，前者指从事旅游业所需的旅馆、饭店、名胜古迹、娱乐场所，生产旅游所需商品的企业、旅游交通运输和通信等；后者指对旅游者在旅游过程中提供所需的各种服务。二战后，世界上绝大多数国家都开始把发展国际旅游业（international tourism）作为创汇的重要途径。20世纪90年代以来，世界旅游业持续高速增长，已超过石油、汽车工业成为世界第一大产业。

（五）国际保险业

保险是一种经济补偿制度，随着经济的发展而不断发展，其承保的范围越来越大，与社会其他各行业的联系也越来越密切。为了在激烈竞争的保险市场上扩大业务，增加市场份额，现代保险业在承保技术上不断创新，不断发展再保险及业务交换，国际保险业已发展成为一个专业性和技术性都很强的独立行业。同时，为了适应市场经济的发展，满足投保人或被保险人的客观要求，保险市场还呈现出自由化趋势并随着世界经济的全球化而走出国门、迈向世界。尤其是随着高科技的发展，保险标的的价值提高得很快，如核电站、卫星、超级油轮等，这些保险标的是国内保险市场不能独立承担的，势必在国际市场上寻求保险，这使保险业务本身就具有了国际性。

第二节　当代国际服务贸易的新发展

国际服务贸易的迅速发展始于二战后的 20 世纪五六十年代，当时的第三次科学技术革命促进了生产力水平的大幅提高，国际产业结构的调整和国际分工向纵深发展，第三产业迅速从第二产业中分离出来并在 GDP 中占据越来越重要的地位。

一、国际服务贸易发展的概况及特点

根据国际服务贸易发展情况的不同，一般可将其发展过程分成三个时期。

（一）作为货物贸易附属的服务贸易（20 世纪 70 年代之前）

世界各国还未意识到服务贸易作为一个独立实体的存在，在实际经贸活动中，服务贸易基本上是以货物贸易附属的形式进行，如仓储、运输、保险等服务。在这一时期，尽管事实上存在着服务贸易，但对服务贸易缺乏具体的数量统计。

（二）服务贸易快速增长时期（1970—1994 年）

服务贸易从货物贸易附属地位中逐渐独立出来并得到快速发展，对服务贸易的确认始于这一时期。1972 年 10 月，经济合作与发展组织（Organization for Economic Cooperation and Development，OECD）最先在一份报告中正式使用服务贸易这一概念；1974 年，美国在其贸易法第 301 条中第一次提出世界服务贸易的概念。与此同时，服务贸易也随着人们的重视程度的提高而快速发展。据国际货币基金组织（IMF）统计，1970—1980 年，国际服务贸易的年均增长率为 17.8%，与同期的货物贸易增速大体持平；但服务贸易在 20 世纪 70 年代中后期开始超过货物贸易的增长速度。1980—1990 年，国际服务贸易的年均增长率为 5.02%，而同期货物贸易年均增长率为 3.69%，这种势头一直持续到 1993 年。

（三）服务贸易在规范中向自由化方向发展阶段（1994 年至今）

1994 年 4 月，规范国际服务贸易的多边框架体系《服务贸易总协定》（GATS）签署后，服务贸易的发展翻开了一个新的篇章。服务贸易在高速发展的同时又有些反复。1994

年和 1995 年，国际服务贸易的增速均比同期货物贸易的增速低，不过自 1996 年后，服务贸易几乎和货物贸易处于同步增长状态并略高于货物贸易的增长速度。GATS 不仅规范了服务贸易的发展，还大大促进了服务贸易的发展。随着科技的进步、经济服务化程度的提高和全球一体化的进一步发展，服务贸易的发展前景非常广阔。

综合服务贸易在这三个时期的发展可以看出，国际服务贸易的发展有以下两个特点。

（1）发展迅速，创新不断，占世界贸易的份额逐步上升。随着各国服务业的不断发展，服务贸易在国际贸易中的地位不断上升。1970 年的世界服务贸易额只有 710 亿美元，2006 年的世界服务贸易进出口总额为 53 300 亿美元，年平均增长率为 12%。随着新技术的不断涌现，特别是网络技术的不断创新，服务领域的创新也层出不穷，国际服务贸易涉及的范围越来越广。

这里需要特别指出的是，信息服务业的迅速发展对国际服务贸易影响深远。信息技术被誉为服务革命的开路先锋，信息高速公路和多媒体技术的发展使得信息处理和长距离电信服务的成本大大降低，它们一方面改造着传统的服务业，另一方面使新的服务层出不穷，从而使国际服务贸易具有无限的发展空间。信息技术的应用不仅带来了服务质量的明显改善，更重要的是，信息技术还使信息密集型服务活动的生产和消费可以分别计价，增强了服务活动及其过程的可贸易性。典型的信息密集型服务活动包括研究与开发、计算、质量管理、会计、审计、人事、市场营销、广告及法律服务等。可以肯定，未来的国际服务贸易结构将进一步变化，新的服务贸易门类将不断地产生和发展。

（2）国际服务贸易发展不平衡，主要表现在内部结构发展不平衡和国别地区发展不平衡两个方面。

首先，新型服务贸易的发展速度远远超过传统型服务贸易，尤其是 20 世纪 90 年代以来，在世界服务贸易的构成中，运输等传统服务的贸易额所占比重呈下降趋势。随着科学技术的进步，特别是服务技术的进步，包括通信、建筑、保险、金融、计算机与信息、所有权收益、其他商业性服务、文化与体育服务等在内的新型服务贸易增幅较大。1996 年，全球运输服务业的增长率为 2%，旅游业为 6%，而金融、电信服务业则达 7%。这说明世界服务贸易结构正进一步朝着技术、知识密集型方向发展，未来与高科技有关的服务业和以高科技为手段的服务贸易将会得到更为迅速的发展。

其次，少数发达国家在国际服务贸易中占有绝对重要的优势地位，但发展中国家在国际服务贸易中所占比重不断上升。世界服务贸易一直是以发达国家为中心而发展的，20 世纪 70 年代以来，全球服务贸易进出口额前 10 名一直是发达国家和地区。2000 年，服务贸易进口额前 10 名的国家和地区分别为美国、德国、日本、英国、意大利、法国、荷兰、加拿大、比利时-卢森堡、奥地利；服务贸易出口额前 10 名的国家和地区依次是美国、英国、法国、德国、意大利、日本、荷兰、西班牙、比利时-卢森堡、中国香港。相比较之下，发展中国家在服务贸易领域尤其是服务出口领域的增长速度较快，其地位有上升趋势。据IMF 统计，1996 年，新加坡、韩国、中国大陆、泰国以及中国香港和中国台湾地区均跨入全球服务贸易出口额前 20 名的行列，这反映出新型发展中国家和地区服务贸易的快速发展。可以预见，未来，发展中国家在国际服务贸易中将占有更大的比重，这一趋势决定了服务贸易在发展中国家的对外贸易中也将占有越来越重要的地位。

二、国际服务贸易迅速发展的原因

（一）二战后发达国家服务部门的快速增长与发展

各国产业高级化的内在要求是推动国际服务贸易快速发展的主要动力。服务贸易的发展反映了世界上绝大多数国家的就业人口从第一、第二产业部门转向第三产业部门的趋势，服务业在各部门就业比重和产值比重方面均呈上升趋势。如今，在发达国家的产业结构中，服务业产值已占 60%以上，发展中国家的这一数值一般也在 30%以上，服务业对国民经济的贡献大大提高，而且服务产业的质量也越来越高。其原因有如下几个方面。

1. 科学技术的推动

科学技术革命的发展使得各产业日益专业化，许多服务业从第二产业中分离出来，成为独立的服务经营部门，在生产的各阶段不断出现对专门服务的需求。例如，在生产的"上游"阶段，要投入的专门性服务有可行性研究、风险资本、产品概念与设计、市场研究等。在生产的"中游"阶段，有的服务与商品生产本身相结合，如质量控制、设备租赁、后勤供应、保存和维修等；有的服务与生产并行出现，如会计、人事管理、电信、法律、保险、金融、安全、伙食供应等。在生产的"下游"阶段，需要广告、运输、销售、人员培训等。此外，服务已成为产品增值的主要来源之一，如广告和市场研究已经成为支持所有经济部门增长所必需的，服务与生产的界限日益模糊不清，甚至影响资本和消费品竞争地位的主要因素变成服务的支持。例如，有些产品达成"产品—服务"一揽子协议就可使顾客难以离开供应者；咨询服务可以推动资本货物的贸易，而飞机的出口会带动训练和售后维修业务。

科学技术的发展不仅产生了许多新型服务部门，而且改变了一些原有的服务的性质，使得越来越多的以前"不可贸易"的服务转化为"可贸易"的服务。例如，曾经不可贸易的教育服务、健康服务等，如今可以存储在光盘中以服务产品的形式交易。信息和通信技术的发展还促使银行、保险、商品零售等得以在全球范围内开展业务。

2. 社会生活的巨大变化成为服务业快速增长和发展的内在动力

经济的发展使社会生活的诸多方面出现了巨大的变化，增加了对服务业的持续需求。人口预期寿命的延长增加了对休闲、旅游、保健、护理的需求，职业妇女人数的增长会促进快餐、幼儿园及其他家政服务的快速发展，人均收入的不断提高使小家庭将更多的收入用于娱乐旅游及包括零售、房地产和私人理财在内的消费服务，社区结构的变化则使新的城镇和住宅区快速发展，增加了对基础设施及其辅助服务的需求，而生活质量的改善和高度复杂化的社会生活使得孩子和成年人都需要安排接受教育的计划。另外，由于每种服务都依赖于人力资源，因而不会过剩，服务需求的增长会被更加复杂化的行业划分所分割，从而形成良性互动的服务经济循环发展。

3. 经济全球化趋势增加了对服务业的需求

经济全球化是指生产、贸易、投资、金融等经济行为在全球范围的大规模活动，是生产要素的全球配置与重组，是世界各国经济高度相互依赖和融合的表现。尽管目前人们对经济全球化的概念仍缺乏严格的定义，但其所包含的经济现象已是举世公认的事实。这一趋势增加了对通信、旅行和信息服务的需求，同时，跨国公司的迅速发展提高了服务国际化的速度，尤其是世界信息网的建立和信息的跨国界传递使跨国公司能够提供超出其传统范围的服务，成为在金融、信息和专业服务等方面的重要供应者。

（二）由国际贸易本身的发展规律所决定

国际贸易发展是生产力发展下的国际分工的必然结果。随着生产力的不断发展，世界各国相继开始步入工业化进程，国际贸易一定程度上成为发达国家工业化的"引擎"，随着后工业化时代的到来，服务经济日益成为发达国家国民经济的主导，国际贸易也必将成为服务经济发展的助推器。由于发达国家在国际分工中具有相对优势，决定了国际贸易的发展规律必然追随发达国家的产业发展需要。从发达国家产业发展的规律来看，从以工业经济为主到以服务经济为主是生产力发展的必然结果。受这一因素的影响，国际贸易也必然要经历从以商品贸易为主到以服务贸易为主的发展过程。

首先，国际货物贸易的增长促进了国际服务贸易的发展。二战后半个多世纪以来，国际货物贸易流量的不断扩大极大地促进了一些传统的辅助性服务业的发展，如国际运输服务、国际货物保险、国际结算服务等都相应在规模、质量上成倍增长。

其次，国际投资的迅速扩大和向服务业的倾斜不仅带动了国际货物贸易的增长，而且带动了国际服务贸易的迅猛增长，今后这一发展趋势仍将持续。值得注意的是，随着服务创新的不断涌现、纯服务的不断增加，服务贸易的快速增长可能将从以货物贸易带动为主转向以投资带动为主。

再次，国际服务合作成为世界各国进行国际交往的重要方式和内容。国际服务合作是指拥有工程技术人员和劳动力的国家和地区通过签订合同向缺乏工程技术人员和劳动力的国家和地区提供所需的服务并由接受服务的一方付给报酬的一种国际经济合作。它包括承包外国各类工程，即工程设计服务和承包施工服务等；服务人员输出，如派出各类技术工人、普通工人、海员、厨师、医生、工程师、讲师、会计师、教练等从事体力和脑力劳动的人员为输入国服务；各种技术性服务出口或生产技术合作，如出口各种技术、专利、科技知识、科研成果或工艺等知识形态的产品；向国外出租配有操作人员的各种大型机械；向国外提供咨询服务，如提供电子计算机软件使用以及经营管理铁路、公路、电力工程系统、灌溉系统、饭店等方面的咨询服务。这种经济交往经过 20 世纪 50 至 70 年代的大发展，特别是中东服务市场的崛起，规模迅速扩大，已遍布世界大多数国家，对服务输入国和服务输出口国的经济发展都起到了很大的推动作用。

最后，从理论上说，二战后国际服务贸易的迅速发展是世界各国特别是发达国家比较优势转变的结果。例如，二战后，美国在钢铁、汽车等产业内相继失去了优势，一般商品贸易出现巨额赤字，但它在高科技领域以及金融、保险等领域仍具有并保持着优势地位，因此，美国的比较优势已从一般商品转变到了高科技产品，从货物转向服务。

三、国际服务贸易发展的新趋势

（一）国际服务贸易在规范中趋向自由化并高速发展

根据 1994 年 GATS 第十九条的规定，"为实现本协定的目标，自 WTO 协议生效之日起不迟于 5 年，为逐步实现更高水平的自由化，各成员应进行连续回合的谈判……这种谈判的方向是减少或取消各项对服务贸易产生不利影响的措施"。世界服务市场将在服务壁垒消除或减少的过程中进一步开放。1997 年 WTO 又通过了三项重要的服务贸易方面的协议，即《基础电信协议》《信息技术协议》《金融服务贸易协议》，目的在于落实上述三个领域的贸易自由化。WTO 还在 2000 年发起了"千年谈判"，重点解决服务业的开放和服务贸易问题。这些重大行动必将促进国际服务贸易更快地发展。可以预见，以 20 世纪 90 年代国际服务贸易的增长速度高于同期世界货物贸易的增长速度的情形，再过二三十年，国际服务贸易与商品贸易将大体相当。这其中，服务贸易自由化已经且必将进一步发挥重要作用。当前，国际服务贸易自由化趋势具有如下特点。

1．国际服务贸易自由化以全球服务业的迅速发展为基础

如上所述，科技进步使国际服务贸易的内部结构发生重大变化，保险、金融、电信等新型服务贸易成为增长最快的部门，尤其是金融保险，约占国际服务贸易总量的 1/5。20 世纪 90 年代后，世界产业结构的信息化进一步刺激了国际服务贸易的发展，信息技术及其相关产业的飞速发展不仅增强了服务活动及其过程的可贸易性，而且产生了大量新的服务贸易门类，如知识、智力密集型贸易，技术密集型贸易，资本密集型服务贸易发展迅速，比重日益提高，正成为各国服务贸易竞争的主战场。服务业的发展壮大必然要求各国开放服务市场，让服务产品在世界范围内自由贸易。

2．货物贸易自由化的实施推动了服务贸易自由化进程

国际贸易中货物贸易与服务贸易紧密相连、相互促进。例如，1997 年 3 月 WTO 成员国达成的《信息技术协议》要求发达国家和地区在 2000 年前，发展中国家和地区成员在 2005 年前，取消信息技术产品 800 多个税号产品的关税，约涉及信息技术产品贸易额 6000 多亿美元。显然，信息技术产品贸易壁垒的降低和消除极大地促进了全球电信服务贸易自由化的开展。

3．GATS 为服务贸易自由化提供了法律基础并就服务贸易自由化的实施提供了框架依据

GATS 对服务贸易的定义和表现形式做了统一、规范的表述，规定了多边贸易体制下各方应遵循的基本原则与规则。GATS 原则所体现出的服务贸易自由化是一个渐进的过程，是逐步的自由化；各国服务贸易的自由化是有条件的，允许发展中国家的服务贸易自由化进程慢于发达国家。

4．美国是服务贸易自由化的积极倡导者和最大受惠者

作为服务业最发达的国家，服务贸易已成为美国贸易出口和对外投资的重要组成部分，是改善国际收支、增加国民收入、提高其经济竞争力的重要手段，因而美国是服务贸易自由化的积极倡导者，其早在 1982 年 GATT "东京回合"谈判时就曾倡导进行服务贸易谈判，今后，美国会更积极地推行服务贸易自由化。

（二）网络经济下国际服务贸易加速发展，前景广阔

从 20 世纪末开始，互联网的发展速度超过了所有人的预测，而在互联网的强势推动和

改造过程中，很多国家的国民经济信息化正由浅层转向深层，从边缘化转向中心化，从次主流转向主流。在目前各国信息化建设过程中，最突出的表现是经济网络化的发展。互联网正在以全面渗透、彻底改造的姿态出现在各国经济中的一些重要层面上和组成部分中。与工业、农业有关的服务以及服务业的网络化正在成为经济发展的主题，网络经济下，服务业及国际服务贸易的发展前景广阔。

1. 在以无线网络为技术支撑的网络经济中，服务业将获得前所未有的巨大发展契机

网络技术的发展经历了从有线网络到无线网络的过程。从技术角度看，无线互联真正实现了互联网随时随地传输信息的梦想，是对有线互联的一种革命性超越，它带来了电子商务的新发展——移动商务。而移动商务所带来的商机将首先表现在服务领域，特别是对于一些时空跨越较大的、有较强时效性的服务来说，随时随地的信息交流自然提升了需求的多样化，而且能保证服务质量的提高，在促进服务业繁荣的同时也给服务提供者带来了巨大的经营利润。

2. 网络经济中，服务业的发展与创新成为必然趋势

网络经济中的服务创新有两层含义：① 网络技术对传统服务业的改造；② 以数字化、信息化为标志的服务存在状态。

首先，网络技术对传统服务业的改造在许多服务行业中都有明显的体现，同时对相应的服务贸易也有深远的影响。例如，在电信业，网络技术的发展使电信通信推出了包括电子信箱、电子货币、可视电话与会议电视电话、可视图文信息系统、电视报刊等在内的许多新业务，从而使电信服务贸易获得了很快的增长；而 WTO 主持的《全球基础电信协议》的签署则使世界各国电信市场的开放程度进一步大大提高。又如，在银行业，网络技术的发展使传统的银行服务日益朝电子化、网络化方向发展，ATM 机、电子资金转账系统、家庭金融电子服务系统、零售电子转账网络系统和银行同业电子清算系统等的广泛应用大大方便了客户，提高了效率，增强了银行服务的吸引力和竞争力；另一方面，银行还利用新技术开拓了包括期货、期权、保理、担保、咨询、租赁、信托等在内的大批的表外业务，同时使银行业务的国际化速度大大加快。

其次，在网络经济中，许多新兴的服务品种本身就以数字、信息等作为存在的条件。数字化技术使互联网上的信息容量成为任何传统媒体都无法与之比拟的，互联网信息传播速度快、覆盖范围广，具有高度的开放性和交互性，已日益成为文化传播活动、社会经济活动的重要载体。随着高速、宽带的现代信息网络的发展与完善，人类社会的生产、流通、科研、教育、医疗、娱乐等经济与社会活动都将越来越多地利用并逐步转到网络上进行，呈现出依赖的态势。以传统的旅游服务为例，在网络经济中，要发展旅游业就必须发展旅游电子商务，旅游网站的建立不仅涉及旅游的产品和服务信息，如景点、饭店、线路、旅游常识、注意事项、货币兑换、环境、人文、交通以及各种优惠或折扣等，还向现实及潜在客户提供旅游信息的检索和导航、旅游产品和服务的在线销售、个性化的定制服务等，这极大地满足了客户的多方面需求，直接影响和改变着人们旅游的方式，同时也推动着旅游业的发展。网络经济为传统的旅游服务业增添了新的服务内容与获利空间，也敦促传统的旅游服务业必须"嫁接"新的技术平台，改进服务，以提高竞争能力。

3．在国际服务贸易中，电子商贸呈加速发展之势

网络发展的过程可以说是贸易商机不断涌现的过程。网络技术的发展使得分散在国内外的各个不同场所的企业能够实时、灵活、安全地交换信息，同时可以使人们从单调、重复的日常工作中解放出来并对商务活动中的复杂问题的解决提供创造性支援。随着全球教育水平的普遍提高，上网人数正在大幅增加，服务企业为了降低经营成本，因其本身具有时空跨度大、不易储存的特性，会越来越多地采用互联网作为营销的媒介。

4．各国纷纷利用网络平台发展服务经济

网络经济下的国际贸易是一种全球套利行为，消费者可以通过网络不断地进行重新选择，而所有供应商则时刻处于风险之中。网络经济主体的信息越来越完全将促使世界范围内的完全竞争经济条件逐步形成，使各国都有可能获得巨大的贸易所得。随着服务经济的发展，各国都很自然地将网络、信息、服务与竞争力联系到一起，为提高服务业乃至整体经济的竞争力，纷纷利用网络积极谋划。

欧盟和美国在这方面处于领先地位。尤其是欧盟，它在电信业的发展中非常注重竞争中的合作：欧盟各国吸取了 20 世纪 70 至 80 年代由于试图保护各自的竞争地位，结果被美国击败，错过了个人计算机革命的大好机会的历史教训，在无线网络、移动电话业务的竞争中，其拆除地方壁垒，降低互联网的使用费用，要求成员国所有学校及教师使用互联网和多媒体资源。

美国在网络经济发展中则通过 20 世纪 90 年代初修改的《横向合并指南》推动电信等行业的兼并和重组，从而使企业能在更大的范围内扩散所拥有的新技术，通过大规模生产摊薄研究与开发费用，获得更大的经济利益，使其服务业的创新活力和高技术含量的服务业出口保持强劲势头。

此外，韩国和印度作为后起之秀也在政府和企业的共同努力下积极推进网络经济。韩国政府在完成了"网络韩国 21 世纪"的信息通信基础设施建设的基础上，确立了至 2004 年投入 4 万多亿韩元，集中开发下一代互联网、光纤通信、数字广播、软件和计算机等 6 个重点领域的技术的目标并制定了促进电子商务综合对策。印度拥有强大的软件开发能力，已成为世界上公认的最具软件人才优势的国家。印度政府和企业界看准了知识经济和全球化给他们带来的新机遇，把发展 IT 产业作为振兴印度经济和缩短其与发达国家差距的突破点和唯一出路，不仅立志成为全球软件人才的输送基地，而且还积极实施政府电子化和金融电子化，甚至把每一个国际、国内长途电话服务亭都转换成能够提供互联网信息服务的信息服务亭。

可见，无论是发达国家还是发展中国家，都已经被纳入网络经济的快车道，各国要考虑服务业的发展和服务创新，就必须重视服务经济的网络平台建设。

（三）服务业将面临一个动态的发展环境，使得国际服务贸易行业在发达国家和发展中国家的纵向分工程度进一步加深的同时还可能出现横向分工的趋势

同国际货物贸易相似，在当代的国际服务贸易领域，发达国家和发展中国家仍将按各自的比较优势发展适合自身特点的服务部门：发达国家将主要出口信息、知识密集的新型

服务，而发展中国家在以劳动密集为特点的传统服务上享有优势，将主要出口传统型服务、进口新型服务。但是，由于影响服务贸易变革的环境因素涉及多个方面，而这些因素又是不断变化的，加上服务贸易比较优势决定因素的特殊性和服务贸易中比较优势的不确定性，服务贸易行业的国际分工必将在垂直分工的基础上呈现出更加多样化的形态。尤其是上述网络经济的发展，使发展中国家有机会利用网络平台缩短与发达国家间的距离，传统制造业和服务业的结合、电子商务向传统行业的渗透以及众多的中小企业加盟电子商务平台使得世界各国在服务贸易领域的竞争日趋激烈，服务业发展的速度也呈加速趋势，发展中国家在以发达国家为主所倡导的服务贸易自由化的趋势中必须抓住机遇，迎接挑战。

第三节 《服务贸易总协定》

一、《服务贸易总协定》的产生

服务贸易的多边谈判从 1986 年 9 月在极度不协调中开始，持续了 7 年，经过各谈判方一次次的激烈争论，矛盾在发达国家和发展中国家双方的妥协中渐渐被消除。发达国家和发展中国家的目标原则在谨慎的平衡中趋于一致，直至 1993 年 12 月 5 日，《服务贸易总协定》随着"乌拉圭回合"的顺利结束而正式形成。

众所周知，国际服务贸易是在各国国内的服务业不断走向国际化的进程中发展起来的，各国的经济结构以及第三产业的发展情况对国际服务贸易具有直接的影响。二战后，发达国家国内产业结构不断优化，第三产业在国民生产总值中的比重日益提高，使得发达国家在国际服务贸易中处于主导地位。而发展中国家自二战以来，无论是商品贸易还是服务贸易，具有优势的都是劳动密集型产品和服务，与发达国家技术、资本、知识密集型优势产品和服务形成强烈的对比。这在客观上促进了国际分工的扩大，使得贸易利益分配不均，发达国家和发展中国家的贫富差距拉大。发展中国家不得不实行服务业的贸易保护政策以避免贸易利益的过多流失，但这从根本上与发达国家的愿望背道而驰。

二战后，发达国家从其跨国公司的全球战略出发，积极推进贸易自由化的进程，使其所需资源获得最佳状态的合理配置并取得更大的经济利益，同时增强了经济实力。

二、《服务贸易总协定》的主要内容

《服务贸易总协定》的内容可分成三部分：一是框架协议条款本身；二是部门协议，即附录；三是各国市场准入的承诺单等文件。

（一）框架协议条款

框架协议条款的主要宗旨是实现服务贸易自由化。但是和《关税与贸易总协定》不同，《服务贸易总协定》所规定的义务分为两种：一是一般性义务；二是具体承诺义务。前者适用于各个部门，不论《服务贸易总协定》的成员是否开放这个或这些部门；后者指必须经过双边或多边谈判达成协议后才承担的义务，这些义务（市场准入和国民待遇）只适用

于各成员方承诺开放的服务部门。这种将一般性义务和具体承诺的义务区分开的做法是《服务贸易总协定》的一个十分重要的特点。

《服务贸易总协定》所规定的义务是以一般原则的方式体现的，主要有如下六个。

（1）最惠国待遇原则。该条款规定，各成员方应立即并无条件地给予他方服务和服务提供者不低于其他国家相似的服务和服务提供者的待遇，除非各国根据各自部门的特殊情况申请对这一原则的豁免。这一原则是多边贸易体制的基础，也是多边服务贸易的基础，为各国所普遍接受。

（2）国民待遇原则。该条款规定各成员国以其承诺单所列服务部门和分部门以及所列条件和限制为准，给予其他成员方的服务和服务提供者的待遇应不低于给予其本国相同服务和服务提供者。

（3）透明度原则。除非在紧急情况下，各成员方应迅速公布（最晚在生效之日时）涉及或影响《服务贸易总协定》实施的法律、条例、规章制度和所有其他协议规则和措施。若成员方现行法律发生变化或有新的立法，应立即或至少每年向服务贸易理事会提出报告。

（4）市场准入原则。每一成员方给予其他成员方的服务和服务提供者的待遇应不低于根据其承诺单所同意和规定的期限、限制和条件。与国民待遇原则一样，市场准入也是一种经过谈判而承担的义务。该条款列出各成员方不得采取的六项准入限制包括：① 限制服务提供者的数量；② 限制服务交易或资产总金额；③ 限制业务总量或用数量单位表示的服务提供的总产出量；④ 限制某一服务部门或服务提供者为提供特定服务所需要雇用自然人总数；⑤ 限定服务提供者必须通过特定的法人实体或合营企业才可提供服务；⑥ 限定外国资本参加的最高股权或限制个人的或累计的外国资本投资额。

（5）发展中国家更多参与原则。各成员方通过对承担特定义务的磋商，促使发展中国家更多地参与世界服务贸易，主要通过以下方式：① 增强发展中国家提供服务的能力，提高其效率和竞争力；② 提高发展中国家进入销售渠道的能力，改善其信息网络；③ 实现服务部门进入的自由化以及有利于发展中国家的服务出口和供应方式自由化的实现。该条款还要求发达国家向发展中国家提供市场进入的商业信息和协助。

（6）逐步自由化原则。为减少或消除对服务贸易各项措施在有效进入市场方面的不利影响，应在互利基础上，本着为促进所有成员方的利益，谋求达到权利和义务的全面均衡。为实现这一目标，在《服务贸易协定》生效之日起不迟于 5 年内，所有成员方应就旨在使服务贸易自由化达到较高水平的问题进行多轮谈判，并且以后定期举行。

（二）《服务贸易总协定》的附录

《服务贸易总协定》的附录共有 5 个，除了关于第二条最惠国待遇例外申请的附录之外，其余 4 个都是关于具体服务部门的附录，其中包括关于自然人员移动、航空运输、金融（含保险）服务、电信服务和海运服务等部门的附录。这些附录作为《服务贸易总协定》的一个组成部分，目的在于对上述部门如何实施该协定的原则或规则做出更为具体的规定。

（三）初步承诺减让表

初步承诺减让表又叫初步承诺单，是各国在谈判的基础上提交的开发市场的承诺，是《服务贸易总协定》不可分割的一部分，具有法律约束力。初步承诺单的内容是各参加方在双边谈判基础上承诺的关于国民待遇和市场准入的义务。初步承诺单明确注明了各方对于他方服务和服务提供者实施国民待遇和市场准入的限制条件。"乌拉圭回合"谈判的各参加方之间已经进行了较长时间的初步承诺谈判，只有提交初步承诺单，才能成为《服务贸易总协定》的成员。

三、对《服务贸易总协定》的简评

《服务贸易总协定》的诞生是服务国际化和全球一体化的必然产物，由于世界科学技术的飞速发展和国际分工的细分化，国际上的分工合作活动已从商品和资金扩展到生产过程和服务领域，货物贸易与服务贸易互为依存的客观事实早已存在，服务行业自身分工越来越细致，国际服务贸易活动日益频繁。在货物贸易方面建立国际规范已有几十年的情况下，如果服务贸易仍游离于国际规范之外，不仅不利于国际服务贸易的发展，也同样制约着国际货物贸易的发展。《服务贸易总协定》正是对形形色色的服务贸易进行多边贸易规范，它对促进服务市场从封闭和保护转向开放和自由，加强各成员方的人员交往和信息流通，特别是关于知识产权、技术转让、通信和数据处理、金融和运输、咨询广告等服务行业自由化，推动世界各国经济发展起到重要作用。

（一）《服务贸易总协定》的积极作用

（1）《服务贸易总协定》的制定完善了国际服务贸易准则和框架体系，为服务贸易的持续发展确定了可供遵循的国际规范。在制定《服务贸易总协定》前，仅存在对货物贸易进行规范的《关税与贸易总协定》（GATT）。尽管服务贸易的发展速度已超过货物贸易，在总量上也接近全球贸易总额的 25%，但没有一套参与服务贸易国家可以共同遵循的国际准则。服务贸易缺乏有针对性的国际管理和监督的约束机制，《服务贸易总协定》的出现弥补了这一缺憾。

（2）对于一国经济而言，《服务贸易总协定》生效后，必然促进国际服务行业或服务产品的进入，改变各国服务行业的自然垄断局面。服务供给的质量将随竞争的增强而提高，价格会下降，各国服务消费者的福利会因此显著提高。

对于发达国家来说，服务贸易自由化有利于这些国家服务行业的拓展，为服务行业的跨国经营创造有利条件。另外，发达国家在货物贸易领域竞争力相对下降，货物贸易收支出现赤字（特别是美国），《服务贸易总协定》的签署将促使发达国家服务出口大幅增加，改善其贸易收支状况。

对于发展中国家而言，《服务贸易总协定》的产生有利于发展中国家引入先进技术和管理经验；还可以得到该协定规划体系的保护，有利于发展中国家改变单一落后的服务经济结构，促进其经济、产业结构的优化；发展中国家在低技术劳动方面享有比较优势，服务贸易的自由化将有助于出口低技术服务和劳动要素，解决发展中国家普遍存在的就业问题。

（二）《服务贸易总协定》的消极影响

国际服务贸易范围广泛、情况复杂，各国发展水平极不平衡。在"乌拉圭回合"中，发达国家和发展中国家就服务贸易有关问题所持态度截然相反，虽然在不断的争论和妥协中，谈判障碍逐渐消除，各国终于在原则问题上达成共识，但是发达国家和发展中国家在该领域发展水平上的差距并未缩小。尽管《服务贸易总协定》的签署大大改变了世界服务市场的面貌，但其对发达国家和发展中国家的冲击也不可忽视。对发达国家的冲击是国内低技术的传统服务行业如运输、劳务承包、餐饮等将萎缩；对发展中国家的冲击将更大，发展中国家在新型服务贸易上处于比较劣势，开放国内服务市场会使自己幼稚的服务行业被发达国家的服务寡头所控制，在某些敏感的金融、电信、基础设施服务领域失去控制，会对发展中国家的主权和经济独立造成不利影响。

可以预见，今后发展中国家在资金、技术、管理等方面的诸多困难将使它们在履行《服务贸易总协定》的义务时面对权利与义务不平衡的巨大冲突，导致国际服务贸易领域中的新问题、新矛盾大量涌现。因此，在今后就各类具体业务和承诺的谈判中，各国对不同的意见需要进一步磋商、调整，使《服务贸易总协定》不断完善。

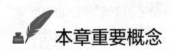
本章小结

国际服务贸易是当今国际贸易中发展得最为迅速的领域，近几十年来，西方发达国家服务贸易额的增长远远超过了货物贸易的增长速度。服务贸易中丰厚的利润以及发展服务贸易对一国经济的贡献日益为各国所认知。本章第一节介绍了服务贸易与货物贸易的关系以及服务贸易的范围和分类，并重点介绍了几个与国际服务贸易有关的行业；第二节则分析了当代国际服务贸易发展的特点及其迅速发展的原因并指出了国际服务贸易发展的三个新趋势，即在规范中趋向自由化并高速发展、网络经济下的广阔前景和面临动态的发展环境。本章最后一节对《服务贸易总协定》的产生、内容及作用进行了介绍。可以预见，未来随着各国服务贸易的不断发展，服务贸易将成为国际竞争与合作的重要领域。

本章重要概念

服务	服务贸易	国际服务贸易
《服务贸易总协定》（GATS）	经济服务化	发展中国家更多参与原则

思考题

1. 服务贸易和货物贸易有何区别和联系？

2．简述各种服务贸易的分类。

3．列举若干与国际服务贸易有密切联系的行业并简要说明。

4．国际服务贸易经历了哪几个发展时期？有何特点？

5．推动国际服务贸易迅速发展的原因有哪些？

6．国际服务贸易的发展有何新趋势？

7．简述《服务贸易总协定》的主要内容和意义。

学生课后参考阅读文献

[1] 王粤．服务贸易：自由化与竞争力[M]．北京：中国人民大学出版社，2002．

[2] 饶友玲，张伯伟．国际服务贸易[M]．2版．北京：首都经济贸易大学出版社，2005．

[3] 陈宪．国际服务贸易：原理、政策、产业[M]．上海：立信会计出版社，2000．

[4] 蔡宏波．国际服务贸易[M]．北京：北京师范大学出版社，2013．

[5] 程大中．国际服务贸易[M]．2版．北京：高等教育出版社，2009．

[6] 陈霜华．国际服务贸易[M]．上海：复旦大学出版社，2010．

[7] 吴国新，杨勍．国际贸易理论与政策[M]．北京：清华大学出版社，2016．

第八章　国际贸易政策

学习目的和要求

通过本章的学习，理解对外贸易政策的实质；掌握对外贸易政策的类型及其对经济的影响；掌握国际贸易政策发展的各个阶段及特点；理解进口替代政策和出口替代政策及其在各国的实践；理解内向型和外向型经济发展政策的深刻内涵；探讨发展中国家的贸易政策选择。

开篇案例：日本的对外贸易政策

【案情】

日本是世界贸易大国，也是极度依赖进口的国家。作为仅次于美国的第二大能源消费国，日本的资源却极其匮乏，所需石油的99.7%、煤炭的97.7%、天然气的96.6%都必须依赖进口。同时，日本在粮食、矿产品等资源方面也在很大程度上依靠进口的补给。由于自给率极低，资源安全处于极大的风险之中，强烈的资源危机意识驱使历届日本政府以战略的眼光来看待资源短缺问题，制定和实施了一系列资源政策和措施。

第一，进口渠道多元化。

实行进口渠道多元化是日本抵御价格波动的有力武器。在当今世界，风云变幻的进口商品价格令不少国家在国际商战中败走麦城。作为进口大国，日本为防止价格"陷阱"，坚持走"进口渠道多元化"的道路，的确收到了良好的成效。在他国为进口价格波动而忧心忡忡时，多元化的进口战略使得日本避免了经济上的损失。

日本对中东石油的依存度高达90%，远远高于其他发达国家，一旦中东因战乱或政治格局的改变而断油，日本的经济将命悬一线。由于中东的紧张局势长期没有出现缓和的迹象，开拓新的石油进口渠道、减少对中东的依赖对于日本的能源安全来说势在必行。从20世纪70年代末开始，日本就增加了从印度尼西亚、中国和墨西哥等非中东产油国的石油进口，而作为能源输出大国的俄罗斯更是日本"能源外交"的重点。从2004年的"安大线""安纳线"之争就可以看出，日本在开拓石油进口多元化方面可谓煞费苦心。经过多年的外交努力，日本的能源进口渠道多元化格局基本形成，在一定程度上缓解了对中东石油的过度依赖，能源安全进一步提高。

第二，"开发性进口"战略。

日本是最大的农产品纯进口国，除大米、蛋类外，大部分农产品需要国际市场供给。自20世纪80年代以来，农产品的进口量一直呈扩大的趋势，截至2003年，日本农产品进口量已占到国内农产品消费量的60%。为此，日本提出了"开发性进口"战略。

"开发性进口"是日本食品加工产业近几年来所采取的重要发展战略之一。它以不发达国家和发展中国家为主要开发进口对象，以与国产商品差别化和按自己的标准采购新商品为特征，在低价格化和确保一定利润的前提下组织开发性、垄断性进口，对本来地位相对较低的日本农产品贸易的发展、填补农产品自给不足的缺口和满足日本国民的饮食需要发挥着重要作用。开发性进口相对于一般进口方式，属于以开发为前提的进口，它主要是指在生鲜食品及其相关的加工领域或者根据本国标准，以独自或与对象国（地区）有关企业合资、合办、合作等形式组织进口性生产，实行垄断性进口交易。

日本开发性进口填补了自给率低的生鲜果蔬及其加工原料的缺口，既在一定程度上满足了消费者对接近本国标准要求的产品的需要，又符合进口商保持低价格和一定利润的预期，同时也不失为减少贸易摩擦的有效方式。随着经济全球化的发展，尽管日本的农产品进口在总进口额中所占份额下降，但是开发性进口在逐渐增加。

第三，"反客为主"战略。

积极推行海外矿产勘察补贴计划，鼓励境外开矿是日本全球资源战略的另一核心。对于日本这样一个经济发达、资源极端贫乏的岛国来说，资源过度依赖进口，其供应是相当脆弱的，一方面进口矿产的价格较高，另一方面也容易受制于人。精明的日本人明白，只有掌握资源的所有权才有真正的资源安全。作为资源小国，日本却凭借着经济实力到处收购资源公司，希望能成为资源盟主。从20世纪70年代开始，为了保障矿产资源稳定供应，日本大量组织各种团体，以经济援助为前导，以各种名义向世界各地派遣事业调查团，收集包括资源信息在内的各类信息。在此基础上，日本政府以海外矿产勘察补贴计划的形式，主要通过金属矿业事业团和海外经济合作基金会等机构对日本公司开展海外地质调查、矿产勘察及矿山基本建设提供资助或贷款担保。

为了从非洲国家获取更多的石油资源，日本通过淡化政治、突出经济、提供财经援助、发展经贸关系等手段发展与非洲国家的关系。据悉，日本政府已从非洲国家购买了部分石油资源储量。日本企业在政府的优惠政策支持下，纷纷在埃及、安哥拉和阿尔及利亚等国勘探和开采石油。合作方式包括购买股份参与开发、签订产量分成协议和转让协议、直接投资开发油田等，以图拥有更多的油气资源和更多的"股份油"。

日本还积极参与俄罗斯萨哈林大陆架石油天然气资源开发工程，三井公司和三菱公司的子公司分别获得了该工程25%和12.5%的股份……

日本企业之所以能在国外大规模投资矿产资源，与日本政府的支持是分不开的。日本企业在境外开矿从本国中央银行和进出口银行贷款时，金属矿业事业团出面做担保人，仅收0.4%的担保费。政府从产业投资特别账项中支付事业团担保的资金。日本政府正是通过这项海外矿产勘察补贴计划的实施在许多资源丰富的国家和地区自主建设了一批海外矿山，保证了矿产资源的稳定供应。

第四，战略储备确保资源安全。

日本全球资源战略的主要内容之一就是长期、大量进口并进行有计划的储备。日本的财力储备相当雄厚，外汇储备居世界前列，因此拥有丰富的物资储备。其物资储备不仅有石油、天然气、煤炭、铀、钢铁及众多稀有金属等，还有粮食、木材、大豆、动物饲料等。日本的战略储备物资分为法定储备和任意储备两种类型，也分为国家储备和民间企业储备两个部分。

石油储备作为日本战略储备的重中之重，是通过立法形式实施强制性储备的。为了防范有可能出现的石油危机，1975 年，日本通过了《石油储备法》，正式开始建立石油储备制度。2003 年年底，日本政府拥有的石油储备量可供全国使用 92 天，民间的石油储备量也可供日本全国使用 79 天，加上流通领域的库存，日本全国拥有石油储备足够使用半年以上。

日本的矿产战略储备始于 1983 年 10 月，开始时的储备对象为稀有金属中的镍、铬、钴、钨、钼、钒、锰，后来逐步扩展到稀土原料，甚至是煤炭和铁砂石。稀有金属储备目标为国内 60 天的消费量，国家和民间各占 70% 和 30%。

日本还将大米、小麦、大豆等粮食储备放在同等重要的位置并用法律的形式将其纳入战略储备物资的行列。日本的粮食储备大约能够供全国消费 6 个月左右。

大量的物资储备需要巨额资金。为此，日本通过多种方式建立了物资储备专项资金，支持国家和民间的战略物资储备工作。日本由于建立了一套比较完备的战略物资储备制度，在维护国家能源和经济安全方面发挥了重要作用。

（资料来源于网络并经作者加工整理。）

【讨论】

1. 日本资源进口战略的主要内容及其对我国的启迪是什么？

2. 日本的对外贸易政策对人均资源相对缺乏的我国的进口战略有何借鉴意义？

【分析】

从日本的资源进口战略中可知，日本从本国的资源能源稀缺性出发，通过进口渠道多元化、开发性进口战略保证了本国能源（主要是石油）和粮食等农产品的供给，同时通过推行海外矿产勘察补贴计划，鼓励本国企业到境外开矿，进行大规模、有计划的储备。日本不仅储备外汇，而且通过多种方式建立了物资储备专项资金，支持国家和民间的战略物资储备工作。物资储备内容不仅有石油、天然气、煤炭、铀、钢铁及众多稀有金属等，还有粮食、木材、大豆、动物饲料等。

我国幅员辽阔，能源资源丰富，但由于人口众多，我国实际上并不是一个能源资源大国，相反，我国在人均资源能源拥有量上是相对缺乏的。借鉴日本的资源进口战略，我国在进出口贸易政策上应该具有战略眼光和危机意识，完善自身的能源资源安全体系，为我国经济的长远可持续发展保驾护航。具体应该做到如下几点。

1. 切实做好石油战略储备工作并通过"走出去"战略开拓新的石油供应基地

在世界主要石油进口大国中，我国是唯一尚未建立完备的战略石油储备的国家。在我国，能源储备可以采取两种战略：一是把已探明的煤炭、石油、天然气保护起来，禁止现阶段进行开采；二是对进口原油进行战略储备。同时，我国应通过发展和一些石油大国之间良好的国家间关系实施石油进口多元化和"走出去"战略，不仅要"走出去"买油，而且要"走出去"采油。

2. 提高能源资源利用效率，建立节约型社会

节约能源被专家视为与煤炭、石油、天然气和电力同等重要的"第五能源"。我国过去经济的快速发展是和粗放型经济紧密相连的，综合能源利用效率约为 33%，比发达国家低

10 个百分点。创造相同价值所耗费的能源，我国是日本的 11.5 倍，是美国的 2.67 倍，是英国的 4 倍。目前我国正大力倡导建立节约型社会，进行节约教育。为此，国家明确提出我国要走新型工业化道路，就是一条"科技含量高、经济效益好、资源消耗低、环境污染少、人力资源优势得到充分发挥"的道路，要选择资源节约型、质量效益型、科技先导型的发展方式，切实转变经济增长方式，通过大力调整产业结构、产品结构、技术结构和企业组织结构，依靠技术创新、体制创新和管理创新在全国形成有利于节约能源的生产模式和消费模式，发展和建设节约型社会，切实落实好新型工业化道路的方针路线。

3．必须及早正视来自民生和运输领域的能源需求增长

日本的经验告诉我们，相对于产业用能，居民生活、商业用能和运输用能的增长将更具有持久性。在工业化中期阶段，在产业用能增长的同时，其他领域用能也会出现快速增长，只不过其增速慢于产业用能。随着工业化过程的终结和经济结构升级，产业用能增速逐步减缓，甚至可能出现负增长，而民生用能和交通用能还会延续增长势头，逐步成为能源消费增长的主要动力。以运输用能为例，2008 年，我国的汽车保有量达到 6467 万辆，每千人汽车拥有量为 49 辆。2020 年，我国机动车保有量已达 3.72 亿辆。因此，我国必须尽早采取有效措施，推广节能汽车，降低汽车能耗水平。

国际贸易政策是各国对外贸易政策的总称。对外贸易政策是各国在一定时期内对进口贸易和出口贸易所实行的政策。在国际商品交换活动中，作为主权实体的各国政府发挥着其特有的经济职能，总是运用政策手段人为制造或消除贸易障碍，直接对国际贸易的商品结构和地理方向产生深刻的影响。在当今世界经济中，国际贸易政策在各国经济增长和经济发展中起着重要的作用，它已成为国际贸易环境的重要组成部分。对外贸易政策是一国经济政策和外交政策的重要组成部分，是为一国经济发展和外交政策服务的。本章在概述了国际贸易政策的类型、特征和制定依据后，分别介绍了国际贸易政策的演变过程和发展中国家贸易政策的发展。

第一节　国际贸易政策概述

一、对外贸易政策的实质

对外贸易政策是一个国家的经济政策与外交政策的重要组成部分。对外贸易政策由下述内容构成。

（1）对外贸易总政策。它是从国民经济整体出发，在较长时期内实行的政策，包括进口总政策和出口总政策。

（2）进出口商品政策。它是根据对外贸易总政策和经济结构、国内市场状况而分别制定的政策。

（3）对外贸易国别政策。它是根据对外贸易总政策，对外政治、经济关系而制定的国别和地区政策。

对外贸易政策作为一种经济政策，其实质是为一国的经济利益服务。在不同历史时期，对外贸易政策根据世界政治、经济形势及关系的变化发展在不断地调整，但它的本质不会变：反映各国经济发展水平及它们在世界市场上的力量和地位；反映一国不同利益集团之间的矛盾以及它们的政治、经济实力对比的变化。

二、对外贸易政策的类型

从国际贸易的历史发展来看，长期存在两种贸易政策之争，即自由贸易政策和保护贸易政策。

自由贸易政策的主要内容包括国家取消对进出口商品和服务的限制和障碍，取消对本国进出口商品和服务的优惠和特权，使商品自由进出口、服务贸易自由经营，在国内外市场上自由竞争。简言之，既不奖出，也不限入。

保护贸易政策的主要内容包括国家广泛利用各种限制进口和控制经营领域与范围的措施保护本国产品和服务在本国市场上免受外国商品和服务的竞争并对本国出口商品和服务贸易给予优待和补贴。简言之，奖出限入。

三、对外贸易政策的选择

一个国家究竟是选择自由贸易政策还是选择保护贸易政策，其决定因素有如下几点。

（一）国际因素

（1）国际经济环境。在经济繁荣时期，自由贸易政策往往占主导地位，而在经济萧条时期，一般由保护贸易政策占主导地位。

（2）国与国之间的关系。在经济、投资方面合作较密切，政治关系良好的国家进行贸易时，多采用自由贸易政策。

（二）国内因素

（1）国家经济实力的强弱。经济结构优化，实现了内部平衡，并且产品在国际市场上有较强的竞争能力的国家倾向于采用自由贸易政策，反之则采用保护贸易政策。

（2）国家经济发展战略的选择。外向型经济国家采用开放性自由贸易政策，内向型国家采用保护贸易政策。

（3）一国经济利益集团的影响。一般来说，自由贸易政策有利于出口集团，保护贸易政策则有利于进口替代集团。

除此以外，不能忽略各国政府领导人的经济思想及贸易理论倾向等，因为这些因素对外贸政策的选择有重要的制约作用。

四、对外贸易政策的制定与执行

对外贸易政策的制定与修改是由国家立法机构进行的，最高立法机关在制定和修改对外贸易政策及相关规章制度前，要征询各个经济集团的意见，一些发达的资本主义国家一般要征询大垄断集团的意见。最高立法机关所颁布的对外贸易政策既包括一国较长时期内对外贸易政策的总方针和基本原则，还包括一些重要措施及行政机构的特定权限。例如，美国国会往往授予美国总统在一定的范围内制定某些对外贸易法令、进行对外贸易谈判、签订贸易协定、增减关税和确定数量限制等权利。

各国对外贸易政策主要是通过海关以及国家设立的其他各种机构来执行的。此外，国家还设立各种机构负责促进出口和管理进口。国家政府出面参与各种国际经济贸易的协调工作。

第二节 国际贸易政策的演变

简言之，一个国家对外贸易政策的宗旨就是推进本国的对外贸易和经济发展。但究竟采用哪种贸易政策，则有两种不同的选择：一种主张自由贸易政策，另一种推行保护贸易政策。外贸政策在不同时期有不同的倾向性，在资本主义形成与发展过程中，其内涵不断地发生着变化。

一、重商主义时期的贸易政策

重商主义是 15—17 世纪资本主义生产方式准备时期代表商业资本利益的一种经济思想和政策体系。为了完成资本的原始积累，英、法等欧洲资本主义国家信奉重商主义的学说和政策，他们追求的目标是在国内积累货币财富，把贵重金属留在国内，积极推行国家干预对外贸易的做法，主张采取严厉的保护贸易措施。早期重商主义者认为，只有货币才是财富，因此由政府或国王本人直接垄断或管制对外贸易，采取一系列行政、法律措施严禁奢侈品进口和金银出口。外国人来进行贸易时，必须将其销售货物所得全部款项用于购买本国商品，不许外商携带货币或金银外出。随着工场手工业和航海运输业的迅速发展，商业资产阶级认识到不应当对货币的运动过分加以限制，于是，由管制金银的进出口变为管制货物的进出口，试图用更多的出口来获取贸易顺差和金银流入。这样，他们除了向原料进口提供优惠外，对其他进口货物则实行保护关税和种种限制措施，限制国外商品的进口，同时禁止若干国外商品，尤其是奢侈品的进口，并且采用各种强有力的政策手段奖励出口。可见，该时期普遍推行的是典型的保护贸易政策。

二、自由贸易政策和保护贸易政策

在资本主义自由竞争时期（18 世纪中叶至 19 世纪末），产业资本逐步取代了商业资本并开始居于统治地位，于是产生了适合工业资产阶级利益的对外贸易政策。由于各国工业发展水平不同，在世界市场上的竞争地位不同，因此所采取的贸易政策也不完全相同。

英国是最早完成产业革命的国家，当时其工业发展水平最高，"世界工厂"的地位得以确立、巩固，其工业制成品的成本低，具有强大的竞争优势；同时，英国需要以工业制成品的出口换取廉价的原料和粮食的进口，只有通过自由贸易政策，才能达到这一目的。为此，英国资产阶级迫切要求国内外政府放松对外贸活动的管制，让商品在国内外市场上自由竞争，这是一种开放性贸易政策。自由贸易政策的实行大大刺激了英国对外贸易的发展，促进了英国经济的高速发展，使英国成为世界第一大贸易强国，英镑成为国际货币，英国的伦敦银行成为实际上的"世界银行"，英国变成了世界贸易中心，开始了大西洋世纪。

与英国形成鲜明对照的是，当时的美国和西欧的一些国家由于工业发展水平落后于英国，产业革命晚，产品生产成本高，经济实力和商品竞争能力都无法与英国相抗衡，并且为了保护本国的幼稚工业，避免遭受英国商品的竞争，必须推行保护贸易政策。它们需要采取强有力的政策措施达到鼓励出口和限制进口的目的，主要是采用保护关税措施，保护本国市场免受外国商品的竞争并对本国商品给予优惠和补贴，以鼓励商品出口。

美国的第一任财政部长汉密尔顿在他的《关于制造业的报告》中阐述了保护制造业的必要性。美国工厂主为了防止外来竞争，加速资本主义的发展，要求资产阶级在市场和劳动力方面给予保障，实行保护贸易政策。19世纪初，德国资本主义发展远远落后于英、法两国，为了摆脱外国自由竞争的威胁，保护和促进德国工业的发展，适应德国资产阶级的要求，李斯特的保护贸易政策应运而生。

三、超保护贸易政策

19世纪末，主要资本主义国家开始由自由竞争进入垄断时期，这意味着自由贸易的终结，对外贸易政策便由自由贸易政策、保护贸易政策过渡到超保护贸易政策。此时，各国普遍完成了产业革命，工业得到迅速发展，世界市场的竞争开始变得激烈，尤其是1929—1933年的世界性经济危机使市场矛盾进一步尖锐化，侵略性保护贸易政策发展到空前的规模，形成了第二次保护主义浪潮。主要资本主义国家都提高了关税，以保护国内市场并进而夺取国外市场，甚至英国也最终于1931年放弃了自由贸易政策，转而实行全面的侵略性关税政策——超保护贸易政策。

超保护贸易政策与自由竞争时期的保护贸易政策相比有着很大的区别。

（1）超保护贸易政策不是防御性地保护国内幼稚工业，以增强其自由竞争能力，而是保护国内高度发达或出现衰落的垄断工业，以巩固国内外市场的垄断。

（2）超保护贸易政策保护的对象不是一般的工业资产阶级，而是大垄断资产阶级。

（3）超保护贸易政策保护的手段趋于多样化，不仅有高关税，还有其他各种奖出限入的措施，即限制外国货物进入本国市场，以维持货物的垄断高价来保持高额的垄断利润，同时将高额的垄断利润作为补贴，以倾销价格向国外倾销，占领国外市场，将生产扩大到最大程度。

四、贸易自由化

第二次世界大战后到20世纪70年代初，资本主义世界经济得以恢复和迅速发展，美国的实力空前提高，强大的经济实力和膨胀的经济使其既有需要又有能力冲破当时发达国家所奉行的高关税政策。此外，生产国际化、资本国际化、国际分工进一步深化、日本和西欧战后经济的恢复和发展、跨国公司迅速兴起导致迫切需要一个自由贸易环境以推动商品和资本的自由流动。于是，这一时期发达资本主义国家的对外贸易政策先后出现了自由化倾向。所谓贸易自由化，就是通过各国政府间的谈判，互相降低关税，取消数量限制，放宽或取消外汇管制，实行货币自由兑换，使世界贸易较自由地进行。发达国家关税的进口税率由二战后初期的 50%下降到 20 世纪 90 年代末的 4%。但是，值得注意的是，二战后出现的贸易自由化倾向与资本主义自由竞争时期由英国等少数国家倡导的自由贸易不同。资本主义自由竞争时期的自由贸易反映了英国工业资产阶级一国资本自由扩张的利益与要求，代表了资本主义上升时期的工业资产阶级的利益与要求。而二战后的贸易自由化倾向是在国家垄断资本主义日益加强的条件下发展起来的，它主要反映了垄断资本的利益，是世界经济和生产力发展的内在要求，它在一定程度上和保护贸易政策相结合，是一种有选择的贸易自由化。在具体实行中，这种自由化政策形成了这样的趋势：工业制成品的贸易自由化程度大于农产品的贸易自由化程度，在工业品中，运输、机械产品和科学技术尖端产品的贸易自由化程度大于工业消费品的贸易自由化程度，资本主义国家之间的贸易自由化程度大于资本主义国家同发展中国家的贸易自由化程度；贸易集团间各国贸易自由化程度大于贸易集团间各国与贸易集团之外各国的贸易自由化程度。因此，这种贸易自由化倾向的发展并不平衡，甚至是不稳定的。当本国的经济利益受到威胁时，保护贸易倾向必然重新抬头。

五、新贸易保护主义

20 世纪 70 年代中期以后，贸易自由化的发展趋势减弱，甚至出现了停滞。与此同时，新贸易保护主义抬头。产生新贸易保护主义的直接原因是资本主义国家的两次经济危机和货币失衡后的巨大波动和影响，石油提价，经济出现衰退，陷入滞胀的困境，就业压力增大，市场问题日趋严重。此外，由于工业国家发展的不平衡，美国的贸易逆差迅速上升，其主要工业产品如钢铁、汽车、电器等不仅受到日本、西欧等国家和地区的激烈竞争，甚至面临一些新兴工业化国家以及其他出口国的竞争威胁。在这种情况下，美国一方面迫使拥有巨额贸易顺差的国家开放市场，另一方面则加强对进口的限制，由此美国成为新贸易保护主义浪潮的掀起者。美国率先采取贸易保护主义措施引起了各国贸易政策的连锁反应，各国纷纷效仿，致使新贸易保护主义得以蔓延和扩张。新贸易保护主义不同于传统的贸易保护主义。第一，被保护的商品越来越多，由原来的传统性商品（如钢铁、纺织品等）发展到汽车、飞机和数控机床等较高级的商品。第二，贸易保护措施由过去以关税壁垒和直接贸易限制为主逐渐被间接的贸易限制所取代。非关税壁垒措施已从 20 世纪 70 年代末的 800 多种增加到 20 世纪 90 年代初的 1200 多种。许多国家还实施"灰色区域措施"（grey area measurement）。所谓"灰色区域措施"，是指《关税与贸易总协定》未规定的措施，从法律上看，这种措施既不合法也不违法。第三，隐蔽性加强。通过国家立法，使之合法化。例如，美国通过的《新贸易法案》（New Trade Bill）就打着"自由、公平贸易"的幌子，实际上进行新贸易保护主义。第四，重点从限制进口转向鼓励出口，双边、多边谈判与协调成为扩大贸易的重要手段。各国加强了从财政、组织和精神上促进出口的措施。第五，贸易保护从国家贸易壁垒转向区域性贸易壁垒，实行区域内的共同开放和区域外的共同保护。例如，欧洲共同体在 20 世纪 90 年代与欧洲自由联盟合作，形成了包括欧洲 15 个国家在内的欧洲联盟，增强了与外界对抗的能力。在 GATT 第八轮谈判即"乌拉圭回合"中，欧盟就农产品贸易及补贴问题与美国进行了激烈的争论，成为谈判迟迟不能结束的原因之一。

六、当前国际贸易政策的发展

当前对国际贸易产生重要影响的是战略贸易政策。20 世纪 80 年代初以来，一种新的贸易政策——战略贸易政策（strategic trade policy）应运而生。所谓战略贸易政策，是指一国政府运用政策干预手段，把国外垄断企业的一部分垄断利润转移给本国企业或消费者的政策。一般来说，政府常用的手段有关税、配额等进口保护政策和出口补贴、研究与开发补贴等鼓励出口政策。之所以称为"战略性"，是因为这种政策是政府在改变国内外垄断企业之间的竞争关系，使得国内垄断企业在国际市场的竞争中处于优势地位，并且国内经济获得利益。

战略贸易政策是在发达国家现实的基础上提出的。20 世纪 80 年代，发达国家面对居高不下的失业率和国内市场上国外竞争者的挑战以及日益升级的发达国家之间的贸易纠纷，不得不重新考虑贸易政策的问题。日本和欧洲实施战略政策的过程有一定的代表性。20 世纪五六十年代，日本政府开始将资金投入具有高附加值的重工业，钢铁产业被政府指定为接受资金扶持的产业之一。20 世纪 70 年代，日本政府又转而对技术密集型产业如集成电路和计算机工业进行扶持，主要采取 R&D 补贴、政府工业研究计划等，这些政策促进了日本在电子产品、汽车、钢铁等方面的出口。欧洲各国政府为了发展飞机制造业，同美国企业争夺国际市场份额，从 20 世纪 50 年代以国家为单位的政府干预到 20 世纪 70 年代各国政府合作，共同推动欧洲飞机制造业的发展。空中客车便是在这种背景下产生的，空中客车的资本和其他一些费用由各成员国政府承担。20 世纪 70 年代初以来，欧洲的汽车市场面临着来自日本进口汽车的威胁。于是，欧洲各国政府动用关税、自动出口限制和配额限制日本汽车的进口。结果，欧洲几大汽车生产企业占据了整个欧洲市场 75% 的份额。

各国在经济和政策调整的过程中，对外贸易政策也出现了一些新的特点。发达国家、发展中国家都努力实施世界贸易组织的各项协议和协定，于是贸易自由化和开放贸易体制成为全球贸易的主流。经济一体化的发展推动了经济一体化组织内部贸易、投资的自由化。各国管理贸易的法律与各国国内法规互相配合和协调，形成一个统一体并且具有一定的弹性。例如，各国在用反倾销法、反补贴法限制竞争对手的同时又以法律形式确立各发达国家之间适当开放市场或控制出口方面的承诺。各项保护措施互相配合、互相关联，朝着制度化方向发展，形成了一个较完整的管理贸易（是指一国对内通过制定各种对外经济贸易法规、条例加强对本国进出口贸易有秩序发展的管理，对外通过协商、签订各种对外经济贸易协定来协调和发展缔约国之间的经济贸易关系）体系。

第三节　发展中国家对外贸易政策的发展

全世界众多发展中国家的经济发展水平相差悬殊，在不同时期内推行的政策措施更是各不相同，因而并无整齐划一的贸易政策可言。但纵观二战以后多数发展中国家所实施的对外贸易政策，大致有两种最基本的形式，即进口替代政策和出口替代政策。从过去的发展经验来看，走外向型发展道路的国家获得了更大的成功。不过一个国家采取什么政策最有利于经济的发展，还要看它的历史条件和所处的国际环境如何，以及发展政策是否根据形势的变化而做出及时的调整。有时，进口替代政策可能较为有利于一国经济的发展，有时出口替代政策与进口替代政策的适当结合可能是最为有效的发展政策。世界经济的全球化和区域经济一体化也有利于发展中国家的贸易和经济的发展。

一、进口替代政策

进口替代政策（import substitution）是指当某些进口商品的数量达到可以进行国内生产的最小经济规模时，通过采取限制进口的政策将这一市场保护起来，利用它来建立和发展国内同类商品生产的工业。进口替代政策可以说是利用对外贸易所开拓的国内市场来促进本国工业发展的一种政策，实施进口替代政策常常有以下四种政策手段可供选择：保护性关税、进口配额、补贴和外汇管制。

进口替代政策一般由发展中国家实施，这些国家没有先进国家发达，在发展初期由于技术较落后、生产率较低，不可能与先进国家的工业竞争，因此在国际贸易中需要某种保护。支持保护贸易政策的理由很多，但主要有以下两点：① 初级产品贸易条件趋于恶化；② 保护本国的民族工业和幼稚工业。

二战后，实行进口替代政策的主要是以初级产品出口为主的发展中国家，这些国家的初级产品出口总是和它们作为殖民地附属国的历史相联系，即发达国家主要生产和出口制成品，发展中国家主要生产和出口初级产品。这种贸易格局被认为是发展中国家遭受资本主义剥削和支配的最主要原因，发展中国家要摆脱这种状况和加速实现工业化，必须发展自己的工业部门。20 世纪 50 年代初，普雷维什和辛格提出的"贸易条件恶化论"则从理论上为发展中国家建立自己的工业体系提供了依据。于是，在政治上纷纷走向独立的发展中国家为了减少对工业化国家制成品进口的高度依赖，改善贸易条件，加速本国民族工业的发展，纷纷走上了进口替代的工业化道路。在 20 世纪 50 年代首先实行进口替代政策的是拉美国家，后来亚洲和欧洲刚刚独立的发展中国家竞相效仿，到了 20 世纪 60 年代，进口替代已经成为第三世界国家工业化的主导战略。

从各国实施的政策来看，由于经济水平和所具备的条件不同，大致可分为两类国家：第一类在二战前就具有一定的工业基础，一般侧重于建立耐用消费品工业来替代该类产品的进口；另一类国家由于原有的工业基础比较薄弱，它们的进口替代首先从非耐用消费品工业入手。进口替代政策对于一些发展中国家的进口替代工业部门的发展起到了一定的作用。例如，二战后初期，泰国只有一些碾米业、锯木业和采锡业，实行进口替代政策后，到 20 世纪 60 年代，泰国已发展了纺织、制糖、水泥、炼油工业和电器装配等。

但是，随着进口替代工业化的发展，进口替代面临着一些严重的问题。

（1）汇率的高估，随之而来的是对潜在出口的抑制，外汇收益的不增长，从而产生日益严厉的汇率管制体制。

（2）由于外汇短缺就会采取一系列特定的、局部的对出口的刺激，伴随着日益复杂的、内部经常不协调的规章制度以及烦琐、拖拉的公文程序，结果造成官僚主义日益严重，甚至刺激更多的人去逃避管制，引起企业界和政府部门之间更多的相互猜疑。

（3）高成本产业被作为"轻松的"进口替代产业优先建立起来，这使得在其他情况下可来自工厂的有效规模和规模经济等的收益被损失掉。

（4）在新建立的企业中缺乏竞争。由于市场容量小，允许企业在一个行业存在是很难行得通的，机器的进口许可证制度排除了贸易货物的自由进入，其结果是，那些进口许可证机制、资本货物许可程序以及其他不可避免的汇率控制手段导致一些"懒惰"的企业家生长起来。这些企业家虽然不具有成本意识，不注意质量控制和有效管理，但并不因此而受到惩罚，因为他们可以从自身的垄断地位和得到许可证的权力中获得利润。

（5）资本货物进口的暗中补贴。虽然人们可能认为进口替代政策适用于一切方面，但几乎所有汇率高估的国家都不愿意对机器和设备的进口征收额外费用和高额关税，以避免影响投资。进口替代政策以及随之而来的通货高估的效应之一就是为那些能够得到投资许可的企业提供进口资本货物的暗中补贴。

（6）对许可货物的日益增长的依赖主要限于"必需品"。当消费水平在较早阶段依赖于进口货物时，进口替代在生产、就业和消费领域却引起了对原料和中间产品进口的更多依赖。"外汇短缺"又导致了对生产能力的利用不足，因为经济对生产和消费水平所需的外汇收入的波动是敏感的。

进口替代政策并没有使发展中国家实现工业化，反而导致了被保护资源配置不当、效率低下、外汇短缺、经济增长缓慢、失业严重等一系列经济问题。因此，从20世纪60年代中期以来，一些发展中国家，特别是一些新兴工业化国家和地区的政府及其经济学者开始意识到扩大制成品出口的必要性，开始从实行进口替代政策转向实行出口替代政策，企图以此促进工业化和民族经济的发展。

二、出口替代政策

出口替代政策是指一国采取各种措施手段来促进出口工业的发展，用工业制成品和半制成品的出口代替初级产品出口，促进出口产品的多样化发展，以增加外汇收入并带动工业体系的建立和经济的持续增长。

出口替代政策大致上可分为两个阶段。初级阶段以生产和出口普通消费品为主，这些消费品包括食品加工、服装、鞋帽、玩具、小型家电等。从供给角度来看，这些产品所要求的技术程度相对较低，投资规模比较适中，生产方法较简单，技术易于掌握，比较适合发展中国家资本稀缺、非熟练劳动力丰富的资源禀赋状况。从需求方面来看，这些产品的需求价格与收入弹性都比较大，故国际市场潜力较大。当初级阶段出口商品生产发展到一定阶段时，工资上升，成本增加，技术水平提高，资本积累变得较为丰富，同时某些产品趋于饱和、贸易条件趋于下降。这时，发展中国家就应转向更高级的出口替代阶段，即由以消费工业品出口为主转向以机器设备、电子仪器、汽车、通信器材、计算机等资本密集型和技术密集型产品出口为主。

　　出口替代政策大体上有两种类型：一类是出口鼓励与国内生产并重的出口替代政策，即一方面鼓励出口，另一方面积极发展满足国内需要的工业部门；另一类是"一切为出口"的出口替代政策，即所谓的"出口第一政策"。第一类政策适合那些幅员辽阔、人口众多的大国，如巴西、墨西哥、印度尼西亚等国基本上采用的是出口鼓励与国内生产并重的发展政策；第二类政策适合一些人口较少的国家和地区，如新加坡、中国香港、中国台湾等基本上奉行的是出口第一的发展政策。

　　出口替代政策的推行获得了成功，几乎所有的新兴工业化国家和地区的经济增长都与它们推行的出口替代政策有关，这在很大程度上是由贸易带动起来的。出口替代能获得成功，主要有以下几点原因。

　　（1）国际市场提供了竞争，这会鼓励企业对质量控制，新技术、新产品以及对有效的管理实践加以注意。

　　（2）由于为促进出口，各国一般会以各种不同的形式提供补贴，因此额外成本就比进口替代中的成本更明显。同时，在政府中尤其是财政部中存在很大的压力。

　　（3）有效益的企业和产业能够迅速增长，而不会受到国内需求增长率的限制。不管存在何种规模经济或经济不可分性，它们都会尽量得到发展。

　　（4）当政府鼓励出口增长，从而必须创造对出口的刺激时，它们不可能通过依赖于数量限制来达到目的。

　　但是，各国实施出口替代政策也产生了不少问题。由于该政策的主要目标是促进出口，为此而建立的工业严重依赖于世界市场。特别是20世纪80年代中期以来，发达国家的保护贸易主义重新抬头，给依赖制成品出口的发展中国家带来了严重的损害。少数实施这种政策的国家由于片面地追求出口增长，忽视国内消费，造成国内消费品短缺，加上为刺激出口而实行货币贬值致使国内货物和进口货物的价格上涨，通货膨胀率上升。

本章小结

　　国际贸易政策是各国对外贸易政策的总称。在当今世界经济中，国际贸易政策在各国经济增长和经济发展中起着重要的作用，它已成为国际贸易环境的重要组成部分。从国际贸易的发展历史来看，长期存在着两种贸易政策之争，即自由贸易政策和保护贸易政策，两种贸易政策各有其积极影响和消极影响。

　　一国的对外贸易政策是一种经济政策，其实质是为一国的经济利益服务。在不同历史时期，国际贸易政策根据世界政治、经济形势及关系的变化、发展在不断地调整，国际贸易政策的演变虽然经历了重商主义政策、自由贸易政策、保护贸易政策、超保护贸易政策、新贸易保护主义、战略贸易政策，但它的本质不会变：反映各国经济发展水平及它们在世界市场上的力量和地位；反映一国不同利益集团之间的矛盾以及它们的政治、经济实力对比的变化。

　　发展中国家经济基础薄弱，缺乏竞争力，为了发展本国经济、积极参与国际竞争，发展中国家大力发展对外贸易并建立了与之相适应的对外贸易政策。进口替代政策和出口替代政策就是最基本的两种政策形式。不过一个国家采取什么政策最有利于经济的发展，还要看它的历史条件和所处的国际环境如何，以及发展政策是否根据形势的变化而做出及时的调整。有时，进口替代政策可能较为有利于一国经济的发展，有时出口替代政策与进口替代政策的适当结合可能是最为有效的发展政策。世界经济的全球化和区域经济一体化有利于发展中国家的贸易和经济的发展。

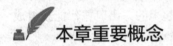

本章重要概念

国际贸易政策	自由贸易政策	保护贸易政策
重商主义政策	超保护贸易政策	新贸易保护主义
战略贸易政策	进口替代政策	出口替代政策

思考题

1. 对外贸易政策的实质是什么？
2. 对外贸易政策有哪几种类型？它们对经济的影响如何？
3. 贸易政策的发展经历了哪几个阶段？各个阶段有什么特点？
4. 如何正确理解进口替代政策和出口替代政策？
5. 为什么进口替代政策没有取得较大的成功？
6. 怎样判断一个国家的发展政策是内向型还是外向型？
7. 出口替代政策为什么比较容易获得成功？
8. 发展中国家在经济发展过程中应该如何选择适当的贸易政策？

学生课后参考阅读文献

[1] 克鲁格曼，奥伯斯法尔德. 国际经济学：理论与政策（上册：国际贸易部分）[M]. 8版. 黄卫平，胡玫，宋晓恒，等，译. 北京：中国人民大学出版社，2011.

[2] 冯跃，夏辉. 国际贸易理论、政策与案例分析[M]. 北京：北京大学出版社，2012.

[3] 波兰尼. 充分就业与自由贸易[M]. 张清津，译. 上海：复旦大学出版社，2011.

[4] 姚洋. 发展经济学[M]. 北京：北京大学出版社，2013.

[5] 佟家栋. 贸易自由化、贸易保护与经济利益[M]. 北京：经济科学出版社，2002.

[6] 吴国新，杨勋. 国际贸易理论与政策[M]. 北京：清华大学出版社，2016.

第九章 国际贸易的政策工具

学习目的和要求

通过本章的学习，掌握关税的定义和关税的分类；理解征收关税的作用；掌握征收关税的各种方法；了解海关税则的几种形式；理解关税有效保护率的含义并会计算；理解关税的经济效应并会分析；掌握非关税壁垒的特点；理解出口管制的含义及形式。

开篇案例：欧盟对华反倾销案例

【案情】

2008 年 3 月 18 日，欧盟委员会发布公告称，自我国大陆和我国台湾地区进口的聚乙烯醇存在倾销，但并未对成员国内市场造成实质性损害，因此取消反倾销调查。

聚乙烯醇是一种用途广泛的水溶性高分子聚合物，广泛应用于涂料、建材、农业、冶金等 20 多个行业。我国是世界上聚乙烯醇生产原料路线最全的国家，同时也是聚乙烯醇生产工厂最多的国家。但是，与国际先进水平相比，我国在聚乙烯醇生产方面的弱势仍明显存在，主要表现在行业研发力量薄弱，扩大再生产基本属于单纯生产线的重复建设，新领域、新用途品种的开发力度不强，品质不高，品种较少，国际竞争力不强。尽管如此，我国聚乙烯醇产品出口仍饱受国外贸易救济措施的限制。

本案为欧盟于 2006 年 12 月 19 日启动的调查。2007 年 9 月，欧盟委员会决定对涉案产品征收为期 6 个月的临时反倾销税，税率为 10%。除欧盟外，我国的聚乙烯醇在美国、土耳其、韩国都先后遇到了出口受阻的情况。

（1）1995 年 3 月 29 日，美国商务部对原产于我国的聚乙烯醇启动反倾销调查。1996 年 5 月 4 日，终裁认定：四川维尼纶厂、广西捷达实业进出口公司税率为 116.76%，普遍税率为 116.76%。

（2）1997 年 5 月 31 日，土耳其对原产于我国和日本的聚乙烯醇产品启动反倾销调查。1998 年 5 月 29 日，终裁认定：倾销幅度为 59.971%，但倾销与损害之间不存在因果关系，终止对案件的调查。

（3）2002 年 10 月 1 日，美国商务部对原产于我国、韩国、德国、日本、新加坡的聚乙烯醇启动反倾销调查。2003 年 8 月 11 日，终裁认定：四川维尼纶厂税率为 7.40%，普遍税率为 97.86%。

（4）2006 年 2 月 17 日，韩国贸易委员会对原产于我国的聚乙烯醇启动反倾销调查。2006 年 12 月 12 日，终裁认定：四川维尼纶厂税率为 35.17%，山西三维集团税率为 11.11%，普遍税率为 33.44%。

从上述案件可知，自 1995 年以来，美国、土耳其、韩国和欧盟轮番上阵，我国聚乙烯醇产品出口一直受到国外反倾销调查的影响，但这些并未打消我国企业参与国际竞争的积极性。以四川维尼纶厂为例，该厂曾多次应诉国外反倾销调查，积累了丰富的经验。在本次应诉欧盟聚乙烯醇反倾销案中，四川维尼纶厂予以高度重视，成立了专门机构负责此项工作，在律师的指导下，全厂通力协作，精心组织拟写损害抗辩书和填写调查问卷，并且积极配合外贸部门组织实施聚乙烯醇产品出口应对策略。最终，欧盟委员会取消了反倾销调查，该厂保住了欧盟市场，也为新项目建成扩产后占领市场赢得了先机。

（资料来源：http://china.findlaw.cn）

【讨论】

1．上述案情对我国应对反倾销调查有何启示？

2．为什么反倾销调查会成为我国出口中面临的主要的非关税壁垒？

【分析】

应对反倾销调查显然已经成了我国在国际贸易摩擦冲突中的核心内容。据不完全统计，近年来在国外对我国的多起反倾销起诉案件中，国内企业应诉率只有6～7成，而在应诉案件中，绝对胜诉率不到4成。本案是胜诉的，从中大致可以总结出如下要点。

1．要积极应对反倾销调查，加强行业合作

为我国企业打过多场反倾销官司的全球知名律师事务所美国威凯平和而德律师事务所律师李威凤曾表示："要想在国际市场竞争中赢得反倾销的法律战争，并不是不可能或者非常困难。"中国的应诉企业应该以整个行业为基础相互合作，企业高层要排除干扰，竭尽全力并取得中国政府以及支持企业的美国利害关系人的帮助和介入。

当一个产业获知可能有人要进行反倾销申诉时，这个行业的组织或协会就应该警示所有出口商并帮助他们做好回答美国商务部初步调查问卷的准备。

下面的两个有关反倾销的案件或许能提供一些启示。

一个是美国起诉我国的滚珠轴承企业，另一个是美国起诉我国的木制卧室家具企业，两个案子的结果有很大的不同。

在行业商会和一位大型出口商的高管的有效组织下，我国的滚珠轴承生产商向美国国际贸易委员会提供了必要的具体信息，从而成功地证明从我国进口的产品没有对美国的产业构成损害，于是，起诉被驳回，我国的滚珠轴承生产商被判对美国的相关同行企业和产业无损害。

相反地，如果行业合作不够，就会对所有出口商都造成损害。在木制卧室家具案中，广东台升公司和天津美克公司都向美国商务部据理力争应选择印度尼西亚而不是印度作为我国适当的替代国，但是其他大多数强制应诉企业都未能强有力地支持选择印度尼西亚为替代国，结果它们被裁定了更高的倾销幅度。即便美克公司就没有倾销说服了美国商务部，但台升、联东等公司还是受其他强制应诉企业的影响而被裁定了极低的倾销幅度（低于5%）。

我国每年向美国出口的家具贸易额约为12亿美元，这样，倾销幅度如果每增加或降低1个百分点就意味着在中国出口商的口袋里放进或拿出1200万美元。

反倾销调查的性质其实就是大量事实的陈述与罗列，因此，如果没有行业组织和企业高级管理层对案件的尽职尽责和企业内部明确的汇报渠道和职责分工，要应对好反倾销调查是不可能的。相对于其他被强制应诉企业，美克和台升公司在木制卧室家具案中取胜的主要原因就在于其高级管理层对调查全力以赴，有一组尽职的经理人员在长达 10 个月的调查期内的全力支持，从而对美国商务部的每一个问题都做出了充分的回答。例如，美克和台升成功说服美国商务部将镶有玻璃镜子的梳妆台的总价与玻璃和梳妆台经合并的"推定价格"进行对比，此举使美克和台升能够将较高的玻璃镜子造价与较低的梳妆台造价互相冲抵。其他企业就没能尽早发现或是忽略了这一问题，结果他们销售的玻璃镜子在分离审查时就被认定为倾销。

2．向政府与客户寻求帮助

我国政府和反对反倾销措施的起诉国相关利害企业，特别是购买我国出口产品的外国最终用户的介入也可以帮助我国企业赢得反倾销案。仍以木制卧室家具案为例，由于美国有很多家具联合会、非政府机构代表美国家具进口商的利益，美克等公司就去寻求他们的支持，称如果我国整体家具出口被裁定高税率的话，出口企业的成本就要增加，也就势必要提高出口价格了。

与美国家具联合会和最终进口用户联合的好处有两个：一是他们可以作为美国商务部调查时的更强的政治影响力，另一个就是他们可以分担应诉反倾销案的一些成本耗费，如律师费等。

因此，尽管木制卧室家具案件是针对我国的最大的反倾销案之一，其结果却明显比其他大多数涉及我国的案件要好得多。我国企业能够有效地利用他们的美国支持者进行介入，这是获得一个相对满意的结果的重要因素。

另外，我国政府方面的介入应该更多地通过阻止司法系统内部滥用职权的方式，而不是通过劝说美国商务部改变其基本惯例的方式。例如，我国政府曾花大力气试图说服美国商务部非市场经济规则不应该适用在木制卧室家具案件中，但美国商务部还是拒绝了我国政府的辩解。

特别应该注意的是，大多数遭遇反倾销的出口商视自己为贸易保护主义规则的受害者，他们认为贸易保护主义规则就是让不具备竞争力的他国国内产业抑制合法的进口竞争。但应该明白的是，世界贸易组织《反倾销协议》制定的反倾销规则通常偏袒提出诉讼的国内产业。因此，公司着手处理反倾销案件的正确方式应该把贸易政策的思想意识形态放到一边，像处理其他商业问题那样处理反倾销问题，即评估案子在倾销方面或损害方面的胜算机会并衡量公司为赢得案子所需付出努力的内部和外部费用与一旦败诉，其出口产品被征反倾销税相比，哪个需要付出的代价更大。

3．寻找适当的替代国

从以往的案件来看，我国的货物一贯被征以较高反倾销税率的最大原因是起诉国习惯以印度作为我国的替代国并将从印度进口统计中得出的价值指定为我国制造商生产出口产品所使用的材料的"市场经济"价值。

倾销幅度是由起诉国商务部门根据其挑选出来进行调查的出口商向它提供的详细信息（包括定价方法和成本）计算出来的，每一家被选中的公司将根据其数据得到一项针对其公司的特定倾销幅度，所有其他出口商得到的倾销幅度为受调查公司的平均幅度。

由于欧盟、美国等目前认定我国是非市场经济国家，对我国生产商的生产因素价值的估价就参照发展水平与我国相当的市场经济国家（替代国）来确定。而在实践中，美国商务部几乎总是选择印度作为我国的替代国。

然而，印度的经济是以高关税作为保护的，其主要能源供应都由国家控制。因此，印度习惯以高价进口国内不生产的材料，向企业收取的能源费和出口关税一贯很高，而美国商务部选用印度作为替代市场经济国家就可以产生更高的反倾销税率。

同一产品，由于我国和印度的人力成本和原料、出口成本都相差很多，用印度做替代国对于我国来说是很不公平的，我国的应诉企业肯定要吃亏。

在这种情况下，我国的企业和行业组织就应该尽力劝说起诉国商务部门选择印度以外的其他国家作为替代国，对事实数据进行深入调查或开展一项联合调查，证明我国和印度的价格差别是很大的。另外，企业也可以邀请权威、知名的经济学家分析所在的产业中为什么选择印度尼西亚作为替代国是合理的，而选择印度作为替代国是不合理的。当然，每个行业选择的合适的替代国是不一样的。最终的解决办法是我国不要被认定为非市场经济国家，因为用任何替代价格标准对于我国的企业来说都是不公平的。反倾销调查应该把出口产品的价格与出口国本国的价格做比较，目前这种通过替代国的价格做比较的方法本身就是一个弹性的尺度，是不合适的。

国际贸易政策主要是通过关税、非关税壁垒、鼓励出口和出口管制等加以实施的。如何选择适宜的政策工具以在维护一国贸易利益的同时又适应国际贸易发展的需要，必须考虑各种政策工具对经济所产生的影响，这将是本章所讨论的重点。

第一节 关 税 措 施

一、关税概述

（一）关税的概念

关税（customs duties；tariff）是指进出口货物通过一国关境时，由政府设置的海关向本国进出口商所征收的税收。因此，所谓"通过一国关境"，即表明关税为通过税的一种，如非关税的地域，则虽有货物通过，也不课征关税，如对通过自由港的商品不课征税。关税是对通过关境的"货物"才课税，不是"货物"则不属课税对象，如旅客出入国境、从事客货运输的运输工具虽然过境，也不课征关税。

关税的征收是通过海关来执行的。海关是设立在关境上的国家行政管理机构，是贯彻执行一国有关进出口政策、法令和规章的重要部门，其职责是依照国家法令对进出口货物、货币、金银、行李、邮件、运输工具等进行监督管理、征收关税、查禁走私货物、临时保管通关货物和统计进出口商品等。

征收关税是海关的重要任务之一。海关征收关税的领域称为关境或关税领域，它是海关所管辖和执行海关法令和规章的区域。货物只有在进出关境时才被视为进出口货物而征收关税。一般情况下，一国关境与国境是一致的，但自由港、出口加工区等虽在国境之内，从征收关税的角度看，却在关境以外，这时，关境小于国境。当几个国家缔结成关税同盟，对内取消一切贸易限制，对外建立统一的关税制度，参加关税同盟的国家的领土即成为统一的关境，这时，关境大于国境。

（二）关税的特点

关税是国家税收的一种，与其他税种一样，具有以下基本特点：① 强制性，是国家凭法律规定强制征收而非纳税人自愿献纳；② 无偿性，国家获取这部分税收不付出代价，也不归还给纳税人；③ 预定性，国家预先规定征税比例或征税额。

除了以上一些基本特点，作为一种特殊的税收，关税有其自身的特点。关税是一种间接税。关税是对进出口商品征收，其税费由进出口商事先垫付，进出口商将其作为成本计入货价中，在货物出售时收回垫付的税负款。因此，关税的税负是由消费者或买方承担的。

（1）关税的税收主体是一国的进出口商，税收客体是进出口商品。

（2）关税是对外贸易政策的重要手段。一国的关税制度可以影响国际商品的生产和流通，甚至会影响一国与其他国家的关系。

（三）关税的作用

关税对一个国家的经济所产生的作用主要有以下几点。

（1）关税可以增加国家财政收入，以此为目的而征收的关税被称为财政关税（revenue tariff）。财政关税的税率要从世界情况出发加以制定，过高的税率会阻碍进口或减少出口，难以达到增加财政收入的目的。随着资本主义的发展，其他税源不断增加，财政关税在财政收入中的重要性已相对降低。同时，资本主义国家广泛地利用高关税限制外国商品进口，保护国内生产和市场，财政关税被保护关税所代替。

（2）关税可以保护一国的产业和国内市场，以此为目的而征收的关税被称为保护关税（protective tariff）。保护关税税率往往很高，税率不高就不足以限制或禁止外国商品的进口。保护关税曾长期作为保护贸易的主要手段，而今仍为实行保护政策的一项基本措施。但是，二战以来，由于广大发展中国家造成的巨大压力，发达国家的关税已有较大幅度的下降，保护关税的作用明显不及一战前，取而代之的是非关税壁垒措施。

（3）关税可以调节国内市场价格，调剂国内市场供应。当国内某商品供不应求时，可通过降低关税，增加商品进口，从而抑制国内商品价格的上涨，满足国内需求。

（4）合理的关税结构有利于一国产业结构的调整，一旦关税制度使用不当就会对一国经济产生不良影响。通过对本国较具竞争力的产业实行低关税政策，可使这些产业中的企业在同国外同类企业的竞争中不断强大起来，在适应了国际竞争后，这些企业便具备了走出国门、走向世界的实力。例如，以往我国逐步取消了彩电、空调、洗衣机等产业的高关税壁垒，于是长虹、海尔、康佳等企业在竞争中迅速发展起来，它们在国内市场上占据较大市场份额的同时也在国际市场产生了较大的影响。对本国较有发展潜力的产业，可以采用一段时间较高关税的保护，这有利于这些企业在免受国外企业竞争的条件下度过"襁褓"期。对国内不能生产的产品，低关税和免关税政策有利于这些产品的进口并满足国内生产和消费的需要，使国内经济的发展不受到影响。保护过度就会抑制先进产品、先进技术的进口，从而保护落后工业，使其"不思进取"，长期处于落后的地位，同时因高关税最终被转嫁到消费者身上，会导致消费者支出增加，加重消费者负担。

（5）涉外作用。关税一直与国际经济关系和外交关系有着密切的联系。例如，各国可以利用关税税率的高低和不同的减免手段来对待不同类型国家的进口，以此开展对外经贸关系。利用优惠待遇，可以改善国际关系，争取友好贸易往来；利用关税壁垒，可限制对方进口甚至可作为惩罚或报复手段。发展中国家还普遍利用关税减让作为"入场费"来取得《关税与贸易总协定》缔约国地位或者作为对外谈判的筹码，迫使对方做出让步。

二、关税的种类

关税种类繁多，按照不同的标准，主要可以分为以下几类。

（一）按征收的对象和商品流向分类

1．进口税（import duty）

进口税是指外国商品进入一国关境时或者从自由港、出口加工区、保税仓库进入国内市场时，由海关根据海关税则对本国进口商所征收的一种关税。

进口税是关税中最重要的税种，也是保护关税的主要手段。通常所说的关税壁垒，主要是指征收进口税。一国对进口商品征收高额关税可以提高进口商品的成本并削弱其竞争力，起到保护国内市场和生产的作用。关税壁垒是一国推行保护贸易政策所实施的一项重要措施。进口税还是一国进行贸易谈判时迫使对方做出让步和妥协的重要手段。商品的进口税率主要视进口国对该商品的需求程度而定。例如，发达国家对工业制成品和发展中国家对奢侈品的进口常常会征收高额关税。

进口国同世界各国的政治、经济、外交等关系不尽相同，对同一种进口商品根据不同的生产国或出口国制定不同的进口税率。

（1）普通税率（general rate）。如果其进口商品来自没有与进口国签订最惠国待遇条款，也不享受优惠待遇的国家，则对该进口商品按普通税率征税。普通税率是最高税率，一般比优惠税率高 1～5 倍，少数商品甚至高达 10 倍、20 倍。目前仅有个别国家对极少数（一般是非建交）国家的出口商品实行这种税率，大多数只是将普通税率作为其他优惠税率减税的基础。因此，普通税率并不是被普遍实施的税率。

（2）最惠国（most-favored-nation treatment，MFN）税率。它是指来自同进口国签有双边或多边最惠国待遇条款的国家的进口商品适用的税率。最惠国税率是互惠的且比普通税率低，有时甚至差别很大。例如，美国对进口玩具征税的普通税率为 70%，而最惠国税率仅为 6.8%。在世界上大多数国家都享有最惠国待遇的情况下，尤其是《关税与贸易总协定》和现在的世界贸易组织把最惠国待遇作为一项基本条款后，最惠国待遇便成了一种非歧视待遇，表明贸易国之间是一种正常的贸易关系，不能享受最惠国待遇变成了一种歧视，表明贸易国之间是一种不正常的贸易关系。但最惠国待遇不是最优惠的待遇，签有最惠国待遇条款的国家只是承诺互相给予对方不低于第三方的贸易待遇。因此，最惠国税率通常又被称为正常关税（normal tariff）。

（3）普惠制（generalized system of preferences，GSP）税率。这是发达国家单方面向发展中国家提供的优惠税率，它是在最惠国税率的基础上降低关税，通常按最惠国税率的一定百分比征收。因此，享受普惠制待遇的发展中国家往往能增加出口，加快工业化进程，加速国民经济的增长。享受普惠制税率的商品必须符合普惠制的原产地原则。

2. 出口税（export duty）

出口税是出口国海关对输往国外的商品征收的关税。由于征收这种税会增加出口商品的成本，削弱其竞争能力，不利于扩大出口，故目前较少征收，只是对在世界市场上已具有垄断地位的商品和国内供不应求的原料品酌量征收。征收出口税可以提高国外市场销售价格，保障国内生产的需要和增加国外商品的生产成本，从而加强本国产品的竞争能力。例如，瑞典、挪威对木材出口征税，以保护其纸浆及造纸工业。另外，某些发展中国家出于增加财政收入的考虑，也对本国资源丰富、出口量大的商品征收出口税，但有逐渐减少的趋势。拉丁美洲的大多数国家征收 1%～5%的出口税，亚洲、非洲的发展中国家也有征收出口税的做法。例如，为了防止跨国公司利用"转移定价"逃避或减少在所在国的纳税，向跨国公司出口产品征收高额出口税，以维护本国的经济利益。

3. 过境税（transit duty）

过境税也称通过税，是指当他国货物通过本国领域，由本国海关征收的过境税。过境关税一般是由那些拥有特殊或有利地势的国家对通过本国海域、港口、陆路的外国货物征收的税。征收过境税不仅可以增加本国的财政收入，而且还可以将税负转移给货物输出国或输入国，影响其在国际市场上的竞争能力。过境税的特点是税率比较低，这是因为：① 过境税税率过高，过境商品的价格必然较大幅度地上升，其结果不仅严重损害输出国和输入国的经济利益，而且过境商品也会因征税过多而减少，从而降低过境税收入。② 一国征收的过境税过多或税率过高势必引致其他国家的报复，使该国出口贸易受到打击，因而从低征收过境税不仅与人方便，也可为自己创造良好的贸易条件。正是基于这些考虑，《关税与贸易总协定》明确说明各缔约国之间应剔除过境税。目前，大多数国家对过境货物只征收少量的签证费、印花费、登记费、统计费等。

（二）按征收关税的目的分类

1. 财政关税（revenue tariff）

财政关税又称收入关税，为了达到增加财政收入的目的对进口货物征收财政关税必须具备以下三个条件。

（1）征的进口货物必须是国内不能生产或无代用品而必须从国外进口的货物。

（2）征税的进口货物在国内必须有大量消费。

（3）关税税率要适中或较低，税率过高将阻碍进口，达不到增加财政收入的目的。

2. 保护关税（protective tariff）

一般来说，保护关税的税率比较高，有时高达百分之几百，实际上等于禁止进口，从而达到保护的目的。目前，虽然可以采用进口许可证、进口配额等办法直接限制进口，以及采用倾销、资本输出等办法冲破关税的限制，使保护关税的作用相对减低，但它仍是保护贸易政策的重要措施之一。

（三）按差别待遇和特定的实施情况分类

1. 进口附加税（import surtax）

进口附加税是指进口国海关对进口的商品在征收进口关税的同时，出于某种特定的目的而额外再加征进口税。进口附加税不同于进口税，在一国的海关税则中并不能也不像进口税那样因受到《关税与贸易总协定》的严格约束而只能降不能升，其税率的高低往往视征收的具体目的而定。进口附加税通常是一种临时性特定措施，又称特别关税，其目的主要有：应付国际收支危机，维持进出口平衡；防止外国货物低价倾销；对某个国家实行歧视或报复措施等。

一般而言，对所有进口商品征收进口附加税的情况较少，更常用的是针对特定国家和特定商品征收。这类进口附加税主要有反倾销税和反补贴税。

（1）反倾销税（anti-dumping duty）。反倾销税是指对实行倾销的进口货物所征收的一种进口税，其目的在于抵制商品倾销，保护本国产品的国内市场。因此，反倾销税税额一般按倾销差额征收，由此抵销低价倾销商品价格与该商品正常价格之间的差额。通常由受损害产业有关当事人提出出口国进行倾销的事实，请求本国政府机构征收反倾销税。政府机构对该项产品价格状况及产业受损害的事实与程度进行调查，确认是倾销时，即征收反倾销税。政府机构认为必要时，在调查期间，还可先对该项商品进口暂时收取相当于税额的保证金。如果调查结果倾销属实，即作为反倾销税予以征收；若倾销不成立，即予以退还。有的国家规定基准价格，凡进口价格在此价格以下，即自动进行调查，不需要当事人申请。倾销停止时，应立即取消征收。滥用反倾销税的事件时有发生，反倾销税从来都是贸易大国进行关税战、贸易战的重要工具。

《关税与贸易总协定》对反倾销的国际规则做出了如下规定：① 用倾销手段将一国产品以低于正常价值的办法挤入另一国市场时，如因此对另一国领土内已建立的某项工业造成重大损害、威胁或者对其国内工业的新建产生严重阻碍，这种倾销应该受到谴责。② 缔约方为了抵消或防止倾销，可对倾销产品征收金额不超过这一产品倾销额的反倾销税。③ 正常价值是指相同产品在出口国用于国内消费时在正常情况下的可比价格。如没有这种国内价格，则是相同产品在正常贸易情况不向第三国出口的最高可比价格或者是产品在原产国的生产成本加合理的推销费用和利润。④ 不得因抵消倾销或出口补贴而对某项进口品同时征收反倾销税与反补贴税。⑤ 为了稳定初级产品的价格而建立的制度即使有时会使出口商品的售价低于相同产品在国内市场销售的可比价格，也不应认为对进口国的工业造成了重大损害。

"东京回合"达成的《1979年反倾销守则》要求发达国家在制定反倾销措施时对发展中国家给予特殊考虑。关税与贸易总协定在1979年10月10日的声明中还进一步指出，鉴于发展中国家的出口经济管理方式与国内经济管理方式不同，发达国家对发展中国家出口部门所采取的鼓励出口措施的做法要适当予以认可。同时，对发展中国家出口产品在比较正常价值上应有所区别，即不能将出口产品价格与发展中国家国内价格做比较，而应当与出口到第三国的相同产品价格相比较。针对各国对反倾销措施的滥用，世界贸易组织新达成了《反倾销协议》，其主要内容包括以下两点。

一是倾销的确定。《反倾销协议》第二条指出："在正常的贸易过程中，当一项产品的出口价格低于其在正常贸易中出口国供其国内消费的同类产品的可比价格，即以低于正常价值的价格进入另一国市场，则该产品被视为倾销。"正常价值的确定方法有三种：① 按正常贸易过程中的出口国国内销售价格；② 依该国向第三国正常贸易中的出口价格；③ 按结构价格。出口国国内市场销售价格一般是指被指控的同类产品在调查期内（通常是一年至一年半）在其本国国内市场正常贸易中的成交价（包括批发价格）或销售牌价或一段时间内的加权平均价。向第三国的出口价是指出口到适当的第三国的可比价格。选用向第三国的出口价应考虑如下因素：① 产品具有可比性；② 向所有第三国销售价格较高的产品价格；③ 向该第三国的销售做法与向反倾销调查国销售该类产品的做法相类似；④ 不能以低于成本价销售且出口量一般不低于出口到反倾销调查国市场总量的 5%。结构价格是通过同类产品在原产国的生产成本（实际消耗的原材料、折旧、能耗和劳动力等）加上合理金额的管理费、销售费、一般费用和利润确定的。出口价格是指在正常贸易中一国向另一国出口的某一产品的价格，也就是出口商将产品出售给进口商的价格。在特定情况下，如果不存在出口价格，如易货贸易、补偿贸易或是出口价格因进出口商有关联关系等原因不可靠时，出口价格可在进口产品首次转售给独立买主的价格基础上予以推定。如果该产品不是转售给独立买主或不是以进口时的状态转售时，进口成员方当局可以在合理的基础上确定出口价格。

二是损害的确定。产业损害分以下三种情况：① 实质损害。它是指对进口国国内产业造成实质性重大损害，轻微的影响不能予以考虑。对损害的确定应依据肯定性证据并应审查如下有关内容：第一，进口产品倾销的数量情况，包括调查期内被控产品的进口绝对数量及相对于进口成员方国内生产或消费相对数量是否较以前有大量增长。第二，进口产品的倾销对国内市场同类产品价格的影响，包括调查期内是否使进口成员方同类产品的价格大幅下降或者在很大程度上抑制价格的上涨和本应该发生的价格增长。第三，进口产品的倾销对国内同类产品、产业产生的影响。应考虑和评估所有影响产业状况的有关经济因素和指标，包括销售、利润、产量、市场份额、生产率、投资收益或设备利用率的实际和潜在的下降，影响国内价格的因素，倾销幅度的大小，对流动资金、库存、就业、工资、增长率、筹措资本与投资的能力的实际和潜在的消极影响，等等。② 实质损害威胁。它是指进口成员方的有关产业尚未处于遭受实质损害的境地，然而事实将会导致其遭受实质损害。对实质损害的确定应依据事实，而不是依据指控、推测或极小的可能性。③ 实质阻碍产业的新建。确定新建产业受阻必须有充分的证据，这不能被理解为倾销产品阻碍了建立一个新产业的设想或计划，而应是一个新产业的实际建立过程受阻。

（2）反补贴税（counter-vailing duty）。反补贴税又称抵消税或补偿税，它是对直接或间接接受任何奖金或补贴的外国商品的进口所征收的一种进口附加税。反补贴税的目的在于抵消国外竞争者得到奖励和补助产生的影响，从而保护进口国的制造商。这种奖励和补贴包括对外国制造商直接进行支付以刺激出口、对出口商品进行关税减免、对出口项目提供低成本资金融通或类似的物质补助。美国通过商务部国际贸易管理局进行补贴税的实施。近年来，反补贴税已成为国际贸易谈判中日益难以取得进展的领域，也使国际对等贸易的安排复杂化，因为在对等贸易中要衡量政府补贴是非常困难的。

世界贸易组织《补贴与反补贴措施协议》进一步明确了"补贴"的定义及分类。按《补贴与反补贴措施协议》，补贴是指在一成员方（以下称政府）领土内由一个政府或任一公共机构做出的财政支持，它包括政府的行为涉及一项直接的资金转移（即赠予、贷款和资产投入），潜在的资金或债务（即贷款保证）的直接转移；政府预定的收入的扣除或不征收（即税收方面的财政激励）；政府对非一般基础设施提供货物（服务）或者购买货物；政府向基金组织或信托机构支付或指示某个私人机构执行上述所列举的、一般由政府行为承担的作用。《补贴与反补贴措施协议》把补贴分为三大类，即禁止的补贴、可申诉的补贴和不可申诉的补贴。禁止的补贴是指在法律上或事实上仅向出口活动或作为多种条件之一而向出口活动提供的有条件的补贴；在法律上或事实上仅向使用本国产品以替代进口或作为多种条件之一向使用本国产品以替代进口而提供的有条件的补贴。所谓可申诉的补贴，是指在一定范围内允许实施补贴措施，但如果在实施过程中对其他成员方的经济贸易利益造成了严重损害或产生了严重的歧视性影响，则受到损害和歧视影响的成员方可对该补贴措施提出申诉。不可申诉的补贴是指补贴不具有专向性。所谓专向性，是指向特定的企业或行业的部分企业提供的补贴；如有专向性，要符合《补贴与反补贴措施协议》的规定条件。

2．差价税（variable levy）

差价税又称差额税，是当本国生产的某种产品的国内价格高于同类进口商品的价格时，为削弱进口商品的竞争力，保护本国生产和国内市场，按国内价格与进口价格之间的差额征收的关税。征收差价税的目的是使进口商品的税后价格保持在一个预定的价格标准上，以稳定进口国国内同种商品的市场价格。

对于征收差价税的商品，有的规定按价格差额征收，有的规定在征收一般关税以外另行征收，这种差价税实际上属于进口附加税。差价税没有固定的税率和税额，而是随着国内外价格差额的变动而变动，因此它是一种滑动关税（sliding duty）。

征收差价税的典型例子是欧盟所实行的共同农业政策中的差价税制度，该政策的目的在于统一欧盟区域内的农产品市场价格，保护其农畜产品免受非成员国低价农产品的竞争。欧盟征收差价税首先在共同市场内部以生产效率最低而价格最高的内地中心市场的价格为准，制定统一的指标价格（target price）。这种价格一般比世界市场的价格高，为了维持这种价格水平，欧盟还确定了干预价格，一旦中心市场的实际市场价格跌到干预价格水平，有关机构便从市场上购进农产品，以防止价格继续下跌。其次从指标价格中扣除把有关农产品从进口港运到内地中心市场的运费、保险费、杂费和销售费用后，得到门槛价格（threshold price）或闸门价格，它是差价税估价的基础。最后，根据有关产品的进口价格与门槛价格的差额确定差价税额，其计算公式为

$$差价税额＝门槛价格－进口价格$$

3．特惠税（preferential duty）

特惠税又称优惠税，是对来自特定国家或地区的进口商品给予特别优惠的低关税或免税待遇，但它不适合非优惠国家或地区的商品，其目的是增进与受惠国之间的友好贸易往来。特惠税有的是互惠的，有的是非互惠的。

特惠税最早开始于宗主国与其殖民地及附属国之间的贸易，其目的在于保护宗主国在其殖民地及附属国市场上的优势，目前仍在起作用且最有影响的是《洛美协定》规定的国家之间的特惠税，它是欧共体向参加协定的非洲、加勒比海和太平洋地区的发展中国家单方面提供的特惠关税。第一个《洛美协定》于 1975 年 2 月签订；第四个《洛美协定》于 1989 年 12 月 15 日签订，其有效期首次达 10 年（1990—2000 年）。这样，通过《洛美协定》受惠的非、加、太国家和地区从最初的 46 个增加到 69 个。按照《洛美协定》，欧共体在免税、不限量的条件下接受受惠国的全部工业品和 96%的农产品进入欧共体市场，而不要求受惠国给予反向优惠并放宽原产地限制和部分非关税壁垒。然而，它也有严格限制受惠出口国"免检进入"欧洲市场的条款。

4．普遍优惠制关税

普遍优惠制（generalized system of preferences，GSP）简称普惠制，是发达国家承诺对从发展中国家和地区进口的某些商品，特别是制成品和半制成品（包括某些初级产品）给予普遍的、非歧视的、非互惠的关税优惠待遇。普遍性、非歧视性和非互惠性是普惠制的三项基本原则。普遍性是指发达国家对所有发展中国家或地区出口的制成品和半制成品给予普遍的关税优惠待遇；非歧视性是指所有发展中国家或地区都不受歧视，无例外地享受普惠制待遇；非互惠性即非对等性，是指发达国家应单方面给予发展中国家或地区关税优惠，而不要求发展中国家或地区对发达国家提供反向优惠。

普惠制的目的是扩大发展中国家对发达国家的制成品和半成品出口，增加发展中国家的外汇收入，促进其工业化水平的提高，加速其国民经济的增长。普遍优惠制是发展中国家在联合国贸易与发展会议上长期斗争的成果。从 1968 年第二届联合国贸易与发展会议通过普惠制决议至今，普惠制已在世界上实施了 50 多年。目前，全世界享受普惠制待遇的发展中国家和地区已有 190 多个，给惠国则达到 31 个。

各给惠国根据自己的具体情况分别制定了各自的普惠制实施方案，目前全世界共有 15 个普惠制方案。从具体内容来看，各方案不尽一致，但大多数都包括以下内容。

（1）受惠产品范围。一般农产品的受惠商品较少，工业制成品或半制成品只有列入普惠制方案的受惠商品清单才能享受普惠制待遇。一些敏感性商品，如纺织品、服装、鞋类以及某些皮制品、石油制品等常被排除在受惠商品之外或受到一定的限制。

（2）受惠国家和地区。普惠制在原则上是无歧视的，但发展中国家能否成为普惠制方案的受惠国是由给惠国单方面确定的。因此，各方案大都有违背普惠制三项基本原则之处。给惠国从各自的政治、经济利益出发，对受惠国家和地区进行限制。例如，在美国的普惠制方案中，石油输出国组织、非市场经济的社会主义国家、与美国的贸易中有歧视或敌对的国家均被排除在受惠国名单之外。

（3）受惠商品关税削减幅度。普惠制的关税削减幅度取决于最惠国税率与普惠税率之间的差额，最惠国税率越高，普惠税率越低，差额越大。由于多数普惠制方案对农产品实行减税，对工业品实行免税，因此一般工业品差幅较大，农产品差幅较小。

（4）对给惠国的保护措施的规定。给惠国一般都规定保护措施，以保护本国某些产品的生产和销售，一般有以下三种保护措施。

① 预定限额（prior limitation）。它是指给惠国根据本国和受惠国的经济发展水平及贸易状况预先规定一定时期内（通常为 1 年）某项产品的关税优惠进口限额，达到这个额度后，就停止或取消给予关税优惠待遇而按最惠国税率征税。给惠国通常采用预定限额对工业产品的进口进行控制。

② 免责条款。当受惠国的商品出口量增加到对本国同类产品或有竞争关系的商品的生产者造成或即将造成严重损害时，给惠国保留完全取消或部分取消关税优惠待遇的权利。

③ 竞争需要标准。对来自受惠国的某种进口货物，如超过给惠国当年所规定的进口额度，则取消下年度该种商品的关税优惠待遇。

（5）对原产地的规定。为了确保普惠制待遇只给予发展中国家和地区生产和制造的产品，各给惠国制定了详细、严格的原产地规则。原产地规则是衡量受惠国出口产品能否享受给惠国给予减免关税待遇的标准。原产地规则一般包括三个部分：原产地标准、直接运输规则和书面证明书。所谓原产地标准，是指只有完全由受惠国生产或制造的产品或者进口原料或部件在受惠国经过实质性改变而成为另一种不同性质的商品，才能作为受惠国的原产品，享受普惠制待遇。所谓直接运输规则，是指受惠产品必须由受惠国直接运到给惠国。由于地理上的原因或运输上的需要，受惠产品可以经过他国领土转运，但必须置于过境国海关的监管下，未投入当地市场销售或再加工。所谓书面证明书，是指受惠国必须向给惠国提供由受惠国政府授权的签证机构签发的《普惠制原产地证书》表格 A（form A），以作为享受普惠制减免关税优惠待遇的有效凭证。

（6）毕业条款。一些给惠国按照自己的定义和标准取消了一些已经获得较强出口竞争力的发展中国家的普惠制待遇。毕业标准可分为国家毕业和产品毕业两种。当从受惠国进口某项产品的数量增加到对给惠国相同产品或直接竞争性产品的生产、制造商造成或可能造成威胁或损害时，给惠国则对该受惠国的该项产品完全或部分取消普惠制优惠关税待遇的资格，如此称为产品毕业。一旦某发展中国家（地区）工业化程度和经济发展水平有了较大的提高并且在国际贸易中显示出较强的出口竞争能力，在国际市场上占有较大份额时，给惠国则对该发展中国家（地区）完全取消受惠国资格，如此称为国家毕业。

（7）普惠制的有效期。普惠制的实施期限为 10 年，经联合国贸易与发展会议全面审议后可延长。

（四）按征税方法或征税标准分类

1. 从量税（specific duty）

从量税是以货物的重量、数量、长度、容量和面积等计量单位为标准计征的关税。例如，美国对薄荷脑的进口征收从量税，普通税率为每磅 50 美分，最惠国税率为每磅 17 美分。从量税的计算公式为

$$从量税税额=商品计量单位数×从量税率（每单位的从量税）$$

重量单位是最常用的从量税计量单位。各国在实际应用中计算重量的标准各不相同，一般采用毛重、法定重量和净净重。毛重（gross weight）指商品本身的重量加内外包装的总重量。法定重量（legal weight）指商品总重量扣除外包装后的重量。净净重（net net weight）则指商品本身的重量，不包括内外包装的重量。从量税的优点在于课税标准一定，而且征收手续比较简便，其缺点则在于同种类的货物不论等级高下均课以同税率的关税，这使得课税有失公平，而且其税额也不能随物价的变动而调整。从量税不宜普遍采用，征收对象一般是谷物、棉花等大宗产品和标准产品，对某些商品如艺术品及贵重物品（古玩、字画、雕刻、宝石等）则不宜使用。

2．从价税（ad valorem duties）

从价税是以商品的价格为标准征收的关税，它是按价格的一定百分比征收。从价税的计算公式为

$$从价税税额=进口货物总值×从价税率$$

从价税税额随价格的上升而增加，随价格下跌而减少，关税收入直接与价格挂钩。进口从价税势必影响进口商品的国内价格，使之高于进口价格，差额应相当于进口税额，从而减少国内需求。出口从价税势必影响出口商品的出口价格，使之高于国内价格，差额相当于出口税额，从而减少国外需求。如何确定进出口商品的完税价格是征收从价税的关键。所谓完税价格，是指经海关审定的作为计征关税依据的货物价格。各国规定了不同的海关估价确定完税价格，目前大致有 CIF 价、FOB 价和法定价格。从价税的特点在于：① 税负合理。同类商品质高价高，税额也高；质次价低，税额也低。② 由于从价税随着商品价格的升降而变化，因此在价格上升时，税额增加，保护作用大；价格下降时，税额减少，保护作用小。③ 各种商品均可适用。④ 从价税税率以百分数表示，便于各国之间进行比较。⑤ 完税价格不易掌握，征税手续复杂，大大增加了海关的工作负荷。

3．混合税（mixed duty）

混合税是在税则的同一税目中定有从量税和从价税两种税率，采用从量税和从价税同时征收的一种方法。混合税计算公式为

$$混合税税额=从量税税额+从价税税额$$

因从量、从价的主次不同又可分为两种情况：① 以从量税为主，加征从价税；② 以从价税为主，加征从量税。

4．选择税（alternative duty）

选择税是指对某种商品同时制定从量税和从价税，但按规定征收其中的一种。一般是选择税额较高的一种税率征收，在物价上涨时使用从价税，在物价下跌时使用从量税。有时，为了鼓励某种商品的进口或给某出口国以优惠待遇，也有选择以二者中税额较低的税率征收关税的情况。

（五）按关税保护的程度和有效性分类

1．名义关税（nominal tariff）

某种进口商品进入一国关境时，海关根据海关税则对其征收的关税税率为名义关税

税率。

2. 有效关税（effective tariff）

由于经济全球化和国际分工由产业间向产业内发展，中间产品贸易量大大增加，因此国际贸易产品很少完全产自一个国家，许多产品的生产需要引进投入和进口零部件，中间产品贸易的存在给关税经济分析及关税保护效应的估量造成了极大的差别。

1955 年，加拿大的巴伯在其《加拿大关税政策》一书中首次提出了有效保护的概念。

简单计算的名义关税没有考虑到关税对产品不同生产阶段的不同影响。如果一个国家对最终产品的进口征收关税，就会提高该产品的国内价格，从而提高国内生产的同类产品的增加值。如果对原材料或中间产品的进口征收关税，原材料或中间产品的价格就会上涨，从而使任何购买该产品作为投入品的部门减少其最终产品的增加值。相对于名义保护率的有效保护率则是将用于成品生产的原料和中间投入上的关税壁垒因素考虑在内，吸收了生产结构方面的信息，从而成为比名义保护率更为准确的测定保护程度的方法。

关税的有效保护率（effective rate protection，ERP）又称实际保护率，是指一个国家征收关税后单位产品产出增值量与自由贸易条件下单位产品产出增值量相比增加的百分比。关税的有效保护率的计算公式为

$$关税的有效保护率 = \frac{国内加工增值 - 国外加工增值}{国外加工增值} \times 100\%$$

$$ERP = \frac{V' - V}{V} \times 100\%$$

式中：ERP 为关税的有效保护率；V' 为征收关税条件下的增值量；V 为自由贸易条件下被保护商品生产过程中的增值量。

试以服装工业为例。假定在自由贸易的条件下，服装和生产服装的投入物（布、纽扣等）的国际价格分别为 20 美元和 12 美元，那么生产服装的增值量为 8 美元。假如对服装的进口征收 30%的名义关税，则进口国市场价格提高到 26 美元，而投入物的税率为零，生产服装的增值量便为 14 美元。因此，服装的有效关税税率为(14-8)/8×100%=75%，而其名义关税税率却为 30%。假如对服装的进口征收 40%的名义关税，则进口国市场价格提高到 28 美元，而投入物的税率仍为零，生产服装的增值量便为 16 美元。因此，服装的有效关税税率为(16-8)/8×100%=100%，而其名义关税税率却为 40%。

由此可见，有效关税税率是通过结构性关税，按产品加工程度由浅到深逐渐提高关税税率的，这样，对最终产品的实际保护程度比名义关税税率所表现的保护程度要高得多。因此，有效的关税保护主要是关税制度对加工工业的保护。关税的有效保护率是某项加工工业中全部受关税制度影响而产生的增值比。

在实际生产中，由于一个产业部门的投入要素是多样的，因此，有效关税税率也可以采用如下的计算公式

$$ERP = \frac{t - a_i t_i}{1 - a_i}$$

式中：t 为进口最终商品的名义关税税率；a_i 为进口投入系数，即进口原材料在最终产品中所占的比重；t_i 为投入物的名义关税税率。由上式可知：

（1）当 $t > t_i$ 时，ERP $> t$。

（2）当 $t = t_i$ 时，ERP $= t$。

（3）当 $t < t_i$ 时，ERP $< t$。

由此可见，有效关税税率和名义关税税率是有很大区别的，最终产品的名义关税税率小于原材料的名义关税税率时，最终产品的关税有效保护率小于对其征收的名义关税税率，甚至会出现负保护，生产者无利可图，鼓励了成品的进口。

要使本国的产业得到较好的保护，需要制定一个合理的关税结构制度。在现实生活中，许多国家对原材料实行低关税，对半成品实行较高关税，对制成品实行高关税，一些工业发达国家的有效关税税率往往比名义关税税率高得多。

三、海关税则和通关手续

（一）海关税则

1. 海关税则的内容

海关税则（customs tariff）又称关税税则，是一国对进出口商品计征关税的规章和对进出口应税与免税商品加以系统分类的一览表。海关税则是关税制度的重要内容，是关税政策的具体体现。

海关税则一般包括两个部分：① 海关课征关税的规章条例及说明；② 关税税率表。

关税税率表是海关税则的主要内容，包括三个部分，即税则号列，简称税号；商品分类目录；税率栏目。

税则中的商品分类有的按商品加工程度划分，有的按商品性质划分，也有的按二者结合划分——按商品性质分成大类，再按加工程度分成小类。

2. 税则制度

（1）《海关合作理事会税则目录》。各国海关都分别编制本国的海关税则，但由于各国海关在商品名称、定义、分类标准及税则号列的编排方法上存在差异，使得同一商品在不同国家的税则上所属的类别和号列互不相同，因此给国际贸易活动和经济分析带来很多困难。1952 年，海关合作理事会在布鲁塞尔召开国际会议并制定了《海关合作理事会税则目录》（*Customs Cooperation Council Nomenclature*，CCCN），或称《布鲁塞尔税则目录》（*Brussels Tariff Nomenclature*，BTN）。这个税则目录以商品性质为主，结合加工程度把全部商品分为 21 大类 99 章（小类）1011 项税目，各国可在税目下加列子目。商品分类之所以如此细致，既是为了反映商品种类增多，同时也是为了便于实行关税差别和贸易歧视政策。海关税则是一国关税政策的具体体现。

（2）《商品名称及编码协调制度》。为了使国际贸易商品的分类统计与关税税则目录分类协调统一，兼顾海关、贸易统计与运输保险业的共同需求，海关合作理事会下设的协调制度委员会研究制定了《商品名称及编码协调制度》（*Harmonized description and Coding System* H.S.，简称《协调制度》）。该制度于 1983 年 6 月以国际公约的形式正式获得通过，于 1988 年 1 月 1 日开始在国际上实施，我国海关于 1992 年 1 月 1 日开始采用该制度。

《协调制度》是在《海关合作理事会税则目录》与联合国统计委员会的《国际贸易标

准分类》的基础上吸收了国际上其他分类的长处，为统一和协调国际商品分类体系而编制的。它将商品分为 21 类 97 章，下设 1241 个四位数的税目、5019 个六位数的子目。《协调制度》是一个新型的、系统的、多用途的国际贸易商品分类体系，它除了用于海关税则和国际贸易统计外，对运输业的计费和统计、计算机数据传递、国际贸易单证简化以及普惠制的受惠标准等方面都提供了一套可使用的分类制度，避免了一种商品在一次国际贸易交易中因成交、检验、保险、出运、议付、报关和统计等环节而多次改动商品编号的情况。

3．海关税则的分类

（1）根据同一税目下税率种类的多少，海关税则可分为单式税则和复式税则。

单式税则是指一个税目下只有一种税率，适用于来自任何国家的同类商品的进口，没有差别待遇。在垄断前的资本主义时期，各国都使用单式税则。进入垄断阶段以后，为了在国际竞争中取得优势，大部分国家在关税上都采用差别和歧视待遇，改用复式税则，只有少数发展中国家如委内瑞拉、巴拿马、肯尼亚等还在使用单式税则。

复式税则是指一个税目下有两种以上的税率，对来自不同国家的进口商品使用不同税率。各国的复式税则不同，栏数不等，设有普通税率、最惠国税率、协定税率、特惠税率等，一般是普通税率最高，特惠税率最低。我国目前采用二栏税则，美国、加拿大等国实行三栏税则，而欧盟等国实行四栏税则。资本主义国家使用复式税则是出于贸易竞争的需要，它们对不同国家实行差别或歧视待遇以获取关税上的互惠，以稳定其商品销售市场和原料来源。许多发展中国家为保护民族经济，发展在平等互利基础上的经济合作，也使用复式税则。

（2）根据各国税则制定方式的不同，海关税则可以分为自主税则和协定税则。

自主税则又称国定税则，是一国立法机关根据关税自主原则独立制定的一种税则。

协定税则是一国与其他国家或地区通过谈判，以贸易条约与协定的形式而订立的一种税则，它是在本国原有自主税则的基础上，通过关税减让谈判，另行规定一种税率，该税率不仅适用于该贸易条约或协定的签字国，而且某些协定税率也适用于享有最惠国待遇的国家。

（二）通关手续

通关手续又称报关手续，是指出口商或进口商向海关申报出口或进口，接受海关的监督与检查，履行海关规定的手续。办完通关手续，结清应付的税款和其他费用，经海关同意，货物即可通关放行。通关通常包括申报（declaration）、查验（inspection）、放行（release）三个基本环节。

（1）货物申报。货物进、出境时，必须由货物所有人或其代理人按照规定向海关申报。申报时应交验报关单、许可证、提单或运单、发票、装箱单、原产地证书、合同或有关规定的文件证明等。

（2）货物的查验与放行。海关在审核单证、查验货物、征收税款和费用后，即在办妥一切海关手续后在提单、运单、装货单上加盖海关放行图章以示放行。收、发货人必须凭海关签印发行的单据向港口、民航、车站、集装箱场或邮局办理提取或托运手续。

（3）报关时限。报关时限主要指进口商应在货物到达港口后在规定的工作日期限内向海关办理申报手续，超过法定申报时限未向海关申报的，海关要征收滞报金。

（4）填写报关单。经海关审批准予注册，可以直接向海关办理进、出口海关手续的报关单位，指派经海关考核认可并持有海关签发的报关证件的报关员向海关报关，填写《进口货物报关单》或《出口货物报关单》，作为向海关申报的书面文件。进、出口货物报关单的各项内容必须与实际货物及交验的单证一致，做到单、货、证三者相符，主要项目为经营单位、贸易性质、贸易国别、原产国别（地区）、货名、规格及货号、成交价格、数量、单位等。

最后应注意，发达国家的报关手续往往十分繁杂，为了及时通关提货，可以委托熟悉海关规章的报关行代为办理报关手续。

四、关税的经济效应

关税理论是比较和选择国际贸易政策的重要理论依据。征收关税将对进出口国的经济产生多方面的影响，如引起出口商品国际价格和国内价格的变动，引起进出口国在生产、分配、交换、消费等方面的调整。所有这些影响都是关税的经济效应，它主要包括价格效应、贸易条件效应和国内效应等。

（一）价格效应

价格效应是指征收关税对进口国价格的影响。进口商向海关缴纳关税后，总要相应地提高进口商品的价格。研究价格效应要回答两个问题：一是进口商品价格上涨额是否总等于所缴关税税额；二是关税是否完全由进口国国内消费者负担。

大国对进口商品征收关税，进口商品成本增加，其在国内市场上的价格提高，需求量减少，进口量下降。由于大国的进口量占国际市场进口量的比重较大，它的减少足以引起国际市场价格的下跌，进而引发大国的贸易对手国（即出口国）的价格的下跌。因此，大国征收关税，其关税税额由本国消费者和出口国的出口商共同承担。究竟大国可将多少关税税额转嫁给出口国的出口商则取决于进口国对进口商品的需求价格弹性及出口国的供给价格弹性。出口国供应商对国际市场上供过于求的应变能力越强，就越能不负担或少负担由进口国转嫁过来的那部分关税。

小国对进口商品征收关税，进口商品成本增加，其在国内市场上的价格提高，其需求量减少，进口量下降。由于小国的进口量在整个国际市场上显得微不足道，它的变化不足以引起国际市场进口量的变化，也就不会影响出口国的商品价格。因此，小国征收的关税税额完全由本国的消费者承担。小国只能作为国际市场价格的接受者，但它可以从大国所引起的国际市场价格的下降中获得一定的利益。

（二）贸易条件效应

关税的贸易条件效应是指征收关税对进口国贸易条件的影响。贸易条件是一国用出口交换进口的条件，出口商品能交换到更多的进口商品时，贸易条件改善；反之，则为贸易条件恶化。

对于进口大国来说，假定出口商品的价格不变，而向进口商品征收关税，使其国内价格上涨，其结果是国内消费需求减少，进口量减少。由于大国的进口量占世界进口量的比重较大，其进口量的锐减势必导致该商品在国际市场上供大于求，从而使该商品的国际市场价格下跌。由此该国出口/进口价格比率上升，即一定量的出口商品能换回更多的进口商品，这表示贸易条件得到改善。对于该商品的出口国来说，假定其他商品进口价格不变，由于该商品出口价格的降低，不得不以更多的商品出口换回原先数量的进口商品，出口/进口的价格比率下降，贸易条件趋于恶化。对于进口小国来说，情况则不同。小国对进口商品征收关税致使该商品的国内价格上涨，从而使该商品的国内需求减少，进口量减少。由于小国进口量的减少并不会对国际市场的供求关系产生显著影响，不能引起该进口商品在国际市场价格的变动，因此不能产生贸易条件效应。

（三）国内效应

征收关税给予进口国国内经济的各种影响可从消费效应、税收效应、保护效应和再分配效应等方面加以分析。现假定考察的是一个小国征收进口关税的国内效应。这表明，该国进口关税全部由国内消费者负担。这是因为小国的进口需求量只占世界进口量很少的一部分，无法影响进口商品的国际市场价格。换言之，小国是价格的接受者，而大国是价格的影响者或决定者，从而能将其关税部分地转嫁给出口国，这正是关税分析的大国模型与小国模型的基本区别。

1. 消费效应（关税对消费量的影响）

如图 9-1 所示，假设进口商品的出口价格为 OP_1，关税为 P_1P_2，于是进口商品的实际价格为 OP_2。在未征收关税时，总需求量为 OQ_1；征收关税后，总需求量因为价格上涨而下降到 OQ_3，可见，关税降低了征税商品的总消费量，这就直接损害了进口商品消费者的利益。这种利益损害不仅表现在消费者必须用更高的价格购买进口商品，从而在收入既定的条件下减少了其他商品的消费，更主要的是降低了消费者的额外满足程度——消费者剩余（consumer's surplus），即消费者在购买商品时所得到的总效用和实际支付的总效用之间的差额。

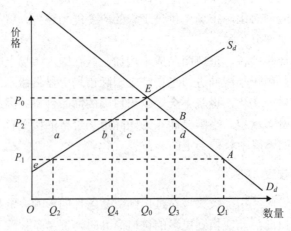

图 9-1　关税的局部均衡效应

自由贸易时，消费者剩余为

$$OEAQ_1 - OP_1AQ_1 = EP_1A$$

征关税后，消费者剩余为

$$OEBQ_3 - OP_2BQ_3 = EP_2B$$

征收关税从而价格上涨到OP_2时，消费者剩余相对减少，减少部分为a+b+c+d。

2．税收效应（征收关税对国家财政收入的影响）

未征收关税时，价格为OP_1，进口量为Q_1Q_2，政府不能从中取得关税收入。征收关税后，商品价格上升为OP_2，进口数量减少为Q_3Q_4，这样政府就取得以面积 c 为代表的税收收入。

3．保护效应（关税对本国工业提供保护的影响）

在不开展对外贸易时，该种商品以OP_0价格出售，供给量与需求量均为OQ_0，开展自由贸易后，价格跌至OP_1，本国生产者只提供OQ_2，较自由贸易前减少了Q_2Q_0。征收关税后，由于价格上升为OP_2，本国生产者愿提供OQ_4数量的商品，即增加了Q_2Q_4。这个增加量就是关税进行保护的结果。关税税率越高，保护程度也就越高，关税上升到P_1P_0时，进口就完全停止，关税的保护效应发挥得最彻底。

4．再分配效应（关税对收入分配发生转移的影响）

征收关税后，一般会发生消费者的收入向生产者转移的收入再分配现象。未征收关税时，生产者的总收益是价格OP_1乘以数量OQ_2，即用OP_1与OQ_2所形成的矩形来表示。在该矩形中，供给曲线S_d下面的部分代表边际成本，其上面的部分即面积 e 是生产者所得的利润（总收益–成本），或称生产者剩余（producer surplus）。同理，征收关税后，价格上升到OP_2，生产者剩余又增加了相当于面积 a 的数量。面积 a 所代表的那部分数量正是消费者所失去的剩余，也是消费者用价格形式支付给生产者的。显然，由于关税的作用，消费者的一部分收入已转移到生产者手里。

综上所述，征收关税的结果是增加了生产者的剩余和政府的收入，其数额相当于面积 a 和面积 c，同时减少了消费者的福利，其数额相当于a+b+c+d。可见，征收关税最后会使本国遭受净损失，其数量相当于b+d。b 是征收关税导致国内生产数量增加Q_2Q_4时，国内生产成本较高所带来的国民损失。d 是征收关税导致商品价格上涨时，消费量减少所引起的国民损失。

结论是：征收关税会降低贸易双方的国民福利和全世界的福利，严重损害消费者的利益，但对生产进口替代商品的行业和厂商绝对有利。反之，降低关税能增进贸易双方的国民福利和消费者利益，而仅仅对相关的一部分生产者不利。只有在极少数情况下，如在进口大国能用关税影响与国外进行贸易的价格，使得从中所获得的利益超过它所产生的国民净损失时或在本国经济存在其他办法无法纠正的缺陷时，才能考虑采用征收关税的政策手段。简言之，实行自由贸易才是明智之举。

第二节　非关税壁垒

非关税壁垒能比关税更直接、有效地限制商品进口，其种类繁多、形式多样，对国际

贸易产生严重的阻碍作用。

一、非关税壁垒概述

（一）非关税壁垒的含义

非关税壁垒（non-tariff barrier，NTB）是指除关税措施以外的一切限制进口的措施，它和关税壁垒一起充当政府干预贸易的政策工具。

（二）非关税壁垒的特点

非关税壁垒虽然与关税壁垒一样可以限制外国商品进口，却有其自身显著的特点。

1. 灵活性

尽管在商品的分类上可以较灵活地更多地抬高进口商品的关税，但是税率是公开的，商品分类也不能过分随意，同时各国关税税率的制定必须通过立法程序并要求具有一定的连续性，调整或更改受限，因此，关税壁垒的灵活性很弱。而非关税壁垒措施通常采用行政手段，其制定、改变或调整更迅速、简单，伸缩性大，每一类措施都能根据需要做必要的变动，有时是宽松的限制，有时又成了严格的壁垒。

2. 有效性

关税壁垒对进口的限制主要是通过征收高额关税以提高进口商品的成本来实现的。当面对国际贸易中越来越普遍出现的商品倾销和出口补贴等鼓励出口措施，关税就会显得有些乏力。同时，跨国公司用大幅度压低出口价格来占领对方市场的做法使关税的保护作用大为削减。而非关税壁垒主要依靠行政机制来限制进口，这种做法更加直接，往往也更加严厉，其保护作用是十分有效的。

3. 隐蔽性

关税壁垒要有效地限制进口，其途径只能是提高关税税率，而关税税率必须在海关税则中公布，自然无隐蔽性可言。非关税壁垒措施既能以正常的海关检验要求的名义出现，又可借用进口国的有关行政规定和法令条例，还可巧妙地隐藏在具体执行过程中而无须做公开的规定。这样，人们往往难以清楚地辨识和理由充分地反对这类政策措施，从而增加了反对保护贸易主义的艰巨性和复杂性。

4. 歧视性

一国只有一部关税税则且由于最惠国待遇条款的约束，各国具有给不同国家以同等待遇的义务，而非关税壁垒可以实行贸易歧视政策，向各国提供不同的贸易待遇。例如，英国生产的糖果在法国市场上曾经十分畅销，后来法国在食品卫生法中规定禁止进口含有红霉素的糖果，而英国糖果普遍使用红霉素染色，这样一来，英国糖果就失去了在法国的市场。

非关税壁垒的这些特点显然更有利于保护贸易政策的实施。20 世纪 70 年代以来，非关税壁垒取代关税壁垒成为保护贸易政策的主要手段无疑有其必然性。

二、非关税壁垒的主要种类

（一）进口配额制

进口配额制（import quota system）是一国政府在一定时期内（通常为 1 年）直接规定某些商品的进口数量或金额，在规定的期限内，配额以内的商品准予进口，超过则禁止进口或征收较高的关税甚至罚款以后才准许进口。进口配额制在实施中又可分为绝对配额和关税配额两类。

1. 绝对配额

绝对配额（absolute quota）是指在一定时期内对某些商品的进口数量或金额规定一个最高限额，达到这个限额后，便不准再进口。绝对配额在具体实施过程中分为全球配额和国别配额。

（1）全球配额（global quota）。不分国籍、地区，只规定在一定时期内进口某种商品的总限额，一旦进口达到这个限额，便不再进口。

由于全球配额不限定进口国别或地区，因而进口商取得配额后可从任何国家或地区进口。这样，邻近国家或地区因地理位置接近、交通便捷、到货迅速，处于有利地位。这种情况使进口国家在限额的分配和利用上难以贯彻国别政策，因而不少国家转而采用国别配额。

（2）国别配额（country quota）。根据某种商品的原产地，按国别或地区分配固定的配额，超过规定的配额便不准再进口。商品在进口时必须提交原产地证明。与全球配额不同的是，实行国别配额可以很方便地贯彻国别政策，具有很强的选择性和歧视性。进口国往往根据其与有关国家或地区的政治、经济关系分别给予不同的额度，这又分为两种情况。

① 自主配额（autonomous quota），又称单方面配额（unilateral quota），是进口国家完全自主地、单方面强制规定在一定时期内从某个国家或地区进口某种商品的配额。分配额度的差异易引起出口国家或地区的不满或报复。

② 协议配额（agreement quota），又称双边配额（bilateral quota），是由进口国和出口国政府或民间团体之间协商确定的配额。协议配额如果是通过双方政府协议达成，一般必须将配额在进口商或出口商中进行分配；如果是双方的民间团体之间达成的，应首先获得政府许可。由于协议配额是双方协商决定的，因此较易执行。

2. 关税配额

关税配额（tariff quota）即对商品进口的绝对数额不加限制，而对一定时期内在规定配额以内的进口商品给予低税、减税或免税待遇；对超过配额的进口商品则征收较高的关税或征收附加税（罚款）。例如，墨西哥对进口的前 10 000 辆汽车只征收 20%的从价税，对之后进口的 5000 辆汽车则要征收 25%的从价税。按商品进口的来源，关税配额可分为全球关税配额和国别关税配额。按征收关税的目的，可分为优惠性关税配额和非优惠性关税配额。

（1）优惠性关税配额，即对关税配额内进口的商品给予较大幅度的关税减让甚至免税，对超过配额的进口商品即征收原来的最惠国税率。

（2）非优惠性关税配额，即对关税配额内进口的商品征收原来的进口税，对超过关税配额的进口商品就征收较高的进口附加税或罚款。

（二）"自愿"出口配额制

"自愿"出口配额制（voluntary export quota），又称"自动"限制出口（voluntary restriction of export），是指出口国家或地区在进口国的要求或压力下"自动"规定某一时期内（一般为 3～5 年）某些商品对该国的出口限制，出口国家或地区在限定的额度内自行控制出口，超过限额即禁止出口。

"自愿"出口配额制和进口配额制虽然从实质上来说都是通过数量控制来限制进口，但仍有诸多不同之处。"自愿"出口配额制不是由进口国直接控制进口配额来限制商品的进口，而是由出口国"自愿"限制商品对指定进口国的出口。但是，事实上，自愿出口限制并非自愿出口国真正自愿的，它往往带有强制性。进口国常常以某商品大量出口使其有关工业部门受到严重损害造成所谓的"市场混乱"为理由，要求出口国实行"有秩序增长"数量，否则将单方面强制限制进口。在这种情况下，出口国不得不"自愿"限制出口。

"自愿"出口配额制主要有以下两种形式。

（1）非协定的"自愿"出口配额。这是指不受国际协定的约束，由出口国在进口国的压力下自动、单方面地规定出口限额，限制出口的一种措施。出口商必须向政府主管部门申请配额，在领取出口授权书或出口许可证后才能出口，也有的是由出口国大的出口厂商或协会在政府的督导下"自动"控制出口。

（2）协定的"自愿"出口配额。这是指进出口双方通过谈判签订"自动限制协定"（self-restriction agreement）或"有秩序销售协定"（orderly marketing agreement）来限制出口的办法。

（三）进口许可证制

进口许可证制（import license system）是指一国政府规定某些商品的进口必须得到国家有关部门的批准，领取许可证之后才能进口的一种行政措施，常与配额、外汇管制等结合运用。

进口许可证按照其与进口配额的关系，可分为以下两种。

（1）有定额的进口许可证。国家有关机构预先规定有关商品的进口配额，然后在配额的限度内，根据进口商的申请对每笔进口货物发给进口商一定数量或金额的许可证，配额用完即停止发放。

（2）无定额的进口许可证。进口许可证不与进口配额相结合，有关政府机构预先不公布进口配额，只是在个别考虑的基础上对有关商品颁发进口许可证。由于它是个别考虑的，没有公开的标准，因此更具有隐蔽性，会给正常的国际贸易带来困难，起到更大的限制进口的作用。

进口许可证按照商品的许可程度又可以分为以下两种。

（1）公开一般许可证，又称公开进口许可证、一般许可证或自动进口许可证，它对进口国别或地区没有限制，凡列明属于公开一般许可证的商品，进口商只要填写公开一般许可证后，即可获准进口。因此，这一类商品实际上是可"自由进口"的商品。填写许可证的目的不在于限制商品进口，而在于管理进口，如海关凭许可证可直接对商品进行分类统计。

（2）特种进口许可证，又称非自动进口许可证。进口商必须向政府有关当局提出申请，经有关当局逐笔审查批准后才能进口，它往往指定商品的进口国别或地区。

（四）外汇管制

外汇管制（foreign exchange control）也称外汇管理，是指一国政府通过法令对国际结算和外汇买卖实行限制措施来平衡国际收支和维持本国货币汇价的一种制度。

实行外汇管制的国家，出口商必须将其出口所得外汇收入结售给外汇管理机构，进口商也必须在外汇管理机构按官方汇率申请购买外汇，对本国货币携带出入境一般也有严格的限制。政府有关机构通过确定官方汇率、集中外汇收入和控制外汇支出、实行外汇分配达到限制进口商品数量、品种和国别的目的，具体可分为以下几种。

（1）数量性外汇管制。国家外汇管理机构对外汇买卖的数量直接进行限制和分配。进口商在进口时必须向国家外汇管理部门申请外汇额度，经外汇管理部门批准之后方可获得外汇，支付进口货款。显然，国家控制外汇的使用数量能够有效地限制进口。

（2）成本性外汇管制。国家外汇管理机构对外汇买卖实行复汇率制度，利用外汇买卖成本的差异间接影响不同商品的进出口，达到阻碍或限制某些商品进出口的目的。例如，对适当允许进口的商品使用普通汇率；对鼓励进口的商品使用优惠汇率；对严格限制进口的商品使用惩制性汇率，即高价购买外汇，使进口商品的成本增加，竞争力下降，从而达到限制其进口的目的。

（3）混合性外汇管制。同时采用数量性和成本性外汇管制的办法对外汇实行更为严格的控制，以影响控制商品的进出口。

（五）进口押金制度

进口押金制度（import advanced deposit system）是指进口商在进口时必须预先按进口金额的一定比率和规定的时间，在指定的银行无息存入一笔现金并冻结一定时期，相当于征收一定比率的进口附加税。这样就增加了进口商的资金负担，从而起到了限制进口的作用。

（六）最低限价制

最低限价（minimum price）制是指一国政府规定某种进口商品的最低价格，凡进口商品的价格低于这个标准，就加征进口附加税或禁止进口（prohibitive import）。例如，20世纪 70 年代，美国为了抵制欧洲国家和日本的低价钢材、钢制品进口，在 1977 年对这些产品进口实行"启动价格制"。

（七）进出口国家垄断

进出口国家垄断（foreign trade under state monopoly）是指对某些或全部商品的进出口

规定由国家机关直接经营或者把商品进口或出口的垄断权给予某些垄断组织。

各国国家垄断的进出口商品主要有三大类：第一类是烟酒。烟酒不是生活必需品，却是消费者众多、消费量很大的商品，国家可以从烟酒进出口垄断中取得巨大的财政收入。第二类是农产品。农产品是敏感性商品，关系到国计民生，因此许多国家对农产品实行垄断经营。例如，美国的农产品信贷公司是世界上最大的农产品贸易垄断企业之一，当农产品价格低于支持价格时，该公司就按支持价格大量收购农产品，以维持价格水平，然后以低价向国外市场大量倾销或者"援助"短缺国家。这样既维护了农场主的利益，又增加了出口，尤其是限制了外国农产品的进口。第三类是武器。它关系到国家安全与世界和平，自然要受到国家专控。

（八）歧视性政府采购政策

歧视性政府采购政策（discriminatory government procurement policy）是指国家通过法令和政策规定政府机构采购时必须优先购买本国产品，从而使进口商品大受歧视，限制了进口商品的出售，此政策还可延伸到与对外贸易有关的海运、承包工程等方面。

美国政府是实行此项政策最为典型的代表。从 1938 年起，美国曾多次制定和修改《购买美国货法》，以法律形式确保政府机关优先购买美国货并具体规定美国给予本国厂商 6%的价格优惠。此外，美国还规定进口商品的国产比例，即规定进口商品的零配件由本国提供的比率，有的产品的本国成分的要求高达 60%。

（九）海关估价

海关估价（customs valuation）是指一国按照从价税征收关税时，由海关根据国家的规定确定进口商品完税价格并以海关估定的完税价格作为计征关税基础的一种制度。因此，海关有了很大的见机行事的权力。有些国家通过海关高估进口商品价格的办法有意增加进口商品的关税负担，阻碍商品的进口。例如，美国"售价制"的特殊估价标准使焦油产品、胶底鞋类、蛤肉罐头和毛手套等商品的国内售价很高，从而使这些进口商品的税收负担大大增加。

（十）各国国内税

国内税（internal taxes）是一国国境内生产、销售、使用或消费的商品所应支付的捐税。利用国内课税制度对进口商品和国产商品实行不同的征收方法和不同的税率可增加进口商品的纳税负担，削弱其在进口国的竞争能力，以达到限制进口的目的。这是一种比关税更灵活、更易于伪装的限制进口的政策手段。

（十一）技术贸易壁垒

技术贸易壁垒（technical barriers to trade，TBT）是指一国以维护国家安全或保护人类健康和安全、保护动植物的生命和健康、保护生态环境、防止欺诈行为或保证产品质量为由，采取一些强制性或非强制性技术措施造成其他国家商品自由进入该国的障碍。

技术贸易壁垒包括如下内容。

1．技术标准与法规

技术标准是指经公认机构批准的、非强制执行的、供通用或重复使用的产品或相关工艺和生产方法的规则、指南或特殊文件。有关专门术语、符号、包装、标志或标签要求也是标准的组成部分。

技术法规是指必须强制执行的有关产品特性或其相关工艺和生产方法，包括法律和法规，政府部门颁布的命令、决定、条例，技术规范、指南、准则、指示，专门术语、符号、包装、标志或标签要求。

2．合格评定程序

合格评定程序一般由认证、认可和相互承认组成，影响较大的是第三方认证。认证是指由授权机构出具的证明，一般由第三方对某一事物、行为或活动的本质或特征，经当事人提出的文件或实物审核后给予的证明，这通常被称为第三方认证。认证可分为产品认证和体系认证。

产品认证主要指产品符合技术规定或标准的规定，其中，因产品的安全性直接关系到消费者的生命健康，所以产品的安全认证为强制认证。欧盟对欧洲以外的国家的产品进入欧洲市场要求符合欧盟指令和标准（CE）；北美主要有美国的 UL 认证和加拿大的 CSA 认证；日本有 JIS 认证。

3．包装和标签要求

近十几年来，发达国家相继采取措施大力发展绿色包装，主要有以下几种做法。

（1）以立法的形式规定禁止使用某些包装材料，如含有铅、汞和镉等成分的包装材料，没有达到特定的再循环比例的包装材料，不能再利用的容器等。

（2）建立存储返还制度。许多国家规定，啤酒、软性饮料和矿泉水一律使用可循环使用的容器，消费者在购买这些物品时向商店缴存一定的保证金，以后退还容器时由商店退还保证金。日本分别于 1991 年和 1992 年发布并强制推行了《回收条例》和《废弃物清除条例修正案》。

（3）税收优惠或处罚，即对生产和使用包装材料的厂家，根据其生产包装的原材料或使用的包装中是否全部或部分使用可以再循环的包装材料而给予免税、低税优惠或征收较高的税额，以鼓励其使用可再生资源。欧盟对纺织品等进口产品还要求加贴生态标签，目前最为流行的生态标签 OEKO-Tex Standard100（生态纺织品标准 100）是纺织品进入欧洲市场的通行证。

4．产品检疫、检验制度

基于保护环境和生态资源，确保人类和动植物的健康，许多国家特别是发达国家制定了严格的产品检疫、检验制度。2000 年 1 月 12 日，欧盟委员会发表了《食品安全白皮书》，推出了内含八十多项具体措施的保证食品安全计划；2000 年 7 月 1 日开始，欧盟对进口的茶叶实行新的农药最高允许残留标准，部分产品农药的最高允许残留量仅为原来的 1/200～1/100。美国食品和药物管理局依据《食品、药品、化妆品法》《公共卫生服务法》《茶叶进口法》等对各种进口物品的认证、包装、标志及检测、检验方法都做了详细的规定。日本依据《食品卫生法》《植物防疫法》《家畜传染预防法》对入境的食品、农产品及畜产品实行近乎苛刻的检疫、防疫制度。各国环境和技术标准的指标水平和检验方法不同以及对检验指标设计的任意性使得环境和技术标准可能成为技术贸易壁垒。

5．信息技术壁垒

EDI 和电子商务将是 21 世纪全球商务的主导模式，而电子商务的主导技术是信息技术。目前，发达国家在电子商务技术水平和应用程度上都明显超过发展中国家并获得了战略性竞争优势；而发展中国家尤其是不发达国家在出口时因信息基础设施落后、信息技术水平低、企业信息化程度低、市场不完善和相关的政策、法规不健全等而受到影响，在电子商务时代处于明显劣势地位，导致信息不透明（如合格认定程序）、信息传递不及时（如技术标准更改）、信息传递途径不畅通等，这样，新的技术壁垒——信息技术壁垒在发达国家与发展中国家、不发达国家之间形成了。

6．绿色技术壁垒

绿色技术壁垒是指那些为了保护环境而直接或间接采取的限制甚至禁止贸易的措施。为避免人类健康和生态环境遭到灾难性危害，国际社会签订了一系列国际公约，如《濒危野生动植物物种国际贸易公约》《保护臭氧层维也纳公约》《关于消耗臭氧层物质的蒙特利尔议定书》《控制危险废物越境转移及其处置巴塞尔公约》《生物多样化公约》《联合国气候变化框架公约》《生物安全议定书》等。

1996 年 4 月，国际标准化组织（ISO）专门技术委员会正式公布了 ISO 14000 系列标准，对企业的清洁生产、产品生命周期评价、环境标志产品、企业环境管理体系加以审核，要求企业建立环境管理体系，这是一种自愿性标准。目前，ISO 14000 正成为企业进入国际市场的绿色技术壁垒。

主要发达国家还先后分别在空气、噪声、电磁波、废弃物等污染防治、化学品和农药管理、自然资源和动植物保护等方面制定了多项法律、法规以及许多产品的环境标准，如美国的 UL 和"绿十字"、欧盟的"EU 制度"、加拿大的"ECP"等。

另外，西方发达国家以保护环境为名，对一些发展中国家的出口产品频频征收环保税，还要求根据"谁污染，谁治理"的原则，污染者应彻底治理污染并将所有治理费用计入成本，也就是使环境资源成本内在化，否则就是进行生态倾销，应征收生态反倾销税。

7．灰色贸易壁垒（SA 8000 标准）

SA 8000（Social Accountability 8000）标准是继 ISO 9000、ISO 14000 之后出现的又一新的管理标准体系。SA 8000 标准是一把双刃剑，如果能够正确对待，它就会成为企业进入跨国公司供应链（或产业链）以及产品进入国际市场的"敲门砖"和"通行证"，同时也可以成为改善国内劳工状况、体现"以人为本"工作的推进器；如果不对其加以重视和认真对待，它就可能成为企业出口面临的一种新的技术性贸易壁垒。

SA 8000 标准是根据《国际劳工组织公约》《联合国儿童权利公约》《世界人权宣言》制定的，其宗旨是保护劳工基本权益。SA 8000 标准与 ISO 9000 质量管理体系及 ISO 14000 环境管理体系一样，是一套被第三方认证机构审核的国际性标准，目标是通过有道德的采购活动改善全球工人的工作条件，确保供应商所提供的产品符合社会责任标准的要求，最终达到公平而体面的工作条件。不同的是，SA 8000 标准关注的不是产品和环境，而是人，是企业内部劳工的权利，它规定了企业必须承担的对社会和利益相关者的责任。

受 SA 8000 标准影响的主要是劳动密集型产品，如服装、纺织品、鞋等。目前，我国出口到欧美国家的服装、玩具、鞋类、家具、运动器材及日用五金等产品都已遇到 SA 8000 标准的要求，给该类出口企业造成严重打击。自 1995 年以来，我国沿海地区至少已有 8000 家工厂接受过跨国公司的社会责任审核，有的企业因为表现良好获得了更多的订单，也有一些企业因为达不到 SA 8000 标准的要求被取消供应商的资格。

三、非关税壁垒的经济效应分析

非关税壁垒的形式有许多种，其中最常见的是进口限额或对超过某一水平的商品进口加以绝对限制。这里仅以进口小国为例分析限额作为非关税贸易壁垒的典型形式，对它的经济效应做简单分析（仅以进口小国为例分析限额的经济效应）。

如图 9-2 所示，在自由贸易条件下，商品价格为 OP_1，进口数量为 Q_1Q_4。倘若现在进口限额为 Q_2Q_3，则商品价格将会上升到 OP_2。这是因为，只有在 OP_2 价格下，进口的数量和本国生产者愿提供的数量一起恰好能满足本国消费者的需求。在 OP_2 价格时，本国生产者比原先增加生产了 Q_1Q_2 的商品，这正是进口限额所产生的保护效应。同时，其获得的生产者剩余又增加了相当于 a 的数量。相反，消费者却由于进口限额而减少了对该商品的消费量，消费量从原先的 OQ_4 减少到 OQ_3。总消费量的减少也削减了消费者剩余，消费者剩余的减少恰好等于 $a+b+c+d$ 四块面积所代表的数量，这就是限额的消费效应。另外，限额也产生了收益效应，即价格上涨后得到收益为价格 P_1P_2 乘以数量 Q_2Q_3，也就是面积 c 所表示的数额。这样，限额增加了生产者剩余和限额收益即 $a+c$，而遭受了国民福利的净损失即 $b+d$。可见，限额的国内效应类似于关税的国内效应。同样，限额也提高了商品的价格，改善了本国的贸易条件。

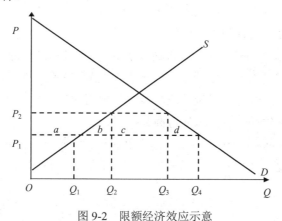

图 9-2　限额经济效应示意

然而，唯一不同的是，限额的收益效应所产生的福利，即面积 c 所代表的收益如何进行分配可能不同于关税的税收效应。如前所述，关税的税收效应所产生的收益由国家无偿占有，而限额所产生的这部分收益如何进行分配则必须经过具体的分析。如果出口商按照限额量向该国提供商品，而且能以 OP_2 价格进入该国市场，则他们将获得提高价格所产生的那部分利益。不过，此数额是否能弥补进口量减少所产生的损失，还必须结合商品生产成本曲线分析才能知道。然而，这种收益的分配形式大部分还是取决于限额的管理办法。假使国外出口商设法获得这种进口权利，就可取得所有新增的收入。或者国家将进口限制权作为一种特许权而予以公开售卖，则这种收益可能归入国库。而国内进口商获得这种进口限制权，就可能取得所有实行配额招标、拍卖或规则化分配的这方面利益。不过当国外出口商是强有力的垄断者时，通过讨价还价也能分享一些利益。这表明，进口限额可能使本国的经济福利净损失更大一些。

第三节　鼓励出口和出口管制措施

世界贸易日益趋向自由化，国家干预进口贸易的政策受到较多的限制，各贸易国从对进口的干预逐步转向对出口的管理。以积极地鼓励出口代替消极地限制进口并同时配以各种形式的出口管制，旨在增强本国产品的竞争力，贯彻政府的出口意图。

一、鼓励出口措施

鼓励出口措施是出口国为促进本国商品出口，开拓和扩大国外市场，在经济、行政、法律等方面给予出口商的优惠政策，其中运用财政、金融、汇率等经济手段和政策工具较为普遍。

（一）出口信贷

出口信贷（export credit）是指出口国的官方金融机构或商业银行为鼓励商品出口，提高本国商品的竞争力，以优惠利率向本国出口商、进口方银行或进口商提供的信贷。出口信贷按贷款对象分为卖方信贷和买方信贷两类。

（1）卖方信贷（supplier's credit）。卖方信贷是指出口方银行向出口商提供的贷款，它主要用于金额大、期限长的交易项目。由于购进这类商品需要很多资金，进口商往往要求延期付款，而出口商为了加快资金的周转就需要取得银行贷款。而卖方信贷可以直接资助出口商向进口商提供延期付款，以促进商品出口。

（2）买方信贷（buyer's credit），又称约束性贷款。买方信贷是出口方银行直接向进口厂商或进口方银行提供的贷款，要求贷款必须用于购买债权国的商品，从而达到鼓励出口的目的。

我国于 1994 年 7 月 1 日正式成立中国进出口银行，这是一家政策性银行，资金来源除国家拨款外，还包括中国银行的再贷款、境内发行的金融债券和境外发行的有价证券，以及向外国金融机构筹措的资金等。其主要任务是对国内的机电产品和成套设备的资本品货物的进出口给予必要的政策性金融支持。中国进出口银行发展迅速，已开展出口卖方信贷、出口买方信贷、福费廷、援外优惠贷款、对外担保和出口信用保险等多种融资业务。

（二）出口信贷国家担保制

出口信贷国家担保制（export credit guarantee system）是指国家为了扩大出口，设立专门机构出面担保本国出口商和商业银行向国外进口商或银行提供的信贷。当外国进口商不能按时付款或拒付货款时，由出口国政府担保支付一部分或全部货款，减少贷款银行的风险。国家担保制保险的范围不但包括一般商业性风险，还包括由政治因素、外汇管制、货币贬值所引起的不能按时付款或拒绝付款的风险。

（三）出口补贴

出口补贴（export subsidies）又称出口津贴，是国家政府给予某种商品的出口商一定金额的补贴或财政上的支持，以此弥补出口商为争夺市场降价出售的损失。该措施主要有以下两种形式。

（1）直接补贴，即出口某种商品时直接付给出口厂商的现金补贴或发放出口奖励金，数额为本国生产费用与其他国家生产费用之间的差额。

（2）间接补贴，即政府对某些商品给予财政上的优惠。例如，免征国内税、对某些进口商品免征进口税或退还进口税等。

（四）商品倾销

商品倾销（merchandise dumping）是指出口商在已经控制国内市场的条件下，以低于国内市场价格甚至低于生产成本的价格在国外市场销售产品，其目的是击败竞争对手，实现对世界市场的垄断。倾销主要有以下三种形式。

1. 偶然性倾销

这是指为解决国内市场无法容纳的过剩商品，暂时性地采用低价向外销售。这种倾销势必对进口国的同类产品造成不利的影响，但由于时间短暂，进口国通常较少采用反倾销措施。

2. 间歇性或掠夺性倾销

这是指以低于国内价格甚至低于成本的价格在某一国外市场上倾销商品，在打垮或摧毁所有或大部分竞争对手、垄断市场之后，再提高价格。这种倾销严重地损害了进口国的利益，因而许多国家都采取征收反倾销税等措施进行抵制。

3. 长期性倾销

这是指长期以低于国内市场的价格在国外市场出售商品。这种倾销具有长期性，其出口价格至少要高于边际成本，否则货物出口将长期亏损。

商品倾销会导致出口商的利润减少甚至亏本，可以采用维持国内垄断高价、国家给予出口补贴和垄断国外市场后再抬价等手段加以弥补。

（五）外汇倾销

外汇倾销（foreign exchange dumping）是指政府利用本国货币对外贬值的机会向外倾销商品和争夺市场的一种特殊手段。当一国货币对外贬值后，出口商品以外国货币表示的价格就会降低，该商品的竞争能力就会提高，从而扩大出口。同时，贬值国家的进口商品的价格会上涨，从而削弱了进口商品的竞争能力。因此，外汇倾销具有促进出口、限制进口的作用。

实施外汇倾销以扩大出口并不是任何时候都可以奏效的，必须满足以下两个条件。

（1）货币贬值幅度大于国内物价上涨的幅度。货币贬值必然引起一国国内物价出现上涨的趋势，当国内物价上涨程度赶上或超过货币贬值的程度，对外贬值与对内贬值差距随之消失，外汇倾销的条件也不存在了。

（2）其他国家不同时实行同等程度的货币贬值和采取其他报复性措施。如果其他国家也实行同幅度的贬值，那么两国货币的贬值幅度就会相互抵消，汇价仍处于贬值前的水平而得不到货币对外贬值的利益。如果外国采取提高关税等其他限制进口的报复性措施，也会起到抵消的作用。

（六）促进出口的组织措施

为了有效扩大出口贸易，许多国家还不断加强旨在促进国际贸易的组织措施，主要有以下几种。

（1）成立专门组织来研究、制定出口战略，如美国的总统贸易委员会。

（2）建立和扩大商业情报网，加强对出口厂商的信息服务工作和咨询。

（3）组织和协助厂商建立海外贸易中心或举行贸易展览会、博览会。

（4）组织和协助贸易代表团出访和接待官方或私人贸易代表团来访。

（5）组织对成绩卓著的出口厂商的评奖活动，如对做出突出贡献的出口商，有的国家颁发总统奖章，有的授予荣誉称号，有的由总统写感谢信等。

二、促进对外贸易发展的经济特区措施

为了促进本国经济和对外贸易的发展，各国都采取了建立经济特区的措施。经济特区（special economic zone）是指一个国家或地区在其关境以外所划出的一定范围内建设或扩建码头、机场、仓库、厂房的基础设施和实行免税等优惠待遇，吸引外国企业从事贸易与出口加工工业等业务活动的区域，其目的是促进对外贸易的发展，鼓励转口贸易和出口加工贸易，繁荣本地区和邻近地区的经济，增加财政收入和外汇收入。

经济特区的出现距今已有四百多年的历史，早期的经济特区主要是以开展自由贸易为主，现在的经济特区已发展出贸易、生产、科技开发等多种类型，具体形式有以下几种。

（一）自由港或自由贸易区

自由港（free port）或自由贸易区（free trade zone）即划在关境以外，对进出口商品的全部或大部分实行免征关税并且允许在港内或区内自由从事生产、加工、储存、展览、拆改装等业务活动，以便于本地区的经济和对外贸易的发展，增加财政收入和外汇收入。香港是把港口及港口所在的城市都划为自由港；汉堡是把港口所在城市的一部分划为自由贸易区。除武器、弹药等特殊商品外，各国对进入自由贸易区的商品一般都允许自由进出，

不必办理海关手续且免征关税，对国家专卖的烟草、酒、盐的进入必须凭特种进口许可证；对允许进入自由贸易区的商品一般都允许在区内自由地拆散、分类、改装、储存、展览、重新包装、重新贴标签、清洗、整理、加工制造、销毁、与外国的原材料或所在国的原材料混合、再出口或向所在国国内销售。

（二）保税区

保税区（bonded area）是指海关所设置的或经海关批准注册的、受海关监督的特定地区和仓库。外国商品存入保税区内，可以暂时不缴纳进口税；如再出口，不缴纳出口税；进入本国消费市场则应缴纳关税。进入区内的外国商品可进行储存、改装、分类、混合、展览、加工和制造等，有的保税区还允许在区内经营金融、保险、房地产、展销和旅游业务。按功能的不同，日本将保税区分为以下几种：① 指定保税区与保税货棚，是为了方便报关的短期储存场所；② 保税仓库，其储存期较长并有利于业务的进行和转口贸易的发展；③ 保税工厂，其储存的货物可作为原材料进行加工和制造；④ 保税陈列场，可以展览商品，加强广告宣传，促进交易的开展。

（三）出口加工区

出口加工区（export processing zone）是一个国家或地区在其港口或临近港口、国际机场的地方划出一定的范围新建和扩建码头、车站、道路、仓库等基础设施以及提供免税等优惠待遇，鼓励外国企业在区内投资设厂，生产以出口为主的制成品的加工区域。它与自由贸易区有所不同。自由港或自由贸易区以发展转口贸易、取得商业方面的收益为主，是面向商业的；而出口加工区以发展出口加工工业、取得工业方面的利益为主，是面向工业的。

（四）自由边境区和过境区

设置自由边境区（free perimeter）是为了开发边境地区的经济，它是按照自由贸易区和出口加工区的模式，在本国的指定边境建立的吸收国内外厂商投资、开展贸易并给予免税或减税的区域。自由边境区的进口商品加工后是在区内使用，只有少数是用于出口的。沿海国家为了便利内陆邻国的进出口货运，会开辟某些海港或国境城市作为货物过境区（transit zone）。对过境货物简化海关手续，免征关税或只征小额的过境费用。过境货物一般可以在过境区内做短期储存、重新包装，但不能加工。

（五）综合型经济特区与科技型经济特区

综合型经济特区是在出口加工区的基础上形成和发展起来的，除了具有一般出口加工区的特点外，还具有规模大、经营范围广、多行业、多功能的特点。与小型的出口加工区相比，它具有更大的优势，经济效益显著。除了出口加工业和进出口贸易外，还经营农牧种植业、旅游业、金融服务业、交通、电信以及其他行业，如巴西的马瑙斯自由贸易区。

科技型经济特区是一种以加快科学技术发展并把其成果运用于工农业生产、提高工农业产品质量、开发新产品、扩大产品国际市场份额，通过多种优惠措施和方便条件将智力、资金、管理等生产要素高度集中在一起从事高新技术研究、试验和生产的新兴产业开发基地，它与高校、科研机构等有密切的联系。

三、出口管制措施

一般而言，世界各国都会努力扩大商品出口，积极参与国际贸易活动。但是，出于政治、经济、军事方面的考虑，各国可能会限制某些战略性商品或其他重要商品输往国外，于是就要实行出口管制。

（一）出口管制商品的类型

（1）战略物资及其相关的尖端技术和先进技术资料，如军事设备、武器、军舰、飞机、先进计算机及其有关技术资料。

（2）国内生产紧缺的原材料、半成品及国内供不应求的某些商品。

（3）为了缓和与进口国的贸易摩擦，在进口国的要求和压力下"自动"控制出口的商品。

（4）历史文物和艺术珍品，如古董、名贵字画等。

（二）出口管制的形式

（1）单边出口管制。一国根据本国的出口管制法案，设立专门机构对本国某些商品的出口进行审批和颁发出口许可证，实行出口管制。

（2）多边出口管制。几个国家政府通过一定的方式建立国际性多边出口管制机构，商讨和编制多边出口管制货单和出口管制国别，规定出口管制的办法等，以协调彼此的出口管制政策和措施，达到共同的政治和经济目的。

成立于 1949 年 11 月的巴黎统筹委员会（以下简称巴统）是一个国际性多边出口管制机构，主要是对社会主义国家实行出口管制。巴统经多次扩容，共有 17 个加盟国家，其成员包括北大西洋公约组织国家（除冰岛外）和日本，其主要工作是编制禁运货单、规定禁运国别/地区、确定审批程序、加强转口管制、讨论例外程序、交换情报等，但有关出口管制商品的申报程序和具体管理仍由各参加国自行实施。随着国际形势的变化，这个委员会的管制有所放宽。例如，20 世纪 50 年代，禁运单项目多达 300 项；至 20 世纪 90 年代初，已减至 100 项左右；至 1994 年 4 月，该组织宣布解散。

（三）出口管制的措施

出口和进口是相对的。进口限制措施往往经"改头换面"就可以运用于出口管制，如出口配额制、出口许可证、出口国家专营、征收出口税和出口禁运等。一个国家的出口管制有时是针对商品的，有时是针对国家或地区的。因此，它常常也是歧视性出口政策的手段。

本章小结

国际贸易方面的政策措施主要从限制进口和鼓励出口两个方面来加以实施。关税和非关税壁垒是限制进口的主要手段。关税可按照不同的依据进行分类，因而关税的种类繁多。但征收关税仍然是出于增加财政收入、保护国内市场的目的。非关税壁垒在实施过程中比关税更加隐蔽、有效和灵活，因而在目前的贸易发展趋势下，各国都将其作为贸易保护主义的主要手段。各国可根据贸易发展的不同需要选择使用不同类型的非关税壁垒，从而达到维护本国贸易利益的目的。鼓励出口的措施也是多种多样，如何有效地使用这些措施，实现扩大本国出口的目的是各国相应的职能机构都必须深入研究的课题。

关税和非关税壁垒都具有各种经济效应，包括价格效应、贸易条件效应、消费效应、保护效应、收入再分配效应等。通过对各种效应的分析，可以看出关税和非关税壁垒都会带来福利的损失，因而国际贸易应该朝贸易自由化的方向发展。在使用关税措施进行保护时，要注意关税的结构，不但要看关税的名义保护率，还要看关税的有效保护率。

本章重要概念

进口附加税	差价税	反倾销税	反补贴税
特惠税	名义关税	有效关税	非关税壁垒
绝对配额	关税配额	自动出口配额	进口许可证
进口押金制度	进出口国家垄断	歧视性政府采购政策	海关估价
绿色技术壁垒	出口信贷	出口信贷国家担保制	出口补贴
普遍优惠制	技术贸易壁垒	外汇管制	商品倾销
外汇倾销	经济特区	科技型经济特区	出口管制

思考题

1. 什么是关税？征收关税的作用是什么？
2. 关税有哪些种类？
3. 征收关税的方法主要有哪几种？
4. 什么是海关税则？它有几种形式？
5. 什么是有效保护率？其计算公式及意义是什么？
6. 关税有哪些经济效应？
7. 非关税壁垒的特点有哪些？
8. 什么是出口管制？它有哪两种形式？
9. 假定一台彩电的价格为 500 美元，进口正常关税税率为 50%，彩电零部件价格为 400 美元，进口正常关税税率为 30%。请问：彩电的名义关税和有效关税税率各为多少？
10. 1998 年 9 月 1 日，美元与日元的汇率为 1 : 140，假定美元对日元汇率变化为 1 : 150，请问这种汇率变化对日元的外贸有何影响？在 1∶150 的汇率水平下，假定某一产品在日本国内价格是 1 万日元，日本出口商对美国出口时定价可采取哪几种选择？其利弊如何？

学生课后参考阅读文献

[1] 袁其谦. 产业集群技术创新对技术性贸易壁垒的跨越[M]. 北京：北京理工大学出版社，2011.

[2] 蒋德恩. 非关税措施[M]. 北京：对外经济贸易大学出版社，2006.

[3] 李健. 非关税壁垒的演变及其贸易保护效应：基于国际金融危机视角[M]. 大连：东北财经大学出版社，2011.

[4] 宋玉华，胡培战. 直面非关税壁垒　扩大中国出口[M]. 北京：中国社会科学出版社，2004.

[5] 曾智华. 解读"中国奇迹"经济特区和产业集群的成功与挑战[M]. 北京：中信出版社，2011.

[6] 张群卉. 高新技术产品出口管制研究[M]. 北京：经济科学出版社，2012.

[7] 中华人民共和国海关总署官网（http://www.customs.gov.cn）

[8] 吴国新，杨勍. 国际贸易理论与政策[M]. 北京：清华大学出版社，2016.

第十章 关税与贸易总协定和世界贸易组织

学习目的和要求

通过本章的学习，掌握关税与贸易总协定的宗旨与原则；理解关税与贸易总协定的局限性；掌握世界贸易组织的宗旨与原则及主要职能；理解世界贸易组织对国际贸易的影响；理解世界贸易组织和关税与贸易总协定之间的异同；理解入世后过渡期我国对外贸易的发展趋势。

开篇案例：贸易自由与印度劳工标准

【案情】

在 20 世纪 80 年代，印度的地毯制造业约雇用 2 万名童工，每年带来 410 万美元的收入。到了 21 世纪，雇用童工数量增加到 30 万名，收益也增加到 81 500 万美元，从而使地毯制造业在印度的出口市场中占有很大的份额。

为此，印度著名的活动家凯拉什·萨蒂亚尔希（Kailash Satyarthi）于 1994 年 9 月与德国的非政府组织"善待世界"合作，成立了一个名为地毯标志基金会的志愿组织，致力于使这些童工离开工厂，进入学校读书。要实现这一目标，他们所面临的问题是：作为一个政府，是否有权决定自己国家的劳工标准，而低劳动成本又是发展中国家在全球经济部分中向世界市场提供低价产品的主要优势。

并非所有人都认为取消童工是天经地义的，也有人担心一旦立即取消童工，可能使这些孩子陷入更为恶劣的境况。如果不能从根本上改变他们的生存状况，即使不再制造地毯了，他们依然不能摆脱贫困的折磨。显然，在那些极度贫困的家庭里，就业比人道更具诱惑力。

由此，日趋严重的童工问题已成为许多论坛讨论的焦点，无论是国际社会还是第三世界国家的地方政府，都给予了极大的关注。

从国际贸易的角度来考虑，当这些产品被生产出来以后，作为世界市场的消费一方，如美国，是否拥有选择的权利。如果他们选择了不予购买这种通过被认为是以不人道的方式生产出来的产品，会不会被指责为出于贸易保护主义。

美国国会早在 1992 年就提出了禁止童工法案，却未被通过，一个重要的原因就是由于涉及印度出口行业。有人断言，这是立法机构出于抑制外国竞争而炮制出的出于贸易保护主义的产物。因为地毯在印度所有的出口创汇产品中占有明显的份额，况且为广大消费者所钟爱，故依然存在着广阔的销售空间。更为重要的是，有人认为反对利用童工进行生产是在以外部压力影响和左右一个国家的童工政策。

1997 年，美国国会通过了一项新的法案，是对 1930 年一项关税法案的修正案。新的法案提供了一个有力的工具，使美国政府能够更为有效地反对利用童工进行生产。新的法案禁止美国海关允许任何由强制性和在契约制下利用童工生产的产品进口，从而使美国这一新法案被视为一种社会制裁的形式而归入对贸易的技术壁垒一类。

根据由关税与贸易总协定所批准的"乌拉圭回合"谈判协议，一个国家要禁止童工生产的产品进口是很困难的。因此，有研究报告认为，美国的新法案有悖于关税与贸易总协定的精神。

（资料来源：彭刚. 难以取得共识的交叉争议——贸易自由与劳工标准[N]. 经济日报，2001-09-06. ）

【讨论】

1. 你对关于取消印度童工的争议有什么不同的看法？

2. 请你列举出几个在国际贸易中关于大国贸易保护主义的事实。

【分析】

国际贸易中关于劳工标准的争端是一场利益战，其结果可能是有利于国际利益主导国家——发达国家。第一，通过印度地毯制造业的童工案例可以看到，劳工标准是一个非常复杂的问题，涉及经济、政治、法律、社会、历史、道德、文化。争议双方所持的基本立场截然对立、分歧重大，双方也难以取得共识，难以妥协。第二，在这一争端中，我们也可以发现，西方发达国家无论打着什么旗号，在那些冠冕堂皇的辞藻背后总是潜藏着极为功利的利益动机。同时，又由于和其他标准相比较，劳工标准所包容的丰富而深刻的社会文化内涵使得发展中国家在西方国家就此对自己进行指责和制裁时，经常陷于被动、尴尬的境地或遭受利益损失以及大国贸易保护主义的侵害。所以，在国际贸易争端的交叉争议中，劳工标准问题的实质是一场利益争夺战。

我国在这场劳工标准争论中的基本立场应是：第一，我国作为世界上第一人口大国，经济发展刚刚起步，具有较低的劳工成本是很自然的。这种低劳工成本的竞争优势并不会对发达国家的贸易利益造成损害。第二，从历史的角度来看，尤其是我国改革开放以来，我国的劳工标准有了长足的发展，水平在迅速提高，西方国家应当正视这一现实。第三，由于世界发展是不平衡的，尤其是许多第三世界国家还处于贫困落后的境遇中，想在短期内追求和建立全球统一的"国际劳工标准"既不现实也不合理，更不会推动贸易自由化的进程。

所以发达国家的当务之急并不是挥舞劳工标准的大棒对发展中国家进行干预和讨伐，而应以经济、技术、发展援助的形式支持和促进落后国家的经济发展，推动经济全球化的进程。

本轮全球性金融危机发生之后，发达国家的贸易保护主义又出现抬头趋势，除了原有的针对发展中国家尤其是我国的反倾销、反补贴调查以及各种变相的技术贸易壁垒、绿色壁垒外，大国的贸易保护主义又出现了新形式，主要包括以下几种。

（1）操控货币汇率演变为大国贸易保护主义的核心手段。在虚拟经济充分发展，整个经济结构发生变化以后，很容易走到这条路上。在这个过程中，各个国家的主权基金可能成为对抗贸易保护主义的重要工具，它是一个谈判的基础，是一个重要的博弈手段。

（2）贸易摩擦的多方成为贸易保护主义抬头的结果。贸易保护主义趋于复合型、立体化、精细化和综合化。贸易保护主义从过去注重限制进口、鼓励出口转为二者并重。另外，贸易保护主义从隐性转向显性，从过去用模糊的手段转变为现在直接提出购买国货的非常显性的手段；同时从刚性走向柔性，不单纯在法律层面上进行操控，而且成为可以谈判、可以合作以及可以变通的重要手段。

（3）货币汇率加强技术保护、增加环境和人权的成本、制造政治麻烦等是发达国家遏制发展中国家和新兴经济体的基本策略，也是一个变相的新贸易保护主义的形式。

（4）区域集团和双边协定可能成为被贸易保护主义挟持利用的重要实现方式。贸易保护主义再次向传统的支柱产业倾斜，不仅保护新兴、幼稚的产业，也保护一些夕阳产业和衰退产业。贸易保护主义有集团化、区域化和多边化趋势，贸易摩擦多发与国际协调日益频繁。

第一节　关税与贸易总协定

《关税与贸易总协定》（*General Agreement on Tariff and Trade*，GATT）简称《关贸总协定》或《总协定》，是在美国策动下由 23 个国家于 1947 年 10 月 30 日在日内瓦签订并于 1948 年正式生效的，是关于调整缔约方对外贸易政策和国际贸易关系方面的相互权利、义务的国际多边协定。关贸总协定是关于关税和贸易准则的国际性多边协定，也是国际多边贸易谈判和解决争端的场所，它与国际货币基金组织和世界银行一起构成了当代世界经济体系的三大支柱。关贸总协定最初只是一项调整和规范缔约方之间关税水平和贸易关系的临时性多边协议，后来由于越来越多的国家加入总协定并连续举行了多轮全球性贸易谈判，关贸总协定就成为各缔约方在贸易政策方面制定共同遵守的原则与规则、促进国际贸易的一项唯一的多边贸易协定并且成为与联合国有着密切关系的国际机构。因此，人们通常所说的关贸总协定便具有双重含义：既是一整套关于关税和贸易措施的具有约束力的国际法规，又是进行多边贸易谈判和调解贸易争端的国际机构。

一、关税与贸易总协定的产生

第二次世界大战以后，以美国和英国为首的西方战胜国开始着手建立新的国际经济关系。当时，在国际经济关系上要解决三个方面的问题：① 金融方面，重建国际货币体系，稳定各国的汇率和平衡国际收支；② 国际投资方面，创建处理长期国际投资问题的国际组织；③ 贸易方面，建立一个管理世界贸易的规则体系并成为引导世界走向自由贸易的组织。1944 年 7 月，在美国新罕布什尔州召开的布雷顿森林会议就是建立这种新的国际经济秩序的起点。为了解决前两个问题，会议决定成立国际货币基金组织（International Monetary Fund，IMF）和国际复兴开发银行（International Bank for Reconstruction and Development，IBRD），即世界银行（World Bank）。但是由于创建中的国际贸易组织（International Trade Organization，ITO）的夭折，第三个问题的解决由关贸总协定代行。

二战后初期，美国为了称霸世界，从贸易方面进行对外扩张，提出"贸易自由化"口号，首先倡议建立一个以实现贸易自由化为目标的国际贸易组织。1946年2月，联合国经济和社会理事会开始筹建该组织并于1947年4月在日内瓦举行的第二次筹备会议上通过了《国际贸易组织宪章（草案）》并达成了123项双边关税减让协议。参加会议的代表根据这项草案的有关关税的条文汇编成《关税与贸易总协定》并将其作为一个临时规则，待《国际贸易组织宪章》通过后就取而代之。1947年10月30日在日内瓦有23个国家（澳大利亚、比利时、巴西、缅甸、加拿大、锡兰、智利、中国、古巴、捷克斯洛伐克、法国、印度、黎巴嫩、卢森堡、荷兰、新西兰、挪威、巴基斯坦、南罗得西亚、叙利亚、南非、英国以及美国）签署了《关税与贸易总协定临时适用议定书》，1948年1月1日起正式生效。

1947年12月，56个国家的代表参加了在哈瓦那召开的联合国贸易与就业会议，经过表决通过了再次修改后的《国际贸易组织宪章（草案）》，即《哈瓦那宪章》。由于该宪章在一些国家未被国内立法机构批准，美国政府在国会的强烈反对下甚至未敢提交国会讨论，因此成立国际贸易组织的计划未能实现，关贸总协定实际上作为一个准国际组织而长期存在，它与联合国有关，但不是联合国的专门机构。

二、关税与贸易总协定的宗旨、作用与原则

（一）关贸总协定的宗旨

关贸总协定的宗旨是缔约各国政府认为在处理贸易和经济事务关系方面，应以提高生活水平、保证充分就业、保证实际收入和有效需求的巨大持续增长、扩大世界资源的充分利用以及发展商品生产与交换为目的；通过大幅度削减关税和其他贸易障碍，取消国际贸易中的歧视待遇并对上述目的做出贡献。

（二）关贸总协定的作用

关贸总协定的作用归纳起来有以下几方面。

（1）为多边的减让关税提供谈判机会。

（2）为反对贸易保护主义和贸易歧视待遇提供申诉的平台。

（3）为消除不合理的非关税壁垒提供磋商的场所。

（4）为各种"无形贸易"（劳务贸易等）探讨合理的原则、规则和框架。

（5）为处理国际贸易纠纷提供公平的国际调解和必要的联合行动。

（6）提供国际贸易方面的各种情报和资料，增进了解各国的经济、贸易和金融情况，以提高"透明度"，有助于各缔约国政府制定贸易政策时作为决策的依据。

（三）关贸总协定的原则

为了促使上述目的的实现，《关贸总协定》做了许多具体的规定，其中有以下几条基本的原则。

1. 普遍的最惠国待遇

普遍的最惠国待遇是《总协定》的核心条款，是《总协定》第一部分的第一条，这一条款被称为《总协定》的基石。该条款规定：缔约国给予来自或运往任何其他国家的任何

产品的任何优惠（包括关税优惠、海关收取的费用、税费征收的方法、与进出口有关的规则和手续、进出口商品的国内税费以及有关法规等方面的优惠）应当立即无条件地给予来自或运往所有其他缔约国境内的相同产品。例如，在最后几个回合的谈判中，如果一个关于减税的"准则"被通过，那么这一"准则"无歧视地适用于所有缔约国。然而，最惠国待遇有许多《总协定》允许的"例外"。例如，自由贸易区、关税同盟及其他地区性组织成员之间的优惠被作为最惠国待遇的例外。普惠制对发展中国家或某些发展中国家集团的产品征收比最惠国待遇更优惠的税率，其他发达国家不能引用《总协定》的最惠国待遇条款适用这种优惠待遇。又如，农产品和纺织品等"灰色地区"。

在某些国家实施最惠国待遇条款的过程中也同样出现了对其他国家的歧视，如美国对可可进口实施高关税而对苏格兰毛衣实施低关税，这实际上意味着美国给英国的待遇要比给加纳的好，因为英国出口苏格兰毛衣而加纳出口可可，所以一个原则上的非歧视性政策在实践中可能成为歧视性政策。

2．国民待遇

国民待遇主要指一个缔约方的产品进入另一个缔约方的境内后应与该缔约方境内的相同产品享受同等（不低于）待遇，同时，不同缔约方的产品进入了一个缔约方境内仍应享受缔约方的最惠国待遇。例如，A、B、C 三国都是《总协定》的缔约方，C 国对某种国产产品征收 25%的销售税，对来自 A 国和 B 国的相同产品分别征收 20%和 17%的销售税，这样做不违反国民待遇条款，但对 B 国来说，C 国违反了最惠国待遇条款，B 国的产品应该享受销售税 17%的待遇。

3．普遍取消数量限制

《关贸总协定》第十一条规定："任何缔约方除征收捐税或其他费用外，不得设立或维持配额、进出口许可证或其他措施以限制或禁止其他缔约方领土的产品输入或向其他缔约方领土输出或销售出口产品。"禁止数量限制的理由在于数量限制透明度比关税低。对于出口商而言，当进口国对其商品征收进口关税时，由于关税税率是公开的，因此如果出口商对自己面临的贸易壁垒是清楚的，就可以以适当的出口数量确保自身收益最大化。但如果进口国采用的是数量限制措施，出口商就会面临许多不确定因素，因此就不知道自己究竟出口多少才能保证收益的最大化。对于消费者而言，税率的公开使得他们能清楚地了解关税的涨价效应。但是，在实行配额的情况下，消费者会很茫然，因为配额的透明度不如关税高。

在审议《总协定》条款时，由于一些政府代表的坚持，条款规定制定了一些例外，为了稳定农产品、渔产品市场，防止或减轻国内食品或其他必需品的严重短缺，改善国际收支，保护国内市场，可在非歧视的基础上适当地维持数量限制。

4．互惠原则

互惠原则在《关贸总协定》中占有极为重要的地位，是《关贸总协定》以及各种多边谈判、双边谈判的重要基础。它一方面明确了各成员方在关税谈判中相互之间应采取的基本立场并制约着各成员方之间应建立的贸易关系；另一方面从关贸总协定的多轮谈判来看，互惠原则是谈判的基础，《关贸总协定》以及其他协议的作用也是在互惠互利原则的基础上才得以实现的。《关贸总协定》中的互惠原则集中体现在第二十八条附加"关税谈判"第1款中，该款规定："关贸总协定各成员方在互惠互利的基础上进行谈判，以大幅度降低关税和进出口其他费用的一般水平，特别是降低那些使少量进口都受到阻碍的高关税并在谈判中适当注意协定的目的与缔约各方的不同需要，这对发展国际贸易是非常需要的。"第二十八条"减让表的修改"中也提到了互惠原则，其中第2款规定："各有关缔约方应力求维持互惠互利减让的一般水平，使其对贸易的优待不低于谈判前本协定所规定的水平。"这被视为在互利互惠基础上，以普遍地、大幅度地降低关税水平为目标的关税谈判的一条重要原则。

《关贸总协定》的互惠原则也有例外的规定，如第二十八条规定："如果有关产品的大量进口以及进口的条件使进口国的国内工业遭受严重损害，该进口国即可修改或者撤回它原先已经做出的关税减让。"第二十八条附加"关税谈判"第3款明确指出，在互惠的关税谈判中应当适当考虑如下问题："① 某些成员方和某些工业发展的需要；② 发展中国家为了有助于经济的发展灵活运用关税保护的需要以及为了财政收入维持关税的特别需要；③ 其他有关情况，包括有关缔约各方在财政、发展、战略和其他方面的需要。"

三、关税与贸易总协定的多边谈判

自1948年以来，《关税与贸易总协定》的条款是以多边贸易谈判达成协议的方式进行补充和修改的，而多边谈判是以所谓"回合"（round）的形式出现的。1995年，关贸总协定被世界贸易组织所取代，关贸总协定在47年中共主持了8个回合谈判，每一回合都取得了一定的成果（见表10-1）。

表10-1　关税与贸易总协定8个回合谈判概况

届次	谈判时间和地点	参加国数量	谈判主要议题	谈判主要成果
第一回合	1947年4—10月 瑞士日内瓦	23	关税减让	就约4.5万项商品达成关税减让，使占发达国家进口值54%的应税商品平均降低关税35%
第二回合	1949年4—10月 法国安纳西	33	关税减让	达成双边关税减让协议147项，涉及约5000项商品，使占进口值5.6%的应税商品平均降低关税35%
第三回合	1950年9月—1951年4月 英国托尔基	39	关税减让	达成关税减让协议150项，涉及约8700项商品，使占进口值11.7%的应税商品平均降低关税26%
第四回合	1956年1—5月 瑞士日内瓦	28	关税减让	达成约3000项商品的关税减让，使占进口值16%的应税商品平均降低关税15%
第五回合	1960年9月—1961年7月 瑞士日内瓦（狄龙回合）	45	关税减让	达成约4400项商品的关税减让，使占进口值20%的应税商品平均降低关税20%

续表

届次	谈判时间和地点	参加国数量	谈判主要议题	谈判主要成果
第六回合	1964 年 5 月—1967 年 6 月 瑞士日内瓦（肯尼迪回合）	54	关税减让；非关税壁垒问题	达成约 6000 项商品的关税减让，工业品进口关税下降 35%
第七回合	1973 年 8 月—1979 年 4 月 日本东京（东京回合、尼克松回合）	99（含 29 个非缔约国）	关税减让；非关税壁垒	9 个主要工业品市场上制成品的加权平均关税降至 4.7%，就影响世界贸易额 3000 亿美元的商品削减关税 25%～35%，达成多项非关税壁垒、协议和守则；通过给予发展中国家优惠待遇的授权条款
第八回合	1986 年 9 月—1994 年 4 月 瑞士日内瓦（乌拉圭回合）	117～128	15 项议题，分为四大类：市场准入、贸易竞争规则、新领域的议题、贸易体制程序	货物贸易关税全面降低近 40 万，减税产品涉及贸易额达 1.2 万亿美元并在近 20 个产品部门实行了零关税；将农产品贸易、纺织品贸易纳入 GATT 轨道，就涉及的三个新领域，即服务贸易、与贸易有关的知识产权和与贸易相关的投资措施等议题谈判成功；决议建立世界贸易组织

从各回合谈判情况可以看出，关贸总协定的发展过程、特点对国际贸易的发展和世界经济的增长起到了促进作用。

（一）成员方不断增多

关税与贸易总协定成员国从创建时的 23 个发展到 120 多个，占世界国家总数的 2/3，贸易量约占世界贸易总量的 85%，说明国际贸易自由化在世界范围内不断扩大。

（二）关税大幅削减，并加强对非关税措施的约束

这 8 个回合的谈判使全体缔约方的平均关税从 20 世纪 40 年代末的 40% 左右下降到 20 世纪 90 年代末发达国家的 4% 和发展中国家的 13% 左右。同时，世界贸易大幅增长，世界贸易量增长约 10 倍。为排除国际贸易发展轨道上的众多障碍，关贸总协定不仅反对采用非关税措施，而且比较重视限制和解决非关税措施问题。

（三）历次多边谈判中，发达国家占主要地位

在历次多边谈判中，美国、欧共体、日本是谈判的主角，也是主要受益者。虽然发展中国家的利益日益受到重视，但其在国际贸易中的比重只有 1/5 左右并且市场受到发达国家的控制与垄断，这使发展中国家获利较少。在"乌拉圭回合"谈判中，发展中国家得到的实惠比期望的少得多，其在市场准入、纺织品贸易自由化等方面的要求远未实现且不得不在自身处于劣势的服务贸易、知识产权、投资等领域履行许多新的义务。

（四）管辖范围不断扩大，谈判时间拉长

随着世界经济结构的变化、贸易内容的复杂以及各缔约方经济贸易发展的不平衡，谈判涉及的商品范围扩大，而且还从商品扩展到服务贸易、知识产权和与贸易有关的投资措施等，从关税减让扩展到非关税壁垒。由于谈判内容多、范围大、涉及面广，因此谈判时间拉长，由早期的几个月到"乌拉圭回合"历时7年之久。

四、关税与贸易总协定的历史局限性

关贸总协定不是正式的国际组织，面对现实与多变的世界经济，加之法律与规则的一些漏洞，它的局限性是难以避免的，归纳起来主要有以下几个方面。

（1）一些规则缺乏法律约束力和必要的检查和监督手段。例如，规定一国以低于"正常价值"的办法将产品输入另一国市场并给后者的工业造成"实质性损害和实质性威胁"就是倾销，而"正常价值""实质性损害和实质性威胁"都难以界定和量化，很容易被一些国家加以歪曲和用来征收反倾销税。再如，规定当进口增加对国内生产者造成严重损害或严重威胁时，允许缔约方对特定产品采取紧急限制措施，但未规定如何确定损害和如何进行调查与核实，对"国内生产者"也没有给出定义，因此给保障条款的实施造成困难。另外，争端解决的主要办法是协商一致，该办法缺乏具有法律约束力的强制手段，容易使争端久拖不决并使大国之间的贸易战旷日持久。

（2）《关贸总协定》中存在着"灰色区域"，许多规则都有例外。某些缔约方利用"灰色区域"，通过双边安排强迫别的缔约方接受某些产品的出口限制的事件层出不穷。而例外过多经常导致许多规则不能有效地实施。例如，关贸总协定是反对非关税措施的，但是缔约方推行的非关税措施数以千计。

（3）关贸总协定的成员资格缺乏普遍性。由于关贸总协定是以市场经济规则为基础的，因此，社会主义国家即"中央计划经济国家"长期被排斥在关贸总协定的大门之外。世界上人口最多、进出口贸易在国际贸易中占有重要地位的中国长期不能恢复其创始缔约方地位就是一个重要例证。

（4）对出口额占世界贸易额比重将近30%的纺织品和服装贸易，却背离关贸总协定的规则，实行数量限制（配额）。纺织品和服装是发展中国家出口换汇的主要产品。以配额为主要管理办法的"多种纤维协议"的长期存在反映了关贸总协定的局限性和不完善性。此外，农产品贸易长期背离关贸总协定规则。农产品的巨额补贴和高进口关税造成了农产品市场扭曲并导致贸易战此起彼伏。

（5）东京回合守则只对签字方有效的做法使关贸总协定形成两层结构并导致各缔约方的权利和义务不平等。

第二节　世界贸易组织

近半个世纪以来，关贸总协定在维护国际贸易秩序、推进贸易自由化和促进国际贸易

发展等方面做出了重要的积极贡献。但是国际经济贸易形势总是在不断地发展，由于关贸总协定属于一项临时性国际贸易协定和规则，其法律地位、职能范围、管辖内容以及运行机制都存在着许多局限，因此随着时间的推移，关贸总协定的作用已经难以得到进一步扩展。各缔约方便纷纷要求、不断呼吁建立正式的世界贸易组织，来取代已经不适应形势发展的关贸总协定。

一、世界贸易组织的产生

世界贸易组织的产生是"乌拉圭回合"谈判的重要成果之一。建立一个广泛调节各国之间经济贸易关系的世界性组织的构想早在二战结束后就已产生。按当时的设想，为了永远避免各国因争夺世界资源与世界市场、解决国内经济危机、就业问题而发生冲突，将建立一个与国际货币基金组织、国际复兴开发银行（世界银行）一样，同属于联合国下属机构，共同支持世界经济体系的国际贸易组织。这一设想因为脱离当时的历史现实而未能实现，转而产生了世界贸易组织的前身——关贸总协定，关贸总协定作为一个临时性多边贸易机构，在二战后存续了近半个世纪，不断发展壮大的同时在国际贸易领域发挥了积极的作用。

在"乌拉圭回合"谈判时期，GATT 的成员由最初的 23 个发展到 124 个，调节的贸易量达到世界总量的 95%，与其成立初期相比，世界经济格局和运行方式都发生了巨大的变化。其中最重要的特征是区域经济一体化的不断加强，另一个特征是贸易、金融、投资三位一体的经济全球化运行方式取代了过去比较单一的货物贸易方式。除货物贸易外，其余经济活动则缺少比较权威的多边纪律来进行约束和调节。相对于发展变化的世界经济贸易形势，无论是范围还是规则的刚性，GATT 都难以符合现实要求。各种绕过 GATT 规则的"灰色区域"的措施和手段频频出现，一些国家，特别是一些贸易大国往往将单边手段置于多边规则之上，这使许多国家强烈意识到对 GATT 这一原有多边体系进行彻底更新的必要性。

在"乌拉圭回合"谈判中，服务贸易、与贸易有关的知识产权和与贸易有关的投资措施问题等新议题很难在 GATT 的旧框架内进行谈判，许多国家意识到有必要创立一个更广泛的多边框架以便对上述议题进行谈判。为此，1990 年年初，欧共体代表首先提出建立一个多边贸易组织的倡议，这一倡议获得了主要国家的支持，在经历 1 年多的紧张谈判后，于 1991 年形成了《关于建立多边贸易组织协定草案》，1993 年 12 月 15 日根据美国的建议改为世界贸易组织。上述协定草案于 1994 年 4 月 15 日在摩洛哥的马拉喀什部长会议上获得通过，WTO 于 1995 年 1 月 1 日开始运行，完全取代 GATT，成为最权威的规范和协调当代全球经济贸易关系的组织。

世界贸易组织正式成立并取代关贸总协定并非只是名义上的变化，而是具有更为深刻的内涵和深远的历史意义：体现了国际社会的一个共同愿望——建立一个强大的、以规则为基础的多边经济贸易体制，在国际经济领域发挥主导作用；标志着世界各国的经济合作与共同发展进入了一个新的时期。从 GATT 到 WTO，世界从此拥有了一套范围更广、效力更大和更为完备的多边贸易规则，这必将大大增加世界贸易的稳定性和可预见性并为建立和巩固国际经济新秩序奠定更为坚实的基础。世界贸易组织的成立推动了世界贸易的巨大增长并为各成员国带来了更多的就业机会、投资机会和更高的福利水平。

二、世界贸易组织的宗旨和基本原则

（一）世界贸易组织的宗旨

《建立世界贸易组织的马拉喀什协议》（简称《建立世界贸易组织的协议》）的序言阐述了世界贸易组织的宗旨：提高生活水平，保证充分就业，大幅度、稳步地提高实际收入和有效需求；扩大货物、服务的生产和贸易；坚持走可持续发展道路，世界贸易组织各成员方应当努力促进世界资源的最优利用并且有责任保护和维护环境，应以符合不同经济发展水平下各成员需要的方式，加强采取各种相应的措施；积极努力以确保发展中国家尤其是最不发达国家在国际贸易增长中获得与其经济发展水平相应的份额和利益。

《建立世界贸易组织的协议》的序言部分述明："为了保持关贸总协定的基本原则和进一步完成关贸总协定的目标，发展一个综合性的、更加有活力的、持久的多边贸易制度"而达成协议。因此，世界贸易组织取代关贸总协定之后，继承了关贸总协定的基本原则并在其所管辖的服务贸易、与贸易有关的知识产权以及与贸易有关的投资措施等新的领域中予以适用并加以发展。

（二）世界贸易组织的基本原则

世界贸易组织的基本原则贯穿于世界贸易组织的各个协议、协定中，是构成多边贸易体制的基础，同时多边贸易体制还规定了种种例外与免责条款，使得这些基本原则在实施中具有了灵活性，这些基本原则和例外条款是世界贸易组织的精髓和核心。"原则中有例外，例外中有原则"是世界贸易组织各项协定、协议的突出特点。

1. 最惠国待遇原则

最惠国待遇是指一成员在货物贸易、服务贸易和知识产权领域给予任何其他国家（无论是否为世界贸易组织成员）的优惠待遇（包括利益、特权、豁免等）应立即和无条件地给予其他各成员，其目的是平等地对待其他任何成员，在不同成员之间实施非歧视待遇。

2. 国民待遇原则

国民待遇原则是指对其他成员的货物、服务、服务提供者或企业、知识产权所有者或持有者所提供的待遇不低于本国同类货物、服务、服务提供者或企业、知识产权所有者或持有者所享有的待遇，其目的是平等地对待外国和本国的货物、服务或企业等，实施非歧视待遇。

3. 自由贸易原则

自由贸易原则是指通过多边贸易谈判，以实质性降低关税和减少非关税措施扩大成员之间的货物、服务和知识产权贸易。具体包括五个要点：以共同规则为基础；以多边谈判为手段；以争端解决为保障；以贸易救济措施为"安全阀"；以过渡期方式体现差别待遇，逐步实现世界贸易自由化。

4．公平竞争原则

公平竞争原则是指成员应避免采取扭曲市场竞争的措施，纠正不公平的贸易行为，在货物贸易、服务贸易和知识产权领域创造和维护公开、公平、公正的市场环境。具体包括三个要点：体现在货物贸易、服务和知识产权贸易领域；既涉及成员的政府行为，也涉及成员的企业行为；要求成员维护货物、服务或服务提供者以及知识产权所有者或持有者在本国市场的公平竞争，不论他们是来自本国还是来自其他任何成员，在实施贸易政策时应全国统一。

5．透明度原则

透明度原则是指成员应公布其所制定和实施的各项贸易措施（包括法律、法规、规章、政策及司法判决、行政裁决等）及相关变化情况（如修改、增补或废除等）并通知世界贸易组织。成员所参加的与国际贸易政策有关的双边和多边国际协议也应公布。

世界贸易组织的协定和协议中大都包含了例外规定，这是谈判妥协的结果，也是为了照顾不同类型成员的实际情况，使成员在确有困难的情况下有所变通。因此，人们又把"例外规定"称为世界贸易组织的灵活适用原则。

世界贸易组织协定和协议中的例外规定包括三大类，即基本原则的例外、一般例外和安全例外。

6．对发展中国家的特殊优惠待遇原则

除继续实行"非互惠原则"并体现"授权条款"的精神外，该原则还在如下几个方面给予了一定的优惠待遇：① 允许发展中国家用较长的时间履行义务或有较长的过渡期。② 允许发展中国家在履行义务时有较大的灵活性。世界贸易组织的保障措施协议规定"成员方对某项进口商品过去已经使用过保障措施，为实行进口数量的限制，必须相隔一定时期才能再度使用"。对于发达国家来说，"一定时期"是指与上次采用过的相隔时间对等，而对于发展中国家则给予一定的灵活性，即相隔时间等于上次采用过的时间的一半，但至少必须相隔两年。③ 规定发达国家对发展中国家提供技术援助，以便发展中国家更好地履行义务。

此外，世界贸易组织还充分考虑到经济转型国家复杂的内部、外部条件，对这些国家加入该组织给予鼓励并承诺给予灵活处理。

三、《建立世界贸易组织的协议》

世界贸易组织有庞大的协定框架，其基本协定是《建立世界贸易组织的协议》，该协议本身并未包括具有实质性意义的贸易政策义务，有关协调多边贸易关系、解决贸易争端以及规范国际贸易的实质性规定均体现在四个附件中。

（1）附件一。具体内容包括：① 多边货物贸易协议，即 1994 年的《关税与贸易总协定》及其 12 个具体协议；② 《服务贸易总协定》；③ 《与贸易有关的知识产权协定》。

（2）附件二。具体内容是关于争端解决规则与程序的谅解。

（3）附件三。附件三是关于贸易政策审议机制方面的内容。

（4）附件四。具体包括四个诸边贸易协议，即《政府采购协议》《民用航空器贸易协议》《国际牛肉协议》《国际奶制品协议》，后两个协议于 1997 年年底废止。诸边贸易协议与多边贸易协议不同，世界贸易组织成员对这些协议并无强制性加入义务，这些协议只在接受并签字的参加方之间生效。

世界贸易组织规则还应包括与《建立世界贸易组织的协议》有关的一系列部长级会议决定、决议、宣言、谅解以及世界贸易组织成立后达成的协议。

四、世界贸易组织的运行机制

（一）世界贸易组织的机构和职能

世界贸易组织是成员政府内规范、协调、管理成员的与贸易有关的，影响贸易正常发展的法律、政策、措施的契约式国际组织。

（二）世界贸易组织的机构

世界贸易组织总部设在瑞士日内瓦，主要由下列机构构成。

1. 部长级会议

部长级会议是世界贸易组织的最高权力机构，由所有成员国的部长级代表参加。部长级会议至少每两年举行一次，其职责是履行世界贸易组织的职能并为此采取必要的行动或措施，会议有权对各多边贸易协议中的任何事项做出决定。

2. 总理事会

世界贸易组织的常设机构是总理事会，负责世界贸易组织的日常会议和工作，由所有成员的代表组成，定期召开会议，向部长级会议报告，有权代表部长级会议处理日常事务并对世界贸易组织各成员实行定期的贸易政策评审。

3. 争端解决机构

争端解决机构负责世界贸易组织争端解决机制的运行，下设上诉机构和应争端当事方要求随时成立的争端解决专家组。

4. 贸易政策审议机构

贸易政策审议机构负责审查各成员的贸易政策，实施贸易政策审议的安排。

5. 理事会

理事会是总理事会的下属机构，负责履行世界贸易组织的主要职能。世界贸易组织现设立三个理事会，即货物贸易理事会、服务贸易理事会、知识产权理事会，它们在总理事会的指导下进行工作，分别负责监督相应协定的实施。货物贸易理事会下设市场准入、农业、卫生与动植物卫生措施，投资措施，原产地规则，进口许可程序，反倾销措施，补贴与反补贴措施，保障措施，海关估价，技术性贸易壁垒委员会以及纺织品监督机构，信息技术产品协议委员会等。服务贸易理事会现下设金融服务贸易委员会、具体承诺委员会等机构。

6. 委员会

总理事会下设的委员会负责行使跨部门的更广泛的职能，现有五个委员会，即预算财务和行政管理委员会、贸易和发展委员会、国际收支限制委员会、贸易与环境委员会和区域贸易协议委员会。

7．诸边贸易协议设置的委员会

诸边贸易协议设置的委员会现有政府采购委员会、民用航空器贸易委员会。诸边贸易机构的职能由诸边贸易协议赋予，在世界贸易组织体制框架内运行并定期向总理事会通报其活动。

此外，世界贸易组织还设立有一些临时机构，通常被称为工作组，其职责是研究和报告出现的事务并最终要求理事会或总理事会做出决定。

8．秘书处

秘书处是世界贸易组织的日常办事机构，它由部长级会议任命的总干事领导。世界贸易组织全体成员可以参加所有理事会和委员会（大部分委员会为自愿参加），但上诉机构、争端解决专家组、纺织品监督机构及诸边贸易协议设置的委员会除外。

（三）世界贸易组织的职能

根据《建立世界贸易组织的协议》，世界贸易组织具有以下五项职能。

1．管理职能

世界贸易组织负责组织内各项协议的管理、实施、运作，竭力促进各协议目标的实现并对诸边贸易协议的执行、管理、实施和运作提供框架。

2．谈判职能

具体包括两类谈判：第一类谈判是对《建立世界贸易组织的协议》及所列各项协议所涉事项或议题的多边谈判；第二类谈判是世界贸易组织部长级会议可能决定的有关多边贸易关系的、扩大国际贸易自由化领域的谈判。世界贸易组织的谈判职能首先是提供谈判场所，其次是可以提供使谈判结果生效的框架。

3．解决争端职能

世界贸易组织负责协调、解决成员间在货物贸易、服务贸易和知识产权领域及其相互之间出现的贸易纠纷与争端。

4．贸易政策审议职能

世界贸易组织审议各成员实施的与贸易相关的国内经济政策。

5．与其他国际组织合作的职能

为使全球经济决策趋于一致，世界贸易组织应以适当的方式与国际货币基金组织、世界银行等国际组织进行合作，以更好地协调制定全球经济政策。

（四）决策方式

1．协商一致政策

世界贸易组织继续实行关贸总协定的"经协商一致"原则，即讨论一项提议或拟议中的决定时，应首先寻求协商一致，即所有成员都表示支持或没有成员反对。

2．投票决策

部长级会议或总理事会在无法协商一致时通过投票决定，每个成员拥有一票。

（1）对某些关键条款的修正要全体成员接受才能生效。

（2）关于条款解释的投票要以3/4多数通过。

（3）有关豁免义务的表决要以 3/4 多数通过。

（4）接收新成员、关于修正案的投票要以 2/3 多数通过。

（5）对一般事项或某些普通条款的修正以简单多数通过。

此外，协议还规定了世界贸易组织的预算和会费原则，对成员资格、加入、特定成员之间互不适用多边贸易协议以及接受、生效、保存、退出等做了程序性规定。

五、世界贸易组织的主要特点

世界贸易组织是在关贸总协定的基础上建立并形成的一整套较为完备的国际经贸法律体系，它与关贸总协定相比主要有以下几个特点。

（一）世界贸易组织协定具有法律权威性

《关贸总协定》与《世界贸易组织协定》都是国际多边协定，但二者在法律程序和依据上有所不同。《关贸总协定》是通过行政程序，由有关国家的行政部门签订的一项临时性协定，并未经过其签字国的立法机构的批准，1947 年由 23 个创始成员方政府达成的《临时适用议定书》便是其法律依据。议定书既然无须各国立法机构予以通过，那就是一种规格和权威性较低的外交文件。因此，《关贸总协定》作为国际多边协定，从法律的角度来说是不完整的，一般将其视为行政性协定，而非公约。

《世界贸易组织协定》在各国代表草签后，还必须通过立法程序，经各国立法机构批准才能生效。1994 年 4 月 15 日的马拉喀什会议上，有 7 个国家（包括美国、日本）因国内立法程序的限制，不能当场草签，直到 1994 年年底，美国等国家的议会才批准该协定并生效，因而《世界贸易组织协定》更具完整性和权威性。

（二）世界贸易组织的机构具有正式性

关贸总协定最初并不是一个组织，也没有常设机构，到 1960 年才有代表理事会（council of representatives），在全体缔约方大会休会期间，其事务由代表理事会处理，由此陆续设立了其他有关机构。但是，由于它是一项临时性协定，学术界至今仍有一种观点认为关贸总协定不是一个正式的国际经济组织，甚至关贸总协定的小册子也写明："关贸总协定是由一个临时委员会管理的多边条约。"根据《联合国宪章》第五十七条和第六十三条，关贸总协定不是联合国的专门机构，只是一个"联系机构"。因此，关贸总协定所设立的组织机构的法律地位始终是不明确的，它设在日内瓦的总部和秘书处及有关人员由瑞士政府参照联合国正式机构的情况授予外交特权和豁免。

世界贸易组织的成立改变了关贸总协定的临时适用性和非正式性，它是根据《建立世界贸易组织的协议》建立起的一整套组织机构，是具有法律地位的正式国际经济组织。从法律地位上看，它与国际货币基金组织、世界银行具有同等地位，都是国际法主体，其组织机构及有关人员均享有外交特权和豁免，无须再经瑞士政府授予。

（三）世界贸易组织管辖的内容具有广泛性

关贸总协定的多边贸易体制及其所制定的一整套国际贸易规则适用于货物贸易。

世界贸易组织的多边贸易体制不仅包括已有的和经"乌拉圭回合"修订的货物贸易规则，而且还包括服务贸易的国际规则、与贸易有关的知识产权保护的国际规则、与贸易有关的国际投资规则，这一整套国际规则涉及货物贸易、服务贸易、知识产权保护和投资措施等领域，表明世界贸易组织所管辖的内容更为广泛。

（四）世界贸易组织注重权利与义务的统一性

关贸总协定体制基本上是以《关贸总协定》文本为主的协议，对有关缔约方权利和义务方面做了规定和安排，但在 1979 年东京回合谈判中达成的 9 个协议以及多边纺织品协议是有选择性的，称为选择性贸易协议，即这些协议可由《关贸总协定》缔约方和非缔约方自行选择签署参加，如果不参加便无须履行相应协议的义务，因而缔约方在《关贸总协定》中的权利与义务不尽平衡。

世界贸易组织要求成员方必须无选择地以"一揽子"方式签署参加"乌拉圭回合"达成的所有协议，因为《乌拉圭回合最后文件》包括了东京回合及其他有关协议的内容，所以它们是完整的、不可选择的、不可分割的统一体，权利和义务的平衡是在所有协议的基础上达成的，从而加强了缔约方权利和义务的统一性和约束性，维护了多边贸易体制的完整性。

（五）与有关国际经济组织决策的一致性

世界贸易组织应协调与国际货币基金组织、世界银行的关系，以保障全球经济决策的一致性；应与这两个国际组织在决策方面加强合作和协调，为国际经济和贸易的发展创造更为有利的条件。

六、世界贸易组织多哈谈判总体进展情况

在世界贸易组织成立以前，其前身关贸总协定曾经进行了 8 轮多边贸易谈判，这些谈判为推动全球贸易自由化进程发挥了重要作用。世界贸易组织从成立起就把启动新一轮谈判、进一步完善多边贸易体制作为重要使命，经过各方的不懈努力，终于在 2001 年 11 月在卡塔尔多哈举行的第四次 WTO 部长级会议上决定正式启动谈判，因而此轮谈判被人们称为"多哈回合"。此次谈判内容包括农业、非农产品市场准入、新加坡议题、服务贸易、与贸易有关的知识产权、规则、争端解决、贸易与环境、贸易与发展等。与以往的多边谈判相比，这是包括议题范围最广、参加成员最多的一轮谈判。

更加自由的多边贸易体制虽然为各成员发展国际贸易带来了明显的好处，但是因为涉及各方利益的进退取舍，谈判过程始终十分艰难。"多哈回合"启动以来，谈判进程一波三折。2003 年，在墨西哥坎昆召开的 WTO 第五次部长级会议无果而终。此后，经广大成员共同努力，各方于 2004 年 7 月达成"多哈框架协议"。根据这一协议，发达成员方同意在具体时限内取消所有形式的农业出口补贴，对扭曲农业贸易的国内支持方面进行实质性削减。作为补偿，发展中成员方同意降低工业品的进口关税和其他壁垒，进一步开放非农业产品市场，降低市场准入门槛；对一些极度贫穷的成员方，协议允许它们继续在一些关

键领域实行贸易保护政策。同时，这一协议还调整了对最不发达成员和新成员的待遇安排的灵活度。但这一协议只设定指导原则和基本内容，不包含具体的减让数字，框架协议明确了"多哈回合"谈判结束的时间将推迟并确定了 WTO 第六次部长级会议于 2005 年 12 月在中国香港举行。

多哈谈判在框架协议达成后恢复了势头，经过包括大连会议的一系列小型部长级会议的推动，各主要谈判方均表示愿推动谈判，把 2006 年结束多哈谈判作为目标，力争在 WTO 第六次部长级会议上就主要议题的谈判模式达成一致。但由于在主要谈判议题特别是农业议题上的分歧巨大，各方未能在 2005 年 7 月底之前就协议初稿达成共识，谈判再次陷入低潮。

2005 年 9 月，美、欧、G20（二十国集团）等主要成员通过各种渠道试图恢复谈判势头。时任 WTO 总干事拉米提出，只有在香港部长级会议前完成"多哈回合" 2/3 的谈判工作，才能确保于 2006 年顺利结束多哈谈判，各方对这一意见表示赞同。

2005 年 10 月 10 日，美方在苏黎世小型部长级会议上率先提出提案，表示愿意在农业议题上，特别是削减"国内支持"方面表现出一定的灵活性，多数成员对美方在国内支持方面表现出的灵活性给予了肯定，尽管美国承诺的削减多是"水分"（约束水平而不是实际补贴水平），但各方仍认为这是美国在谈判关键时刻采取的重大举措，有助于打破谈判僵局。之后，欧盟、G20 和 G10（十国集团）等主要谈判方在农业问题上均提出了立场各异的提案。随即，各方围绕着以上这四个提案内容的取舍和平衡展开了激烈、密集的谈判，其他议题的谈判，特别是非农谈判也随之进入实质性阶段。

2005 年 10 月 19 日，FIPS（美国、欧盟、印度、巴西、澳大利亚组成的"5 个兴趣方"）的部长重返日内瓦举行密集磋商并于 11 月上旬再次在日内瓦举行小型部长级会议，力争弥合各方分歧，以便在 11 月中旬提出香港会议谈判模式的草案。

2005 年 12 月 13 至 18 日，世界贸易组织第六次部长级会议在中国香港特别行政区召开，有 149 个正式成员的官方代表和 5800 多名国际组织的官员以及 2100 多名非政府组织代表出席该次会议。经过 6 天马拉松式谈判，与会成员终于达成共识，通过了《香港宣言》。

2009 年 11 月 30 日至 12 月 2 日，WTO 在日内瓦举行第七次部长级会议。此次会议就"审议 WTO 活动"（包括多哈回合谈判）以及"WTO 对复苏、增长和发展的贡献"展开，会议主题是"世界贸易组织、多边贸易体制和当前全球经济环境"，主要聚焦全球金融危机给多边贸易体制带来的挑战以及由此产生的社会问题。

2011 年 12 月 16 日，WTO 第八次部长级会议在日内瓦召开，会议正式批准俄罗斯加入世界贸易组织，俄罗斯长达 18 年的入世历程由此画上句号。和其他成员一样，俄罗斯的入世谈判是一个妥协的过程并最终达成彼此都能接受的入世条件。世界贸易组织和俄罗斯经济发展部公布的文件显示，入世后，俄罗斯总体关税水平从 10% 降至 7.8%，其中农产品关税水平从 13.2% 降至 10.8%，工业产品关税水平从 9.5% 降至 7.3%。

2013 年 12 月 7 日，WTO 第九次部长级会议在印度尼西亚巴厘岛闭幕，会议发表了《巴厘部长宣言》，多哈回合谈判长达 12 年的僵局终获历史性突破。《巴厘部长宣言》的主要内容涵盖贸易便利化、农业和发展等传统多哈回合议题，因此也被称"巴厘一揽子协议"，其中最引人注目的是《贸易便利化协定》，贸易便利化是世界贸易组织成立以来首次谈判的议题，涉及简化海关及口岸通关程序等，旨在简化进出口贸易流程，以降低贸易成本。该宣言决定成立筹备委员会，确保最迟于 2015 年 7 月 31 日正式实施《贸易便利化协定》。有关发展中国家粮食安全方面的内容是农业议题的亮点，也是此次会议取得的重点突破。一方面，美国担心印度制定的《粮食安全法案》虽然会让印度穷人受益，但是其公共储粮收购方式则可能扭曲国际市场粮食价格。而此前主要针对印度提出的四年期过渡性条款于 2013 年年底终止。另一方面，印度也不愿意在此问题上退让，因为其执政党不希望在次年大选中失去广大农民的支持。

美、印妥协成全了"巴厘一揽子协议"，也给多哈回合打上了巴厘的烙印。从最终签署的宣言来看，世界贸易组织提出未来继续研究粮食安全问题，旨在提出一项永久性解决方案。2017 年 12 月 10 日至 13 日，世界贸易组织（WTO）第十一届部长级会议在阿根廷首都布宜诺斯艾利斯举行。164 个世贸成员的代表就农业、渔业、贸易便利化、电子商务、中小企业发展等议题展开激烈谈判磋商，虽然一些关键议题并无突破性进展，但各方交换意见，达成了一系列部长决定，为全球贸易进一步谈判打下了基础。

第三节　中国与世界贸易组织

一、加入世界贸易组织的谈判与成果

依据世界贸易组织创始成员的资格条件，中国如在 1995 年内首先恢复在 1947 年关贸总协定中的缔约国地位，则可成为世界贸易组织的初始成员方。1947 年 4 月至 10 月，当时的中国政府应邀参加了在日内瓦举行的由联合国经济和社会理事会召开的国际贸易与就业会议第二届筹委会。会议期间，中国与美、英、法、荷、比、卢等 18 个国家进行了关税减让谈判，达成了关税减让协议，参加了拟定《关贸总协定》的工作。这次谈判实际上就是关贸总协定的第 1 轮多边关税贸易减让谈判。同年 10 月 30 日，各参加国签署了《关税与贸易总协定》。翌年 3 月，当时的中国政府又签署了联合国世界贸易与就业会议的最后文件，从而成为国际贸易组织临时委员会执委会成员之一。同年 4 月 21 日，按《临时适用议定书》第 3 条和第 4 条（乙）项所定规程，当时的中国政府作为最后文件签字国之一签署了该议定书。同年 5 月 21 日，议定书签署后第 30 天，中国成为关贸总协定原始缔约国之一。

1982 年 11 月，在不损害缔约国地位的前提下，中国首次派出代表团以观察员身份列席关贸总协定第 38 届缔约方大会并与关贸总协定秘书处就中国恢复关贸总协定缔约国席位等法律问题交换了意见。而后，中国政府代表列席了历届缔约方大会及特别会议。1984 年 1 月 18 日，中国政府正式签署第三个国际纺织品贸易协议并成为关贸总协定纺织品委员会的正式成员。同年 11 月，中国又申请并获准列席关贸总协定理事会及其下属机构会议并参加各项有关活动。

1986 年 3 月，在关贸总协定总干事邓克尔应邀来华访问后不久，中英联合联络小组根据 1984 年签订的《中、英两国政府关于香港问题的联合声明》第三条第 6 项中"香港特别

行政区将保持自由港和独立关税地区的地位"的声明，就香港在关贸总协定的地位问题达成协议，即由中、英两国政府联合发表声明，根据《关贸总协定》第二十六条第 5 款（丙）项，使香港成为关贸总协定的一个缔约方。1986 年 4 月 23 日，根据上述协议条款，香港正式成为关贸总协定的第 95 个缔约方。也是依据上述条款，1997 年后的香港特别行政区仍将以"中国香港"的名义继续保持这种缔约方地位，享受原有各项权利。

1995 年，世界贸易组织建立后，中国由"复关"转变为加入世界贸易组织的谈判。按照中国的申请并根据世界贸易组织总理事会于 1995 年 1 月 31 日的决定，原 GATT1987 缔约方地位工作组自 1995 年 12 月 7 日起转为中国加入世界贸易组织工作组。

中国缔约方地位工作组在 1987 年至 1995 年召开了 20 次会议，在 1996 年 3 月至 2001 年 1 月召开了 18 次会议。在漫长的谈判过程中，中国坚持以发展中国家权利与义务平衡作为谈判的基础，谈判成员在确认上述基础后，考虑中国经济的巨大规模，快速增大和过渡性质，要求以务实方式处理协定中的权利与义务。在中国和谈判方的共同努力下，2001 年在中国加入世界贸易组织工作组第十八次会议上，达成《中华人民共和国加入世界贸易组织议定书》及其附件和《中国加入工作组报告书》，在 2001 年 11 月 10 日世界贸易组织第四次部长级会议以合意方式接纳中国为世界贸易组织成员，翌日中国全权代表对外贸易经济合作部部长石广生签署《中华人民共和国加入世界贸易组织议定书》并于 2001 年 12 月 11 日生效，中国成为第 143 个世界贸易组织成员，继而中国台北在 2002 年 1 月 1 日成为世界贸易组织第 144 个成员。加上原已是世界贸易组织成员的香港、澳门，中国成为拥有四个世界贸易组织成员的国家。

《中华人民共和国加入世界贸易组织议定书》由序言、三个部分 18 个条款构成。第一部分为总则，包括 18 个条款：第 1 条是总体情况，第 2 条是贸易制度的实施，第 3 条是非歧视，第 4 条是特殊贸易安排，第 5 条是贸易权，第 6 条是国营贸易，第 7 条是非关税措施，第 8 条是进出口许可程序，第 9 条是价格控制，第 10 条是补贴，第 11 条是对进出口产品征收的税费，第 12 条是农业，第 13 条是技术性贸易壁垒，第 14 条是卫生与植物卫生措施，第 15 条是确定补贴和倾销时的价格可比性，第 16 条是特定产品过渡性保障机制，第 17 条是 WTO 成员的保留，第 18 条是过渡性审议机制。第二部分是减让表。第三部分是最后条款。此外，还有 9 个附件。

《中国加入工作组报告书》由导言，经济政策、政策制度和执行的框架，影响货物贸易的政策，与贸易有关的知识产权制度，影响服务贸易政策，其他问题和结论构成。

《中华人民共和国加入世界贸易组织议定书》及其附件和《中国加入工作组报告书》是中国与世界贸易组织成员经过谈判达成的协议，对中国和其他世界贸易组织成员均具有约束力，现已成为《建立世界贸易组织的协议》的组成部分。

二、加入世界贸易组织后过渡期中国对外贸易的发展趋势

从 2005 年开始，中国在加入世界贸易组织谈判中主要产业获得的过渡期大部分结束，进入后过渡期，中国的对外贸易出现了一些新的发展趋势。

（一）后过渡期中国履行承诺、享受权利的基本形势

根据加入世界贸易组织的承诺，后过渡期中国进一步开放市场：一是进口关税降至承诺的终点。2005 年中国的关税总水平已由 2004 年的 10.4%进一步下降到 9.9%，其中工业品平均关税由 9.5%下降到 9%，农产品平均关税由 15.6%下降到 15.3%。二是取消所有非关税措施。从 2005 年开始，包括进口配额、进口许可证和特定产品招标等在内的所有非关税措施都已被取消。汽车作为入世谈判中最为敏感的工业品，也取消了进口配额管理，改为进口自动许可。三是农产品关税配额数量达到最高点。除植物油（包括豆油、棕榈油、菜籽油）外，2004 年起中国农产品关税配额数量已达到最高点。2005 年取消了羊毛和毛条的进口指定经营制度。2006 年 1 月 1 日，取消植物油的关税配额，改由关税调节进口。四是贸易权完全放开。从 2004 年下半年起，所有个人和企业都可以从事进出口业务。五是服务贸易中大部分领域将取消限制，允许外商控股或独资。其中，银行部门从 2006 年 12 月 11日起取消对外资银行从事人民币业务的地域限制和客户范围限制。保险部门从 2005 年起取消强制分保，2006 年后允许外商设立独资保险经纪公司。电信部门在移动话音和数据服务方面于 2004 年年底起允许外资持股比例达到 49%，于 2006 年年底取消地域限制；在基础电信国内业务和国际业务方面，于 2007 年年底取消地域限制并允许外资持股比例达到49%。建筑设计、旅游和运输等部门在 2005—2007 年逐步允许设立外商独资企业。六是按透明度原则接受贸易政策审议。除了继续履行通报、过渡性审议、咨询以及对影响贸易的法律、法规在生效前提供评论期等义务外，2006 年 4 月，世界贸易组织对中国进行了首次贸易政策审议，此后，中国作为 WTO 前四大贸易方，每两年被审议一次。除了履行上述承诺，承担进一步开放市场的义务以外，中国也进一步享受到作为世界贸易组织成员的权利，其中最主要的包括：一是享受世界贸易组织其他成员提供的最惠国待遇和国民待遇，而且从 2005 年起开始享受全球纺织品配额取消、纺织品贸易一体化带来的利益；二是参加世界贸易组织谈判，直接参与制定多边经贸规则，充分发挥在国际经贸事务中的作用；三是与申请加入世界贸易组织的新成员进行市场准入谈判；四是享受作为发展中成员的权利；五是获得多边贸易体制保障，利用世界贸易组织争端解决机制，解决与其他成员贸易和投资方面的纠纷。

（二）后过渡期中国对外贸易的发展趋势

进入后过渡期，在中国市场更加开放的同时，国外市场对中国的开放程度也进一步提高，这为中国对外贸易的平稳发展创造了有利条件。但同时也要看到，影响对外贸易发展的因素是多方面的，国际经济贸易形势、国内经济形势和政策调整以及企业竞争力都会对入世后中国的对外贸易产生直接影响。如果主要从后过渡期的影响看，中国对外贸易发展呈现出以下趋势。

（1）出口总体上实现稳定增长，但位于国际分工价值链低端的格局短期内难以根本改变。加入世界贸易组织后，中国获得了更加稳定、透明和可预见的贸易环境，国际经贸关系得到加强和改善，发展空间得到进一步拓展；中国政府按照加入世界贸易组织的承诺，全面清理了涉外经济法律、法规，放开了进出口经营权，更多的企业把注意力转向国际市

场。后过渡期，这些正面效应进一步显现，中国的比较优势得到进一步发挥。纺织品贸易一体化后，长期受配额抑制的纺织品出口潜能也释放出来，中国出口保持稳定增长。但是长期以来中国出口商品缺乏具有自主知识产权的核心技术，缺少具有影响力的自有出口品牌，附加值较低的产品仍然占较大比重，营销网络大多掌握在外商手中，很多产品出口获得的比较利益不高，在国际分工价值链上处于低端环节。进出口经营权放开以后，随着大量中小企业参与到外贸经营中来，出口的企业集中度进一步下降，拼价格、"打乱仗"的状况加剧。

（2）进口继续保持较大规模增长，但比较容易受国际市场波动的影响。近年来，由于国民经济持续快速增长和经济总量的扩大，中国进口需求迅速增加，能源、原材料和关键设备进口明显增多。进入后过渡期，中国进口快速增长的态势没有改变，仍保持较大规模。但是，随着进口依赖的加深，中国经济受国际市场波动影响的程度也在加深。作为国际能源、原材料市场上的重要买家，中国企业的进口议价能力较弱，规避价格波动风险的能力不强，与中国进口大国的地位很不相称。2006年2月，日本两家钢铁公司分别与巴西和澳大利亚主要铁矿石供应商达成协议，将铁矿石价格提高 71.5%。由于历史原因，该协议价自然成为亚洲基准价，中国企业虽据理力争，但最终仍无法扭转局面。

（3）农业和部分制造业的竞争力短期内难以提高，进口产品对其造成冲击的可能性增大。从农业来看，2005 年中国农产品关税平均水平已降至 15.3%，明显低于62%的世界平均水平，是世界上农产品关税总水平最低的国家之一；中国小麦和玉米的关税配额量已达到国内生产量的 10.7%和 6%；2006 年还取消了植物油的关税配额。由于中国农业生产经营规模小、组织化程度不高，部分大宗农产品的竞争力不强，来自国外优质低价农产品的竞争压力巨大。从汽车产业来看，中国汽车产业的国际竞争力远不及美国、日本、德国等世界主要汽车生产国，而汽车生产成本和销售价格总体上高于国际市场水平。随着配额取消和关税下调，进口汽车在一定程度上挤占国产汽车的发展空间。从冶金、石化业来看，中国生产规模已居世界前列，但技术密集型高端产品与发达国家相比仍有较大差距。中国钢产量曾连续多年位居世界第一，但高档板材自给率仅为 10%左右；成品油、化肥等产品产量很高，但附加值较高的精细化工产品在与外国公司竞争中处于劣势。

（4）服务贸易加快发展，但与外资企业的竞争更加激烈。随着服务贸易领域开放的逐步扩大，外资进入中国服务业的步伐明显加快，银行、保险、电信以及建筑、旅游、运输等服务贸易得到进一步发展。但与此同时，中国企业在服务贸易领域与外资企业的竞争更加激烈，主要表现在外资银行和保险公司在高端市场和人才方面与我国展开争夺，由于其掌握先进的管理经验和雄厚的资本、技术实力，故具有明显的竞争优势；随着外资银行、保险公司资产比重上升，营业网点增加，中国政府对银行、保险的监管能力受到挑战；世界大型电信公司大举进军中国市场，中国电信管理体制与企业竞争机制仍需改革，与管理相关的法规、标准有待完善。

（5）针对中国的贸易保护进一步增多，应对贸易摩擦的任务艰巨。加入世界贸易组织以来，随着中国出口的持续快速增长，国际上针对中国的贸易摩擦范围更宽、涉案金额更大、波及行业更敏感、涉及国家更多。进入后过渡期，贸易摩擦的形势更为严峻。一些国家滥用反倾销等贸易救济措施的情况更为严重，包括主要发达国家在内的许多国家和地区还没有承认中国的市场经济地位，中国企业在反倾销应诉中仍面临不公正待遇。纺织品成为贸易摩擦的新焦点。特殊保障措施、反补贴措施仍困扰中国的外贸发展，2004 年加拿大对中国首开反补贴先河以后，国外对中国反补贴调查的数量逐渐增多。

三、世界贸易组织贸易政策审议机构对中国贸易政策的审议

贸易政策审议机制（Trade Policy Review Mechanism，TPRM）与贸易谈判机制、争端解决机制一起，成为保障 WTO 顺利运行的三大机制。TPRM 不仅是 WTO 的透明机制，更是 WTO 的监督机制。与争端解决机制的"硬"监督相比较，TPRM 的"软"监督由于没有法律约束力而更容易被成员所接受；由于 TPRM 监督的一般性和普遍性，它不仅影响了贸易政策制定的国内过程，更是直接影响了成员之间贸易政策协调的国际过程。

2006 年 4 月 19 日，世界贸易组织贸易政策审议机构正式公布了中国入世后第一份对中国贸易政策的审议报告。根据《中国加入 WTO 议定书》第十八条，中国自 2001 年 12 月 11 日正式成为 WTO 成员以来到 2010 年，每年都要接受贸易政策审议机制的审议，称为"过渡期内审议"，但 WTO 并不公布相关过渡性审议报告。此次贸易政策审议是适用于所有 WTO 成员的永久性机制，中国贸易额排名属于 5～20 名，因此为每 4 年一次。

该报告总结中国经济发展成就时指出，从 1978 年到 2005 年，中国国内生产总值和人均国内生产总值将近翻 9 倍，国内生产总值的年增长率达到 9%，贫困人口比例从 73%降至 32%，吸引大量外资流入，成为世界上主要的外资流入国之一，2005 年中国吸引外资额超过 600 亿美元，排名第三位，仅次于美国和英国，这些都是中国实行改革开放所取得的实实在在的成绩，也是更多地参与国际市场和开放市场的收益证明。分析经济快速增长的原因，对外贸易的飞速增长功不可没，1978—2005 年，中国对外贸易额达到 6600 多亿美元，对外贸易依存度高于 60%，另外以出口为导向的外资公司数量与规模的迅速增大也加速了中国的对外贸易增长，报告中还提出中国实施紧缩的财政政策，避免大量财政赤字以及居民个人储蓄存款余额高位徘徊也对中国经济增长提供了政策支柱和资金保障。

该报告在对贸易、投资和知识产权以及相关政策的审议评价中指出，中国较出色地履行了承诺义务，充分地体现了中国的"规则"意识：① 货物贸易领域，平均关税水平从加入时的 15.3%降至 2005 年的 9.9%，农产品关税也大幅下降，除允许的微量国内支持以外，取消了农产品的出口补贴；非关税措施方面，中国根据加入承诺已于 2005 年 1 月全部取消了 424 个税号产品的进口配额、许可证和进口管理措施，对粮、棉、油、糖和化肥等的关税配额体制已建立，某些承诺甚至是提前兑现，譬如除部分重要农产品和矿产品外的外贸经营权审批即比承诺最终期限提前半年开放。② 服务贸易领域，审议报告高度评价了作为一个发展中成员，中国承诺部门的覆盖范围超过平均水平，全部 143 个服务行业里中国做出承诺的比例超过 60%，甚至超过某些发达国家的水平，根据服务贸易具体承诺表的步骤，中国有秩序地实施承诺，体现了对服务贸易自由化宗旨的尊重。③ 知识产权方面，中国致力于加强和完善法律环境和制度建设，对《著作权法》《专利法》等做出修改并大力宣传以提高国民的知识产权保护意识。

中国在积极推动世界贸易组织多边谈判以及主动建立区域贸易集团方面做出了很大努

力，后者包括与香港、澳门达成的"与内地更紧密经贸关系安排"（CEPA），中国-东盟自由贸易区、中国-智利自由贸易区、中国-巴基斯坦优惠贸易安排等。

中国在经济发展取得一定成就的同时还存在一些问题。譬如存在于城乡之间、沿海与内陆城市之间的贫富差距继续扩大，劳动力要素市场流动存在的很多障碍对未来就业环境造成不利影响；中国制造业招商引资的粗放型增长带来的能源和土地的瓶颈作用日益凸现，长期处于初级加工低附加值的尴尬处境的制造业应尽快向高附加值生产制造转变；2005年7月人民币汇率浮动2.1%，成为中国汇率制度转向有管理的浮动汇率制度的关键性一步，但中国资本市场和货币市场市场化进程依然长路漫漫，它们对资源配置的基础性作用还没有全部显现；知识产权保护也是应关注的重要问题之一，改善立法环境的同时，加强知识产权领域的跨部门合作与加大惩罚力度更有利于中国知识产权保护的落实。

中国加入世界贸易组织的时间不长，还是一个新成员，要履行承诺和与国际准则接轨是需要时间锻炼的，不可能一蹴而就，因此伴随着大量行政负担的透明度建设和法制环境建设（包括知识产权立法和执法建设）都需要稳扎稳打、步步为营。应当看到，中国入世后，中国政府在立法公开、政府信息公开、政务公开等方面做出了大量改善工作：加入前后，中国对法律、法规进行了全面清理，国务院清理了2000年年底前颁布的756项现行行政法规，并于2001年公布清理结果，这一工作使中国贸易制度与WTO规则及中国的加入承诺保持一致。2003年8月通过的《行政许可法》将很多与贸易有关的政府审批事项大幅削减，透明度大大提高，政府部门的行为更加规范。商务部按照承诺设立中国政府WTO通报咨询局，统一答复有关中国贸易政策信息的各种咨询并根据WTO各项具体协定的要求，履行贸易政策和措施的通报义务。为了使外商及时、准确地知悉中国的涉外经贸法律、法规，改革开放以来中国所有的法律和主要的行政法规都已有完整的英文译本。2005年中国贸易额排名已升至全球第三，按照世界贸易组织规则，贸易额排名世界前四位的成员每两年接受一次审议，对中国的同类审议也随之由四年一次改为两年一次。

2008年5月，WTO完成了对中国贸易政策的第二次审议并发布《WTO秘书处对中国贸易政策审议报告》，报告从中国经济环境、贸易政策框架和目标、贸易政策及实施评价、产业贸易政策四个方面提出了WTO秘书处对中国宏观经济和贸易政策的评估，并对中国提高政策透明度给予高度评价，认为在第一次审议后，中国颁布的一系列措施强化了政策的公开化程度。《政府公开信息条例》的颁布、国家预防腐败局的建立增进了透明度，而《企业所得税法》《反垄断法》《企业破产法》的颁布和实施完善了产权界定和保护，促进了公平竞争。

2010年5月，WTO对中国贸易政策进行了第三次审议，在公布的《中国贸易政策审议报告》中详细分析了中国的经济环境、贸易政策体制、相关贸易政策和措施等，高度赞扬了中国2008—2010年在经贸领域所取得的显著成就，同时指出了中国在贸易投资环境方面仍需解决的一些问题。

2012年6月14日，WTO结束了对中国贸易政策的第四次审议，WTO主要成员在会前向中方提出了1720个书面问题，涉及中国经贸发展和政策的各个方面。会前，中方已提交了对全部问题的书面答复。世界贸易组织成员高度关注中国贸易政策及其对世界经济的影响，赞赏中国保持市场开放并抵制贸易保护主义，肯定中国对世界贸易做出的贡献。

本章小结

　　关贸总协定和世界贸易组织是一种多边的经济贸易政策和国际协调方式。从关贸总协定发展为世界贸易组织，证明这一国际经济组织的地位和作用在加强。世界贸易组织的基本原则有力地保证了实现自由贸易和提高世界福利水平。但是，对这些原则所做的例外规定则无疑削弱了其作用的发挥。世界贸易组织对关贸总协定在管理范围、贸易政策商议、争端解决等方面的完善和发展有力地推动了国际贸易的发展。加入 WTO 是中国融入世界经济主流的明智战略选择，可以获得稳定的国际经贸环境，可以充分获得经济全球化带来的利益，不仅有助于本国的社会稳定和经济增长，而且能为世界提供一个开放的逐步扩大的市场。中国加入 WTO 将享有 WTO 成员所享有的一系列权利，与此同时，还要承担 WTO 成员所应承担的一切义务，中国应该抓住机遇，积极应对，这样才能成为 WTO 的受益者，同时减少 WTO 所带来的冲击。

 **本章重要概念**

关税与贸易总协定	世界贸易组织	最惠国待遇	国民待遇
公平竞争	透明度原则	协商一致	

思考题

1. 关税与贸易总协定的宗旨与原则是什么？
2. 关税与贸易总协定的局限性是什么？
3. 世界贸易组织的宗旨与原则是什么？
4. 世界贸易组织的主要职能是什么？
5. 世界贸易组织对国际贸易的影响是什么？
6. 世界贸易组织同关税与贸易总协定相比较有哪些特点？
7. 入世后过渡期中国对外贸易的发展如何？

 **学生课后参考阅读文献**

[1] 张汉林，付亦重. 世界贸易组织概论[M]. 北京：北京师范大学出版社，2012.

[2] 汪尧田，周汉民. 世界贸易组织总论[M]. 上海：上海远东出版社，1995.

[3] 石广生. 世界贸易组织基本知识[M]. 北京：人民出版社，2001.

[4] 王福明. 世界贸易组织运行机制与规则[M]. 北京：对外经济贸易大学出版社，2000.

[5] 钟兴国，等. 世界贸易组织：国际贸易新体制[M]. 北京：北京大学出版社，1997.

[6] 张海东. 世界贸易组织概论[M]. 上海：上海财经大学出版社，2006.

[7] 薛荣久. 世界贸易组织（WTO）教程[M]. 北京：对外经济贸易大学出版社，2003.

[8] 王新奎，等. 世界贸易组织十周年：回顾与前瞻[M]. 北京：人民出版社，2005.

[9] 吴国新，杨勣. 国际贸易理论与政策[M]. 北京：清华大学出版社，2016.

[10] 中国世界贸易组织研究会官网（www.cwto.org.cn）

第十一章　国际贸易方式

通过本章的学习，掌握包销和代理的含义；掌握包销与独家代理的区别；掌握寄售和拍卖的含义；掌握招标与投标业务的含义、方式及流程；掌握对销贸易和加工贸易的含义以及加工贸易的种类；掌握来料加工与进料加工的区别；理解期货交易的原理以及套期保值的几种做法。

开篇案例：补偿贸易——空手可套"白银"

【案情】

说起汇源集团的掌门人朱新礼，如今可谓无人不识。在 2005 年胡润百富榜上，他位列第 24 名。

朱新礼的发家之路充满传奇色彩。他本是山东沂源县外经委主任，1992 年，他"买"下了山东一濒临倒闭的县办水果罐头厂，自任厂长。说是"买"下，其实他并没有拿出真金白银。当时朱新礼并没有钱，他只是答应用项目救活工厂，养活工厂里的数百号员工，外加承担原厂 450 万元人民币的债务。这是朱新礼打出的第一招空手套"白银"。

紧接着是第二招。在当时，"补偿贸易"还是十分新鲜的名词。朱新礼当时看准了德国的设备，可是他没有钱。于是，他与德国客商签订了价值 800 万美元的进口合同，引进德国设备，在国内生产产品，条件是在一定期限内将产品返销给德方，以部分或全部收入分期或一次性抵还设备货款。朱新礼当时答应外方分 5 年返销产品，部分抵还货款。1993年年初，在 20 多名德国专家、技术人员的指导下，朱新礼的工厂"汇源"开始生产浓缩果汁并且成为该厂主营业务。

正在此时，朱新礼听说德国要连续举办两次国际性食品博览会，他立即买了一张机票"单刀赴会"。他没有带翻译，因为他买不起两张机票。在德国当地华侨的帮助下，朱新礼先后在德国慕尼黑和瑞士洛桑签下第一批业务——3000 吨苹果汁，总金额为 500 万美元。而与这 500 万美元相比较，朱新礼在整个创业过程中付出的资金相当于零。

由于填补了当时的市场空白，汇源开始迅速做大。1999 年，朱新礼用汇源集团的主要资产与新疆德隆成立了合资公司。由于有了德隆的资金支持，汇源开始超速发展，两年的时间里，汇源累计投资 20 亿元人民币，在全国新增了 20 家生产基地，到 2003 年，汇源果汁已占据了全国市场份额的 23%。2003 年，朱新礼回购了德隆在汇源的股份。2004 年 3月，朱新礼又分拆汇源果汁部分资产与统一集团在开曼群岛成立合资公司，中国汇源果汁控股，其中统一出资 2.5 亿元人民币，占 5%的股份。

（资料来源：新浪财经 http://finance.sina.com.cn）

【讨论】

1. 补偿贸易适合在什么样的条件下实行？
2. 除了返销，还可以有哪些形式的补偿贸易？返销的优缺点是什么？

【分析】

补偿贸易（compensation trade）是指交易的一方在对方提供信用的基础上进口设备、技术，然后以该设备、技术所生产的产品分期抵付进口设备技术的价款及利息。1931年，德国首先采取这种方式，苏联和东欧国家在与西方的贸易中也常利用这种方式，中国在改革开放后开始采用这种方式。早期的补偿贸易主要用于兴建大型工业企业，如苏联曾从日本引进价值8.6亿美元的采矿设备，以1亿吨煤偿还；波兰从美国进口价值4亿美元的化工设备和技术，以相关工业产品返销抵偿。后期的补偿贸易趋向多样化，不但有大型成套设备，也有中小型项目。20世纪80年代，波兰向西方出口的电子和机械产品中，属于补偿贸易返销的占40%～50%。

补偿贸易是一种易货贸易，以设备、技术和相关产品相交换，供方既要供应所需的设备技术，又要销售作为抵偿的相关产品，单一的设备制造商难以接受这种易货方式。随着跨国公司多种经营方式的迅速发展，生产企业前向经济一体化已日臻完善。跨国公司在国内外有广泛的销售代理或建立了自己的销售公司，这使生产企业有能力销售相关的返销产品，从而把补偿贸易作为一种扩大销售资本货物的手段并以此获取双重利润。

除了返销，补偿贸易还可以用其他产品或者劳务来补偿。返销是指直接产品补偿，如上述案例中由设备供应方向设备进口方承诺购买一定数量或金额的由该设备直接生产出来的产品。这种做法的局限性在于它要求生产出来的直接产品及其质量必须是对方所需要的或者在国际市场上是可销售的，否则不易为对方所接受。当所交易的设备本身并不生产物质产品或设备所生产的直接产品非对方所需，抑或在国际市场上不好销售时，可由双方根据需要和可能进行协商，用回购其他产品来代替。在同来料加工或来件装配相结合的中小型补偿贸易中，往往由对方代为购进所需的技术、设备，货款由对方垫付；我方按对方要求加工生产后，从应收的工缴费中分期扣还所欠款项，即劳务补偿。

世界分工进一步发展、产业转移向纵深展开是补偿贸易的又一促进因素。一些发展中国家的经济有了长足的进步，良好的投资环境使发达国家将部分技术和资本密集型产业向发展中国家转移。尽管其中大部分产业转移是为了占领国外市场，但也有相当一部分产品是返销的或者是用来装配整机的零部件。以产业转移为目的，设备、技术出口方主要是从返销产品中牟取利润，而不是主要从出口设备、技术中牟利。设备、技术进口方则通过信贷方式引进较为先进的设备、技术，建立生产基地，同时又出口了产品，这构成了可能达成补偿贸易的又一基础。

设备、技术的先进性是补偿贸易双方的主要矛盾。面对市场的激烈竞争，为了加强对先进技术和设备的控制，发达国家的有关企业在产业转移中采取了不同的方式。常见的是直接投资，即只是利用东道国的土地、劳动力以及原料、动力资源，而把生产技术和设备的所有权、使用权控制在自己的手中，但由于补偿贸易对设备、技术出口方有着双重利润的吸引力，使得进口方也有了争取引进先进设备、技术的能力。双方达成交易的关键包括：

① 技术、设备出口方之间的竞争态势；② 返销产品（或零部件）的市场前景；③ 设备、技术进口方的配套能力；④ 偿付条件。

实行补偿贸易对买方来说可以解决资金、外汇的不足并可利用机会开拓海外市场创汇；对卖方来说，可扩大产品销路，增加出口并可获得稳定的供货源。

国际贸易方式是指不同国家和地区之间进行货物买卖所采取的交易方式。换句话说，每一笔进出口交易只有通过一定形式的贸易方式，即销售渠道、货款支付或抵偿方式等得以实现买卖双方权利和义务的具体形式才能完成。

目前，国际上采用的传统贸易方式有很多种类，主要有经销、代理、寄售、拍卖、招投标、期货交易、对销贸易、加工贸易、国际技术贸易等。

第一节　经销与代理

一、经销

（一）经销的概念和性质

经销（distribution）是指本国出口企业（供货商）与国外进口商（经销商）达成书面协议，由经销商承担在规定的时间和区域购买和销售指定商品的义务。经销方式下，供货商和经销商之间是一种买卖关系。经销商在以自有资金付清商品的货款后便享有商品的所有权，以进口价格和转售价格之间的差额为经销利润并要承担货物进口后到将货物转售之前的一切经营风险。

（二）经销的分类

在国际贸易中，经销有各种不同的做法。按经销商权限的不同，经销方式可分为以下两种。

1. 一般经销

一般经销也被称为定销。在这种方式下，根据经销协议的规定，经销商不享有独家专营权。供货商可以在经销协议中规定在同一经销区域内委派一个以上的经销商来经营同类商品。在这种方式下，经销商与供货商之间存在的只是相对长期、稳定的买卖关系，实际上与一般意义的国际货物买卖没有本质区别。

2. 独家经销

独家经销（sole distribution）也被称为包销（exclusive sales；exclusive distributorship），是指出口企业（供货商）指定某一进口经销商在规定期限和规定区域内享有指定商品的独家专营权的一种方式。采用独家经销方式时，在经销协议所规定的时间和区域内，只能有一家经销商经营指定的商品，该区域内的任何其他商人均不得销售此种商品。也就是说，包销商享有排他性经营权。包销商一般要承担销售一定数量的商品、维护授权商品的知识产权、承担出口企业委托的商品促销活动和部分商品的售后服务工作等义务。

（三）经销协议

经销协议（distributorship agreement）是出口供货商和进口经销商之间订立的确定双方法律关系的契约，主要规定经销的商品、期限和地区范围以及经销商品的最低金额或数量等。

一般来说，经销协议主要包括以下内容。

1. 当事人的名称和地址

在协议中要以明确无误的文字说明双方当事人的名称（包括全称和简称），在双方当事人名称之后应将各自的办公地址准确地写明，以便通信联系。

2. 经销权的授予和双方的关系

在一些比较正式的经销协议中，通常要说明一方当事人（供货方）授予另一方当事人（经销商）在一定时间和区域内对某些商品的经销权，这一方面确定了该协议的性质是经销协议，而不同于代理或其他协议；另一方面也说明了协议的双方当事人之间是买卖关系。另外，对于经销权还应明确是一般经销还是独家经销，也就是说，经销商是否享有独家专营权。

3. 经销商品的范围

经销商品可以是出口供货商经营的全部商品，也可以是其中的一部分商品，在经销协议中要明确说明商品的范围以及同一类商品的不同牌号和规格。

4. 经销地区

经销地区指经销商行使经营权的地理区域，它可以是一个或几个城市，也可以是一个甚至几个国家。确定经销地区时应考虑经销商的经营规模和能力，经销地区的政治区域划分、地理条件和交通运输状况以及市场差异程度等。另外，在独家经销的情况下，为了维护经销商的独家专营权，出口供货商不得在经销区域内再指定其他经销商经营同类商品。

5. 经销期限

经销期限即经销协议的有效期，应在协议中明确规定，一般为一年，也可以是若干年。在经销期限中往往订有延期条款。

6. 经销商品的数量或金额

经销的数量或金额在经销协议中是必不可少的内容，对双方当事人具有同等约束力，它既是经销商在一定时间内应承购的数额，也是供货商保证供货的数量。在经销协议中通常采用规定最低经销额的做法来规定经销商品的数量或金额。

7. 作价方法

经销协议中对商品作价的方法有以下两种：① 一次作价，即在规定的期限内一次作价，结算时无论协议内商品价格涨落与否，一律以协议规定的价格为准。② 分批作价，即在经销期内，双方对协议商品逐批定价或由双方定期地根据市场情况商定价格，这种方法比较常用。

（四）包销方式的利弊

由于交易双方在一定期限内确定了较稳定的供销关系，双方利益紧密地联系在一起，这就克服了在逐笔分散交易的方式下买方不愿承担售前宣传推广和售后服务工作，卖方不愿帮助和培养买方的弊端，有利于双方的互利合作；由于只有一家经销商经销此类产品，避免了在同一地区多头经营产生的自相竞争，有利于出口方合理地安排生产和供货，也有利于调动包销商的积极性，达到巩固、扩大市场的目的。但如果包销商的经营能力差，会出现"包而不销"或"包而少销"的情况，有时包销商还可能利用其垄断地位操纵价格和控制市场，使出口商蒙受损失。

二、代理

（一）代理的概念

代理是国际贸易中最常见的贸易方式之一，它是指出口商（委托人）授权进口商（代理人）代表出口商向其他中间商或用户销售其产品的一种做法。代理商根据代理商品的结果向出口商收取佣金，作为报酬。代理商与委托人（出口商）之间是委托代理关系，代理商无须垫付资金，不承担风险，不负责盈亏，因此代理方式对于代理商来说风险较小。

（二）代理的分类

在实际代理业务中，根据委托人授予代理人的经营权限，可以将代理人分为总代理、独家代理和一般代理三种类型。

1. 总代理

总代理（general agent）是委托人在特定地区和一定期限内全权代表委托人从事一般商务活动，同时也有权代表委托人处理一些非商务活动。总代理有权指派分代理并可分享代理的佣金。

2. 独家代理

独家代理（solo agent）是指委托人授予代理人在规定期限和规定地区内代销指定货物的专营权，委托人不得在以上范围内自行或通过其他代理人销货。例如，某公司委托了 A 公司作为其在香港地区的独家代理，就不能再委托 B 公司在香港地区代理其产品。

3. 一般代理

一般代理（agent）也称佣金代理（commission agent），是指在同一地区和一定的期限内，委托人可以同时授权多个代理人，代理人不享有独家专营权。一般代理根据代理商品的实际金额或协议规定的办法和计费标准向委托人收取佣金。

一般代理与独家代理的区别在于一般代理的代理商不享有独家代理的专营权。目前，我国出口业务较多地采用一般代理。

（三）代理协议

代理协议是明确委托人与代理人之间的权利和义务的法律文件，其主要内容包括以下几点。

（1）代理的商品和地区。在协议中应明确写明商品的品种、规格及代理权行使的地理范围。如果有产品改良换代的情况，双方也应明确针对这部分产品的代理关系。

（2）代理人权限。对代理人权限的不同规定是一般代理协议与独家代理协议的唯一区别。一般代理协议通常规定委托人在代理期限与代理地区内保留与买主直接成交的权利，即代理人不享有专营权，独家代理协议则规定委托人授予代理人专营权。

（3）佣金条款。佣金是代理人为委托人提供服务所获得的报酬，在协议中应明确佣金的计算方法和支付方法。

三、包销与独家代理的比较

包销与独家代理的内容非常接近，二者在商品品种、地区、授权期限、专营权以及协议双方的其他权利和义务等方面的限制都是相同的。它们的区别主要有以下几点。

（1）业务性质不同。包销是买卖性质，独家代理是委托性质。

（2）经营目的不同。包销旨在赚取利润，独家代理旨在赚取佣金。

（3）专营权的内容不同。包销的专营权是专买权，独家代理的专营权是专买权和专卖权。

第二节　寄售与拍卖

一、寄售

（一）寄售的概念和特点

寄售（consignment）是一种代为销售的贸易方式，其具体做法是出口人（寄售人）先将货物运往国外寄售地，委托约定的国外客户（代销人）按照寄售协议的条件代为出售商品，货款由代销人在货物出售后扣除佣金和其他费用，然后向寄售人结算。寄售方式在国际贸易中也是比较常用的方式之一，美国可口可乐公司最初就是采用寄售方式打开我国市场的。

与一般的出口业务相比，寄售方式具有以下特点。

（1）寄售是一种凭实物进行买卖的现货交易。

（2）寄售是一种先出运、后成交的贸易方式。寄售是由寄售人先将货物运至目的地市场，然后由代销人在寄售地向买主销售。

（3）寄售人与代销人之间是委托代售关系，而非买卖关系。代销人只能根据寄售人的指示出售货物，货物的所有权在货物售出之前仍属于寄售人。

（4）货物出售以前的所有风险和费用由寄售人承担，代销人不承担任何风险和费用，只收取佣金作为报酬。

（二）寄售的优、缺点

1．寄售的优点

（1）代销人可以根据市场的供求情况及时掌握销售时机出售货物，有利于提高商品的竞争能力并使商品卖个好价。

（2）寄售是凭现货买卖，买主可以看货成交，有利于促进销售。

（3）代销人不承担风险和费用，一般无须垫付资金，多销多得，有利于调动其经营积极性。

可见，寄售是有利于出口方开拓新销路、扩大出口的一种贸易方式。

2．寄售的缺点

对于寄售人来说，寄售有以下明显的缺点。

（1）在出售货物前，寄售人要承担待售货物的一切风险，包括货物在运输和储存过程中的风险、价格变动的风险等。

（2）在寄售方式下，待售货物出售前的一切费用都由寄售人承担，如运费、保险费、储存费、税费和其他各项费用。

（3）由于寄售方式是先出运、后成交，寄售人不仅在货物出售前要垫付资金，而且一般要等到货物出售后才能收回货款，因此不利于寄售人的资金周转。

（三）出口人在采用寄售方式时应注意的问题

（1）必须严格选择代销人。

（2）在签订寄售协议前，应对寄售地的市场动态、供求情况、商业习惯等做好深入、细致的调查研究。

（3）寄售人为减少风险，可以要求代销人提供银行保函，如代销人不履行协议规定的义务，可由银行承担支付货款责任。

二、拍卖

拍卖是一种具有悠久历史的交易方式，在今天的国际贸易中仍被采用。通过拍卖成交的商品通常是品质难以标准化、难以久存或按照传统习惯以拍卖出售的商品，如烟草、茶叶、木材、羊毛、水果以及古玩和艺术品等。

（一）拍卖的含义和特点

拍卖（auction）是由专门从事拍卖业务的拍卖行接受货主的委托，在规定的时间和地点，按照一定的章程和规则，以公开叫价的方法把货物卖给出价最高的买主的一种贸易方式。

拍卖方式有以下特点。

（1）拍卖是由专门从事拍卖业务的拍卖行组织的。

（2）拍卖是在特有的规章制度的约束下进行的。

（3）拍卖是一种现货交易，买主通常可以在拍卖开始之前验看货物。

（4）在拍卖方式下，交易时间短，但成交量经常比较大。

（二）拍卖的出价方法

拍卖的出价方法一般有以下三种。

（1）增价拍卖，也称为买主叫价拍卖或英式拍卖，是由拍卖人（auctioneer）宣布拍卖商品的最低价，再由竞买者（bidder）竞相加价，直至出价最高时拍卖人以击槌表示按此价成交，竞买结束。增价拍卖是拍卖中最经常采用的一种出价方式。

（2）减价拍卖，也称为卖主叫价拍卖或荷兰式拍卖，是先由拍卖人公布最高价格，然后拍卖人逐渐叫低价格，直到有竞买者表示接受所叫价格而达成交易。这种方法经常用于鲜活商品及水果、蔬菜等的拍卖。

（3）密封递价拍卖，也称为招标式拍卖，是先由拍卖人公布拍卖品的具体情况和拍卖条件，然后各竞买者在规定时间内将自己的出价密封递交给拍卖人，由拍卖人在规定时间统一开标，选择条件最适合的达成交易。

（三）拍卖的一般程序

拍卖程序一般可分为四个阶段。

1. 准备阶段

参加拍卖的货主把货物运到拍卖人指定的仓库，由拍卖人对拍卖品进行整理、挑选、分类、分批，编印出拍卖商品目录，刊登广告，将目录分发给竞买者，供其参考。

2. 查看货物

为做到事先心中有数，参加拍卖的买主可以在规定的时间内到指定的仓库查看货物并可要求现场的技术管理人员介绍货物，必要时还可以对其进行抽样检验。

3. 正式拍卖

在规定的时间和地点，按照拍卖目录规定的先后顺序进行拍卖。

4. 成交与提货

拍卖成交后，拍卖行的工作人员即交给买主一份成交确认书，由买主填写并签字，表明交易正式达成。买主付清货款后即获得货物的所有权，同时取得提货单，然后凭单可到指定的仓库提取货物。

第三节　招标与投标

一、招标与投标的概念和特点

招标与投标是国际贸易中常见的一种传统贸易方式，经常用于国家政府机构、国营企业或公用事业单位采购物资、器材设备、勘探开发资源或国际承包工程项目。

（一）招标、投标的概念

招标（invitation to tender）是指招标人（买方）在规定时间、地点发出招标公告或招标单，提出准备买进商品的品种、数量和有关买卖条件，邀请投标人（卖方）投标的行为。

投标（submission of tender）是指投标人（卖方）应招标人（买方）的邀请，根据招标公告或招标单的规定条件在规定的时间内向招标人递盘的行为。

由此可见，招标与投标是一种贸易方式的两个方面。

（二）招标、投标的特点

假设某国政府为采购某商品进行国际招标，投标截止日期是 10 月 31 日。我国一家主要生产此类商品的工厂经研究后决定进行投标。为争取中标，这家工厂在 8 月初就寄出投标书并缴纳了保证金 5000 美元。不料之后生产此商品的原材料的价格猛涨，如果按投标书所保价格，该厂将会蒙受极大的损失，故其不得不通知招标人撤销投标书，已缴纳的保证金也被没收。由此可见，招标与投标有其独特之处。

（1）招标与投标交易的有组织性，即有固定的招、投标组织机构，固定的场所、时间和固定的招、投标程序和规则。

（2）招、投标的公开性。招标机构要通过招标公告广泛通知有兴趣、有能力投标的供货商或承包商并向投标人说明交易规则、条件以及招标的最后结果。

（3）投标的一次性。投标人只能应邀做一次性投标，没有讨价还价的权利。投递投标书之后，一般不得撤回或修改，同时还要缴纳一定数额的保证金。如果投标人在开标之前撤回投标书，招标人有权没收保证金。

（4）招标、投标的公平性。在招标公告发出后，任何有能力履行合同的卖主都可以参加投标。招标机构在确定中标人时要完全按照预定的招标规则进行取舍。

二、招标的主要方式

国际上常用的招标方式有以下几种。

（一）国际竞争性招标

国际竞争性招标是指招标人邀请几个或几十个投标人参加投标，通过多数投标人竞标选择其中对招标人最有利的投标人达成交易，它属于竞卖方式。

（二）谈判招标

谈判招标是一种非公开的非竞争性招标方式，这种招标由招标人物色几家客商直接进行合同谈判，谈判成功，交易即达成。它不属于严格意义上的招标方式。

（三）两段招标

两段招标是指无限竞争招标和有限竞争招标的综合方式，采用这种方式时，招标人先公开招标再选择性招标，分两个阶段进行。

三、招标与投标业务的基本程序

（一）招标人发出招标文件

在此阶段，招标人要编制招标文件，文件应详细说明各项招标条件、投标日期、投标保证金的缴纳、投标书的寄送方法、开标日期及方式等内容。招标文件编制完成以后，招标人在报刊上发出招标公告，对招标项目、招标人自身情况、招标期限、投标人资格、投标及开标方式等做简要说明，邀请投标人投标。

（二）投标人进行投标

投标人进行投标的程序如下。

（1）研究招标文件。投标人在收到招标公告并取得招标文件以后，要搜集和了解招标人及其有关情况，对招标文件中规定的各项内容进行认真的分析、研究。

（2）编制投标文件。投标人经研究招标文件决定参加投标后，应按招标文件的规定和要求认真编制和填报投标文件。

（3）递送投标文件。投标文件经审核、校对无误后，投标人应在投标截止日期前将投标文件连同招标人要求的保证金以及投标人营业执照、公司章程、资信证明等各种文件以邮寄方式或由专人递送给招标人。

（三）开标、评标

开标是招标机构在招标公告规定的时间和地点将所有投标人递交的投标文件正式启封的行为。开标由招标机构组织进行，但必须邀请各投标人代表参加，一旦开标，投标人不得更改任何投标内容。评标是招标机构根据招标文件的要求对所有投标文件进行审查和评比，最后择优确定中标人选的行为。

（四）签订合同

评出中标人后，招标人应书面通知中标人在限定的期限内到招标人所在地按照投标文件规定的各项内容与中标人签订正式的合同，合同签订后，招标、投标工作即告结束。

四、招标、投标与拍卖方式的比较

招标、投标与拍卖有相似之处，如招标人、投标人的地位与拍卖人、竞买者的地位相当；招标公告与拍卖公告都不是法律意义上的要约。

但是，招标、投标与拍卖也有很多区别：首先，从报价上看，拍卖是由竞买者当场自由竞价，而招标则是投标人在开标前就已经将价格确定并交给招标人，开标时，招标人不得再次竞价；其次，确定竞买者、投标人的资格的方式也不同，拍卖中的竞买者可以是任何社会公众，而在招标时，招标人可以只向特定的几个人发出招标邀请，也可以向社会公开招标。

第四节　对销贸易和加工贸易

一、对销贸易

（一）对销贸易的含义和特点

对销贸易（counter trade）是以进、出口相结合为基本特征的一种国际贸易方式，是对易货贸易、回购贸易、补偿贸易、抵销贸易等具体方式的总称。其主要目的是"以进带出"，开辟贸易双方各自的出口市场，求得贸易收支平衡或基本平衡。

对销贸易在全世界被广泛采用并得到迅速发展是在第二次世界大战以后，主要是因为二战后贸易保护主义盛行，某些国家国际收支恶化，进口缺少外汇，出口又缺少渠道，所以不得不借助进口与出口相结合的对销贸易方式。例如，意大利一家生产发电设备的公司曾与泰国电力局达成了一笔 7.2 亿泰铢的合同，合同规定其中价值 2.18 亿泰铢的泰国农产品作为货款的一部分。

（二）对销贸易的基本形式

对销贸易有多种形式，但基本形式有三种，即易货贸易、互购贸易和补偿贸易。

1．易货贸易

易货贸易（barter）是一种最古老和最简单的交易方式，是贸易双方各以等值的货物进行交换，不涉及货币的支付，也没有第三方介入。易货双方签订一份合同，按照各自的需要交换双方认为价值相等的商品。易货贸易包括记账易货贸易和对开信用证两种方式。

2．互购贸易

互购贸易（counter purchase）是指贸易双方相互购买对方商品的贸易方式。对交易中的任何一方来说，互购涉及两笔交易，一笔是出口，另一笔是进口。这两笔交易既是分别独立的，又是相互联系的，即交易一方与另一方签订出口合同时还必须承担与对方签订进口合同的义务；反之，交易一方与另一方签订进口合同就具有了与对方签订出口合同的权利。

3．补偿贸易

补偿贸易（compensation trade）又称产品回购（buyback），是 20 世纪 60 年代初发展起来的一种新的贸易方式，在国际贸易中得到了广泛的运用。它是指进口方在信贷的基础上，从出口方进口机器设备、生产技术、原材料及服务等，待项目投产后，在约定的期限内用所生产的商品或其他劳务偿还进口货款及利息的一种贸易方式。

按照补偿产品的不同，补偿贸易可分成以下三类。

（1）直接产品补偿，即双方在协议中规定由设备与技术的进口方以该设备与技术直接生产出来的产品来偿还设备与技术款的本息。

（2）间接产品补偿，即被用来偿还设备与技术款本息的不是直接产品，而是交易双方商定的其他商品。

（3）劳务补偿，即双方根据协议，由进口技术、设备的一方以工缴费（加工费）分期偿还所欠的款项。

二、加工贸易

（一）加工贸易的含义与性质

加工贸易是指由外商提供原料或零部件，由国内的承接方按外商提出的要求将原料或零配件加工或装配成制成品后再将其出口到国外的经营活动。加工贸易是一种委托加工方式。外商只是将原材料、零部件等运交国内承接方，并未发生所有权转移，承接方只是按照外商的要求将原材料或零部件加工为成品并且获得加工费用。

（二）加工贸易的种类

加工贸易包括对外加工装配、进料加工和境外加工三种形式。

1．对外加工装配

对外加工装配是指外商（委托方）提供原材料或零部件、元器件，委托国内企业（承接方）按一定的技术、质量标准加工成成品并交还，同时对国内企业支付加工费的贸易方式。对外加工装配包括以下三种形式。

（1）来料加工（processing with customer's materials）。外商提供原料、辅料、包装材料等，国内的承接方按外商的要求加工成成品后提交给对方并按双方约定的标准收取加工费。

（2）来件装配（assembling with customer's parts）。外商提供装配所需的元件、零件和其他中间产品，国内的承接方按外商的要求装配成成品后提交给对方并按双方约定的标准收取加工费。

（3）来样加工（processing with customer's samples）。委托方提供产品设计图样或样品以及必要的工具设备和技术等，加工方加工制造产品，产品返销给委托方。

以上方式都具有委托加工的性质。外商将原材料、零部件等运交国内承接方时并未发生所有权的转移，加工方对来料来件和成品只有使用权。贸易加工方取得的加工费是劳务收入。

2．进料加工

进料加工是指国内企业将在国际市场上购买的原材料、元器件或零部件根据国际市场需求或自己的设计加工装配成成品后销往国外市场，这种做法在我国又被称为"以进养出"。

进料加工与来料加工有相似之处，即都是利用国内的技术设备和劳动力，二者都属于"两头在外"的贸易方式。但它们也有不同之处，主要表现在以下两方面。

（1）在进料加工中，原料进口和成品出口是两笔不同的交易，都发生了所有权的转移，而且原料提供者和成品购买者之间没有必然的联系；而在来料加工中，原料运进和成品运出都未发生所有权的转移，它们属于一笔交易，原料提供者同时也是成品购买者。

（2）在进料加工中，国内企业需从国外购进原料，加工成成品后再销往国外市场，由于要从中赚取利润，所以国内企业要承担成品销售的风险；而在来料加工中，由于成品交给外商自己销售，国内企业不需承担风险，但其由此得到的报酬较低。

3．境外加工

境外加工贸易是指国内企业在国外进行直接投资的同时利用当地的劳动力开展加工装配业务，以带动和扩大国内设备、技术、原材料、零配件出口的一种国际经济合作方式。境外加工贸易方式能够帮助我国更多的企业成为世界顶尖企业，也有助于我国企业绕开外国的贸易壁垒，直接进入外国市场，同时对充分利用我国的自然资源和劳动力优势也具有积极意义。

第五节　期　货　交　易

一、期货交易的基本概念与特点

（一）现货交易和期货交易

按成交方式、成交地点及交割性质来划分，商品交易可分为现货交易和期货交易两种。现货交易是指买卖双方可以用任何方式，在任何地点进行的，成交后立即进行交割的商品交易。而期货交易（futures trading）是指在特定的市场（期货市场或商品交易所）按照一定的规章制度买卖某种商品期货合同的交易方式。

期货交易的商品品种基本上都属于供求量较大、价格波动频繁的初级产品，如谷物、棉花、食糖、咖啡、可可、油料、木材、原油以及金、银等贵金属。

（二）期货合同

期货合同是标准化的商品远期购销合同。具体来说，它是由期货交易所制定的规定在将来的某一特定地点和时间交割某一特定商品的合同。它的内容主要有以下几个方面。

1．期货合同的品质标准

在实物交易中，同一种商品的品质往往是不同的，而在期货合同中，同种商品只规定一个基本品级，交易者按商品的基本品级进行交易，以便于两个合同的对冲。如果卖方实际交货品质高于或低于合同品质，可由交易所的有关部门进行鉴定，根据实际情况调整合同价格。

2．期货合同的数量单位

期货交易所对每份期货合同都规定了交易数量单位。例如，美国芝加哥商品交易所规定，一份小麦期货合同的数量单位为5000蒲式耳（1蒲式耳=35.2391升）。

3．固定的交割期限

期货交易所对各种期货都规定有若干可供选择的交割月份，进行期货交易的人不能买卖这些月份以外的期货。例如，芝加哥期货交易所的小麦期货只有五个交割月份，即3月、5月、7月、9月和12月。因此，任何人都无法买到在8月交割的小麦期货。

4．交易费用和保证金

交易费用是交易所对每份期货合同买卖所收取的费用，各交易所所收取的交易费用标准并不一致。保证金也称为押金，交易人员在买卖期货前必须缴付规定数额的保证金，主要是防止交易人员违约和作为每日结算制的基础。

（三）期货交易所

目前，期货交易是在期货交易所进行的。如今各种期货交易所已经遍布世界各地，特别是在美国、英国、日本、中国香港、新加坡等地的期货交易所在国际期货市场上占有非常重要的地位。其中，交易量比较大的著名交易所有美国的芝加哥商品交易所（CBOT）、芝加哥商业交易所（CME）、纽约商品交易所（COMEX）、纽约商业交易所（NYMEX），英国的伦敦金属交易所（LME），日本的东京工业品交易所和谷物交易所，中国的香港期货交易所以及新加坡的国际金融交易所等。

二、期货交易的种类

期货交易有很多种，按照交易目的不同，可分为以下两种基本形式。

（一）套期保值

套期保值（hedge）又称为海琴，是指将期货交易与现货交易相结合，在买进（或卖出）现货的同时在期货市场卖出（或买进）相等数量的期货合同以转移价格波动的风险的交易方式。在套期保值中，按照卖出期货还是买进期货可以分为卖期保值和买期保值两种。

1．卖期保值

卖期保值（sell hedge）是指套期保值者在买进现货时，为避免转卖时价格下跌，先在期货市场卖出同样数量的期货合同，然后在合约到期日前再买进相同数量和交割期的期货合同进行平仓。

卖期保值的目的是避免现货价格可能下跌的风险，并不是赚取利润。在一般情况下，许多厂家为了维持生产，都要储存一定数量的原材料。为了减少原材料因价格变动所造成的损失，需要进行卖期保值的交易。

例如，某谷物公司在 9 月 5 日以每蒲式耳 3.50 美元购进 10 万蒲式耳小麦，准备出售。为防止在待售期间因小麦价格下跌而遭受损失，该公司在商品交易所卖出 20 份 11 月份小麦期货合约（每份合约的数量是 5000 蒲式耳），价格为每蒲式耳 3.55 美元。其后，小麦价格果然下跌。该公司在 10 月 5 日终于将小麦全部售出，价格为每蒲式耳 3.30 美元，则每蒲式耳亏损 0.20 美元。与此同时，小麦的期货价格也下跌。该公司又买进 20 份 11 月份小麦期货合约，价格为每蒲式耳 3.35 美元，每蒲式耳盈利 0.20 美元。其结果如表 11-1 所示。

表 11-1　某谷物公司卖期保值结果

日　期	现　货　市　场	期　货　市　场
9 月 5 日	以 3.50 美元/蒲式耳买入小麦现货	以 3.55 美元/蒲式耳卖出 11 月份小麦期货
10 月 5 日	以 3.30 美元/蒲式耳卖出小麦现货	以 3.35 美元/蒲式耳买进 11 月份小麦期货
结果	亏损 0.20 美元/蒲式耳	盈利 0.20 美元/蒲式耳

在上例中，由于该谷物公司及时在期货市场上做了卖期保值，使现货市场价格变动带来的损失得以弥补，套期保值起到了转移风险的效果。

2．买期保值

买期保值（buying hedge）是指套期保值者在卖出现货时，先在期货市场买进同样数量的期货合同，然后再卖出相同数量和交割期的期货合同进行平仓。

例如，某谷物公司与小麦加工商签订了一份销售合同，出售 10 万蒲式耳小麦，11 月份交货，价格为每蒲式耳 3.55 美元。该公司在 9 月 7 日签订合同时，手头并无现货，必须在交货前购入小麦现货。为避免价格上涨造成损失，该公司便在期货市场买进 20 份 11 月份小麦期货合约，价格为每蒲式耳 3.60 美元。到 10 月 28 日，该公司收购小麦，已涨价至每蒲式耳 3.75 美元。与此同时，期货价格涨至每蒲式耳 3.80 美元，该公司又卖出 20 份小麦期货合约。其结果如表 11-2 所示。

表 11-2　某谷物公司买期保值结果

日　期	现　货　市　场	期　货　市　场
9 月 7 日	以 3.55 美元/蒲式耳卖出小麦现货	以 3.60 美元/蒲式耳买进 11 月份小麦期货
10 月 28 日	以 3.75 美元/蒲式耳买入小麦现货	以 3.80 美元/蒲式耳卖出 11 月份小麦期货
结果	亏损 0.20 美元/蒲式耳	盈利 0.20 美元/蒲式耳

在上例中，该谷物公司在现货市场上因价格上涨而遭受的损失由于其及时在期货市场上进行了买期保值而得以弥补。

（二）投机交易

投机是指在期货市场上以盈利为目的而买卖期货合约的行为，其具体做法是投机者认为期货价格会出现上涨，便大量买入期货合同，待价格上涨后回抛，这种做法被称为"买空"或"多头"（bull）。如果投机者认为期货价格将会下跌，便在市场上大量抛出期货合同，待价格下跌后低价补进，这就是"卖空"或"空头"（bear）。投机者既没有需要保值的现货，也绝不想取得合同项下的商品，其交易目的只是获得交易中的价差。如果他们对价格的预测正确，往往会得到巨额利润，一旦预测失误，不仅要损失价差，还要损失向交易所缴纳的佣金及其他各种费用。

第六节　国际技术贸易

一、国际技术贸易的概念

国际技术贸易是指一个国家的企业、经济组织或个人按照一般商业条件出售或购买技术使用权的一种贸易方式。国际技术贸易与国际商品贸易既有联系又有区别。

（一）国际技术贸易与国际商品贸易的联系

国际技术贸易与国际商品贸易都是国际贸易的重要组成部分。在国际贸易中，有时二者会结合在一起进行，如购买某种商品的同时也引进这种商品的制造技术；反之，引进技术的同时也需要购买新技术所需的商品。国际技术贸易的出现和发展提供了更多的贸易方式，也推动了国际贸易的发展。

（二）国际技术贸易与国际商品贸易的区别

（1）贸易标的物内容不同。技术贸易的标的物是技术，是无形的，而商品贸易的标的物是有形的物质产品。

（2）所有权的转移不同。在国际技术贸易中，技术贸易的买方一般只是取得技术的使用权，不能取得技术所有权；而在商品贸易中，商品从卖方手中转移到买方手中，所有权和使用权同时转移给买方。

（3）贸易双方当事人之间的关系不同。技术贸易的交易双方是一种持续的、按合同进行合作的关系；而商品贸易的交易双方的关系到交易的货款结清时即结束。

（4）贸易的复杂程度不同。技术贸易涉及对工业产权的保护，对技术秘密的保护、限制与反限制以及技术风险和使用费的确定等特殊而复杂的问题。另外，技术贸易涉及的法律很复杂，除合同法等一般性法律之外，还涉及税法、技术转让法、工业产权法等专门法规和国际惯例；而商品贸易所涉及的法律就比较简单。

二、国际技术贸易的方式

（一）国际许可贸易

国际许可贸易又称许可证贸易，是指技术许可方将其交易标的的使用权通过许可证协议或合同转让给技术接受方，允许接受方使用转让的技术并支付一定数额的报酬的贸易方式。许可贸易有三种基本形式，即专利许可、商标许可和专有技术许可。在国际技术贸易中，许可贸易是最常见、最重要的方式。

（二）技术咨询与服务

技术咨询与服务是指技术提供方就某项工程课题、人员培训、企业管理或产品销售向技术接受方提供咨询或传授技术、经验的一种营利性服务。一般情况下是一些咨询公司就委托人所提出的技术课题提供建议或解决方案。技术咨询与服务的内容非常广泛，如工程设计、工程项目的监督指导、企业技术改造、生产工艺和产品的改进等。

（三）合作生产与合作设计

合作生产与合作设计是不同国家的企业之间根据所签协议在产品设计、生产、销售上采取联合行动，通过合作，由技术较强的一方将产品的生产技术知识传授给对方。在这种贸易方式中，通常由双方各自生产同种产品的不同零部件，然后由一方或双方组装成完整的产品后出售或者由双方按协议规定的规格和数量分别生产对方所需的零部件，各自组装成完整的产品后出售。合作生产与合作设计的实施过程就是技术转让过程。

本章小结

本章主要介绍国际贸易中经常采用的经销、代理、寄售、拍卖、招标与投标、期货贸易、加工贸易、对销贸易、技术贸易等多种贸易方式的含义、特点以及运用这些方式时应注意的问题。

本章重要概念

经销	独家代理	期货交易	招标与投标
拍卖	套期保值	对销贸易	对外加工装配
寄售	国际技术贸易		

思考题

1．什么是包销和代理？比较包销与独家代理有什么区别？

2．什么是寄售和拍卖？

3．什么是招标与投标？国际上主要的招标方式有哪几种？

4．招标与投标业务的基本程序有哪些？

5．什么是对销贸易？

6．什么是加工贸易？其主要种类有哪些？

7．来料加工与进料加工有哪些区别？

8．什么是期货交易？什么是套期保值？套期保值有哪几种做法？

9．某公司新研制出一种产品，为打开产品的销路，公司决定将产品运往俄罗斯，采用寄售方式出售商品。在代售方出售商品后，该公司收到对方结算清单，其中包括商品在寄售前有关费用的收据。请问：寄售方式下，商品寄售前的有关费用应由谁负担？为什么？

10．某年某食品进出口公司以 250 美元/吨的价格收购 1000 吨小麦并存入仓库随时准备出售。为防止库存小麦在待售期间价格下跌而蒙受损失，该食品公司欲利用套期保值交易来防止价格变动的风险。请问：该公司应做卖期保值交易还是买期保值交易？为什么？

学生课后参考阅读文献

[1] 戚晓曜，王泽填，邱志珊．中国加工贸易研究[M]．北京：中国经济出版社，2011．

[2] 张守健，台双良．国际工程招标与投标[M]．北京：科学出版社，2011．

[3] 熊斌．加工贸易实务操作与技巧[M]．北京：中国海关出版社，2011．

[4] 杜奇华．国际技术贸易[M]．2 版．北京：对外经济贸易大学出版社，2012．

[5] 周峰，韩炳刚，朱伟伟．从零开始学大宗商品现货交易[M]．北京：清华大学出版社，2013．

[6] 石玉川．国际贸易方式[M]．北京：对外经济贸易大学出版社，2002．

[7] 韩常青．新编进出口贸易实务[M]．北京：电子工业出版社，2005．

[8] 吴国新，杨勋．国际贸易理论与政策[M]．北京：清华大学出版社，2016．

第十二章　当代国际贸易的新发展

学习目的和要求

通过本章的学习，掌握跨国公司的定义和特征；掌握国际资本流动的内涵和主要形式；理解对外直接投资和对外间接投资的区别；了解国际直接投资的主要理论；掌握知识产权的概念和特征；了解 TRIPS 协议的内容和原则；理解电子商务的基本程序及其当代影响。

开篇案例：孟加拉成衣制造厂倒塌事故所引发的思考

【案情】

2013 年 5 月 10 日，孟加拉国首都达卡一工厂大厦发生倒塌事故，截至 5 月 14 日军方结束寻找遇难者遗体的工作，这宗该国史上最严重的楼房坍塌事故的遇难者人数已增加至 1127 人。

事故发生后，不少制衣工人连日示威，要求改善工作待遇。孟加拉国成衣制造商和出口商会宣布以安全为由，关闭 300 多间在达卡市郊的工厂。与此同时，政府已成立新的工资委员会，正在探讨提高制衣业工人最低工资标准问题。

孟加拉国的最低月工资只有 37 美元，约合 228 元人民币；即使是服装厂的熟练工人，平均月工资也仅为 100 美元。在廉价劳动力的吸引下，跨国公司和国际品牌蜂拥而至，包括中国厂商也曾表示，如果他们从孟加拉国进口衣服，不同类别的衣服价格将比中国低 10%～15%。

孟加拉国工人表示，在通货膨胀高达 8% 的情况下，他们的收入已不能负担生活所需，基本工资早就应该提高了。但也有许多工人表示，不管是否调高工资，他们都不会辞去工作，因为他们没有别的出路。

世界消费者对廉价服装的庞大需求是推动孟加拉国服装业繁荣的根源。因此，反对提高工资的工厂业主表示，工资不太可能提高很多，因为西方消费者已习惯低廉的衣服。

孟加拉国上次提高成衣工人最低工资是在 2010 年年底，调幅将近一倍。最早制定成衣工人最低工资标准是在 1994 年并曾在 2006 年提高过一次。

如今，孟加拉国是仅次于中国的全球第二大服装出口贸易国，服装出口额占孟加拉国出口贸易总额的 78%，年创汇约 180 亿美元，孟加拉国每年出口约 200 亿美元成衣到美国和欧洲。来自孟加拉国商务部和行业消息人士的数据显示，孟加拉国出口的成衣中，60% 运往欧洲，23% 出口至美国，5% 销往加拿大。

2005 年，《多种纤维协定》（*Multi Fiber Arrangement*）的国际贸易配额体制正式到期，西方企业开始纷纷前往孟加拉国生产服装，此后发展中国家向发达国家出口纺织品和服装不再面临严格的数量限制，这进一步带动了孟加拉国服装制造业的发展。

全球知名咨询公司麦肯锡预测，孟加拉国的成衣出口前景广阔，2015 年将实现两倍增长，2020 年将实现三倍增长，其 2012 年出口总额已经达到 180 亿美元。

制造业惊人的汇聚速度使孟加拉当地几乎没有时间就此做出调整。就孟加拉国的情况而言，大型企业接到的订单超出了它们的生产能力，基础设施和投资环境完全跟不上资本进入的速度。尽管如此，孟加拉国政府并没有放缓服装产业发展的意思，对于投资者依然来者不拒。当地工厂主急于扩大产能，往往置生产条件和安全措施于不顾，加之政府监管不力，导致灾难频发。

2012 年，孟加拉国服装业提供的直接就业岗位约 440 万个，其中 80% 的从业人员为女性，如果算上服装业带动的周边产业，它提供的就业岗位高达 4000 万个，差不多是孟加拉国人口的 27%，基本上每一个孟加拉国人的生活都和服装业密切相关。

国际反贪污组织"透明国际"孟加拉国分会相关人士表示，孟加拉国服装产业的发达没有给工人带来太多的福利，却造就了一大批富有的工厂主，他们是主要的政治资金来源，对政府施政有着足够的影响力，加上国内巨大的就业压力，政府对服装制造业的现状始终不愿意采取任何可能的措施来疏远外商。预计此次大楼坍塌事件后，孟加拉将对成衣等制造行业安全生产规范、保障产业工人合法权益等方面提出更高的要求。

此次事故后，欧洲两大时装连锁公司已经签署协议，承诺会对孟加拉国工厂进行安全检查和支付维修费用，改善工人的工作环境。不过，美国多个主要零售商则希望先修订劳资纠纷仲裁方式，再签署协议。此外，孟加拉国政府同意，工人以后可以自组工会，无须得到工厂主的同意。

作为孟加拉国成衣制造业最主要出口市场的欧盟表示，准备重新考虑对孟加拉国的贸易普惠制，以确保其遵守国际劳工标准，而一些西方国家的公司已经开始考虑转移生产基地。在享受了多年的廉价劳动力之后，这些不负责任的决定无疑会对成千上万贫穷的孟加拉国人带来灾难性打击。

（资料来源：世界经理人网站，2013.5.15）

【讨论】

1．跨国公司在不发达国家投资中会遇到哪些方面的问题？应该注意什么？

2．发展中国家在吸收外商投资中应注意哪些方面的问题？

【分析】

跨国公司的对外投资在形式上包括绿地投资（建立独资或合资企业）、跨国并购和非股权安排等；在发展历程上，从 19 世纪上半叶至今经历了萌芽起步阶段（1914 年到一战前）、缓慢增长阶段（两次大战之间）、快速增长阶段（二战后至 20 世纪 70 年代）、高速增长阶段（20 世纪 70 年代到 2000 年）以及 21 世纪以来的战略调整和稳定发展阶段。在这一发展过程中，跨国公司的对外直接投资主要是发达国家对不发达国家的投资，20 世纪 70 年代后发展中国家也开始了对外直接投资。

根据西方发达国家的经验，一国在经济国际化的过程中，首先是通过发展对外贸易来拉动本国经济增长，与此相对应的是对外贸易依存度的逐步提高。但当对外贸易依存度达到一定水平后，就出现了相对稳定或缓慢增长的态势，而对外投资以及对外直接投资对经济增长的拉动作用逐渐增强，与此相对应的是对外投资依存度和对外直接投资依存度明显提高并超过对外贸易依存度，对外投资特别是对外直接投资对经济增长的拉动作用日趋明显。

上述案例中，孟加拉国服装业的快速发展正是依托跨国公司在该国的巨大投资，而跨国公司也正是看中了孟加拉国庞大的劳动大军和低廉的工资水平，它们利用不发达国家不完善的劳工保护制度，通过在不发达国家投资办厂以追求利润最大化。跨国公司在不发达国家的投资如果缺乏长远的战略考虑，只是一味追求高额利润，发生上述类似事件的概率将不断提高。由于不发达国家和发达国家之间在政治、经济、法律、政策方面存在的现实差距，跨国公司在不发达地区进行直接投资有可能面临和在发达国家投资不一样的问题，主要有以下几方面。

1. 加剧不发达国家经常项目赤字，使其国际收支恶化，成为引发金融危机的重要因素

泰国、马来西亚、韩国在20世纪90年代中后期发生的金融危机与这些国家连续数年的经常项目赤字有密切的关系。这些国家出现经常项目持续赤字的主要原因之一是收入项目和服务项目出现了连续逆差。马来西亚的商品贸易项目是连续盈余的，但由于服务项目和收入项目的较严重逆差而冲销了商品项目的盈余，从而导致经常项目赤字。泰国和韩国的商品、服务和收入这三个项目连续出现赤字，收入项目和服务项目的逆差加剧了经常项目的赤字。而收入项目赤字则主要是由于投资不对称（包括直接投资和证券投资流入流出严重不对称）以及长短期信贷投资的严重不对称引起的。投资不对称导致投资利润支出大于投资利润收入，引起收入项目连续逆差。此外，有些发展中国家过分强调外来的直接投资，注重外商在本国投资规模的不断扩大，而本国对外直接投资则发展缓慢，投资收入逆差不断扩大，由此产生了许多潜在的风险和导致国际收支逆差的压力。

2. 国家发展战略与企业微观决策的冲突

跨国公司是世界经济发展的主体，它作为微观经济主体，有自己的经营决策，其对外投资的目的是追逐利润最大化，因此其投资流向符合国际资本流动的一般规律。但如果跨国公司在对外投资中不顾不发达国家劳工的基本利益，采取和母国劳工政策具有巨大差距的歧视性做法，甚至危害不发达国家劳工的基本人权，就明显违背了不发达国家吸引外资发展本国经济的初衷，因为任何一个国家发展本国经济的最终目的应该是提高国民的整体福利水平。从发达国家发展战略角度看，如果跨国公司在东道国投资的企业出现损害劳工利益的极端事件，不仅有损跨国公司的母国在国际上的政治、文化形象，而且对其长远的国际发展战略有所不利。

3. 世界市场结构的新变化对跨国公司对不发达国家对外投资战略提出挑战

在经济全球化不断深入的过程中，区域经济一体化成为其重要组成部分和世界经济发展的一个新特征。迄今为止，世界上已经建立了近百个区域经济集团，但不论哪一个层次的区域经济集团都具有一个共同的特征，即对内相互开放市场，实行贸易、投资自由化，对外实行壁垒。因此，区域经济一体化既有自由贸易的性质，又有反自由贸易的性质。自由市场在缩小，封闭市场在扩大，这种双重属性导致世界市场结构发生了新的变化，出现了区域内市场、区域内与区域外市场以及区域间市场等新的次级市场结构。不发达国家尽管由于历史、国家治理能力和经济发展水平等原因在区域经济一体化水平上不如发达国家，

但共同的利益会使它们聚拢起来，形成不同规模和类型的一体化组织，如东盟、南共市等。这种新的市场结构对跨国公司对不发达国家的投资战略提出了挑战，往往会遭遇更多的壁垒，原有的市场机会会被区域内成员的相互投资所取代。

为了避免类似孟加拉成衣制造厂倒塌事故的情况发生，也为了使外商直接投资成为发展中国家长期发展战略的组成部分，在吸收外商投资中应该注意以下几点。

1．赋予投资环境新的和更加广泛的内涵

项目、资金、优惠政策对于改善一个地区的投资硬环境来说的确至关重要，但从更深的层面分析，观念的落后是吸收外资最大的制约因素。投资者在做出投资决策时，必然要对目标市场的投资环境进行评价。投资环境是一个动态的概念，影响投资环境的各种因素都处在不断的变化之中，因此投资环境也在不断变化。如果说发展中国家在吸收外资的初级阶段主要以廉价生产要素为主，那么，随着生产力水平的提高和劳动力工资水平的上升，吸引外资必须着眼于对投资环境综合竞争力的开发。

2．关注对国际资本流动产生重要影响的一些新因素

从未来的发展趋势看，一些对国际资本流动产生重要影响的因素需要引起发展中国家的关注：一是国际资本对政府信用、政策制度、产权关系、法律执行、技术标准、人文环境的选择性明显加强；二是单纯依靠财政补贴和税收优惠政策吸引外资将受到一定程度的制约；三是有较高劳动技能的人力资本可能成为区别各个国家吸引力的重要因素；四是生产和市场销售仍然是外商投资的重要考虑因素，投资者更加注重现实的回报和商业模型。

3．处理好外资企业与内资企业的关系

花大力气引进外资的同时，要注意把吸收外资与国内发展统筹起来，根据国内发展的需要来利用外资，利用外资必须始终服务于国内发展的要求。首先，要改变一个错误的认识，即将对外开放等同于招商引资。过去长期存在的内、外资管理体制上的两套系统以及由此而来的内、外差别政策导致许多地方、许多领域在处理外资与内资的关系时常常厚此薄彼。其次，要避免外资企业压缩内资企业的发展空间。在这方面有一个问题需要引起特别关注，即目前不少地区的地方经济对外资的依赖程度不断加大，外资企业凭借各种优势对同行业内资企业产生了巨大的"挤出效应"。内资企业让出了市场、品牌，成为外资企业全球产业链中的一个个加工厂，内资企业的自我创新和自我发展能力正在被削弱。再次，要关注外商直接投资对内资企业的技术外溢作用。外资对经济发展的影响程度取决于外资企业对内资企业技术进步的外溢效应。外商直接投资对内资企业发挥技术外溢作用的途径包括人才流动、当地配套、技术交流、技术示范和技术竞争。技术外溢效果的大小不仅与外商直接投资的规模和技术水平有关，还与内资企业的学习能力、配套能力、竞争力等因素有关。因此，结合内资企业的技术吸收能力或潜力对外商投资的技术水平进行评估，有选择地引进项目或制定外资优惠政策才具有意义。

4．外资政策要与国家的发展战略、产业方针和制度保障相互协调

对整体经济的发展来说，外商投资会起到非常重要的作用，但要避免对吸收外资的目的和手段本末倒置，过分放宽对外资的监管，以牺牲环境、劳工利益为代价来吸收外资，导致急功近利的"发展主义"，造成发展的不均衡。我们要辩证地认识外资增长与经济发展的关系，转变把外资增长简单地等同于经济发展的观念，实现吸收外资速度、结构、质量、

效益的统一。目前，发展中国家普遍重视对跨国公司的进入条件、投资方向、控股程度进行限定，而对其进入后的业务经营活动却疏于管理和监督。由于发展中国家经济生活中本身存在大量的不确定性因素，使跨国公司在生产和管理过程中实现了它们在最初入境时无法实现的目的。法律漏洞是外商投资产生外部不经济的原因之一，因此我们有必要从法律角度去研究如何从外部对跨国公司基于内部关系产生的具有消极作用的经营行为进行管制，使外商投资的进入及生产经营按市场规律和国际惯例进行。另一个需要关注的问题是各地引资工作的盲目导致对形成自身产业发展体系、配套协作能力的忽视。

5．拓展利用外资的新方式

长期以来，外商对中国的投资主要以绿地投资为主，单一的投资方式在某种程度上限制了外国投资的进入。研究表明，与其他形式的资本流动相比，外国直接投资更趋向于流向市场没有效率、机构框架质量较差的国家，因为投资者不愿依赖投入国当地的金融市场、供货商和法律规则。从全球跨国投资趋势看，资本流动的构成正在发生变化，在新建项目中使用的外国直接投资越来越少，更普遍地采取合并与收购方式，证券资本在国际资本流入总量中所占的比重也日趋增加。目前，中国的政策法规环境、中国产业的竞争格局和成熟程度是影响外资并购的主要因素。如何通过进一步开放资本市场、建立相应的法规体系、完善中介服务体系，以更好地引进金融资本是今后我国在吸收外商投资工作中必须重视的一个问题。

在当今的国际贸易中，跨国公司是国际贸易的重要承担者，国际直接投资与国际贸易将逐步融合，知识产权贸易在国际贸易中的比重日益增长，电子商务在国际贸易中得到了广泛的使用，存在巨大的发展机遇。

第一节　跨国公司是国际贸易的重要承担者

一、跨国公司的概念与特征

（一）跨国公司的概念

跨国公司（transnational corporation）又称多国公司（multinational corporation）、国际公司（multinational enterprises）等。根据联合国制定的《跨国公司行为守则》，跨国公司是社会生产力发展到一定阶段和水平后，以本国为基地，通过对外直接投资到其他国家和地区投资、设厂进行国际化生产和经营活动的垄断企业。

跨国公司必须具备以下三个条件。

（1）跨国公司必须是一个工商企业，组成企业的实体必须在两个或两个以上的国家从事经营。

（2）跨国公司必须有一个中央决策体系，具有共同的全球经营战略和协调一致的共同政策、策略。

（3）跨国公司内的各个实体分享资源、信息，共同承担责任。

（二）跨国公司的特征

不同跨国公司各有其形成与发展的历史，行业不同，其经营方式各异。如果摒弃各个行业所独有的特征，跨国公司一般具有如下基本特征。

1．规模庞大，实力雄厚

跨国公司一般都是在一个或几个部门中居于垄断地位的国际化大企业或企业联合体，它们往往拥有先进的技术、丰富的管理经验、多样化的产品、雄厚的资金、较高的商业信誉、惊人的销售规模。

2．实行全球经营战略

跨国公司通常都有全球性战略目标和战略部署。所谓全球战略，是指跨国公司将其全球范围的经营活动视为一个整体，其目标是追求这一整体利益的最大化，而不计较局部利益的得失。在全球经营战略的指导下，各海外附属企业也可以有自己的地区经营战略或规划。

3．公司内部实行一体化生产经营

跨国公司从全球竞争环境出发进行运筹、策划，通过股权控制或非股权安排甚至通过国际分包的方式对科技、财务、会计、生产、销售等环节在世界各国或地区进行分工，从而降低各个环节的成本，提高整个公司的竞争力，实行跨国公司内部的全球一体化生产体系。

4．经营多样化

在跨国公司中央决策体系下的一体化生产体系中，其产品都是趋向于多样化的。多样化经营可以更好地发挥跨国公司的经营优势，降低或分散经营风险，从而适应不同层次、不同类型的市场需求，并且对同一产品可以进一步进行市场细分，从而最大程度地满足消费者的需求。例如，可口可乐、麦当劳快餐、雀巢等都采取了"全球产品—地方口味"的营销策略，还相应地推出了系列化产品。

二、跨国公司的产生与发展

（一）跨国公司的产生

跨国公司的产生可追溯到 19 世纪 60 年代，当时在发达资本主义国家，一些大型企业通过对外直接投资在海外设立分支机构和子公司。当时具有代表性的三家制造业企业有德国弗里德里克·拜耳化学公司；瑞典制造甘油的阿佛列·诺贝尔公司；美国胜家缝纫机公司。其中，美国胜家缝纫机公司是美国第一家以全球市场为目标的早期跨国公司。随后，美国的威斯汀豪斯电气公司、爱迪生电气公司，英国的尤尼莱佛公司，瑞士的雀巢公司等也纷纷到国外建厂，实行跨国化经营，成为现代跨国公司的先驱。

（二）跨国公司的发展

二战后对外直接投资的迅速发展直接促进了跨国公司的迅速发展，跨国公司对外投资占主要资本主义国家对外投资的 70%以上。

联合国贸易与发展会议根据境外资产价值排列的世界前 100 家跨国公司的总资产中有 1/3 投放在境外。据估计，这 100 家公司的对外直接投资占世界对外直接投资总存量的 1/6。截至 2020 年，世界跨国公司的总数已超过 8 万家，生产总值约占世界经济总量的一半。

跨国公司已成为支配世界经济的强大力量，其数量呈几何级数增加并且开始向多领域、多功能发展。跨国公司的跨国经营不仅重视劳动密集型产业，而且还将高新技术产业的设备迁往生产成本低廉的地方。跨国公司的"触角"已遍及全球每个角落。

三、跨国公司的法律组织形式

跨国公司的法律组织形式主要涉及母公司与国外各分支机构的法律和所有权关系、分支机构在国外的法律地位、财务税收的管理等方面。跨国公司的法律组织形式有母公司、分公司、子公司以及联络办事处。

（一）母公司（parent company）

母公司又称总公司，通常是指通过掌握其他公司的股份实际控制其他公司业务活动并使它们成为自己的附属公司的公司。

（二）分公司（branch）

分公司是母公司的一个分支机构或附属机构，它在法律和经济上没有独立性，不是法人。分公司没有独立的公司名称和公司章程，只能使用母公司的名称和章程；分公司的全部资产都属于母公司，没有独立的财产权；分公司的业务活动由母公司主宰，它只是以母公司的名义并根据其委托开展业务。

（三）子公司（subsidiary）

子公司是指按当地法律登记注册、成立，由母公司控制，但在法律上是一个独立的法律实体的企业机构。子公司自身就是一个完整的公司，具有独立性及法人资格，其独立性主要表现在：有独立的公司名称、章程和行政管理机构；有能独立支配的财产，有自己的财务报表，独立核算，自负盈亏；可以以自己的名义开展业务、进行各种民事法律活动。

（四）联络办事处

联络办事处是母公司在海外建立企业的初级形式，是为进一步打开海外市场而设立的一个非法律实体性机构，它不构成企业。联络办事处一般只从事收集信息、联络客户、推销产品之类的工作。

四、跨国公司对国际贸易的影响

（一）跨国公司的发展促进了国际贸易的增长

跨国公司作为国际贸易的最直接经营者，在推进经济全球化的过程中有力地促进了国际贸易总额的增长。跨国公司为了寻求生产资源的最佳配置，在全球范围设立生产点，这种国际化生产带动了跨国公司与内部及外部各公司之间的贸易往来。跨国公司的直接投资也带动了本国机器设备的输出。可见，跨国公司的迅速发展与国际贸易的发展是同步的。

根据联合国贸易与发展会议的报告，主要工业国的数据表明，在 20 世纪 90 年代后半期，包括跨国公司间和公司内贸易在内，涉及跨国公司的贸易大约占全球贸易总额的 2/3。

（二）跨国公司对国际贸易商品结构的影响

第二次世界大战后，国际贸易的商品结构发生了初级产品比重不断下降、制成品比重日益上升的趋势，这与跨国公司对外投资活动密切相关。在发达国家，跨国公司主要集中在资本密集型新兴产业部门。在发展中国家，跨国公司退出采掘业等初级产品部门，逐步将其投资放在部分劳动与资源密集型部门并加强了对金融、保险、运输、通信等服务业部门的投资，这种投资格局使初级产品贸易的比重逐渐下降。

（三）跨国公司对国际贸易地区结构的影响

跨国公司海外投资主要集中在发达国家，发达国家是国家直接投资的主体。跨国公司海外投资的 3/4 集中在发达国家和地区，其海外子公司有 2/3 在发达国家和地区。跨国公司通过其内部贸易和外部贸易，极大地带动了发达国家之间的贸易，这种跨国公司的投资格局对国际贸易地区分布产生了重大影响。

（四）跨国公司促进了国际技术贸易的发展

跨国公司间技术合作的全球化趋势不断加强，跨国公司是国际技术贸易中最活跃、最有影响的力量，促进了国际技术贸易的快速发展。它控制了资本主义世界工艺研制的 80%、生产技术的 90%、国际技术贸易的 75% 以上。作为技术创新的主要拥有者和技术发明的领头羊的跨国公司，不断加强研究与开发的预算支出和加快新产品的步伐，既加强了跨国公司自身的优势，也促进了国际技术贸易的发展。

第二节　国际直接投资与国际贸易相融合

一、国际资本流动的含义及其主要形式

（一）国际资本流动的含义

国际资本流动是指资本从一个国家或地区跨越国界向别的国家或地区移动、转移，进行商品生产和金融等服务业方面的投资活动。

（二）国际资本流动的主要形式

国际资本流动按资本持有者的性质可分为国家资本流动和私人资本流动两大类；按投资期限的长短可分为长期资本流动和短期资本流动；按投资方式可分为对外直接投资和对外间接投资。下面着重介绍对外直接投资和对外间接投资这两种形式。

1. 对外直接投资（foreign direct investment）

对外直接投资是指一个国家的投资者直接到另一个国家的厂矿企业进行投资并由投资

者直接进行厂矿企业的经营和管理，以获取利润为目的的一种投资形式。

按照投资者对投资企业拥有的股权比例的不同分为以下几种形式。

（1）独资，即投入企业的资本完全由一国的投资者提供，投资者对投资企业的股权拥有的比例在95%以上。它可以通过收购现有企业或建立新的企业来进行。

（2）合资，即两国或两国以上的投资者在一国境内根据投资所在国的法律，通过签订合同，按一定比例或股份共同出资、共同管理、分享利润、分担亏损和风险。

（3）合作经营，即国外投资者根据投资所在国法律，与所在国企业通过协商签订合作经营合同，由此设立的契约式企业也称为合作企业或契约式合营企业。

2. 对外间接投资（foreign indirect investment）

对外间接投资包括国际证券投资和国际借贷资本输出，其特点是投资者不直接参与这些投资企业的经营和管理。

国际证券投资是指投资者在国际证券市场上购买外国企业和政府的中长期债券或在股票市场上购买上市的外国企业股票的一种投资活动。证券投资者的主要目的是获得稳定的债息、股息和证券买卖的差价收入。

国际借贷资本输出是以贷款或出口信贷的形式把资本出借给外国企业和政府，其具体方式有政府贷款、国际金融机构贷款、国际金融市场贷款和出口信贷。

（1）政府贷款。政府贷款是指各国政府或政府机构之间的资本借贷，这种贷款多为发达国家向发展中国家提供的具有援助性质的贷款，其利息较低（一般为3%左右），偿还期较长（可长达20~30年），有些甚至是长期无息贷款，但这种贷款大多附有某些政治条件并有指定的用途。

（2）国际金融机构贷款。国际金融机构贷款是全球性国际金融机构（世界银行、国际货币基金组织、国际开发协会和国际金融公司）和区域性国际金融机构（如欧洲投资银行、泛美开发银行、亚洲开发银行等）对其会员国提供的贷款，这类贷款的条件一般也比较优惠并规定特定的用途。

（3）国际金融市场贷款。国际金融市场分为货币市场和资本市场，前者是经营短期资金借贷的市场，后者是经营长期资金借贷的市场。货币市场的贷款期限在一年以内，资本市场的贷款期限在一年以上，属中长期贷款。中期贷款期限一般为1~5年，长期贷款一般在5年以上，最长可达10年。一般来讲，国际金融市场贷款的利率较高，但可用于借款国任何需要，对贷款的用途没有限定。

（4）出口信贷。出口信贷是指一个国家为了鼓励商品出口，加强商品的竞争能力，通过银行对本国出口厂商或国外进口厂商或进口方的银行所提供的贷款。它主要是通过资本的借贷以达到促进本国出口的目的。

二、国际资本流动的特点和原因

（一）国际资本流动的特点

早在资本主义自由竞争时期，国际资本流动就已出现，但其成为普通的、大规模的国际资本流动是从19世纪末20世纪初开始的。第二次世界大战后，国际资本流动发生了很大的变化，主要具有以下几个特点。

1．对外直接投资迅速发展并占据主导地位，投资规模扩大

二战前，国际资本流动中占主导地位的是对外间接投资，即以资本输出为主。二战后，特别是 20 世纪 80 年代以来，对外直接投资的发展速度大大加快。据联合国贸易和发展会议发布的《2021 年世界投资报告》显示，2020 年全球外国直接投资额约为 1 万亿美元，比 2019 年的约 1.5 万亿美元相比，下降了 35%左右。

2．发达国家是国际资本流动的主体，但发达国家间的地位发生了变化

二战后，国际资本流动的主体仍是发达国家。从吸收外资和对外投资的流量看，较之发达国家而言，发展中国家处于次要地位，但发达国家间的地位发生了相对变化。1999 年，全球对外直接投资流出增加 16%，达到 8000 亿美元。其中，英国以 1993 亿美元超过美国，成为 1999 年世界最大投资国；美国为 1509 亿美元，居第二位；法国为 1080 亿美元，居第三位。但到 2012 年，全球对外直接投资流出国（地区）的前五名变成了美国、日本、中国、中国香港和英国。中国在 21 世纪第一个 10 年的持续经济增长和资本积累彻底改变了对外直接投资的世界格局。

3．国际资本流动的国别地区流向发生了较大变化

二战后到 20 世纪 60 年代，国际资本流动的方向主要是由西方发达资本主义国家流向发展中国家。20 世纪 60 年代后期，西欧国家，特别是西欧国家间的对外直接投资迅速增长并逐步转向其他发达国家和地区。到 20 世纪 90 年代末期，由于对美国、加拿大及一些新兴工业化国家与地区的投资有所增加，西欧国家之间的相互投资占其全部对外投资的比重有所下降。

2013 年，发展中经济体吸收的直接外资首次超过发达国家，在世界五大直接外资接受国中，有四个是发展中经济体。此外，将近 1/3 的全球直接外资流出量来自发展中国家。

4．国际资本流动的部门结构发生了显著变化

二战后，国际资本主要流向采掘业以及公共事业，20 世纪 60 年代中期以来，逐步转向制造业、商业、金融业、保险业、运输业等行业。从全世界范围分析，今后流向服务业的对外直接投资占全球资本流动的比例将进一步提高。

（二）国际资本流动的原因

二战后国际资本流动的迅速发展是许多因素综合作用的结果，主要涉及以下三个方面。

1．资本供求规律是促使国际资本流动的基本因素

从国际资本的供给来看，发达国家经过长期的经济发展，资本积累和社会财富的数量不断增加，追逐高额利润的冲动必然促使大量的相对过剩资本涌向国外；而在国际资本的需求方面，大多数发展中国家经济落后，缺乏资金、技术和管理经验，为了实现经济的增长和腾飞，它们需要引进国外资本来弥补本国的资金缺口。

2．生产国际化的发展是国际资本流动的重要动力

二战后，随着科技革命的发展，国际分工出现了全新的格局，产业部门内生产过程、生产工序之间的国际分工日益深化。为了降低生产成本、提高产品性能，需要在全球范围

内合理配置资源，充分发挥各方优势。这种由分工的深化造成的生产国际化是发达国家之间相互投资迅速增加的重要原因。

3．世界经济贸易的区域化、集团化是促进国际资本流动的重要因素

生产国际化使得国际市场上的竞争愈演愈烈。各国综合经济实力和国际竞争力的差异迫使一些国家联合起来，希望借助集团的力量来维护各国在激烈的国际竞争中的利益，这便导致了二战后世界经济贸易的区域化、集团化。为了打破贸易集团及其他国家的贸易壁垒，发达国家及一些新兴的发展中国家便通过各自的跨国公司，借助国际直接投资，通过到东道国投资设厂、就地产销巩固和提高自己的市场份额。可见，世界经济贸易的区域化、集团化从促进区内投资和吸引区外投资两个方面促进了国际资本的流动。

三、国际直接投资的相关理论

国际直接投资相关理论主要探讨的是跨国公司对外直接投资的动因和途径。其中具有代表性的理论包括垄断优势论、产品生命周期理论、内部化理论和国际生产折中理论。

（一）垄断优势论

垄断优势论（monopolistic advantage theory）是最早从经济学角度研究国际直接投资动因的理论。它最早是由美国学者海默（S. H. Hymer）于1960年提出的，后来由美国学者金德尔伯格（C. P. Kindleberger）等加以完善。

海默认为，一个企业之所以能到国外进行直接投资，获取比国内投资更高的利润，是因为它具备东道国同类企业所没有的特定优势，即垄断优势。这种垄断优势可以分为两类：一类是包括生产技术、管理技能及营销技巧等所有无形资产在内的知识资产优势；另一类是由于企业规模巨大而产生的规模经济优势。海默认为，这两种垄断优势是对外直接投资的必要条件，跨国公司应该到缺乏这些垄断优势的国家投资建厂。在海默之后，西方一些经济学者沿着他的思路进行了进一步研究。垄断优势论较好地解释了知识密集型产业的对外直接投资行为并能够解释发达国家之间的相互投资现象，以此确定了其在国际直接投资理论中的地位，但它没有解释拥有专有技术等垄断优势的企业为什么不进行产品出口或技术转让而是选择对外直接投资，这主要是因为其分析方法是静态的。

（二）产品生命周期理论

产品生命周期理论（the theory of product life cycle）是美国哈佛大学教授弗农（Raymond Vernon）在1966年发表的《产品周期中的国际投资与国际贸易》一文中提出的，弗农认为美国企业对外直接投资的变动与产品的生命周期有密切的联系。这一理论既可以用来解释产品的国际贸易问题，也可以用来解释对外直接投资。

弗农认为产品是有生命的，从新产品出现到被替代和完全取代是一个生命周期。他以美国为例，把一种产品的生命周期划分为创新、成熟和标准化三个阶段，不同的阶段决定了不同的生产成本和生产区位的选择，决定了公司应该有不同的贸易和投资战略。在产品创新阶段，由于创新国垄断着新产品的生产技术，因此尽管价格偏高也有需求，产品的需求价格弹性很低，生产成本的差异对公司生产区位的选择影响不大，这时最有利的安排就

是在国内生产并通过出口满足国外的需求。在产品成熟阶段，产品的生产技术基本稳定，市场上出现了仿制者和竞争者，产品的需求价格弹性增大，降低成本对提高竞争力的作用增强，此时创新国企业开始进行对外直接投资，在国外建立子公司进行生产，投资地区一般是那些收入水平与创新国相似，但劳动力成本略低于创新国的地区，这样做还可以避开关税壁垒。在产品标准化阶段，产品的生产技术已经普及，创新国企业的技术优势已经完全丧失，产品的价格成为竞争的基础，此时，企业常通过对外直接投资将产品的生产转移到工资最低的国家和地区，一般是发展中国家和地区。

（三）内部化理论

内部化理论（the theory of internalization）也称市场内部化理论，是由英国学者巴克利（Peter J. Buckley）、卡森（Mark O. Casson）提出，由加拿大学者拉格曼（Allan M. Rugman）进一步发展的。它是 20 世纪 70 年代以来西方跨国公司研究者为了建立所谓跨国公司一般理论时所提出和形成的理论，是当前解释对外直接投资的一种比较流行的理论。

内部化是指在企业内部建立市场的过程，以企业的内部市场代替外部市场，从而解决由于市场不完整而带来的不能保证供需交换正常进行的问题。内部化理论认为，由于市场存在不完整性和交易成本上升，企业通过外部市场的买卖关系不能保证企业获利并导致许多附加成本。因此，企业进行对外直接投资，建立企业内部市场，即通过跨国公司内部形成的公司内市场克服外部市场和市场不完整所造成的风险与损失。市场内部化的过程取决于四个因素：行业特定因素、国别特定因素、地区特定因素、企业特定因素。内部化理论建立在三个假设的基础上：① 企业在不完全市场上从事经营的目的是追求利润最大化；② 当生产要素特别是中间产品的市场不完全时，企业就有可能以内部市场取代外部市场，统一管理经营活动；③ 内部化超越国界时就产生了多国公司。

（四）国际生产折中理论

国际生产折中理论（the eclectic theory of international production）又称国际生产综合理论，它是由英国经济学家邓宁（J. H. Dunning）提出的。该理论试图建立一个全面的理论，以分析跨国公司对外直接投资的决定和影响因素。

邓宁吸收了海默的垄断优势论、巴克利和卡森的内部化理论等理论的主要论点并引进外部区位理论，将对外直接投资的目的、条件和能力综合在一起加以分析，由此形成国际生产折中论。他指出，跨国公司所从事的国际生产方式大致有国际技术转让、产品出口和对外直接投资三种，究竟采用何种方式取决于跨国公司所拥有的所有权优势（ownership advantage）、内部化优势（internalization advantage）和区位优势（location advantage）的组合情况，即所谓的 OIL 模式。邓宁认为，所有权优势、内部化优势和区位优势是跨国公司对外直接投资的必要条件，这三种优势的组合状况及其发展变化决定了跨国公司从事国际生产的方式：若公司只具备所有权优势，应选择技术转让；若公司具备所有权优势和内部化优势，则应选择出口贸易；只有当公司同时具备所有权优势和内部化优势并且有东道国的区位优势可供利用时，才可选择对外直接投资方式。

邓宁的国际生产折中理论虽然不是创新理论，但其主要贡献在于吸收和借鉴了过去有关跨国公司和直接投资的理论，克服了以往分析的片面性，从而使得对跨国公司对外直接投资的分析更全面、更具说服力。然而，在解释中小企业的对外直接投资方面，该理论则有些"力不从心"。

除此之外，还有其他一些理论，如比较优势论等。随着各国对外直接投资活动的不断开展，有关这方面的理论研究也必将会不断得到创新。

四、国际直接投资对国际贸易的影响与展望

（一）国际直接投资对国际贸易的影响

1．对国际贸易地理分布的影响

二战后，发达国家集中了 75%以上的企业海外直接投资，这种直接投资的地区格局致使发达国家间的分工与协作不断加强，促进了它们之间的贸易发展。

2．对国际贸易商品结构的影响

二战后，国际贸易商品结构发生了很大变化，工业制成品的比重超过初级产品的比重，这与国际资本流动，特别是大量的直接投资资本集中于制造业有着密切的联系。此外，西方企业还实现了专业化生产，产品在世界范围销售，这些都促进了国家间的工业品流动。

（二）我国利用外商直接投资

20 世纪 90 年代以来，我国利用外资的规模不断扩大，无论是在发展中国家、地区还是在全球范围内都处于较为突出的地位，事实上已成为世界利用外资大国。我国利用外资最突出的方面是吸收外商直接投资，外商直接投资稳步扩大。据联合国贸易和发展会议发表的《2002 年全球投资报告》，按实际接受外资的总量计算，我国 2001 年接受外国直接投资额达到 470 亿美元，比 2000 年增加 15%，在发展中国家中位居第一。在全球范围内，排在美国、英国、法国、比利时、卢森堡和荷兰之后的第 7 位。根据国家统计局发布的《2005年国民经济和社会发展统计公报》，我国 2005 年实际使用外商直接投资金额超过 600 亿美元。到 2012 年，我国的 FDI 流入紧随美国之后，已位居世界第二，FDI 流入额高达 1210亿美元。中华人民共和国商务部官方网站公布的数据显示：2013 年全国实际使用外商直接投资金额 1175.86 亿美元，同比增长 5.25%。据联合国贸发会议网站发布的《2021 世界投资报告》，2020 年，我国是全球第二大外国直接投资流入国，同时也是全球第一大外国直接投资流出国，投资总额达 1330 亿美元。

第三节　知识产权贸易在国际贸易中的比重日益增长

一、知识产权的含义及特征

（一）知识产权的含义

知识产权（intellectual property）是指法律所赋予的知识产品所有人对其创造性智力成果所享有的排他权利。知识产权是一种私有的、特殊的无形财产权，主要由工业产权

（industrial property）和版权（copyright）组成。工业产权主要指专利权和商标权，其保护对象有专利、实用新型、工业品外观设计、商标、服务登记、厂商名称、货源标记或原产地名称以及制止不正当竞争。版权（也称著作权）保护的内容主要有文学艺术和科学作品、艺术家的表演、唱片、广播节目及其他精神作品。

（二）知识产权的特征

1．无形性

无形性是知识产权最重要的特征。这一特征把知识产权同一切有形财产及人们对有形财产享有的权利区分开来。一件物品，作为有形财产，其所有人行使权利转卖它、出借它或出租它，标的均是该物品本身，即该有形物本身，物、权不可分。一项专利权，作为无形财产，其所有人行使权利转让它时，标的可能是制造某种专利产品的制造权，也可能是销售某种专利产品的销售权，却不是专利产品本身，物、权不仅分离，甚至权可以不依附物。

2．专有性

专有性是指知识产权只能为一个主体所专有。如两人分别做出完全相同的发明，则在分别申请的情况下，只可能由其中一人获得专利权。获得专利权之人将有权排斥另一人将其做出的发明许可或转让给第三者，另一人只剩下在先使用权。

3．地域性

地域性是指依一定国家的法律产生，只在其依法产生的地域内有效的特征。在一个国家按法律规定取得的商标权、专利权只在该国境内有效，在其他国家不具有被保护的权利。若要在其他国家维护其专有权，必须向其他国家申请，通过审批才能得到法律的保护。

4．时间性

法律对著作权、专利权、商标权的保护有一定期限，过了一定期限，这些权利自行终止，从而成为社会共同财富，任何人均可自由使用。

二、知识产权与世界贸易组织

（一）知识产权进入 WTO 的背景和地位

1．知识产权进入 WTO 的背景

在 WTO 制定《与贸易有关的知识产权协定》（*Agreement on Trade-Related Aspects of Intellectual Property Rights*，TRIPS）之前，已经有一些公约对知识产权进行了国际保护，但多数知识产权产品出口商对已有的公约并不满意。关贸总协定中所涉及的知识产权问题主要是假冒商品贸易。直到 1986 年"乌拉圭回合"谈判正式开始，各国也没有就是否将知识产权纳入谈判议题达成一致意见。1991 年，关贸总协定总干事提出了"乌拉圭回合"最后草案的框架，其中《与贸易有关的知识产权协定》基本获得通过。

2．知识产权协议在 WTO 中的地位

知识产权协议在 WTO 中具有特殊的地位。

（1）它与多边货物贸易和服务贸易协议不同。多边货物贸易和服务贸易协议是就与贸易政策有关的一般规则和原则达成的协议，并没有寻求各国政策的协调统一；而知识产权协议包括所有成员都必须达到的知识产权保护的最低标准。

（2）知识产权协议要求各成员积极采取行动保护知识产权，这与上述两个协议只对成员的政策进行约束是不同的。知识产权协议是一个具有实质性义务且漏洞很少的协议，它确定了保护知识产权的最低标准及实施该标准的义务，建立了有效的多边争端解决程序。

（二）TRIPS 的产生、构成及主要原则

1. TRIPS 的产生

TRIPS 的产生是由于知识产权与国际贸易的发展有着越来越密切的关系且与贸易有关的知识产权贸易在国际贸易中占有着越来越重要的地位。因此，在世界贸易组织（WTO）取代关贸总协定（GATT）担当起全球经济贸易组织的角色，成为真正意义的"经济联合国"的今天，《与贸易有关的知识产权协定》与《货物贸易多边协定》《服务贸易总协定》一起构成世界贸易组织法律框架的三大支柱。TRIPS 的产生标志着知识经济时代的到来，是当今世界经济全球化的必然结果。

2．TRIPS 的构成及基本原则

TRIPS 由序言和七大部分组成，共有 73 个条款。第一部分是总则和基本原则；第二部分是知识产权的效力、范围和使用的标准；第三部分是知识产权的实施；第四部分是知识产权的取得、维持及相关程序；第五部分是争端的防止与解决；第六部分是过渡期安排；第七部分是机构安排和最后条款。

TRIPS 规定知识产权的保护范围是：专利；版权与相关权；商标；工业品外观设计；集成电路布图设计；未公开的信息，包括商业秘密；地域标志，包括原产地标志。

TRIPS 中的基本原则主要有以下几项。

（1）最低保护原则。该原则规定成员除有义务实施 TRIPS 外，还应遵守《保护工业产权巴黎公约》《保护文学和艺术作品伯尔尼公约》等所规定的义务。

（2）国民待遇原则和最惠国待遇原则。TRIPS 要求成员承诺在保护知识产权方面必须给予其他成员国民不低于本国国民的优惠待遇；一成员方对另一成员方国民所给予的优惠、特权以及豁免应立即、无条件地给予其他成员方的国民。

（3）透明度原则。对涉及知识产权保护的有关法律、条例、司法规定和行政规定应及时公布。

（三）TRIPS 与知识产权国际公约的关系

在 TRIPS 产生以前，国际上已经有一大批有关知识产权的国际公约。TRIPS 从贸易的角度定义或强调知识产权的同时，还明确了它与其他四个知识产权国际公约的关系，这四个公约是《保护工业产权巴黎公约》、《保护文学和艺术作品伯尔尼公约》、《保护表演者、音像制品制作者与广播组织公约》（《罗马公约》，又称《邻接权公约》）、《集成电路知识产权条约》。

（四）争端解决程序

TRIPS 明确规定，当成员之间就该协定的执行发生争端时，应当按照世界贸易组织《关

于争端解决规则与程序的谅解》进行协商和解决。争端解决机制总结起来主要包括磋商阶段、DSB（WTO 的争端解决机构）阶段、执行与补偿阶段以及交叉报复阶段。所谓"交叉报复"，是指一方在知识产权方面因被侵权而遭受损失，如未得到妥善解决，则可通过中止履行与案件直接有关的产品或其他产品的关税减让来报复对方，以迫使对方遵守协定。

（五）TRIPS 与我国知识产权保护

我国全面执行 TRIPS，主要体现在两个方面：① 在知识产权的立法方面，我国已经修订并实施了《专利法》《商标法》《著作权法》；② 在知识产权的实施方面，如何切实而有效地保护本国和他国的知识产权是一个非常复杂的问题，不仅涉及立法、行政和司法，还涉及全民族的知识产权意识。

三、我国的知识产权保护及其面临的挑战

（一）我国的知识产权保护

从总体来讲，我国知识产权相关法律制度与 TRIPS 存在的差距主要体现在以下方面：对部分有关知识产权的行政终局决定缺乏必要的司法审查和监督，主要体现在《商标法》和《专利法》中；对知识产权的侵权行为，特别是对假冒和盗版行为的打击力度不够，对受害人的救济措施还不完善；对知识产权权利人的权利限制过多、过宽，损害了权利人的合法权益，这个问题主要体现在《著作权法》中；在各类知识产权的保护内容和保护水平上存在不同程度的差距，主要是还没有对集成电路布图设计提供专门的法律保护；缺乏对知识产权滥用的必要的、完善的限制措施。

（二）面临的挑战

我国企业首先要解决观念问题，提高认识，加强培训，以积极适应加入 WTO 在知识产权保护方面的新要求。在 21 世纪，国家的经济安全必须用知识产权来保护，企业的经济效益同样必须用知识产权来保护，保留自己科技发展的战略空间极为重要；同时，在国家科技创新与经济发展的历史过程中，必须不断提高知识产权的保护水平，从而保障我国逐步成长为发达的社会主义市场经济国家。

我国应进一步加强对知识产权的保护，以适应知识产权协议的要求，具体对策如下。

1．在知识产权保护方面，尽快与国际规范接轨

加强知识产权立法，逐步完善相关法律体系；在知识产权的保护范围和保护水平上走国际化道路，向国际规范靠拢；加强执法体系，加大执法力度。

2．加强宣传，增强全民知识产权的保护意识

要加强对版权的保护意识，不能任意复印出版外国书籍出版物，也不能任意复制外国的音像制品；要加强对进出口商标的保护，特别要防止不法分子对我国著名商标的抢注；要加强向国外申请专利的意识，同时也要增强对获得我国专利权的外国专利技术的保护意识。

3．适应 TRIPS 要求采取相应的措施

进一步健全和完善我国知识产权法律、法规，加紧制定相关法律，并进一步修订已有

的知识产权法律规定，使之向 TRIPS 靠拢；健全统一协调的知识产权保护体系；加强培养知识产权专业人才，尽快使我国的专业人才队伍与加入世界贸易组织后我国知识产权保护的发展相适应。

第四节　电子商务——国际贸易发展的新机遇

关于电子商务的概念目前还没有一个完整统一的定义，总的来说，可分为狭义和广义两类。狭义的电子商务通常是指通过互联网从事的在线产品和劳务的交易活动，涉及有形的产品或劳务和无形产品。广义的电子商务泛指一切与数字化处理有关的商务活动，这些商务活动不仅仅局限于企业之间、企业和消费者之间，也包括企业内部的一切商务活动。

电子商务作为一种新型商品交易方式，具体有以下几种类型：企业对消费者（business to consumer，B2C）的电子商务；企业对企业（business to business，B2B）的电子商务；企业对政府机构（business to government，B2G）的电子商务；消费者对政府机构（consumer to government，C2G）的电子商务。

目前，电子商务越来越多地运用于外贸业务，通常可以从运作角度将外贸业务笼统地分为三个阶段：交易准备阶段、交易磋商和合同签订阶段及合同履行阶段。这三个阶段概括了每一笔外贸业务自始至终的业务程序。现代信息技术的应用逐渐贯穿外贸业务的各个环节。

一、交易准备阶段

以互联网及其技术为核心的电子商务不同于以往传统的方式，企业可以通过互联网、媒体向全球市场发布信息、产品广告；另外，企业还可以设立网页，向国外的客户提供在线商品目录。买方可通过浏览和查阅网页来寻找自己所需的商品；卖方可通过自己的网站拓展贸易范围，寻求更多的贸易伙伴和商机。交易前的准备如图 12-1 所示。

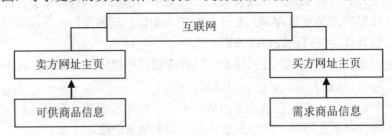

图 12-1　交易前的准备

二、交易磋商和合同签订阶段

在交易磋商阶段，买卖双方当事人为了达成交易，通常就商品的主要交易条件，在互联网上进行洽谈，寻找各方最满意的成交条件，其程序如下。

（1）买方向卖方发出所需商品的询价函电，将欲购商品的名称、规格、数量和交货时间等主要条件输入采购系统，由该系统翻译软件制出相应的 EDI（electronic data interchange，电子数据交换）询价报文，通过互联网传至卖方。

（2）卖方计算机应用系统将 EDI 报文的报价自动翻译成卖方的定义格式并自动生成一份表明询价函已收到的回函，同时卖方将报价函输入计算机并自动翻译成报文格式，通过互联网传至买方。

（3）买方计算机应用系统接着将 EDI 报文的报价自动翻译成买方的定义格式。买方就报价条件进行研究，提出还价内容并输入计算机，经互联网传送至卖方的计算机应用系统。如果不还价，此环节省略。

（4）卖方计算机应用系统自动将 EDI 报文的还价函翻译成买方的定义格式后，如卖方认为可以接受，即向买方发出订单。

（5）买卖双方根据磋商条件，通过互联网进入订立电子商务合同阶段。

电子商务合同可以利用 EDI 进行签约。电子商务合同是具有法律效力的文件，贸易双方可通过论证机构来确认和监督管理订约和履约的全过程。

现在，电子订单越来越多地代替了传统的纸面合同和签字方式，带有安全措施的电子邮件完全可以取代传真和邮件的传递方式。

三、合同履行阶段

贸易合同履行是以外贸单证作为媒介，通过单证的传递、处理和交换来实现的。在单证流转中，买卖双方可利用 EDI 与有关部门直接进行各种电子单证的自动交换处理。

利用互联网 EDI 处理各种电子单证的交换相比传统贸易方式，运营成本低廉并具有快捷、准确和安全的特点。目前，外贸企业使用一般软件就可以实现单据的自动生成，特别是在安全认证、跟踪运输以及实现网上支付等方面可实现一定的突破。以互联网为基础的 EDI 将使外贸业务流程和单据的传输实现自动化。

📖 本章小结

跨国公司是社会生产力发展到一定阶段和水平后，以本国为基地，通过对外直接投资到其他国家和地区投资、设厂进行国际化生产和经营活动的垄断企业。跨国公司具有以下特征：规模庞大，实力雄厚；实行全球经营战略；公司内部实行一体化生产经营；经营多样化。跨国公司的法律组织形式有母公司、分公司、子公司以及联络办事处。

国际资本流动是指资本从一个国家或地区跨越国界向别的国家或地区移动、转移，进行商品生产和金融等服务业方面的投资活动，按投资方式可分为对外直接投资和对外间接投资。

知识产权是指法律所赋予的知识产品所有人对其创造性智力成果所享有的排他权利，主要由工业产权和版权组成，其特征是无形性、专有性、地域性和时间性。TRIPS 由序言和七大部分组成，其基本原则主要是最低保护原则、国民待遇原则、最惠国待遇原则、透明度原则。

电子商务就是通过电子信息技术、网络互联技术和现代通信技术使得交易涉及的各方当事人借助电子方式联系，而无须依靠纸面文件、单据的传输，从而实现整个交易过程的电子化。

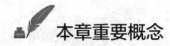

本章重要概念

跨国公司	国际资本流动	对外直接投资
对外间接投资	知识产权	电子商务

思考题

1. 什么是跨国公司？其特征是什么？
2. 什么是国际资本流动？其主要形式是什么？
3. 什么是对外直接投资？什么是对外间接投资？
4. 国际直接投资的理论主要有哪些？
5. 什么是知识产权？其特征是什么？
6. TRIPS 由哪些部分构成？其主要原则是什么？
7. 电子商务中，外贸业务在交易磋商和合同订立阶段的基本程序有哪些？

学生课后参考阅读文献

[1] 赵春明，郑飞虎，齐玮. 跨国公司与国际直接投资[M]. 2 版. 北京：机械工业出版社，2012.

[2] 马库森. 跨国公司与国际贸易理论[M]. 强永昌，陆雪莲，杨泓艳，译. 上海：上海财经大学出版社，2005.

[3] 桑百川，李玉梅. 国际直接投资[M]. 北京：北京师范大学出版社，2008.

[4] 张纪康. 跨国公司与直接投资[M]. 上海：复旦大学出版社，2011.

[5] 李顺德. WTO 的 TRIPS 协议解析[M]. 北京：知识产权出版社，2006.

[6] 吴国新，杨勚. 国际贸易理论与政策[M]. 北京：清华大学出版社，2016.

[7] 希比. 国际知识产权[M]. 3 版. 倪晓宁，王丽，译. 北京：中国人民大学出版社，2012.

[8] 中华人民共和国商务部官网（http://www.mofcom.gov.cn）

[9] 联合国贸易和发展委员会官网（http://unctad.org）

实务篇

第十三章 国际贸易合同的标的

学习目的和要求

通过本章的学习，理解和掌握表示商品品质的方法；理解和掌握品质条款、数量的计量方法；理解和掌握订立数量的条款以及运输包装、运输标志等内容。

开篇案例：合同规定品质条款的重要性

【案情】

中国 A 公司与新加坡 B 公司签订一份合同，出口一批童装。洽谈中，B 公司查看过 A 公司提供的样品，同意以此作为交货的品质标准，而合同品质条款仅仅规定了规格、质料、颜色。货到新加坡后，买家提出"颜色不正、缝制工艺粗糙"，要求降价。

A 公司辩解货物是凭样品成交，样品经新加坡 B 公司确认过。B 公司指出合同中并没有写明"凭样品成交"字样，也没有写明样品编号，而且 A 公司没有封存样品作为证物。A 公司解释纺织品按常识会存在色差问题，B 公司回应合同品质说明中没有注明所交货物会有色差。

【讨论】

本例中 A 公司是否应该承担赔偿责任？

【分析】

本例中 A 公司应该承担赔偿责任。合同中品质的表示方法有凭文字说明和凭样品表示两种，两种方式的陈述都要求既准确又保持必要的灵活性，卖方有义务使所交货物与样品或说明完全一致。如果发生货物的品质与样品或说明不符，买方有权解除合同，拒绝收货并要求赔偿损失。因此，对于因制造技术上确有困难不能做到与样品一致的商品，卖方应该在合同中保留类似"交货与样品近似""品质与样品大致相同""品质接近样品"等描述。本案中，除在合同的品质条款中列明商品的名称、商标/牌号、规格、型号等必要项目外，还要明确样品的编号、寄送样品的日期及有关寄送样品等内容，不能简单地只做一般描述，而且，服装类产品应该标明"允许有色差"。A 公司在合同中未列明与样品相关的内容，而货物和合同中的品质说明不符，因此需要承担赔偿责任。

标的是合同当事人双方权利和义务所共同指向的对象，国际货物买卖合同的标的是进入国际贸易领域的货物，本章把商品的质量、数量和包装称为合同的标的。明确规定标的物及其品质要求，这是商订国际货物买卖合同必须首先解决的问题。

第一节　商品的名称和品质

一、商品的名称

商品的名称（name of commodity）又称品名，是指一种商品区别于其他商品的称呼或文字，是合同标的的具体名称。按照有关法律和惯例，作为标的物的交易商品的具体名称是构成商品说明的一个主要组成部分，是买卖双方交接货物的基本依据。而且，在国际贸易中，交易双方大多是凭借对交易商品的描述来确定交易的标的的。因此，在合同中列明商品的名称是必不可少的环节。

对于国际货物买卖合同中品名条款的格式并无统一的规定，可以由交易双方商定。品名条款一般比较简单，通常是在"商品名称"或"品名"的标题下列明交易双方成交的商品的名称；也可以省略标题，在合同的开头部分直接用文句说明，如"买卖双方同意买卖某种商品"；有时，品名条款也可以包括在品质条款中，即出现品名条款和品质条款合并的情况。

由于品名条款是合同的主要条件，因此在规定此条款时，应当注意以下几点。

（1）品名必须是商品的正式全称，必须针对商品实际情况在条款中做出实事求是的规定，避免使用做不到或不必要的描述性词句。

（2）品名必须明确、具体，避免空泛、笼统，要和海关、税务部门规范的名称相吻合，要尽可能使用国际上的通用名称，避免造成误解。如使用地方性名称，交易双方应事先就其含义达成共识。

（3）应该选择对我方有利的名称。商品名称不同，关税税率有别，配额约束也不同，为节省开支、减少关税负担和避免非关税壁垒的限制，应选择恰当的、对我方有利的名称。国际上为了便于统计征税，对商品有共同的分类标准，海关合作理事会主持制定了《商品名称及编码协调制度》（*The Harmonized Commodity Description and Coding System*，HS）。该制度于 1988 年 1 月 1 日起正式实施，我国于 1992 年 1 月 1 日起采用该制度。目前，各国的海关统计、普惠制待遇等都按 HS 进行。因此，我们在采用商品名称，特别是通用名称时，应与 HS 规定的商品名称相对应。

【思考】

上海 A 公司出口苹果酒一批，国外来证货名为"Apple Wine"，A 公司为了单证一致，所有单据上均采用"Apple Wine"。不料货到目的港后遭海关扣留罚款，因该批酒的内、外包装上均写的是"Cider"字样，结果外商要求 A 公司赔偿其罚款损失。

请问 A 公司对此有无责任？为什么？

二、商品的品质

商品的品质（quality of goods）又称质量，是指商品的外观形态和内在特性的综合。前者包括商品的外形、色泽、款式、透明度、味道等；后者包括商品的物理性能、机械性能、化学成分和生物特征、技术指标等。商品的品质是决定商品使用效能和价格的基本因素，也是买卖双方签订和履行合同的重要依据。

国际贸易中交易的商品种类繁多、特点各异，因而对其品质的表示方法也多种多样，但归纳起来，通常惯用的表示方法有两种：一是以实物或样品表示；二是以文字说明表示。

（一）以实物或样品表示

若买卖双方根据成交商品的实际品质进行交易，通常是先由买方或其代理人在卖方所在地验看货物。只要卖方交付的是验看过的商品，买方就不得对品质提出异议。这种做法多用于寄售、拍卖和展卖业务。

在国际贸易中，由于交易双方远隔两地，根据商品的实际品质在现场看货交易是非常困难的，通常是寄送从中抽取的样品来表示品质。所谓样品（sample），是指从一批商品中抽取的或由生产部门加工出来的，足以反映和代表整批商品的质量的少量实物。凡是以样品作为成交和交货依据的，称为凭样品买卖（sale by sample）。在国际贸易中，这种方法适用于质量难以标准化、规格化的商品，如工艺品、服装、土特产、轻工产品等。根据样品提供者的不同，凭样品买卖可分为以下两种。

1. 凭卖方样品买卖

凭卖方样品买卖（sale by seller's sample）是指凭卖方提供的样品作为交货品质的依据。通常在买卖合同中应订明"品质以卖方样品为准"（quality as per seller's sample）。在此情况下，卖方应注意：① 卖方选择的样品要有充分的代表性（representative sample），即交货品质应与样品大体相同并以此样品提供给买方。② 样品应编号留存，通常应备三份。卖方在将样品寄送买方的同时，应保留与送样品质完全一致的另一份样品，即复样（duplicate sample），以备将来组织生产、交货或处理质量纠纷时做核对之用。买方留存一份以便收货时作为货物验收的品质标准；同时，为了防止交易双方在履约过程中产生分歧，必要时还使用封样（sealed sample），即由第三方或公证机关在一批商品中抽取同样质量的样品若干份，每份样品用加盖封识章等不同方式加封，由第三方或公证机关留作备案，其余供当事人使用。③ 对于样、货难以达到完全一致的商品，应在合同中规定如"品质与样品近似"（quality is nearly same as the sample）等弹性条款，切忌绝对、不留余地。

例 13-1

圣诞熊，货号 S123，根据卖方 2013 年 10 月 28 日寄送的样品。

S123 Christmas bear, as per the samples dispatched by the seller on 28 Oct, 2013.

2. 凭买方样品买卖

凭买方样品买卖（sale by buyer's sample）是指凭买方提供样品作为交货品质的依据。在国际货物买卖中，凭样品买卖通常由卖方出样，但也可应买方要求以其所提供的样品作为交货品质的依据，通常在合同中应订明"品质以买方样品为准"（quality as per buyer's sample）。在此情况下，卖方在实际操作时应注意：① 卖方应复制一份与买方样品相似的样品提交买方，即提交一份回样（return sample）或对等样（counter sample）请买方确认。

对方一旦确认以回样作为双方交易的质量依据，就把凭买方样品买卖转化为凭卖方样品买卖。② 在凭买方样品买卖时要特别注意是否侵犯第三方知识产权等问题，通常应在合同中加列工业产权争议免责条款并规定类似"货物发生在买方国家或其他任何国家地区的有关专利、商标、设计等侵权行为由买方负责，卖方对此概不负责"的免责条款。

在当前国际贸易中，单纯凭样品成交的情况不多，有时用样品来表示某种商品的一个或几个方面的质量指标。例如，在纺织品和服装贸易中，采用色样（colour sample）来表示商品的色泽，而用款式样（pattern sample）来表示商品的造型，对于商品的其他方面的质量则采用文字说明来表示。

买卖双方有时为了发展贸易关系，往往采用寄送样品的方法。对这种以介绍商品为目的而寄出的样品，最好标明"仅供参考"（for reference only）字样，以免与标准样品混淆。这不属于凭样品买卖，这种样品对买卖双方均无约束力。

（二）以文字说明表示

在国际贸易中，大多数商品的品质是采用文字说明表示的，即交易双方在合同中以文字、图表、照片等方式来说明商品的质量，具体有以下几种表示方法。

1．凭规格买卖（sale by specification）

商品的规格是指用以反映商品质量的若干主要指标，如化学成分、含量、容量、性能、大小、长短、粗细等。用规格表示商品质量的方法在国际贸易中使用得最广泛，因为它简单易行、明确具体，而且具有可根据每批成交货物的具体品质状况灵活调整的特点。

例 13-2

	芝麻		sesame seeds	
水分	最高	8%	moisture（max.）	8%
含油量	最低	50%	oil content（min.）	50%
杂质	最高	6%	impurity（max.）	6%

2．凭等级买卖（sale by grade）

商品的等级是指同一类商品按其规格上的差异所进行的分类。商品的等级通常是由制造商或出口商根据长期实践经验，在掌握商品质量规律的基础上制定出来的，通常在合同中只需列明等级，但对于交易双方不熟悉的等级内容，为了避免争议，最好明确每一等级的具体规格。

例如，我国国家标准《玉米》（GB 1353—2018）将出口玉米等级划分为以下三级。

	纯质（最低）	杂质（最高）
一级	97%	0.5%
二级	94%	1.0%
三级	91%	1.5%

3．凭标准买卖（sale by standard）

商品的标准是指标准化的规格和等级。商品的标准一般由标准化组织、政府机关、行业团体、商品交易所等规定并公布。各国都有自己的标准，如美国为 ANSI，德国为 DIN，日本为 JIS，法国为 NF，英国为 BS 等。此外，还有国际标准，如国际标准化组织的 ISO9000 标准；民间组织的标准，如美国保险人实验室的 UL 标准。公布了的标准经常需要修改变动，因此凭商品标准成交时，应注明是依据什么标准及该标准的版本和年份。

例 13-3

利福平　符合 2013 年版英国药典

Rifampicin in conformity with B.P. 2013

为了促进各国产品质量的提高，完善企业管理制度，保护消费者利益，国际标准化组织推出了 ISO9000 质量管理和质量保证系列标准以及 ISO14000 环境管理系列标准。我国是国际标准化组织理事国。1992 年 10 月，我国技术监督局将 ISO 系列标准等效转化为 GB/T19000 系列国家标准，采取双编号形式，于 1993 年 1 月 1 日起实施。实施 ISO 的两个一体化管理体系有助于改善和提高我国企业和产品在国内外消费者、客户心目中的形象，降低经营及管理成本，使我国产品适应国际市场对于产品在质量上的新需求，提高我国产品的国际竞争能力。

在国际贸易中，农副产品由于品质变化较大，难以等级化和标准化，买卖时常采用 F.A.Q.（fair average quality）标准，即以每个生产年度的中等货的品质或某一装船月份在装运地发运的同一种产品的平均品质（称为良好平均品质，俗称大路货）为标准。采用 F.A.Q.表示品质时，除注明 F.A.Q.字样外，通常还注明货物的具体规格。

例 13-4

中国花生仁：良好平均品质，水分（最高）13%，杂质（最高）5%，含油量（最低）44%

Chinese groundnut: FAQ, moisture(max.) 13%, admixture(max.) 5%, oil content(min.) 44%

有时，还使用 G.M.Q.（good merchantable quality）标准，即卖方所交货物的品质只需上好、适于销售，故叫作上好的可销品质。这种标准抽象、含糊，一般只适用于木材或冷冻鱼虾类等商品，由于容易产生争议，我国对外贸易中很少使用这种标准。

4．凭品牌或商标买卖（sale by brand）

商品的品牌是指工商企业为区别同类产品而给本企业生产或销售的商品冠以名称。商标是代表商品质量的一种标志，而注册商标是维护商品在国外市场上的合法权益和树立其良好信誉的一种手段。特别是一些在国际上久负盛誉的名牌产品，其商标牌名自身就会成为品质的象征，人们在从事这类商品的交易时，仅指定牌名或商标即可确定其品质，如可口可乐。但是，许多知名品牌，如 IBM，由于其产品品种具有多样性，交易双方是不可能仅凭商标品牌成交的，此时应在合同中明确规定品质指标或技术说明。

例 13-5　大白兔奶糖　white rabbit creamy candy

5．凭产地名称买卖（sale by name of origin）

我国有些地区的产品受产地的自然条件及传统加工工艺等因素的影响，在品质方面具有其他产区的产品所不具有的独特风格和特色，对于这类商品，也可以采用产地名称来表示其独特的品质，如景德镇瓷器、重庆涪陵榨菜、湘绣等。根据 WTO 的规定，对因地域特色而造就的优良产品，可以申请产地名称的保护，如西湖龙井绿茶。

例 13-6 重庆榨菜 chongqing preserved vegetable

6. 凭说明书和图样买卖（sale by description and illustrations）

在国际贸易中，对机器、电器、仪表、大型设备、交通工具等技术密集型产品，因其结构复杂，对材料和设计的要求严格，用以说明其性能的数据较多，很难用几个简单的指标来表明其品质的全貌，所以买卖双方订立合同时往往以说明书及有关图样、照片、设计、图纸、分析表及各种数据来说明其具体性能和结构特点，称为凭说明书和图样买卖。

例 13-7
品质见卖方所提供的产品说明书中的技术性能部分。

Quality as per technical feature indicated in the illustrations submitted by seller.

凭说明书和图样买卖时，卖方交付的货物必须符合说明书所规定的各项指标，但由于技术产品的结构复杂，技术性能的发挥又常常依赖于一定的外部环境和调试能力，因此往往要订立卖方品质保证条款和技术服务条款，如"卖方必须在一定期限内保证其商品的品质符合说明书所规定的指标，如在保证期内发现品质低于规定、部件的工艺不良或因原材料内部隐患而产生缺陷，买方有权提出索赔，卖方有义务消除缺陷或更换有缺陷的商品或材料并承担由此引起的各项费用"。

在国际贸易的实际业务中，用文字说明规定商品品质的方法有时与以样品表示品质的方法结合起来使用。

三、品质条款的规定

品质条款中应写明商品的名称、规格、等级等或说明样品的编号和日期，根据商品的特性，可分别采用文字说明或样品，也可二者兼用。

【思考】

上海某出口公司向香港出口一批茶叶。合同及信用证上均写的是二级茶叶，但到发货时才发现二级茶叶库存告罄，于是该出口公司改以一级茶叶交货并在发票上加注"一级茶叶仍按二级茶叶计价"。

请问这种做法是否妥当？可能会给出口方带来什么问题？

（一）规定品质机动幅度

在国际贸易中，卖方交货品质必须严格与买卖合同规定的品质条款相符，但在实际业务中，由于产品特征、生产条件、运输条件以及气候等原因，卖方要使商品品质完全符合合同规定的品质条款并非易事。为保证交易的顺利进行，通常的做法是对一些商品的规格做弹性处理，即在合同中加列品质机动幅度和品质公差条款。

1. 品质机动幅度

农副产品等初级产品的质量不稳定，为了保证交易的顺利进行，一般在规定其他品质指标的同时另订立一定的品质机动幅度，即允许卖方所交货物的品质指标在一定幅度内上下波动，具体方法有如下几种。

（1）规定范围，如"全棉印花布，幅阔 35/36""。

（2）规定极限，如"籼米含水率最高 15%"。

（3）规定上下差异，如"灰鸭绒，含量 18%，±1%"。

2. 品质公差

在工业制成品的生产过程中，产品的质量指标出现一定的误差是不可避免的，如电机的机械效率为"70%，±5%"，像这样的误差，即使在合同中没有规定，只要卖方交货品质在公差范围内，也不能视作卖方违约。但为了明确起见，还应在合同品质条款中订明一定幅度的公差，即允许卖方交货品质可高于或低于合同规定的品质指标，也就是国际同行业所公认的产品品质误差。例如，"尺码允许有±3%～5%的合理公差"。

对于在机动幅度内的品质差异，价格一般按合同单价计算，不做调整。但如果有些品质指标的变动会给商品质量带来实质性变化，为了体现按质论价，经双方协商同意，可以在合同中订立品质增减价条款，如"大豆，含油量不低于 20%，以 20% 为基础，含油量±1%，价格±2%"。

（二）正确运用各种表示品质的方法

在销售某一商品时，能够用文字说明表示商品品质的就不要用样品。如果既用文字说明又用样品表示商品质量，则一旦成交，卖方必须保证实际交付的商品品质既符合文字说明，又和样品保持一致。

用文字说明表示商品品质的方法有很多种，双方既可以约定单独使用某一种方法（如等级），也可以结合使用两种或两种以上的方法，如既列明等级又注明具体规格。但是凡是能够用一种方法来表示商品品质的，就不宜采用两种或两种以上的方法来表示，以免顾此失彼，给履约带来困难。

（三）订立品质条款应注意的问题

1. 品质条款的文字要简要、肯定

为了防止品质纠纷，合同中的品质条款应尽量明确、具体，避免含糊不清、模棱两可。用词既不能绝对化，如"猪肉不含猪毛"等条件苛刻的词句，也不宜采用诸如"大约""左右"等用词；所涉及的数据应力求明确，而且要切合实际，避免订得过高、过低、过繁或过细。

2. 订立品质机动幅度和品质公差，为交货留下一定余地

（1）品质机动幅度。农副产品等初级产品的质量不稳定，为了保证交易的顺利进行，一般在规定其他品质指标的同时另订一定的品质机动幅度，即允许卖方所交货物的品质指标在一定幅度内上下波动，具体方法有：① 规定范围，如"色织条格布，阔度 41/42 英寸"；

② 规定极限，如"薄荷油中薄荷脑含量最少 50%"；③ 规定上下差异，如"灰鸭毛，含绒量 18%，上下 1%"。

（2）品质公差。在工业制成品的生产过程中，产品的质量指标出现一定的误差是不可避免的，如钟表每天出现若干秒误差是正常的，像这样的误差，即使在合同中没有规定，只要卖方交货品质在公差范围内，也不能视作卖方违约。但为了明确起见，还应在合同品质条款中订明一定幅度的公差，即允许卖方交货品质高于或低于合同规定的品质指标，也就是国际同行业所公认的产品品质误差。例如，"尺码允许有±3%～5%的合理公差"。

3. 卖方要避免对所交货物质量承担双重担保的责任

在买卖合同中，表示品质的方法往往是结合使用用文字表示和以实物样品表示，但如果不是凭样品成交的买卖，在向外寄送样品时，应明确表示该样品仅供参考，否则就构成了双重质量指标，会使卖方陷入被动局面。

【思考】

我国某外贸公司向德国出口大豆一批，合同规定水分最高 13%，杂质不超过 2%。但在成交后，我方向对方寄送样品并电告对方"成交货物与样品相似"。货到德国后，买方出具了货物品质比样品低 8%的检验证明并要求赔偿 800 欧元的损失。我方拒绝赔偿，认为这批商品在交货时是经过挑选的，因为是农产品，不可能做到与样品完全相符。经多次协商，最终以我方违约而赔付一笔品质差价而了结此案。

本案中，我方签约后寄送样品和电告的行为造成了该笔交易既是凭规格成交，又是凭样品成交，从而否认了仅仅是凭规格交易的规定，这样就造成了我方承担对货物质量的双重担保责任，即所交货物既要与合同中的规格相符，又要与样品一致，只要有一方面达不到要求，我方就处于违约的被动局面。虽然我方在电文中告诉对方"所寄样品与成交货物相似"，但由于其实际结果相差较大，我方就要承担品质与样品不符之责，同时买方随之就拥有了索赔的权利。此案的关键性错误在于我方外贸人员"画蛇添足"，如果不寄送样品，就没有贸易纠纷发生。但即使在寄送样品的条件下，若电告"所寄样品仅供参考"（for reference only），则所寄样品对交易双方均无约束力，合同仍旧以文字说明的规格品质成交。

第二节　商品的数量

商品的数量是国际货物买卖合同的主要交易条件之一。《联合国国际货物销售合同公约》规定：按照合同规定的数量交付货物是卖方的一项基本义务。如果卖方交货数量大于约定的数量，买方可以拒收多交的部分，也可以收取卖方多交部分的一部分或全部，但应按照实际收取数量付款。如果卖方交货数量少于约定的数量，卖方应在规定的交货期届满之前补交且不得使买方遭受不合理的损失，买方可保留要求赔偿的权利。因此，正确订立合同中的数量条款对进出口商双方都具有十分重要的意义。

一、商品的计量单位

数量是由计量单位进行表述的，而计量单位是依据一定的度量衡制度而言的。在国际贸易中，商品种类繁多，性质不同，加之各国的度量衡制度也不尽相同，所以表示商品数量的方法也不统一。通常使用的计量方法主要有以下几种。

（一）按重量计量

按重量计量商品数量是当今国际贸易中使用得最广泛的一种方式，适用的商品有一般天然产品以及部分工业制成品，如羊毛、棉花、谷物、矿产品、油类、药品等。

常用的计量单位有公吨（metric ton）、长吨（long ton）、短吨（short ton）、千克（kilogram）、克（gram）、磅（pound）、盎司（ounce）等。

（二）按体积计量

适用的商品有木材、天然气以及化学气体等商品。

常用的计量单位有立方米（cubic meter）、立方码（cubic yard）、立方英尺（cubic foot）、立方英寸（cubic inch）等。

（三）按容积计量

适用的商品有谷物类以及部分流体、气体物品等。

常用的计量单位有公升（litre）、加仑（gallon）、蒲式耳（bushel）等。其中，公升和加仑主要用于酒类、油类等液体商品；蒲式耳在美国用于计量各种谷物的容积。

（四）按面积计量

适用的商品有玻璃板、地毯、皮革等。

常用的计量单位有平方米（square meter）、平方码（square yard）、平方英尺（square foot）、平方英寸（square inch）等。

（五）按长度计量

适用的商品有金属绳索、丝绸、布匹等。

常用的计量单位有米（meter）、码（yard）、英尺（foot）、厘米（centi-meter）等。

（六）按数量计量

适用的商品有大多数工业制成品，尤其是日用消费品、轻工业品、机械产品以及部分土特产。

常用的计量单位有件（piece）、双（pair）、台/套/架（set）、打（dozen）、卷（roll）、令（ream）、罗（gross）、大罗（great gross）、包（bale）、袋（bag）、桶（barrel）、箱（case）等。

目前，国际贸易中通常使用的度量衡制度有四种：公制（the metric system），又称米制；美制（the U.S. system）；英制（the British system）和国际单位制（international system of units）。由于各国使用的度量衡不尽相同，因此，同一计量单位表示的实际数量有时会有很大差异。例如，以重量单位吨计量时，实行公制的国家一般采用公吨，每公吨为 1000 千克；实行英制的国家一般采用长吨，每长吨为 1016 千克；实行美制的国家一般采用短吨，每短吨为 907.2 千克。为便于开展国际贸易，1960 年召开的国际标准计量组织大会在公制基础上颁布了国际单位制。我国采用的是以国际单位制为基础的法定计量单位。《中华人民共和国计量法》规定："国际单位制计量单位和国家选定的其他计量单位，为国家法定计量单位。"在外贸实务中，一般应采用法定计量单位。

二、重量的计算方法

在国际贸易中，用重量来计量货物的数量的方法使用得很广泛，根据一般商业习惯，计算重量的方法通常有以下几种。

（一）按毛重（gross weight）计算

毛重是指商品本身的重量加皮重，即商品加包装物的重量。对货值较低的商品，一般以毛重作为商品的重量，即以毛重作为计算价格和支付货物的计量基础，这在国际贸易中被称为"以毛作净"（gross for net）。由于这种计重方法直接关系到价格的计算，因此在合同的数量条款和价格条款中均应注明"以毛作净"。

（二）按净重（net weight）计算

净重是指除去包装物后的商品本身的重量，即商品实际重量。净重是国际贸易中最常见的计算重量的方法。采用净重计重时，首先要计算出皮重（tare weight），然后用毛重扣除皮重，即为净重。计算皮重的方法通常有以下几种。

（1）按实际皮重（real tare or actual tare）计算。实际皮重是指包装物的实际重量，是对包装逐一过秤后所得的重量总和。

（2）按平均皮重（average tare）计算。从整批货物中抽出一定件数并称出其重量，然后求出每件包装的平均重量，再乘以总件数，就可得到整批货物的皮重。随着包装材料规格的标准化和技术的发展，此种做法日益普遍，通常也被称为标准皮重（standard weight）。

（3）按习惯皮重（customary tare）计算。对于一些包装规格化、标准化的商品，按公认的标准单件包装重量乘以商品的总件数计算即可得到皮重。

（4）按约定皮重（computed tare）计算。以双方事先商定的单件包装皮重乘以总件数，求得该批商品的总皮重，而不再实际过秤。

去除皮重的方法可根据商品性质、包装的特点以及商业习惯的不同由买卖双方事先约定并在合同中做出具体规定，以免事后引起不必要的争议。

（三）按公量（conditional weight）计算

对于少数经济价值较大而水分含量极不稳定的商品，如羊毛、生丝、棉花等，往往采用公量计算其重量，公量即用科学的方法抽出商品中的水分后再加上标准含水量所求得的重量。回潮率是指水分与干量之比，标准回潮率是指国际上公认的商品中的水分与干量之比。国际上公认的羊毛、生丝的标准回潮率为 11%。其计算公式为

$$回潮率 = \frac{商品所含水分}{干量} \times 100\%$$

$$公量 = 干量 + 标准含水量 = \frac{实际重量 \times (1 + 标准回潮率)}{1 + 实际回潮率}$$

（四）按理论重量（theoretical weight）计算

理论重量适用于某些规格和尺寸固定的商品，如马口铁、钢板等，因其尺寸、规格一致，重量也大致相等，根据商品件数即可计算出其总重量。

（五）按法定重量（legal weight）和净净重（net net weight）计算

法定重量是指商品重量加上直接接触商品的包装材料，如内包装等的重量，而除去这部分内包装的重量及其他包含杂物的重量则是净净重。根据一些国家的海关法律，法定重量和净净重主要是作为海关征税的基础。

按照国际贸易惯例，如果在合同中没有约定商品重量是毛重还是净重，则以净重作为商品的重量。

三、数量条款的规定

国际货物买卖合同中应明确规定商品的具体买卖数量以及使用的计量单位。

（一）数量条款应明确、具体

为了避免买卖双方日后产生争议，合同中的数量条款应当完整、准确，保证双方对计量单位的实际含义理解一致，要注意换算计量单位时的准确性，以保证实际交货数量和合同数量一致。对于按照重量计量的大宗商品，一般要明确是按毛重计量还是净重计量，如按毛重，应注明"以毛作净"，如未特别注明，则按净重计算，此时应该进一步明确计算包装重量的方法。如果合同中的成交数量是包、桶、盒等，应进一步明确每包、每桶、每盒内的净重或件数。对于原油、樟脑等会在运输途中挥发而使重量减轻的商品以及像石灰等由于吸入水分而使重量增加的商品，合同中应规定商品重量的计量是按照运出重量还是按照运入重量。

（二）合理规定数量机动幅度

在实际业务中，许多商品受本身特征、包装条件、生产、运输等条件限制，在交货时不易精确计算数量，如散装谷物、钢材、矿砂以及一般的工业制成品等。为了避免实际履约过程中的一些纠纷，通常应在合同中订立数量机动幅度条款，允许卖方交货量在一定范围内灵活掌握，即所谓的溢短装条款（more or less clause），也称为增减条款（plus or minus clause）。在合同中订立溢短装条款时，要注意以下事项。

1. 关于溢短装幅度的规定

一般以百分比表示溢短装幅度，其大小应视商品特性、行业或贸易习惯及运输方式等因素而定。例如，5000 公吨大米，卖方可溢装或短装 3%，按此规定，卖方实际交货数量如果在 4850 公吨到 5150 公吨，买方不得提出异议。

有时，由于具体业务的需要，也可以使用"约"（about、approximate）量条款来表示溢短装幅度。根据《跟单信用证统一惯例》（*Uniform Customs and Practice for Documentary Credits*，UCP600，国际商会第 600 号出版物）第三十条 a 款规定："信用证金额、数量及单价的增减幅度：凡'约''近似''大约'或类似意义的词语用于涉及信用证金额或信用证规定的数量或单价，应解释为允许有关金额、数量或单价可有 10%的增减。"也就是说，"约"有 10%的含义。但因其含义在各国或各行业中有不同的解释，容易引起纠纷。在实际使用时，双方应事先对"约"取得一致的理解。另外，根据《跟单信用证统一惯例》第三十条 b 款规定："在信用证未以包装单位件数或货物自身件数的方式规定货物数量时，货物数量允许有 5%的增减幅度，只要总支取金额不超过信用证金额。"在实际业务中，这些也应当引起重视。

【思考】

上海某公司对中东某海湾国家出口电扇 1000 台，国外来证规定不允许分批装运。但在出口装船时发现有 40 台风扇的包装破裂，有的风罩变形，有的开关按钮脱落，临时更换已来不及，为保证质量起见，发货人员认为根据 UCP600 规定，即使不准分批装运，在数量上也可有 5%的伸缩。如少装 40 台并未超过 5%，结果实装 960 台。当持单到银行议付时，银行拒绝付款。为什么？

2. 关于溢短装选择权的规定

合同中规定有溢短装条款，具体伸缩量的掌握大都是卖方决定，有时由买方派船装运，如在 FOB 条件下由买方负责租船订舱，可能在合同中规定由买方决定。租船运输时，为了充分利用船舱容积，也可以在买卖合同中规定由承运人决定伸缩幅度。

例 13-8

中国大米 10 000 公吨，5%增减由卖方决定。

Chinese Rice 10 000 MT, 5% more or less at sell's option.

例 13-9

美葵 1000 公吨，以毛作净，卖方可溢短装 5%，增减部分按合同价计算。

American Sunflower Seeds 1000 MT gross for net, 5% more or less at sell's option at contract price.

【思考】

上海某粮油进出口公司向拉美某公司购买 12 000 吨小麦，合同规定在数量上可溢短装 5%，由卖方选择，由我方派船接货。而在装货时，国际市场上的小麦价格大幅上扬，卖方因此少装 600 吨（5%），造成空舱，给我方带来损失。

请问该种损失是否可以避免？

3. 关于溢短装部分的计价方法

对于市场价格比较稳定的商品，在数量机动幅度范围内的多装或少装部分，一般都按合同价格结算货款，多交多收，少交少收。但对于那些交货时市场价格会有较大涨落变化的商品，为了防止拥有数量增减选择权的一方当事人利用数量机动幅度，根据市场价格变化，价格上涨时少装，价格下跌时多装，以获取额外收益，买卖双方可在合同中规定对溢短装部分的货物按装运日价格或到货日某指定市场价计算。

4. 条款的有关国际惯例

《跟单信用证统一惯例》（国际商会第 600 号出版物）第三十条 c 款明确规定："如果信用证规定了货物数量，而该数量已全部发运及如果信用证规定了单价，而该单价又未降低或当第三十条 b 款不适用时，则即使不允许部分装运，也允许支取的金额有 5% 的减幅。若信用证规定有特定的增减幅度或使用第三十条 a 款提到的用语限定数量，则该减幅不适用。"因此，在国际贸易中，一定要注意对有关国际惯例的理解和使用，以免造成不必要的损失。

第三节　商品的包装

国际贸易货物要经过运输、存仓、报关、检验等许多环节，要经过多次的搬运、装卸。现在，越来越多的大宗颗粒状或液态商品，如粮食、水泥、石油等，都采用散装（cargo in bulk）方式，即直接装入运输工具内运送，配合机械化装卸作业。还有一类可以自行成件的商品，如车辆、钢材、木材等，在运输工程中，只需加以捆扎，这种商品包装称为裸装。绝大多数商品在运输过程中都需要适当的包装，包装不仅具有重要的保护商品的作用，能减少储存、运输等环节的货损，而且能美化和宣传商品，提高商品的价值，方便消费，促进销售，增加利润。

在国际货物买卖合同中，包装是说明货物的重要组成部分，包装条件是买卖合同中的一项主要交易条件。《联合国国际货物销售合同公约》第三十五条（1）款明确规定："卖方按照合同规定的方式装箱或包装。否则，构成违约行为。"因此，交易双方应在买卖合同中对包装做出明确和具体的规定。

一、包装的种类

根据包装在流通过程中的作用不同，可将其分为运输包装和销售包装两类。

（一）运输包装

运输包装（transport packing）又称大包装或外包装（outer packing），是指将货物装入特定容器或以特定方式成件或成箱地包装。运输包装的作用在于保护货物在长时间、远距离的运输过程中不被损坏或消失，方便货物的搬运与储存等。运输包装的主要要求是坚固耐用、便于运输、满足保护商品品质安全和数量完整的需要。例如，运输包装一般应该能够防震、防锈、防潮等，还需符合运输工具、装卸工具、方便仓储等的要求。

1. 运输包装的种类

为了适应商品运输、装卸过程中的不同要求，运输包装按其集合程度可分为单件运输包装和集合运输包装两种方式。

（1）单件运输包装。单件运输包装是指货物在运输过程中作为一个计件单位的包装。常用的包装有箱（case，主要用于包装不能紧压的货物）；包（bale，用于包装可以紧压的货物）；袋（bag，主要用于包装粉状、颗粒状和块状的农产品及化学原料等货物）；桶（drum，多用于包装液体、半液体以及粉状、粒状等货物）。此外，还有瓶（bottle）、卷（rolls）、罐（can）、坛（carboy）和篓（basket）等。对于单件包装的不同规格和要求，应在合同中规定清楚。

（2）集合运输包装。在单件包装的基础上，将一定数量的单件包装组合成一件大的包装或装入一个大的包装容器内，以适应机械化作业的要求即集合运输包装，又称成组化运输包装。这种运输包装具有能更有效地保护商品、提高装卸效率和节省运输费用的特点。常见的方式有集装包、托盘和集装箱 3 种方式。

① 集装包（flexible container），又称集装袋，它是一种用塑料重叠丝纺织成的柔软的、可折叠的圆形大口袋或方形大包，其结构简单、装载量大（容量一般为 1～4 公吨，最高可达 13 公吨左右）、使用方便、对货物形状的适应性强、利于周转和回收利用、费用较低，适于装运矿砂和其他粉末或粒状商品。

② 托盘（pallet），又称集装盘，是指用木材或金属做成的一块平托板，上面推放货物并用箱板纸、塑料薄膜和金属绳索加以固定，组合成一个整体包装。托盘下面有插口，能够被叉车叉起。根据国际惯例，运输中对托盘本身不计运费且每一块托盘装货后重量不能超过 2200 千克、不得低于 500 千克或体积不得小于 1 立方米。国际标准化组织推荐的托盘规格有五种：800mm×1200mm；1000mm×1200mm；1200mm×1600mm；1200mm×1800mm；800mm×1000mm。托盘既能起到搬运工具的底板作用，又起到集合包装的作用，是国内外工业制成品经常采用的包装形式，形状不规则的大型机械设备最适合用此种包装。托盘具有保护商品、减少货损、便于运输和装卸、节省包装材料、简化包装手续、推动包装标准化等优点。

③ 集装箱（container），是指用钢板、不锈钢板或铝合金制造的，具有固定尺寸规格和足够承载能力，能周转使用，可装一定数量单件包装的专用包装容器，其外形像一个箱子，可将货物集中装入箱内，故它又被称为货柜或货箱。集装箱的种类很多，有干货集装箱、罐式集装箱、冷藏集装箱、框架集装箱、挂式集装箱等。由于其结实坚固，能更好地保护商品且有利于机械化操作、装卸快，从而缩短了货物的流通时间，因此其发展速度异常迅猛。目前，国际上通用的集装箱规格有 TEU（twenty-foot equivalent unit，20 英尺集装箱）和 FEU（forty-foot equivalent unit，40 英尺集装箱）。目前，中美航线贸易大量使用 40 英尺集装箱。

2．运输包装标志

运输包装标志是指为了方便在货物运输、装卸及储存保管中识别货物和防止损坏而在商品外包装上刷写的标志。按其用途不同，可分为运输标志、指示性标志和警告性标志三种。

（1）运输标志（shipping mark）。运输标志，俗称"唛头"，是指在运输包装上书写、压印、刷制的简单图形、文字和符号，其目的在于方便在装卸、运输、储存过程中识别、点数，防止错发错运。标准化运输标志包括以下四项内容。

① 收货人代号。收货人名称的英文缩写或简称。

② 参考号，如订单号、发票号或运单号。

③ 目的港或目的地的名称，如需经某港口或转运地，必须注明转运地名称，如"经××港转运"（VIA××）。

④ 件号、批号，是指同批每件货物的顺序号和总件数。

以上每项不超过 17 个字母。此外，有的运输标志还包括原产地、合同号、许可证号、体积与重量等内容。

运输标志的式样如下：

ABC CO.……收货人代号

SC1234……参考号

NEW YORK……目的地

NO.1-100……件号、批号

运输标志在国际贸易中还有其特殊的作用。按照有关规定，在商品特定化以前，风险不转移到买方承担，而最有效的商品特定化方式就是在商品的外包装上刷上运输标志。此外，国际贸易凭单付款时，主要的单据如发票、提单、保单上都必须标明运输标志。采用集装箱运输时，可以以集装箱号码和封印号码代替运输标志。

（2）指示性标志（indicative mark）。指示性标志是操作注意标志，它是根据商品的特性在包装上以简单、醒目的图形和文字做出指示标志，以使有关人员在装卸、运输和保管过程中注意。

国际标准化组织、国际航空运输协会、国际铁路货运会议及我国国家技术监督局都公布了指示性标志的图案。表 13-1 是指示性标志的一些参考图标。

表 13-1 指示性标志

标 志 名 称	标 志 图 形	使 用 说 明	标 志 名 称	标 志 图 形	使 用 说 明
小心轻放	小心轻放	用于碰震易碎、需轻拿轻放的运输包装件	怕湿	怕湿	用于怕湿的运输包装件
禁用手钩	禁用手钩	用于不得使用手钩搬动的运输包装件	重心点	重心点	用于指示运输包装件重心所在处
向上	向上	用于指示不得倾倒、倒置的运输包装件	禁止翻滚	禁止翻滚	用于不得滚动搬运的运输包装件
怕热	怕热	用于怕热的运输包装件	堆码重量极限	最大…公斤 堆码重量极限	用于指示允许最大堆码重量的运输包装件

续表

标志名称	标志图形	使用说明	标志名称	标志图形	使用说明
远离放射源及热源	远离放射源及热源	用于指示必须远离放射源及热源的运输包装件	堆码层数极限	堆码层数极限	用于指示允许最大堆码层数的运输包装件。图中N为实际堆码层数
由此吊起	由此吊起	用于指示吊运运输包装件时放链条和绳索的位置	温度极限	温度极限	用于指示需要控制温度的运输包装件

（3）警告性标志（warning mark）。警告性标志又称危险品标志，是指在危险货物包装上刷写或粘贴的表示危险性质和等级的标志，使流转过程中的工作人员注意并提高警惕，如有毒（poison）、爆炸物（explosive）、易燃物（inflammable）。对于危险货物的包装、运输、储存，各国政府都有专门的特殊管理规定，进出口商应严格遵照执行。我国国家标准规定的危险货物包装警告性标志如图13-1所示。

图 13-1　警告性标志

（二）销售包装

销售包装（selling packing）又称小包装或内包装（inner packing），是在商品制造出来以后用适当的材料或容器所进行的初次包装。销售包装的作用主要有两点：一是保护商品；二是美化、宣传商品，便于消费者识别、选购、携带及使用以及促进销售。具有艺术魅力的销售包装需要精心的设计，给消费者一种美的享受。对于销售包装的设计和制作，要注意满足以下要求：第一，便于陈列展售，以吸引消费者选购；第二，便于消费者识别商品；第三，便于消费者携带和使用；第四，要具有独特的艺术特点，既能吸引消费者，又能扩大销路和提高售价；第五，要符合进口国政府对标签的规定及当地居民的风俗习惯，避免使用当地居民所忌讳的色彩、图案等。

1. 销售包装的分类

随着国际市场竞争的日益加剧，生产厂商和销售商越来越注重商品销售包装。根据商品的特征和形状，可设计不同种类的销售包装，主要有：便于陈列展销的堆叠式、挂吊式和展开式包装；便于携带使用的携带式包装、礼品包装、易开包装、喷雾包装、配套包装以及一次性包装等；便于保存商品的真空包装等。

2. 销售包装的装潢和文字说明

在销售包装上一般都附有装潢画面和文字说明，装潢画面要求大方美观、富于艺术吸引力，同时还应适应进口国或销售地区的民族习惯和爱好，以利于出口。文字说明要同装潢画面紧密结合、和谐统一，以达到宣传、促销的目的，同时文字表达应力求简明扼要，必要时可使用多种语言。另外，在使用文字说明或制作标签时，还应注意有关国家的标签管理条例的规定。

目前，许多国家的超市都使用条形码技术进行自动扫描结算，从而使条形码成为商品销售包装的一个组成部分。条形码是一种产品代码，它是由一组带有数字的粗细间隔不等的黑白平行线条纹组成的标记，是利用光电扫描阅读设备的计算机输入数据的特殊代码语言，如图13-2所示。

图13-2 条形码示例

20世纪70年代初，美国首先将条形码用于食品零售杂货类商品，此后许多国家都开始在内包装上使用。只要将条形码对准光电扫描器，计算机就能自动识别条形码信息，确定品名、品种、数量、生产日期、制造厂商、产地等并据此在数据库中查询单价，进行货款结算。这样既方便了顾客，也提高了结算效率。

国际上通用的条形码主要有两种：一种是美国统一代码委员会编制的UPC码（universal product code），另一种是由欧洲十二国成立的欧洲物品编码协会（后改名为国际物品编码协会）编制的EAN码（european article number）。EAN码由12位数字的产品代码和1位校验码组成，前3位为国别码，中间4位数字为厂商号，后5位数字为产品代码。我国于1988年12月建立中国物品编码中心，其于1991年4月代表中国加入国际物品编码协会并统一组织、协调、管理我国的条形码工作。国际物品编码协会分配给我国的国别码为690、691、692和693。此外，我国书籍代码为978、杂志代码为977。凡标有上述国别号条形码的，即表示是中国生产的商品。

（三）中性包装

所谓中性包装（neutral packing），是指在出口商品和其内、外包装上不标明生产国别、地名、生产厂商的包装，即在出口商品包装的内、外都没有原产地和出口厂商的标记。中性包装可分为无牌中性包装和定牌中性包装。前者是指在商品和包装上不注明生产国别，也不使用任何商标或牌名的包装；后者是指在商品和包装上不注明生产国别，但使用买方指定的商标或牌名的包装。

采用中性包装是国际贸易中的习惯做法，其目的是打破某些进口国家或地区的关税和非关税壁垒以及适应交易的特殊需要，如转口贸易等。同时，采用中性包装也是出口国厂商加强对外竞销和扩大出口的一种手段。在实际业务中，要注意区分中性包装中的定牌中性和无牌中性与一般意义上的定牌和无牌。定牌是指卖方按买方要求在其出售的商品或包装上标明买方指定的商标或牌名。目前，许多国家的超级市场、大百货公司和专业商店对其经营出售的商品，都在商品或包装上标记其使用的商标或品牌，以扩大其知名度和显示商品的价值。而作为出口商，有时为了利用买方的经营能力及其商业信誉或牌号以扩大销路，也愿意接受定牌生产。无牌是指对于一些需要进一步加工的半制成品，买方往往要求卖方在装运出口时不使用任何商标或牌名，主要是为了降低成本费用。在采用定牌或无牌商品的包装时，通常必须注明生产国别或地区，在我国的出口贸易中，应注明"中国制造"字样。

现在，世界上大多数国家对进口商品都规定了必须在内、外包装上标明产地，甚至在商品上标明产地。因此，在国际贸易中采用中性包装的交易越来越少。

> **【思考】**
>
> 某外商欲购我国某品牌自行车，但要求改用"ABC"牌商标，并在包装上不得注明"made in China"字样。请问：中方公司是否可以接受？为什么？

二、包装条款的规定

包装条款一般包括包装材料、包装方式、包装标志、包装费用等内容。为了使买卖双方更好地履行合同，在订立包装条款时要注意以下问题。

（一）关于包装材料和包装方式的规定

包装材料和包装方式的选择首先要考虑商品的性能和特点，如水泥怕潮、玻璃制品易碎、流体货物易渗漏和流失等；其次要考虑商品所采取的运输方式，如海运包装要求牢固并具有防止挤压和碰撞的能力，铁路运输包装要求不怕震动，航空运输包装则要求轻便。

包装条款通常有两种规定方法：一种是做出具体规定，如"木箱装，每箱 30 匹，每匹 40 米"；另一种是使用含义笼统的术语，如"适用海运包装""卖方惯常方式"等，但对这种术语没有统一的解释，容易产生争议，所以不宜采用。此外，有些包装要注意选择填充材料，如美国、日本、加拿大等国规定禁止用稻草、生丝、报纸、干草等做填充材料，英国严格限制玻璃、陶瓷之类的进口包装。

例 13-10

每一罗乙烯袋装一件，然后装入纸盒，50 纸盒装一纸箱，两纸箱装一木箱。

One gross to a poly bag, covered with paper box, 50 paper boxes to an inner carton, 2 inner cartons to a wooden case.

（二）关于包装标志的规定

关于商品包装上的识别标志、指示标志、危险货物标志以及条形码标志等，一般在买卖合同中无须规定，而由卖方在对货物进行包装时根据实际情况决定。按照国际贸易惯例，运输标志一般也由卖方决定，但若买方要求由其决定，应在合同中具体规定清楚，如果订约时不能决定，则应规定买方提交唛头式样的最迟期限，若超过此期限，卖方没有收到买方通知，则由卖方自行选定运输标志并通知买方。

（三）关于包装费用的规定

包装费用一般包括在货价之内，不另计收，但如买方要求采用特殊包装，也可以采用包装费用单列的方法并在合同中具体规定由谁负担费用、采用哪种支付方式。

如果经双方商定，由买方提供全部或部分包装材料，则应在合同中规定包装材料最迟到达卖方的时间，以及如果包装材料不能及时到达而导致交货延迟时双方的责任。

在实际业务中，应该在买卖合同中明确规定包装费用由何方负担。

例 13-11

涤纶袋包装，50 磅装一袋，4 袋装一木箱。木箱用金属做衬里。包装费用由买方承担。

To be packed in poly bags, 50 pounds in a bag, 4 bags in a wooden case. which is lined with metal. The cost of packing is for the buyer's account.

（四）关于包装数量规格的要求

在进出口业务中，出口人在发货时应严格按照合同规定的包装规格装箱发运，否则会给合同的履行带来许多麻烦。例如，我国某外贸公司在某一次出口业务中，合同规定出口冷冻鸭、罐头，纸箱装，每箱 48 听，共 100 箱，但在实际发货时，却为 60 听，共 80 箱，虽然货物总量是一致的，但该公司在向议付行交单议付时遭到银行拒付，其根本原因是没有严格按照合同规定数量规格要求执行合同。

📖 本章小结

本章主要介绍国际货物买卖合同中标的名称、质量、数量和包装条款。在国际贸易中，买卖双方所交易的每种商品都有具体的商品名称及其品质标准。商品品质可以以实物样品或文字说明来表示，在订立品质条款时，要选择合适的表示品质的方法，要注意订立品质机动幅度和品质公差。商品的数量是买卖合同的基本条款，主要了解重量的计算方法和数量机动幅度条款。包装不仅能保护商品，而且能美化和宣传商品，起到促进销售的作用，因而，包装条款也是合同中一项不可忽视的内容，主要应掌握运输包装和销售包装、运输包装标志，中性包装以及包装条款等内容。

在实际业务中，只有正确处理好有关商品的质量、数量和包装条款以及后面章节介绍的一系列条款，熟悉国际贸易的有关法律、法规、条例、惯例，才能够更好地促进国际贸易的发展。

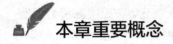

本章重要概念

品质	运输包装	国际单位制	样品
规格	中性包装	品质机动幅度	等级
毛重	以毛作净	数量机动幅度	净重
销售包装	运输标志	溢短装条款	标准

思考题

1. 国际货物买卖合同中表示商品品质的方法有哪些？
2. 在"凭卖方样品买卖"或"凭买方样品买卖"时应注意哪些问题？
3. 品质条款中的品质机动幅度有哪几种规定方式？
4. 何谓"以毛作净"？什么商品通常采用以毛作净？
5. 什么是溢短装条款？在具体装运时，溢装或短装究竟由谁来决定？溢装或短装部分的货物价格应如何确定？
6. 在国际贸易中，如买卖双方在合同中未明确规定以何种计重方法计价，应按何种重量计价？
7. 什么是运输标志？它一般由哪些内容组成？运输标志有何作用？
8. 什么是中性包装？在国际贸易中使用中性包装应注意什么问题？
9. 我国某公司出口一种化工原料，共 500 公吨，合同与来函均规定为麻袋装。该公司在装船时发现麻袋装的货物只够 480 公吨，剩下 20 公吨便以塑料袋包装。这样做有无问题？应该怎样做？
10. 我国某出口公司向西欧某公司出口某商品一批，成交前，该公司曾向买方寄过样品，合同中又规定水分最高为 15%，杂质不得超过 3%。货物到后，买方出具了货物的质量检验证明，货物的质量比样品低 7%，水分为 14%，杂质为 2.5%，并据此要求赔偿 600 英镑的损失。该公司是否应该理赔？

学生课后参考阅读文献

[1] 黎孝先，邱年祝．国际贸易实务[M]．北京：中国人民大学出版社，2000．

[2] 吴百福．进出口贸易实务教程[M]．4 版．上海：上海人民出版社，2003．

[3] 彭福永．国际贸易实务教程[M]．3 版．上海：上海财经大学出版社，2004．

[4] 韩常青．新编进出口贸易实务[M]．北京：电子工业出版社，2005．

[5] 吴国新，毛小明．国际贸易实务[M]．3 版．北京：清华大学出版社，2019．

第十四章　国际贸易术语及价格条款

学习目的和要求

　　通过本章的学习，掌握贸易术语的种类和每种贸易术语下的买卖双方责任、费用和风险划分的界限等，同时还要了解有关贸易术语方面的国际贸易惯例以及几种常用贸易术语在使用中应注意的问题。

开篇案例：采用 CIF 贸易术语没有办理保险是谁之过

【案情】

　　上海某外贸公司与新加坡某公司按 CIF 条件签订了一笔初级产品的交易合同。在合同规定的装运期内，卖方备妥了货物，安排好了从装运港到目的港的运输事项。在装船时，卖方考虑到从装运港到目的港的距离较近且风平浪静，不会发生什么意外，因此没有办理海运货物保险。实际上，货物也安全、及时地抵达了目的港，但卖方所提交的单据中缺少了保险单，买方因市场行情发生了对自己不利的变化，就以卖方所交的单据不全为由拒收货物、拒付货款。

【讨论】

　　买方的做法是否合理？此案应如何处理？

【分析】

　　按上述情况，买方的做法是合理的。因为按 CIF 贸易术语成交时，根据惯例，卖方的基本义务是按时在指定的装运港口把货物装上船并及时通知买方；办理从装运港到目的港的货物运输手续并支付运费；办理保险，支付保险费并提交保险单。CIF 合同属于象征性交货方式，即卖方凭合格的单据交货，买方根据卖方提交的合格单据付款。

　　在本案中，卖方在交货时并没有办理保险，因而提交的单据中缺少了保险单，按 CIF 贸易术语的解释，即使货物安全抵达目的港，也不能认为卖方完成了交货义务，因为其提交的单据不齐全。尽管买方的实际动机是由于市场行情发生了对其不利的变化，但由于其抓住了卖方的把柄，使自己处于有利的地位，因此本案对卖方非常不利。

　　学习和掌握国际贸易中的有关贸易术语及有关国际惯例对于确定价格和明确买卖双方各自承担的风险、责任和费用有着非常重要的意义。

第一节　贸易术语与国际贸易惯例

一般来说，国际贸易的买卖双方分处两个不同的国家，远隔重洋，在卖方交货和买方接货的过程中会涉及许多问题。例如，在何地办理货物交接？由谁租船订舱，办理货物运输、保险和申领进口许可证？由谁支付上述责任下所产生的费用及其他开支，如运费、保险费、装卸费等？由谁承担货物在运输途中的货损、货差和灭失？上述风险在何时何地转移？

如果对每笔交易，买卖双方都要就上述费用、风险和责任等问题进行反复磋商并将结果写进合同，势必耗费大量的时间和费用，影响交易的达成，也会使合同的篇幅巨大，最终会降低国际贸易的效率。经过长期的国际贸易实践，逐渐形成了各种不同的贸易术语。通过使用贸易术语，就可解决上述问题，方便和促进交易的达成。

一、贸易术语与国际贸易惯例概述

（一）贸易术语的含义

贸易术语（trade terms）又称贸易条件、价格条件，是进出口商品价格的一个重要组成部分，它是用一个简短的语句（如 free on board）或英文缩写（如 FOB），来表示商品的价格构成，说明买卖双方责任、费用和风险划分等内容。贸易术语是在国际贸易的长期实践中形成的，使用贸易术语可以简化交易磋商的内容，缩短成交的过程，节省业务费用，有利于交易的达成和贸易的发展。

在国际贸易中采用某种专门的贸易术语主要是为了说明买卖双方在交接货物方面各自承担的责任、费用和风险的划分。例如，按 FOB 条件成交和按 CFR 条件成交，由于交货条件不同，买卖双方各自承担的责任、费用和风险就有很大区别。同时，贸易术语也可用来表示成交商品的价格构成，特别是货价中所包含的从属费用。如按 FOB 价成交与按 CFR 价成交，由于其价格构成因素不同，因此成交价应有区别。具体地说，FOB 价不包括从装运港到目的港的运费，而 CFR 价则包括从装运港到目的港的通常运费，故买卖双方确定成交价格时，FOB 价应比 CFR 价低。

不同的贸易术语表明买卖双方各自承担不同的责任、费用和风险，而责任、费用和风险的大小又影响成交商品的价格。一般来说，凡使用出口国国内交货的贸易术语，如工厂交货（EXW），卖方承担的责任、费用和风险都比较小，所以商品的售价就低；反之，凡使用进口国国内交货的贸易术语，如完税后交货（DDP），卖方承担的责任、费用和风险则比较大，这些因素必然要反映到成交商品的价格上。因此，在进口国国内交货的价格通常要比在出口国国内交货的价格高，有时甚至高出很多。

由此可见，贸易术语具有双重含义，即一方面表示交货条件，另一方面表示成交价格的构成因素，这两者是紧密相关的。

（二）贸易术语的作用

贸易术语在国际贸易中的作用有以下几个方面。

1．有利于买卖双方洽商交易和订立合同

由于每种贸易术语都有其特定的含义，因此买卖双方只要商定按何种贸易术语成交，即可明确彼此在交接货物方面所应承担的责任、费用和风险，这样就能简化交易手续，缩短洽商交易的时间，从而有利于买卖双方迅速达成交易和订立买卖合同。

2．有利于买卖双方核算价格和成本

由于贸易术语表示价格构成因素，因此，买卖双方确定成交价格时必然要考虑采用的贸易术语中包含哪些从属费用，如运费、装卸费、保险费和其他费用等，而贸易术语有利于买卖双方进行比价和加强成本核算。

3．有利于买卖双方解决履约中的争议

如买卖双方商定合同时对合同条款的考虑欠周全，使某些事项规定不明确或不完备，致使履约当中产生的争议不能依据合同的规定解决，可以援引有关贸易术语的一般解释来处理。因为贸易术语的一般解释已成为国际惯例并被贸易界和法律界的人士所理解和接受，它是大家所遵循的一种类似行为规范的准则。

（三）国际贸易惯例的性质和特点

贸易术语在国际贸易中的运用可以追溯到一百多年前，但是在相当长的时间内，国际上并没有形成对各种贸易术语的统一解释。为了解决这一问题，国际商会、国际法协会等国际组织以及美国一些著名商业团体经过长期的努力，分别制定了解释国际贸易术语的规则，这些规则在国际上被广泛采用，因而形成一般的国际贸易惯例。可见，国际贸易惯例源自在长期的国际贸易实践中形成并被广泛采用的习惯做法，这种习惯做法如经国际组织加以编纂与解释就成为国际贸易惯例。

国际贸易惯例的适用是以当事人的意思自治为基础的，因为惯例本身不是法律，它对贸易双方不具有强制性，故买卖双方有权在合同中做出与某项惯例不符的规定。但是，国际贸易惯例对贸易实践仍具有重要的指导作用。这一方面体现在，如果双方都同意采用某种惯例来约束一项交易并在合同中做出明确规定，那么这项约定的惯例就具有了强制性；另一方面，如果双方对某一问题没有做出明确规定，也未注明双方间合同适用某项惯例，在合同执行过程中如发生争议，受理该争议案的司法和仲裁机构也往往会引用某一国际贸易惯例进行判决或裁决。因此，国际贸易惯例虽然不具有强制性，但它对国际贸易实践的指导作用不容忽视。

在我国的对外贸易中，在平等互利的前提下适当采用国际惯例有利于外贸业务的开展，而且通过学习掌握有关国际贸易惯例的知识可以避免或减少贸易争端。即使在发生争议时，也可以引用某项惯例争取有利地位，减少不必要的损失。

二、有关贸易术语的国际惯例

目前，在国际上有较大影响的有关国际贸易术语的惯例主要有以下三个。

（一）《1932 年华沙-牛津规则》

《1932 年华沙-牛津规则》（*Warsaw-Oxford Rules* 1932，W. O. Rules 1932）是专门为解释 CIF 合同而制定的，是由国际法协会制定的。该协会于 1928 年在华沙举行会议，制定了有关 CIF 买卖合同的统一规则，共 22 条，称为《1928 年华沙规则》，后经 1930 年纽约会议、1931 年巴黎会议和 1932 年牛津会议修订，定名为《1932 年华沙-牛津规则》，共 21 条。该规则主要说明 CIF 买卖合同的性质和特点，并且具体规定了 CIF 合同中买卖双方所承担的费用、责任与风险。适用该规则的前提是必须在买卖合同中明确表示采用此规则。虽然这一规则现在仍得到国际上的承认，但实际上已很少被采用。

（二）《1941 年美国对外贸易定义修订本》

1919 年美国九大商业团体共同制定了《美国出口报价及其缩写条例》，随后即得到世界各国买卖双方的广泛承认和使用。但自该条例出版以后，贸易习惯已有很大变化，因而在 1940 年举行的第 27 届美国全国对外贸易会议上，与会人员强烈要求对它做进一步修订。1941 年 7 月 30 日，美国商会、美国进出口协会及美国对外贸易协会所组成的联合委员会通过了《1941 年美国对外贸易定义修订本》（*Revised American Foreign Trade Definitions* 1941），该修订本主要对以下六种术语做了解释。

1．EX（point of origin）——原产地交货

按此术语，所报价格仅适用于原产地交货，卖方同意在规定日期或期限内在双方商定的地点将货物置于买方控制之下。

2．FOB（free on board）——在运输工具上交货

此术语又分为以下六种解释。

（1）FOB（named inland carrier at named inland point of departure），"在指定内陆发货地点的指定内陆运输工具上交货"。

（2）FOB（named inland carrier at named inland point of departure）freight paid to（named point of exportation），"在指定内陆发货地点的指定内陆运输工具上交货，运费付到指定的出口地点"。

（3）FOB（named inland carrier at named inland point of departure）freight allowed to（named point），"在指定的内陆发货地点的指定内陆运输工具上交货，减除至指定的出口地点的运费"。

（4）FOB（named inland carrier at named point of exportation），"在指定出口地点的指定内陆运输工具上交货"。

（5）FOB Vessel（named port of shipment），"在指定装运港船上交货"。

（6）FOB（named inland point in country of importation），"在进口国指定内陆地点交货"。

3．FAS（free along side）——在运输工具旁交货

FAS 是指卖方所报价格包括将货物交到各种运输工具旁边的运输费用，如果在 FAS 后面加上 Vessel 字样，则表示船边交货。

4．C&F（cost and freight）——成本加运费

卖方所报价格包括将货物运到指定目的地的运输费用在内。

5．CIF（cost，insurance and freight）——成本加保险费、运费

卖方所报价格包括货物的成本、海洋运输保险费和将货物运到指定目的地的一切运输费用。

6．EX Dock（named port of importation）——目的港码头交货

按此术语，卖方所报价格包括货物的成本和将货物运到指定进口港的码头所需的全部费用并由卖方缴纳进口税。

以上定义主要适用于美洲国家或地区，定义的解释与其他惯例多有不同，因此使用以上定义或对该地区交易时要慎重，不要轻易使用相关贸易术语。

（三）《2020 年国际贸易术语解释通则》（*International Rules for the Interpretation of Trade Terms*，INCOTERMS 2020）

国际商会自 1921 年就开始了对国际贸易术语做统一解释的研究并于 1936 年提出了一套解释贸易术语的具有国际性的统一规则，定名为 INCOTERMS 1936（*International Commercial Terms* 1936），其副标题为 *International Rules for the Interpretation of Trade Terms*，故译作《1936 年国际贸易术语解释通则》。随后，国际商会为适应国际贸易实践的不断发展，于 1953 年、1967 年、1976 年、1980 年、1990 年、2000 年、2010 年对 INCOTERMS 做了多次修订和补充。国际商会为了适应国际贸易的最新发展和国际贸易实践领域发生的新变化，于 2016 年 9 月正式启动了对《2010 年国际贸易术语解释通则》的修订动议。通过与来自各国家和地区的法律、保险、银行、进出口商和海关等行业专家开展研讨，2018 年 10 月，国际商会商法与惯例委员会秋季会议审议并讨论通过了 INCOTERMS 2020 终稿。2019 年 9 月 10 日，国际商会正式向全球发布了 INCOTERMS 2020。该规则于 2020 年 1 月 1 日起生效。

《2020 年国际贸易术语解释通则》（以下简称《2020 年通则》）更加适应当代国际贸易的实践，不仅有利于国际贸易的发展和国际贸易法律的完善，而且起到了承上启下、继往开来的作用，标志着国际贸易惯例的最新发展。在销售合同中引用《2020 年通则》可以明确界定当事方各自的义务并减少引发法律纠纷的风险。

三、《2020 年通则》与《2010 年通则》的主要区别

《2020 年通则》力求做到清楚、确切地反映贸易实践，主要有以下特点。

（一）对所有条款内容顺序的调整

《2020 年通则》对所有十个 A/B 条款的内部顺序做了重大调整，其顺序如下。

A1/B1　　一般义务

A2/B2　　交货/提货

A3/B3　　风险转移

A4/B4　　运输

A5/B5	保险
A6/B6	交货/运输单据
A7/B7	出口/进口清关
A8/B8	查验/包装/标记
A9/B9	费用划分
A10/B10	通知

《2020年通则》将交货和风险放在更显著的位置，即卖方将货物"交付"给买方的时间和地点的不同点，而风险即在货物交付时间和地点转移给买方。

（二）对核实的集装箱总重（verified gross mass，VGM）的注释

2010年之后，国际贸易实践中有了一个特别的发展之处，即"核实的集装箱总重"问题。自2016年7月1日起，根据《国际海上人命安全公约》（*International Convention for Safety of Life at Sea*，简称SOLAS）第二条的规定，在集装箱运输的情况下，托运人负有义务，要么使用经过校准和认证的设备对已包装的集装箱进行称重，要么对集装箱的内容物进行称重，再加上空集装箱的重量。在两者中的任一情况下，承运人都应记录核实的集装箱总重（VGM）。如违反要求，根据《国际海上人命安全公约》的规定将受到制裁，即集装箱"不得装船"。

（三）已装船批注提单和FCA INCOTERMS

如货物以FCA术语销售，经由海运方式运输，卖方或买方可能需要已装船批注提单。然而，FCA术语下的交货在货物装船之前已经完成，无法确定卖方是否能够从承运人处获取已装船批注提单。根据运输合同，只有在货物实际装船后，承运人才可能有义务并有权签发已装船批注提单。为了满足这种情形，INCOTERMS 2020 FCA中的A6/B6提供了一个附加选项，即买方和卖方可以约定，买方将指示其承运人在货物装船后向卖方签发已装船批注提单，然后卖方有义务，通常通过银行，向买方提交该提单。

（四）有关费用的列出问题

INCOTERMS 2020中A9/B9列出了每一特定术语划分的所有费用，目的是向用户提供一站式费用清单，以便于卖方或买方可以在一个地方找到其在INCOTERMS特定术语下将负责的所有费用。

（五）CIF和CIP中保险险别的不同层级

INCOTERMS 2020在CIF规则和CIP规则中规定了不同的最低险别。CIF更可能用于海运大宗商品贸易，但维持《协会货物保险条款》条款（C）作为默示立场的现状，当然双方当事人仍旧可以自由商定较高的保险险别。在CIP术语中，卖方现在必须取得符合《协会货物保险条款》条款（A）的保险险别，尽管双方当事人仍可以自由商定较低的保险险别。

（六）在FCA、DAP、DPU、DDP中使用卖方或买方自己的运输工具安排运输

在INCOTERMS 2020中，考虑到在某些情况下，虽然货物要从卖方运往买方，但仍然

可以在根本不雇用任何第三方承运人的情况下进行运输。例如，在 FCA 术语下的采购，不能阻止买方使用自己的运输工具来收取货物并运往买方所在地。同样地，在 D 组术语下，卖方可不将运输外包给第三方而使用卖方自己的运输工具来安排运输。

（七）将 DAT 三个首字母缩写改为 DPU

将 DAT（delivered at terminal）的名称修改为 DPU（delivered at pace unloaded），强调了目的地可以是任何地方，而不仅仅是"运输终端"的现实。但是，如果目的地点不在运输终端，卖方应确保其打算交付货物的地点是能够卸货的地点。

第二节　适用于海运和内河水运的贸易术语

在国际贸易中，FAS、FOB、CFR、CIF 这四种贸易术语适用于海运和内河水运，其中，FOB、CFR 和 CIF 使用得最为广泛。因此，熟悉这几种主要贸易术语的含义、买卖双方的义务以及在使用中应注意的问题就显得特别重要。

一、FAS

FAS 是 free alongside ship 的缩写，中文名为船边交货。术语后跟指定装运港名称（…named port of shipment），该术语仅适用于海运或内河水运。

FAS（船边交货）是指当卖方在指定的装运港将货物按规定的期限交到买方指定的船边（如置于码头或驳船上）时，即为交货。买卖双方负担的风险和费用均以船边为界。如果买方所派的船只不能靠岸，卖方要负责使用驳船将货物运送至船边交货。买方必须承担自交货时起货物灭失或损坏的一切风险。

由于卖方承担在特定地点交货前的风险和费用，而且这些费用和相关作业费可能因各港口惯例不同而有所变化，特别建议双方尽可能清楚地订明指定的装运港内的装货点。

卖方要负责办理货物的出口清关手续并承担出口清关的费用，但卖方无义务办理进口清关、支付任何进口税或办理任何进口海关手续。

（一）买卖双方的责任和义务

采用 FAS 贸易术语时，卖方承担的责任和义务可概括为以下几点。

（1）必须在指定的装运港将货物置于买方指定的船舶旁边并及时给予买方充分的通知。

（2）自负风险并自付费用，负责取得出口许可证或其他官方批准的证件并负责办理货物出口所需的一切海关手续。

（3）承担完成交货前货物灭失或损坏的一切风险。

（4）提供符合买卖合同约定的货物和商业发票以及合同可能要求的其他与合同相符的证据。任何单证在双方约定或符合惯例的情况下，可以是同等作用的电子记录或程序。

买方承担的责任和义务可概括为以下几点。

（1）买方必须自付费用签订自指定装运港起运货物的运输合同并将船舶名称、装船点和其在约定期限内选择的交货时间向卖方发出充分的通知。

（2）自负风险并自付费用，取得进口许可证或其他官方批准的证件并负责办理货物进口所需的一切海关手续。

（3）负担卖方交货后货物灭失或损坏的一切风险。如由于买方指定的船舶未准时到达或未收取货物，则买方自约定交货日期或约定期届满之日起承担所有货物灭失或损坏的一切风险，但以该货物已清楚地确定为合同项下之货物者为限。

（4）根据买卖合同的约定收取货物，接受卖方提供的运输凭证和支付货款。

（二）按 FAS 条件订立合同时需注意的问题

1．查对费用和检验费用的相关规定

卖方必须支付为了交货所需要进行的查对费用（如查对质量、丈量、过磅、点数的费用）以及出口国有关机构强制进行的装运前检验所发生的费用。买方必须支付任何装运前必需的检验费用，但出口国有关机构强制进行的检验费用除外。

2．买卖双方协助提供信息及相关费用的规定

应买方要求并由其承担风险和费用，卖方必须及时向买方提供或协助其取得相关货物进口和/或将货物运输到最终目的地所需要的任何单证和信息，包括安全相关信息。应卖方要求并由其承担风险和费用，买方必须及时向卖方提供或协助其取得相关货物进口和/或将货物运输到最终目的地所需要的任何单证和信息，包括安全相关信息。

3．采用集装箱运输时交货地点的问题

当货物装在集装箱里时，卖方通常将货物在集装箱码头交给承运人，而非交到船边。这时，FAS 术语不适用，而应当使用 FCA 术语。

二、FOB

FOB 是 free on board，船上交货，术语后跟指定装运港（…named port of shipment），该术语仅用于海运或内河水运。

FOB 是指卖方以在指定装运港将货物装上买方指定的船上或通过取得已交付至船上货物的方式交货。货物灭失或损坏的风险在货物交到船上时转移，同时买方承担自那时起的一切费用。卖方与买方之间承担风险是以"货物交到船上为界"，即卖方承担货物装上船之前的风险，而买方承担货物装上船后的风险。FOB 可能不适用于货物在上船前已经交给承运人的情况，如用集装箱运输的货物通常是在集装箱码头交货。在此类情况下，应使用 FCA 术语。

（一）买卖双方的责任和义务

采用 FOB 贸易术语，其中卖方承担的责任和义务可概括为以下几点。

（1）必须在指定的装运港将货物置于买方指定的船上并及时给予买方充分的通知。

（2）自负风险并自付费用，取得出口许可证或其他官方批准的证件并负责办理货物出口所需的一切海关手续。

（3）承担完成交货前货物灭失或损坏的一切风险。

（4）提供符合买卖合同约定的货物和商业发票以及合同可能要求的其他与合同相符的证据。任何单证在双方约定或符合惯例的情况下，可以是同等作用的电子记录或程序。

买方承担的责任和义务可概括为以下几点。

（1）买方必须自付费用签订自指定装运港起运货物的运输合同并将船舶名称、装船点和需要时其在约定期限内选择的交货时间向卖方发出充分的通知。

（2）自负风险并自付费用，取得进口许可证或其他官方批准的证件并负责办理货物进口所需的一切海关手续。

（3）负担卖方交货后货物灭失或损坏的一切风险。如由于买方指定的船舶未准时到达或未收取货物，则买方自约定交货日期或约定期届满之日起承担所有货物灭失或损坏的一切风险，但以该货物已清楚地确定为合同项下之货物者为限。

（4）根据买卖合同的约定收取货物，接受卖方提供的运输凭证和支付货款。任何单证在双方约定或符合惯例的情况下，可以是同等作用的电子记录或程序。

（二）按 FOB 条件订立合同需注意的问题

1. "装船"的概念与风险划分的界限

"装船"是 FOB 合同划分风险的界限，国际上不同惯例对"装船"的解释不尽一致。《2010 年通则》规定：FOB 合同的卖方必须及时在装运港将货物"装上船"并负担货物在装运港装上船以前的一切风险，即当货物在装运港装上船后，卖方即履行了交货任务。卖方的交货点（point of delivery）是在"船上"，买方负担自该交货点起货物灭失或损坏的一切风险。在实际业务中，卖方应该根据合同规定或者双方确立的习惯做法负责把货物在装运港装到船上并提供清洁的已装船提单。

2. 船货衔接问题

在 FOB 合同中，由买方负责安排船只（租船或订舱），卖方负责装货，这就存在一个船货衔接的问题。如果船只如期到达指定的装运港，而卖方的货物却未能如期而至，买方则会因船只空舱等待而多支付空舱费；相反地，如果卖方如期将货物运到规定地点，准备装船，而买方安排的船只却没有如期到达，卖方只好将货物存放在港口的仓库里等待，这需要支付额外的仓储费，从而增加了卖方的成本。因此，在 FOB 合同中，买卖双方必须对船货衔接问题做出明确规定并在订约以后加强联系、密切配合，防止船货脱节。

按照国际惯例和有关法律的规定，对于按 FOB 术语成交的合同，买方应在安排好船只后及时通知卖方，以便卖方备货装船。如果买方未能按规定通知卖方或未能按时派船，这包括未经对方同意提前或延迟将船派到装运港的情况，卖方有权拒绝交货，由此产生的各种损失，如空舱费、滞期费及卖方增加的仓储费等均由买方负担，如果买方指派的船只按时到达装运港，而卖方却未能备妥货物，那么由此产生的上述费用则由卖方负担。

在按 FOB 术语订约的情况下，如成交数量不大，只需要部分舱位或用班轮装运，卖方可以接受买方委托，代买方办理各项装运手续，但这单纯属于代办性质，买方应负担卖方由于代办而产生的费用，若租不到船只或订不到舱位，风险也由买方负责。

3．查对费用和检验费用的相关规定

卖方必须支付为了交货所需要进行的查对费用（如查对质量、丈量、过磅、点数的费用），以及出口国有关机构强制进行的装运前检验所发生的费用。买方必须支付任何装运前必需的检验费用，但出口国有关机构强制进行的检验费用除外。

4．买卖双方协助提供信息及相关费用的规定

应买方要求并由其承担风险和费用，卖方必须及时向买方提供或协助其取得相关货物进口和/或将货物运输到最终目的地所需要的任何单证和信息，包括安全相关信息。应卖方要求并由其承担风险和费用，买方必须及时向卖方提供或协助其取得货物运输和出口及从他国过境运输所需的任何单证和信息，包括安全相关信息。

（三）《1941 年美国对外贸易定义修订本》对 FOB 贸易术语的特殊解释

《1941 年美国对外贸易定义修订本》将 FOB 术语分为六种，其中只有"指定装运港船上交货"（FOB Vessel…named port of shipment）与《2020 年通则》解释的 FOB 术语相近，二者的主要区别是：《1941 年美国对外贸易定义修订本》规定，FOB Vessel 的卖方只有在买方提出请求并由买方负担风险的情况下，才有义务协助买方取得由出口国签发的出口所需的证件和在目的地进口所需的证件，并且出口税以及其他捐税和费用也需要由买方负担，而《2020 年通则》则将此作为卖方的一项义务。

三、CFR

CFR 是 cost and freight 的缩写，即成本加运费，术语后跟指定目的港名称（…named port of destination），该术语仅用于海运或内河水运。

CFR 是指卖方在船上交货或以取得已经这样交付的货物方式交货。货物灭失或损坏的风险在货物交到船上时转移。卖方必须签订运输合同并支付必要的成本和运费，将货物运至指定目的港。CFR 可能不适用于货物在上船前已经交给承运人的情况，如用集装箱运输的货物通常是在集装箱码头交货，在此类情况下，应当使用 CPT 术语。

与 FOB 相比，CFR 术语的卖方承担了更大的责任和义务，即卖方要负责安排运输、支付运费。

（一）买卖双方的责任和义务

采用 CFR 贸易术语，卖方承担的责任和义务可概括为以下几点。

（1）卖方必须按照通常条件订立运输合同、支付运费，以将货物装上船或以取得已装船货物的方式交货并及时给予买方充分的通知。

（2）自负风险并自付费用，取得出口许可证或其他官方批准的证件并负责办理货物出口所需的一切海关手续。

（3）承担完成交货前货物灭失或损坏的一切风险。

（4）提供符合买卖合同约定的货物和商业发票以及合同可能要求的其他与合同相符的证据。任何单证在双方约定或符合惯例的情况下，可以是同等作用的电子记录或程序。

买方承担的责任和义务可概括为以下几点。

（1）买方必须在指定目的港自承运人处收取货物。

（2）自负风险并自付费用，取得进口许可证或其他官方批准的证件并负责办理货物进口所需的一切海关手续。

（3）负担卖方交货后货物灭失或损坏的一切风险。如由买方决定货物运输时间和/或指定目的港内收取货物点时，买方必须向卖方发出充分的通知，否则买方自约定交货日期或约定期届满之日起承担所有货物灭失或损坏的一切风险，但以该货物已清楚地确定为合同项下之货物者为限。

（4）接受卖方提供的运输凭证和支付货款。任何单证在双方约定或符合惯例的情况下，可以是同等作用的电子记录或程序。

（二）采用 CFR 贸易术语需注意的问题

1．租船或订舱的责任

根据《2010 年通则》规定，CFR 合同的卖方只负责按照通常条件租船或订舱并经惯常航线将货物运至目的港。因此，卖方有权拒绝买方提出的关于限制船舶的国籍、船型、船龄或指定某班轮公司的船只等要求。但在实际业务中，若对于国外买方所提上述要求，卖方能够办到，也不增加费用，则可以考虑予以通融。

2．有关费用的划分

卖方负担完成交货前与货物相关的一切费用。除非运输合同规定外，否则包括驳运费和码头费在内的卸货费由买方负担。

3．关于装船通知

按 CFR 订立合同需特别注意的是装船通知问题。因为在 CFR 术语下，卖方负责租船订舱，将货物装上船，由买方负责办理货物保险，货物在装船后所发生的风险损失由买方负责。所以，在货物装船后及时向买方发出装船通知就成为卖方应尽的一项至关重要的义务。因为办理运输保险就是针对运输过程中出现的风险和损失，而一旦因卖方未及时通知而导致买方不能及时投保，那么卖方就必须承担因此而产生的全部损失。

为此，在实际业务中，出口企业应事先与国外买方就如何发装船通知商定具体做法；如事先未商定，则应根据双方的习惯做法或根据订约后、装船前买方提出的具体请求及时用电信的方式向买方发出装船通知。

4．查对费用和检验费用的相关规定

卖方必须支付为了交货所需要进行的查对费用（如查对质量、丈量、过磅、点数的费用）以及出口国有关机构强制进行的装运前检验所发生的费用。买方必须支付任何装运前必需的检验费用，但出口国有关机构强制进行的检验费用除外。

5．买卖双方协助提供信息及相关费用的规定

应买方要求并由其承担风险和费用，卖方必须及时向买方提供或协助其取得相关货物

进口和/或将货物运输到最终目的地所需要的任何单证和信息，包括安全相关信息。应卖方要求并由其承担风险和费用，买方必须及时向卖方提供或协助其取得货物出口及从他国过境运输所需要的任何单证和信息，包括安全相关信息。

6. 风险转移与费用转移问题

按照 CFR 术语成交，买卖双方风险划分的界限与 FOB 一样，仍然在装运港，即货物装上船时，风险即由卖方转移至买方。因为 CFR 术语仍然属于装运港交货的贸易术语，事实上卖方只是保证按时装运，但并不保证货物按时到达，也不承担将货物送抵目的港的义务。

> 【思考】
>
> 　　上海某公司按 CFR 条件出口一批季节性较强的货物，因意外事故导致货物比原定时间晚五天到达目的港，使买方错过了销售季节，造成损失。买方以卖方货物未按时到达目的港为由提出索赔。
>
> 　　请问买方这种做法是否合理？卖方是否有责任？

四、CIF

CIF 是 cost insurance and freight 的缩写，中文名为成本加保险费加运费，术语后跟指定目的港名称（...named port of destination），该术语仅用于海运或内河水运。

CIF 是指卖方在船上交货或以取得已经这样交付的货物方式交货。货物灭失或损坏的风险在货物交到船上时转移。卖方必须签订合同并支付必要的成本和运费，以将货物运至指定的目的港，卖方还要为买方在运输途中货物的灭失或损坏风险办理保险。但买方应注意到，在 CIF 下，卖方仅需投保最低险别，如果买方需要更多保险保护的话，则需要与卖方明确达成协议或者自行做出额外的保险安排。

CIF 术语只适用于海运和内河水运，可能不适用于货物在上船前已经交给承运人的情况，如用集装箱运输的货物通常是在集装箱码头交货，在此情况下，应当使用 CIP。

在实际业务上，有人称 CIF 为"到岸价"，将 CIF 理解为卖方承担货物从装运港至目的港的一切风险和费用，这是错误的理解。

（一）买卖双方的责任和义务

采用 CIF 贸易术语，卖方承担的责任和义务可概括为以下几点。

（1）卖方必须按照通常条件订立运输合同、支付运费，以将货物装上船或以取得已装船货物的方式交货并及时给予买方充分的通知。卖方必须自付费用取得货物保险。

（2）自负风险并自付费用，取得出口许可证或其他官方批准的证件并负责办理货物出口所需的一切海关手续。

（3）承担完成交货前货物灭失或损坏的一切风险。

（4）提供符合买卖合同约定的货物和商业发票以及合同可能要求的其他与合同相符的证据。任何单证在双方约定或符合惯例的情况下，可以是纸质或电子形式。

（5）卖方必须承担费用，向买方提供运至约定目的港的习惯运输单据。该运输单据必须载明合同货物且其签发日期必须在约定的运输期限内，还必须能使买方在目的港凭此向承运人索取货物，并且除非另有约定，必须能使买方通过向其下家买方转让该单据或通知承运人来转卖在途货物。当此运输单据以可转让形式签发并有数份正本，全套正本必须向买方提交。

买方承担的责任和义务可概括为以下几点。

（1）买方必须在指定目的港从承运人处收取货物。无论何时根据约定，买方有权决定运输时间及/或指定目的港的收货点，买方必须给予卖方充分通知。

（2）自负风险和费用，取得进口许可证或其他官方批准的证件并负责办理货物进口所需的一切海关手续。

（3）负担卖方交货后货物灭失或损坏的一切风险。如由买方决定货物运输时间和/或指定目的港内收取货物点时，买方必须向卖方发出充分的通知，否则买方自约定交货日期或约定期届满之日起承担所有货物灭失或损坏的一切风险，但以该货物已清楚的确定为合同项下之货物为前提条件。

（4）接受卖方提供的运输凭证和支付货款。任何单证在双方约定或符合惯例的情况下，可以是纸质或电子形式。

（二）使用 CIF 贸易术语应注意的问题

1．关于交货和风险问题

按 CIF 术语成交，虽然由卖方安排货物运输和办理货运保险，但卖方并不承担保证把货物送到约定目的港的义务，因为 CIF 是属于装运港交货的术语，而不是目的港交货的术语。也就是说，CIF 术语的风险转移地点与费用转移地点是不同的，卖方将运费和保险费支付到目的港，但其承担风险的责任在装运港就结束了。

同时，双方应尽可能准确地指定约定目的港的交付点，因为将货物交至该交付点的费用由卖方承担。如果卖方按照运输合同在目的地发生了卸货费用，除非双方事先另有约定，否则卖方无权向买方要求补偿该项费用。

2．关于保险问题

CIF 是由卖方负责办理货运保险，但是如果货物在运输途中出现风险和损失，卖方并不承担责任，买方可以凭保险单向保险公司进行索赔，但是否得到赔偿与卖方没有关系。因此，CIF 术语下，卖方是为了买方的利益办理保险，属于代办性质。对于卖方应投保什么样的险别，投保金额是多少，一般应在签订买卖合同时明确规定。《2020 年通则》规定，该保险需符合《协会货物保险条款》（*Institute Cargo Clauses*，LMA/IUA）"条款（C）"（Clauses C）或类似条款。当买方要求且能够提供卖方所需的信息时，卖方应办理任何附加险别，由买方承担费用。保险最低金额是合同金额另加 10%（即 110%）并采用合同中的货币计算。保险范围应从货物自规定的交货点起至少至指定的目的港止。

3．关于装运港和目的港终点的确定问题

CIF 术语合同中会约定一个目的港，但未必会指定装运港，而装运港是风险转移给买方的地方。为了防止日后出现分歧，INCOTERMS 2020 特别建议双方在合同中尽可能清楚地指定装运港。同时，也特别建议双方尽可能精确地指定目的港的特定地点，因为卖方需要承担将货物运往该地点的费用。卖方必须签订涵盖货物运输的一份或多份合同，包括从货物交付到运至指定港或销售合同中已约定的该港口范围内约定地点。

4．关于查验费用和包装费用的相关规定

卖方必须支付为了交货所需要进行的查验费用（如查验品质、丈量、计重、点数的费用）。卖方必须自付费用包装货物，除非该特定贸易运输的所售货物通常无须包装。除非双方已经约定好具体的包装或标志要求，否则，卖方必须以适合该货物运输的方式对货物进行包装和标记。

5．关于买卖双方协助提供信息及相关费用的规定

应买方要求并由其承担风险和费用，卖方必须及时向买方提供或协助其取得相关货物进口和/或将货物运输到最终目的地所需要的任何单证和信息，包括安全相关信息。应卖方要求并由其承担风险和费用，买方必须及时向卖方提供或协助其取得货物出口及从他国过境运输所需要的任何单证和信息，包括安全相关信息。

6．有关象征性交货问题

在交货方式上，CIF 是一种典型的象征性交货。所谓象征性交货是针对实际交货而言的。实际交货是指卖方要在规定的时间和地点将符合合同规定的货物提交给买方或其指定的人，不能以交单代替交货；而象征性交货是指卖方只要按期在约定地点完成装运并向买方提交合同规定的包括物权凭证在内的有关单据，就算完成了交货义务，而无须保证到货。

可见，在象征性交货时，卖方是凭单交货，买方是凭单付款。只要卖方如期向买方提交了符合合同规定的全套合格单据，即使货物在运输途中损坏或灭失，买方也必须履行付款义务。反之，如果卖方提交的单据不符合要求，即使货物完好无损地运达目的地，买方也有权拒付货款。

在 CIF 合同中，卖方实际上有两项义务——交付货物和提交单据，这两项义务缺一不可；买方也有两项权利——验单权和验货权，如单货不符且属于卖方责任，买方可拒收货物，即使已付款，也可按合同规定要求退货或赔偿。

【思考】

上海某公司按 CIF 条件和美国某公司成交一笔草帽业务，货装船后停泊在码头，结果在起运前发生一场大火，将一船草帽全部烧光。买方闻讯后即致电卖方，要求退货款或由卖方赔偿一切损失。

请问卖方是否应赔偿损失或退款？

五、FOB、CFR、CIF 三种贸易术语的比较

FOB、CFR、CIF 是国际贸易中最常用的术语，掌握这三种术语的内容和特点有助于了解其他的贸易术语。从买卖双方的责任和义务来看，这三种术语在有些方面是相同的，但在有些方面是不同的，应注意它们的异同。FOB、CFR、CIF 的异同点如表 14-1 所示。

表 14-1　FOB、CFR、CIF 的异同点

相同点	交货方式相同：都是象征性交货，即卖方凭单交货，买方凭单付款				
	运输方式相同：都适用于水上运输				
	交货地点相同：都在出口国装运港口				
	风险转移点相同：都在装运港船上				
	出口清关手续相同：都是卖方				
不同点	运输责任/费用		办理保险/费用		装船后卖方是否及时通知买方	
	FOB	买方	FOB、CFR	买方	FOB、CFR	及时通知
	CFR、CIF	卖方	CIF	卖方	CIF	一般通知

第三节　适用于任一或多种运输方式的贸易术语

除了常用的 FOB、CFR、CIF 这三种贸易术语外，国际贸易中还可以使用其他贸易术语。现对其他七种贸易术语做简要介绍。

一、EXW

EXW 是 EX works 的缩写，中文名为工厂交货，术语后跟指定地点（…name place）。

EXW 术语是指当卖方在其所在地或其他指定的地点（如工厂或仓库等）将货物交给买方处置时，即完成交货。卖方不需要将货物装上任何前来接收货物的运输工具，需要清关时，卖方也无须办理出口清关手续。

该术语是卖方承担责任最小的术语。买方必须承担在卖方所在地受领货物的全部费用和风险。在买方不能直接或间接地办理出口手续时，不应使用该术语，最好使用 FCA 术语。EXW 更适合于国内贸易。

（一）买卖双方的责任和义务

采用 EXW 贸易术语，卖方承担的责任和义务可概括为以下几点。

（1）卖方必须在指定的交付地点或该地点内的约定点（如有的话），以将未置于任何运输车辆上的货物交给买方处置的方式交货。若双方在指定交货地没有约定特定的点且有几个点可供使用时，卖方可选择最适合于自身目的的点。卖方必须在约定日期或期限内交货。

（2）经买方要求并承担风险和费用，卖方必须协助买方取得出口许可或出口相关货物所需的其他官方授权，以及提供所掌握的该项货物安检通关所需的任何信息并必须给予买方收取货物所需的任何通知。

（3）承担完成交货前货物灭失或损坏的一切风险。

（4）提供符合买卖合同约定的货物和商业发票以及合同可能要求的其他与合同相符的证据。任何单证在双方约定或符合惯例的情况下，可以是同等作用的电子记录或程序。

买方承担的责任和义务可概括为以下几点。

（1）买方必须在约定地点收取货物。

（2）自负风险并自付费用，取得出口许可证或其他官方批准的证件并负责办理货物出口所需的一切海关手续，支付货物出口应交纳的一切关税、税款和其他费用，以及办理海关手续的费用。

（3）负担卖方交货后货物灭失或损坏的一切风险。如由买方决定在约定期限内的时间和/或在指定地点内的接收点，买方必须向卖方发出充分的通知，否则买方自约定交货日期或交货期限届满之日起承担货物灭失或损坏的一切风险，但以该货物已清楚地确定为合同项下之货物者为限。

（4）买方必须向卖方提供已收取货物的相关凭证并按照买卖合同约定支付货款。任何单证在双方约定或符合惯例的情况下，可以是同等作用的电子记录或程序。

（二）使用 EXW 贸易术语应注意的问题

1．有关明确交货地点的问题

按 EXW 术语成交，买卖双方应在指定交货地范围内尽可能地明确具体交货地点，因为在货物到达交货地点之前的所有费用和风险都由卖方承担，买方则必须承担在此指定交货点（如有的话）收取货物所产生的全部费用和风险。

2．关于装货义务的问题

采用 EXW 术语，卖方对买方没有装货义务，即使实际上卖方也许更方便这样做。如果由卖方装货，也是由买方承担相关风险和费用。

3．有关出口通关问题

以 EXW 为基础购买出口产品的买方需要明白，卖方只有在买方要求时才有责任协助办理出口，即卖方无义务安排出口通关。因此，在买方不能直接或间接办理出口清关手续时，尽量不要采用 EXW 术语。

4．查对费用和检验费用的相关规定

卖方必须支付为了交货所需要进行的查对费用（如查对质量、丈量、过磅、点数的费用）。买方必须支付任何装运前必需的检验费用，包括出口国有关机构强制进行的检验的费用。

5．买卖双方协助提供信息及相关费用的规定

应买方要求并由其承担风险和费用，卖方必须及时向买方提供或协助其取得相关货物出口和/或进口、和/或将货物运输到最终目的地所需要的任何单证和信息，包括安全相关信息。买方必须及时告知卖方任何安全信息要求，必须偿付卖方向其提供或协助其取得单证和信息时发生的所有费用。

二、FCA

FCA 是 free carrier 的缩写，中文名为货交承运人，术语后跟指定地点（…named place）。该术语适用于任何一种运输方式，也可同时适用于多种运输方式。

FCA 是指当卖方在其所在地或其他指定的地点将货物交给买方指定的承运人或其他人且办理了出口清关手续，即完成交货。如果在卖方所在地交货，则应当将卖方所在地地址

明确为指定交货地；如果双方在其他地点交货，则必须确定不同的特定交货地点。所谓承运人，是指受托运人的委托，负责将货物从约定的起运地运往目的地的人。承运人既包括拥有运输工具，实际完成运输任务的运输公司，也包括不掌握运输工具的运输代理人。FCA术语之后要加注双方约定的交货地点，即承运人接运货物的地点，如 FCA Beijing。

（一）买卖双方的责任和义务

采用 FCA 术语，卖方承担的责任和义务可概括为以下几点。

（1）卖方必须在约定日期或期限内在指定地或指定点（如有）将货物交付给买方指定的承运人（或其他人）或以取得已经如此交付货物的方式交货并给买方充分的通知。

（2）卖方必须自负风险和承担费用，取得所需的出口许可或其他官方授权，办理货物出口所需的一切海关手续；支付完成交货前与货物相关的一切费用，包括出口应交纳的一切关税、税款和其他费用。

（3）承担完成交货前货物灭失或损坏的一切风险。

（4）卖方对买方没有订立运输合同的义务。但是，在应买方要求并由其承担风险和费用的情况下，卖方必须向买方提供卖方拥有的买方安排运输所需要的任何信息，包括与运输有关的安全要求。如已约定由卖方代买方订立运输合同，则卖方必须按照惯常条款订立运输合同，由买方承担风险和费用。卖方必须在完成交货之前遵守任何与运输有关的安全要求。

（5）提供符合买卖合同约定的货物和商业发票以及合同可能要求的其他与合同相符的证据。任何单证在双方约定或符合惯例的情况下，可以是纸质或电子形式。

买方承担的责任和义务可概括为以下几点。

（1）买方必须在约定地点收取货物；必须自付费用签订自指定的交货地点起运货物的运输合同，指定承运人并将承运人等信息通知卖方。

（2）自负风险并自付费用，取得进口许可或其他官方批准的证件并负责办理货物进口和从他国过境运输所需的一切海关手续，支付货物进口应交纳的一切关税、税款和其他费用及办理海关手续的费用和从他国过境运输的费用。

（3）负担卖方交货后货物灭失或损坏的一切风险。如买方未按照规定通告其所指定的承运人或指定的承运人未在约定的时间接管货物，则自约定交货期届满之日起，买方承担货物灭失或损坏的一切风险。

（4）接受卖方提供的交货凭证，按照买卖合同约定支付货款。买方提供的任何单据在双方约定或符合惯例的情况下，可以纸质或电子形式。

（二）使用 FCA 贸易术语应注意的问题

1. 关于交货与风险转移的问题

按"货交承运人"（指定地点）成交，如指定地点是卖方所在地，则货物完成交付是当货物装上了买方的运输工具之时。如果指定地点是另一地点，则货物完成交付是当货物已装上了卖方的运输工具或货物已抵达该指定的另一地点且已做好从卖方的运输工具上卸载的准备，交由买方指定的承运人或其他人处置之时。无论选择上述哪一种交货地点，该地点即确定风险转移给买方且由买方开始承担费用的地点。

2．关于交货地或交货点的问题

以 FCA 进行的货物销售可以仅仅指定在卖方所在地或其他地方，而不具体说明在该指定地内的详细交货点。但是，特别建议双方应尽可能清楚地指明指定地方范围内的详细交货点。详细的交货点会让双方均清楚货物交付的时间和风险转移至买方的时间，详细交货点还标志着买方承担费用的地点。

如果双方未明确指定交货地点内特定的交货点，在此情况下，卖方有权选择"最适合卖方目的"的地点，该地点即成为交货点，风险和费用从该地点开始转移至买方。如果合同中未指定详细的交货点，则视为留待由卖方选择"最适合卖方目的"的交货点。这意味着，卖方可能会选择某个点作为交货点，而货物恰好在该交货点之前发生了灭失或损坏，从而可能使买方承担风险。因此，买方最好将交货地范围内的详细交货点规定清楚。

3．关于查对费用和检验费用的问题

卖方必须支付为了交货所需要进行的查对费用（如查对质量、丈量、过磅、点数的费用），卖方必须自付费用包装货物，除非该特定贸易的运输的所售货物通常无须包装。除非双方已经约定好具体的包装或标记要求，否则，卖方必须以适合该货物运输的方式对货物进行包装和标记。

4．关于买卖双方协助提供信息及相关费用的问题

应买方要求并由其承担风险和费用，卖方必须及时向买方提供或协助其取得相关货物进口和/或将货物运输到最终目的地所需要的任何单证和信息，包括安全相关信息。买方必须及时告知卖方任何安全信息要求，必须偿付卖方向其提供或协助其取得单证和信息时发生的所有花销和费用。

5．关于已装船批注提单的问题

如果买方接货地是内陆地点而不是港口，船舶无法抵达该地装运货物，卖方采用 FCA 销售货物时可能需要提交已装船批注提单。为了满足这一需求，INCOTERMS 2020 对 FCA 术语已装船批注提单的做法提供了以下可选择机制。如果双方在合同中如此约定，则买方必须指示承运人出具已装船批注提单给卖方。当然，承运人可能同意或不同意买方的请求，鉴于一旦货物在港口装船，承运人就有义务并且有权出具该提单。但是，如果在买方承担费用与风险的情况下，承运人已经向卖方出具了提单，卖方必须将提单提供给买方，以便买方用该提单从承运人处提取货物。当然，如果双方已约定卖方将提交给买方一份仅声明货物已收妥待运而非已装船提单，则不需要选择该方案。此外，应强调的是，即使采用该可选机制，卖方对买方也不承担运输合同条款下的义务。最后，如采用该可选择机制，内陆交货及装船的日期可能不同，这将可能对信用证下的卖方造成困难。

FCA 贸易术语适用于各种运输方式，包括公路、铁路、江河、海洋、航空运输以及多式联运。无论采用哪种运输方式，卖方承担的风险均于货交承运人时转移，即卖方承担货交承运人前的风险和费用，买方承担货交承运人后的风险和费用。风险转移之后，与运输、保险相关的责任和费用也相应转移。

三、CPT

CPT 是 carriage paid to 的缩写，中文名为运费付至，术语后跟指定目的地名称（…named place of destination）。该术语适用于任何一种运输方式，也可同时适用于多种运输方式。

CPT 是指卖方将货物在双方约定的地点（如果双方已经约定了地点）交给卖方指定的承运人或其他人。卖方必须签订运输合同并支付将货物运至指定目的地所需的费用。

（一）买卖双方的责任和义务

采用 CPT 贸易术语，卖方承担的责任和义务可概括为以下几点。

（1）卖方必须在约定的日期或期限内，按照通常条件签订或取得运输合同，将货物交至签订合同的承运人。卖方负责支付货物自交货地的约定交货点（如有的话）运送至指定目的地或该目的地的交付点（如有约定）的运费，经由通常航线和习惯方式运送货物并及时给予买方充分的通知。

（2）自负风险并承担费用，取得出口许可证或其他官方授权，办理货物出口和交货前从他国过境运输所需的一切海关手续；支付货物出口所需海关手续费，出口应交纳的一切关税、税款和其他费用以及按照运输合同规定，由卖方支付的货物从他国过境运输的费用。

（3）承担完成交货前货物灭失或损坏的一切风险。

（4）提供符合买卖合同约定的货物和商业发票以及合同可能要求的其他与合同相符的证据。任何单证在双方约定或符合惯例的情况下，可以是同等作用的电子记录或程序。

买方承担的责任和义务可概括为以下几点。

（1）买方必须在指定目的地自承运人处收取货物。当买方有权决定发货时间和/或指定目的地或目的地内收取货物的点时，买方必须向卖方发出充分的通知。

（2）自负风险并自付费用，取得进口许可证或其他官方授权并负责办理货物进口和从他国过境运输所需的一切海关手续；支付货物进口应交纳的一切关税、税款和其他费用，以及办理进口海关手续的费用和从他国过境运输的费用。

（3）负担卖方交货后货物灭失或损坏的一切风险。当买方在约定期间内的具体时间和/或指定目的地内的收取货物的点时，如买方未及时给予卖方通知，则买方必须从约定的交货日期或交货期限届满之日起承担货物灭失或损坏的一切风险，但以该货物已清楚地确定为合同项下之货物为限。

（4）接受卖方提供的运输凭证和支付货款。任何单证在双方约定或符合惯例的情况下，可以是同等作用的电子记录或程序。

（二）采用 CPT 贸易术语需注意的问题

1. 有关风险转移和费用转移的问题

按 CPT 术语成交，双方应该尽可能确切地在合同中明确交货地点，因为风险在这里转移至买方，同时应该指定目的地（卖方必须签订运输合同运到该目的地）。如果运输到约定目的地涉及多个承运人且双方不能就交货点达成一致时，卖方将货物交给第一承运人时，风险转移至买方。由于卖方必须承担将货物运至目的地交付点的费用，因此双方应尽可能确切地订明约定的目的地内的交付点。如果卖方按照运输合同在指定的目的地卸货发生了费用，除非双方另有约定，否则卖方无权向买方要求偿付。

2. 关于买卖双方的通知问题

卖方必须向买方发出已交货的通知，以便于买方采取收取货物通常所需的措施；当买方有权决定发货时间和/或指定目的地或目的地内收取货物的点时，买方必须向卖方发出充分的通知。

3. 查对费用和检验费用的相关规定

卖方必须支付为了交货所需要进行的查对费用（如查对质量、丈量、过磅、点数的费用）以及出口国有关机构强制进行的装运前检验所发生的费用。买方必须支付任何装运前必需的检验费用，但出口国有关机构强制进行的检验的费用除外。

4. 买卖双方协助提供信息及相关费用的规定

应买方要求并由其承担风险和费用，卖方必须及时向买方提供或协助其取得相关货物进口和/或将货物运输到最终目的地所需要的任何单证和信息，包括安全相关信息。应卖方要求并由其承担风险和费用，买方必须及时向卖方提供或协助其取得货物出口及从他国过境运输所需要的任何单证和信息，包括安全相关信息。

四、CIP

CIP 是 carriage insurance paid to 的缩写，中文名为运费、保险费付至，术语后跟指定目的地名称（…named place of destination）。该术语可适用于任何一种运输方式，也可同时适用于多种运输方式。

CIP 术语是指卖方将货物在双方约定地点（如双方已经约定了地点）交给其指定的承运人或其他人并签订运输合同，支付将货物运至指定目的地所需的费用，为在运输途中货物的灭失或损坏风险签订保险合同。

（一）买卖双方的责任和义务

采用 CIP 贸易术语，卖方承担的责任和义务可概括为以下几点。

（1）卖方必须在约定的日期或期限内按照通常条件签订或取得运输合同并将货物交至签订合同的承运人支付货物自交货地的约定交货点（如有的话）运送至指定目的地或该目的地的交付点（如有约定）的运费，经由通常航线和习惯方式运送货物并及时给予买方充分的通知。

（2）卖方必须自付费用取得货物保险。根据《2010 年通则》规定，该保险需至少符合《协会货物保险条款》条款（C）或类似条款的最低险别。当买方要求且能够提供卖方所需的信息时，卖方应办理任何附加险别，由买方承担费用。保险最低金额是合同金额另加 10%（110%）并采用合同中的货币计算。

（3）自负风险并自付费用，取得出口许可证或其他官方授权，办理货物出口和交货前从他国过境运输所需的一切海关手续；支付货物出口所需海关手续费，出口应交纳的一切关税、税款和其他费用以及按照运输合同规定，由卖方支付的货物从他国过境运输的费用。

（4）承担完成交货前货物灭失或损坏的一切风险。

（5）提供符合买卖合同约定的货物和商业发票以及合同可能要求的其他与合同相符的证据。任何单证在双方约定或符合惯例的情况下，可以是纸质或电子形式。

买方承担的责任和义务可概括为以下几点。

（1）买方必须在指定目的地自承运人处收取货物。当买方有权决定发货时间和/或指定目的地或目的地内收取货物的点时，买方必须向卖方发出充分的通知。

（2）自负风险并自付费用，取得进口许可证或其他官方授权并负责办理货物进口和从他国过境运输所需的一切海关手续；支付货物进口应交纳的一切关税、税款和其他费用，以及办理进口海关手续的费用和从他国过境运输的费用。

（3）负担卖方交货后货物灭失或损坏的一切风险。当买方在约定期间内的具体时间和/或指定目的地内的收取货物的点时，如买方未及时给予卖方通知，则买方必须从约定的交货日期或交货期限届满之日起承担货物灭失或损坏的一切风险，但以该货物已清楚地确定为合同项下之货物为限。

（4）接受卖方提供的运输凭证和支付货款。任何单证在双方约定或符合惯例的情况下，可以是纸质或电子形式。

（二）采用 CIP 贸易术语需注意的问题

1．关于交货与风险转移的问题

按 CIP 术语成交，双方应该尽可能确切地在合同中明确交货地（或交货点），因为风险在这里转移至买方，一旦卖方将货物交付承运人，卖方即完成交货，风险转移给买方。卖方并不保证货物将以良好的状态、约定的数量或确实到达目的地。

2．关于保险的问题

卖方必须为买方签订从交货点起至少到目的点的货物灭失或损坏的保险合同。如目的地国家要求在当地购买保险，则可能会造成困难，在此情况下，双方应考虑使用 CPT。买方还应注意，在 INCOTERMS 2020 CIP 术语下，卖方需要投保符合《伦敦保险协会货物保险条款》（A）款或其他类似条款下的范围广泛的险别，而不是符合《伦敦保险协会货物保险条款》（C）款下的范围较为有限的险别。但是，双方仍然可以自行约定更低的险别。

3．关于交货地（交货点）和目的地（目的点）的问题

买卖双方应尽可能精确地确定交货地和目的地或者交货地和目的地内的具体地点。如果运输到约定目的地涉及多个承运人且双方没有约定具体的交货地或交货点，卖方将货物交给第一承运人时，风险转移至买方。如双方希望风险的转移在稍晚阶段（如在某海港、河港或者机场）或在稍早阶段（如在某个与海港或河港有一段距离的某内陆地点），则需要在销售合同中明确约定并谨慎考虑这种做法在货物灭失或损坏时的后果。

同时，由于卖方需承担将货物运至目的地交付点的运费和保险费，故双方应尽可能确切地约定目的地内的地点。如果卖方按照运输合同在指定的目的地卸货发生了费用，除非双方另有约定，卖方无权向买方要求偿付。

4．关于查验费用和包装费用的问题

卖方必须支付为了交货所需要进行的查验费用（如查验质量、丈量、过磅、点数的费用）以及出口国有关机构强制进行的装运前检验所发生的费用。卖方必须自付费用包装货物，除非该特定贸易运输的所售货物通常无须包装。除非双方已经约定好具体的包装或标记要求，否则，卖方必须以适合货物运输的方式对货物进行包装和标记。

5．关于买卖双方协助提供信息及相关费用的规定

应买方要求并由其承担风险和费用，卖方必须及时向买方提供或协助其取得相关货物进口和/或将货物运输到最终目的地所需要的任何单证和信息，包括安全相关信息。应卖方要求并由其承担风险和费用，买方必须及时向卖方提供或协助其取得货物出口及从他国过境运输所需要的任何单证和信息，包括安全相关信息。

CIP 与 CIF 术语有相同之处，它们的价格构成中都包括了通常的运费和保险费，按这两种贸易术语成交，卖方都要负责安排运输和保险并支付有关运费和保险费。但是，CIP 和 CIF 术语也有明显的区别，主要是二者适用的运输方式的范围不同，CIP 适用于各种运输方式，CIF 仅适用于水上运输方式。采用不同运输方式时，其交货地点、风险划分界限以及有关责任和费用的划分自然也不相同。例如，在 CIP 条件下，卖方要办货运保险，支付保险费，如果采用多式联运方式，货运保险要包括各种运输险，而按 CIF 术语仅办理水上运输险即可。

五、DAP

DAP 是 delivered at place 的缩写，中文名为目的地交货，术语后跟指定目的地。该术语可适用于任何一种运输方式，也可同时适用于多种运输方式。

DAP 是指当卖方在指定目的地将还在运抵运输工具上可供卸载的货物交由买方处置时，即为交货。卖方承担将货物运送到指定地点的一切风险。

（一）买卖双方的责任和义务

采用 DAP 贸易术语，卖方承担的责任和义务可概括为以下几点。

（1）卖方必须在约定的日期或期限内将货物放在已抵达的运输工具上，准备好在指定的目的地（如有的话）的约定点卸载，听由买方处置。

（2）卖方必须自付费用签订运输合同，将货物运至指定目的地或指定目的地内的约定点（如有约定）。如未约定特定的点或不能由实务确定，卖方则可在指定目的地内选择最适合的交货点，并向买方发出其所需通知，以便于买方采取收取货物通常所需的措施。

（3）自负风险并自付费用，取得出口许可证或其他官方授权，办理货物出口和交货前从他国过境运输所需的一切海关手续；支付货物出口所需海关手续费，出口应交纳的一切关税、税款和其他费用以及按照运输合同规定，由卖方支付的货物从他国过境运输的费用。

（4）承担完成交货前货物灭失或损坏的一切风险。

（5）提供符合买卖合同约定的货物和商业发票以及合同可能要求的其他与合同相符的证据。任何单证在双方约定或符合惯例的情况下，可以是同等作用的电子记录或程序。

买方承担的责任和义务可概括为以下几点。

（1）买方必须在指定目的地自承运人处收取货物。

（2）自负风险并自付费用，取得进口许可证或其他官方授权并负责办理货物进口和从他国过境运输所需的一切海关手续；支付货物进口应交纳的一切关税、税款和其他费用以及办理进口海关手续的费用和从他国过境运输的费用。

（3）当买方有权在约定期间内的具体时间和/或指定目的地内的收取货物的点时，买方必须向卖方发出充分的通知。

（4）负担卖方交货后货物灭失或损坏的一切风险。当买方有权在约定期间内的具体时间和/或指定目的地内的收取货物的点时，如买方未及时给予卖方通知，则买方必须从约定的交货日期或交货期限届满之日起，承担货物灭失或损坏的一切风险，但以该货物已清楚地确定为合同项下之货物为限。

（5）接受卖方提供的交货凭证和支付货款。任何单证在双方约定或符合惯例的情况下，可以是同等作用的电子记录或程序。

（二）采用 DAP 贸易术语需注意的问题

1．关于"交货点"的约定问题

由于卖方承担在特定地点交货前的风险，买卖双方应尽可能明确约定目的地内的交货点，卖方签订的运输合同应尽量能与所选择的目的地内的交货点相吻合。另外，如果卖方按照运输合同在目的地发生了卸货费用，除非双方另有约定，否则卖方无权向买方要求偿付。

2．查对费用和检验费用的相关规定

卖方必须支付为了交货所需要进行的查对费用（如查对质量、丈量、过磅、点数的费用）以及出口国有关机构强制进行的装运前检验所发生的费用。买方必须支付任何装运前必需的检验费用，但出口国有关机构强制进行的检验的费用除外。

3．买卖双方协助提供信息及相关费用的规定

应买方要求并由其承担风险和费用，卖方必须及时向买方提供或协助其取得相关货物进口和/或将货物运输到最终目的地所需要的任何单证和信息，包括安全相关信息。应卖方要求并由其承担风险和费用，买方必须及时向卖方提供或协助其取得货物出口及从他国过境运输所需要的任何单证和信息，包括安全相关信息。

六、DPU

DPU 是 delivered at place unloaded 的缩写，中文名为"目的地卸货后交货"，术语后跟指定目的地。该术语可适用于任何一种运输方式，也可适用于多种运输方式。

DPU 是指卖方在指定目的地将货物从抵达的运输工具上卸载，交由买方处置时，即完成交货及风险转移。采用 DPU 术语时，卖方承担将货物送至指定目的地并将其卸下期间的一切风险。因此，INCOTERMS 2020 中，DPU 的交货和到达目的地是相同的。DPU 是唯一要求卖方在目的地卸货的贸易术语，卖方应该确保其可以在指定地组织卸货。如果双方

不希望卖方承担卸货的风险和费用，则不应该使用 DPU，而应该使用 DAP。

（一）买卖双方的责任和义务

采用 DPU 贸易术语，卖方承担的责任和义务可概括为以下几点。

（1）卖方必须在约定的日期或期限内，在指定的目的地约定地点（如有）将货物从抵达的运输工具上卸下并交由买方处置或以取得已经如此交付的货物的方式交货。

（2）卖方必须自付费用签订运输合同或安排运输，将货物运至目的地或指定目的地内的约定交货点（如有）。如未约定具体地点，也未根据实务确定，卖方可以选择最符合其目的的指定目的地内的交货点，并向买方发出所需通知，以便于买方采取收取货物通常所需要的措施。

（3）自负风险和承担费用，取得出口许可证或其他官方授权，办理货物出口和交货前从他国过境运输所需的一切安检清关手续。支付货物出口所需安检清关手续费，出口应交纳的一切关税、税款和其他费用以及按照运输合同规定，由卖方支付的货物从他国过境运输的费用。

（4）承担完成交货前货物灭失或损坏的一切风险。

（5）提供符合买卖合同约定的货物和商业发票以及合同可能要求的其他与合同相符的证据。任何单证在双方约定或符合惯例的情况下，可以是纸质或电子形式。

买方承担的责任和义务可概括为以下几点。

（1）买方必须在指定目的地自承运人处收取货物。

（2）自负风险和承担费用，取得进口许可证或其他官方授权并负责办理货物进口和从他国过境运输所需的一切安检清关手续；支付货物进口应交纳的一切关税、税款和其他费用，以及办理进口安检清关手续的费用和从他国过境运输的费用。

（3）无论何时根据约定，买方有权决定约定交货期内的时间及/或指定目的地的提货点时，买方必须向卖方发出充分的通知。

（4）负担卖方交货后货物灭失或损坏的一切风险。买方有权决定约定交货期内的时间及/或指定目的地的提货点时，如买方未及时给予卖方通知，则买方必须从约定的交货日期或交货期限届满之日起，承担货物灭失或损坏的一切风险，但以该货物已清楚的确定为合同项下之货物为限。

（5）接受卖方提供的交货凭证和支付货款。任何单证在双方约定或符合惯例的情况下，可以是纸质或电子形式。

（二）采用 DPU 贸易术语需注意的问题

1. 关于确定"交货地或交货点"的问题

采用 DPU 术语，精准确定交货地或交货点特别重要。第一，货物灭失或损坏的风险在该交货地或交货点转移至买方，因此买卖双方应清楚地知晓该交货点是风险转移点。第二，发生该交货地或交货点之前的费用由卖方承担，发生该交货地或交货点之后的费用由买方承担。第三，卖方必须签订运输合同或安排货物运输到约定交货地或交货点。如果卖方未履行此义务，卖方即违反了其在 DPU 下的义务并将对买方随之产生的任何损失承担责任。例如，卖方将负责承担承运人因额外的续运而向买方收取的任何额外费用。

2. 关于出口/进口清关问题

DPU 要求卖方办理出口清关手续。但是，卖方没有义务办理进口清关或交货后经由第三国过境的清关、支付任何进口关税或办理任何进口海关手续。因此，如果买方没有安排进口清关，货物将被滞留在目的地国家的港口或内陆运输终端，将由买方来承担货物因此被滞留在目的国家的入境时可能发生的损失的风险。

3. 查验费用和包装费用的相关规定

卖方必须支付为了交货所需要进行的查验费用（如查验质量、丈量、计重、点数的费用）以及出口国有关机构强制进行的装运前检验所发生的费用。卖方必须自付费用包装货物，除非该特定贸易运输的所售货物通常无须包装。除非双方已经约定好具体的包装或标记要求，否则，卖方必须以适合货物运输的方式对货物进行包装和标记。

4. 买卖双方协助提供信息及相关费用的规定

应买方要求并由其承担风险和费用，卖方必须及时向买方提供或协助其取得相关货物进口和/或将货物运输到最终目的地所需要的任何单证和信息，包括安全相关信息。应卖方要求并由其承担风险和费用，买方必须及时向卖方提供或协助其取得货物出口及从他国过境运输所需要的任何单证和信息，包括安全相关信息。

七、DDP

DDP 是 delivered duty paid 的缩写，中文名为完税后交货，术语后跟指定目的地名称。该术语可适用于任何一种运输方式，也可同时适用于多种运输方式。

DDP 术语是指卖方在指定的目的地将仍处于抵达的运输工具上的已完成进口清关且可供卸载的货物交由买方处置时，即完成交货义务。卖方承担将货物运至进口国目的地的一切风险和费用并且有义务完成货物出口和进口清关，支付所有出口和进口的关税和所有海关费用。因此，DDP 术语是卖方承担责任、费用、风险最大的一种术语。除非买卖合同另行规定，否则任何增值税或其他应付的进口税款均由卖方承担。如果卖方不能直接或间接地完成进口清关，建议不要使用 DDP 术语。

（一）买卖双方的责任和义务

采用 DDP 贸易术语，卖方承担的责任和义务可概括为以下几点。

（1）卖方必须在约定的日期或期限内，在指定的目的地或目的地约定的地点（如有的话）将可供卸载的货物交由买方处置，完成交货。

（2）卖方必须自付费用签订运输合同，将货物运至指定目的地或指定目的地内的约定点（如有约定）。如未约定特定的点或不能由实务确定，卖方则可在指定目的地内选择最适合的交货点并向买方发出所需通知，以便于买方采取收取货物通常所需要的措施。

（3）自负风险和承担费用，取得进出口许可证或其他官方授权，办理货物出口和交货前从他国过境和进口所需的一切海关手续；支付货物进出口所需海关手续费，进出口应交纳的一切关税、税款和其他费用以及货物从他国过境运输的费用。

（4）承担完成交货前货物灭失或损坏的一切风险。

（5）提供符合买卖合同约定的货物和商业发票以及合同可能要求的其他与合同相符的证据。任何单证在双方约定或符合惯例的情况下，可以是同等作用的电子记录或程序。

买方承担的责任和义务可概括为以下几点。

（1）买方必须在指定目的地自承运人处收取货物。

（2）应卖方要求并由其承担风险和费用，买方必须协助卖方取得货物进口所需要的任何进口许可或其他官方授权。

（3）当买方有权在约定期间内的具体时间和/或指定目的地内的收取货物的点时，买方必须向卖方发出充分的通知。

（4）负担卖方交货后货物灭失或损坏的一切风险。当买方有权在约定期间内的具体时间和/或指定目的地内的收取货物的点时，如买方未及时给予卖方通知，则买方必须从约定的交货日期或交货期限届满之日起，承担货物灭失或损坏的一切风险，但以该货物已清楚地确定为合同项下之货物为限。

（5）接受卖方提供的交货凭证和支付货款。任何单证在双方约定或符合惯例的情况下，可以是同等作用的电子记录或程序。

（二）采用 DDP 贸易术语须注意的问题

1．关于交货点的约定问题

由于卖方承担在特定地点交货前的风险和费用，买卖双方应尽可能明确约定在指定目的地内的交货点，卖方签订的运输合同应尽量能与所选择的目的地内的交货点相吻合。另外，如果卖方按照运输合同在目的地发生了卸货费用，除非双方另有约定，卖方无权向买方索要。

2．查对费用和检验费用的相关规定

卖方必须支付为了交货所需要进行的查对费用（如查对质量、丈量、过磅、点数的费用）以及进出口国有关机构强制进行的装运前检验所发生的费用。

3．买卖双方协助提供信息及相关费用的规定

应买方要求并由其承担风险和费用，卖方必须及时向买方提供或协助其取得自指定目的地将货物运输到最终目的地所需要的任何单证和信息，包括安全相关信息。应卖方要求并由其承担风险和费用，买方必须及时向卖方提供或协助其取得货物运输、进出口及从他国过境运输所需要的任何单证和信息，包括安全相关信息。

八、对《2020 年通则》中 11 种贸易术语的总结

为了便于学习、记忆、比较和掌握，现将《2020 年通则》中 11 种贸易术语做归纳对比，如表 14-2 所示。

表 14-2 《2020 年通则》中 11 种贸易术语的对比

国际电码	交货地点	风险转移界限	出口报关责任、费用由谁负担	进口报关责任、费用由谁负担	适用的运输方式
EXW	出口方所在地	货交买方处置时起	买方	买方	任何方式
FCA	出口国内地、港口	货交承运人处置时起	卖方	买方	任何方式
CPT	出口国内地、港口	货交承运人处置时起	卖方	买方	任何方式
CIP	出口国内地、港口	货交承运人处置时起	卖方	买方	任何方式
DAP	目的地	货交买方处置时起	卖方	买方	任何方式
DPU	目的地卸货后	货交买方处置时起	卖方	买方	任何方式
DDP	进口国内	货交买方处置时起	卖方	卖方	任何方式
FAS	装运港口	货交船边后	卖方	买方	水上运输
FOB	装运港口	货物装上船时起	卖方	买方	水上运输
CFR	装运港口	货物装上船时起	卖方	买方	水上运输
CIF	装运港口	货物装上船时起	卖方	买方	水上运输

第四节　使用贸易术语应注意的问题

在国际贸易中，合理、恰当地选择贸易术语对促进成交、提高效益和避免合同争议具有重要的意义。作为交易的当事人，在选择贸易术语时主要应考虑以下因素。

一、采用的运输方式及货源情况

买卖双方确定采用何种贸易术语时首先应考虑采用何种运输方式运送货物。在安排运输无困难且经济合算的情况下，可争取按由自身安排运输的条件成交（如按 FCA、FAS 或 FOB 进口，按 CIP、CIF 或 CFR 出口）；否则，应酌情争取按由对方安排运输的条件成交（如按 FCA、FAS 或 FOB 出口，按 CIP、CIF 或 CFR 进口）。

另外，在选择贸易术语的时候还要考虑货源情况。国际贸易中货物的品种很多，不同类别的货物具有不同的特点，它们在运输方面各有不同的要求，故安排运输的难易程度不同，运费也有差异，这是选用贸易术语应考虑的因素。此外，成交量的大小也直接涉及安排运输是否有困难和经济是否合算的问题。当成交量太小又无班轮通航时，负责安排运输的一方势必会增加运输成本，故选用贸易术语时应予以考虑。

二、运费变动因素

一般而言，当运价看涨时，为避免承担运费上升的风险，可以选用由对方安排运输的贸易术语成交，如按 F 组术语出口，按 C 组术语进口，如因某些原因不得不采用由自身安排运输的术语成交，也应预先考虑运费上涨的风险并调整货价，以免承担运价变动风险造成的损失。

三、运输途中的风险

在国际贸易中，交易的商品一般需要经过长途运输，货物在运输过程中可能遇到各种风险，如遇到战争或正常的国际贸易遭到人为障碍与破坏，则运输途中的风险更大。因此，买卖双方洽商交易时，必须根据不同时期、不同地区、不同运输路线和运输方式的风险情况，结合购销意图来选用适当的贸易术语。如果运输途中的风险性较大，应力争以风险转移点较早的几个贸易术语成交（如 E 组、F 组或 C 组术语）。

四、办理进出口结关手续的难易

在国际贸易中，关于进出口货物的结关手续，有些国家规定只能由结关所在国的当事人安排或代为办理，有些国家则无此项限制。因此，当某出口国政府规定，买方不能直接或间接办理出口结关手续时，则不宜采用 EXW 术语成交，而应选用 FCA 条件成交；若进口国当局规定，卖方不能直接或间接办理进口结关手续，此时则不宜采用 DDP 术语出口，而应选用 D 组的其他术语成交。

第五节　商品作价的基本方法

规定进出口商品的价格，有多种方法可以选择，买卖双方应根据交易的具体情况加以选用。

一、固定价格

固定价格即固定价格作价法，也称"死价""一口价"，是指买卖双方在签订合同时将货物价格一次"定死"，不再变动。在合同有效期内，即使约定价格与实际市场价格相差很多也不得变更。例如，每公吨 100 英镑 CIF 伦敦，如果买卖双方对此无其他特殊约定，应理解为固定价格，即订约后买卖双方按此价格结算货款，即使市价在订约后有重大变化，任何一方也不得要求变更原固定价格。

固定价格作价法有利于结算，是一种常规做法。但是，市场价格变化会给交易的某一方造成损失，从而使履约发生困难。为了减少价格风险，在采用固定价格作价法时，应事先认真确定市场供求关系变化的趋势并对价格前景做出判断，以此作为定价的依据。此外，应对客户的资信情况要进行了解和研究，慎重选择交易对象。

这种作价办法比较适合交易量不大、市场价格变动不大、交货期较短的商品的交易。在大宗交易时，一般应加订保值条款，即规定如果计价和支付货币币值发生变动，价格可根据保值货币做相应调整，以防止汇率变动可能产生的风险损失。可以考虑的保值方式有黄金保值条款（gold proviso clause）、外汇保值条款（exchange proviso clause），也可以选择期货交易的套期保值方式。

二、非固定价格

非固定价格也称活价，它是与固定价格相对而言的，在做法上有以下几种。

（一）待定价格

此种定价办法又可细分为下列两种具体做法。

1. 明确约定定价时间与定价方法

以海运进出口合同为例，如采用此种定价办法，可在价格条款中一并规定定价时间与定价方法。例如，"在装船月份前 45 天，参照当地及国际市场价格水平，协商议定正式价格"或"按提单日期的国际市场价格计算"。

2. 只规定作价时间

这是指在进出口合同价格条款中只规定作价时间，如"由双方在××年×月×日协商确定价格"。这种方式由于未就作价方式做出规定，容易给合同带来较大的不稳定性，双方可能因缺乏明确的作价标准而在商定价格时各执己见、相持不下，导致合同无法执行。因此，这种方式一般只适用于双方有长期交往并已形成比较固定的交易习惯的情况。

（二）暂定价格

这是指买卖双方在合同中先约定一个初步价格，作为开立信用证和初步付款的依据，待双方确定最后价格后，再进行最后清算，多退少补。例如，"单价暂定 CIF 纽约，每公吨 1000 美元，定价方法以纽约交易所 3 个月期货，按装船月份月平均价加 5 美元计算。买方按本合同规定的暂定价开立信用证"。

（三）部分固定价格，部分非固定价格

为了照顾双方的利益，解决双方在采用固定价格或非固定价格方面的分歧，也可采用部分固定价格、部分非固定价格的做法或分批定价的办法。交货期近的价格在订约时固定下来，余者在交货前一定期限内定价。

非固定作价方式对于交货期长、市场行情上下波动的商品交易而言，有利于减少风险，促成交易。但是，由于这种方式是先订约、后作价，带有较大的不确定性，因此如果事后双方在作价时不能取得一致意见，就有可能导致合同无法执行。可见，合理、明确地规定作价标准是一个关键问题。

三、价格调整条款

价格调整条款也称为滑动价格，是指先在合同中规定一个基础价格，交货时或交货前一定时间，按工资、原材料价格变动的指数作相应调整，以确定最后价格。对如何调整价格的办法，则一并在合同中具体订明。

在国际贸易中，一些加工周期较长的成套设备、大型机械的买卖合同，普遍采用"价格调整条款"，即在订约时只规定初步价格（initial price），同时规定如原料价格、工资发生变化，卖方保留调整价格的权利。调整价格计算公式为

$$P_1 = P_0 \left(A + B\frac{M}{M_0} + C\frac{W}{W_0} \right)$$

式中：P_1 为商品交货时的最后价格，P_0 为签合同时约定的初步价格，A 为管理费用和利润在价格中所占的比重，B 为原材料成本在价格中所占的比重，C 为工资成本在价格中所占的比重，M 为交货时的原材料批发价指数，M_0 为订约时原材料批发价指数，W 为交货时的工资指数，W_0 为订约时的工资指数。

A、B、C 所分别代表的比例，在签合同时确定后固定不变，三者相加，应为 100%。

例 14-1　某公司购进一套光缆生产线。合同规定：设备初步价格为 1000 万美元，原材料价格、工资、管理费和利润在设备价格中的比重分别为 50%、25%、25%；双方同意按物价指数和工资指数调整最终价格，物价指数和工资指数均为 100。在设备交货时，原材料价格指数和工资指数分别上升到 115 和 110，该合同的最终价格为

$$p_1 = p_0 \left(A + B\frac{M}{M_0} + C\frac{W}{W_0} \right)$$
$$= 1000 \times \left(25\% + 50\% \times \frac{115}{100} + 25\% \times \frac{110}{100} \right)$$
$$= 1100 \text{（万美元）}$$

上述"价格调整条款"的基本内容是按原材料价格和工资的变动来计算合同的最后价格。在通货膨胀的条件下，它实质上是出口厂商转嫁国内通货膨胀、确保利润的一种手段。但这种做法已被联合国欧洲经济委员会纳入它所制定的一些"标准合同"之中，而且其应用范围已从原来的机械设备交易扩展到一些初级产品交易，因而具有一定的普遍性。

由于这类条款是以工资和原料价格的变动作为调整价格的依据，因此在使用这类条款时应该注意工资指数和原料价格指数的选择并在合同中予以明确。此外，也有用物价指数作为调整价格的依据的情况。

第六节　佣金和折扣

一、佣金和折扣的含义

佣金（commission）是中间商因介绍买卖而取得的报酬。在进出口业务中，如交易对象是中间商，就涉及佣金问题。折扣（discount）则是卖方按原价格给买方一定比例的减让。

佣金和折扣的运用可以调整价格，增强竞争力，促进客商经营积极性，达到扩大交易的目的。二者实际运用中的名目也很多，正确运用佣金和折扣可以起到灵活掌握价格的作用，但幅度的掌握必须恰如其分，应区别不同的商品、市场、交易对象等具体情况，否则，效果会适得其反。

佣金一般是由卖方收妥货款后，再另行付给中间商，折扣一般可由买方在付款时予以扣除，至于具体如何支付，则应按照买卖双方事前的约定办理。

二、佣金和折扣的表示方法

凡价格中包含佣金的，称含佣价（price including commission）。含佣价的表示方法有两种：一是在价格条件后加上代表佣金的缩写字母"C"和佣金率，如每公吨 200 美元 CIFC2% 伦敦（USD 250 Per Metric Ton CIFC2% London）；二是用文字说明，如每公吨 250 美元 CIF 伦敦包括佣金 3%（USD 250 Per Metric Ton CIF London including 3% commission）。

折扣一般用文字说明，如每公吨 200 美元 CIF 伦敦减 1%折扣（USD 200 Per Metric Ton CIF London Less 1% discount）。

不包括佣金或折扣的实际价格称为净价（net price）。为了明确说明成交的价格是净价，可在价格条件中加上"净价"字样。例如，每公吨 200 美元 CIF 净价伦敦（USD 250 Per Metric Ton CIF net London）。

三、佣金的计算方法和支付方式

在我国进出口业务中，一般是以发票金额（含佣价）为基数计算佣金的，即发票金额乘以佣金率。例如，每公吨 200 美元 CIFC2%伦敦，发票金额为每公吨 200 美元，佣金即为每公吨 4 美元。

在国际贸易的做法中，也有按 FOB 净价为基数计算佣金的，如按 CIF 买卖合同成交，双方商定以 FOB 净价为基数计算佣金，此时就必须将 CIF 价换算成 FOB 价，再计算应付的佣金。

佣金的支付方式一般有两种：一种是由中间代理商直接从货价中扣除佣金；另一种是在委托人收清货款后，再按事先约定的期限和佣金比率，另行付给中间代理商。无论采用哪一种支付方式，都应在合同中订明。另外，支付佣金时，应防止错付、漏付和重付等失误发生。

四、净价与含佣价的换算

净价与含佣价的差别是佣金，它们之间的换算公式为

$$佣金=含佣价×佣金率$$
$$净价=含佣价-含佣价×佣金率=含佣价×(1-佣金率)$$
$$含佣价=\frac{净价}{1-佣金率}$$

例 14-2　我国某出口公司向英国某商人出售一批货物，中方原报价为 CIFC3%伦敦 850 美元，后英商要求改报 CIFC5%。我方在净收益不变的情况下的报价为

$$净价=含佣价×(1-佣金率)=850×(1-3\%)=824.5（美元）$$

净收益不变，即 824.5 美元，佣金率为 5%时

$$含佣价=\frac{净价}{1-佣金率}=\frac{824.5}{1-5\%}=867.9（美元）$$

五、折扣的计算方法与支付方法

折扣通常是以成交额或发票金额为基础计算出来的，其计算方法为

折扣额=原价（或含折扣价）×折扣率

折后净价=原价-折扣额

例 14-3 CIF 伦敦价格为每公吨 1000 英镑，折扣率 2%，则卖方的净收入为

折扣额=原价（或含折扣价）×折扣率=1000×2%=20（英镑）

折后净价=原价-折扣额=1000-20=980（英镑）

折扣的支付方法一般是在买方支付货款时预先予以扣除，也有的折扣金额不直接从货价中扣除，而按暗中达成的协议另行支付给买方，这种做法通常在"暗扣"或"暗佣"时使用。

第七节　主要贸易术语的价格构成和换算方法

在国际货物贸易中，贸易术语通常是进出口商品单价的组成部分。例如，某商品单价为 USD200 Per Metric CIF London（每公吨 200 美元，CIF 伦敦）。由此可见，在确定进出口商品单价时，必然会涉及对贸易术语的选用问题。应当提出，合理选用贸易术语对促进成交、提高经济效益和顺利履行进出口合同有着重要的意义。

为了合理选用商品单价中的贸易术语，外贸从业人员不仅应了解各种常用的主要贸易术语的价格构成和价格换算，还应了解选用贸易术语的注意事项。

一、主要贸易术语的价格构成

（一）FOB、CFR 和 CIF 的价格构成

在我国海运进出口业务中，最常用的贸易术语是 FOB、CFR 和 CIF，这些贸易术语的价格构成通常包括进货成本、费用和净利润三方面内容，其中，费用的核算最为复杂，它包括国内费用和国外费用两部分。

1. 国内费用

国内费用的项目较多，主要包括下列各项：① 加工整理费用；② 包装费用；③ 保管费用（包括仓租、火险等）；④ 国内运输费用（出口商所在地仓库至装运港码头）；⑤ 证件费用（包括商检费、公证费、领事签证费、产地证费、许可证费、报关单费等）；⑥ 装船费（装船、起吊费和驳船费等）；⑦ 贴现利息和手续费等费用；⑧ 预计损耗（耗损、短损、漏损、破损、变质等）；⑨ 邮电费（电报、电传、邮件等费用）。

2. 国外费用

国外费用主要包括下列各项：① 国外运费（自装运港至目的港的海上运输费用）；② 国外保险费（海上货物运输保险）；③ 如有中间商，那么还应包括将支付给中间代理商的佣金。

3．计算公式

FOB、CFR 和 CIF 三种贸易术语的价格构成的计算公式为

$$FOB 价格=进货成本价+国内费用+净利润$$

$$CFR 价格=进货成本价+国内费用+国外运费+净利润$$

$$CIF 价格=进货成本价+国内费用+国外运费+国外保险费+净利润$$

（二）FCA、CPT 和 CIP 的价格构成

随着集装箱运输和国际多式联运的发展，国际商会制定的 FCA、CPT 和 CIP 三种贸易术语的适用范围也比较广，它们与 FOB、CFR 和 CIF 三种贸易术语相类似，其价格构成也包括进货成本、费用和利润三部分。由于这些贸易术语适用的运输方式不同，交货地点和交易方式也有差别，故其产生的具体费用就不尽相同。

FCA、CPT 和 CIP 三种贸易术语涉及的国内外费用如下。

1．国内费用

国内费用的项目较多，通常包括下列各项：① 加工整理费；② 包装费；③ 保管费（包括仓租、火险）；④ 国内运输费用（仓库至码头、车站、机场、集装箱运输场、集装箱堆场）；⑤ 拼箱费（如货物不够一整集装箱）；⑥ 证件费用（商检费、公证费、领事签证费、产地证费、许可证费、报关单费等）；⑦ 贴现利息和手续费等费用；⑧ 预计损耗（耗损、短损、漏损、破损、变质等）；⑨ 邮电费（如电报、电传、邮件等费用）。

2．国外费用

国外费用主要包括下列各项：① 国外运费（自出口国内陆起运地至国外目的地的运输费用）；② 国外保险费；③ 如果有国外中间商介入，还应该包括支付给中间代理商的佣金。

3．计算公式

FCA、CPT 和 CIP 三种贸易术语的价格构成的计算公式为

$$FCA 价格=进货成本价+国内费用+净利润$$

$$CPT 价格=进货成本价+国内费用+国外运费+净利润$$

$$CIP 价格=进货成本价+国内费用+国外运费+国外保险费+净利润$$

二、主要贸易术语的价格换算

在国际货物贸易中，交易双方都希望选用于己有利的贸易术语。例如，在洽商交易过程中，一方对另一方提出的贸易术语不同意，希望对方改用其他贸易术语报价，这就需要了解贸易术语的价格换算。

（一）FOB、CFR 和 CIF 三种价格的换算

CIF 的价格构成为

$$CIF 价格=FOB 价格+国外运费+国外保险费$$

这里要特别注意的是，国外保险费是以 CIF 价格为基础计算的。如果写明保险费的计算办法，则应为

$$CIF 价格=FOB 价格+CIF 价格×投保加成×保险费率+国外运费$$

如已知 FOB 价格，现改报 CFR 价格或 CIF 价格，则 CFR 价格和 CIF 价格分别为

$$CFR 价格=FOB 价格+国外运费$$

$$CIF 价格 = \frac{FOB 价格+国外运费}{1-投保加成 \times 保险费率}$$

如已知 CIF 价格，现改报 FOB 价格或 CFR 价格，则 FOB 价格和 CFR 价格分别为

$$FOB 价格=CIF 价格-保险费-国外运费$$

$$=CIF 价格 \times (1-保险加成 \times 保险费率)-国外运费$$

$$CFR 价格=CIF 价格-保险费$$

$$=CIF 价格 \times (1-保险加成 \times 保险费率)$$

如已知 CFR 价格，现改报 FOB 价格或 CIF 价格，则 FOB 价格和 CIF 价格分别为

$$FOB 价格=CFR 价格-国外运费$$

$$CIF 价格 = \frac{CFR 价格}{1-投保加成 \times 保险费率}$$

（二）FCA、CPT 和 CIP 三种价格的换算

CIP 的价格构成应为

$$CIP 价格=FCA 价格+国外保险费+国外运费$$

特别要注意的是，保险费应以 CIP 价格为基础计算。如果写明保险费的计算办法，则

$$CIP 价格=FCA 价格+CIP 价格 \times 投保加成 \times 保险费率+国外运费$$

这样，如已知 FCA 价格，现改报 CPT 价格或 CIP 价格，则 CPT 和 CIP 价格分别为

$$CPT 价格=FCA 价格+国外运费$$

$$CIP 价格 = \frac{FCA+国外运费}{1-投保加成 \times 保险费率}$$

如已知 CIP 价格，现改报 FCA 价格或 CPT 价格，则 FCA 价格和 CPT 价格分别为

$$FCA 价格=CIP 价格-保险费-国外运费$$

$$=CIP 价格 \times (1-保险加成 \times 保险费率)-国外运费$$

$$CPT 价格=CIP 价格-保险费$$

$$=CIP 价格 \times (1-保险加成 \times 保险费率)$$

如已知 CPT 价格，现改报 FCA 价格或 CIP 价格，则 FCA 价格和 CIP 价格分别为

$$FCA 价格=CPT 价格-国外运费$$

$$CIP 价格 = \frac{CPT 价格}{1-投保加成 \times 保险费率}$$

第八节　出口商品成本核算

一、出口商品的成本核算

在国际贸易业务中，为了做到心中有数，一般要核算成本、利润等指标，在出口业务

中也可同时用下列公式核算业务的效益。

（一）出口盈亏率的核算

$$出口商品盈亏率 = \frac{出口盈亏额}{出口总成本} \times 100\%$$

$$= \frac{出口销售人民币净收入 - 出口总成本}{出口总成本} \times 100\%$$

使用该公式时应注意以下两点。

（1）出口销售人民币净收入是根据出口商品的 FOB 价格，按外汇牌价折合成人民币的数额。

（2）出口盈亏额是指出口销售人民币净收入与出口总成本的差额。正数为盈利额，负数为亏损额。

例 14-4　某商品的出口总成本为 CNY47 000，出口后的外汇净收入为 USD10 000。设中国银行外汇牌价每 100 美元合人民币 6.0 元，则盈利率为

$$出口盈亏额 = 10\,000 \times 6.0 - 47\,000 = 13\,000（元人民币）$$

$$出口商品的盈利率 = \frac{出口盈亏额}{出口总成本} \times 100\%$$

$$= (13\,000 \div 47\,000) \times 100\%$$

$$= 27.66\%$$

说明每出口 100 美元商品盈利 27.66 美元。

（二）出口换汇成本的核算

出口商品的换汇成本是指商品出口净收入 1 美元所需要的人民币成本，即用多少人民币才能换回 1 美元，其计算公式为

$$换汇成本 = \frac{出口总成本（本币）}{出口外汇净收入（美元）}$$

核算换汇成本的主要意义有以下几点。

（1）比较不同类出口商品的换汇成本，以便调整出口商品的结构。

（2）对同类商品比较出口到不同国家或地区的换汇成本，以作为选择市场的依据。

（3）比较同类商品不同时期的换汇成本的变化，以便于改善经营管理措施和采取扭亏为盈的有效措施。

例 14-5　某公司出口棉袜，每打的出口总成本为人民币 10 元，出口价格为每打 5 美元 CIFC3%某港（设运费为 0.35 美元，保险费为 0.02 美元，佣金为 0.15 美元），则该商品的换汇成本为

$$出口外汇净收入 = 5 - 0.35 - 0.02 - 0.15 = 4.48（美元）$$

$$换汇成本 = \frac{出口总成本（本币）}{出口外汇净收入（美元）} = \frac{10}{4.48} = 2.2（人民币元/美元）$$

说明每出口 2.2 元人民币的商品即可换回 1 美元。

换汇成本可以与当下的外汇牌价比较，以判断出口商品是否有利可图。

（三）外汇增值率的计算

外汇增值率又叫创汇率，是指成品出口后的外汇净收入与原料外汇成本的比率，其计算公式为

$$外汇增值率 = \frac{成品出口外汇净收入 - 进口原料外汇成本}{进口原料外汇成本} \times 100\%$$

计算外汇增值率应注意以下几个问题。

（1）进口原料不论按何种价格成交，一律应折合成 CIF 价格计算。

（2）成品出口时，不论按何种价格成交，一律按 FOB 价格作为成品出口外汇净收入。

（3）如果原辅料全系国产的或出口成品中部分辅料是国产的，其外汇成本应比照出口该原辅料的 FOB 价格计算。

例 14-6 某进出口公司按 CIF 价进口原棉一批共花外汇 45 000 美元。经加工为印花布出口，净收入为 59 000 美元，则该笔业务的外汇增值率为

$$外汇增值率 = \frac{成品出口外汇净收入 - 进口原料外汇成本}{进口原料外汇成本} \times 100\%$$

$$= \frac{59\,000 - 45\,000}{45\,000} \times 100\% = 31.1\%$$

说明进口 1 美元的原料加工后再出口的成品价值相当于 1.311 美元，增值 31.1%。

二、采购成本的核算

对于出口商而言，成本就是采购成本，供货商所报的价格一般就是采购成本。供货商报出的价格一般包含税收，即增值税。增值税是以商品进入流通环节所发生的增值额为课税对象的一种流转税。国家为鼓励出口，提高本国商品的竞争力，往往对出口商品采取按增值税款金额或按一定比例退还的做法（也就是出口退税），因而在核算成本时应将出口退税减去。计算公式为

$$购货成本 = 货价 + 增值税额$$
$$= 货价 + 货价 \times 增值税率$$
$$= 货价 \times (1 + 增值税率)$$

$$货价（净价）= \frac{购货成本}{1 + 增值税率}$$

$$实际成本 = 购货成本 - 出口退税额$$
$$= 货价 \times (1 + 增值税率) - 货价 \times 出口退税率$$
$$= 货价 \times (1 + 增值税率 - 出口退税率)$$
$$= \frac{购货成本}{1 + 增值税率} \times (1 + 增值税率 - 出口退税率)$$

$$购货成本 = \frac{实际成本 \times (1+增值税率)}{1+增值税率-出口退税率}$$

$$退税收入 = 货价 \times 出口退税率 = \frac{购货成本}{1+增值税率} \times 出口退税率$$

例 14-7 某商品每件购货成本是 200 元，其中包括 17% 的增值税，若该商品出口可以退税 9%，那么该商品（每件）的实际成本为

$$实际成本 = \frac{购货成本}{1+增值税率} \times (1+增值税率-出口退税率)$$

$$= \frac{200}{1+17\%} \times (1+17\%-9\%) = 184.6 （元）$$

三、出口退税条件下的商品成本核算

（一）出口商品盈亏率

出口商品盈亏率是指出口商品盈亏额与出口商品总成本的比率，该比率为正时，表示盈利，为负则意味着亏本，计算公式为

$$出口商品盈亏率 = \frac{出口商品盈亏额}{出口商品总成本} \times 100\%$$

其中，出口总成本包含原料成本、生产加工费、加工损耗、管理费用、机器损耗、国内运费、税金和杂费等。由于目前大部分企业仍享有出口退税待遇，因此出口成本中应减掉这部分退税收入，即

出口商品总成本（退税后）=出口商品采购成本（含增值税）+定额费用-出口退税收入

其中，定额费用=出口商品采购进价×费用定额率（5%～10%）。定额费用一般包括生产加工费、银行利息、交通费用、管理费用和仓储费用等。

以 FOB 对外报价时，出口商品盈亏额=出口销售人民币总收入-出口总成本。

以 CIF 对外报价时，出口商品盈亏额=出口销售人民币总收入-国际运费-保险费-出口总成本。

例 14-8 某服装进出口公司对外报价为每打 USD280.00 CIF NEW YORK，总计 300 打，原料采购成本（含 17% 的增值税）为 CNY300 000.00，生产加工费 CNY100 000.00，加工损耗为 2%，管理费用为 10%，仓储费用为 6%，退税率为 12%，运费为每打 USD10.00，保险费为每打 USD1.00，若暂不考虑机器损耗和其他杂费，以买入价 USD1=CNY6.0（为美元的买入价）计算该出口商品盈亏率。

需要注意的是，计算盈亏率的时候应首先将货币统一，其方法如下。

（1）出口销售人民币总收入=280.00×300×6.0=504 000CNY

（2）出口商品总成本=300 000.00+100 000.00+300 000.00×(2%+10%+6%)-300 000.00÷(1+17%)×12%=423 231CNY

（3）出口商品盈亏额=出口销售人民币总收入-出口总成本-运费-保费

$$=504\ 000-423\ 231-(3000+300) \times 6.0$$

$$=60\ 969CNY$$

（4）出口商品盈亏率$=\dfrac{60\,969}{423\,231}\times 100\%=14\%$

从上面的例子中可以看出，出口商品的盈利不仅与生产过程的成本有关，而且还与本币和进口国货币的比价有直接关系。

（二）出口商品换汇成本

出口商品换汇成本是指通过商品出口，用多少本币可以换回一个单位外币的比率。这项指标较为直观，在实际业务中常被采用，其计算公式为

$$换汇成本=\dfrac{出口总成本（本币）}{出口商品的外汇净收入（FOB 价）}$$

换汇成本核算盈亏的方法是将计算出的换汇成本与银行外汇买入价进行比较，如果计算出的换汇成本大于外汇买入价，则表示亏损，反之则意味着盈利。

如前例，出口商品的外汇净收入（FOB 价）=USD84 000.00-USD3000.00-USD300.00

=USD 80 700.00

出口总成本为 423 231CNY，则换汇成本=423 231/80 700 = 5.24CNY/USD

可以理解为，通过出口该商品，每换回 1 美元用 5.24 元人民币，而外汇牌价为每买入 1 美元用 6.0 元人民币，因此每换回 1 美元可盈利 6.0-5.24=0.76 元人民币（6.0-5.24），盈利率为 14%（0.76÷5.24×100%），与前例的计算结果相吻合。

（三）出口商品盈亏核算实例分析

例 14-9　上海市×××进出口公司向美国 CRYSTAL KOBE LTD.的报价，核算上海市×××公司的出口商品盈亏率和出口商品换汇成本。报价资料显示：每打 CIFC3% NY48.5 美元，共 500 打女士短衫。含增值税17%的成本是 17.41CNY/PIECE，退税率为 9%。国内费用包括运杂费 860 元人民币；商检报关费 150 元人民币；港区杂费 600 元人民币；认证费 80 元人民币；业务费 1000 元人民币；其他费用 800 元人民币。海洋运输费用为 2070 美元。海运保险，按 CIF 价格加 10%投保中国人民保险公司海运货物保险条款中的一切险和战争险，其保险费率合计为 0.85%。当时的汇率为 6.0 元人民币兑换 1 美元。

出口商品盈亏率的核算如下。

（1）出口销售人民币总收入=48.50×6.0×500=145 500CNY

（2）出口商品总成本=104 460+3490-8035.3846=99 014.6154CNY

（3）出口商品盈亏额=出口销售人民币总收入-运费-保险费-出口总成本

=145 500×（1-3%）-2070×6.0-145 500×（1+10%）×0.85%

-99 014.6154

=28 339.9596CNY

（4）出口商品盈亏率$=\dfrac{28\,339.9596}{99\,014.6154}\times 100\% = 28.62\%$

出口商品换汇成本的核算如下。

出口商品的外汇净收入（FOB 价）=145 500÷6.0×(1–3%)–2070–145 500÷6.0×110%×0.85%

$$=23\ 522.50-2070-226.7375$$

$$=21\ 225.7625USD$$

出口总成本=99 014.6154CNY

$$换汇成本=\frac{99\ 014.6154CNY}{USD21\ 225.7625}=4.6648（CNY/USD）$$

可以理解，上海市×××进出口公司通过出口该商品，每换回 1 美元用 4.6648 元人民币，而外汇牌价为每买入 1 美元用 6.0 元人民币，因此每换回 1 美元可盈利 1.3352（6.0–4.6648）元人民币，盈利率为 28.62%（1.3352÷4.6648×100%），与前例的计算结果相吻合。

第九节　买卖合同中的价格条款

一、价格条款的基本内容

国际货物买卖合同中的价格条款一般包括单价（unit price）和总值或总金额（total amount）两个项目。

（一）单价

国际货物买卖合同中的单价比国内贸易的单价要复杂，它由计量单位、单位价格金额、计价货币和贸易术语四项内容组成。例如，

每公吨	200	美元	CIF 伦敦
（计量单位）	（单位价格金额）	（计价货币）	（贸易术语）

英文表述为 US$200 Per Metric Ton CIF London。单价的各个组成部分必须表达明确、具体，不能有误，并且应注意四个部分在中、外文书写上的不同先后次序，不能任意颠倒。如前所述，单价中也可包括佣金和折扣等。

（1）计量单位。一般来说，计量单位应与数量条款所用的计量单位一致。例如，计量单位为公吨，则数量和单价中均应用公吨，而不能用长吨或短吨。

（2）单位价格金额。单位价格金额应按双方协商一致的价格正确填写在书面合同中，如金额写错，就容易引起争议，甚至会导致不必要的损失。因为写错单位价格金额或书面合同中的其他条款，若经当事人双方签署确认，按国际贸易惯例可以否定或改变磋商时决定的条件。

（3）计价货币。不同国家（或地区）使用不同的货币，有的使用的货币名称相同，但其币值不同，如"元"有"美元""加元""日元""港元"等。因此，在表示计价货币时，必须明确是哪一个国家的货币。同时，单价和总金额所用的货币必须一致。

（4）贸易术语。贸易术语一方面表明商品的价格构成，另一方面也表明合同的性质。在贸易术语的表达中，一方面要注意运用变形来表明术语本身尚不能明确的责任、义务的

划分（如装、卸货费用，佣金和折扣等）；另一方面必须根据不同术语的含义加注装运港（发货地或目的地）。例如，F 组术语后必须加注装运港（发货地），C 组术语后则必须注明目的港（目的地）。由于国际上同名的港口和城市不少，因此还必须加注国别或地区名称，以防误解。

（二）总值或总金额

总值是单价和数量的乘积。在总值项下一般也同时列明贸易术语。如果一份合同中有两种以上的不同单价，就会有两个以上的金额，几个金额相加再形成总值或总金额。总值所使用的货币必须与单价所使用的货币一致，总值除用阿拉伯数字填写外，一般还用文字表示。填写金额要求认真细致，计算正确，防止差错。

二、规定价格条款应注意的问题

（一）适当确定单价水平，防止偏高或偏低

首先要贯彻我国进出口商品作价原则，灵活运用差价规则，结合销售意图，确定适当的价格水平。出口商品价格过高不利于市场的开拓，甚至会导致市场的丧失，价格偏低又会使外汇收入减少。同时，必须掌握各类货物的价格弹性特征，对于一些价格弹性低的商品，低廉的价格并不能起到扩大销售和增加外汇收入的效果。如果进口合同价格偏高就会造成外汇的浪费，影响进口经营的经济效益。

（二）争取选择有利的计价货币或加订保值条款

计价货币的选择会直接影响进出口业务的经济效益，由于国际上一些货币的币值具有不稳定性，为了避免由于货币币值不稳定带来的风险损失，出口合同应争取采用"硬币"，进口合同应尽量选用"软币"，否则应考虑通过加订保值条款来避免货币币值变动的风险。

（三）根据货源与船源选择适当的贸易术语

根据货源的特征及我国船源的供给状况选用适当的贸易术语对于更好地履行合同，促进我国运输事业的发展都有着重要的意义。

（四）避免承担价格风险

对于国际货物买卖中价格变动剧烈、波动幅度大的敏感性商品，规定价格水平时，应掌握价格波动趋势。在出口业务中，货物价格必须考虑价格趋涨的因素。一般来说，敏感性商品的交货期不能太长，多次分期装运的货物不宜一次将价格固定。另外，在有溢短装的情况下，必须对溢短装部分的价款做明确规定。

📓 本章小结

贸易术语又称价格术语或价格条件，来源于国际贸易惯例，是在国际贸易长期实践的

基础上逐渐形成与发展起来的，不仅可用来表示买卖双方各自承担的责任、费用和风险的划分，而且还用来表示商品的价格构成。

有关贸易术语的国际贸易惯例主要有《1932 年华沙-牛津规则》《1941 年美国对外贸易定义修订本》《2010 年国际贸易术语解释通则》。其中，《2010 年通则》是包括内容最多、使用范围最广和影响最大的一种。

国际货物价格主要包括佣金和折扣、出口成本核算和常用术语的换算等内容，掌握这些知识对于正确订立价格条款、提高出口企业的经济效益至关重要。

本章重要概念

FOB	CIF	CIP	实际交货	象征性交货
FCA	CPT	CFR	贸易术语	国际贸易惯例
出口总成本		出口外汇净收入		出口销售人民币净收入
出口换汇成本		出口盈亏额		出口盈亏率
固定价格		非固定价格		佣金
含税购货成本		实际采购成本		折扣

思考题

1. 什么叫贸易术语？为什么要在国际贸易中使用贸易术语？

2. 简述 FOB、CFR、CIF 三种贸易术语和 FCA、CPT、CIP 三种术语的异同。

3. 比较 FOB、CFR、CIF 三种贸易术语的异同。

4. 关于贸易术语的国际贸易惯例有哪些？

5. 上海某外贸公司以 CFR 贸易术语与 B 国的 H 公司成交一批消毒碗柜的出口合同，合同规定装运时间为 4 月 15 日前。出口方备妥货物并于 4 月 8 日装船完毕，由于遇星期日休息，出口公司的业务员未及时向买方发出装运通知，导致买方未能及时办理投保手续，而货物在 4 月 8 日晚因发生了火灾被烧毁。请问货物损失责任由谁承担？为什么？

6. 上海 A 公司与荷兰 B 客商以 CIF 条件成交一笔交易，合同规定以信用证为付款方式。卖方收到买方开来的信用证后及时办理了装运手续并制作好一整套结汇单据。卖方准备到银行办理议付手续时收到买方来电，得知载货船只在航海运输途中遭遇意外事故，大部分货物受损，据此，买方表示将等到具体货损情况确定以后才同意银行向卖方支付货款。请问：

(1) 卖方可否及时收回货款？为什么？

(2) 买方应如何处理此事？

7. 下列出口单价的写法是否正确？如有错误或不完整，请更正或补充。

（1）每码 3.5 元 CIF 香港；

（2）每箱 400 英镑 CFR 英国；

（3）每吨 1000 美元 FOB 伦敦；

（4）每打 200 欧元 CFR 净价含 2%佣金；

（5）1000 美元 CIF 上海减 1%折扣。

8. 上海某外贸公司出口一批商品，国内进货价共 10 000 元人民币，加工费支出为 1500 元人民币，商品流通费为 1000 元人民币，税金支出为 100 元人民币，该批商品出口销售外汇净收入为 2000 美元。试计算：

（1）该批商品的出口总成本。

（2）该批商品的出口销售换汇成本。

（3）该商品的出口销售盈亏率。

（已知当天的汇率为 USD100=RMB804.49～807.71）

9. 上海某公司出口某商品 1000 箱，对外报价为每箱 22 美元 FOBC3%广州，外商要求将价格改报为每箱 CIFC5%汉堡。已知运费为每箱 1 美元，保险费为 CIF 加成 10%，投保一切险，保险费率为 0.8%。请问：

（1）要保持出口外汇净收入不变，CIFC5%应改报为多少？

（2）已知进货成本为 160 元人民币/箱，每箱的商品流通费为进口成本的 3%，出口退税为 30 元/箱，该商品的出口销售盈亏率及换汇成本是多少？

（已知当天的汇率为 USD100=RMB804.49～807.71）

学生课后参考阅读文献

[1] 国际商会. 国际贸易术语解释通则 2010[M]. 北京：中国民主法治出版社，2011.

[2] 帅建林. 国际贸易实务[M]. 北京：对外经济贸易大学出版社，2008.

[3] 侯学文. 国际贸易实务[M]. 北京：清华大学出版社，2009.

[4] 陈宪，韦金鸾，应诚敏. 国际贸易理论与实务[M]. 北京：高等教育出版社，2009.

[5] 宫焕久，许源. 进出口业务教程[M]. 上海：上海人民出版社，2007.

[6] 吴国新，毛小明. 国际贸易实务[M]. 3 版. 北京：清华大学出版社，2019.

[7] 查德利. 国际贸易实务[M]. 重庆：重庆大学出版社，2002.

[8] 中国国际商会官网（http://www.ccoic.cn）

第十五章　国际货物运输

学习目的和要求

通过本章的学习，掌握海洋运输、集装箱运输和国际多式联运等各种运输方式和各种不同的运输单据；熟悉班轮运费的结构与计算方法；掌握国际货物买卖合同中的装运条款。

开篇案例：清洁提单的内涵

【案情】

某货代公司在制单时，提单上有如下批注：

Shipper's load, count and seal, Carriers not responsible for quality, quantity, packing, condition and/or nature of goods.

【讨论】

这是否构成不清洁提单？

【分析】

这不是不清洁提单。所谓不清洁提单，是指承运人在提单上加注有货物及包装状况不良或存在缺陷的批注的提单。例如，"被雨淋湿""三箱玷污"等类似批注。而 shipper's load, count and seal 是集装箱整箱货条件下表明货主装箱、计数和封箱，后面内容表示承运人对商品的质量、数量和包装状况不负责任。

本章将要介绍不同种类的提单及其各自的特征。

第一节　国际货物运输方式

国际货物运输方式的种类很多，其中包括海洋运输、铁路运输、公路运输、航空运输、邮包运输、管道运输和国际多式联运等，具体应由买卖双方在磋商交易时约定。我国对外贸易货物中，绝大部分通过海洋运输，少部分通过铁路运输，也有一些货物采用空运等其他运输方式。在我国外贸企业中，根据进出口货物的特点、运量的大小、路程的远近、需要的缓急程度、运费的高低、风险的程度、装卸的情况、气候、自然条件以及国际政治形势的变化等因素合理选择和正确利用各种运输方式有着重要的意义。

一、海洋运输

国际海上货物运输是指使用船舶通过海上航道在不同国家和地区的港口之间运送货物的一种方式。海洋运输是国际贸易中最主要的运输方式，我国进出口货运总量的 80% 都是通过海洋运输方式运送的。由于海洋运输通过能力强、运输量大且运费低廉，对货物的适应性强，因此许多国家，特别是沿海国家的进出口货物，大部分都采用这种方式。但海洋运输易受自然条件和气候的影响（如暴风巨浪、港口冰封），风险较大且航行速度较慢，因此不宜经受长途运输的货物以及急需和易受气候条件影响的货物一般不宜采用这种运输方式。

按船公司对船舶经营方式的不同，海洋商船可分为班轮（liner）和不定期船（tramp）两种类型，这两种类型的船舶在经营上各有其特点，故海洋运输又可分为班轮运输（liner transport）和租船运输（charter transport）两种方式。

（一）班轮运输

班轮运输通常是指在预先固定的航线和港口往返运载货物，按照预先规定的时间表航行并且由船方负责装卸，其运费按相对固定费率收取的运输方式。

在班轮运输条件下，船方出租的不是整船，而是部分舱位，因此凡班轮停靠的港口，一般不论货物数量多少，都能接受装运。这对于成交数量少、批次多、交接港口分散的货物运输比较合适。

1．班轮运输的特点

（1）"四固定"，即航线、挂港、船期、运价比较固定。

（2）同一航线上的船型相似并保持一定的航班密度。

（3）因在班轮运费中包括装卸费，故班轮运货的港口装卸费由船方负担。

（4）班轮承运货物比较灵活，不论数量多少，只要有舱位，都接受装运。因此，少量货物或件杂货通常采用班轮运输。

（5）班轮不必签订运输契约。

2．班轮运费

运费是承运人根据运输契约完成货物运输后从托运人处收取的报酬，即货主因承运人运输货物，而向其支付的货币对价。运费与运价的关系是运费等于运价与运量之积，即

$$F = Q \times f$$

式中：F 为运费；Q 为运量；f 为运价。

班轮运费包括基本运费和附加运费两部分。基本运费是对任何一种托运货物计收的运费；附加运费是根据货物种类或不同的服务内容，视不同情况而加收的运费，可以说是由于在特殊情况下或者临时发生某些事件的情况下而加收的运费。附加运费可以按每一计费吨加收，也可按基本运费的一定比例计收。

（1）基本运费。基本运费是指对运输每批货物所应收取的最基本的运费，是整体运费的主要构成部分，是根据基本运价和计费吨计算出来的。基本运价按航线上基本港之间的

运价给出，是计算班轮基本运费的基础。基本运价的确定主要反映了成本定价原则，确定费率的主要因素是各种成本支出，主要包括船舶的折旧或租金、燃油费、修理费、港口费、管理费、职工工资等。

基本运价有多种形式，如普通货物运价、个别商品运价、等级运价、协议运价、集装箱运价等，而根据货物特性等所确定的特别运价有军工物资运价、高价货运价、冷藏运价、危险品运价、甲板货运价、小包裹运价等。

（2）附加运费。基本运费是构成全程运费中应收运费的主要部分，是根据航线上的各基本港之间进行运输的平均费用水平向普通货物收取的费用。而实际上，经常有一些需要特殊处理的货物，如有需要加靠非基本港或转船接运的货物，则需支付附加费用；即使是基本港口之间的运输，也因为基本港的自然条件、管理规定、经营方式等情况的不同而导致货物运输成本的差异，这些都需要班轮公司在运营管理中支付相应的费用。为了使这些增加开支得到一定的补偿，需要在基本运费的基础上，在计算全程运费时计收一定的追加额，这一追加额就是构成班轮运费的另一组成部分，即附加运费。

附加运费的种类主要有以下几种。

① 燃油附加费（bunker adjustment factor，BAF）。这是由于燃油价格上涨，使船舶的燃油费用支出超过原核定的运输成本中的燃油费用，承运人在不调整原定运价的前提下，为补偿燃油费用的增加而计收的附加费。

② 货币贬值附加费（currency adjustment factor，CAF）。这是由于国际金融市场汇率发生变动，计收运费的货币贬值，使承运人的实际收入减少，为了弥补货币兑换过程中的汇兑损失而计收的附加费。

③ 港口附加费（port additional）。港口装卸效率低、港口使费过高或存在特殊的使费（如进出港要通过闸门等）都会增加承运人的运输经营成本，承运人为了弥补这方面的损失而计收的附加费称为港口附加费。

④ 港口拥挤附加费（port congestion surcharge）。由于港口拥挤，船舶抵港后需要长时间等泊位而产生额外费用，为补偿船舶延误损失而计收的附加费称为港口拥挤附加费。

⑤ 转船附加费（transshipment additional）。运输过程中货物需要在某个港口换装另一船舶运输时，承运人计收的附加费称为转船附加费。

⑥ 超长附加费（long length additional）。由于单件货物的外部尺寸超过规定的标准，运输时需要特别操作，从而产生额外费用，承运人为补偿这一费用所计收的附加费称为超长附加费。

⑦ 超重附加费（heavy life additional）。它是指每件商品的毛重超过规定重量时所增收的附加运费。

⑧ 直航附加费（direct additional）。这是托运人要求承运人将其托运的货物从装货港不经过转船而直接运抵航线上某一非基本港时所计收的附加费。

⑨ 洗舱附加费（cozening fee）。船舶装载了污染货物或因为有些货物的外包装破裂、内容物外泄时，为不再污染以后装载的货物，必须在卸完污染货物后对货舱进行清洗，承运人对由此而支出的费用所计收的附加费称为洗舱附加费。

⑩ 变更卸货港附加费（alteration of discharging port additional）。由于收货人变更、交货地变更或清关问题等需要，有些货物在装船后必须变更卸货港，而货物不在提单上原定的卸货港卸货而计收的附加费称为变更卸货港附加费。

⑪ 绕航附加费（deviation surcharge）。它是指因某一段正常航线受战争等影响发生运河关闭或航道阻塞等意外情况，迫使船舶绕道航行，延长运输距离而计收的附加运费。

⑫ 旺季附加费（peak season surcharge）。这是目前在集装箱班轮运输中出现的一种附加费，它是在每年运输旺季时，承运人根据运输供求关系状况而加收的附加费。

⑬ 超额责任附加费（additional for excess of liability）。这是托运人要求承运人承担超过提单上规定的赔偿责任限额时承运人计收的附加费。

【思考】

上海某出口公司同伊拉克某公司签订销售合同一份，价格条件为 CFR 巴士拉。由于合同中既未规定"港口拥挤费由买方负担"的条款，报价时又未把拥挤费因素考虑在内，结果交货时，巴士拉港口空前拥挤，船舶候泊时间长达 65 天，港口拥挤费增加至基本运费的 300%，致使运费在货价中所占比重高达 96%。这一笔交易使该上海公司损失人民币 50 多万元。

请问上海某公司从中能吸取什么教训？

（3）计费标准。班轮运费的计费标准（freight basis）也称计算标准，是指计算运费时使用的计算单位，涉及的基本概念有运费吨、起码运费等。运费吨是计算运费的一种特定的计费单位，通常取重量和体积中相对值较大的为计费标准，以便对船舶载重量和舱容的利用给予合理的费用支付。例如，100 个纸箱包装的纸制品重 1.2 吨，体积为 15 立方米，它的运费吨按照 15 立方米计算。而 100 箱的铁钉重 9000 千克，体积为 2.6 立方米，它的运费吨则计为 9 吨。在运价表中，运费吨一般表示为 FT（freight ton）或 W/M（weight/measurement）。

起码运费（minimum rate/minimum freight），也称起码提单，指以一份提单为单位最少收取的运费。承运人为维护自身的最基本收益，对小批量货物收取起码运费，用以补偿其最基本的装卸、整理、运输等操作过程中的成本支出。不同的承运人使用不同的起码运费标准，件杂货和拼箱货一般以 1 运费吨为起码运费标准。有的以提单为单位收取起码运费，按提单为标准收取起码运费后不再计收其他附加费。

班轮运输中主要使用的计费标准是按容积和重量计算运费，但对于贵重商品，则按货物价格的某一百分比计算运费。对于某些特定的商品，也可能按其某种包装状态的件数计算运费。某些商品可按实体个数或件数计算运费，如活牲畜按每头（per head）计收，车辆按每辆（per unit）计收以及按承运人与托运人双方临时议定的费率（open rate）计收运费等。按临时议定的费率计收运费多用于低价商品的运输。

在集装箱运输中，有按每一个集装箱计算收取运费的规定。此时，根据集装箱的箱型、尺寸可规定不同的费率（box rate）。

（4）杂货班轮运费的计算方法。

① 运费计算公式。杂货班轮运费是由基本运费和各项附加运费所组成的，其计算公式为

$$F = F_b + \sum S$$

式中：F 为运费总额；F_b 为基本运费额；S 为某一项附加费。

基本运费是所运商品的计费吨（重量吨或容积吨）与基本运价（费率）的乘积，即

$$F_b = Q \times f$$

式中：Q 为计费吨；f 为基本运价。

附加运费是各项附加费的总和，各项附加费均按基本运费的一定百分比计算时，附加费的总额应为

$$\sum S = F_b \times (s_1 + s_2 + \cdots + s_n)$$
$$= Q \times f \times (s_1 + s_2 + \cdots + s_n)$$

式中：$s_1, s_2, \cdots, s_n$ 分别为某一项附加费率，因此运费总额的计算公式为

$$F = F_b + \sum S = Q \times f + f \times Q \times (s_1 + s_2 + \cdots + s_n)$$
$$= Q \times f \times (1 + s_1 + s_2 + \cdots + s_n)$$

上述公式也可以表示为

班轮运费=基本运费+附加运费=计费吨×基本运费×(1+附加费率之和)

应当注意的是，虽然在实践中通常是按以上计算公式进行计算，但在货币贬值附加费以百分比的计算形式出现时，理论上在其他附加费中还应包括货币贬值的因素，即货币贬值附加费的计算不但要按基本运费的一定百分比，还要按其他附加费的一定百分比计收。

如果燃油附加费增收 10%，货币贬值附加费增收 10%，由于存在货币贬值附加费，因此两项附加费合起来并不是增收 20%，而是增收 21%。实践中，有时为了计算方便，人们才将两项附加费相加计算。

当附加费率按每计费吨加收若干的形式规定时，则附加费的总额应为

$$\sum S = Q \times (s_1 + s_2 + \cdots + s_n)$$

此时的运费总额计算公式为

$$F = F_b + \sum S$$
$$= Q \times f + Q \times (s_1 + s_2 + \cdots + s_n)$$
$$= Q \times (f + s_1 + s_2 + \cdots + s_n)$$

② 从价运费计算中的货物价格换算。从上述定义可知，从价运费是按货物的 FOB 价格的某一百分比计算的。但是，某些贸易合同可能是以 CIF 价格成交的，所以要将 CIF 价格换算为 FOB 价格之后，再算出从价运费。

按照一般的贸易习惯，可按 CFR 价格是 CIF 价格的 99%的比例，通过以下关系式求得 FOB 价格。

CFR=0.99CIF

FR=FOB（Ad.Val.）

CFR=FOB+FR=FOB+FOB（Ad.Val.）=FOB×(1+Ad.Val.)

$$FOB = \frac{CFR}{1 + Ad.Val.} = \frac{0.99CIF}{1 + Ad.Val.}$$

例 15-1 出口货物共 100 箱，报价为每箱 4000 美元 FOB 某港，基本费率为每运费吨 26 美元或 1.5%，以 W/M or Ad.Val.选择法计算，每箱体积为 1.4m×1.3m×1.1m，毛重为每箱 2 公吨并加收燃油附加费 10%，则总运费为

每箱基本运费：

按 "W" 计算：26×2=52（美元）

按 "M" 计算：26×1.4×1.3×1.1=52.05（美元）

按 "Ad.Val." 计算：4000×1.5%=60（美元）

三者比较，可知该批货物每箱的基本运费为 60 美元，则

总运费=60×(1+10%)×100=6600（美元）

（二）租船运输

租船运输（carriage of goods by chartering）是相对于班轮运输的另一种海上运输方式，其既没有固定的船舶班期，也没有固定的航线和挂靠港，而是按照货源的要求和货主对货物运输的要求安排船舶航行计划，组织货物运输。因此，租船运输又被称为不定期船运输（tramp shipping）。相对于班轮运输业务而言，各国政府对租船运输业务几乎不采取任何管制措施，在不影响各国公共利益的情况下，几乎完全按照 "合同自由" 的原则，交由承租双方进行自由的协商。

1. 租船运输的特点

租船运输中，船舶的营运是根据船舶所有人与承租人双方签订的租船合同来进行的，一般进行的是特定货物的运输。船舶所有人提供的是货物运输服务，而承租人则按约定的租金率或运价支付运费。因此，区别于班轮运输，租船运输具有以下特点。

（1）按照船舶所有人与承租人双方签订的租船合同安排船舶航线，组织运输；没有相对于班轮运输的船期表和航线。

（2）适合于大宗散货运输，货物的特点是批量大、附加值低、包装相对简单。因此，租船运输的运价（或租金率）相对于班轮运输较低。

（3）舱位的租赁一般以提供整船或部分舱位为主，主要是根据租约来定。另外，承租人一般可以将舱位或整船再租与第三人。

（4）船舶营运中的风险以及有关费用的负担责任由租约约定。

（5）租船运输中提单的性质完全不同于班轮运输，它不是一个独立的文件，对于承租人和船舶所有人而言，仅相当于货物收据，这种提单要受租船契约约束，银行不乐意接受这种提单，除非信用证另有规定。当承租人将提单转让于第三人时，提单起着权利凭证的作用，而在第三人与船舶所有人之间，提单则是货物运输合同的证明。

（6）承租人与船舶所有人之间的权利和义务是通过租船合同来确定的。

（7）租船运输中的船舶港口使用费、装卸费及船期延误费，按租船合同规定由船舶所有人和承租人分担、划分及计算，而班轮运输中船舶的一切正常营运支出均由船方负担。

2. 租船运输的类型

在租船实务中，承租人所要运输的货物可能是一次性的、单向的，也可能是长期的、往返的。此外，承租人有时并不是要运输自己的货物，而是租进一条船舶进行揽货运输，这样就带来了租船运输方式的多样性。目前，航运业主要的租船运输经营方式有航次租船（voyage charter，trip charter）、定期租船（time charter，period charter）、光船租船（bare-boat charter，demise charter）等基本形式，还有包运租船（contract of affreightment，COA）和航次期租（time charter on trip basis，TCT）等形式。

（1）航次租船。航次租船又称航程租船或程租船或程租，根据《中华人民共和国海商法》第九十二条的规定，航次租船是指由船舶所有人向承租人提供船舶或船舶的部分舱位，在指定的港口之间进行单向或往返的一个航次或几个航次用以运输指定货物的租船运输方式。船舶所有人主要负责船舶的航行，承租人只负责货物的部分管理工作。航次租船方式可分为单航次租船（single trip，single voyage charter）、往返航次租船（return trip，return voyage charter）、连续单航次租船（consecutive single voyage charter）和连续往返航次租船（consecutive return voyage charter）等形式。

在航次租船的情况下，船长由船舶所有人任命，船舶由作为船舶所有人的代理人的船长管理，船舶的营运调度仍由船舶所有人负责，船舶仍归船舶所有人占有和支配。在这种意义上，航次租船合同与班轮运输合同一样，都是以承揽货物运输为目的的运输合同。

航次租船是租船市场上最活跃、最普遍的一种租船方式，对运输水平的波动最为敏感。在国际现货市场上成交的绝大多数货物（主要有液体散货和干散货两大类）通常都是通过航次租船方式运输的。

航次租船运输首先要进行航次租船合同的签订。航次租船合同中的条款反映船舶所有人和承租人的意愿，规定了各自的义务且在开展航次租船运输时必须履行。因此，航次租船合同是一项详细记载双方当事人的权利、义务以及航次租船各项条件和条款的承诺性运输契约。航次租船的特点主要表现在以下几方面。

① 与班轮运输相同，提单都可能具有海上货物运输合同证明的性质。

② 航次租船合同的船舶所有人和承租人"完全"处于同等的谈判地位，双方根据租船市场行情和其他条件讨价还价，商谈条款。

③ 由托运人或承租人负责完成货物的组织，支付按货物装运数量计算的运费及支付相关的费用。

④ 船舶所有人占有和控制船舶，负责船舶的营运调度、配备和管理船员。

⑤ 船舶所有人负责船舶营运所支付的费用。

⑥ 船舶所有人出租整船或部分舱位并根据货物品种、数量、航线和装卸港条件以及租船市场行情等多种因素，综合考虑每吨货物的运费率并按实际装船的货物数量或整船舱位包干计收运费。

⑦ 承租人向船舶所有人支付的运输费用通常称为运费（freight）而不称租金。

⑧ 航次租船合同中都规定可用于在港装卸货物的时间（laytime），即装卸时间的计算方法，滞期、速遣以及滞留损失等规定。

（2）定期租船。定期租船又称期租船或期租，是指由船舶所有人将特定的船舶，按照租船合同的约定，在约定的期间内租给承租人使用的一种租船方式。这种租船方式以约定的使用期限为船舶租期，而不以完成航次数多少来计算。在租期内，承租人利用租赁的船舶既可以进行不定期船货物运输，也可以投入班轮运输，还可以在租期内将船舶转租，以取得运费收入或赚取租金差额。在定期租船中，租期的长短完全由船舶所有人和承租人根据实际需要约定。

与航次租船相比，在定期租船中，虽然船长和船员也是由船舶所有人任命，船期也是由作为船舶所有人的代理人的船长进行管理，船舶所有人仍可通过船长对船舶行使占有权，但是由于定期租船在租期内船舶是由承租人使用的，由承租人负责营运调度，揽货订舱不再是船舶所有人的事情，因此定期租船不再完全是一种承揽运输的营运方式。一方面，船舶所有人将船舶交由租船人使用包含了一定成分的财产租赁的性质；另一方面，船舶所有人仍然对船舶拥有占有权，对驾驶和管理船舶负有责任，而且当承租人本身就是货主时，船舶所有人就是承运人，这时，定期租船具有运输承揽的性质。

定期租船实际上是一种租赁船舶财产用于货物运输的租船形式，其主要特点有以下几个。

① 船舶所有人负责配备船员并负担其工资和伙食。

② 承租人在船舶营运方面拥有包括船长在内的船员指挥权，否则有权要求船舶所有人撤换。

③ 承租人负责船舶的营运调度并负担船舶营运中的可变费用。

④ 船舶所有人负担船舶营运的固定费用。

⑤ 船舶租赁以整船出租，租金按船舶的载重吨、租期以及商定的租金率计收。

⑥ 租约中往往订有交船、还船以及停租的规定。

（3）光船租船。光船租船又称船壳租船，实际上是一种财产租赁方式，船舶所有人不具有承揽运输的责任。在租期内，船舶所有人只提供一艘空船给承租人使用，船舶的配备船员、营运管理、供应以及一切固定或变动的营运费用都由承租人负担。船舶所有人在租期内除了收取租金外，对船舶和其经营不再承担任何责任和费用。

光船租船具有以下特点。

① 船舶所有人提供一艘适航空船，不负责船舶的运输。

② 承租人配备全部船员并负有指挥责任。

③ 承租人以承运人身份负责船舶的经营及营运调度工作并承担在租期内的时间损失，包括船期延误、修理等。

④ 承租人负担除船舶的资本费用外的全部固定及变动成本。

⑤ 以整船出租，租金按船舶的载重吨、租期及商定的租金率计算。

⑥ 船舶的占有权从船舶交与承租人使用时起转移至承租人。

（4）包运租船。包运租船是指船舶所有人向承租人提供一定吨位的运力，在确定的港口之间，按事先约定的时间、航次周期和每航次较为均等的运量，完成合同规定的全部货运量的租船方式。以包运租船方式所签订的租船合同称为包运租船合同，又称运量合同

（quantity contract，volume contract）。

包运租船的主要特点有以下几个。

① 包运租船合同中不确定某一船舶，仅规定租用的船级、船龄及相关技术规范等。船舶所有人只需根据这些要求提供能够完成合同规定每航次货运量的运力，这给船舶所有人在调度和安排船舶方面提供了方便。

② 租期的长短取决于运输货物的总运量及船舶的航次周期所需的时间。

③ 有运输需求的货物主要是运量较大的干散货或液体散装货物。承租人通常是货物贸易量较大的工矿企业、贸易机构、生产加工集团或大型国际石油公司。

④ 航次中所产生的航行时间延误风险由船舶所有人承担，而对于船舶在港内装卸货物期间所产生的延误，与航次租船相同，一般是通过合同中的滞期条款来处理，通常是由承租人承担船舶在港的时间损失。

⑤ 运费按船舶实际装运货物的数量及约定的运费费率计收，通常采用航次结算。

⑥ 装卸费用的负担责任划分一般与航次租船方式相同。

上述四种租船方式的区别主要体现在船舶所有人和承租人对船舶的支配权、占有权的不同，从而也表现在营运过程中所承担的责任及风险不同，如与船员的雇佣关系、保证船舶适航的责任、对第三者的法律关系等方面都有所差异，而负担营运费用的差别则反映在租金水平上。

3．租船合同的主要内容

租船合同（charter party）是租船人和船主之间订立的载明租船人与船主双方权利和义务的文件，是海上运输合同的一种形式。由于租船合同涉及内容范围广、条款多，与国际货物买卖合同关系密切。因此，从事进出口义务的人员应当了解租船合同中的基本内容，以便于正确制定进出口贸易合同的装运条款。本章以航次租船合同为例，介绍其主要内容。

《中华人民共和国海商法》第九十三条规定：航次租船合同的内容主要包括船舶所有人和承租人的名称、船名、船籍、载货重量、容积、货名、装货港和目的港、受载期限、运费、滞期费、速遣费以及其他有关事项。

（1）合同当事人。租船合同的当事人是指对租船合同履行承担责任的人，航次租船合同的当事人应该是船舶所有人和承租人，为此租船合同中必须列明船舶所有人和租船人的名称、住址和营业场所地址。

尽管在租船市场上，租船经纪人经常受船舶所有人或承租人的委托，代表他们在合同上签字，但是，这并不意味着租船经纪人就是合同的当事人。相反地，只要租船经纪人是在委托人授权委托范围之内行事并在签字时表明自己代理人的身份，他就不能被认定为合同当事人，除非他在签署合同时没有表明自己的代理人身份。

（2）船舶概况。

① 船名。船名（name of vessel）是航次租船合同中十分重要的一项内容。选择什么样的船舶完成航次租船合同所规定的运输任务是双方当事人，特别是承租人极其关心的问题。目前，对于一般的具体船舶的确定，通常有指定船名、代替船舶和船舶待指定三种办法可供当事人选择。

② 船籍（nationality of vessel）。船籍是指船舶所属的国籍，它是通过船旗（vessel flag）来表现的。出于政治和船货安全的需要以及货物保险费率的不同，在租船合同中，承租人经常指定船籍或者声明不得悬挂某国国旗，而且除非合同另有约定，船舶所有人不得在合同履行期间擅自变更船舶国籍或更换船籍，否则对于承租人构成违约行为。

③ 船级（classification of vessel）。船级是船舶检验机关认定的反映船舶技术状态的指标，规定船级主要是为了保证船舶的适航性能。租船合同中的船级是指双方在订立合同时，船舶应实际达到的技术状态的指标，并不意味着船舶所有人有义务在整个合同履行期间保持这一船级。

④ 船舶吨位（tonnage of vessel）。船舶吨位是船舶规范资料之一，除表明船舶的大小与装载货物的数量关系，也是计收港口费用、运河通行费、代理费、吨税等的基本参数，所以租船合同中要记明船舶的登记吨和载重吨。登记吨是按船舶容积折算的吨位；载重吨又称载货能力，表明船舶实际装载货物的能力。

按照国际航运业务的惯例，凡是货物积载系数（货物容积/货物重量）小于 1.1328 立方米/公吨的货物一般都称为重货（deadweight cargo or heavy goods）；凡是货物的积载系数大于 1.1328 立方米/公吨的货物都称为轻泡货（measurement cargo or light goods），简称为轻货。按照我国的规定，凡是每立方米的重量大于 1 公吨的货物为重货，小于 1 公吨的货物为轻货。

（3）船舶位置。船舶位置是指订立合同时船舶所处的位置或状态。因为它直接影响船舶能否按期抵达预定的装货港，而承租人也要按照有关船舶位置或状态的说明，在船舶到港前备货和安排货物装运的准备，所以必须在租船合同中正确地记载船舶的位置。

（4）预备航次（preliminary voyage）。所谓预备航次，是指相对于为完成航次租船合同约定的货物运输的航次，船舶前往装货港准备装货的航次。

（5）装卸港口。

① 装卸港口或地点（loading/discharging ports or places）。在航次租船运输中，装卸港通常由承租人指定或选择，航次租船合同中也对具体港口名称予以记载。目前国际上约定装卸港的方法有明确指定具体的装货港和卸货港，规定某个特定的装卸泊位或地点以及由承租人选择装货港和卸货港等。

② 安全港口和安全泊位。在航次租船合同中，装货港和卸货港通常都是由承租人进行指定或选择的，为了保证船舶进出港口和在港内装卸作业的安全，承租人所指定的港口或泊位必须是能使船舶安全进出并进行装卸货物的安全港和安全泊位。

（6）受载期和解约日。受载期（lay-days）是指船舶在租船合同规定的日期内到达约定的装货港并做好装货准备的期限。解约日（canceling date）是船舶到达合同规定的装货港并做好装货准备的最后一天。如果受载期以"某月某日至某月某日"的形式表示，解约日往往就是这段时间的最后一天；如果受载期是以具体的规定某一天的形式表示的，解约日通常会订在这一天之后 10 天至 20 天中的某一天，航次租船合同中将该条款用"LAYCAN"来表示。

受载期表明船舶在这一段时间内的任意一天到达装货港都是租约允许的，无论受载期的第一天还是最后一天，船舶抵达装货港并做好装货准备即可。根据租约中的规定，如是港口合同，则船舶抵达装货港口区域；如是泊位合同，船舶靠抵泊位，船舶所有人即可"递交"装货准备就绪通知书（notice of readiness，NOR），经过通知时间后，就可以起算装卸时间（laytime）。因此，承租人就必须在受载期之前将货物运到码头泊位，以备装船；否则，如果装卸时间已起算，而货物仍未备妥，所耽误的时间都是通过滞期费或滞期损失的形式由承租人承租的。

（7）装卸费用分担。装卸费用是指将货物从岸边（或驳船）装入舱内和将货物从船舱内卸至岸边的费用。如果租船合同中没有做出约定，装卸费用则由船舶所有人负担，但关于装卸费用及风险如何，一般租约中都会做出约定，此时应完全依据合同条款的具体约定。常见的约定方法有班轮条款（liner terms），舱内收货条款（free in，FI），舱内交货条款（free out，FO），舱内收交货条款（free in and out，FIO），舱内收交货和堆舱、平舱条款（free in and out，stowed and trimmed，FIOST）。

（8）装卸时间。按照波罗的海国际航运公会等国际航运组织联合制定的《1980年租船合同装卸时间定义》的解释，所谓装卸时间，是指"合同当事人双方约定的船舶所有人使船舶并且保证船舶适于装卸货物，无须在运费之外支付附加费的时间"，也可以说是承租人和船舶所有人约定的，承租人保证将合同货物在装货港全部装完和在卸货港全部卸完的时间之和。

二、铁路运输

铁路运输是除海运之外的一种主要的运输方式。铁路运输具有运量大、速度快、安全可靠、运输成本低、运输准确性和连续性强、受气候影响较小等一系列特点，是国民经济的"大动脉"，联系着工业和农业、城市和乡村、内地和沿海，是我国运输网中的骨干。在国际货物运输中，铁路运输起着非常重要的作用。

（一）国际铁路货物联运

国际铁路货物联运即两个或两个以上国家铁路当局联合起来完成一票货物的运送，使用一张统一的国际联运票据，在由一国铁路向另一铁路移交货物和有关手续时，不需要发货人、收货人参加的铁路运输方式，它必须在有关国际条约的协调下进行。

开展国际铁路货物联运对于简化货运手续、加速货物流转、降低运杂费用，从而促进国际贸易的发展有着积极的作用。根据《国际货协》的规定，凡参加《国际货协》国家的进出口货物，从发货国家的始发站到收货国家的终到站，不论中途经过多少国家，只要在始发站按国际联运要求办妥托运手续，有关国家的铁路即负责将这批货物一直运到最终到站并交给收货人。

（二）我国内地对香港地区的铁路货物运输

我国内地对香港地区的铁路运输由大陆段和港九段两部分铁路运输组成，其特点为"两票运输，租车过轨"，也就是出口单位在发送地车站将货物托运至深圳北站，收货人为深圳外运公司。货车到达深圳北站后，由深圳外运作为各地出口单位的代理向铁路租车过轨，交付租车费并办理出口报关等手续。经海关放行过轨后，由香港的中国旅行社有限公司作为深圳外运在港代理，由其在港段罗湖车站向港九段铁路另行起票托运至九龙，货到九龙后由"中旅"负责卸货并交给收货人。

运输费用分内地段和香港段，分别计算。内地段按人民币计算，包括国内铁路运费、深圳过轨租车费和劳务费；港段按港币计算，包括港段铁路运费、终点站卸货费、劳务费等。

三、航空运输

航空运输的速度很快，运行时间短，货物中途破损率小，但航空运输的运量有限且运费一般较高。航空运费通常是按重量或体积计收，以其中收费较高者为准。尽管航空运费一般较高，但由于空运有一定的班期，准点率高且能节省包装费和保险费，同时运行速度快，便于货物抢行应市和卖上好价，所以小件急需品和贵重货物采用航空运输反而有利。

（一）航空运输的承运人

航空运输公司是实际承运人并对全程负责。

航空货运代理公司既可以是货主的代理，负责办理订舱、交接货、进出口报关等；也可以是航空公司代理，负责办理接货，并以航空承运人身份签发航运单；也可二者兼之。中国对外贸易运输总公司就是充任货主、航空公司代理人的职责。

（二）国际航空货物运输方式

1. 班机运输

班机运输是指客、货班机定时、定点、定线的运输，它适用于载运数量较小的货物，主要用于市场上急需的商品以及贵重商品的运输，班机运价较包机的方式昂贵。

2. 包机运输

包机运输分为整包机运输和部分包机运输。

整包机运输是指航空公司或包机代理公司按照与租机人双方事先约定的条件和费率，将整架飞机租给包机人，从一个或几个航空站装运货物至指定目的地的运输方式，它适合运输大宗货物，运费比班机运费要低。

部分包机运输是指由几家航空货运代理公司（或发货人）联合包租一架飞机或者由包机公司把舱位分别租给几家航空货运代理公司的运输方式。该种方式适合于货物较多（1公吨以上），但又不够装整架飞机的货物的运输，运费比班机要低。

3. 集中托运

集中托运是指航空货运公司把若干单独发运的货物组成一整批货物，用一份总运单整批发运到预定目的地，由航空货运公司在预定目的地的代理人在收货、报关、分拨后将货物交给实际收货人。这种方式在国际航空运输中使用得比较普遍。

4. 航空快递

航空快递是指航空快递公司与航空公司合作派专人用最快的速度传递急件，如药品、单证、货样等，又被称为"桌到桌"运输。航空快递业务主要有三种方式：① 门到门服务；② 门到机场服务；③ 专人派送。

航空快递作为一种专门业务而独立存在，具有以下主要特征：① 快递公司有完善的快递网络；② 从运动范围来看，航空快运以收运文件和小包裹为主；③ 运输单据，航空快运业务中有一种其他运输形式所没有的单据——POD（proof of delivery），即交付凭证；④ 从服务层次上来看，航空快运因设有专人负责，减少了内部交接环节，缩短了衔接时间，因而运送速度快于普通航空货运业务和邮递业务，这是快运业务有别于其他运输形式的最本质、最根本的一点。

（三）航空运费的计算

1. 计费重量（chargeable weight）

计费重量是指用以计算货物航空运费的重量。货物的计费重量，或者是货物的实际毛重，或者是货物的体积重量，或者是较高重量分界点的重量，一般采用货物的实际毛重与货物的体积重量中取高者；但当货物按较高重量分界点的较低运价计算的航空运费较低时，则按较高重量分界点的货物起始重量作为货物的计费重量。

国际航协规定，国际货物的计费重量以 0.5 千克为最小单位，重量尾数不足 0.5 千克的，按 0.5 千克计算；0.5 千克以上不足 1 千克的，按 1 千克计算。例如，103.001 千克按 103.5 千克计，103.501 千克按 104.0 千克计。

当使用同一份运单收运两件或两件以上可以采用同样种类运价计算运费的货物时，其计费重量规定为货物总的实际毛重与总的体积重量中较高者。同上所述，较高重量分界点重量也可能成为货物的计费重量。

（1）实际毛重（actual gross weight）。包括货物包装在内的货物重量称为货物的实际毛重。由于飞机最大起飞全重及货舱可用业载的限制，一般情况下，对于高密度货物（high density cargo），应考虑其货物实际毛重可能会成为计费重量。

（2）体积重量（volume weight）。按照国际航协规则，将货物的体积按一定的比例折合成的重量称为体积重量。由于货舱空间体积的限制，一般对于低密度的货物（low density cargo），即轻泡货物，应考虑其体积重量可能会成为计费重量。

一般而言，不论货物的形状是否为规则长方体或正方体，计算货物体积时，均应以最长、最宽、最高的三边的厘米长度计算，长、宽、高的小数部分按四舍五入取整，体积重量的折算标准为每 6000 立方厘米（cm^3）折合 1 千克（kg）。

在收取空运运费时，有时会收取最低运费。所谓最低运费，是指一票货物自始发地机场至目的地机场的航空费用的最低限额。货物按其适用的航空运价与其计费重量计算所得的航空费用应与货物最低运费相比，取高者。

2. 航空运价种类

航空运价分为普通货物运价、指定商品运价、等级货物运价和特种货物运价。

（1）普通货物运价。普通货物运价（general cargo rate，GCR）是指除了等级货物运价和指定商品运价以外的适合于普通货物运输的运价。该运价公布在 TACT *Rates Books*

Section 第 4 章中。

普通货物运价根据货物重量不同通常分为若干个重量等级分界点运价。例如，"N"表示标准普通货物运价（normal general cargo rate），是指 45 千克以下的普通货物的运价（如无 45 千克以下运价时，N 表示 100 千克以下普通货物的运价）。同时，普通货物运价还公布有 Q45、Q100、Q300 等不同重量等级分界点的运价。这里，Q45 表示 45 千克以上（包括 45 千克）普通货物的运价，以此类推。对于 45 千克以上的不同重量分界点的普通货物的运价均用"Q"表示。

用货物的计费重量和其适用的普通货物运价计算而得的航空运费不得低于运价资料上公布的航空运费的最低收费标准。普通货物运费计算步骤的术语解释如下。

volume：体积

volume weight：体积重量

chargeable weight：计费重量

applicable rate：适用运价

weight charge：航空运费

（2）指定商品运价。指定商品运价（specific commodity rate，SCR）是指适用于自规定的始发地至规定的目的地运输特定品名货物的运价。通常情况下，指定商品运价低于相应的普通货物运价。就其性质而言，该运价是一种具有优惠性质的运价。鉴于此，在使用时指定商品运价，对于货物的起讫地点、运价使用期限、货物运价的最低重量起点等均有特定的条件。

① 指定商品运价的使用规则。在使用指定商品运价时，只要所运输的货物满足下述三个条件，则运输始发地和运输目的地就可以直接使用指定商品运价。

❑　运输始发地至目的地之间有发布的指定商品运价。

❑　托运人所交运的货物，其品名与有关指定商品运价的货物品名相吻合。

❑　货物的计费重量满足指定商品运价使用时的最低重量要求。

使用指定商品运价计算航空运费的货物，其航空货运单的"RATE CLASS"栏，用字母"c"表示。

② 指定商品运价的计算步骤。

❑　先查询运价表，如有指定商品代号，则考虑使用对应的指定商品运价。

❑　查找 TACT Rates Books 的品名表，找出与运输货物品名相对应的指定商品代号。

❑　如果货物的计费重量超过指定商品运价的最低重量，则优先使用指定商品运价。

❑　如果货物的计费重量没有达到指定商品运价的最低重量，则需要比较计算。

（3）等级货物运价。等级货物运价（class rate）是指在规定的业务区内或业务区之间运输特别指定的等级货物的运价，是在普通货物运价的基础上增加或减少一定的百分比而形成的运价。等级运价仅适用于指定地区内的少数货物。当没有普通货物运价适用时，以特种货物运价为基础计算等级货物运价。例如，稀有金属、宝石等贵重物品一般按 45 千克以下普通货物运价的 200%计收，而报纸杂志等则按照 45 千克以下的普通货物运价的 50%计收。

（4）特种货物运价。特种货物运价（special cargo rate）是指航空公司与经常运输货物的发货人经协商确定的货物运价。这种运价一般比较优惠。

四、邮政运输

邮政运输（parcel transport）在对外贸易中经常被采用，其以邮政部门为承运人。各国邮政部门之间都订有协定和公约，形成全球性邮政运输网，这使邮政运输具有很强的国际性，是最广泛的运输方式。

国际邮政运输是一种具有国际多式联运性质的运输方式。邮件一般要经过两个或两个以上国家的邮政机构和两种或两种以上不同的运输方式的联合作业才能完成，其发货人只要到邮政部门办理一次托运，付清足额邮资并取得邮政包裹收据就完成了交货手续。途中邮件的运送、交接、保管等事项由各国邮政机构负责。邮件到达收货地，收件人凭身份证明和到件通知向邮局提取包裹，手续简便，费用较低。

国际邮政运输分为普通邮包和航空邮包运输，但不论哪一种，对邮包的重量和体积都有一定的限制，一般规定每件邮包的重量不超过 20 千克，长度不超过 150 厘米，长度和长度以外最大周长不超过 300 厘米，较适合体积小、重量轻的货物。

按邮局规定的寄往世界各地的费率和包裹重量就可计算出邮费，包裹重量以 50 克为单位，不足 50 克部分按 50 克计。

五、集装箱运输

集装箱运输（container transport）是指将件杂货预先放入特制的具有一定规格的集装箱内，作为货运单元出运，它是目前发展得最快的一种运输方式。集装箱运输提高了运输中最关键环节的装卸效率，一个标准集装箱的装卸时间只有 3 分钟，目前在国际主要班轮航线上处于支配地位。

所谓集装箱，是指具有一定强度、刚度和规格的专供周转使用的大型装货容器。集装箱是运输货物的一种大容器，是一种综合性运输工具，根据国际标准化组织 104 技术委员会（Internation Organization for Standardization Technical Committee:ISO/TC104）及我国 GB/T 1992—2006《集装箱名词术语》的规定，凡具有下列条件的货物运输容器，都可称为集装箱：能长期反复使用，具有足够的强度；各种中途联运和中途中转时，中途不需要进行倒装；可以进行机械装卸并可从一种运输形式方便地直接换装到另一种运输方式（如从铁路运输转为公路运输或海运、河运）；便于货物的装卸作业和充分利用容积；内部几何容积在 1 立方米以上。

（一）集装箱应具备的条件

集装箱应具备如下条件：① 能长期反复使用，有足够的强度；② 能途中转运且可不动箱内货物直接换运，减少货损、货差；③ 能快装快卸并能适合各种运输工具；④ 运输手续简便，发货人一次托运交货后，海关商检局查验封箱完毕，途中不必开箱验货；⑤ 每个集装箱具有 1 立方米以上容积。

（二）集装箱的规格和种类

集装箱的大小习惯上以长度为标准。国际标准化组织制定了三个系列 13 种型号，其中第一系列是大型集装箱，适用于洲际运输。10A～1F 型的高、宽均为 8 英尺，其中 1A 型长 40 英尺，容积为 63～68 立方米，载重 30 公吨；1C 型长 20 英尺，容积为 31～35 立方米，载重 20 公吨。前者适宜装轻泡货，后者适宜装实重货。为了便于统计计算，国际上均以 20 英尺集装箱为标准箱，以 TEU 表示。

（三）集装箱运输的关系人

（1）承运人。一类为实际承运人，如经营集装箱运输的船公司；另一类为无船承运人，经营集装箱揽货、装拆箱、内陆运输、中转站业务，对全程运输负责。

（2）集装箱出租公司。出租对象为承运人、货主。

（3）集装箱码头经营人。一般拥有自己的集装箱专用码头和集装箱堆场（CY），集装箱堆场负责整箱集装箱装箱业务。

（4）集装箱货运站（CFS）和内陆集装箱转运站。集装箱货运站负责处理拼箱集装箱业务。

（四）集装箱货物的交接程序

集装箱货物有整箱（FCL）和拼箱（LCL）之分，交接方式可分为：① 整箱交、整箱接（FCL/FCL），最能发挥集装箱运输的优越性；② 拼箱交、拆箱接（LCL/LCL）；③ 整箱交、拆箱接（FCL/LCL）；④ 拼箱交、整箱接（LCL/FCL）。

集装箱货物交接地点可以是工厂、仓库、集装箱堆场和集装箱货运站。整箱货可在工厂、仓库交接，也可送至堆场交接；拼箱货必须在货运站装拆箱。因此，交接方式又可分为以下几种：① 门到门。由承运人在工厂、仓库接货，在收货人工厂、仓库交货，最适宜整箱接、整箱拆。② 门到场站。承运人在发货人工厂、仓库接货，在目的地堆场和货运站交货。从场站到收货人工厂、仓库为一般货物运输，收取人民币。③ 场站到门，其特征是发货人工厂、仓库到场站为一般货物运输，最适宜拼箱交、整箱接。④ 场站到场站，包括场对场、场到站、站到场、站到站，其特征是中间段为集装箱运输，收取外汇；两头的内陆运输均为一般货物运输，最适宜拼箱交、拼箱接。

（五）集装箱运输费用

集装箱海洋运输的运费可分为两类：一类为集装箱服务管理费，如堆场费、滞期费等；另一类为基本运费。计算方法有两种：一种沿用传统班轮运费的计算方法，但在最低运费和最高运费方面有特殊规定；另一种是以每个集装箱为计费单位，包箱费率比一般费率低，不管装多、装少，统一按一个费率计算，这样既方便运费计算，又反映集装箱现代运输要求，具体根据不同船公司、不同航线有所不同。

在当今国际集装箱运输中，采用包箱费率的办法越来越多，以下对包箱费率的几种做法做简单介绍。

（1）FAK（freight for all kinds）——包箱费率，即不分货物种类，也不计货量，指规定统一的每个集装箱收取的费率，如表15-1所示。

表15-1　中国—新加坡航线集装箱费率

单位：美元

港　口	货　类	CFS/CFS	CY/CY	
		Per F/T	20'FCL	40'FCL
大连	杂货	78.50	1250.00	2310.00
新港	杂货	70.00	1150.00	2035.00
上海	杂货	70.00	1150.00	2035.00
黄埔	杂货	63.00	950.00	1750.00

（2）FCS（freight of class）——包箱费率，即按照不同货物等级制定的包箱费率，如表15-2所示。

表15-2　中国—澳大利亚航线集装箱费率

单位：美元

基本港：Brisbane, Melbourne, Sydney, Fremantle				
等　级	计算标准	20'(CY/CY)	40'(CY/CY)	LCL(per F/T)
1～7	W/M	1700	3230	95
8～13	W/M	1800	3420	100
14～20	W/M	1900	3510	105

（3）FCB（freight for class and basis）——包箱费率，即按不同货物等级或货物类别以及计算标准制定的费率，如表15-3所示。

表15-3　中国—地中海航线集装箱费率

单位：美元

基本港：Algiers, Genoa, Marseilles				
等　级	LCL per W	LCL per M	FCL 20'(CY/CY)	FCL 40'(CY/CY)
1～7	131.00	100.00	2250.00	4200.00
8～13	133.00	102.00	2330.00	4412.00
14～20	136.00	110.00	2450.00	4640.00

六、国际多式联运

从20世纪70年代开始，国际多式联运得到较快的发展，国际贸易进入海陆空国际联运全面发展时期。目前，国际集装箱总运量中采用国际多式联运方式完成的运量占10%～15%。

国际多式联运是在集装箱运输基础上发展起来的，是指按一份多式联运合同，由至少两种不同的运输方式组成，由一个多式联营经营人负责将货物从一国境内接管货物地运至另一国境内指定交付货物的地点。

（一）国际多式联运的特点

（1）有一个多式联运经营人（multimodal transport operator，MTO）。他可以不承担，也可以承担具体运输，但必须对运输全程负责并承担全部赔偿责任。而一般联合运输的承运人只具体负责某段运输并只承担该段的赔偿责任。

（2）有一份包括全程的多式联运单据（multimodal transport document，MTD）。

（3）至少有两种以上不同运输方式的组合。

（4）必须是全程单一的运费费率（single freight rate）。

（二）国际多式联运货物的种类

目前，绝大多数国际公约或国家立法对国际多式联运货物的种类并无限制，既可以是集装箱货物、成组托盘货物，也可以是一般的散杂货等。然而，由于采用集装箱运输的效果最好，故国际多式联运货物通常指集装箱货物，而且有些国际多式联运法规或惯例专门对国际多式联运货物的种类予以限定。例如，西伯利亚大陆桥运输中的货物仅限于国际集装箱货物；我国《国际集装箱多式联运管理规则》中的国际多式联运货物仅限于国际集装箱货物。

（三）国际多式联运的主要业务及程序

国际多式联运经营人从事多式联运业务时，大致需要经过接受托运申请，订立多式联运合同—空箱的发放、提取及运送—出口报关—货物装箱及接收货物—订舱及安排货物运送—办理保险—签发多式联运提单，组织完成货物的全程运输—办理运输过程中的海关业务—货物交付—货运事故处理等环节。

1. 接受托运申请，订立多式联运合同

多式联运经营人根据货主提出的托运申请和自己的运输线路等情况，判断是否接受托运申请。如果能够接受，则双方协定有关事项后，在交给发货人或其代理人的场站收据（空白）副本上签章（必须是海关能接受的），证明接受委托申请，多式联运合同已经订立并开始执行。

发货人或其代理人根据双方就货物交接方式、时间、地点、付费方式等达成协议，填写场站收据（货物情况可暂空）并把其送至联运经营人处接受编号，多式联运经营人编号后留下货物托运联，将其他联交还给发货人或其代理人。

2. 空箱的发放、提取及运送

多式联运中使用的集装箱一般应由经营人提供，这些集装箱的来源可能有三个：一是经营人自己购置、使用的集装箱；二是向租箱公司租用的集装箱，这类箱一般在货物的起运地附近提箱而在交付货物地点附近还箱；三是由全程运输中的某一分运人提供，这类箱一般需要在多式联运经营人为完成合同运输与该分运人（一般是海上区段承运人）订立分运合同时获得使用权。

如果双方协议由发货人自行装箱，则多式联运经营人应签发提箱单或者租箱公司或分运人签发的提箱单交给发货人或其代理人，由他们在规定的日期到指定的堆场提箱并自行将空箱托运到货物装箱地点，准备装货。如发货人委托，也可由经营人办理从堆场到装箱地点的空箱托运（这种情况需加收空箱托运费）。

如是拼箱货（或是整箱货但发货人无装箱条件不能自装），则由多式联运经营人将所有空箱调运至接收货物的集装箱货运站，做好装箱准备。

3. 出口报关

若联运从港口开始，则在港口报关；若从内陆地区开始，应在附近的内陆地海关办理报关。出口报关事宜一般由发货人或其代理人办理，也可委托多式联运经营人代为办理（这种情况需加收报关手续费并由发货人承担海关派员所产生的全部费用）。报关时，应提供场站收据、装箱单、出口许可证等有关单据和文件。

4. 货物装箱及接收货物

若是发货人自行装箱，发货人或其代理人提取空箱后在自己的工厂和仓库组织装箱，装箱工作一般要报关后进行并请海关派员到装箱地点监装和办理加封事宜。如是拼箱货物，发货人应负责将货物运至指定的集装箱货运站，由货运站按多式联运经营人的指示装箱。无论装箱工作由谁负责，装箱人必须制作装箱单并办理海关监装与加封事宜。

对于由货主自行装箱的装箱货物运至双方协议规定的地点，多式联运经营人或其代表（包括委托的场站业务员）在指定地点接收货物。验收货物后，代表联运经营人接收货物的人应在堆场收据正本上签章并将其交给发货人或代理人。

5. 订舱及安排货物运送

经营人在合同订立之后，即应制订该合同涉及的集装箱货物的运输计划。该计划应包括货物的运输线路，区段的划分，各区段实际承运人的选择、确定及各区段间衔接地点的到达、起运时间等内容。这里所说的订舱泛指多式联运经营人要按照运输计划安排各区段的运输工具，与选定的各实际承运人订立各区段的分运合同。这些合同的订立由经营人本人（派出机构或代表）或委托的代理人（在各转接地）办理，也可请前一区段的实际承运人作为代表向后一区段的实际承运人订舱。

货物运输计划的安排必须科学并留有余地，各承运人在工作中应相互联系，根据实际情况调整计划。

6. 办理保险

在发货人方面，应投保货物运输险。该保险由发货人自行办理，或由发货人承担费用，由经营人作为代理。货物运输保险可以全程投保，也可以分段投保。

在多式联运经营人方面，应投保货物责任险和集装箱保险，由经营人或其代理人负责办理保险。

7. 签发多式联运提单，组织完成货物的全程运输

多式联运经营人的代表收取货物后，经营人应向发货人签发多式联运提单。在把提单交给发货人前，应注意按双方协定的付费方式及内容、数量向发货人收取全部应付费用。

多式联运经营人有完成和组织完成全程运输的责任和义务。在接收货物后，经营人要组织各区段实际承运人、各派出机构及代表人共同协调工作，完成全程中各区段的运输、衔接工作，运输过程中所涉及的各种服务性工作，运输单据、文件及有关信息等的组织和

协调工作。

8．办理运输过程中的海关业务

按照国际多式联运的全程运输（包括进口国内陆段运输）均应视为国际货物运输。因此，该环节工作主要包括办理货物及集装箱进口国的通关手续，进口国内陆段保税（海关监管）运输手续，海关加封后方可运往内陆目的地，然后在内陆海关办理结关手续。

这些涉及海关的手续一般由多式联运经营人的派出机构或代理人办理，由此产生的全部费用应由发货人或收货人承担。

如果货物在目的港交付，则结关应在港口所在地海关进行；如在内陆地交货，则应在口岸办理保税（海关监管）运输手续，海关加封后方可运往内陆目的地，然后在内陆海关办理结关手续。

9．货物交付

当货物运至目的地后，由目的地代理通知收货人提货。收货人必须凭多式联运提单提货，经营人或其代理人必须按合同规定收取收货人应付的全部费用，收回提单签发提货单（交货记录），提货人凭提货单到指定堆场和地点提取货物。

如是整箱提货，则收货人要负责至拆箱地点的运输并在货物取出后将集装箱运回指定的堆场，运输合同终止。

10．货运事故处理

如果全程运输中发生了货物灭失、损害和运输延误，无论是否能确定损害发生的区段，发（收）货人均可向多式联运经营人提出索赔。多式联运经营人根据提单条款及双方协议确定责任并做出赔偿。如不能确定事故发生的区段时，一般按在海运段发生处理。如果已对货物及责任投保，则存在要求保险公司赔偿和向保险公司进一步追索等问题。如果受损人和责任人之间不能取得一致，则需通过在诉讼时效内提起诉讼和仲裁来解决。

综上所述，国际货物的运输方式很多，在实际业务中，应根据货物特性、运量大小、距离远近、运费高低、风险程度、任务缓急、自然条件和气候变化等因素审慎选用合理的运输方式。

第二节　国际货物运输单据

在国际贸易中，装运货物后，卖方必须向买方提交约定的运输单据，作为履行合同的依据。这些运输单据不仅反映了买卖双方的责任与权益，也体现了货主与承运人之间的关系，凡交接货物和收付货款时，都离不开这些单据。因此，在签订买卖合同时，必须对卖方提供的运输单据的种类和份数做出明确规定。运输单据是合同条款中不可缺少的内容。

运输单据（bill of lading，B/L）是指证明货物已经装船或发运或已经由承运人接受监管的单据。在采用象征性交货方式下，运输单据则是卖方凭以证明已履行交付货物的责任和买方凭以支付货款的主要依据。根据不同的运输方式，运输单据主要包括海运提单、铁路运单（或承运货物收据）、航空运单、邮包收据以及集装箱货运单据等。

一、海运提单

（一）海运提单的性质和作用

海运提单简称提单，它是承运人或其代理人应托运人的要求，在货物归其接管后签发给托运人的证明收到指定货物并允许将货物运到指定目的地交付收货人的书面凭证，提单的性质和作用可以概括为以下三个方面。① 货物收据。它是承运人或其代理人应托运人的要求所签发的货物收据，证明承运人已如数收到提单上所列货物。② 货物所有权凭证。提单的合法持有人既可据以提取货物，也可在载货船舶到达目的港交货之前进行转让，或凭提单向银行办理抵押贷款。③ 运输合同的证明。它是承运人与托运人之间运输契约的证明。

（二）海运提单的分类

海运提单可从不同角度进行分类。

1. 根据货物是否已装上船，提单可分为已装船提单和备运提单

（1）已装船提单（shipped B/L；on board B/L）是指货物已装上船后签发的提单。

（2）备运提单（received for shipment B/L）是指承运人在货物已交其接管、待运时所签发的提单。

2. 根据货物外表状况有无不良批注，提单可分为清洁提单和不清洁提单

（1）清洁提单（clean B/L）是指货物装船时外表状况良好，一般未经添加明显表示货物及/或包装有缺陷的词句或批注的提单。在国际贸易中，银行为了安全起见，在办理议付货款时要求提交清洁提单。

（2）不清洁提单（unclear B/L；foul B/L）是指承运人在提单上加注货物及/或包装状况不良或存在缺陷等批注的提单，如"三件破损"（three packages in damaged condition）、"被雨淋湿"（rain wet）等。

3. 根据运输方式，提单可分为直达提单、转船提单、联运提单和多式联运提单

（1）直达提单（direct B/L）是指承运人签发的由起运港以船舶直接运目的港的货物运输提单。

（2）转船提单（transshipment B/L）是指从起运港载货的船舶不直接驶往目的港，而需要在其他港口换船转往目的港的情况下所签发的提单。

（3）联运提单（through B/L）是需经两段（如海陆、海空、海海等）或两段以上联合运输时，承运人所签发的包括全程运输的提单。转船提单也可以说是联运提单的一种。

（4）多式联运提单（combined transportation bill of lading）。由于装箱运输的发展，一批货物运输中的收货地点和交货地点不一定是起运港和目的港，有时包括两种以上的运输方式。由船舶公司或其代理针对此种情况所签发的提单，称为多式联运提单。

4. 根据抬头不同，提单可分为记名提单和指示提单

（1）记名提单（straight B/L）又称收货人抬头提单，即提单上写明收货人的名称，货物只能交给指明的收货人，这种提单不能以背书方式转让。用记名提单装运的货物，经本人保证后，可以不把提单交承运人即提取货物。这种提单一般用于贵重货物和展览品等。

（2）指示提单（order B/L），即在提单上"收货人"一栏内只填写"凭指示"（to order）或"凭××指示"（to order of）字样的一种提单。这种提单可以通过背书的方法进行转让，如为托运人指示提单（to order of shipper），就必须由托运人空白背书或记名背书；如为收货人指示提单（to order of consignee），那就必须由收货人背书后方可提货。空白背书是指仅由背书人在提单背面签字盖章，而不注明被背书人即提单受让人的名称。记名背书是指背书人除在提单背面签字盖章外，还要列明被背书人的名称。

5. 根据船舶经营的性质，提单可分为班轮提单和租船提单

（1）班轮提单（liner B/L），即由经营班轮运输的船舶公司或其代理人出具的提单。

（2）租船提单（charter party B/L），即由船方根据租船合同签发的一种提单。提单上批注"根据租船合同出立"的字样，不另列详细条款。这种提单要受到有关租船合同条款的约束，它不是一个完整的独立文件。

6. 根据内容的繁简，提单可分为全式提单和略式提单

（1）全式提单（long form B/L）也称繁式提单，即在提单上列有承运人和托运人权利、义务等详细条款的提单。

（2）略式提单（short form B/L）又称简式提单，即仅保留全式提单正面的必要项目，略去提单背面全部条款的提单。

7. 其他各种提单

（1）过期提单（stale B/L），即出口公司在货物装船后延滞过久才交到银行议付的提单。根据《跟单信用证统一惯例》的规定：如信用证无特殊规定，银行将拒绝接受超过提单签发日期后 21 天才交到银行议付的提单。

（2）舱面提单（on deck B/L）又称甲板提单，即货物被装在甲板上时，承运人所签发的提单。

（3）预借提单（advanced B/L）又称无货提单，是指因信用证规定的装运期和有效期已到，而货尚未装船，托运人要求承运人预先签发的借给托运人的提单。

（4）倒签提单（anti-dated B/L），即承运人应托运人的要求，在货物的实际装船日期迟于信用证或合同规定的装运期限时，倒签日期而签发的符合装运期限的提单。

（三）提单的主要内容

各船舶公司签发的提单的格式不尽相同，但基本内容大致相同，包括提单正面内容和背面的运输条款。

提单正面内容分别由托运人、承运人或其代理人填写，具体项目有托运人、收货人、被通知人、装运港或收货地、目的港或卸货地、船名、国籍、航次、货物名称、规格说明、运费、提单签发日期、份数及签发人签名。

提单背面印就的运输条款是确定承运人与托运人之间，承运人与收货人或提单持有人之间的权利、义务的主要依据。为了统一提单条款，缓解船货双方矛盾，国际上曾先后签署了三个有关提单的国际公约：《海牙规则》（*Hague Rules*）、《维斯比规则》（*Visby Rules*）和《汉堡规则》（*Hamburg Rules*）。但上述公约签署的历史背景不同，内容也不同，故采

用不同规则的国家的提单背面的内容有所差异。

二、铁路运单

(一)国际铁路货物联运运单

国际铁路货物联运所使用的运单是铁路与货主间缔结的运输契约的证明,不是物权凭证。此运单同海运运单不同,正本从始发站随同货物附送至终点站并交给收货人。它不仅是铁路承运货物出具的凭证,也是铁路同货主之间交接货物、核收运杂费用和处理索赔与理赔的依据。国际铁路联运运单副本,在铁路加盖承运日期戳记后发给发货人,它是卖方凭以向银行结算货款的主要证件之一。

(二)承运货物收据

承运货物收据(cargo receipt)是在我国内地通过铁路运往香港、澳门地区的货物出口时使用的一种特殊运输单据,它既是承运人出具的货物收据,也是承运人与托运人签订的运输契约的证明,是据以对外结汇的证件之一。中国内地通过铁路运往香港、澳门地区的出口货物,一般多委托中国对外贸易运输公司承办。承运货物收据的格式及内容与海运提单基本相同,主要区别是承运货物收据只有第一联为正本,在该正本的反面印有承运简章,载明承运人的责任范围。

三、航空运单

航空货物运单(air waybill)是承运人接收货物的收据,也是承运人与托运人之间缔结的运输合同的证明。它不同于海运提单,不是代表货物所有权的物权凭证,也不是可议付或转让的单据,因此在收货人栏内必须详细填写收货人的全称和地址,而不能做成指示性抬头。收货人提货不是凭航空运单,而是凭航空公司的提货通知单,但航空运单可作为承运人核收运费的依据和海关查验放行的基本单据,其正本也是出口商办理结汇的主要单据之一。

四、邮包收据

邮包收据(parcel post receipt)是邮包运输的主要单据,它是邮局收到寄件人的邮包后所签发的凭证,也是收件人凭以收取邮件的凭证。当邮包发生损坏或丢失时,它还可以作为索赔和理赔的依据。但邮包收据不是物权凭证,既不能转让,也不能据以提货。

五、集装箱货运单据

集装箱货运单据主要有装箱单、场站收据、集装箱提单等。由于集装箱多用于国际多式联运,因此集装箱提单主要指多式联运单据,它与海运的联运提单有相似之处,但从本质上看,二者仍有较大区别,具体定义在海运提单的分类中已做介绍,此处不再赘述。

目前,运输单据在国际贸易中仍起着不容忽视的作用,但随着电子商务发展速度的加快，电子信息将代替传统的书面文件，电子数据交换系统将取代包括提单在内的纸面单据的交送，这必然会改变传统的交货方式，极大地提高交易和结算的效率。

第三节　买卖合同中的装运条款

在贸易合同中明确规定合理的装运条款是确立双方权利、义务和保证合同顺利履行的重要条件。通常贸易合同中的装运条款包括装运期，装运港（地）和目的港（地），装卸时间、装卸率和滞期费、速遣费分批装运和转运，装运通知等内容。

一、装运期

装运期（time of shipment）是指卖方在起运地点装运货物的期限，它与交货期（time of delivery）是含义不同的两个概念，不应混淆使用。例如，在目的港船上交货（DES）条件下，装运期是指在出口国的某一装运港装船的期限，交货期则是指在进口国目的港船上交货的时间，此时的装运时间和交货时间是两个完全不同的概念，装运期是买卖合同中的主要条件，如装运合同当事人一方违反此项条件，另一方则有权要求其赔偿损失，甚至可以撤销合同。因此，在进出口业务中，订好买卖合同中的装运期条款，使装运期规定合理、切实可行，以保证按时完成约定的装运任务有着十分重要的意义。

（一）装运期的规定方法

1. 明确规定具体装运期限

（1）规定某月装运。在进出口合同中，一般都订明装运的年度及月份，装运时间一般不是确定某一个具体日期，如某月某日，而是确定一段期限，使用最广的是规定在某月装。例如，SHIPMENT DURING MARCH, 2013。

（2）规定跨月装运。有时所规定的一段可供装运的期限可从某月跨到次月甚至再以后的月份。例如，SHIPMENT DURING FEB./MAR.2013。

（3）规定最后装运期。在合同中规定一个最迟装运的期限，这个最迟装运期限既可以是某一月的月底，也可以是某一天。例如，SHIPMENT AT OR BEFORE END OF MAY 2013。

（4）规定收到信用证后若干天装运。对某些外汇管制较严的国家和地区的出口交易，或对买方资信情况不够了解，或专为买方特制的出口商品，为了防止买方不按时履行合同而造成损失，在出口合同中可采用在收到信用证后一定时间内装运的方法规定装运时间，以保障我方出口公司的利益。例如，SHIPMENT WITHIN 45 DAYS AFTER RECEIPT OF L/C。

此类规定方法期限具体、含义明确，既便于落实货源和安排运输，又可避免在装运期上引起争议，因此在国际贸易中被广泛使用。

2. 笼统规定近期装运

在进出口业务中也有采用近期装运术语，不规定装运的具体期限的情况，如"立即装运"（immediate shipment）、"即刻装运"（prompt shipment）、"尽速装运"（shipment as soon as possible）等。由于这种规定太笼统，故国际商会修订的《跟单信用证统一惯例》

规定，不应使用"迅速""立即""尽速"等类似词语，如使用此类词语，银行将不予受理。

（二）规定装运期的注意事项

（1）应当考虑货源情况和装运能力。

（2）对装运期的规定要明确、具体并尽量避免使用"立即装运""尽速装运"之类的笼统规定用语。

（3）装运期限的长短应当适度，不宜规定得过长、过短或太"死"。

（4）规定装运期时应一并合理规定开证日期并使二者互相衔接起来。

（5）规定装运期时还应考虑装运港条件和特殊情况。

二、装运港和目的港

装运港（port of shipment）是指开始装货的港口；目的港（port of destination）是指最终卸货的港口。在海运进出口合同中，一般都订明装运港和目的港。

（一）装运港的规定方法

在国际贸易中，装运港一般由卖方提出，经买方同意后确定。在实际业务中，应根据合同使用的贸易术语和运输方式正确选择和确定装运地点，其规定方法有下列几种。

（1）通常情况下只规定一个装运港并列明其港口名称。

（2）在大宗商品交易条件下，可酌情规定两个或两个以上的装运港并分别列明港口名称。

（3）为便于履行交货义务、节省开支，原则上应选择靠近产地、交通便捷、费用低廉、储存仓库等基础设施比较完善的地点。

（4）对以 FOB 条件成交的合同，还要考虑选定的装运港是否允许外轮进港、其港口条件是否符合买方来船要求。

（二）目的港的规定方法

在商定合同时，目的港一般由买方提出，经卖方同意后确定，这是考虑到货物最终是由买方接收的，要便于其使用或销售。

（1）目的港是班轮常停靠、港口费用低、安全的港口。

（2）目的港如有重名，应明确国别，如全世界有 12 个维多利亚港，波士顿港、悉尼港也不只有一个。

（3）目的港应明确，一般不接"欧洲主要港口"这种笼统条款的货物，因各港口间相距甚远，费用悬殊。

（4）对内陆国家出口交易应选择离该国最近的港口，除非采取国际多式联运。

（5）明确规定一个或几个目的港有困难时，可以采用"选择港"（optional ports）的规定办法。规定选择港有两种方式：一是从两个或两个以上列明的港口中任选一个，如 CIF 伦敦或汉堡或鹿特丹；二是从某一航区的港口中任选一个，如地中海主要港口。究竟采用哪一种规定方式，应视具体情况而定并注意以下几点：① 选择港最多不超过 3 个；② 这些港口必须是同一条航线上且班轮一般都能停靠的基本港口；③ 在船只抵达第一备选港的规定时间前，买方应将最后选定的目的港通知船公司或其代理人；④ 核定运费以确定出口单价时，应按选择港中最高费率和附加费率计算且额外费用由买方承担。

三、装卸时间、装卸率和滞期费、速遣费

买卖双方成交的大宗商品一般采用程租船运输，负责租船的一方在签订买卖合同之后，还要负责签订租船合同，而租船合同中通常需要订立装卸时间、装卸率和滞期费、速遣费等条款。为了明确买卖双方的装卸责任并使买卖合同与租船合同的内容互相衔接、吻合，在签订大宗商品的买卖合同时，应结合商品特点和港口装卸条件对装卸时间、装卸率和滞期费、速遣费的计算与支付办法做出具体规定。

（一）装卸时间

为节省船期，在程租船合同中，船东一般要求规定租船人在一定时间内完成装卸作业的条款，这里规定的时间即装卸时间。装卸时间的规定方法有很多，其中使用得最普遍的有以下几种。

（1）连续日。按自然日计算，即时钟连续走过 24 小时算一天。

（2）工作日。按港口习惯正常工作的日子计算，星期日及节假日除外。

（3）晴天工作日。是工作日又是晴天才算一个工作日，如刮风下雨不能正常进行装卸作业则不予计算。

（4）连续 24 小时好天气工作日（weather working days of 24 consecutive hours）。这种计算方法用于昼夜作业的港口，它是指在好天气条件下，昼夜连续作业 24 小时算作一个工作日。如中间有几小时坏天气不能作业，则应予以扣除。此外，星期日和节假日也应除外。关于利用星期日和节假日作业是否计入装卸时间的问题，国际上有不同的规定。因此，在工作日之后应补充订明"星期日和节假日除外"（sundays and holidays excepted），"不用不算，用了要算"（not to count unless used）或不用不算，即使用了也不算。此外，也有按港口习惯速度装卸（customary quick despatch，CQD）来表示装卸时间的做法。所谓按港口习惯速度装卸，是指在好天气条件下，按港口正常装卸速度进行装卸的一种计算装卸时间的方法，这种方法只能适用于装卸条件好、装卸效率高和装卸速度正常、稳定的港口。

（二）装卸率

装卸率是指每日装卸货物的数量。装卸率一般应按照各港口习惯的正常装卸速度来规定。装卸率不宜规定得过高，也不宜过低，因为装卸率的规定与滞期费、速遣费有关，因此，装卸率的规定应该遵循实事求是的原则。

（三）滞期费、速遣费

买卖双方在大宗交易中，除约定装卸时间和装卸率外，还应规定滞期费、速遣费条款，以明确货物装卸方的责任。负责装卸货物的一方在装卸时间内如未能装卸完毕，则对自装

卸时间终止时起至全部货物装卸完毕止的滞期时间，租船人应按合同约定向船东支付滞期费。如负责装卸货物的一方在约定装卸时间内提前完成装卸任务，从而有利于加快船舶周转，则船东要付给租船人速遣费。滞期费和速遣费均按每天若干金额计算，不足一天按比例计算。按一般惯例，速遣费通常为滞期费的一半。在规定买卖合同的滞期费、速遣费条款时，应注意其内容与将要订立的租船合同的相应条款一致，以免造成不应出现的损失。

四、分批装运和转运

分批装运（partial shipment）和转运（transshipment）都直接关系到买卖双方的利益，对于是否需要分批装运和转运，买卖双方应根据需要在合同中做出明确具体的规定。

（一）分批装运

分批装运又称分期装运，是指一个合同项下的货物分若干批次装运。在大宗货物交易时，买卖双方根据交货数量、运输条件和市场销售需要等因素，可在合同中订立分批装运条款。国际商会修订的《跟单信用证统一惯例》规定，"除非信用证另有规定，允许分批装运"。为了避免在履行合同时引起争议，交易双方应在买卖合同中订明是否允许分批装运。若双方同意分批装运，应将批次和每批装运的具体时间与数量订明，具体做法有以下几种。

（1）只原则性规定允许分批装运，但不规定具体时间、批次和每批装运数量。这种做法对于卖方来说比较主动，其完全可以根据货源和运输条件，在合同规定的装运期内灵活掌握。

（2）规定分批装运且规定具体批数、装运时间和装运数量。这种做法往往是根据买方对货物的使用或转售的需要确定的，对卖方的限制较严。

《跟单信用证统一惯例》规定：若信用证规定在指定的时期内分期支款及/或装运，而任何一期未按期支款及/或装运，除非信用证另有规定，否则信用证对该期及以后各期均失效。因此，在买卖合同和信用证中规定分批、定期、定量装运时，卖方必须重合同、守信用，严格按照合同和信用证的有关规定办理。

另外，按照惯例，运输单据表面上注明同一运输工具、同一航次、同一目的地的多次装运，即使其表面上注明不同的装运日期及/或不同的装货港、接收监管地或发运地，也不视作分批装运。

（二）转运

在海运情况下，转运是指货物在运输途中从一条船卸下再装上另一条船的行为。货物中途转运不仅会延误时间、增加费用开支，而且还有可能出现货损货差，所以买方一般不愿转运。当国际贸易货物没有直达船或一时无合适的船舶运输，而需通过某中途港转运时，买卖双方可以在合同中商定"允许转船"条款。根据《跟单信用证统一惯例》的规定，允许转运，除非信用证有相反的规定。为了明确责任和便于安排装运，对于是否同意转运以及有关转运的办法和转运费的负担等问题，交易双方应在买卖合同中具体订明。

五、装运通知

装运通知（advice of shipment）是装运条款中不可缺少的一项重要内容。不论按哪种贸易术语成交，交易双方都有相互通知的义务。规定装运通知的目的在于明确买卖双方的责任，促使买卖双方互相配合，共同做好车、船、货的衔接，同时便于办理货运保险，因此订好装运通知条款有利于合同的履行。应当特别强调的是，买卖双方按 CFR 条件成交时，装运通知具有特殊重要的意义。卖方应于货物装船后立即向买方发出装运通知。按其他贸易术语成交时，买卖双方应约定相互给予有关交接货物的通知，以便互相配合，共同做好货物的交接工作。

本章小结

在当前的国际贸易中，海、陆、空运输业务的全面发展改变了以往单一运输的局面，逐步形成了外贸的综合运输体系；新的运输方式如集装箱运输、滚装船运输得到迅速发展；新的运输组织形式，如国际多式联运被广泛采用；计算机在外贸运输业务中的运用已逐步普及。这些都预示着从事国际贸易的业务人员必须掌握各种运输方式的特点，学会选择使用各种运输方式，熟悉装运过程中对装运时间、地点，运费，单据性质、作用的规定并能根据企业出口意图，灵活应用知识。

本章重要概念

海洋运输	班轮运输	租船运输	海运提单	已装船提单
指示提单	集装箱运输	装运港	清洁提单	记名提单
国际多式联运	目的港	分批装运	转运	

思考题

1. 简述班轮运输的特点。
2. 简述班轮提单的性质和作用。
3. 构成国际多式联运需要具备哪些条件？
4. 何谓"已装船提单""指示提单""清洁提单""过期提单"？
5. 我国某进出口公司出口某金属商品 200 件，每件毛重 95 千克，体积为 100 厘米×40 厘米×25 厘米，轮船公司运费表中该商品计费标准为 W/M，等级为 8 级，每运费吨为

80 美元，另收港口附加费 10%，直航附加费 15%。试问：该批货物应共收取多少运费？如果该公司原来报价 FOB 上海每件 500 美元，现客户要求改报 CFR 价，该公司应报价多少？

学生课后参考阅读文献

[1] 中国国际货运代理协会. 国际海上货运代理理论与实务[M]. 北京：中国对外经济贸易出版社，2003.

[2] 吴国新，毛小明. 国际贸易实务[M]. 3 版. 北京：清华大学出版社，2019.

[3] 余世明. 国际货运代理资格考试辅导（重点提示、练习题及解答）[M]. 广州：暨南大学出版社，2005.

[4] 刘伟，王学锋. 国际航运实务[M]. 北京：人民交通出版社，2001.

[5] 李玉如. 国际货运代理与业务[M]. 北京：人民交通出版社，2001.

[6] 中国远洋海运（www.coscoshipping.com）

第十六章　国际货物运输保险

学习目的和要求

通过本章的学习，理解海上运输风险与损失；掌握中国人民保险公司的基本险别；掌握海上运输保险、陆上运输保险、航空运输保险等的内容；了解协会货物保险条款以及我国进出口货物保险的基本做法。

开篇案例：全部损失还是部分损失

【案情】

某货轮在海上航行时，A 舱发生火灾，船长命令灌水施救，扑灭大火后，发现纸张已烧毁一部分，未烧毁的部分因灌水无法使用，只能作为纸浆处理，损失原价值的 80%。另有印花棉布没有被烧毁但水渍严重，只能降价出售，该货损失原价值的 20%。

【讨论】

纸张损失的 80% 和棉布损失的 20% 都是部分损失吗？为什么？

【分析】

从数字上看，一个是 80%，另一个是 20%，好像都是部分损失，其实不然。根据保险公司的规定，第一种情况，即纸张的损失 80% 应属于全部损失；第二种情况，即印花棉布的损失 20% 则属于部分损失。这是因为保险业务中的全部损失分为实际全损和推定全损。在实际全损中有三种情况：一是全部灭失；二是失去使用价值（如水泥变成硬块）；三是虽有使用价值但已丧失原来的使用价值。从第一种情况看，纸张原来应该作为印刷书报或加工成其他成品，现在不行，只能作为纸浆造纸，因此属于实际全损的第三种情况。而印花棉布虽遭水渍，处理之后仍作棉布出售，原来的用途未改变，因此只能作为部分损失。

本案例涉及海上货物运输遭受意外事故后货物的损失鉴定。本章将介绍海上货物运输的风险与损失以及投保的险别。

第一节　国际货物运输保险概述

国际贸易中成交的货物往往要经过长途运输，涉及多个环节、多种运输方式，货物在从卖方所在地到买方所在地的整个运输、装卸及存储过程中，由于自然灾害、意外事故和其他外来风险的客观存在，可能会遭受损失。为了在货物受损后取得一定的经济补偿，卖方或买方就需要按成交条件办理货运保险。国际货物运输保险是指被保险人（买方或卖方）

或投保人在货物装运以前估计一定的投保金额，向保险人或承保人投保运输险，投保人按投保金额、投保险别及保险费率向保险人支付保险费并取得保险单证，保险人承保后，对于被保险货物在运输途中发生的承保范围内的损失给予经济补偿。由此可见，货运保险实际上是一种经济补偿制度，属于财产保险的范畴。

一、国际货物运输保险的发展历史

国际货物运输的各个险种中，海上保险的历史最为悠久，近代保险也是从海上保险发展而来的。

（一）海上货物运输保险的起源和发展

海上保险是最古老的一种保险制度，关于它起源于何处，人们通常有两种观点。一种是共同海损起源说，它最早体现了海上保险的分摊损失和互助共济的要求，被视为海上保险的萌芽。还有一种是船货抵押借款制度，它是海上保险的初级形式。

现代海上保险源于意大利。现已发现的最古老的保险单是一名叫乔治·勒克维伦的热那亚商人于 1347 年 10 月 23 日出具的一份航程保险单，但这份保单上没有说明承担的风险，因此还不具备现代保险单的基本内容。具有现代意义的保险单出现在 1393 年左右。当时，在佛罗伦萨出现了载有"海上灾害、天灾、火灾、抛弃、王子的禁制、捕捉"字样的保险单。1424 年，热那亚出现了第一家海上保险公司。被世界公认的最早的海上保险法典是 1435 年颁布的《巴塞罗那法典》。

（二）中国海上货物运输保险的发展

19 世纪上半叶，伴随着英帝国主义经济侵略，外国保险公司进入中国市场，由此，中国出现了现代形式的保险。1805 年，英商在广东开设的广东保险公司是中国境内出现的第一家保险公司。19 世纪 70 年代后，中国的民族资产阶级逐步兴起，中国民族保险业得以产生。1865 年 5 月，中国第一家民族保险公司——义和保险行在上海成立，这标志着中国民族保险业的诞生。1949 年 10 月 20 日，中国人民保险公司在北京成立，这标志着新中国保险业的开端。中国人民保险公司是当时唯一的全国性国营保险公司。1995 年 10 月 1 日，《中华人民共和国保险法》正式实施，为中国保险市场的规范发展创造了良好的法律环境。1998 年 11 月 18 日，中国保险监督管理委员会成立，专门履行保险监督管理职能，中国保险监管制度日益完善，中国保险业良性发展。

二、保险的基本原则

在保险业务中，被保险人和保险人需要订立保险合同并共同遵循保险中的可保利益原则、最大诚信原则、近因原则、补偿原则、代位追偿原则和重复保险的分摊原则。

（一）可保利益原则

可保利益（principle of insurable interest）是指投保人对于保险标的具有受法律承认的

利益。国际货物运输时，保险标的利益既包括货物本身的价值，也包括随之而来的运费、保险费和预期利润。投保人对保险标的不具有可保利益的，保险合同无效。但国际货物运输保险不要求被保险人在投保时就具有可保利益，它仅要求被保险人在标的发生损失时具备可保利益。

（二）最大诚信原则

最大诚信原则（principle of utmost good faith）是指投保人和保险人在签订保险合同以及在合同有效期内，必须保持最大程度的诚意，双方都恪守信用，互不欺骗隐瞒。如果一方当事人不遵守最大诚信原则，另一方当事人可宣布保险合同无效。

（三）近因原则

近因原则（principle of proximate cause）是指保险人对承保范围内的保险事故作为直接的、最接近的原因所引起的损失承担保险责任，而对承保范围以外的原因造成的损失不负赔偿责任。这一原则是在保险标的发生损失时用来确定保险标的所受损失是否能获得保险赔偿的一项重要依据。

（四）补偿原则

补偿原则（principle of indemnity）是指当保险标的遭受保险责任范围内的损失时，保险人应当依照保险合同的约定履行赔偿义务，但保险人的赔偿金额不超过保单上的保险金额或被保险人的实际损失。

（五）代位追偿原则

如果保险事故是由第三者责任方造成的，被保险人当然有权利向肇事者就其侵权行为所致损失进行索赔。由于海事诉讼往往牵涉许多方面，诉讼过程旷日持久，保险人为便利被保险人，就按照保险合同的约定先行赔付，同时取得被保险人在标的物上的相关权利，代被保险人向第三人进行索赔，这就是在国际海上保险业中普遍盛行的代位追偿原则（principle of subrogation）。

（六）重复保险的分摊原则（principle of double insurance）

如果被保险人将同一标的向两个或两个以上保险人投保相同的风险，即重复投保，其保险金额的总和超过了该保险标的的价值，当保险事故发生后，被保险人获得的赔偿金额总和不得超过其保险标的的价值。为了防止被保险人所受损失获得双重赔偿，要把保险标的的损失赔偿责任在各保险人之间进行分摊。

在国际贸易中，被保险人为了在货物受损后能够获得经济补偿，一般都要投保货物运输险。对于一笔成交的商品由谁保险，保什么险，保险费是否包含在货价中，买卖双方在洽商交易和订立合同时必须明确。因此，保险便成为国际货物买卖的一项交易条件。国际货运保险的保险费可以分摊入货物成本中，被承保的货物在运输中一旦受损，即可从保险公司取得经济补偿，这就有利于企业加强成本核算、改善经营管理并保障业务的正常进行。

当承保的货物受损时，保险机构负责集中资料和数据，研究致损原因，核定损失程度，从中可以发现与掌握货物致损的原因，总结经验教训并针对货运中可能发生的问题，预先采取有效防护措施。

第二节　海上货运保险保障的范围

海洋运输货物保险的承保范围包括风险、损失和费用。

一、海上货运保险承保的风险

海运货物承保的风险分为海上风险和外来风险两种。

（一）海上风险

海上风险（perils of the sea）又称海难，包括自然灾害和意外事故两种。

1. 自然灾害

自然灾害（natural calamities）一般是指不以人的意志为转移的自然现象的力量造成的灾害，即人力不可抗拒的灾害。根据我国现行的《海洋运输货物保险条款》的规定，自然灾害仅指恶劣气候、雷电、地震、海啸、洪水等。

2. 意外事故

意外事故（fortuitous accidents）是指由于偶然的非意料之中的原因造成的事故。按照我国《海洋运输货物保险条款》的规定，它仅指运输工具的搁浅、触礁、沉没、失火、爆炸、与流冰或其他物体的碰撞等。

（二）外来风险

外来风险（extraneous risks）是指海上风险以外的其他外来原因引起的风险。外来风险可分为一般外来风险和特殊外来风险两种。

1. 一般外来风险

一般外来风险是指由一般外来原因引起风险而造成的损失。例如，被保险货物在运输途中由于盗窃、雨淋、短量、玷污、破碎、受潮、受热、渗漏、串味、锈损、钩损、包装破裂等一般外来原因导致的风险与损失。

2. 特殊外来风险

特殊外来风险是指由于国家的政策、法令、行政命令、军事等原因所造成的风险与损失，通常是指战争、罢工、交货不到、拒收、舱面等风险所致的损失。

二、海上货运保险保障的损失

一般是指海运保险货物在海洋运输中由于海上风险所造成的损失和灭失。海上货运损失按其损失程度可分为全部损失与部分损失。

（一）全部损失

全部损失（total loss）简称全损，是指运输中的整批货物或不可分割的一批被保险货物的全部损失。全损又可分为实际全损和推定全损两种。

1．实际全损

实际全损（actual total loss）是指一批被保险货物在运输途中全部灭失、全部变质或者货物全部不能归原货主所有等情形。构成货物实际全损的情况主要有以下几种。

（1）保险标的物完全灭失。例如，船只遭遇海难后沉没，货与船舶同时沉入海底。

（2）保险标的所有权丧失。例如，船舶被海盗劫走，货物被全部掠去或全部被敌方扣押；货物遭受损失，使被保险人完全丧失了这些财产，无法复得。

（3）保险标的物发生质变，失去原有使用价值。例如，水泥遭水泡后，虽没有灭失，但已不能使用，失去其使用价值。

（4）船舶失踪达到一定时期。例如，按照国际惯例，船舶失踪后半年仍无消息，则视该船舶及其所载货物全部灭失。

被保险货物在遭受实际全损时，被保险人可按其投保金额获得保险公司全部损失的赔偿。

2．推定全损

推定全损（constructive total loss）也称商业全损，一般是指保险标的物在运输途中受损后，实际全损已经不可避免或者货物虽未全部灭失，但若进行施救、整理、修复、续运至目的地、收回所有权等行为，所需费用的其中一项或几项之和将超过保险价值或超过货物在目的地的完好状态的价值。构成推定全损的具体情况，主要有以下几种。

（1）保险标的已经无法避免实际全损或者为了避免实际全损所需要花费的施救等费用将超过获救后标的的价值。

（2）保险标的发生保险事故使被保险人失去标的所有权，而收回这一所有权所需花费的费用将超过收回后的标的的价值。

（3）保险标的受损后，整理和续运到目的地的费用超过货物到达目的地的标的价值。

（4）保险标的受损后，修理费用超过货物修复后的价值。

发生推定全损后，有两种处理方法：一种是按部分损失赔偿；另一种是通过委付手续向保险公司要求全部损失赔偿。委付即被保险人与保险人办理索赔的一种手续，被保险人在被保险货物处于推定全损时向保险人发出委付通知，声明愿意将被保险货物的一切权益包括财产权及一切由此而产生的权利与义务转让给保险人，而要求保险人按全损给予赔偿。

委付在各国保险法内都有严格的规定，委付的构成必须符合下列条件：① 委付通知必须及时发出；② 委付时必须将被保险货物全部进行委付；③ 委付必须是无条件的；④ 委付必须经过保险人的承诺才能生效。保险人应当在合理的时间内将接受委付或不接受委付的决定通知被保险人，委付一经保险人接受，不得撤回。

3．实际全损和推定全损的区别

实际全损和推定全损的主要区别有以下两点。

（1）实际全损强调的是保险标的遭受保险事故后确实已经完全被毁损、灭失或失去原有的性质和用途并且不能再恢复原样或收回。推定全损则是指保险标的已经受损，但并未完全灭失，可以修复或收回，不过因此而需支出的费用将超过该保险标的的复原、获救或收回后的价值。因此，实际全损是一种物质上的灭失，而推定全损是一种经济上的灭失。

（2）实际全损发生后，被保险人无须办理任何手续，即可向保险人要求赔偿全部损失。但在推定全损条件下，被保险人可以按部分损失索赔，也可以按全部损失索赔。因此，推定全损只是保险人和被保险人双方达成协议后解决保险赔偿问题的方法。

（二）部分损失

保险标的物的损失凡未达到上述情况之一者，都属于部分损失（partial loss），即未达到全损程度。按照造成损失的原因不同，部分损失可分为共同海损与单独海损两种。

1．共同海损

共同海损（general average，G.A.）是指在同一海上航程中，载货的船舶在海上遇到灾害、事故，威胁到船货等方面的共同安全，为了解除这种威胁，维护船货安全，使航程得以继续完成，船方有意识地、合理地采取措施，造成某些特殊损失或者支出特殊额外费用。

构成共同海损必须具备以下条件。

（1）导致共同海损的危险必须是实际存在的或不可避免而产生的，不是主观臆测的。

（2）为了解除船货的共同危险，船方采取了有意识的、合理的措施。

（3）所做的牺牲具有特殊性，支出的费用是额外的。

（4）牺牲和费用的支出最终是有效的。

共同海损中牺牲和费用都是为了使船舶、货物和付运费者三方免于遭受损失而产生的，因而不论其损失大小或费用多少，都应该由船主、货主和付运费方按最后获救价值的多寡比例分摊，这种分摊称共同海损的分摊。

2．单独海损

单独海损（particular average，P.A.）是指除共同海损以外的部分损失，这种损失仅属于特定利益方，并不涉及其他货主和船方，该损失是仅由各受损者单独负担的一种损失。例如，某外贸公司出口茶叶 100 公吨，在海运途中遭受暴风雨，海水涌入舱内，茶叶受水泡发霉变质，这种损失只是使该公司的利益受损，与同船所装其他货物的货主和船方的利益无关，因而属于单独海损。

3．共同海损和单独海损的区别

共同海损与单独海损都属于部分损失，二者的主要区别有以下两点。

（1）致损原因不同。单独海损是由海上风险直接造成的货物损失，没有人为因素在内，而共同海损则是因采取人为的故意的措施而导致的损失。

（2）损失承担方不同。单独海损的损失由受损方自行承担，而共同海损的损失是由各受益方按获救财产价值的多少，按比例共同分摊。

【思考】

　　一艘货轮从悉尼驶往帕皮提，船上满载货物，其中有 A 商矿石 500 包，B 商电器 100 箱，C 商棉布 50 箱。货轮途经汤加群岛附近海域，遭遇强烈风浪，颠落一包矿石入海；接着轮船不慎搁浅，不迅速脱浅就有倾覆的危险，船长下令抛 50 箱电器以脱浅；结果船体并未上浮，船长又下令抛弃矿石，直至脱浅；继续航行中，轮船偏离了航向，为了回到主航道上，轮船加大马力，导致主机损坏；浓烟使船长误认为是装棉布的船舱着火，就下令灌水灭火，事后发现无着火痕迹，但棉布水渍严重，品质降低；此时，船长只能雇请拖轮将轮船拖到附近港口修理后继续驶往目的地。试分析以上所有损失各属什么损失，应由谁承担。

三、海上货运保险保障的费用

（一）施救费用

　　施救费用（sue and labor charges）是指当保险标的遭受保险责任范围内的灾害事故时，由被保险人或其代理人、雇用人员和受让人等采取措施，抢救保险标的，以防止扩大损失所支出的合理费用。此项费用由保险人给予补偿。

（二）救助费用

　　救助费用（salvage charges）是指被保险标的遭遇保险责任范围以内的灾害事故时，由保险人和被保险人以外的第三者采取救助行为，对于此种救助行为，按照国际法规规定，获救方应向救助方支付相应的报酬，所支付的该项费用被称为救助费用，它属于保险赔付范围。海上救助行为往往与共同海损联系在一起，构成共同海损的费用支出。

（三）续运费用

　　续运费用（forwarding charges）是指当运输工具在海上遭遇海难后，在中途港或避难港修整后继续运送货物产生的费用。

（四）额外费用

　　额外费用（extra charges）是指为了证明损失、索赔成立而支付的费用，如检验费用、查勘费用、海损理算师费用等。

第三节　我国海洋运输货物保险的条款

　　为了适应我国对外贸易发展的需要，中国人民保险公司根据我国保险业务的实际情况并参照国际保险市场的习惯做法，分别制定了《海洋运输货物保险条款》《陆上运输货物保险条款》《航空运输货物保险条款》《邮包保险条款》《海洋运输冷藏货物保险条款》《海洋运输散装桐油保险条款》等，总称为"中国保险条款"（*China Insurance Clauses*，

C.I.C.）。我国的海洋运输货物保险有基本险和附加险之分，附加险还可分为一般附加险和特殊附加险两种，只有在投保某一种基本险的基础上才能加保附加险。

一、基本险

基本险又称主险，是可以独立投保的险别，主要承保自然灾害和意外事故所造成的货物损失。按照中国人民保险公司 1981 年 1 月 1 日修订的《海洋运输货物保险条款》的规定，海洋运输货物保险的基本险别分为平安险、水渍险和一切险三种。平安险、水渍险和一切险的称谓源自新中国成立之前我国海上保险市场的叫法，其内容则是参照伦敦保险人协会1963 年货物条款制订的，险别的英文名称也来自协会条款。

（一）保险责任范围

1. 平安险

根据中国人民保险公司《海洋运输货物保险条款》的规定，平安险（free from particular average，F.P.A.）的责任范围主要包括以下几项。

（1）被保险货物在运输途中由于恶劣气候、雷电、海啸、地震、洪水等自然灾害造成整批货物的全部损失或推定全损。当被保险人要求赔偿推定全损时，必须将受损货物及其权利委付给保险公司。被保险货物用驳船运往或运离海轮的，每驳船所装的货物可视作一个整批。

（2）由于运输工具遭受搁浅、沉没、触礁、互撞、与流冰或其他物体碰撞以及失火、爆炸等意外事故造成货物的全部或部分损失。

（3）在运输工具已经发生搁浅、触礁、沉没、焚毁等意外事故的情况下，货物又在海上遭受恶劣气候、雷电、海啸等自然灾害所造成的部分损失。

（4）在装卸或转运时由于一件或数件整件货物落海造成的全部或部分损失。

（5）被保险人对遭受承保责任内危险的货物采取抢救，防止或减少货损的措施而支付的合理费用，但以不超过该批被救货物的保险金额为限。

（6）运输工具遭遇海难后，在避难港由于卸货所引起的损失以及在中途港、避难港由于卸货、存仓以及运送货物所产生的特别费用。

（7）共同海损的牺牲、分摊和救助费用。

（8）运输契约订有船舶互撞责任条款，根据该条款规定应由货方偿还船方的损失。

2. 水渍险

水渍险（with particular average，W.P.A.或 W.A.）承保的责任范围除包括平安险的各项责任外，还负责被保险货物由于恶劣气候、雷电、海啸、地震、洪水等自然灾害所造成的部分损失。

3. 一切险

一切险（all risks，A.R.）的责任范围除包括平安险和水渍险的各项责任外，还负责货物在运输过程中由于一般外来原因所造成的全部或部分损失。在这里应当指出，一切险并不是承保一切风险所造成的被保险货物的一切损失，如战争、罢工等引起的损失就不在其承保的范围之内。

上述三个险别均属基本险，故被保险人办理保险时，可从中选择一种进行投保。平安险的承保责任范围有限，一般多适用于大宗、低值、粗糙的无包装货物，如废钢铁、木材、矿砂等。

【思考】

上海某商人向日本出口大米 1000 包，共 10 公吨，向中国人民保险公司投保了平安险（F.P.A.）。货物由上海某船运公司承运，装在货轮的底层货舱。货轮在行驶途中触礁，底舱严重进水，船方全力抢救，方使 500 包大米移至舱面；可是后来又遇风暴将这 500 包大米全部吹落海中，而其余没于舱底的 500 包大米则遭受严重水浸，无法食用。货船抵达日本后，收货人凭保险单向保险公司请求赔偿。保险公司认为货物所受的是单独海损，而保险单上载明的是平安险，平安险对单独海损不负责赔偿，所以保险公司不负责任。试分析本案例中收货人能否得到赔偿。

（二）除外责任

对海洋运输货物保险的三种基本险别，保险公司规定有下列除外责任。

（1）被保险人的故意行为或过失所造成的损失。

（2）属于因发货人的责任所引起的损失。

（3）在开始承担保险责任前，被保险货物已存在品质不良或数量短少所造成的损失。

（4）被保险货物的自然损耗、本质缺陷、特性及市价跌落、运输延迟所引起的损失或费用。

（5）保险公司海洋运输货物战争险条款和罢工险条款所规定的责任及其除外责任。

（三）保险责任起讫

保险责任起讫也称保险期限。

（1）保险责任的起讫时间，采用国际保险业惯用的仓至仓条款（warehouse to warehouse clause，W/W Clause），即保险责任自被保险货物运离保险单所载明的起运地仓库或储存处所开始运输时生效，包括正常运输过程中的海上、陆上、内河和驳船运输在内，直到该项货物到达保险单所载明目的地收货人的最后仓库或储存处所或被保险人用作分配、分派或非正常运输的其他储存处为止。如未抵达上述仓库或储存处，则以被保险货物在最后卸载港全部卸离海轮后满 60 天为止。如在上述 60 天内被保险货物需转运到非保险单所载明目的地，则以该项货物开始转运时终止。

（2）由于保险人无法控制的运输延迟、绕道、被迫卸货、重新装载、转载或承运人运用运输契约赋予的权限所做的任何航海上的变更或终止运输契约，致使被保险货物运到非保险单所载明目的地时，在被保险人及时将获知的情况通知保险人并在必要时加缴保险费的情况下，保险仍继续有效。保险责任按下列规定终止：① 被保险货物如在非保险单所载明的目的地出售，保险责任至交货时为止，但不论任何情况，均以被保险货物在卸港全部卸离海轮后满 60 天为止；② 被保险货物如在上述 60 天期限内继续运往保险单所载原目的地或其他目的地，保险责任仍按满 60 天或运到保险单所载明目的地终止。

（四）索赔期限

上述海运货物保险条款规定，保险索赔时效从被保险货物在最后卸载港（地）全部卸离海轮或其他运输工具之日起算，最多不超过两年。此外，根据有关规定的解释，向船方索赔的时效规定为自货物卸船之日起一年内；向港口方及铁路方索赔的时效规定为其编制货运记录之次日起 180 天内。因收货人疏忽或其他原因而丧失向有关方追索的货物损失，保险人可不承担责任。

二、附加险

投保平安险或水渍险的货物在运输过程中可能受到非自然灾害和海上意外事故引起的损失，如偷窃、雨淋等。上述基本险的承保责任范围显然不能满足国际贸易中有关关系人的保险要求，因而保险人在基本险险别之外又制定了各种附加险。附加险是对基本险的补充和扩大，但是，附加险不能单独投保，只能在投保了某项基本险的基础上加保。加保的附加险可以是一种或几种，由被保险人根据需要选择、确定。由于附加险所承保的是外来原因所致损失，而外来原因又有一般外来原因与特殊外来原因之分，因此附加险有一般附加险与特殊附加险两类。

（一）一般附加险

一般附加险是由于一般外来风险所造成的全部或部分损失，险别如下。

（1）偷窃提货不着险（theft，pilferage and non-delivery clause）。对于被保险货物被偷走或窃取行为所致的损失和整件提货不着等损失，负责按保险价值赔偿。

（2）淡水雨淋险（fresh water and/or rain damage）。对直接遭受雨淋、淡水或冰雪融化所致的损失负责赔偿。

（3）短量险（shortage）。对因外包装破裂或散装货物发生数量散失和实际重量短缺的损失负责赔偿。

（4）混杂玷污险（intermixture and contamination）。对被保险货物在运输途中混进杂质或被其他货物玷污所致的损失负责赔偿。

（5）渗漏险（leakage）。对因容器损坏而引起的渗漏损失或用液体储藏的货物因液体的渗漏而引起的货物腐败等损失负责赔偿。

（6）碰损破碎险（clash and breakage）。对因震动、碰撞、受压造成的破碎和碰撞损失负责赔偿。

（7）串味险（taint of odor）。对被保险的食用物品、中药材、化妆品原料等因受其他物品的影响而引起的串味损失负责赔偿。

（8）受潮受热险（sweat and heating）。对因气温突然变化或由于船上通风设备失灵致使船舱内水汽凝结、发潮或发热所造成的损失负责赔偿。

（9）钩损险（hook damage）。对在装卸过程中因遭受钩损而引起的损失以及对包装进行修补或调换所支付的费用均负责赔偿。

（10）包装破裂险（breakage of packing）。对因装运或装卸不慎，致使包装破裂所造成的损失以及为继续运输安全需要对包装进行修补或调换所支付的费用，均负责赔偿。

（11）锈损险（rust）。对运输过程中发生的锈损负责赔偿。

（二）特殊附加险

特殊附加险是指由于特殊外来原因引起风险而造成损失的险别，它所承保的风险和损失主要是由政治、军事、国家政策法令、行政措施等特定的外来原因而造成的，该险别与一般附加险一样，也不能单独投保，必须依附于基本险而加保。我国保险业务中的特殊附加险主要有以下几种。

（1）战争险（war risks）。该险别承保被保险货物由于战争、类似战争行为、武装冲突和海盗行为造成的直接损失，而对于承保风险所引起的间接损失不予负责。

（2）罢工险（strike risks）。该险别对被保险货物由于罢工者，被迫停工工人或参加工潮、暴动、民众斗争的人员的行动或任何人的恶意行为所造成的直接损失和上述行动或行为所引起的共同海损的牺牲、分摊和求助费用负赔偿责任。但对在罢工期间由于劳动力短缺或不能履行正常职责所致的保险货物的损失，包括因此而引起的动力或燃料缺乏使冷藏机停止工作所致的冷藏货物的损失不负赔偿责任。

（3）交货不到险（failure to deliver）。被保险货物从装上船开始，如果在预定抵达日期起满六个月仍不能运到原定的目的地交货，则保险公司按全部损失赔付。

（4）进口关税险（import duty）。该险别承保货物由于遭受保险事故损失，但被保险人仍须按照完好货物价值缴纳进口关税所造成的损失，保险公司予以赔偿。

（5）舱面险（on deck）。该险别包括被保险货物存放舱面时，被抛弃或风浪冲击落水在内。

（6）拒收险（rejection）。该险别对被保险货物由于在进口港被进口国的政府或有关当局拒绝进口或没收予以负责并按照被拒绝进口或没收货物的保险价值赔偿。

（7）黄曲霉素险（aflatoxin）。该险别承保在进口港或进口地经当地卫生当局的检验证明，因含有黄曲霉毒素并且超过了进口国对该毒素的限制标准，被拒绝进口或被没收部分货物的保险价值或改变用途所造成的损失。

（8）货物出口到香港（包括九龙）或澳门存仓火险责任扩展条款（Fire Risks Extension Clause, F.R.E.C.—for storage of cargo at destination Hongkong, including Kowloon, or Macao）。该条款适用于所保货物经运抵目的地中国香港（包括九龙在内）或澳门且在港、澳银行办理押汇的出口运输货物。货物卸离运输工具后，如直接存放于本保险单载明的过户银行所指定的仓库时发生火险造成的损失。

【思考】

某年 3 月，上海某进出口公司向荷兰出口无烟煤 80 公吨，合同采用 CIF 价格条件，规定由出口方投保水渍险，出口方遂按发票金额另加 10%向中国人民保险公司投保了水渍险（W. P. A.）。5 月份该批无烟煤装运出口，但在印度转船时遭遇当地暴雨，货物抵达目的港鹿特丹后，进口商发现货物有明显的湿损，损失经计算达 27 000 多美元。荷兰进口商向我方进出口公司提出索赔。出口方指出该批货物已经投保了水渍险，要求对方向保险公司索赔。荷兰进口商凭保险单向中国人民保险公司驻荷兰的代理人提起索赔，遭到拒赔。为什么？应投保哪一种险别才会得到赔偿？

（三）附加险的责任起讫

附加险的责任起讫也适用仓至仓条款，即保险人的保险责任是从起运地仓库开始到目的地仓库终止，但以下几个险别除外。

（1）货物出口到香港（包括九龙）或澳门存仓火险责任扩展条款的保险期限是从货物运入过户银行指定的仓库开始，直到过户银行解除货物权益或运输责任终止时起计算满 30 天为止。二者以先发生者为准。

（2）拒收险的保险责任终止规定：自被保险货物卸离海轮存入卸货港的仓库为止；被保险货物在目的港卸离海轮满 30 天终止；被保险货物已被进口国的政府或有关当局允许进口时为止。以上三种情况以首先发生者为准，保险责任终止。

（3）战争险的保险责任是以水上风险为限，即以货物装上保险单所载明的起运港的海轮或驳船开始，到卸离保险单所载明的目的港的海轮或驳船为止。如果货物到港不卸离海轮，保险责任以海轮到达目的港的当日午夜起算 15 天为止。

【思考】

上海某进出口公司于某年向中东地区某公司出口蓖麻油一批，按 CIF 价格条件签订合同。该公司按约定以发票价值的 110% 投保了水渍险和战争险。货到目的港后刚卸到岸上，适逢该地区发生战争，货物被飞机扫射而引起火灾，全部烧毁。进口公司认为货物因战争行为而受损，于是持保险单向保险公司理赔代理人索赔。几经交涉未果，又要求出口公司协助向保险公司索赔。请问索赔能否成功？

三、被保险人的义务

被保险人应按照以下程序办理有关事项，如因未履行规定的义务而影响保险人利益，保险公司有权对有关损失拒绝赔偿。

（一）及时提货

当被保险货物运抵保险单所载明目的地港以后，被保险人应及时提货，当发现被保险货物遭受任何损失，应立即向保险单上所载明的检查、理赔代理申请检验，如发现被保险货物件数短少或有明显残损痕迹，应立即向承运人、受托人或有关当局索取货损货差证明；如果货损货差是由承运人、受托人或其他有关方面的责任所造成的，应以书面形式向他们提出索赔，必要时还需取得延长时效的认证。

（二）采取合理的施救措施

对遭受承保责任内风险的货物，被保险人和保险公司都可以迅速采取合理的措施，防止或减少货物的损失，被保险人采取此项措施不应被视为放弃委付的表示，保险公司采取此项措施，也不得被视为接受委付的表示。

（三）维护保险单的效力

如遇航程变更或发现保险单所载明的货物、船名或航程有遗漏或错误，被保险人应在获悉后立即通知保险人并在必要时加交保险费，该保险才继续有效。

（四）提供索赔单证

在向保险人索赔时，必须提供保险单正本、提单、发票、装箱单、磅码单、货损货差证明、检验报告及索赔清单。如涉及第三者责任，还需提供责任方追偿有关函电及其他必要的单证或文件。

（五）在获悉有关运输契约中"船舶互撞责任"条款的实际责任后，应及时通知保险人

因为发生船舶互撞事故之后，两船之间的责任大小、应对被撞的对方船舶负责船货损失的多少等问题都直接和保险人的利益有关，所以，被保险人获知船舶互撞后，应迅速通知保险人。

四、其他专门运输保险条款

（一）海洋运输冷藏货物保险条款

本险别是根据冷藏货物的特性专门设计的标准保险条款。一些需要冷藏运输的鲜货，如鱼、虾、肉、蔬菜、水果等，有时会由于灾害事故和外来风险可能使冷藏机器失灵造成鲜货腐败或损失，为了弥补这种损失，习惯上投保冷藏险。冷藏险分为冷藏险和冷藏一切险两种。

（1）冷藏险。冷藏险的责任范围除负责赔偿冷藏机器停止工作连续达 24 小时以上所造成的腐败或损失，其他赔偿责任与水渍险相同，可单独投保。

（2）冷藏一切险。除包括上列冷藏险的各项责任外，该保险还负责赔偿被保险货物在运输途中由于外来原因所致的腐败或损失，可单独投保。

冷藏险和冷藏一切险的保险责任自被保险货物运离保险单所载起运地点的冷藏仓库装入运送工具开始运输时生效，包括正常运输过程中的海上、陆上、内河和驳船运输在内，直至货物到达保险单所载明的最后卸载港 30 天内卸离海轮并将货物存入岸上冷藏库后继续有效，但以货物全部卸离海轮时起算满 10 天为限。在上述期限内，货物一经移出冷藏库，则责任即行终止，如卸离海轮后不存入冷藏库，则至卸离海轮时终止。

（二）海洋运输散装桐油保险条款

桐油作为油漆的重要原料，是我国大宗出口商品之一。桐油因自身特性，在运输途中容易受到污染变质，海洋运输散装桐油保险条款就是专门根据桐油的特点设立的，其可以单独投保。该保险的责任范围如下。

（1）不论任何原因所致被保险桐油短少、渗漏损失而超过本保险单规定的免赔率时（以每个油仓作为计算单位）。

（2）不论任何原因所致被保险桐油的玷污或变质损坏。

（3）被保险人对遭受承保责任内危险的桐油采取抢救、防止或减少货损的措施而支付的合理费用，但以不超过该批被救桐油的保险额为限。

（4）共同海损的牺牲、分摊和救助费用。

（5）运输契约订有"船舶互撞责任"条款，根据该条款规定应由货方偿还船方的损失。

海洋运输散装桐油保险的责任起讫与海运基本险的保险期限基本一致，也按仓至仓条款。

（三）卖方利益险

该险别是卖方在没有投保货运基本险的情况下，为保障自身在货物运输途中遇到事故时，因买方不付款赎单而遭受损失而设立的。我国出口企业在投保这一险别后，如货物在运输途中发生损失，国外买方既不付款赎单，又拒绝支付该项受损货物部分的损失，保险人负赔偿责任。这是一种独立险别，可以单独投保。

第四节　我国其他货运保险

在国际保险业务中，除了海洋运输货物需要保险外，陆上运输、航空运输和邮政包裹运输也需要办理保险。这些运输方式项下的货物保险业务都源于海上运输保险，从保险的基本原则到条款的制定都与海上运输保险基本相似。中国人民保险公司于 1981 年 1 月 1 日分别制定了陆上运输、航空运输和邮政包裹运输保险条款，它们也各自包括了基本险和附加险。

一、陆上运输货物保险

陆上运输货物保险是货物运输保险的一种，分为陆运险和陆运一切险两种。

（一）陆运险与陆运一切险

1．陆运险

陆运险的责任范围是被保险货物在运输途中遭受暴风、雷电、地震、洪水等自然灾害，或由于陆上运输工具（主要指火车、汽车）遭受碰撞、倾覆或出轨，或由于遭受隧道拥塌、崖崩或火灾、爆炸等意外事故所造成的全部损失或部分损失。

2．陆运一切险

除包括上述陆运险的责任外，保险人对被保险货物在运输途中由于外来原因造成的短少、短量、偷窃、渗漏、碰损、破碎、钩损、雨淋、生锈、受潮、受热、发霉、串味、玷污等全部或部分损失，也负赔偿责任。

陆上运输货物保险的除外责任与海洋运输货物保险的除外责任相同。

陆运货物保险责任的起讫期限与海洋运输货物保险的仓至仓条款基本相同，是从被保险货物运离所载明的起运地发货人仓库或储存处所时生效，包括正常陆运和有关水上驳运在内，直至该项货物送交保险单所载明的目的地收货人仓库或储存处所或被保险人用作分配、分派或非正常运输的其他储存处所为止。但如未运抵上述仓库或储存处所，则以被保险货物到达最后卸载的车站后，保险责任以 60 天为限，索赔时效为两年。

（二）陆上运输冷藏货物险

陆上运输冷藏货物险是陆上运输货物险中的一种专门保险，其主要责任范围除负责陆运险所列举的自然灾害和意外事故所造成的全部损失和部分损失外，还负责赔偿由于冷藏机器或隔温设备的损坏或者车厢内储存冰块的溶化所造成的解冻溶化而腐败的损失。该险别的保险责任自被保险货物运离保险单所载起运地点的冷藏仓库装入运送工具开始运输时生效，包括正常运和与其有关的水上驳运在内，直至该项货物到达保险单所载明的目的地收货入仓库时继续有效，但最长保险责任以被保险货物到达目的地车站后 10 天为限。

（三）陆上运输货物战争险

在陆上运输货物保险中，保险货物除可保陆运险和陆运一切险外，经过协商还可以加保陆上运输货物保险的附加险别，如陆运战争险等，但目前我国陆上运输货物战争险仅限于火车运输。该险别保险人负责赔偿由于战争、类似战争行为和敌对行为、武装冲突或海盗行为所致的损失以及各种常规武器所致的损失。陆上运输货物战争险的责任起讫与海运战争险类似，自被保险货物装上保险单所载起运地开始，到卸离保险单所载明的目的地为止。如果被保险货物不卸离运输工具，该险别保险责任最长期限从火车到达此站的当日午夜起算满 10 天为限。

二、航空运输货物保险

我国现行航空运输货物保险的基本险别有航空运输险和航空运输一切险两种。

（一）航空运输险与航空运输一切险

1．航空运输险

航空运输险的承保责任范围是被保险货物在运输途中遭受雷电或由于飞机遭受碰撞、倾覆、坠落或失踪等意外事故所造成的全部或部分损失，对保险责任范围内的事故所采取的抢救、防止或减少货损的措施而支付的合理费用也负责赔偿，但以不超过被救货物的保险金额为限。

2．航空运输一切险

航空运输一切险的承保责任范围除包括上述航空运输险的全部责任外，还对被保险货物在运输途中由于外来原因造成的，包括被偷窃、短少等全部或部分损失负赔偿责任。

航空运输险和航空运输一切险的保险责任也采用仓至仓条款，但与海运险条款中的仓至仓条款有所不同。航空运输货物保险的责任是从被保险货物运离保险单所载明的起运地仓库或储存处所开始时生效，在正常运输过程中继续有效，直至该项货物运抵保险单所载明的目的地，交到收货人仓库或储存处所或被保险人用作分配、分派或非正常运输的其他储存处所为止。如保险货物未到达上述仓库或储存处所，则以被保险货物在最后卸货地卸离飞机后满 30 天为止。

（二）航空运输货物战争险

航空运输货物战争险是一种附加险，在投保航空运输险和航空运输一切险的基础上，经与保险人协商后可以加保该附加险别。航空运输货物战争险的承保责任范围包括航空运输途中由于战争、类似战争行为、敌对行为或武装冲突以及各种常规武器和炸弹所造成的货物损失，原子武器或热核武器造成的损失除外。

航空运输货物战争险的保险责任是自被保险货物装上保险单所载明的起运地的飞机时开始，直到卸离保险单所载明的目的地的飞机时为止。如果被保险货物不卸离飞机，则以载货飞机到达目的地的当日午夜起计算，满 15 天为止。如被保险货物在中途转运时，保险责任以飞机到达转运地的当日午夜起算，满 15 天为止，等装上续运的飞机，保险责任恢复有效。

三、邮包运输货物保险

由于邮政包裹（邮包）的运输可能通过海、陆、空三种运输方式，因此，邮包保险的基本险别分为邮包险和邮包一切险两种。

（一）邮包险与邮包一切险

1. 邮包险

邮包险的保险责任范围包括被保险货物在邮运途中遭受恶劣气候、雷电、海啸、地震、洪水等自然灾害，由于运输工具遭受搁浅、触礁、沉没、碰撞、倾覆、出轨、坠落、失踪，或由于失火、爆炸等意外事故所造成的全损或部分损失；对由于保险责任范围内的事故所采取的为抢救、防止或减少货损的措施而支付的合理费用也负责赔偿，但以不超过被救货物的保险金额为限。

2. 邮包一切险

该险别的承保责任范围除包括上述邮包险的全部责任外，还负责赔偿被保险邮包在运输途中由于外来原因造成的（包括被偷窃、短少在内）全部或部分损失。

邮包险和邮包一切险的保险责任是自被保险邮包离开保险单所载的起运地点寄件人的处所运往邮局时开始生效，直至该项邮包运达保险单所载明的目的地邮局，自邮局发出到货通知给收件人当日午夜起算，满 15 天为止。在此期限内，邮包一经递交至收件人处所，保险责任即告终止。

（二）邮包战争险

邮包战争险是邮包保险的一种附加险，被保险货物在投保邮包险或邮包一切险的基础上，根据需要经与保险人协商同意后方可加保。邮包战争险的责任范围与上述陆运、空运保险条款中的战争险基本相同，唯保险责任起讫期限有所区别。邮包战争险的保险责任是自被保险邮包经邮政机构收讫后，自储存处所开始运达时生效，直到该项邮包送达保险单所载明的目的地邮政机构送交收件人为止。

第五节　伦敦保险协会海洋运输货物保险条款

世界上许多国家都有自己的保险条款，其中以英国伦敦保险协会制定的《协会货物条款》（*Institute Cargo Clauses*，ICC）在国际保险市场上的影响最为显著。

伦敦保险协会海运货物保险条款最早制定于 1912 年，1963 年形成了一套完整的海上运输货物保险标准条款。由于该条款因种种原因而不能适应国际贸易的日益发展对保险的需要，为此伦敦保险业协会对其进行了修订，修订工作于 1982 年 1 月 1 日完成并于 1983 年 4 月 1 日起强制要求使用新保单和新条款。

一、1982 年伦敦保险协会《海运货物保险条款》的特点

（1）采用英文字母命名主险，每种主险都形成独立的保险单，也避免了主险名称和内容不一致的弊病。

（2）合理划分险别，允许战争险和罢工险作为独立险别投保。

（3）对保险人承保的风险损失，不再区分全部损失和部分损失，也取消了计算免赔率的规定。

（4）统一各个险别的结构，使得体系完整、语言简练。

（5）险别的承保责任采用"列明风险"和"一切风险减除外责任"两种方式。

（6）保单是一种空白格式的保险单，其内容简洁、明确，不包括保险条件，也取消了附注。

（7）增加了可保利益条款、续运费条款、增值条款、放弃条款和法律与惯例条款五个条款。

二、基本条款

新的伦敦保险协会《海运货物保险条款》主要有下列六种。

（1）协会货物条款（A）[*Institute Cargo Clauses*（A），ICC（A）]。

（2）协会货物条款（B）[*Institute Cargo Clauses*（B），ICC（B）]。

（3）协会货物条款（C）[*Institute Cargo Clauses*（C），ICC（C）]。

（4）协会战争险条款（货物）（*Institute War Clauses-Cargo*）。

（5）协会罢工险条款（货物）（*Institute Strikes Clauses-Cargo*）。

（6）恶意损害险条款（*Malicious Damage Clauses*）。

在上述六种险别条款中，ICC（A）、ICC（B）、ICC（C）可以独立投保，战争险、罢工险由于具有独立、完整的结构，对承保风险及除外责任均有明确的规定，因此在需要时也可以单独投保。ICC 各险别的承保风险和除外责任如下。

（一）ICC（A）险的承保风险与除外责任

根据伦敦保险协会的规定，ICC（A）险的承保风险采用一切风险减除外责任的方式予以明确，即除了"除外责任"项下的风险保险人不予负责外，其他风险均予负责。ICC（A）险的除外责任有以下四类。

（1）一般除外责任：归因于被保险人故意的不法行为造成的损失或费用；自然渗漏、自然损耗、自然磨损；包装不足或不当所造成的损失或费用；保险标的内在缺陷或特性所

造成的损失或费用；直接由于延迟所引起的损失或费用；由于船舶所有人、租船人经营破产或不履行债务所造成的损失或费用；由于使用任何原子或核武器所造成的损失或费用。

（2）不适航、不适货除外责任。所谓不适航、不适货除外责任，是指保险标的在装船时，如被保险人或其他受雇人已经知道船舶不适航以及船舶、装运工具、集装箱等不适货。

（3）战争除外责任：如战争、内战、敌对行为等造成的损失或费用；捕获、拘留、扣留（海盗除外）等所造成的损失或费用；漂流水雷、鱼雷等造成的损失或费用。

（4）罢工除外责任。罢工者、被迫停工工人造成的损失或费用以及由于罢工、被迫停工所造成的损失或费用；任何恐怖主义或出于政治动机而行动的人所致的损失或费用。

（二）ICC（B）险的承保风险和除外责任

1. ICC（B）险的承保风险

ICC（B）和ICC（C）险的承保风险采用"列明风险"的方法，即在条款的首部把保险人所承保的风险一一列出。ICC（B）险的承保风险为灭失或损害合理归因于下列任何原因之一者，保险人予以赔偿。

（1）火灾、爆炸。

（2）船舶或驳船触礁、搁浅、沉没或倾覆。

（3）陆上运输工具倾覆或出轨。

（4）船舶、驳船或运输工具同水以外的外界物体碰撞。

（5）在避难港卸货。

（6）地震、火山爆发、雷电。

（7）共同海损牺牲。

（8）抛货。

（9）浪击落海。

（10）海水、湖水或河水进入船舶、驳船、运输工具、集装箱、大型海运箱或储存处所。

（11）货物在装卸时落海或摔落造成全损。

2. ICC（B）险的除外责任

除对海盗行为和恶意损害险的责任不负责外，其余均与ICC（A）险的除外责任相同。

（三）ICC（C）险的承保风险和除外责任

1. ICC（C）险的承保风险

该险别只承保重大意外事故而不承保自然灾害及非重大意外事故。ICC（C）险的承保风险比 ICC（A）、ICC（B）小得多，其具体承保风险如下。

（1）火灾、爆炸。

（2）船舶或驳船触礁、搁浅、沉没或倾覆。

（3）陆上运输工具倾覆或出轨。

（4）在避难港卸货。

（5）共同海损牺牲。

（6）抛货。

2．ICC（C）险的除外责任

ICC（C）险的除外责任与ICC（B）完全相同。

综上所述，ICC（A）险的承保风险类似我国的一切险；ICC（B）险类似我国的水渍险；ICC（C）险类似我国的平安险，但比平安险的责任小一些。

（四）战争险的承保风险与除外责任

战争险的承保风险与修订前的旧条款以及我国现行的海运战争险条款相似，唯在除外责任方面提出保险人对由于非敌对行为（如使用核武器等）所造成的灭失或损害必须负责。

（五）罢工险的承保风险与除外责任

罢工险的承保风险范围如上述战争险一样，与修订前的旧罢工险条款以及我国现行海运货物保险条款中的罢工险条款基本一致，但在"一般除外责任"中增加了"航程挫折"条款，目的在于限制被保险人对由于罢工而造成的额外费用（如存仓费、重新装船费等）提出赔偿的要求。

（六）恶意损害险的承保风险

该险别承保被保险人以外的其他人（如船长、船员）的故意破坏行动所致被保险货物的灭失或损坏。但是，恶意损害如果是出于政治动机的人的行动，不属于恶意损害险承保范围，则保险人免责。

保险期限也称保险人承担保险责任的期限。英国伦敦保险协会海运货物ICC（A）、ICC（B）、ICC（C）条款与我国海运货物保险条款中基本险的规定大体相同，也是采用仓至仓条款，但比我国条款规定得更为详细。战争险的保险期限与前述我国现行海运战争险条款一样，也根据承保"水上危险"的原则，不使用仓至仓条款。

第六节　国际货物运输保险实务

在进出口货物运输保险业务中，被保险人通常涉及的工作有确定投保的险别、确定保险金额、办理投保并交付保险费、领取保险单证以及在货损时办理保险索赔等。

一、国际货物运输投保实务

（一）选择投保险别

买卖双方根据贸易术语确定了办理投保的责任之后，就要选择合适的险别，险别不同，保险人承保的责任范围就不同，费率也不同。在我国海运货物保险的三种基本险中，平安险的责任范围最小，水渍险次之，一切险的责任范围最大，与此相对应，平安险的费率最低，一切险的费率最高，二者的费率有时相差几十倍。投保人在选择保险险别时，首先要考虑货物在运输途中可能面临的损失以及所需的保障，同时还要考虑货物的特性、包装以及运输的季节、路线、港口等因素。

（二）保险金额的计算

保险金额是计算保险费的依据，也是发生损失后计算赔款的依据，保险金额是指保险人承担赔偿或者给付保险金责任的最高限额。投保人在投保货物运输保险时应向保险人申报保险金额，保险金额是根据保险价值确定的。按照国际保险市场的习惯，一般是按照货物 CIF（或 CIP）价另加 10%的预期利润作为保险金额。为满足被保险人的实际需要，可适当提高加成率，但由此而增加的保险费在原则上应由买方承担。若合同对加成率未做规定，按《2020 年通则》和《跟单信用证统一惯例》的规定，卖方有义务按 CIF 或 CIP 价格的总值另加 10%作为保险金额。保险金额的计算公式为

$$保险金额 = CIF（CIP）价 \times (1 + 投保加成率)$$

在实际工作中，如已有成本价，要计算出 CIF 价格，可先计算出运费额，再与成本价相加，得出成本加运费价 CFR，然后再按下列公式计算出 CIF 价。

$$CIF = \frac{CFR}{1 - [保险费率 \times (1 + 投保加成率)]}$$

为了简化计算过程，也可根据中国人民保险公司的保险费率常用表，以 CFR 价直接乘以表内所列常数便可得 CIF 价。

（三）填制投保单和交付保费

出口合同采用 CIF 或 CIP 条件时，保险由我方办理。出口企业在向当地的保险公司办理投保手续时，应根据买卖合同或信用证规定，在备妥货物并确定装运日期和运输工具后，按规定格式逐笔填制投保单，单上填明货物名称、保险金额、运输路线、运输工具、起运日期和投保险别等项。由于外贸出口业务量较大，为了节省手续，在征得保险公司同意后，有时可利用现成单据的副本如出口货物明细单、货物出运分析单或发票副本等来代替，仅在这些单据上加列一些必要的项目即可。

投保人交付保险费是保险合同生效的前提条件，是保险人经营业务的基本收入，也是保险人所掌握的保险基金的主要来源。保险费率是计算保险费的依据，我国进出口货物保险费率是我国保险公司在货物损失率和赔付率的基础上，参照国际保险费率水平并根据我国对外贸易发展的需要制定的。保险费的计算公式为

$$保险费 = 保险金额 \times 保险费率$$

（四）领取保险单据

保险单据是保险人与被保险人之间订立保险合同的证明文件，它反映了保险人与被保险人之间的权利和义务关系，也是保险人的承保证明。当被保险货物遭受承保范围内的损失时，它是被保险人向保险人索赔的主要依据，也是后者进行理赔的主要依据。

当前，在进出口业务实践中所应用的保险单据的种类很多，主要有以下几类。

1. 保险单

保险单（insurance policy）俗称大保单，是一种正规的保险单据，除载明被保险人名称、被保险货物名称、数量或重量、唛头、运输工具、保险起止地点、承保险别、保险金额和

期限等项目外，还有保险人的责任范围以及保险人与被保险人各自的权利、义务等方面的详细条款。保险单经由被保险人背书后随同物权的转移而转让，按照 CIF 条件订立出口合同时，买方通常要求卖方提供保险单。

2．保险凭证

保险凭证（insurance certificate）也称小保单，它是一种简化的保险单据。除在凭证上不印详细条款外，其他内容与保险单相同且与保险单有同样效力。但若信用证要求需提供保险单，一般不能用保险凭证代替。近年来，保险机构为实现单据规范化，此类保险凭证逐渐被废弃而统一采用大保单。

3．联合凭证

联合凭证（combined certificate）是一种更为简化的保险凭证。在我国，保险机构在外贸企业的商业发票上加注保险编号、险别、金额并加盖保险机构印戳，作为承保凭证，其余项目以发票所列为准。联合凭证不能转让，目前，仅适用于香港地区一些中资银行由华商开来的信用证。

4．预约保险单

预约保险单（open certificate）是保险人承保被保险人在一定时期内分批发运的货物所出立的保险单。预约保险单内应载明保险货物的范围、险别、保险费率、每批运输货物的最高保险金额以及保险费的结算办理等内容。凡属预约保险范围内的进出口货物，一经起运，即自动按预约保险单所列条件保险，保险人可不再签发每批货物的保险单。但被保险人应在获悉每批货物起运时立即以起运通知书或其他书面形式将该批货物的名称、数量、保险金额、运输工具的种类和名称、航程起讫地点、开航日期等情况通知保险人。预约保险单在我国仅适用于以 FOB 或 CFR 条件成交进口货物的保险业务。

5．保险通知书

保险通知书（insurance declaration）亦称保险声明书。在 FOB、FCA、CFR 等条件的出口交易中，由买方自费办理保险。但有些进口商与国外保险公司订有预保合同，因此他们常在信用证中要求卖方在发运货物时向进口商指定的外国保险公司发出保险通知书，列明所运货物的名称、数量或重量、金额、运输工具、运输日期、进口商名称、预保合同号码等。此项通知活动是卖方为买方提供的装运后服务，其副本被列为议付单据之一，必须在装运前备妥。近些年来，为简化手续，出口人征得银行同意，可以商业发票代替上述通知书，但必须在该发票上加注"Insurance Declaration"字样和信用证规定的内容。

6．批单

批单（endorsement）是在保险单出具后，因保险内容有所变更，保险人应被保险人的要求而签发的批改保险内容的凭证，它具有补充、变更原保险单内容的作用。保险单一经批改，保险人必须按批改后的内容承担责任。批改的内容如涉及增加保险金额、扩大承保范围，必须经保险人同意，被保险人方可办理申请批改手续。被批准的批单，一般被粘贴在保险单上并加盖骑缝章，作为保险单不可分割的组成部分。

二、货物运输保险的索赔

（一）索赔程序

中国人民保险公司承保的出口货物在到达国外目的地以后发现货物损失，收货人或其代理人一般都按保险单规定委托指定的检验人检验货损，出具检验报告，由国外收货人凭检验报告连同有关权益证明书、保险单正本直接向保险公司或其代理人索赔。

中国人民保险公司承保的进口货物运抵国内后，如果发现残损或短缺，在港口的收货单位应立即通知当地的保险公司。在内陆的收货单位则应立即通知当地的保险公司或中国人民银行会同有关部门进行联合检验，出具联合检验报告。申请联合检验的期限一般最迟不能超过保险责任终止日前 10 天。收货单位应根据残损货物联合检验报告的损失金额或程度向卸货港的保险公司索赔。

（二）被保险人在索赔时应履行的义务

（1）被保险人获悉保险标的遭受损失后，应立即通知保险人并及时申请检验。

（2）被保险人或其代理人及时向承运人等有关责任方进行追偿，维护保险人代位追偿权的行使。

（3）货物受损后，被保险人要对货物采取必要的施救、整理措施，防止损失扩大。

（4）被保险人索赔时要向保险人提交保险单、货损货差证明、检验报告等必要的索赔单证。

三、货物运输保险的理赔

保险理赔是指保险人在接到被保险人的损失通知后，通过损失检验和调查研究，确定损失的原因、损失的程度并对责任归属进行审定，最后根据保险赔款金额给付赔款的过程。它包括以下几个主要环节：确定损失原因；根据保险条款中的险别和期限等规定进行责任审定，确定损失是否属于保险责任；根据货物的损失及支出的费用计算赔偿金额并及时赔付；处理损余并行使代位追偿权，向第三者责任人索赔等。

📓 本章小结

海运运输货物保险保障的风险分为海上风险和外来风险，导致的损失分为全部损失和部分损失。

我国海运货物保险基本险是平安险、水渍险、一切险，承保范围依次扩大。附加险包括 11 种一般附加险和 8 种特殊附加险，除此之外，还有海洋运输货物专门险。

协会货物保险 A、B、C 条款承保范围依次减小。

保险责任起讫适用仓至仓条款，战争险除外。

其他运输方式如陆运、航空、邮包也有对应的保险险别。

在进出口货物运输保险业务中，投保常包括以下几个环节：确定投保的险别、确定保险金额、办理投保并交付保险费、领取保险单证以及在货损时办理保险索赔等。

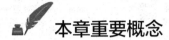

本章重要概念

风险	保险人	一切险	共同海损	仓至仓条款
附加险	平安险	被保险人	单独海损	水渍险
保险	保险单	中国保险条款	协会货物条款	

思考题

1．我国海洋运输货物保险的基本险别有哪三种？三种基本险别的责任范围有何区别？

2．什么是共同海损？构成共同海损的条件有哪些？

3．北京某外贸公司按 CFR 横滨出口一批仪器，投保险别为一切险，仓至仓条款，我方用卡车将货物由北京运往天津装船，途中一辆卡车撞车，造成部分仪表损坏。请问：该项损失应由谁承担？保险公司是否应予以赔偿？

4．我国出口 CIF 合同规定按发票金额 110%投保一切险和战争险，如出口发票金额为150 000 美元，一切险保险费率为 0.6%，战争险保险费率为 0.03%。请问：投保金额是多少？应付保险费多少？

5．我国按 CIF 贸易术语对外发盘，若按下列险别作为保险条款提出是否妥当？若有不妥，试予以更正并说明原因。

（1）一切险、偷窃提货不着险、碰撞破碎险。

（2）平安险、水渍险、淡水雨淋险、短量险、战争险和罢工险。

（3）渗漏险、受潮受热险。

（4）包装破裂险、串味险、战争险和罢工险。

（5）水渍险、锈损险。

学生课后参考阅读文献

[1] 中国国际货运代理协会．国际海上货运代理理论与实务[M]．北京：中国对外经济贸易出版社，2003．

[2] 吴国新，毛小明．国际贸易实务[M]．3 版．北京：清华大学出版社，2019．

[3] 余世明．国际货运代理资格考试辅导（重点提示、练习题及解答）[M]．广州：暨南大学出版社，2005．

[4] 中国人民保险网（http://www.picc.com.cn）

第十七章　国际货款的结算

学习目的和要求

通过本章的学习，理解和掌握国际货款结算的基本概念、国际结算的工具（如汇票、本票和支票）以及国际贸易结算的基本方法，即汇付、托收和信用证等。

开篇案例：国际货款支付条款的选择

【案情】

某国 A 公司与我方 B 公司洽谈一笔交易，其他条款均已取得一致意见，唯支付条款，我方坚持以不可撤销的即期信用证，对方坚持 D/P 即期，为达成交易，双方各做让步，最后以 L/C 即期与 D/P 即期各 50%订约。

【讨论】

本案货物出运后，货运单据和汇票如何处理？

【分析】

在本案中，具体操作应为开两套汇票，其中信用证部分的货款凭光票付款，而全套单据附在托收部分汇票项下，按即期付款交单方式托收，在信用证中应明确规定"买方在全数付清发票金额后方可交单"的条款。合同中付款条款可做如下规定：货款 50%应开立不可撤销信用证，余款 50%见票后即期付款交单。全套货运单据随于托收项下，于申请人付清发票全部金额后交单。如进口人不付清全部金额，则货运单据由开证银行掌握，听凭卖方处理。

国际货款的结算，即货款的收付，在国际贸易中处于极其重要的地位，它直接关系到买卖双方的切身利益，是买卖双方在交易磋商过程中重点关注的问题，也是买卖合同中的一个重要组成部分。因此，买卖双方在交易磋商时，应根据有关国际贸易惯例和法律，就付款的时间、地点以及何种方式结算等问题做出权衡并在合同中做出明确的规定。

第一节　结 算 工 具

在国际货款结算中，一般采用票据作为结算工具，现金结算和记账结算使用较少。票据是出票人签名于票据上，无条件约定由自己或另一个人支付一定金额的、可以流通转让的证券。票据主要有汇票、本票和支票三种，在国际货款结算中，主要使用汇票。

一、汇票

根据《英国票据法》，汇票（bill of exchange，draft）是"由一人签发给另一人的无条件书面命令，要求受票人见票时或于未来某一规定的或可以确定的时间，将一定金额的款项支付给某一特定的人或其所指定的人，或持票人。

《中华人民共和国票据法》对汇票的定义为："汇票是出票人签发的，委托付款人在见票时或者在指定日期无条件支付确定的金额给收款人或者持票人的票据。"在国际贸易中，出口方索取货款时，往往开出汇票作为要求付款的凭证，因此其内容必须与相关的贸易合同和信用证条款相符。

（一）汇票的必要项目

一张合格的汇票一般应具备以下内容。

1. 表明"汇票"的字样

汇票字样实务中可用汉字"汇票"表示，也可用同义的外文（exchange 或 draft）表示。载明"汇票"字样是为了将其与本票、支票等其他支付工具区别开来。

2. 无条件支付的委托

汇票是无条件的支付委托，即 order；支付委托不得以其他行为或事件为条件，即无条件性；而且是书面的，如 pay to SHBC…。

3. 确定的金额

汇票上的金额是确定的，其大小写、金额完全一致。信用证方式下，所填制的货币名称应与信用证规定的货币名称完全一致且汇票金额不得超过信用证金额。

4. 付款期限（tenor）

付款期限包括即期付款和远期付款两种。在实际业务中，即期汇票在汇票付款期限栏中填写"at sight"。远期汇票的付款日期记载方法主要有：① 某一个定日（at a fixed date）；② 付款人见票后若干天付款（at...days after sight），如见票后 60 天、90 天……③ 出票日后若干天付款（at...days after date of draft）；④ 提单签发日后若干天付款（at...days after date of B/L）。

5. 付款地点

付款地点是持票人提示票据请求付款的地点。付款地点虽然很重要，然而不注明付款地点的票据仍然成立，但这时付款人后面的地址就作为付款地，在付款地发生的承兑、付款等行为，包括到期日算法都适用付款地法律。

6. 受票人（drawee）的名称

根据我国习惯，受票人也称为付款人（payer），实务上一般都注明详细地址。托收项下汇票的受票人为进口人或其指定银行；信用证项下汇票的受票人按信用证办理。

7. 收款人（payee）的名称

汇票上收款人的记载通常称为"抬头"，即受领汇票所规定金额的人，是汇票上证明的债权人，它应像付款人一样有一定的确定性，但实务上往往不强求地址，而只写一个完整的名字。在进出口业务中，收款人通常是出口人或其指定的银行，一般有以下三种做法。

（1）限制性抬头。在收款人栏中填写"限付给×××"（pay to...only）或"限付给××，不许转让"（pay to...only, not transferable）。限制性抬头票据不可流通转让。

（2）指示性抬头。在收款人栏中填写"付给××公司或其指定人"（pay to...Co. or order），"付给××人的指定人"（pay to the order of...）。指示性抬头的汇票经过持票人背书后可以转让给第三者。

（3）来人抬头。在收款人栏中填写"付给来人"（pay to bearer）或"付给持票人"（pay to holder）。来人抬头汇票无须由持票人背书，只要交付就可以转让。

8. 出票日期与地点

一般以议付日期为出票日期，不能迟于信用证的议付期限，也不能早于提单和发票日期。托收方式的出票日期以托收行寄单日填写。

出票地点对国际汇票具有重要意义，因此汇票是否成立是以出票地法律来衡量的，但是票据不注明出票地点也成立，此时就以出票人后的地址作为出票地点。

9. 出票人及其签字或盖章

汇票只有经过出票人签字才能生效，汇票的出票人应该是信用证的受益人，在进出口业务中是出口人。

10. 出票根据

信用证方式下，这一条款一般包括三个项目：开证行名称、开证日期和信用证号码。

当然，汇票还可以有一些其他内容的记载，如利息和利率、付一不付二、汇票编号等条款。

（二）汇票的种类

汇票可以从不同的角度进行分类。

1. 按照出票人的不同，汇票可分为银行汇票和商业汇票

（1）银行汇票（banker's draft）。这是指出票人是银行，受票人也是银行的汇票。

（2）商业汇票（commercial draft）。这是指出票人是工商企业或个人，付款人可以是工商企业或个人，也可以是银行的汇票。

2. 按照付款的时间不同，汇票可分为即期汇票和远期汇票

（1）即期汇票（sight draft）。这是指在提示或见票时立即付款的汇票，即"见票即付"。

（2）远期汇票（time bill；usance bill）。这是指在一定时限或指定日期付款的汇票。具体付款时间的确定已在汇票的必要项目中介绍过，这里不再赘述。

3. 按照承兑人的不同，汇票可分为商业承兑汇票和银行承兑汇票

（1）商业承兑汇票（commercial acceptance bill）。这是由工商企业或个人承兑的远期汇票。商业承兑汇票是建立在商业信用的基础上的。

（2）银行承兑汇票（banker's acceptance draft）。这是由银行承兑的远期汇票，即远期汇票经银行承兑后，银行成为该汇票的主债务人，而出票人则称为从债务人或称次债务人。银行承兑汇票建立在银行信用的基础之上，便于在金融市场上流通。

4．按照是否附有货运单据，汇票可分为光票和跟单汇票

（1）光票（clean bill）。这是指不附带货运单据的汇票，在国际结算中，一般仅限于贸易从属费用、货款尾数、佣金等的托收或支付时使用。银行汇票多数是光票。

（2）跟单汇票（documentary draft）。这是指附有运输单据的汇票，即开立的汇票必须随付有货运单据及其他有关单据才能生效。在国际贸易货款结算中，大多采用跟单汇票作为结算工具。商业汇票一般为跟单汇票。

一张汇票往往可以同时具备几种性质，如一张商业汇票同时可以是即期的跟单汇票，一张远期的商业跟单汇票同时是银行承兑的汇票。

（三）汇票的使用程序

汇票在使用时一般要经过出票、提示和见票、承兑、付款等环节。如果是即期汇票，无须承兑；而远期汇票如需转让，通常要经过背书。当汇票遭到拒付时，还要涉及作成拒绝证书和行使追索权等法律问题。

1．出票（issue）

出票就是出票人开出汇票，即出票人在汇票上填写好付款人、付款金额、付款日期和地点以及收款人等项目，签字后交给收款人的行为。出票由两个动作组成：一是由出票人写成汇票并在汇票上签字；二是由出票人将汇票交付收款人。

出票时，对收款人的写法可以采用指示性抬头、限制性抬头、来人抬头。出票人签发汇票后，即承担保证该汇票必然会被承兑和/或付款的责任。

2．提示和见票（presentation and sight）

提示是指收款人或持票人将汇票提交付款人，要求付款或承兑的行为。付款人看到汇票，即为见票。提示可分为以下两种。

（1）付款提示。付款提示是指汇票的持票人向付款人（或远期汇票的承兑人）出示汇票，要求付款人（或承兑人）付款的行为。

（2）承兑提示。承兑提示是指持票人将远期汇票提交付款人，要求承兑的行为。

3．承兑（acceptance）

承兑是指付款人对远期汇票表示承担到期付款责任的行为，其手续是由付款人在汇票正面写上"承兑"（accepted）字样，注明承兑的日期并由付款人签名。我国《票据法》第四十四条明确规定："付款人承兑汇票后，应当承担到期付款的责任。"因此，汇票经承兑，付款人就成为汇票的承兑人并成为汇票的主债务人，而出票人便成为汇票的次债务人。

4．付款（payment）

对即期汇票，在持票人提示汇票时，付款人见票即付；对远期汇票，付款人经过承兑后，在汇票到期日付款。付款后，汇票上的一切债务关系即告结束。

5．背书（endorsement）

在国际金融市场上，一张远期汇票的持票人如想在汇票到期日前取得票款，可以经过背书在票据市场上转让汇票。所谓背书，是指汇票持有人在汇票背面签上自己的名字或再加上受让人（被背书人）的名字并把汇票交给受让人的行为。这实际上是对汇票进行"贴

现"（discount），是受让人对汇票持有人的一种资金融通，即受让人在受让汇票时，要按照汇票的票面金额扣除从转让日起到汇票付款日止的利息后将票款付给出让人，这种行为叫作"贴现"。在汇票到期前，受让人（被背书人 endorsee）可以再经过背书继续进行转让。对于受让人来说，所有在他之前的背书人（endorser）和出票人都是他的前手；而对于出让人来说，所有在他之后的受让人都是他的"后手"。"前手"对"后手"负有保证汇票必然会被承兑或付款的责任。

6. 拒付与追索（dishonour and recourse）

拒付也称退票，是指持票人提示汇票要求承兑时遭到拒绝承兑或持票人提示汇票要求付款时遭到拒绝付款。此外，付款人拒不见票、死亡或宣告破产，以致付款事实上已不可能时，也称拒付。汇票被拒付，持票人立即产生追索权（right of recourse）。持票人有权向其前手追索，包括所有的前手，直至出票人。所谓追索权，是指汇票遭到拒付时，持票人对其前手（背书人、出票人）有请求偿还汇票金额及费用的权利。在国外，通常还要求持票人提供拒绝证书（protest）。拒绝证书又叫拒付证书，是由付款地的法定公证人（notary public）或其他依法有权做出证书的机构（如法院、银行、工会、邮局等）做出证明拒付事实的文件。持票人请求公证人做拒付证书时，应将票据交出，由公证人向付款人再作提示，如遭拒付，公证人即按规定格式写一张证明书，连同票据交还持票人，持票人凭此向"前手"追索。

二、本票

本票（promissory note）是一个人向另一个人签发的，保证于见票时或定期或在可以确定的将来时间，对某人或其指定人、持票人支付一定金额的无条件的书面承诺。简言之，本票是出票人对收款人承诺无条件支付一定金额的票据。本票是一种允诺式票据，其基本当事人只有两个，即出票人和收款人。出票人就是付款人。

根据我国《票据法》第七十六条的规定，本票必须记载下列事项：① 表明"本票"字样；② 无条件的支付承诺；③ 确定的金额；④ 收款人名称；⑤ 出票日期；⑥ 出票人签字。本票上未记载规定事项之一的，本票无效。

按我国《票据法》，本票仅指银行本票。但《日内瓦统一法》与《英国票据法》规定，本票可分商业本票和银行本票两种。商业本票又称一般本票，是由工商企业或个人签发的，有即期和远期之分；银行本票是由银行签发的，都是即期的。在国际贸易结算中使用的本票，大都是银行本票。有的银行发行见票即付、不载收款人的本票或来人抬头的本票，它们的流通性与纸币相似。

另外，本票与汇票除了在定义上的不同外，其他不同主要表现在以下几个方面。

（1）汇票有三个当事人，即出票人、付款人和收款人；本票的基本当事人只有出票人和收款人两个，本票的付款人就是出票人自己。

（2）汇票可开成一式多份（银行汇票除外），而本票只能一式一份，不能多开。

（3）远期汇票基本上都要经过付款承兑；而本票的出票人就是付款人，远期本票由他签发，就等于承诺在本票到期日付款，因此无须承兑。

（4）汇票在承兑前由出票人负责，承兑后则由承兑人负主要责任，出票人负次要责任；本票则全由出票人负责。

三、支票

按照我国《票据法》对支票（check or cheque）所下的定义，支票是出票人签发，委托办理支票存款业务的银行或者其他金融机构在见票时无条件支付确定的金额给收款人或持票人的票据，即支票是以银行为付款人的即期汇票。根据我国《票据法》第八十五条规定，支票必须记载下列事项：① 表示"支票"的字样；② 无条件支付的委托；③ 确定的金额；④ 付款人名称；⑤ 出票日期；⑥ 出票人签章。未记载规定事项之一的，支票无效。

支票有一般支票和划线支票之分。一般支票可以提取现金，也可以通过银行转账收款。而划线支票只能通过银行转账，使用起来比较安全。出票人在签发支票时应在付款银行存有不低于票面金额的存款，若开立空头支票，要负法律责任。支票收款人或持票人为了避免出票人开立空头支票可先要求银行对支票"保付"。银行在支票上签上"保付"（certified to pay）字样，表明在提示时一定付款，这种支票叫保付支票。支票一经保付，付款责任即由银行承担，银行将支票的款项从出票人的账户转入另一专户，以备支付，所以不会出现退票的情况。对于保付支票，出票人和背书人可免受追索。

【思考】

某年秋季广交会期间，广东省 A 进出口公司与香港 H 公司签约出口一批工艺品。次年 1 月，H 公司到 A 公司送交广东省某银行香港分行开立的面额为 26.5 万港币的支票一张，随即要求提货。由于支票上签字不全，A 公司要求重开。但由于对方强烈要求，A 公司便告知了提货地点。几天后，H 公司重新开来同样金额的支票，A 公司交中国银行办理托收，结果发现是一张无法兑现的空头支票。A 公司这才发现对方已从工厂仓库如数提走货物。开立空头支票属于严重的商业欺诈行为，出票人应承担法律责任。A 公司多次通知 H 公司面洽，H 公司既不派员，也不付款，该案一直悬而未决。试分析 A 公司应该从中吸取什么教训。

第二节　汇付和托收

在国际贸易中，常用的结算方式有汇付、托收和信用证，汇付和托收都是由买卖双方根据买卖合同互相提供信用，属于商业信用，而信用证方式是银行信用。根据资金的流向与票据的传递方向是否相同，货款的支付方式可分为顺汇和逆汇两种。顺汇是指资金流动方向与支付工具的传递方向相同；逆汇是指二者的方向相反。汇付是一种顺汇，而托收和信用证属于逆汇。本节介绍汇付和托收及二者在国际贸易中的运用。

一、汇付

汇付（remittance）又称汇款，是债务人或付款人通过银行将款项汇交债权人或收款人的结算方式，是简单的国际货款结算方式。货运单据由卖方自行寄送买方。

（一）汇付方式的当事人

汇付方式的当事人及简要流程如图 17-1 所示。

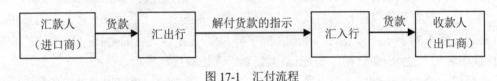

图 17-1　汇付流程

汇付方式涉及四个基本当事人，即汇款人、汇出行、汇入行和收款人。

（1）汇款人（remitter）。汇款人即付款人，在国际贸易中，通常是进口人。

（2）汇出行（remitting bank）。汇出行是接受汇款人的委托或申请，汇出款项的银行，通常是进口人所在地的银行。

（3）汇入行（receiving bank）。汇入行即接受汇出行的委托，解付汇款的银行，故又称解付行。通常是汇出行的代理行，出口人所在地的银行。

（4）收款人（payee）。收款人即收取款项的人，在国际贸易中，通常是出口人，买卖合同的卖方。

汇款人在委托汇出行办理汇款时，要出具汇款申请书，此项申请书是汇款人和汇出行之间的一种契约。汇出行一经接受申请，就有义务按照汇款申请书的指示通知汇入行。汇出行与汇入行之间事先订有代理合同，在代理合同规定的范围内，汇入行对汇出行承担解付汇款的义务。

（二）汇付的种类

汇款根据汇出行向汇入行转移资金发出指示的方式，可分为三种形式。

1. 电汇

电汇（telegraphic transfer，T/T）是汇出行应汇款人的申请，拍发加押电报或电传给在另一国家的分行或代理行（汇入行），指示解付一定金额给收款人的一种汇款方式。

电汇的优点在于速度快，收款人可以迅速收到货款。随着现代通信技术的发展，银行与银行之间使用电传直接通信，快速、准确。电汇是目前使用得较多的一种结算方式，但其费用较高。

2. 信汇

信汇（mail transfer，M/T）是汇出行应汇款人的申请，用航空信函的形式指示出口国汇入行解付一定金额的款项给收款人的汇款方式。信汇的优点是费用较低廉，但收款人收到汇款的时间较迟。

信汇与电汇类似，只是不使用电信手段，电汇/信汇业务的程序如图 17-2 所示。

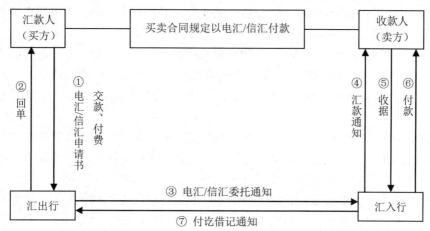

图 17-2　电汇/信汇业务的程序

3．票汇

票汇（remittance by bank's demand draft，D/D）是以银行票据作为结算工具的一种汇款方式，一般是汇出行应汇款人的申请，开立以出口国汇入行为付款人的银行即期汇票，列明收款人名称、汇款金额等，交由汇款人自行寄给或亲自交给收款人，凭票向付款行取款的一种汇付方式。

票汇与电汇/信汇的不同在于票汇的汇入行无须通知收款人收款，而由收款人持票登门取款；这种票汇除有限制转让和流通的规定外，经收款人背书，可以转让流通，而电汇/信汇的收款人则不能将收款权转让。

（三）汇付方式在国际贸易中的使用

在国际贸易中，使用汇付方式结算货款，银行只提供服务而不提供信用，因此汇付方式的使用完全取决于买卖双方中的一方对另一方的信任并在此基础上提供信用和进行资金融通，汇付属于商业信用性质，提供信用的一方所承担风险较大，汇付方式主要用于支付定金、分期付款、待付款尾数以及佣金等费用。

二、托收

托收（collection）是指债权人（出口人）出具汇票委托银行向债务人（进口人）收取货款的一种结算方式，其基本做法是出口人根据买卖合同先行发运货物，然后开出汇票连同货运单据交出口地银行（托收行），委托托收行通过其在进口地的分行或代理行向进口人收取货款。

（一）托收方式的当事人

托收方式的重要当事人有四个，即委托人、托收行、代收行和付款人。

（1）委托人（principal）。委托人也称出票人、债权人，是委托银行向国外付款人收款的出票人，通常就是卖方。

（2）托收行（remitting bank）。托收行是委托人的代理人，是接受委托人的委托转托国外银行向国外付款人代为收款的银行，通常是出口地银行。

（3）代收行（collecting bank）。代收行是托收行的代理人，是接受托收行的委托代向付款人收款的银行。一般为进口地银行，是托收银行在国外的分行或代理行。

（4）付款人（payer）。付款人即债务人，是汇票的受票人（drawee），通常是买卖合同的买方。

在托收业务中，有时还可能有另外两个当事人，即提示银行和需要时的代理。提示银行是向付款人提示单据的银行，一般情况下，向付款人提示单据和汇票的银行就是代收银行本身，但如果代收银行与付款人没有往来关系，而另一家银行是与付款人有往来关系的银行，这样代收行可主动或者应付款人的请求，委托该银行充当提示银行。需要时的代理是委托人指定的在付款地代为照料货物存仓、转售、运回或改变交单条件等事宜的代理人。委托人如需指定需要时的代理人，应对授予该代理人的具体权限在托收申请书和托收委托书中做出明确和充分的指示。否则，银行对需要时的代理的任何命令可以不受理。

托收银行在接受出口人（委托人）的托收申请书后，双方之间就构成了委托代理关系。同样地，代收行接受了托收行的托收委托书后，双方也就构成了委托代理关系。托收申请书和委托书也均构成一项委托代理合同，被委托人有义务各自按委托的指示办理。若有越权行为致使委托方受损失，由代理人负全部责任。委托人和付款人之间是买卖义务，双方受货物买卖合同的约束。代收银行与付款人之间没有契约关系，付款人对于代收银行付款，并不是根据他对代收银行所负的责任，而是根据他与委托人之间的买卖合同所承担的付款责任。

（二）托收的种类和业务程序

托收可根据所使用汇票的不同，分为光票托收和跟单托收两种。在跟单托收下，使用的汇票是跟单汇票，汇票随附运输等商业单据，而光票托收使用光票。国际贸易中的货款托收业务大多采用跟单托收。在跟单托收的情况下，根据交单条件的不同，可分为付款交单和承兑交单两种。这里主要介绍跟单托收。

1. 付款交单（documents against payment，D/P）

付款交单是指卖方的交单需以买方的付款为条件，即出口人将汇票连同货运单据交给银行托收时，指示银行只有在进口人付清货款时才能交出货运单据。如果进口人拒付，就不能拿到货运单据，也无法提取单据项下的货物。付款交单按付款时间的不同，可分为即期付款交单和远期付款交单两种。

（1）即期付款交单（D/P at sight）。即期付款交单是指出口人通过银行向进口人提示汇票和货运单据，进口人于见票时立即付款，付清货款后向银行领取货运单据。其业务程序如图17-3所示。

（2）远期付款交单（D/P at...days after sight）。远期付款交单是指由出口人通过银行向进口人提示汇票和货运单据，进口人即在汇票上承兑并于汇票到期日付款后向银行取得单据，在汇票到期付款前，汇票和货运单据由代收行掌握。其业务程序如图17-4所示。

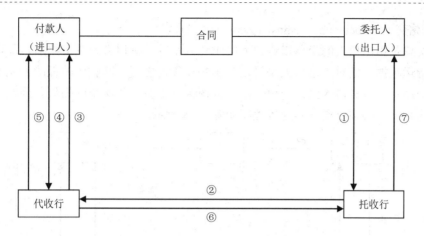

图 17-3 即期付款交单业务程序

说明：① 出口人按照合同规定装货并取得货运单据后填写托收申请书，开出即期汇票，连同货运单据交托收行，委托代收货款。

② 托收行根据托收申请书缮制托收委托书连同汇票、货运单据，寄交进口地代收行或提示行。

③ 代收行收到汇票及货运单据，即向进口人做付款提示。

④ 买方付清货款。

⑤ 代收行交单。

⑥ 代收行通知托收行，款已收妥办理转账业务。

⑦ 托收行向卖方交款。

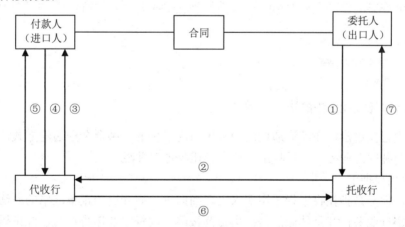

图 17-4 远期付款交单业务程序

说明：① 出口人按合同规定装货后填写托收申请书，开立远期汇票连同货运单据交托收行，委托代收货款。

② 托收行根据委托申请书缮制托收委托书，连同汇票、货运单据寄交代收行委托代收。

③ 代收行按照托收委托书的指示向进口人提示汇票与单据，进口人经审核无误在汇票上承兑后，代收行收回汇票与单据。

④ 进口人到期付款。

⑤ 代收行交单。

⑥ 代收行办理转账并通知托收行款已收到。

⑦ 托收行向出口人交款。

2. 承兑交单（documents against acceptance，D/A）

承兑交单是指出口人的交单以进口人的承兑为条件。进口人承兑汇票后，即可向银行取得全部货运单据，而对于出口人来说，交出物权凭证之后，其收款的保障就完全依赖于进口人的信用。一旦进口人到期拒付，出口人便会遭受货、款两空的损失。因此，出口人对于接受这种方式必须慎重。其业务程序如图 17-5 所示。

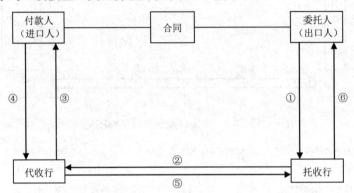

图 17-5　承兑交单业务程序

说明：① 出口人按合同规定装货并取得货运单据后，填写托收申请书，注明"承兑交单"，开出远期汇票连同货运单据交托收行，委托代收货款。

② 托收行根据托收申请书缮制托收委托书连同汇票、货运单据寄交进口地代收银行委托代收。

③ 代收行按照托收委托书的指示向进口人提示汇票与单据，进口人在汇票上承兑，代收行在收回汇票的同时，将货运单据交给进口人。

④ 进口人到期付款。

⑤ 代收行办理转账并通知托收行已收到。

⑥ 托收行向出口人交款。

（三）跟单托收业务中的进出口押汇

押汇是银行在进出口商品流通期间为进出口商提供的一种资金融通的方式。在跟单托收业务中有两种押汇业务，即托收出口押汇和托收进口押汇。

1. 托收出口押汇

托收出口押汇是指托收银行采用买入出口商向进口商开出的跟单汇票的办法向出口商融资的一种银行业务，其具体做法是：出口商按照合同规定发运货物后，开出以进口商为付款人的汇票，将汇票及全套货运单据交托收银行委托收取货款时，由托收银行买入跟单汇票，按照汇票金额扣除从付款日（买入汇票日）到预计收到票款日的利息及手续费，将余款先行付给出口商。

$$押汇额=票面金额-押汇利息-手续费$$

$$押汇利息=票面金额×利率×\frac{计息天数}{365}$$

这种先付的款项，实际上是托收银行对出口商的一种垫款，也是以汇票和单据作为抵押的一种放款。此时，托收银行作为汇票的善意持票人，将汇票和单据寄至代收银行，向进口商提示，票款收到后，即归还托收银行的垫款。

托收银行做托收出口押汇可以使出口商在货物装运取得货运单据后立即得到银行的资金融通，有利于出口商加速资金周转和扩大业务量。但汇票付款与否完全取决于进口商的信用，因此托收银行做出口押汇的风险较大。许多银行不愿意做或很少做押汇，如果银行承做这种业务，一般是进口商所在国外汇情况较好，进口商资信状况和所销商品在国际市场上销售状况良好。即使在这样的条件下，大都也是局限于付款交单的情况下，而且只发放汇票金额的一部分货款，很少像信用证项下的出口押汇那样发放全额货款。

2. 托收进口押汇

托收进口押汇是指代收银行凭进口商信托收据（trust receipt，T/R）给进口商提货便利，从而向进口商融通资金的银行业务。在远期付款交单情况下，进口商为了抓住有利市场行情，不失时机地转售商品，希望能在汇票到期付款前先行提货，就可以要求代收银行做托收进口押汇。具体做法是：由进口商出具信托收据（T/R）向代收银行借取货运单据，先行提货。信托收据是进口方借单时提供的一种书面担保文件，用以表示出具人愿意以代收银行的受托人身份代为提货、报关、存仓、保险、出售；同时承认货物所有权仍属于银行，货物售出后所得货款在汇票到期日偿还代收银行。这种做法纯粹是代收银行自己向进口商提供的信用便利，与出口人和托收银行无关。这对于代收银行来说，有一定的风险。但是，如果凭信托收据向进口商借单是出口商的授权，即通常称为付款交单凭信托收据借贷单（D/P，T/R）。这种做法是指出口人在办理托收申请时，指示银行允许进口商承兑汇票后可以凭信托收据借单提货，日后进口商到期拒付时，则与银行无关，一切风险由出口人自己承担。

（四）托收方式的特点

银行办理托收业务时，只是按委托人的指示办事，并不承担付款人必然付款的义务，因此托收属于商业信用。出口商风险较大，其货款能否收到完全依靠进口商的信用。在付款交单的条件下，虽然进口人在付款前提不到货物，但若进口人到期拒不付款赎单，由于货物已运出，在进口地办理提货、交纳进口关税、存仓、保险、转售以至低价拍卖或运回国内，须付出较高代价。至于在承兑交单条件下，进口人只要办理承兑手续，即可取得货运单据而提走货物，对于出口人来说，承兑交单比付款交单的风险更大。但跟单托收对进口人却很有利，减少了其费用支出，从而有利于资金周转。

托收和汇付都属于商业信用，但在国际贸易结算中，使用跟单托收要比汇付方式多。汇付方式资金负担不平衡，会对某一方产生较大风险。因此，双方都会争取对自己有利的条件，双方利益差距难以统一，故较少使用。而托收方式使双方的风险差异得到一些弥补，要比预付货款方式优越，特别是对进口商更有利。

（五）托收统一规则

国际贸易中，各国银行在办理托收业务时，由于当事人各方对权利、义务和责任的解释不同，加上各银行的具体业务做法也有差异，往往会导致误会、争议和纠纷。为此，国际商会拟定修改而形成《托收统一规则》（*Uniform Rules for Collection*，ICC Publication No.522），即国际商会第 522 号出版物，共 23 条，于 1996 年 1 月 1 日起实施，主要内容摘述如下。

（1）凡在托收指示书中注明按 URC522 行事的托收业务，除非另有明文规定或与一国、一州或地方不得违反的法律、法规相抵触，本规则对有关当事人均具有约束力。

（2）银行应以善意、合理、谨慎的态度从事托收业务。其义务就是要严格按托收指示书内容与 URC522 办理。如果银行决定不受理所受到的托收或其相关指示，必须用电信或不可能用电信方式时则须用其他最快捷方式通知发出托收指示书的一方。

（3）除非事先已征得银行同意，货物不应直接运交银行，也不得以银行或其指定人为收货人，否则此项货物的风险和责任由发货方承担。

（4）银行必须确定所收到的单据与托收指示书所列的完全一致，对于单据缺少或发现与托收指示书中所列的单据不一致时，必须毫不延迟地用电信或其他快捷方式通知发出托收指示书的一方。除此之外，银行没有进一步审核单据的义务。

（5）托收如被拒绝付款或拒绝承兑，提示行必须毫不延迟地向发出托收指示书的银行送交拒绝付款或拒绝承兑的通知。托收银行在收到此通知后，必须在合理时间内对代收银行做出进一步处理有关单据的指示。提示行如在送出拒付通知 60 天内仍未接到该项指示时，可将单据退回托收银行，而不负任何责任。

（6）托收不应含有凭付款交付商业单据指示的远期汇票。如果托收含有远期付款的汇票，该托收指示书中应注明商业单据是凭承兑交付（D/A）还是凭付款交付（D/P），如无此注明，商业单据仅能凭付款交付，代收行对因此迟交单据而产生的任何后果不负责任。

（7）如托收人指定一名代表，在遭到拒绝付款和/或拒绝承兑时，作为需要时的代理，则应在托收指示书中明确且完整地注明该代理人的权限。如无此注明，银行将不接受该代理人的任何指示。

此外，URC522 还对托收费用、部分付款、拒绝证明、托收情况的通知等问题做了具体的规定。

由于《托收统一规则》是一项国际惯例，没有强制性，只有在当事人事先在托收指示书中约定以该规则为准时，才受其约束。倘若指示书的内容与该规则不一致时，就应按托收指示书的规定办理。我国银行在进出口业务中，使用托收方式时，也参照这个规则的解释办理。

第三节　信　用　证

第二节介绍的汇付和托收方式都是银行提供的结算服务，但银行不提供任何信用，货物与货款能否对流取决于买卖双方的信用，这是一种商业信用。在国际贸易中，买卖双方依靠商业信用，往往彼此缺乏信任，因此非常需要一个有身份的第三者介入其间，提供信用，解决进、出口人双方之间互不信任的矛盾，保证货物与货款的顺利对流。这个有身份的第三者就由银行与金融机构来扮演，银行通过开立信用证（letter of credit，L/C）向卖方提供银行信用。这样，信用证支付方式把由进口人履行付款责任，转为由银行来履行付款，从而保证出口人安全迅速收到货款，买方按时收到货运单据，同时也为进出口双方提供了资金融通的便利，打消了买卖双方的顾虑。因此，信用证支付方式发展很快，并被国际贸易界广泛应用，现已成为国际贸易中普遍采用的一种主要的结算方式。

一、信用证的含义、性质和作用

根据《跟单信用证统一惯例》（国际商会第 600 号出版物）第一条统一惯例的适用范围：跟单信用证统一惯例，2007 年修订本，国际商会第 600 号出版物，适用于所有在正文中标明按本惯例办理的跟单信用证（包括本惯例适用范围内的备用信用证）。除非信用证中另有规定，否则本惯例对一切有关当事人均具有约束力。

该惯例的第二条对信用证所做的定义为：就本惯例而言，通知行意指应开证行要求通知信用证的银行；申请人意指发出开立信用证申请的一方；银行日意指银行在其营业地正常营业，按照本惯例行事的行为得以在银行履行的日子；受益人意指信用证中受益的一方；相符提示意指与信用证中的条款及条件、本惯例中所适用的规定及国际标准银行实务相一致的提示；保兑意指保兑行在开证行之外对于相符提示做出兑付或议付的确定承诺；保兑行意指应开证行的授权或请求对信用证加具保兑的银行；信用证意指一项约定，无论其如何命名或描述，该约定不可撤销并因此构成开证行对于相符提示予以兑付的确定承诺。兑付意指：① 对于即期付款信用证即期付款；② 对于延期付款信用证发出延期付款承诺并到期付款；③ 对于承兑信用证承兑由受益人出具的汇票并到期付款。开证行意指应申请人要求或代表其自身开立信用证的银行。议付意指被指定银行在其应获得偿付的银行日或在此之前，通过向受益人预付或者同意向受益人预付款项的方式购买相符提示项下的汇票（汇票付款人为被指定银行以外的银行）及/或单据。被指定银行意指有权使用信用证的银行，对于可供任何银行使用的信用证而言，任何银行均为被指定银行。提示意指信用证项下单据被提交至开证行或被指定银行，抑或按此方式提交的单据。提示人意指做出提示的受益人、银行或其他一方。

简而言之，信用证是一种银行开立的有条件的承诺付款的书面文件。

正如本节引言中所说，在国际贸易结算中，使用建立在商业信用基础上的汇付和托收方式，不能适应国际贸易发展的需要，因此在 19 世纪后期开始出现了由银行保证付款的信用证。采用信用证方式结算时，只要出口人按信用证要求提交货运单据，银行即保证付款。由于银行承担保证付款的责任，因此信用证性质属于银行信用，是建立在银行信用基础上的。一般来说，银行信用优于商业信用，较易被债权人接受。但是，进口人申请开立了信用证并不等于已经付了款，其实际情况是采用信用证方式是在商业信用保证之上增加了银行信用保证，从而使出口人取得了银行和进口人的双重付款保证。

采用信用证方式结算，对有关当事人会带来许多好处。

（1）对于出口人来说，只要按信用证规定提交货运单据，收取货款就有了保障；出口人收到买方开来的信用证，往往容易取得银行的资金融通。

（2）对于进口人来说，申请开证时只需交纳少量押金，信誉良好的开证人还可免收押金，减少了资金的占用；进口人在付款后可以肯定地取得代表货物所有权的单据，而且通过信用证上所列条款，可以控制出口人的交货时间、所交货物的质量和数量以及单证。

（3）对于银行来说，开证行只承担保证付款责任，它贷出的只是信用而不是资金，进口人开证前要交付一定比率的押金。在进口人付款赎单前，还控制着出口人交来的代表货物所有权的货运单据；至于出口地的议付行，因有开证行保证，只要出口人交来的单据符合信用证规定，就可以作出口押汇，从中获得利息和手续费等收入。

综上所述，信用证方式在国际贸易结算中的作用可以概括为两个主要方面：一是基本解决了进出口人双方互不信任的矛盾，从而起到了安全保证作用；二是便利了进、出口人向银行融通资金，有利于他们的资金周转，扩大了贸易额。

总之，信用证一方面是国际贸易发展的必然产物，另一方面它也对国际贸易的发展和扩大起到了促进和保证作用。应当指出，信用证方式在国际贸易结算中并不是完美无缺、万无一失的。例如，对方不按合同规定条件或故意设下陷阱使卖方无法履行合同而使出口人遭受损失；再如，收益人可能编造单据使之与信用证条款相符，更有甚者制作假单据，并从银行取得款项，从而使进口人成为受害者。因此，在信用证业务中，仍然要关注国外银行和客户的资信状况，以保证交易的安全。

二、信用证的当事人

根据信用证的定义，信用证业务有三个基本当事人，即开证人、开证行和受益人。此外，通常还会有其他当事人，如通知行、议付行、付款行、偿付行和保兑行等。

（1）开证申请人（applicant）。开证申请人又称开证人（opener），是指向银行申请开立信用证的人，一般为进口人，是买卖合同的买方。

（2）开证行（issuing bank；opening bank）。开证行是指接受开证人的申请，开立信用证的银行，一般是进口地的银行，开证人与开证行的权利和义务以开证申请书为依据，开证行承担保证付款的责任。

（3）受益人（beneficiary）。受益人是指信用证上所指定的有权使用该证的人，一般是出口商，即买卖合同的卖方。

（4）通知行（advising bank；notifying bank）。通知行是接受开证行的委托，将信用证通知受益人的银行，一般为出口地的银行，是开证行的代理行。通知行负责将信用证通知受益人，以及鉴别信用证的真实性，并不承担其他义务。

（5）议付行（negotiating bank）。议付行是指愿意买入或贴现受益人交来的跟单汇票的银行。因此，议付行又称购票银行、贴现银行或押汇银行，一般是出口人所在地的银行。议付行可以是信用证条款中指定的银行，也可以是非指定银行，由信用证条款决定。

（6）付款行（paying bank；drawee bank）。付款行是指开证行指定代付信用证项下款项或充当汇票付款人的银行，它一般是开证行，有时是开证行指定代其付款的另一家银行。付款行通常是汇票的受票人，故也称为受票银行。付款人和汇票的受票人一样，一经付款，对受款人就无追索权。

（7）偿付行（reimbursing bank）。偿付行是指受开证行的授权或指示，对有关代付行或议付行的索偿予以照付的银行。偿付行偿付时不审查单据，不负单证不符的责任，因此偿付行的偿付不视作开证行终局的付款。

（8）保兑行（confirming bank）。保兑行是指应开证行请求在信用证上加具保兑的银行。保兑行在信用证上加具保兑后，就对信用证独立承担付款责任。在国际上，保兑行一般由开证行请求通知行兼任，或其他资信良好的银行充当。

三、信用证支付方式的一般结算程序

采用信用证方式结算货款，从进口人向银行申请开立信用证，一直到开证行付款后收回垫款，需经过多道环节，办理各种手续；又因不同类型的信用证，其具体做法也有所不同。从信用证支付方式的一般结算程序来分析，其基本环节大体经过申请、开证、通知、议付、索偿、付款、赎单等。现以国际贸易结算中最为常用的不可撤销的跟单议付信用证为例，其一般操作程序如图17-6所示。

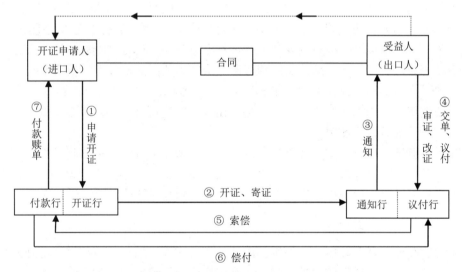

图17-6　不可撤销跟单议付信用证业务流程

（一）开证申请人向银行申请开立信用证

买卖双方进行交易磋商达成交易，订立买卖合同，明确规定货款的结算方式是采用信用证。因此，进口人在合同中规定的期限内向所在地银行提交开证申请书，申请开立信用证。开证申请书的主要内容包括两部分：一是要求开证行开立信用证的列明条款，其基本内容与买卖合同的条款相符；二是开证人对开证行所做的声明，其基本内容是承认在其付清货款前，银行对单据及其所代表的货物拥有所有权；承认银行可以接受"表面上合格"的单据，对于伪造单据、货物与单据不符等，银行概不负责；开证人保证单据到达后，要如期付款赎单，否则，开证行有权没收开证人所交的押金和抵押品，等等。另外，在申请开证时开证申请人要交纳一定比例的押金和手续费。

（二）开证银行开立、寄送信用证

开证行接受开证申请人的开证申请书后，向受益人开立信用证，所开信用证的条款必须与开证申请书所列一致。信用证一般开立正本一份、副本若干份，开证方式有信开（open by airmail）和电开（open by telecommunication）两种。信开是指开证时开立正本一份和副本若干份，邮寄给通知行。电开是指开证行将信用证内容加注密押用电报或电传等电信工具通知受益人所在地的代理行，请其转知受益人。电开可分为简电本（brief）和全电本（full cable）。所谓简电本，是进口人为了使出口人及早备货、安排运输而将仅有信用证金额、号码、装运期、有效期等少量信用证内容的文字用电信通知出口人业已开证。这种简电本在法律上无效，不能凭此交单付款、承兑或议付，这种简电通知往往注明"详情请见航邮件"（detail airmail）或类似字样。全电本开证是指使用电报或电传等电信工具将信用证的全部条款传达给通知行。《跟单信用证统一惯例》第十一条 a 款规定：① 当开证行以加押的电信，指示通知行通知或修改信用证时，该电信即被视为有效信用证文件或有效修改，而不应邮寄证实书。如果寄了证实书，该证实书无效，而且通知行没有义务将邮寄证实书与通过电信传递收到的有效信用证文件或有效修改进行核对。② 如果电信中声明"详情后告"（或类似词语），或声明以邮寄证实书为有效信用证文件或有效修改，则该电信传递将不被视为有效信用证文件或有效修改，开证行必须毫不迟延地向通知行递送有效信用证文件或有效修改。目前，西北欧、美洲和亚洲等国家和地区的银行广泛使用 SWIFT 开证，我国银行在电开信用证或收到的信用证电开本中，SWIFT 信用证已占很大比重。采用 SWIFT，使信用证标准化、固定化和统一格式化，且传递速度快捷，成本也低，因此能使银行在开立信用证时乐于使用。

按理说，开证行可以将信用证直接寄给受益人，或可交开证申请人转给受益人，但在实际业务中几乎没有这样做的先例，因为出口人对国外银行并不熟悉，无法确认信用证的真假。所以，开证时一般要由开证行将信用证通过通知行通知或转交给受益人。

（三）通知行通知受益人

通知行收到信用证后，应立即核对信用证的签字印鉴（信开）或密押（电开），在核对无误后，除留存副本或复印件外，须迅速将信用证交给受益人。如果收到的信用证是以通知行为收件人的，通知行应以自己的通知书格式照录信用证全文通知受益人。

（四）受益人审查、修改信用证，并交单议付

受益人收到信用证后，应立即进行认真审查，主要审核信用证中所列的条款与买卖合同中所列的条款是否相符，如发现有不能接受的内容，应及时通知开证人，请求其修改信用证。修改信用证的传递方式与开证相同。在修改不可撤销信用证时，应注意以下事项：信用证的修改必须征得各有关当事人的同意，方为有效，否则此项修改不能成立，信用证仍以原来的内容为准；如果修改通知涉及两个以上的条款，受益人只能全部接受或全部拒绝，不能接受其中一部分拒绝其他部分；在同一份信用证中的多处条款的修改，应做到一次性向对方提出；信用证的修改通知书应通过原证的通知行转递或通知。

受益人收到信用证经审查无误，或收到修改通知书确认后，即可根据信用证规定发运

货物，在货物发运完毕后取得信用证规定的全部单据。开立汇票和发票，连同信用证正本（如经修改的还须连同修改通知书）在信用证规定的交单期或信用证有效期内，递交给信用证规定的银行或与自己有往来的其他银行办理议付。

议付银行在收到单据后应立即按照信用证规定进行审核，并在收到单据次日起不超过 5 个银行工作日将审核结果通知收益人。在我国出口业务中，使用议付信用证较多。所谓议付（negotiation），是指议付行在审核单据后确认收益人所交单据符合信用证条款规定的情况下，按信用证条款买入收益人的汇票和/及单据，按照票面金额扣除从议付日到估计收到票款之日的利息，将净数按议付日人民币市场汇价折算成人民币付给信用证的受益人。

议付行办理议付后持有汇票成为正当持票人，这样银行就取得了单据的所有权。由于是议付行垫付资金购买汇票和单据，因此又称议付行为"买单"。买单结汇是议付行向信用证受益人提供的资金融通，可加速资金周转，有利于扩大出口业务，由此可见，它又是出口押汇的一种做法。

（五）索偿

索偿是指议付行根据信用证规定，凭单据向开证行或其指定行请求偿付的行为。议付行按信用证要求将单据分次寄给开证行或代付行，并将汇票和索偿证明书分别寄给开证行、付款行或偿付行，以航邮或电报、电传索偿。

（六）偿付

偿付是指开证行或被指定的代付行或偿付行向议付行进行付款的行为。开证行收到议付行寄来的汇票和单据后，经检查认为与信用证规定相符，应将票款偿还给议付行。如果信用证指定付款行或偿付行，则由该指定的银行向议付行进行偿付。

（七）开证申请人付款赎单和提货

开证行在向议付行偿付后，立即通知开证申请人付款赎单，开证申请人接到通告后，应立即到开证行检验单据，如认为无误，就应将全部货款和有关费用向银行一次付清而赎回单据，银行则返还在申请开证时开证人所交的押金和抵押品，此时开证申请人与开证行之间因开立信用证而构成的债权债务关系即告结束。如果开证人验单时发现单证不符，也可拒绝付款赎单，但如果开证申请人凭运输单据向承运人提货，发现货物与买卖合同不符，与银行无关，只能向受益人、承运人或保险公司等有关责任方索赔。

四、信用证的内容

在实际业务中，各银行的信用证没有统一格式，但其内容大致相同。总的来说，就是国际货物买卖合同的有关条款、要求和受益人提交的单据、银行保证，通常主要包括以下内容。

（一）关于信用证本身的说明

这部分包括以下内容：① 开证行名称（opening bank）；② 信用证的形式（form of

credit）；③ 信用证号码（L/C number）；④ 开证日期、地点（date and place of issue）；⑤ 开证申请人（applicant）；⑥ 受益人（beneficiary）；⑦ 有效期及地点（date and place of expiry）；⑧ 信用证金额（L/C amount）；⑨ 通知行（advising bank）；⑩ 议付行（negotiating bank）。

（二）汇票条款

这部分包括以下内容：① 出票人（drawer）；② 付款人（drawee）；③ 汇票金额（draft amount）；④ 汇票号码（number of draft）；⑤ 汇票期限（tenor）；⑥ 出票条款（drawn clause）。

（三）单据条款

这部分包括以下内容：① 商业发票（commercial invoice）；② 品质检验证书（inspection certificate of quality）；③ 重量检验证书（inspection certificate of weight）；④ 运输单据（transport documents）；⑤ 保险单据（insurance policy）；⑥ 原产地证明书（certificate of origin）。

（四）货物条款

这部分包括以下内容：① 货物名称和规格（description and specification）；② 数量（quantity）；③ 单价（unit price）；④ 包装（packing）。

（五）装运和保险条款

这部分包括以下内容：① 装运港（port of loading/shipment）；② 卸货港或目的港（port of discharge/destination）；③ 装运期（latest date of shipment）；④ 分批装运和转船规定（the stipulations for partial shipment and transshipment）；⑤ 保险条款（insurance clause）。

另外，信用证中可能列有特殊条款，视具体情况而定。

以下是一份信用证式样。

```
DOCUMENTARY CREDIT
FROM:                    BANK OF SINGAPORE.SINGAPORE
TO:                      BANK OF CHINA QINGDAO
SQUENCE OF TOTAL:    27:    1/1
FORM OF DOC.CREDIT:  40A:   IRREVOCABLE
DOCU CREDIT NO:      20:    136107
DATE OF ISSUE:       31C:   20200318
DATE N PLACE OF EXP: 31D:   20200511 IN BENEFICIARY'S COUNTRY
APPLICANT:           50:    ABC COMPANY. SINGORPORE
BENEFICIARY:         59:    CHINA EXPORT BASES
                            DEVELOPMENT CORPORATION
                            QINGDAO SHANDONG. CHINA
```

CURRENCY CODE,AMOUNT:　32:　　USD242250.00

AVAILABLE WITH…BY…　　　　　THE ADVISING BANK BY NEGOTIATION

DRAFTS AT…　　　　　42C:　　SIGHT

DRAWEE:　　　　　42D:　　BANK OF SINGAPORE. NEW YORK

PARTIAL SHIPMENT:　　　43P:　　NOT ALLOWED

TRANSSHIPMENT:　　　　43T:　　NOT ALLOWED

LOAD/DISPATCH/TAKING:　44A:　　QINGDAO.CHINA

TRANSPORTATION TO…　　44B:　　SINGAPORE

LATEST SHIPMET DATE:　　44C:　　20200426

DESCRIP GOODS/SERVICE:　　45A:

30MT FROZEN PORK LOIN PACKED IN 25KG/CTN. PRICE AT USD50 PER MT;

30MT FRPZEN PORK RIB. PACKED IN 25KG/CTN. PRICE AT USD30 PER MT;

30MT FROZEN PORK LEG, PACKED IN 25KG/CTN. PRICE AT USD60 PER MT
　　　　　　　　　　　　　　CIF SINGAPORE

DOCUMENTS REQUIRED:　　46A:

IN 3 FOLD UNLESS OTHERWISE STIPULATED:

1.SIGNED COMMERCIAL INVOICE

2.SIGNED PACKNG LIST

3.CERTIFICATE OF CHINESE ORIGIN

4.INSURANCE POLICY OR CERTIFICATE ENDORSED IN BLANK FOR 110 PCT OF CIF VALUE.COVERING WAR RISK AND ALL RISKS.

5.HEALTH CERTIFICATE IN ONE COPY.

6.FULL SET PLUS ONE COPY OF CLEAN ON BOARD OCEAN BILLS OF LADING. MADE OUT TO ORDER MARKED "FREIGHT PREPAID"AND NOTIFY APPLICANT.

ADDITIONAL CONDITION:　　47A:

PLEASE CONTACT BENEFICIARY OF THE ISSUANCE OF THE L/C UPON RECEIPT OF THIS SWIFT.

1.THE NUMBER AND DATE OF THIS CREDIT AND THE NAME OF ISSUING BANK MUST BE QUOTED ON ALL DRAFTS. PLEASE SEND THE DRAFTS TO BANK OF SINGAPORE. NEW YORK FOR REIMBURSEMENT AND SEND ALL THE OTHER DOCUMENTS TO US.

2.A FEE OF USD40(OR ITS EQUIVALENT)SHALL BE DEDUCTED FROM THE REIM BURSEMENT CLAIM/FROCEEDS UPON EACH PRESENTATION OF DISCRPANT DOCU MENTS EVEN IF THE CREDIT INDICATE THAT ALL BANKING CHARGES ARE FOR ACCOUNT OF APPLICANT AND ACCEPTANCE OF SUCH DOCUMENTS DOES NOT IN ANY WAY ALTER THE TERMS AND CONDITIONS OF THIS CREDIT.

3.DOCUMENTS TO BE PRESENTED WITHIN 15 DAYS AFTER THE DATE OF ISSUANCE OF THE SHIPPING DOCUMENTS BUT WITHIN THE VALIDITY OF THE

CREDIT.

4.5PERCENT MORE OR LESS IN AMOUNT AND QUANTITY ACCEPTABLE.

CHARGES: 71B: ALL BANKING CHARGES INCLUDING REIMBURSEMENT CHARGES OUTSIDE SINGAPORE ARE FOR ACCOUNT OF BENEFICIARY

CONFIRMATION INSTR:49: WITHOUT

IT IS SUBJECT TO THE UNIFORM CUSTOMS AND PRACTICE FOR DOCUMENTARY CREDITS(2007 REVISION), INTERNATIONAL CHAMBER OF COMMERCE PUBLICATION NO.600.

五、信用证的审核

为了确保收汇安全，我国进出口公司收到国外客户通过银行开立的信用证后，应立即对其进行认真的核对和审查。审核信用证是银行和出口企业的共同职责，但在审核内容上又各有侧重。银行着重负责审核有关开证行资信、付款责任以及索汇路线等方面的条款和规定；出口企业则着重审核信用证的条款是否与买卖合同的规定相一致。以下介绍审核的主要项目。

（1）对开证行资信情况的审核。对于资信不佳或资力较差的开证行，除非对方接受我方要求并已请求另一家资信较为可靠的银行进行保兑或确认偿付，并且保兑行或确认偿付行所承担的责任已明确，偿付路线又属正常与合理。否则，此类信用证不能接受。对国外开证行的资信审查，主要由银行负责。因此，我国出口企业应加强与银行之间的联系，做到银企协作，互相配合。

（2）对信用证种类的审核。信用证的种类往往决定了信用证的用途、性质和流通方式，有时还直接关系到信用证能否执行。如果是保兑信用证，检查证内有无"保兑"字样；如果是可转让信用证，应检查有无相应的条款规定，信用证是否为不可撤销的，因为我国企业能够接受的国外来证必须是不可撤销的。《跟单信用证统一惯例》（国际商会第 600 号出版物）明确规定：信用证均为不可撤销信用证。

（3）对信用证是否已有效，有无保留或限制的审核。在介绍信用证业务流程时已讲过，"简电本"不是有效文本，出口企业在收到这样的信用证时要注意，只能按此进行发货准备工作，而不能急忙发货，只有在收到开证行通过通知行递送的有效信用证文件并对之审核无误后方可发货，否则，不能凭此收取货款。另外，如果信用证中附加保留和限制条款，或可能是开证申请人故意设置陷阱的条款，凡此类信用证都不能接受，必须要求对方取消或修改这些条款。

（4）对信用证的到期日、交单期和最迟装运期的审核。《跟单信用证统一惯例》（国际商会第 600 号出版物）规定：所有信用证必须规定一个到期日和一个付款交单、承兑交单的地点，除了自由议付信用证外，一个议付交单的地点，规定的付款、承兑或议付的到期日将被解释为交单到期日。因此，没有规定有效期的信用证是无效的，而关于信用证的到期地点，我国出口企业应争取在我国到期，以便在交付货物后及时办理议付等手续。至于交单日期，如果信用证未规定，按惯例银行有权拒收迟于运输单据日期21天后提交的单据，但无论怎样，单据也不得迟于信用证到期日提交。所谓最迟装运日期，是指卖方将货物装上运输工具或交付给承运人接管的最迟日期。在我国实际业务中，运输单据的出单日期通常就是装运日期。受益人所提交的运输单据的装运日期不得迟于信用证的有效期，一般应有一段时间间隔，在我国的出口业务中，如交单地点在我国的，通常要求信用证的交单日期在装运期限后15天，以便受益人有足够的时间办理制单、交单议付等工作。

（5）对信用证金额和支付货币的审核。信用证规定的支付货币应与合同规定相同，金额一般应与合同金额相符。信用证金额是开证行承担付款责任的最高金额，因此发票和/或汇票金额不能超过信用证金额，否则将被拒付。

（6）对运输和保险条款的审核。信用证的运输条款必须与合同规定相符，特别对转运和分批装运要重点审核。《跟单信用证统一惯例》（国际商会第600号出版物）规定：信用证如未规定"不准分批装运"和"不准转运"，可以视为"允许分批装运"和"允许转运"。如果信用证规定在指定时期内分批定量装运，如果其中任一期未按规定装运，则该期及以后各期均告失败。对于信用证内保险条款应注意：信用证内规定的投保险别是否与合同相符；信用证内规定的保险金额的幅度是否与合同的规定一致；保险单据的出单日期是否迟于运输单据上注明的货物装船或发运或接受监督的日期。

（7）对信用证中单据要求的审核。对信用证内要求交付的各种单据，要根据合同的原订条款及习惯做法进行审核。如果单据上加注的条款与我国有关政策相抵触或不能办到，应及时通知修改。

（8）对付款期限的审核。信用证的付款期限必须与买卖合同的规定一致。

（9）其他条款。对于来证中的其他条款或特殊条款应格外认真，并仔细地进行审核。应特别注意有无歧视和不能办到的特殊要求。

这里所介绍的只是审证的要点，在实际工作中，还应根据买卖合同条款，参照《跟单信用证统一惯例》的规定和解释，以及在贸易中的一些政策和习惯做法，逐条详细审核。

六、信用证的特点

（一）开证行负第一性付款责任

信用证支付方式是一种银行信用，由开证行以自己的信用做出付款保证，在采用信用证付款时，开证行负首要付款责任。根据《跟单信用证统一惯例》（国际商会第600号出版物）规定：信用证是一项约定，即由一家银行（开证行）依照客户（申请人）的要求和指示或以自身的名义在符合信用证条款的条件下，凭规定单据向受益人或其指定人付款，或支付或承兑受益人开立的汇票。由此可见，信用证开证行的付款责任不仅是第一性的，而且是独立的。只要信用证的受益人（出口商）提供的单据符合信用证的要求，开证行就要付款，开证行不得以其他任何理由开脱其必须付款的责任；同样，信用证的受益人可以直接向开证行要求付款，而无须有向进口人要求付款的特殊担保，即信用证业务是一种银行信用，开证银行承担第一性的、独立的付款责任。

【思考】

上海某公司采用 CIF 价出口价值 25 000 美元货物去新加坡，10 月 31 日美国花旗银行新加坡分行开来信用证。12 月初，上海某公司从有关方面获悉，开证申请人倒闭。此时货物已在装运港，你认为该公司应如何处理？

（二）信用证是一项自足的文件

《跟单信用证统一惯例》（国际商会第 600 号出版物）明确规定：就其性质而言，信用证与可能作为其依据的销售合同或其他合同是相互独立的交易，即使信用证中含有对此类合同的任何援引，银行也与该合同毫不相关，并不受其约束。因此，一家银行做出的付款、承兑和支付汇票或议付和/或履行信用证项下的其他义务的承诺，不受申请人与开证行或与受益人之间的关系而提出的索赔或抗辩的约束。由此可见，信用证虽然是根据买卖合同开立的，似乎与买卖合同是相关联的，但它是一项约定，是开证行与受益人之间的约定，它是独立于有关契约之外的契约。信用证一经开立，就成为独立于买卖合同之外的另一契约。信用证各当事人的权利和责任完全以信用证中所列条款为依据，不受买卖合同的约束，出口人提交的单据即使符合买卖合同的要求，但若与信用证条款不一致，仍会遭银行拒付。买卖双方万一存在关于货物方面的纠纷，应根据合同条款处理。

【思考】

上海某公司按 CIF 价出口某商品，合同规定按信用证方式付款。买方在约定时间内未开来信用证，但合同规定的装货期已到，本着"重合同、守信用"的原则，该公司是否应按时发货？

（三）信用证业务是一种纯粹的单据业务

银行在采用信用证支付方式时，实行的是凭单付款的原则，即只要受益人提交的单据符合信用证条款，就履行其付款的责任，而不问货物的实际情况。《跟单信用证统一惯例》（国际商会第 600 号出版物）第五条明确规定：在信用证业务中，各有关当事人处理的是单据，而不是与单据有关的货物、服务及/或其他行为。因此，信用证业务是一种纯粹的单据买卖。如果进口人付款后发现货物有缺陷，可凭单据向有关责任方提出损害赔偿要求，而与银行无关。但是，值得注意的是，银行虽有义务"合理小心地审核一切单据"，但这种审核只是用以确定单据表面上是否符合信用证条款，开证行只是根据表面上符合信用证条款的单据付款。银行对任何单据的形式、完整性、准确性、真实性以及伪造或法律效力上所发生的问题，或单据上规定的或附加的一般和/或特殊条件等方面概不负责。这里必须强调指出，这种表面上符合的要求却是十分严格的，在表面上绝不能有任何差异，即所谓"严格符合的原则"。"严格符合的原则"不仅要做到单证一致，即受益人提交的单据在表面上与信用证规定的条款一致；还要做到单单一致，即受益人提交的各种单据之间表面上一致；还要单内一致，即受益人提交的单据中的内容不得矛盾。简而言之，银行要求的是单单一致、单证一致、单内一致，这是信用证业务在实际操作过程中的核心。

> **【思考】**
>
> 上海某公司出口一批啤酒，采用信用证方式付款，卖方发运货物后备齐单据准备议付。买方认为啤酒这种货物的运输存储要求很高，必须货到检验之后才能付款。你认为卖方该如何处理？

七、信用证的种类

信用证按其不同特征，主要有以下几类。

（一）跟单信用证和光票信用证

这是根据付款依据凭证的不同所做的区分。跟单信用证（documentary credit）是指凭跟单汇票或仅凭单据付款、承兑或议付的信用证。这里所说的单据，主要指代表货物所有权的单据，如提单、仓单等，或是证明货物业已发运的单据，如运输单据、装箱单、产地证等。而光票信用证（clean credit）是指开证行仅凭受益人开具的汇票或简单收据而不附带运货单据付款的信用证。在国际贸易结算中，主要使用跟单信用证。

（二）不可撤销信用证

不可撤销信用证（irrevocable L/C）是指信用证一经开出，在有效期内，未经受益人及有关当事人的同意开证行不得片面修改和撤销的信用证。只要受益人提供的单据符合信用证规定，开证行必须履行付款义务，而且在付款以后不得向受益人或其他善意收款人追索。这种信用证对受益人比较有保障，在国际贸易中被广泛使用。根据《跟单信用证统一惯例》（国际商会第 600 号出版物）的规定，信用证必须明确注明其是"不可撤销"的。

（三）保兑信用证和不保兑信用证

这是按信用证有无另一家银行加以保证兑付所做的分类。保兑信用证（confirmed L/C）是指开证行开出的信用证，由另一银行保证对符合信用证条款规定的单据履行付款义务的信用证。对信用证加以保兑的银行，叫保兑行（confirming bank）。信用证一经保兑，即构成保兑行在开证行承诺以外的一项确定的承诺，此时，开证行和保兑行对受益人都负第一性的付款责任，由于有两家银行的双重保证，因此对出口人的安全收汇比较有利。又由于保兑行对信用证的责任，相当于其本身开证。因此，保兑行不能片面撤销其保兑。即使开证行倒闭或无理拒付，保兑行必须议付或代之付款，而且，在议付或代付之后，不能向受益人追索。在实务操作中，只有对不可撤销信用证，银行才加以保兑，保兑行通常由通知行担任，当然，也可以是出口地的其他银行或第三国银行。而不保兑信用证（unconfirmed L/C）是指未经除开证行以外的其他银行保兑的信用证，即一般的不可撤销信用证。当开证行资信好和成交金额不大时，一般使用这种不保兑的信用证。

（四）即期信用证和远期信用证

这是根据信用证上付款时间的不同来划分的。即期信用证（sight L/C）是指开证行或付款行在收到符合信用证要求的汇票或单据后立即付款的信用证，其特点是出口人收汇迅速安全，有利于资金周转。如果在即期信用证中加列电汇索偿条款（T/T reimbursement clause），则表明开证行允许议付行用电报或电传通知开证行或指定付款行，说明各种单据与信用证规定相符，开证行或指定付款行应立即以电汇方式将款项拨交议付行。远期信用证（usance L/C）是指开证行或付款行收到符合信用证条款的汇票或单据后，在规定的期限内履行付款义务的信用证。

（五）即期付款信用证、延期付款信用证、承兑信用证和议付信用证

这是根据信用证付款方式的不同来划分的。《跟单信用证统一惯例》（国际商会第600号出版物）明确规定：所有信用证必须清楚地表明该证适用于即期付款、延期付款、承兑或议付。

（1）即期付款信用证（sight payment L/C）。即期付款信用证是指付款行收到与信用证条款相符的单据后立即履行付款义务的信用证。这种信用证一般不要求受益人开具汇票，而仅凭受益人提交的单据付款。证中一般有类似保证文句："我行凭提交符合信用证条款的单据即行付款"。其付款行有时由通知行兼任。

（2）延期付款信用证（deferred payment L/C）。延期付款信用证是指开证行在信用证中规定货物装船后若干天付款，或开证行收单后若干天付款的信用证。这种信用证不使用汇票，不作承兑，从而出口商不能利用贴现市场资金，只能自行垫款或向银行借款。在实际业务中，使用这种信用证支付方式的货价要比银行承兑信用证略高一些，有时也称之为迟期付款信用证或无承兑远期信用证。

（3）承兑信用证（acceptance L/C）。承兑信用证是指当受益人向指定银行开具远期汇票并提示时，指定银行即行承兑，并于汇票到期日履行付款的信用证。承兑信用证一般适用于远期付款的交易，有时进口人在与出口人订立即期付款的合同后，在申请开立的信用证上规定"远期汇票可即期付款，所有贴现和承兑费用由买方承担"，所以我们称这种银行承兑信用证为买方远期信用证。这样，受益人能够即期全额收款，但要承担一般承兑信用证汇票到期遭到拒付时被追索的风险；而由于开证人要到汇票到期再付款，他往往选择贴现率比较低的银行作为开证行。

（4）议付信用证（negotiation L/C）。议付信用证是指开证行允许受益人向某一指定银行或任何银行交单议付的信用证。议付信用证按是否限定议付银行，可分为限制议付信用证和公开议付信用证两种。前者是指开证行指定某一银行办理议付业务的信用证；后者是指任何银行均可办理议付业务的信用证，又称为自由议付信用证。一般情况下，议付信用证到期地点应争取在出口国，以便于议付，经议付后，如因故不能向开证行索回款项时，议付行有权对受益人行使追索权。

（六）可转让信用证和不可转让信用证

这是根据受益人对信用证的权利可否转让来划分的。可转让信用证（transferable L/C）

是指受益人有权将信用证的全部或部分金额转让给第三者，即第二受益人使用的信用证。可转让信用证必须在信用证中注明"可转让"字样，可转让信用证只能转让一次，即只能由第一受益人转让给第二受益人，第二受益人不能再要求转让给第三受益人，但可再转让给第一受益人。如果信用证允许分批装运，在累计不超过信用金额的前提下，可分成几个部分分别转让，即可同时转让给几个第二受益人，各项转让金额的总和将视为信用证的一次转让。在实际业务中，要求开立可转让信用证的第一受益人通常是中间商。而不可转让信用证（untransferable L/C）是指受益人不能将信用证的权利转让给他人使用的信用证。凡信用证中未注明"可转让"字样，均视为不可转让信用证。

（七）循环信用证

循环信用证（revolving L/C）是指信用证被全部或部分使用后，其金额又恢复到原金额，可再次使用，直至达到规定的次数或规定的金额为止的信用证。这种信用证一般用于合同需要在较长时间内分批履行的情况，进口人可以节省逐笔开证的手续和费用，减少押金；有利于资金周转；出口人可以减少逐批催证、审单、改证等手续。循环信用证可分为按时间循环信用证和按金额循环信用证。

（1）按时间循环信用证是指信用证的受益人在一定的时间内可多次支取信用证规定金额的信用证。

（2）按金额循环信用证是指信用证金额议付后仍恢复到原金额可再使用，直至用完规定的总金额为止的信用证。恢复到原金额的具体做法有三种：① 自动循环，即信用证在规定时期内使用后，无须等待开证行通知即自动恢复到原金额；② 半自动循环，即受益人每次装货议付后若干天内，开证行未提出不能恢复原金额的通知，信用证便自动恢复到原金额，并可继续使用；③ 非自动循环，每期用完一定金额后，必须等待开证行通知，信用证才恢复到原金额继续使用。

（八）对开信用证

对开信用证（reciprocal L/C）是指两张信用证的开证申请人互以对方为收益人而开立的信用证，其特点是：第一张信用证的受益人和开证人是第二张信用证的开证人和受益人，而第一张信用证的开证行与议付行是第二张信用证的议付行和开证行；两张信用证的金额可以相等，也可以不等，两张信用证可以同时生效，也可以先后生效。对开信用证一般用于易货贸易、来料加工和补偿贸易中。

（九）对背信用证

对背信用证（back to back L/C）是指原证受益人要求原证的通知行或其他银行以原证为基础，另开一张内容相似的新信用证。对背信用证的内容除开证人、受益人、金额、单价、装运期限、有效期限等有变动外，其他条款一般与原证相同。由于受原证的约束，新证的受益人如要求修改内容，需得到原证开证人的同意，因此修改比较困难。对背信用证通常是由中间商转售他人货物，从中图利，或者是两国不能直接办理进出口贸易时需通过第三国商人沟通而开立的。

（十）预支信用证

预支信用证（anticipatory L/C）是指开证行授权议付行或通知行预付信用证金额的全部或一部分，由开证行保证偿还并负担利息。预支信用证开证人付款在先，受益人交单在后，实际上是开证申请人对出口人的资金融通。预支信用证分为全部预支和部分预支两种。出口人凭光票预支，等到出口人交单后，代付行付给剩余货款，扣除预支货款的利息。如果出口人取得货款以后不交单，则代付行可向开证行提出还款要求，开证行保证偿还代付行的本息，然后向开证申请人追索此款。为引人注目，这种预支信用证的预支货款的条款，在以前常用红字打出，因而俗称红条款信用证（red clause L/C），现今信用证的预支条款并非都用红色表示，但其效力完全相同。

（十一）备用信用证

备用信用证（standby L/C）又称担保信用证或保证信用证（guarantee L/C），是指开证行根据申请人的请求对受益人开立的承诺承担某项义务的凭证，即开证行承诺偿还开证人的借款或开证人未履约时，保证为其支付。但是，如果开证申请人按期履行合同的义务，受益人就无须要求开证行在备用信用证项下支付任何货款或赔偿，因此该凭证就成为"备而不用"的文件。从 1983 年《跟单信用证统一惯例》修订本起，国际商会明确规定该惯例的条文适用于备用信用证，备用信用证属银行信用。但是，备用信用证和跟单信用证二者也有如下不同之处。

（1）在跟单信用证条件下，受益人只要履行信用证规定的条件，即可向开证行要求付款；而在备用信用证条件下，受益人只有在开证人未履行义务时方能行使信用证规定的权利，倘若开证人履行了约定的义务，则备用信用证无须使用。

（2）跟单信用证一般只适用于货物的买卖；而备用信用证的使用范围更加广泛，可应用于一般的国际货物买卖的履约保证，也可用于国际投标保证、融资还款保证、分期付款保证等。

（3）跟单信用证以符合信用证规定的货运单据为付款依据；而备用信用证以受益人出具的证明开证人未能履约的证明文件为付款依据。

八、《国际商会跟单信用证统一惯例》

信用证自 19 世纪末开始使用发展到今天，已成为国际贸易中使用最为普遍的一种结算方式。但在处理单据时，各国银行往往从各自的利益出发，按照各自的习惯和规定办事，就信用证当事人的权利、责任，对单据的看法、对业务术语等，都没有一个统一的解释和公认的准则，当事人之间的争议和纠纷经常发生。国际商会为了减少因解释不同而引起的争端，调和各有关当事人之间的矛盾，一直致力于国际贸易惯例的制定和统一的工作，早在 1933 年颁布了第一个跟单信用证的惯例，定名为《商业跟单信用证统一惯例》（*Uniform Customs and Practice for Commercial Documentary Credits*）。其后，随着国际贸易的发展，国际商会先后于 1951 年、1962 年、1974 年、1983 年、1993 年和 2006 年对惯例进行了多次修订。由于通信工具的电子化、网络化和计算机的广泛使用，国际贸易、金融、保险、单据处理和结算工作也发生了许多变化。为此，国际商会不断修改和丰富出版物，最新的出版物是于 2006 年 10 月在 ICC 秋季会议上，与会各国国际商会国家委员会代表通过的《跟单信用证统一惯例》（2007 年修订本，国际商会第 600 号出版物），其英文全称是 *Uniform Customs and Practice for Documentary Credits*，2007 Revision，I.C.C. publication No.600（简称 UCP600），已于 2007 年 7 月 1 日起正式生效。

与 UCP500 相比，UCP600 发生了较大的变化，主要表现在以下几方面。

（一）结构上发生了改变

由原来的 49 个条款压缩为 39 个条款，UCP600 按照业务环节对原条款进行了归纳，使得现有条款更加明确和系统。

（二）概念含义的变化

UCP600 对兑付（HONOUR）做出了解释。兑付意指：① 对于即期付款信用证即期付款；② 对于延期付款信用证发出延期付款承诺并到期付款；③ 对于承兑信用证承兑由受益人出具的汇票并到期付款。同时对议付也做出了解释，明确了议付是对票据及单据的一种买入行为，并且明确是对收益人的融资。

（三）对单据处理的新规定

UCP600 关于开证行、保兑行、指定行在收到单据后的处理时间修改为"不得迟于提示单据日期翌日起第五个银行工作日终了"；细化了拒付后对单据的处理；"拒付后，如果开证行收到申请人放弃不符点的通知，则可以释放单据"。

（四）关于可转让信用证的新规定

UCP600 第三十八条规定：由第二受益人或代表第二受益人提交的单据必须向转让银行提示。该条款是为了避免第二收益人绕过第一收益人直接交单给开证行，损害第一收益人的利益。同时，为了保护正当发货制单的第二收益人的利益，UCP600 规定："如果第一受益人应当提交其自己的发票和汇票（如有），但却未能在收到第一次要求时照办；或第一受益人提交的发票导致了第二受益人提示的单据中本不存在的不符点，而其未能在收到第一次要求时予以修正，则转让银行有权将其从第二受益人处收到的单据向开证行提示，并不再对第一受益人负责。"

UCP600 增强了信用证作为银行信用的完整性和可靠性，并使之与银行的实际做法更趋一致，促进了结算业务的标准化和统一化，使国际贸易和金融活动更加便利。应当指出《跟单信用证统一惯例》只是一项国际贸易惯例，不具有强制的法律效力，但是目前各国法院几乎都把《跟单信用证统一惯例》作为裁决跨国信用证纠纷的依据，而且，在实际业务中，许多信用证上都注明是根据国际商会《跟单信用证统一惯例》第 600 号出版物开立的。因此，它无疑又是一项具有国际性、权威性的惯例。

九、SWIFT 信用证格式代码简介

在当今国际贸易信用证业务中，大多数信用证采用电开本形式，现以 SWIFT 信用证为例介绍其代号。目前开立 SWIFT 信用证的格式代号为 MT700 和 MT701，表 17-1 和表 17-2 对两种格式做了简单介绍。

表 17-1　MT700 开立跟单信用证的电文格式

M/O	tag 代号	field name 栏位名称	content/options 内容
M	27	sequence of total 合计次序	1n/1n 1 个数字/1 个数字
M	40A	form of documentary credit 跟单信用证类别	24x 24 个字
M	20	documentary credit number 信用证号码	16x 16 个字
O	23	reference to pre-advice 预通知的编号	16x 16 个字
O	31C	date of issue 开证日期	6n 6 个数字
M	31D	date and place of expiry 到期日及地点	6n/29x 6 个数字/29 个字
O	51a	applicant bank 申请人的银行	A or D A 或 D
M	50	applicant 申请人	4*35x 4 行×35 个字
M	59	beneficiary 受益人	[134x]4*35x [134 个字] 4 行×35 个字
M	32B	currency code, amount 币别代号、金额	3a/15number 3 个字母/15 个数字
O	39A	percentage credit amount tolerance 信用证金额加减百分比	2n/2n 2 个数字/2 个数字
O	39B	maximum credit amount 最高信用证金额	13x 13 个字
O	39C	additional amounts covered 可附加金额	4*35x 4 行×35 个字
M	41A	available with...by... 向...银行押汇，押汇方式为...	A or D A 或 D
O	42C	drafts at... 汇票期限	3*35x 3 行×35 个字

M/O	tag 代号	field name 栏位名称	content/options 内容
O	42A	drawee 付款人	A or D A 或 D
O	42M	mixed payment details 混合付款指示	4*35x 4 行×35 个字
O	42P	deferred payment details 延迟付款指示	4*35x 4 行×35 个字
O	43P	partial shipments 分批装运	1*35x 1 行×35 个字
O	43T	transshipment 转运	1*35x 1 行×35 个字
O	44A	loading on board/dispatch/taking in change at/from... 由……装船/发运/接管地点	1*65x 1 行×65 个字
O	44B	for transportation to... 装运至……	1*65x 1 行×65 个字
O	44C	latest date of shipment 最后装运日	6n 6 个数字
O	44D	shipment period 装运期间	6*65x 6 行×65 个字
O	45A	description of goods and/or services 货物描述及/或交易条件	50*65x 50 行×65 个字
O	46A	documents required 应具备单据	50*65x 50 行×65 个字
O	47A	additional conditions 附加条件	50*65x 50 行×65 个字
O	71B	charges 费用	6*35x 6 行×35 个字
O	48	period for presentation 提示期间	4*35x 4 行×35 个字
M	49	confirmation instructions 保兑指示	7x 7 个字
O	53A	reimbursement bank 清算银行	A or D A 或 D
O	78	instructions to the paying/accepting/negotiation bank 对付款/承兑/议付银行之指示	12*65x 12 行×65 个字
O	57A	"advise through" bank 收讯银行以外的通知银行	A，B or D A，B 或 D
O	72	sender to receiver information 银行间的通知	6*35x 6 行×35 个字

表 17-2　MT701 开立跟单信用证的电文格式

M/O	tag 代号	field name 栏位名称	content/options 内容
M	27	sequence of total 合计次序	1n/1n 1 个数字/1 个数字
M	20	documentary credit number 信用证编号	16x 16 个字
O	45B	description goods and/or services 货物及/或劳务描述	50*65x 50 行×65 个字
O	46B	documents required 应具备单据	50*65x 50 行×65 个字
O	47B	additional conditions 附加条件	50*65x 50 行×65 个字

注：① M/O 为 mandatory 与 optional 的缩写，前者是指必要项目，后者为任意项目；

② 合计次序是指本证的页次，共两个数字，前后各一，如"1/2"，其中"2"指本证共 2 页，"1"指本页为第 1 页

第四节　银行保证书和国际保理

一、银行保证书

（一）银行保证书的含义和种类

银行保证书（banker's letter of guarantee，L/G）又称银行保函，是银行向受益人开立的保证文件，即由银行作为担保人，以第三者的身份保证被保证人如未向受益人履行某项义务时，由担保银行承担保证书所规定的付款责任。银行保证按索偿条件可分为见索即付保函和有条件保函。前者是指保证人在受益人第一次索偿时，就必须按保函所规定的条件支付款项，可见，此种保函保证人承担第一性的、直接的付款责任。后者是指在符合保函规定的条件下保证人才向受益人付款，可见，此种保函的保证人承担的是第二性的、附属的付款责任。

银行保函使用范围很广，不仅适用于货物的买卖，而且广泛使用于其他国际经济合作领域，如国际工程承包、招标与投标等。银行保证书按其用途不同可分为投标保证书、履约保证书和还款保证书三种。

（二）银行保证书的当事人

（1）委托人（principal）。委托人又称申请人，即要求银行开立保证书的一方，具体如下：投标保证业务项下的投标人；出口保证业务中的货物出口人；进口保证业务中的货物进口人；还款保证书项下，一般为预付款或借款的受款人。

（2）受益人（beneficiary）。收到保证书并凭此向银行索偿的一方。

（3）保证人（guarantee）。保证人也称担保人，即保证书的开立人。

银行保证书除了上述三个基本当事人外，有时还可能有转递行（transmitting bank）、

保兑行（confirming bank）和转开行（reissuing bank）等当事人。

（三）银行保证书与信用证的异同

银行保证书和信用证都属银行信用，但二者具有本质区别。

（1）在信用证方式下，只要受益人提交单据符合信用证的规定，开证行负首要付款责任，受益人是向开证行或其指定行交单，而不是向开证人交单；而在使用保证书方式下，只有在委托人不付款时，保证人才负责办理付款，如果委托人已付款，则保证人的责任得以解除。

（2）信用证一般使用于国际货物买卖中，当受益人提交单据符合信用证条款时，银行便付款；而保函用途广泛，其付款仅凭受益人提交规定的声明书或凭证，即信用证用于履约，而保证书则用于违约。

（3）信用证只凭符合信用证条款规定的单据付款，而与凭此开立的合同无关；而采用保函时，如果受益人与委托人意见有分歧，保证银行往往会被卷入交易双方的合同纠纷中去。

二、国际保理

国际保理业务（international factoring）是一项流行于欧美等国的金融服务，是继汇付、托收、信用证之后出现的新型国际结算方式。与传统的结算方式不同，它集结算、融资、风险保障于一体，为出口商提供的一项包括对买方资信调查、百分之百的风险担保、催收应收账款、财务管理以及融通资金的综合性金融服务。

参与国际保理业务主要有 4 个当事人，即销售商、债务人、出口保理商和进口保理商。销售商是对所提供的货物或劳务出具发票，其应收账款由出口保理商叙作保理的当事人。债务人即进口商，是对由提供货物或劳务所产生的应收账款负有付款责任的当事人。出口保理商，根据与出口商签订的业务协议，为出口商提供进口商资信调查、购入应收账款、催收款项、贸易融资、风险担保及账务管理的服务。进口保理商，主要代收应收账款、负责核准信用证信用额度、提供信用风险担保、向进口商催收账款。进口保理商应对其核准的信用额度内的坏账损失承担付款责任。

保理业务有许多优点，故其发展非常迅猛。1968 年国际保理商联合会（factor chain international）成立，1993 年 2 月中国银行作为中资银行首家正式加入该联合会。目前，我国出口企业可通过 3 种方式从中国银行获得资金融通：① 出口合同抵押贷款，银行在不超过信用证额度条件下，可按合同 70%～80%核贷；② 出口企业凭运输单据可向银行申请按发票金额的 80%预垫货款；③ 出口企业凭汇票和运输单据向银行申请发票金额贴现。

目前，我国国际保理业务还处在起步尝试阶段，正确地采用这种结算方式，有利于我国外贸出口业务的发展。

第五节　不同结算方式的选用

在国际贸易中，通常一笔交易只使用一种支付方式，但在交易双方很难就某一支付方式达成一致的情况下，或由于具体业务的需要，实际业务中有时可选择两种或两种以上的结算方式结合起来使用，常见的有以下几种。

一、信用证与汇付相结合

信用证与汇付相结合是指部分货款用信用证结算，余数用汇付方式结算。例如，对于矿砂、煤炭、粮食等初级产品的交易，买卖双方约定按信用证规定凭装运单据先付发票金额的若干成，余数待货到目的地后，根据检验的实际结果，按实际品质或数量确定余额用汇付方式支付。又如，对于特定的交易需要进口人预付定金的，可用汇付方式支付定金，而余款用信用证方式结算。合同中付款条款可作如下规定：买方同意在本合同签字之日起，1 个月内将本合同总金额××%的预付款，以电汇方式汇交卖方，其余××%金额用信用证方式结算。（××% of the total contract value as advance payment shall be remitted by the buyer to the seller through telegraphic transfer within one month after signing this contract, while the remaining××% of the invoice value against the draft on L/C basis.）

二、信用证与托收相结合

信用证与托收相结合，是指部分货款用信用证结算，余数用托收方式结算，其具体操作应为开两套汇票，其中信用证部分的货款凭光票付款，而全套单据附在托收部分汇票项下，按即期付款交单方式托收。例如，在信用证中明确规定"买方在全数付清发票金额后方可交单"的条款。在实务中，合同的付款条款可作如下规定：货款 50%应开立不可撤销信用证，余款 50%见票后即期付款交单。全套货运单据随于托收项下，于申请人付清发票全部金额后交单。如进口人不付清全部金额，则货运单据由开证银行掌握，听凭卖方处理。（50% of the invoice value is available against payment by irrevocable L/C, while the remaining 50% of documents be held against payment at sight on collection basis. The full set of the shipping documents of 100% invoice value shall accompany the collection item and shall only be released after full payment of the invoice value. If the importer fails to pay full invoice value, the shipping documents shall be held by the issuing Bank at the exporter's disposal.）

三、跟单托收与备用信用证或银行保证书相结合

有时跟单托收项下的货款会遭进口人拒付，则可采用备用信用证或银行保证书追回货款，即在采用备用信用证或银行保证书和跟单托收方式时，如果遭买方拒付，可由卖方开立汇票与签发买方拒付的声明书要求开证银行进行偿付，但其有效期必须晚于托收付款期限后一段适当的时间，以便被拒付后能有足够的时间办理追偿手续。合同中的付款可作如下规定：即期或远期付款交单托收，并以卖方为受益人的总金额为××的备用信用证或银行保证书。备用信用证或保证书应规定如下条款：如××号合同跟单托收项下的付款人到期拒付，受益人有权凭该备用信用证或保函开立汇票连同一份××号合同被拒付的声明文件索取货款。（Payment available by D/P at sight or××days after sight with a standby L/C or L/G in favour of seller for the amount of ×× as undertaking. The stand by L/C or L/G should bear the clause: In case the drawee of the Documentary collection under S/C No.××fails to honor the payment upon due date, the Beneficiary has the right to draw under this stand by L/C or L/G by their draft with a statement stating the payment on S/C NO.××dishonored.）

在国际贸易实务具体业务过程中，由于受不同国家或地区、不同客户、不同交易等多方面因素的影响，还有其他一些不同结算方式的使用，如跟单托收与预付押金相结合、托收与汇付相结合，汇付、银行保函和信用证相结合等。另外，在成套设备和大宗交易的情况下，一般采用分期付款（pay by installments）和延期付款（deferred payment）的方式。总之，不同结算方式的选择要根据具体业务的需要而定。

本章小结

《联合国国际货物销售合同公约》明确规定：支付货物价款是买方的基本义务，收取货款则是卖方的主要权利。而当前国际贸易货款结算首先要涉及结算工具，即票据——汇票、本票、支票。本章重点介绍了汇票，要求掌握汇票的基本内容和使用程序，了解《中华人民共和国票据法》的有关内容。

目前，国际贸易货款的结算方式主要有汇付、托收、信用证、保函、国际保理等，其中信用证是国际贸易中使用最为广泛的一种银行信用结算方式。正是由于此，对于信用证的内容、有关当事人、一般操作程序、特点、性质和审核等都应该掌握。同时，我们应该根据具体业务的要求，灵活运用不同结算方式，真正做到在出口业务中安全收汇，在进口业务中及时进口，安全收货。

值得注意的是，由于国际货款的结算直接关系到买卖双方的切身利益。因此，在实际业务过程中，我们的外贸工作人员一方面要熟悉与国际贸易有关的法律规则、惯例和常识；另一方面要结合实际业务的具体情况，在整个外贸业务过程中做好各方面工作，为顺利结算奠定基础。

本章重要概念

汇票	提示	拒付	收益人
承兑	贴现	追索	通知行
备用信用证	本票	汇付	托收
开证行	银行保证书	出票	见票
票汇	付款行	开证申请人	背书
电汇	SWIFT	承兑交单	付款交单
支票	信汇	议付行	不可撤销信用证
国际保理			

思考题

1. 解释下列名词：汇票、本票、支票、出票、承兑、背书、贴现、顺汇、逆汇、议付、跟单信用证。

2. 请说出下列名词的英文全称、中文译名及其基本含义：

M/T、T/T、D/D、D/P、T/R、D/A、L/C、L/G

3. 试比较汇票、本票和支票的异同。

4. 什么是跟单托收？它可分为几种？

5. 信用证有何特点？

6. 试简述银行保证书与信用证的异同。

7. 何谓国际保理？有何特点？

8. 某出口公司接日本银行开来不可撤销信用证有下列条款："Credit amount USD50 000, according to invoice 75% to be paid at sight, the remaining 25% to the paid at 60 days after shipment arrival."出口公司在信用证有效期内，通过议付行向开证行提交了单据，经检验单证相符，开证行即付 75%货款，计 37 500 美元。但货到 60 天之后，开证行以开证人声称到货品质欠佳为理由，拒付其余 25%的货款。请问：开证行拒付是否有道理？为什么？

9. 我国某外贸公司以 CIF 鹿特丹与某外商成交出口一批货物，按发票金额 110%投保一切险及战争险。售货合同中的支付条款只简单填写"Payment by L/C"（信用证方式支付）。国外来证条款中有如下文句"Payment under this Credit will be made by us only after arrival of goods at Rotterdam"（该证项下的款项在货到鹿特丹后由我行支付）。受益人在审证时未发现，因此未请对方修改删除。我国某外贸公司在交单结汇时，银行也未提出异议。不幸60%的货物在运输途中被大火烧毁，船到目的港后开证行拒付全部货款。对此，应如何处理？为什么？

10. 根据所给合同审核国外来证。

SALES CONFIRMATION

S/C NO:204361

DATE:June 15th, 2020

THE BUYER: The Eastern Trading Company, Osaka, Japan

THE SELLER: Shanghai Donghai Garments Imp. & Exp. Corp., Shanghai, China

NAME OF COMMODITY AND SPECIFICTION:

    Pure Cotton Men's Shirts

    Art. No. 9-71323

    Size Assortment:S/3,M/6 and L/3 per dozens

QUANTITY:5 000 dozens 3% more or less at seller's option

PACKING:Each piece in a poly bag, half a dozen to a paper box ,10 dozens to a carton

UNITE PRICE: US$120.00 per doz. CIFC 5% Kobe/Osaka

SHIPMENT:During Aug./Sept 2020. In two equal shipments. Transshipment is prohibited, partial shipments are allowed.

INSURANCE:To be covered by the seller for 110% of invoice value against All Risks as per China Insurance Clause dated Jan. 1st, 1981.

PAYMENT:By irrevocable letter of credit payable at sight, to reach the seller not later than July 20th, 2020 and remain valid for negotiation in China until the 15th days after the date of Shipment.

IRREVOCABLE DOCUMENTARY LETTER OF CREDIT

FUJI BANK,LTD.

1-CHOME,CHIYODA-KU

C.P.O.BOX 148 ,TOKYO,JAPAN

L/C No.219307

July 15th, 2020

Advising Bank:

Bank of China, Shanghai

Beneficiary: Amount: not exceeding

Shanghai Donghai Garments Imp. & Exp. Corp.   US$600 000.00

Shanghai China

Dear Sir:

At the request of THE EASTERN TRADING COMPANY, Osaka, Japan. We here issue in your favour this irrevocable documentary Credit No.219307 which is available by acceptance of your draft at 30 days after sight for full invoice value drawn on FuJi Bank Ltd. New York Branch, New York, N.Y.U.S.A. bearing this clause: "Drawn under documentary Credit No. 219307 of FuJi Bank Ltd." accompanied by the following documents:

(1)Signed Commercial Invoice in four copies.

(2)Full set clean on board Bills of Lading made out to order and blank endorsed marked "freight collect" and notify applicant.

(3)Insurance Policy for full Invoice value of 150% covering all Risks as per ICC dated Jan.1st,1981.

(4)Certificate of Origin issued by the China Exit and Entry Inspection and Quarantine Bureau.

(5)Inspection Certificate issued by applicant.

Covering: 5 000 dozens Pure Cotton Men's Shirts

Art. No. 9-71323

Size Assortment: S/3,M/6,L/3 per dozen

At USD 120 CIFC5% Kobe/Osaka, packed In cartons of 10 dozens each.

Shipment from Chinese Port to Yokohama at buyer's option not later than Sept. 30th, 2020.

Transshipment Is prohibited, partial Shipments are allowed.

The credit Is valid In Shanghai,China.

Special conditions: Documents must be presented within 15 days after date of Issuance of the Bills of Lading, but In any event within this credit validity.

We hereby undertake to honor all drafts drawn In accordance with the terms of this credit.

It is subject to the Uniform Customs and Practice for Documentary Credit (2007 Revision),International Chamber of Commerce Publication No.600.

For FuJi Bank Ltd.

-sighed-

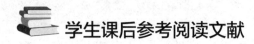

学生课后参考阅读文献

[1] 陈岩，刘玲．UCP600 与信用证精要[M]．北京：对外经济贸易大学出版社，2007.

[2] 梁琦．国际结算[M]．北京：高等教育出版社，2009.

[3] 吴国新，毛小明．国际贸易实务[M]．3 版．北京：清华大学出版社，2019.

[4] 顾民．信用证特别条款与 UCP500 实务[M]．北京：对外经济贸易大学出版社，2000.

[5] 王保树．中国商事法[M]．北京：人民法院出版社，2001.

[6] 应诚敏，刁德霖．国际结算[M]．北京：高等教育出版社，2009.

[7] 中国银行网（http://www.bank-of-china.com）

第十八章 国际贸易合同的一般交易条件

学习目的和要求

通过本章的学习，理解和掌握国际货物买卖中涉及的检验、索赔、不可抗力和仲裁的有关知识，明确如何在贸易合同中拟定检验、索赔、不可抗力和仲裁条款。

开篇案例：对不可抗力的理解

【案情】

上海某贸易商从阿根廷进口普通豆饼 20 000 公吨，交货期为 8 月底，拟转售欧洲。然而，4 月份，阿根廷商人原定的收购地点发生百年未见的洪水，收购计划落空。阿根廷商人以不可抗力为理由，要求免除交货责任，上海进口公司回电拒绝。阿根廷商人拒不履约，上海进口商只能在阿根廷商人交货时间从国际市场上补进，然后向阿根廷商人提出索赔，但对方也拒绝了，于是，上海进口公司根据仲裁条款规定向仲裁机构提出仲裁。

【讨论】

阿根廷商人以不可抗力为理由要求免除交货责任是否充足？上海公司的索赔要求是否合理？仲裁庭将做出怎样的裁决？

【分析】

首先，本案涉及进出口双方均为公约的成员国，由于双方当事人未排除对公约的适用，因此本案适用《联合国国际货物销售合同公约》（以下简称《公约》）；其次，根据《公约》的规定，本案中，4 月份，阿根廷商人原定的收购地点发生百年未见的洪水，不构成不可抗力，因为事件的后果不是不可克服的，在本案中，合同规定进口的是普通豆饼，普通豆饼属种类货，可以替代，合同不要求特定的产地，阿根廷商人应从其他地区或国家购买货物交货；再次，阿根廷商人离交货还有 4 个月，时间非常充裕。因此，仲裁机构裁决本案不构成不可抗力，即阿根廷商人以不可抗力为理由要求免除交货责任是没有道理的。阿方应对上海进口公司从国际市场上补进而造成的损失进行赔偿。

在国际贸易中，所谓一般交易条件，是指出口商为出售或进口商为购买货物而拟定的对每笔交易都适用的一套共性交易条件，主要包括商品的检验、索赔、不可抗力和仲裁等内容。一般情况下，进出口商在正式进行交易磋商之前，往往把一般交易条件印在自行设计和印制的销售合同或购买合同格式的背面或正面的下部，这样既能简化交易磋商的内容，加速磋商的进程，又能节省磋商的时间和费用，有利于交易磋商的成功。

本章主要介绍商品检验；当事人一方违约，受害方是否有权向其提出索赔；若是不可抗力事件，导致合同不能如期履行，可按不可抗力条款规定免除合同当事人的责任；若交易双方出现争议难以和解时，可通过仲裁方式解决。因此，买卖双方在签订合同时，要在合同中订立检验、索赔、不可抗力和仲裁条款。

第一节　商品的检验

商品的检验（commodity inspection）简称商检，是对进出口商品的品质、数量、重量、包装等内容进行检验并出具检验证明，以确定其是否符合买卖合同的规定，并明确事故的起因和责任的归属。商品检验是进出口业务中必不可少的重要环节，是买卖双方能顺利履行合同的保证。

从事国际贸易的交易双方，难以当面交接和验收货物，加之商品在运输途中也有可能发生残损缺少。为了避免交易双方因此而发生纠纷，以及在纠纷发生后能查明事故起因而分清有关当事人的责任，从而需要一个公正的、有资格的第三者对货物进行检验，并以其检验结果作为交接货物、结算货款和提出索赔、理赔的依据，这就使商品检验成为国际货物买卖合同中不可缺少的内容。《中华人民共和国进出口商品检验法》（以下简称《商检法》）规定：商检是国家商检部门、商检机构指定的检验机构依法对进出口商品实施检验。凡未经检验的进口商品，不准销售、使用；凡未经检验合格的出口商品，不准出口。

由于我国报关与报检工作合并，所以凡是需要检验检疫的商品，都必须填写涉检报关单。凡是进出口货物列入《出入境检验检疫机构实施检验检疫的进出境商品目录》（简称《目录》），以及虽未列入《法检目录》但根据法律法规规定需实施检验检疫，如列入《危险化学品目录（2015）》中的货物以及旧机电设备等。

一、有关检验权的规定

所谓检验权，是指依照合同的规定，买方或卖方所享有的对进出口商品进行检验鉴定，以确定其是否与合同相符的权利。在长期的国际贸易实践中，买卖双方对交接货物一般都经过交付、检验（或察看）、接受（或拒收）三个环节，而且有关的国际贸易惯例和法律也做出了相应的规定。按照一般的规则，当卖方履行交货义务后，买方有权对货物进行检验，如果发现货物与合同规定不符，而的确系卖方的责任，买方有权向卖方提出索赔。如果未经检验就接收了货物，即使事后发现货物有问题，也不能再行使拒收的权利了。

英国《货物买卖法》规定：除另有约定外，当卖方向买方交货时，根据买方的请求，卖方应向其提供一个检验货物的合理机会，以便能确定其是否符合合同的规定。如果买方未曾对该货进行检验，则除非等到他有一个合理的机会加以检验，否则不能认为他已经接收了货物。但如果买方有机会检验货物却不对货物检验，那等于放弃了检验货物的权利，即丧失了拒收货物的权利。由此可以看出，在英国《货物买卖法》中，买方收到货物（receipt of goods）与接收货物（acceptance of goods）是不同的两个概念。买方如果接收了货物，则丧失了拒收货物的权利，如果仅仅是收到货物，经其检验后，发现与买卖合同的规定不符，仍然可以拒收货物。

《美国统一商法典》规定，凡属于下列情况，均表明买方接收了货物：① 如果买方收到货物后留下货物，经过一段合理的时间之后并没有通知卖方拒收该项货物，则被认为接收了货物；② 在买方有合理机会对货物检验之后，未做出有效的拒收；③ 买方做出任何与卖方对货物的所有权相抵触的行为，如买方以货物所有人的身份将货物转卖等。

《联合国国际货物销售合同公约》（以下简称《公约》）第三十六条规定：卖方应按照本公约的规定，对风险转移到买方时所存在的任何不符合同情形负有责任，即使这种不符合同情形在该时间后方始明显。该《公约》第三十八条还规定：① 买方必须在按情况实际可行的最短时间内检验货物或由他人检验货物。② 如果合同涉及货物的运输，检验可推迟到货物到达目的地后进行。③ 如果货物在运输途中改运或买方必须再发运货物，没有合理机会加以检验，而卖方在订立合同时已知道或理应知道这种改运或再发运的可能性，检验可推迟到货物到达新目的后进行。可见，《公约》不仅明确规定了卖方对货物负有责任的具体界限，而且还明确规定了买方对货物有检验的权利。

二、检验的时间和地点

由检验权的含义可以知道：哪一方当事人享有检验权，哪一方就有权指定检验机构检验货物，其检验结果就作为对货物的品质、数量、包装等是否与合同一致的最后依据，而检验权的核心就是检验的时间和地点。由于检验的时间和地点不仅与合同中使用的贸易术语、商品的特征、使用的包装、检测手段的具备与否有关，而且还与当事人所在国的法律、法规等密切相关。因此，交易双方应在合同中具体订明检验的时间和地点。按照国际通行做法，一般有如下三种做法。

（一）在出口国检验

这种做法可分为在产地检验和装运前或装运时在装运港（地）检验。

（1）在产地检验，即由出口国的生产工厂检验人员，或按合同规定会同买方验收人员，或买方委托的检验机构人员在货物离开生产地点前对货物进行检验或验收。货物离开产地之前的责任由卖方负责，而运输途中出现的品质、数量等方面的风险由买方承担。

（2）装运前或装运时在装运港（地）检验，主要采用"以离岸品质、重量（或数量）为准"（shipping quality, weight or quantity as final）。按此规定，出口货物于装运前或装运时由双方约定的商检机构进行检验并出具品质和重量检验证书，同时，以该证书作为决定交货品质和重量或数量的最后依据。货到目的地或目的港后，买方可以对货物进行复验，但此时已无权向卖方提出异议或索赔。

（二）在进口国检验

这种做法是指货物运抵目的地或目的港卸货后检验，主要采用"以到岸品质、重量（或数量）为准"（landing quality, weight or quantity as final）。按此规定，在货物运抵目的港（地）卸货后的一定时间内，由双方约定在目的地或目的港的检验机构进行检验，由该机构出具的检验证书作为决定交货品质和重量的最后依据。如发现货物的品质或重量与合同规定不符而系卖方责任时，则买方有权向其提出索赔或按双方的事先约定处理。对于像成套设备、机电仪器产品以及在口岸开件检验后难以恢复原包装的商品，一般将检验延伸和推迟至货物运抵至买方营业处所或最终用户所在地后的一定时间内进行检验，以当地的检验机构出具的检验证书作为决定交货品质和数量的最后依据。

（三）在出口国检验，在进口国复验

这种做法是指货物于装运前由双方约定的装运地或装运港的检验机构进行检验，其检验证书作为卖方要求买方支付货款或要求银行议付货款时提交的单据之一；在货物运抵目的地或目的港卸货后的一定时间内，买方还有复验权，如经约定的检验机构复验后发现货物与合同规定不符，而责任又属于卖方时，买方可在规定的时间内凭复验证书向卖方提出异议和索赔。

上述三种做法中，在出口国检验偏向卖方利益时，对买方不利；在进口国检验偏向买方利益时，对卖方不利；而第三种做法对于买卖双方来说，是比较方便而且公平合理的，它既承认卖方所提供的检验证书可作为交接货物和结算货款的依据之一，又让买方拥有复验权。这种做法在国际贸易中已为大多数当事人所接受，而且已形成一条公认的原则：除非合同另有规定，否则买方有权在货物到达目的地或目的港后复验，如复验证明在货物的风险转移到买方时已存在任何不符合同规定的情形，卖方应负责任。我国在对外贸易签订合同时，也普遍采用这种做法。

三、检验机构

在国际贸易中，商品的检验工作一般都由专业的检验机构负责办理，有时商检工作也由买卖双方自己的检验机构负责实施。但对于法定检验的货物，其检验机构由国家法律规定，买卖双方没有选择的余地。在国际贸易中，从事商品检验的机构大致有以下几类。

（一）官方机构

官方机构指由国家设立的检验机构，它可以是国家商检机构，如我国的进出口商品检验局；也可以是根据国家法律规定，由政府主管部门设立的官方检验机构，以进行各类商品的检验和监督管理，如美国的食品药物管理局、美国粮谷检验署、日本通商产业检查所等。

（二）非官方机构

由私人或同业公会、协会等开设的检验机构，如美国保险人实验室、瑞士日内瓦通用鉴定公司等。

（三）工厂企业、用货单位设立的化验室、检测室等

若合同规定凭工厂或用货单位检验交货的，则可由其设立的专职检验部门进行检验，其结果证明可作为交货和结算的依据。因此，在实际业务中，选用哪类检验机构检验商品，

必须在合同中做出明确规定。

在我国，从事进出口商品检验工作的部门主要是中华人民共和国海关总署及其在各地的分支机构。海关总署是国务院主管全国质量、计量、出入境商品检验、出入境卫生检疫、出入境动植物检疫和认证认可、标准化等工作，并行使行政执法职能的直属机构。

四、进出口商品检验的程序

进出口商品检验的一般程序有接受报验、现场抽样和检验以及签发证书。

（一）接受报验

1．进口检验申请

进口商品在口岸卸货时，发现商品残损或数量短少，口岸外运公司或收、用货部门应向口岸商检机构申请检验并给予鉴定。我国商检机构规定，进口商品的收货人应在索赔期限的最后 1/3 时间以前向商检机构办理报验。如果货物有残损或缺少，目的港理货公司要制作残损记录，船长或大副应签字予以确认，如残损属于保险公司承保范围，应申请保险公司在当地机构来人到现场做鉴定并出具报告，以便向保险公司办理索赔。

2．出口检验申请

出口人填写"出口商品检验申请单"，向当地商检机构申请检验，一般应在出口商品报关或装运出口前 10 天进行，报验时应随附贸易合同或售货确认书、有关来往函电、信用证、出口货物明细单、报关单等有关证件。

（二）现场抽样和检验

商检机构接受报验后，原则上应及时派出人员到现场进行检验、鉴定，检验一般采用随机抽样的方法进行，但其样品要能代表整批货物的质量。检验的内容包括商品的质量、规格、数量、重量、包装以及是否符合安全、卫生等方面的要求。商检机构根据现场抽样检验记录与有关法律、法规规定的检验标准和合同约定的检验标准的比较，得出检验结果。

（三）签发证书

对于出口商品，检验后认为是合格的，则由商检机构签发检验证书或在出口货物报关单上加盖检验印章；检验后若认为不合格，商检机构签发"不合格通知单"。如果申请单位重新整理加工后申请复验，应随附加工整理情况报告和不合格通知单，经复验合格，商检机构签发检验证书。

对于进口商品，经验后签发检验情况通知单或检验证书。凡由收、用货单位自行验收的进口商品，如发现问题，应及时向出入境检验检疫部门申请复验。

五、"单一窗口"电子报关报检

在出入境检验检疫职责和队伍划入海关后，总署印发了《全国通关一体化关检业务全面融合框架方案》，明确提出"取消《入境/出境货物通关单》"。与此同时，海关总署对因机构改革影响机构合法性和执法合法性的规章和流程进行了梳理和修改，公布了《海关总署关于修改部分规章的决定》（海关总署令2018年238号），对《中华人民共和国海关关于超期未报关进口货物、误卸或者溢卸的进境货物和放弃进口货物的处理办法》等71部规章进行修改，修改内容包括删除所有涉及《入/出境货物通关单》的表述。从2018年6月1日起，海关总署已全面取消通关单。

通关单本质上是原出入境检验检疫机构用于与海关工作联系的业务单证，主要目的用于防范和打击逃漏检行为，是出入境检验检疫和海关业务分属两个不同部门的标志性事物。在关检融合前，通关单的存在将口岸通关流程分割为检验检疫作业和海关作业两个不同部分，两部作业依靠通关单实现关联，组成进出口货物口岸通关完整流程；关检融合后，出入境检验检疫职责纳入海关现有通关流程，由海关统一办理进出口货物通关手续，通关单已失去了原有的职能和意义。取消通关单既可以在关检业务全面融合方面发挥立竿见影的示范作用，也为企业办理进出口通关手续带来实际便利。

对于法检商品，申报环节按照企业通过"互联网+海关"及"单一窗口"报关报检合一界面录入报关报检数据向海关一次申报。企业先填写报检数据取得检验检疫编号，再填写报关数据，并在报关单随附单据栏中填写检验检疫编号；对于出口法检商品，取消填报原通关单代码和编号，企业申报时填写报检电子底账数据相关编号，据此实现检验检疫电子底账数据与报关单进行自动关联对碰。

在放行环节，H2010系统在放行环节验核e-CIQ系统发送检验检疫口岸作业完成信息，统一发送海关放行指令，海关监管作业场所经营单位凭海关放行信息实现一次放行。

电子报检是指报检员通过"互联网+海关"及"单一窗口"报关报检合一界面将报检数据向海关提出申报，经检验检疫业务管理系统和检务人员处理后，将受理报检信息反馈报检人，实现远程办理出入境检验检疫报检的行为。

电子申报通过企业与海关之间的电子数据的交换，使出入境货物的报检和产地证签证申请业务实现了"无纸化"，是检验检疫报检/申请工作模式的革命，对企业降低成本、提高工作效率、加快口岸通关速度等具有重要作用。

（一）实施电子报检后的检验检疫工作流程

1. 报检

（1）对报检数据的审核采取"先机审，后人审"的程序。企业发送电子报检数据，电子审单中心按计算机系统数据规范和有关要求对数据进行自动审核，对不符合要求的，反馈错误信息；符合要求的，将报检信息传输给受理报检人员，受理报检人员人工进行再次审核，符合规定的将成功受理报检信息同时反馈报检单位和施检部门，并提示报检企业与相应的施检部门联系检验检疫事宜。

（2）出境货物受理电子报检后，报检人应按受理报检信息的要求，在检验检疫机构施检时，提交报关单和随附单据。

（3）入境货物受理电子报检后，报检人应按受理报检信息的要求，提交报关单和随附单据。

（4）电子报检人对已发送的报关单报检申请需更改或撤销报检时，应即时发送更改或撤销申请。

2．施检

报检企业接到报检成功信息后，按信息中的提示与施检部门联系检验检疫。在现场检验检疫时，持报检软件打印的报检单和全套随附单据交施检人员审核，不符合要求的，施检人员通知报检企业立即更改，并将不符合情况反馈受理报检部门。

3．计收费

计费由电子审单系统自动完成，报检单位逐票或按月缴纳检验检疫等有关费用。

4．签证放行

签证部门按有关规定办理。

（二）电子报检应注意的问题

（1）报检人发送的电子报检信息应与提供的报关单及随附单据有关内容保持一致。

（2）电子报检人必须在规定的报检时限内将相关出入境货物的报检数据发送至口岸海关。

（3）对于合同或信用证中涉及检验检疫特殊条款和特殊要求的，电子报检人必须在电子报检申请中同时提出。

第二节　索　赔

一、违约责任

（一）违约与争议

买卖双方通过订立合同，各自都要求承担合约中规定的义务，同时享有一定的权利。在实际履约中，一方未能履行或未能全部履行自己的义务，即构成违约（breach of contract）。

争议（disputes）又称争端或争执，是一方当事人认为对方未能全部或部分履行合同规定的责任和义务而引起的纠纷。

引起争议的原因大致有卖方违约、买方违约、合同条款规定不明确、交易的一方或者双方在理解上有误或不统一而造成违约等。如果双方对违约的认识有分歧，对违约的责任及其后果的认识不一致，就会产生争议。

（二）对违约行为的不同解释

买卖合同是对当事人双方具有约束力的法律文件，违反了合同义务就应承担违约的法律后果。违约的行为不同，所引起的法律后果及应承担的责任也有所不同。在这方面，各个国家在法律上的规定并不完全统一。

1．英国《货物买卖法（1979 年修订本）》

英国《货物买卖法（1979 年修订本）》把违约分为违反要件（breach of condition）和违反担保（breach of warranty）两种。所谓违反要件，是指违反合同的主要条款；而违反担保，则是指违反合同的次要条款。至于合同中哪些条款属于要件，哪些条款属于担保，英国法律中并无明确规定，需要根据"合同所做的解释"来判断。不过一般都认为与交易的标的物直接相关的品质、数量、包装、交货期等条件属于要件，与标的物不直接联系的为担保。根据英国法律的规定，如果一方违反要件，受到损害的另一方有权因此解除合同并要求损害赔偿；而如果违约方违反的是合同的担保，受害方只能要求损害赔偿，而不能解除合同。值得注意的是，英国法律同时规定，受害方有权把违反要件作为违反担保处理，只要求赔偿损失，不主张解除合同。此外，还有一种违约类型，称为违反中间性条款或无名条款（breach of intermediate/innominate terms）。所谓中间性或无名条款，就是既不是要件也不是担保的合同条款。违反这类条款应承担的责任要视违约的性质及其后果是否严重而定。如果性质和后果严重，受损害的一方有权解除合同并要求损害赔偿，否则只能要求损害赔偿，而不能解除合同。

2. 《联合国国际货物销售合同公约》

《联合国国际货物销售合同公约》把违约分为根本性违约（fundamental breach）和非根本性违约（non-fundamental breach）。所谓根本性违约，是指由于一方当事人违反合同的行为给另一方当事人造成实质性损害，如卖方完全不交付货物，买方无理拒收货物、拒付贷款即为根本性违约。这种根本性违约是由于当事人的主观行为所致。如果是当事人不能预知而且处于相同情况的另外一个通情达理的人也不能预知会发生这种结果，那就不属于根本性违约。如果一方当事人根本性违约，那么另一方当事人可以宣告合同无效，并要求损害赔偿；否则，只能要求损害赔偿。

3. 美国的法律规定

美国法律规定，若双方当事人中任何一方违约，以致另一方无法取得该交易的主要利益，则是重大违约（material breach）。在此情况下，受损害的一方有权解除合同，并要求损害赔偿。如果一方违约，情况较为轻微，并未影响对方在该交易中取得的主要利益，则为轻微违约（minor breach），受损害的一方只能要求损害赔偿而无权解除合同。

4. 我国的法律规定

我国法律规定，另一方违反合同，以致严重影响订立合同所期望的经济利益，当事人一方有权通知另一方解除合同。合同的变更、解除或者终止，不影响当事人要求赔偿损失的权利。

由此可见，对于不同违约行为应承担的责任，不同法律和国际条约有不同的规定。因此，交易双方应在合同中订好索赔条款，在实际业务中灵活运用并严格执行。

二、索（理）赔及索赔对象

（一）索（理）赔的含义

索赔（claim）是指买卖合同的一方当事人（受损方）因另一方当事人违约致使其遭受损失而向另一方当事人（违约方）提出损害赔偿的行为。违约方对受损方所提出的赔偿要求予以受理并进行处理，称为理赔（settlement of claim）。索赔与理赔是一个问题的两个方面，对于受损方而言，称作索赔；对违约方而言，称作理赔。

（二）索赔对象

1．卖方

由于卖方原因造成的损失主要有以下几种：① 货物品质规格与合同不符，如掺杂使假、以次充好、以旧顶新，还包括凭样品成交时所交货物与成交样品不符等；② 交货数量不足、重量短少；③ 包装不良或不符合合同要求造成货物残损；④ 未按合同规定的交货期限交货或不交货；⑤ 卖方其他违反合同或法定义务的行为。买方可凭商检部门出具的检验证书，在索赔有效期内向卖方提出索赔。

2．买方

由于买方原因造成的损失主要有以下几种：① 不开或迟开信用证；② 不按合同付款赎单；③ 无理拒收货物；④ 未按期派船接货等；⑤ 买方其他违反合同或法定义务的行为，而使卖方造成货物积压、收不到货款等损失。发生以上情况，卖方可向买方提出索赔。

3．承运人

承运人未履行基本义务所造成的货物损失主要有以下几种：① 承运人短卸、误卸造成货物短少；② 托运货物在运输途中遗失；③ 承运人未履行管制货物的基本义务，如积载不良、配载不当、装卸作业疏忽等造成货物损坏。当事人可凭商检证书向承运人提出索赔。但必须注意轮船公司对其承运货物的责任范围以提单所注明的海关规则和其他有关规则、公约规定为限，超出这些规定的，轮船公司则概不负责。承运人责任还必须分清是船方、铁路运输部门，还是航空、邮政部门的责任，必须对真正责任人提出索赔。

4．保险公司

运输途中发生的保险项下的事故导致被保险货物受到的损失，保险人可向保险公司提出索赔。

【思考】

某公司以 CIF 鹿特丹出口食品 1000 箱，即期信用证付款，货物装运后，凭已装船清洁提单和已投保一切险及战争险的保险单，向银行收妥货款，货到目的港后经进口人复验发现下列情况：① 该批货物共 10 个批号，抽查 20 箱，发现其中 2 个批号涉及 200 箱内含沙门氏细菌超过进口国的标准；② 收货人只实收 998 箱，短少 2 箱；③ 有 15 箱货物外表情况良好，但箱内货物共短少 60 千克。

试分析以上情况，谈谈进口人应分别向谁索赔，并说明理由。

三、索赔条款

（一）索赔条款的内容

买卖双方为了在索赔和理赔工作中有所依据，便于处理，一般在合同中订立索赔条款。买卖双方商定合同时，可根据不同情况做不同的规定。在一般的商品买卖合同中，大多只规定异议和索赔条款，有的还同检验条款合并起来规定，在买卖大宗商品和成套设备的合同中，除订有异议和索赔条款外，一般还另订罚金条款。

1. 异议和索赔条款（discrepancy and claim clause）

异议和索赔条款主要是针对卖方交货的品质、数量或包装不符合合同的规定而在买卖合同中订立的。

在异议和索赔条款中，应规定索赔依据、索赔期限、索赔的办法或金额等内容。

（1）索赔依据。索赔依据主要是指双方认可的商检机构出具的检验证书，包括法律依据和事实依据两个方面。前者是指贸易合同和适用的法律、惯例；后者是指违约事实的书面文件，即指有资格的机构出具的书面证明，当事人的陈述和其他旁证。如果证据不全、不清，出证机构不符合要求，都可能遭到对方拒赔。

（2）索赔期限。索赔期限是指索赔方向违约方提出索赔的有效时限，逾期提赔，受损害的一方即丧失索赔权，违约方可以不受理。索赔期限的长短因商品的不同类型由双方约定。此外，还要对索赔期限的起算时间做出具体规定。起算时间的规定方法主要有以下几种：① 货物抵达目的港后××天起算；② 货物到达目的港卸离海轮后××天起算；③ 货物到达买方营业处所或用户所在地后××天起算；④ 货物经检验后××天起算。

《联合国国际货物销售合同公约》规定，如买卖合同未规定索赔期限且到货检验又不易发现货物缺陷的，则买方行使索赔权的最长期限为实际收到货物起不超过两年。

（3）索赔的办法或金额。由于违约的情况比较复杂，究竟在哪些业务环节上违约和违约的程度如何等，在订约时难以预计，因此对于索赔的办法或索赔的金额，也难以做出明确具体的规定。在一般的买卖合同中，对于这一问题都只做笼统规定。

2. 罚金条款（penalty）

罚金条款又称违约金条款，针对当事人不按期履约而订立，主要是规定一方未按合同规定履行其义务时，如卖方未按期交货或买方未按期派船、开证，应向对方支付一定数额的约定罚金，以补偿对方的损失。罚金实质上就是违约金，其主要内容是规定罚金或违约金的数额以补偿对方的损失。

罚金条款一般适用于卖方延期交货或者买方延迟开立信用证或延期接货等情况。

罚金的数额大小取决于违约时间的长短，但罚金条款中要规定罚金的最高限额。另外，在条款中规定罚金的起算日期时，有两种不同的做法：一种是合同规定的交货期或开证日期终止后立即起算；另一种是规定优惠期，即在合同规定的有关期限终止后再宽限一段时间，在优惠期内免予罚款，待优惠期届满后起算罚金。需要注意的是，违约方在支付罚金后并不能解除其履行合同的义务，违约方支付罚金外，仍应履行合同义务，如因故不能履约，则另一方在收受罚金之外，仍有权索赔。

（二）索赔条款示例

1. 异议与索赔条款

"买方对于装运货物的任何异议，必须于货物抵达提单所列明的目的港××天内提出，并必须提供经卖方认可的公证机构出具的检验报告。属于保险公司、轮船公司或其他有关运输机构责任范围内的索赔，卖方不予受理。"

"Any claim by the Buyers regarding the goods shipped shall be filed within ×× days after the arrival of the goods at the port of destination specified in relative Bill of Lading and supported by a survey report issued by a surveyor approved by the Sellers. Claims in respect of matters within responsibility of insurance company, shipping company/other transportation organization will not be considered or entertained by the Seller."

2. 罚金条款

"如卖方不能如期交货，在卖方同意由付款行从议付的贷款中或从买方直接支付的贷款中扣除罚金的条件下，买方可同意延期交货。延期交货的罚金不得超过延期交货部分金额的 5%。罚金按每 7 天收取延期交货部分金额的 0.5%，不足 7 天者按 7 天计算。如卖方未按合同规定的装运期交货超过 10 周时，买方有权撤销合同，并要求卖方支付上述延期交货罚金。"

"In Case of delayed delivery, the Sellers shall pay the Buyers for every week of delay a penalty amounting to 0.5% of the total value of the goods whose delivery has been delayed. Any fractional part of a week is to be considered a full week. The total amount of penalty shall not, however, exceed 5% of the total value of the goods involved in the late delivery and is to be deducted from the amount due to the Sellers by the paying bank at the time of negotiation, or by the Buyers direct at the time of payment. In case the period of delay exceeds 10 weeks after the stipulated delivery time the Buyers have the right to terminate this contract but the Sellers shall not thereby be exempted from payment of penalty."

第三节　不可抗力

一、不可抗力的范围及事件的认定

（一）不可抗力的含义

不可抗力（force majeure）是指买卖合同签订后，不是由于合同当事人的过失或疏忽，而是由于发生了合同当事人无法预见、无法预防、无法避免和无法控制的事件，以致不能履行或不能如期履行合同，发生意外事故的一方可以免除如期履行合同的责任，对方无权要求赔偿。

在英美法中，有"合同落空"原则的规定，在大陆法系国家的法律中，有所谓"情势变迁"或"契约失效"的原则的规定。尽管各国对不可抗力有不同叫法与说明，但其精神原则大体相同。

不可抗力条款属于一种免责条款。在买卖合同中对交易双方各自承担的义务做出明确规定后，一般情况下当事人应严格遵照执行，任何一方未能履行义务，都应承担损害赔偿责任。但是，如果一方当事人未按合同规定办事，是由于不可抗力事故造成的，那么，他

就可以免除不履约或不完全履约的责任。

（二）不可抗力形成原因

不可抗力形成原因通常有两种：一种是自然原因引起的，如水灾、旱灾、暴风雪、地震等；另一种是社会原因引起的，如战争、罢工、政府禁令、封锁禁运等。

（三）不可抗力应具备的条件

并非所有能够阻碍合同履行的意外事故都可以构成不可抗力事故。根据对于不可抗力的一般解释，可以认为，构成不可抗力事故需要具备以下三个条件。

1. 事故必须是订立合同之后发生的

在订立合同时，并没有这种事故发生。而如果订立合同时，这种事故已经存在，对当事人来讲，不具备偶然性、突发性，当事人在订立合同条款时已考虑到了该事故对合同的影响，那么，这种事故就不属于不可抗力事故。

2. 事故不是当事人的过失或故意行为造成的

遭受事故的一方对该事故的发生并无责任，而如果是由于当事人的错误行为导致合同无法履行，则不能视为不可抗力事故。

3. 事故是当事人无法预见、无法预防、不能控制的

当事人在订约时并不能预料到该事故必然会发生，即使估计到事故发生的可能性，也没有能力避免或防止它的发生。

【思考】

上海某公司从法国某贸易公司进口国际通用标准的化肥一批，7月起分批装运。合同签署后国际市场该种商品的价格猛涨，高出合同价20%，6月25日对方来电，称其所属一家化肥厂在生产过程中发生爆炸，工厂全部被毁，要求援引合同中的不可抗力条款解除合同。

请问我方应如何处理？

二、不可抗力条款

（一）不可抗力条款的内容

买卖合同签订之后，由于一些意外事故的出现使得合同的履行发生受阻的情况在国际贸易中时有发生。为了妥善处理这一问题，避免不必要的争执，防止一方当事人任意扩大或缩小对于不可抗力事故范围的解释或在不可抗力事故发生后就履约问题提出不合理的要求，双方当事人应在合同中合理规定尽可能明确具体的不可抗力条款。

1. 不可抗力事故的范围规定

在买卖合同中规定不可抗力条款时，首先应对哪些事故属于不可抗力事故划定一个范围，因为这一问题与双方当事人的利益有密切的关系。在我国的进出口合同中，对于规定不可抗力事故的范围，基本上有三种不同做法。

（1）列举式规定。在合同中详细列出不可抗力事故，对合同中没有明确的，均不作为不可抗力事故对待。

（2）概括式规定。在合同的不可抗力条款中不具体订明哪些属于不可抗力事故，而只是以笼统的语言做出概括的规定。

（3）综合式规定。将上述列举式和概括式规定方法结合起来，列明经常可能发生的不可抗力事故（如战争、洪水、地震、火灾等）的同时，再加上"以及双方同意的其他不可抗力事故"的文句，如果发生合同未列明的意外事故，双方当事人可以协商解决。

列举式规定明确、肯定，在理解和解释上不容易产生分歧，但一旦出现未列举的其他事故，就丧失了引用不可抗力条款达到免责的权利，因此这不是最好的办法。概括式规定虽然包括面广，但过于笼统、含义模糊、解释伸缩性大，容易引起争议，一般不宜采用。综合式规定方法弥补了前两种规定方法的不足，做到了既明确、具体，又有一定的灵活性，因此这是一种可取的办法。在我国进出口合同中，一般都采取这种规定办法。

2．不可抗力事故的后果

不可抗力事故引起的后果主要有两种：一种是解除合同，另一种是变更合同。至于什么情况下可以解除合同，什么情况下不能解除合同而只能变更合同（延迟履行、减量履行、替代履行合同），则要根据该项事故的性质及对履行合同的影响程度来决定，也可以由双方当事人通过协商在买卖合同中加以具体规定。如果合同中未做出明确规定，一般遵循的原则是：如果不可抗力事故的发生使合同的履行成为不可能，则可解除合同；而如果不可抗力事故只是暂时地阻碍了合同的履行，那就只能延迟履行合同。国外有些合同中规定，发生不可抗力事故后，遭受事故的一方可以暂不履行合同至一段时间（如2～3个月），届时，如果仍无法履行合同，则可以解除合同，如果影响履约的事故已不存在，则可以继续执行合同。

3．发生事故后通知对方的期限和方式

按国际惯例，当发生不可抗力事故影响到合同的履行时，遭受事故的一方必须按约定的通知期限和通知方式，将事故情况如实、及时地以电报通知对方，并应在15天内以航空挂号信提供事故的详情及其对合同履行的影响程度的证明文件，对方也应在接到通知后予以答复，如有异议应及时提出。为了明确责任，一般在合同的不可抗力条款中规定一方发生不可抗力事故后通知对方的期限和方式。

4．出具有关证明文件的机构

当一方援引合同中的不可抗力条款要求免责时，都必须按约定向对方提供一定机构出具的证明文件，作为发生不可抗力事故的证据。在国外，一般是由当地的商会或公证机构出具；在我国是由中国国际贸易促进委员会及其设在各地的分支机构出具。为明确起见，在不可抗力条款中应对出证机构的名称做出具体规定。

（二）不可抗力条款示例

"如由于战争、地震、水灾、火灾、暴风雨、雪灾或其他不可抗力的原因，致使卖方不能全部或部分装运或延迟装运合同货物，卖方对于这种不能装运或延迟装运本合同货物不负有责任。但卖方必须用电报或电传通知买方，并必须在××天内以航空挂号信件向买方提交由中国国际贸易促进委员会出具的证明此类事件的证明书。"

"If the shipment of the contracted goods is prevented or delayed in whole or in part by reason of war, earthquake, flood, fire, storm, heavy snow or other causes of Force Majeure, the seller shall not be liable for non-shipment or late shipment of the goods of this contract. However, the Seller shall notify the Buyer by Cable or telex and furnish the latter within ×× days by registered airmail with a certificate issued by the China Council for the Promotion of International Trade attesting such event or events."

第四节　仲　裁

一、仲裁含义

仲裁（arbitration）是指国际商事关系的双方当事人在争议发生后，依据仲裁条款或仲裁协议，自愿将争议提交某一临时仲裁机构或某一国际常设仲裁机构审理，由其根据有关法律或公平合理原则做出裁决，从而解决争议。

二、仲裁是解决争议的途径之一

在国际贸易中，情况复杂多变，买卖双方签订合同后由于种种原因没有如约履行，从而引起交易双方间的争议。对于国际贸易中发生的争议，可以采取不同的解决方式，归纳起来主要有协商、调解、诉讼和仲裁四种做法。

（一）协商

协商（consultation, negotiation）又称友好协商，是指在发生争议后，由当事人双方直接进行磋商，自行解决纠纷。在协商过程中，当事人通过摆事实、讲道理，弄清是非曲直和责任所在，必要时，由双方各自做出一定的让步，最后达成和解。这种做法可节省费用，而且气氛和缓、灵活性大，有利于双方贸易关系的发展，是解决争议的好办法，但这种办法有一定的局限性。

（二）调解

发生争议后，双方协商不成，则在争议双方自愿的基础上邀请第三者出面从中调解（conciliation）。调解人的作用是帮助当事人弄清事实、分清是非，并找到一种双方均可接受的解决办法。调解在性质上与协商并没有区别，最后的解决办法还必须经当事人一致同意才能成立。实践表明，这也是解决争议的一种好办法，我国仲裁机构采取调解与仲裁相结合的办法，收到了良好的效果，但这种办法也有一定的局限性。

（三）诉讼

诉讼（litigation）即打官司，是由司法部门按法律程序来解决双方的贸易争端。通常由于争议所涉及的金额较大，双方都不肯让步，不愿或不能采取友好协商或仲裁方式，或者一方缺乏解决问题的诚意，可以通过向法院提出诉讼来解决。

（四）仲裁

仲裁（arbitration）也称公断，仲裁方式既不同于协商和调解，又不同于诉讼。协商和调解强调自愿性，双方都同意才能进行。而诉讼不存在自愿问题，诉讼的提起可以单方面进行，只要双方当事人向有管辖权的法院起诉，另一方就必须应诉，争议双方都无权选择法官，审理后做出的判决也具有强制性。仲裁方式既有自愿性的一面，又有强制性的一面。自愿性主要体现在仲裁的提起，要有双方达成的协议，强制性则表现在仲裁裁决是终局性的，双方必须遵照执行。对于双方当事人来说，仲裁比诉讼具有较大的灵活性，因为仲裁员不是由国家任命而是由双方当事人指定的，而且仲裁员一般都是贸易界的知名人士或有关方面的专家，比较熟悉国际贸易业务，处理问题一般比法院迅速、及时，费用也比较低。由于这些原因，当争议双方通过友好协商不能解决问题时，一般都愿意通过仲裁方式裁决。

三、仲裁协议

（一）仲裁协议的形式

仲裁协议（arbitration agreement）是双方当事人表示愿意将他们之间的争议交付仲裁机构进行裁决的书面协议，也是仲裁机构和仲裁员受理争议案件的依据。仲裁协议必须采用书面形式，其有两种形式：一种是在争议发生之前，双方当事人在合同中订立的，表示同意把将来可能发生的争议提交仲裁裁决的协议，通常为合同中的一个条款，称为仲裁条款（arbitration clause）；另一种形式是，当事人在争议发生之后达成的，表示同意将已经发生的争议提交仲裁解决的协议，这种协议称为提交仲裁的协议（submission）。这两种形式的仲裁协议的法律效力是相同的。

（二）仲裁协议的作用

（1）约束双方当事人按协议规定以仲裁方式解决争议，而不得向法院起诉。

（2）排除法院对有关争议案的管辖权。各国法律一般都规定法院不受理双方订有仲裁协议的争议案件，包括不受理当事人对仲裁裁决的上诉，如果一方违背仲裁协议，自行向法院起诉，另一方可根据仲裁协议要求法院不予受理，并将争议案件交仲裁庭裁断。

（3）使仲裁机构和仲裁员取得对有关争议案的管辖权。仲裁协议是仲裁机构受理案件的依据，任何仲裁机构都无权受理无书面仲裁协议的案件。

仲裁协议的以上三方面作用是互相联系的。双方当事人在签订合同时如果愿意把日后可能发生的争议交付仲裁，而不愿诉诸法律程序，就应在合同中订立仲裁条款，以免一旦发生争议，双方因不能达成提交仲裁的协议而不得不诉诸法律。在实际业务中，如果买卖双方没有事先在合同中订立仲裁条款，待争议发生之后，由于双方处于对立地位，往往无法就提交仲裁问题取得一致意见，原告就有可能直接向法院起诉，在这种情况下，任何一

方都无法迫使对方接受仲裁。

【思考】

　　上海某进出口公司出口一批货物，合同中明确规定一旦在履约过程中发生争议，如友好协商不能解决，即将争议提交中国国际经济贸易仲裁委员会在北京进行仲裁。后来，双方就商品的品质发生争议，对方在其所在地法院起诉我方，法院也发来了传票，传出口公司出庭应诉。

　　请问上海出口公司应如何处理？

四、仲裁条款

（一）仲裁条款的内容

　　仲裁条款的内容一般应包括仲裁地点、仲裁机构、仲裁程序、仲裁裁决的效力、仲裁费用的负担等。仲裁条款的规定应当明确合理，不能过于简单，其订得妥当与否，关系到日后发生争议时能否得到及时合理的解决，关系到买卖双方的切身利益。

　　1. 仲裁地点

　　仲裁地点即在什么地方进行仲裁，是仲裁条款的一项重要内容。因为仲裁地点与仲裁适用的程序和合同争议所适用的实体法密切相关，通常均适用于仲裁所在地国家的仲裁法和实体法。当事人没有选择权，适用于与合同有最密切联系的国家的法律通常是指仲裁所在地法，也可以根据具体情况适用合同签订地或履行地所在国的法律。由于仲裁地点不同，适用的法规法律不同，对交易双方权利和义务的解释也会有所差别。而且，当事人对本国的仲裁法规比较了解，面对外国的仲裁制度则往往不太熟悉，难免有所疑虑。因此，双方当事人都很重视仲裁地点的确定，都力争在本国仲裁或者在自己比较了解和比较信任的国家进行仲裁。

　　在我国的对外贸易合同中，规定仲裁地点时，根据具体情况，一般采用以下规定方法：① 力争规定在我国仲裁；② 规定在被诉方所在国仲裁；③ 规定在双方同意的第三国仲裁。

　　如果双方决定采用上述第三种规定方法，一般是选择仲裁法规允许受理双方当事人都不是本国公民的争议案，并且该仲裁机构具有较好的声誉。

　　2. 仲裁机构

　　在买卖合同中规定了仲裁地点后，还要同时具体规定由该国（地区）的哪个仲裁机构审理争议案。

　　国际上的仲裁机构有两种：一种是常设机构，另一种是临时性机构。

　　常设仲裁机构是指依据国际条约或国内法成立的具有固定组织和地点、固定的仲裁程序规则的永久性仲裁机构。世界上许多国家和国际组织都设有专门从事国际商事仲裁的常设机构，如国际商会仲裁院、英国伦敦仲裁院、英国仲裁协会、美国仲裁协会、瑞典斯德哥尔摩商会仲裁院、瑞士苏黎世商会仲裁院、日本国际商事仲裁协会等。我国的常设仲裁机构为设在北京的中国国际经济贸易仲裁委员会，其在上海和深圳设有分会。

临时性仲裁机构是指根据当事人的仲裁条款或仲裁协议，在争议发生后由双方当事人推荐的仲裁员临时组成的，负责裁断当事人的争议，并在裁决后即行解散的临时性仲裁机构。

3．仲裁程序规则

仲裁程序规则主要是规定进行仲裁的手续、步骤和做法。对当事人和仲裁员来讲，仲裁程序规则是他们提出仲裁和进行仲裁审理必须遵循的行为准则。

各国仲裁机构的仲裁规则对仲裁程序都有明确规定。按我国仲裁规则规定，仲裁程序如下。

（1）申请仲裁。申请人应提交仲裁协议和仲裁申请书，并附交有关证明文件和预交仲裁费。仲裁机构立案后应向被诉人发出仲裁通知和申请书及附件，被诉人可以提交答辩书或反请求书。

（2）仲裁庭的组成。当事人双方均可在仲裁机构所提供的仲裁员名册中指定或委托仲裁机构指定一名仲裁员，并由仲裁机构指定第三名仲裁员作为首席仲裁员，共同组成仲裁庭。如果用独任仲裁员方式，可由双方当事人共同指定或委托仲裁机构指定。

（3）仲裁审理。仲裁审理案件有两种形式：一种是书面审理，也称不开庭审理，根据有关书面材料对案件进行审理并做出裁决，海事仲裁常采用书面仲裁形式。另一种是开庭审理，这是普遍采用的一种方式。仲裁庭审是不公开的，以保护当事人的商业机密。

（4）仲裁裁决。仲裁庭做出裁决后，仲裁程序即告终结。仲裁裁决必须是书面的，裁决书做出的日期即仲裁裁决生效日期。

4．仲裁裁决的效力

仲裁裁决是终局的，双方当事人均有约束力。双方都必须遵照执行，任何一方当事人不得向法院起诉，也不得向其他任何机构提出变更裁决的请求。

5．仲裁费用的负担

仲裁费用的负担应在仲裁条款中订明，通常由败诉方负担，也可规定由仲裁庭裁决。

（二）仲裁条款示例

1．规定在我国仲裁的条款

"凡因执行本合同所发生的或与本合同有关的任何争议，双方应通过友好协商解决。如经协商不能解决，应提交中国国际经济贸易仲裁委员会（北京），根据其仲裁规则进行仲裁。仲裁裁决是终局性的，对双方都有约束力。"

"Any dispute arising out of the performance of or relating to this contract shall be settled amicably through negotiation. In case no settlement can be reached through negotiation, the case shall then be submitted to the China International Economic and Trade Arbitration Commission, Beijing, China, for arbitration in accordance with its Rules of Arbitration. The arbitral award is final and binding upon both parties."

2．规定在被诉方所在国仲裁的条款

"凡因执行本合同所发生的或与本合同有关的任何争议，双方应通过友好协商解决。如经商不能解决，应提交仲裁，仲裁在被诉方所在国进行。如在中国，由中国国际经济贸易仲裁委员会（北京）根据其仲裁规则进行仲裁。如在××（被诉方所在国家的名称），由

××（被诉方所在国的仲裁机构的地址和名称）根据该仲裁机构的仲裁规则进行仲裁。仲裁裁决是终局性的，对双方都有约束力。"

"Any dispute arising out of the performance of or relating to this contract shall be settled amicably through negotiation. In case no settlement can be reached through negotiation, the case shall then be submitted for arbitration.The location of arbitration shall be in the country of the domicile of the defendant. If in China, the arbitration shall be conducted by The China International Economic and Trade Arbitration Commission, Beijing, in accordance with its Rules of Arbitration. If in ××, the arbitration shall be conducted by ×× in accordance with its arbitral rules of procedure. The arbitral award is final and binding upon both parties."

3．规定在第三国仲裁的条款

"凡因执行本合同所发生的或与本合同有关的任何争议，双方应通过友好协商解决。如经协商不能解决，应提交××（某第三国某地仲裁机构名称）根据该仲裁机构的仲裁程序规则进行仲裁。仲裁裁决是终局性的，对双方都有约束力。"

"Any dispute arising out of the performance of, or relating to this contract shall be settled amicably through negotiation. In case no settlement can be reached through negotiation, the case shall then be submitted to ×× for arbitration in accordance with its rules of arbitration. The arbitral award is final and binding upon both parties."

五、仲裁裁决的承认与执行

仲裁裁决对双方当事人都具有法律上的约束，当事人必须自行执行，仲裁机构自身不具有强制执法的能力。如双方当事人都在本国，一方不执行裁决，另一方可请求法院强制执行。如一方当事人在国外，涉及一个国家的仲裁机构所做出的裁决要由另一个国家的当事人执行的问题，在此情况下，如国外当事人拒不执行裁决，则要到国外的法院去申请执行或通过外交途径要求对方国家有关主管部门或社会团体（如商会、同业公会）协助执行。

对于外国仲裁裁决的执行，因为不仅涉及双方当事人的利益，而且还涉及两国间的利害关系，国际上通过双边协定除就相互承认与执行仲裁裁决问题做出规定外，还订立了多边国际的公约。关于承认与执行外国仲裁裁决的国际公约先后有三个：① 1923 年缔结的《1923 年日内瓦仲裁条款议定书》；② 1927 年缔结的《关于执行外国仲裁裁决的公约》；③ 1958 年 6 月联合国在纽约缔结的《承认和执行外国仲裁裁决公约》，简称《1958 年纽约公约》。《1958 年纽约公约》是一个重要的国际公约，该公约强调了两点：一是承认双方当事人所签订的仲裁协议有效；二是根据仲裁协议所做出的仲裁裁决，缔约国应承认其效力并有义务执行。只有在特定的条件下，才根据被诉人的请求拒绝承认与执行仲裁裁决。例如，裁决涉及仲裁协议未提到的或不包括在仲裁协议之内的原因引起争议，仲裁庭的组成或仲裁程序与当事人所签仲裁协议不符等。这一公约于 1987 年 4 月正式对我国生效，但有两项保留，一是仅适用于缔约国间做出的裁决，二是只适用于商事法律关系所引起的争议。

我国政府对上述公约的加入和所做的声明，为我国承认和执行外国仲裁裁决提供了法律依据。同时，我国涉外仲裁机构的仲裁裁决也可以在世界上已加入该公约的国家和地区得到承认和执行。至于所在国既未参加《1958 年纽约公约》，又未与我国签订双边条约的，只要对方所在国执行外国仲裁裁决无特殊限制，一般情况下，当事人可以直接向有管辖权的外国法院申请承认和执行。

本章小结

　　本章主要介绍了国际货物买卖合同中的货物检验、索赔、不可抗力和仲裁四个交易条件。在订立检验条款时，应当明确规定以何地的检验证书作为交货品质和重量的最后依据；在订立索赔条款时，要注意不同国家的法律对罚金条款的不同解释和规定，英、美等国法律规定，对于违约只能要求赔偿，而不能予以惩罚；在订立不可抗力条款时，既要注意明确规定不可抗力事件的范围，又要有一定的灵活性；在订立仲裁条款时，应当对提交仲裁争议的范围、仲裁机构、仲裁规则、仲裁的效力做出明确规定，尽力争取在我国仲裁。

　　在实际业务中，我们既要根据合同条款严格执行合同，又要注意根据业务的具体情况，争取做到与对方共同协商解决问题，以保持长期的业务关系。

本章重要概念

法定检验	检验证书	检验条款
违反要件	违反担保	理赔
根本性违约	非根本性违约	重大违约
轻微违约	异议与索赔	不可抗力
仲裁	仲裁协议	罚金条款

思考题

　　1. "收到货物"是否就是"接受货物"？有何区别？

　　2. 在国际货物买卖合同中，对于货物检验的时间和地点有哪些规定方法？在实践中，哪一种方法较容易被交易双方所接受，为什么？

　　3. 我国商检机构的基本任务是什么？

　　4. 什么是索赔和理赔？为什么在国际货物买卖合同的索赔条款中一般应规定索赔期限？

　　5. 在索赔和理赔工作中应注意哪些问题？

　　6. 什么是不可抗力？构成不可抗力事件应当具备哪些条件？

　　7. 不可抗力条款包括哪些内容？为什么要在进出口合同中规定不可抗力条款？

8. 什么是仲裁？有何特点？为什么仲裁是能为买卖双方所接受的一种比较常用的解决争议的方法？

9. 仲裁协议有哪几种形式？有何作用？

10. 中国 C 公司（卖方）与法国 E 公司（买方）签订了一份圣诞节蜡烛的销售合同，双方约定 9 月底前发货，免责条款如下：（1）本合同任何一方因不可抗力事件不能履行合同的全部或部分义务时，不承担任何责任；（2）本合同所称不可抗力事件是指合同双方在订立合同时不能预见、对其发生和后果不能避免、不能克服的事件，如战争、罢工、火灾、地震、政策变化等。9 月 5 日，C 公司委托加工蜡烛的 D 工厂的工人由于工资问题同厂方发生冲突，造成全厂工人大罢工。罢工一直持续到 9 月 20 日，致使原本应于 9 月 20 日生产完毕的蜡烛直到 10 月 20 日才生产完毕并发运，货物于 11 月中旬到达法国。由于卖方延迟交货，圣诞节又临近，如果不尽快将货物批发给零售商，将会造成货品积压，因此买方只好以非常低的价格及时将货物批发出去。买方遂向卖方提出索赔，要求卖方赔偿因此所造成的损失。请问：

（1）D 工厂工人罢工是否属于不可抗力事件？

（2）卖方 C 公司是否应当赔偿买方 E 公司的经济损失？

学生课后参考阅读文献

[1] 黎孝先，邱年祝. 国际贸易实务[M]. 北京：中国人民大学出版社，1996.

[2] 吴百福. 进出口贸易实务教程[M]. 4 版. 上海：上海人民出版社，2003.

[3] 吴国新，毛小明. 国际贸易实务[M]. 3 版. 北京：清华大学出版社，2019.

[4] 王保树. 中国商事法[M]. 北京：人民法院出版社，2001.

第十九章 国际贸易磋商与签约

学习目的和要求

通过本章的学习，了解国际贸易磋商前应做的准备与磋商的基本原则；掌握国际贸易磋商的步骤和具体做法；能够准确把握磋商中的询盘、发盘、还盘和接受四个环节的有效性，在此基础上，能够赢得交易合同的签订，准确设计和选择合同的内容与形式。

开篇案例：发盘在什么情形下可以撤销

【案情】

中国上海某对外工程承包公司于某年 5 月 3 日以电传邀请意大利某供应商发盘出售一批钢材。上海公司在电传中声明：要求这一发盘是为了计算一项承造一幢大楼的标的价和确定是否参加投标之用；该公司必须于 5 月 15 日向招标人送交投标书，而开标日期为 5 月 31 日。意大利供应商于 5 月 5 日用电传就上述钢材向上海公司发盘。上海对外工程承包公司据以计算标的价，并于 5 月 15 日向招标人递交投标书。5 月 20 日，意大利供应商因钢材涨价，发来电传通知，撤销 5 月 5 日的发盘。上海公司当即回电表示不同意撤盘。于是，双方为能否撤销发盘而发生争执。到 5 月 31 日招标人开标，上海公司中标，随即电传通知意大利的供应商接受该供应商 5 月 5 日的发盘。但意大利的供应商坚持该发盘已于 5 月 20 日撤销，合同不能成立，而上海公司则认为合同已经成立。对此，双方争执不下，通过协议提交仲裁。

【讨论】

本案中的发盘是否可以撤销？

【分析】

对此案例的分析，主要把握以下几点。

（1）意大利和中国都是《联合国国际货物销售合同公约》的缔约国，因此本案双方当事人交换的电传均受其约束。

（2）意大利商人的发盘是不可撤销的。因为中国公司已经明确告知对方的发盘是用来"确定是否参加投标之用"，意方是在了解对方意图的情况下向对方发盘，对方有理由相信该发盘是不可撤销的，并且已本着信赖的原则参与了投标。

（3）《联合国国际货物销售合同公约》规定：一项发盘，受盘人有理由相信该项发盘不能撤销，并已本着该信任采取了行动，则该项发盘就不能撤销。

从上述案例中可以看出，贸易通常始于磋商。交易磋商（business negotiation）是买卖双方为买卖商品，对交易的各项条件进行协商以达成交易的过程，通常称为谈判。在国际贸易中，这是一个十分重要的环节。交易磋商是签订合同的基础，没有交易磋商就没有买卖合同。本章将介绍国际贸易磋商的基本内容和步骤，重点介绍询盘、发盘、还盘和接受等环节，以及磋商成功后签订合同的相关知识。

第一节　交易磋商的重要性及磋商前的准备

国际货物交易的过程开始于当事人双方的商务沟通、交流与洽谈，即交易的磋商，通常又称为贸易谈判或商务谈判。交易磋商是指当事人双方以达成交易为目的，在平等互利的基础上，就交易货物的相关条件、权利与义务进行反复协商和谈判的过程。

一、磋商交易的重要性

磋商交易的过程与结果直接关系双方的经济利益，决定着国际货物销售合同条款的具体内容，影响当事人双方的权利、责任和义务，是国际交易中的重要环节。

国际交易的磋商不仅涉及货物本身的质量、技术、数量等基本问题，还会涉及国际贸易政策、法规、金融等方面的问题，还要考虑当事人双方所在国之间的双边协定及国际组织的多边协定、公约、惯例等一系列问题。它是一项专业性、策略性、知识性、技巧性都非常强的工作，可以说是当事人双方就交易经验、技巧、知识、素养的检验和较量。磋商的实质就是彼此的竞争与较量，在反复轮回的谈判中，彼此都谋求各自利益的最大化。

在国际贸易中，由于双方来自于不同社会制度、政治制度、经济制度的国家，而且在民族文化、价值观、世界观、商业惯例和风俗习惯方面也存在着差异，再加上语言文字的障碍，使得国际贸易的磋商比国内贸易的磋商具有更大的难度和复杂性。交易的磋商绝非两家公司或买卖双方之间就一单生意的谈判，其实质是两国"经济使者"的交流。磋商的失败或失误，轻则失掉贸易机会，造成经济利益的损失，重则影响到双方的友好关系，对外造成一定程度的政治影响。

可见，交易磋商切忌急于求成、疏忽大意和分寸不当，应该始终持慎重、仔细的态度。在合法的条件下，接受对方的合理要求；在确保自身利益的前提下，做出适当让步，以求缓解彼此的矛盾与冲突，达成共识，最终依法签订合同，为自己争取到贸易机会。

二、磋商交易前的准备

由于国际贸易磋商的复杂性和重要性，在磋商进行之前有必要做好充分的准备工作，有备而来才能取得成功。磋商前的准备工作包括对磋商人员的选择、目标市场的选择、交易对象的选择和磋商方案的制订。

（一）选配优秀的洽谈人员

在交易磋商过程中，买卖双方会对成交货物的规格、质量、价格、贸易方式等条件以及拟定的合同中的各项条款进行详细具体的商定。由于这些都会涉及双方的利益，有时会发生激烈的争论和产生分歧，任何一个细节的把握不当，都会出现贸易关系的逆转和磋商的终止。因此，为了保证磋商的顺利进行和完成，应选派经验丰富、精明能干的、优秀的专业人员，特别是对成交量大且内容复杂的交易，有必要先成立一个高素质的谈判小组。小组成员在知识结构和谈判专长方面应优势互补、配合默契，既具有较强的原则性，又具有较高的灵活性，随机应变，巧妙让步，最终赢得商机。

优秀的洽谈人员一般具有以下几个特点。

（1）熟悉我国的国际贸易发展政策。

（2）了解国际市场行情。

（3）熟悉我国关于国际贸易方面的法律、法规和条例，如《中华人民共和国对外贸易法》《中华人民共和国民法典》等。

（4）熟悉国际贸易的惯例、协定、条约、规则等，如《WTO 规则》《跟单信用证统一惯例》等。

（5）熟悉国际货物运输及保险的方式、惯例及法律。

（6）有较强的外语能力，可以处理外文函电，并直接用外语洽谈。

（7）有较好的心理素质和较高的谈判技巧，面对矛盾和冲突可以做到冷静理性、巧妙周旋，善于在矛盾中谋求合作。

（二）选择正确的目标市场

在正式进行磋商之前，应进行广泛深入的市场调研，对国际市场进行细分，选择正确的目标市场。

对目标市场的选择，应考虑以下几个方面。

（1）考虑市场所在国与我国的外交状况，尽量优先选择与我国建立友好关系的国家。

（2）考虑市场所在国经济发展水平、需求特点和竞争状况。

（3）考虑市场所在国的生活方式、习俗、文化特点和信仰差异。

（4）考虑市场所在国的技术发达程度。

（5）考虑市场所在国的自然资源条件。

（三）选择适宜的交易对象

在交易前，对客户背景的了解十分必要，应该在所有候选的客户中选择成交可能性最大的客户。客户的背景包括以下几方面内容。

（1）资信状况。主要了解客户的信用状况，包括资金状况、负债程度、还款能力等，对于资信水平低的客户，应首先剔除，以降低交易风险。

（2）经营能力。主要了解客户的经营年限、经营范围、市场渠道、专业经验以及知名度的大小，因为这些将直接影响交易磋商的重点选择。

（3）经营作风。客户的商业理念、道德与诚信无法在合同中体现，也绝非一纸合同可以保证的，却对经济利益有直接的影响。

对于交易对象的选择，既要考虑目前交易的顺利完成，又要考虑长期关系的建立。对于资信状况良好、诚信度高、知名度大、经营能力强的客户，应积极地沟通联系，建立客户关系管理档案，谋求长期的合作。

对客户情况的了解，可以通过多种途径，如国外的各种出版物、期刊、报纸、产品目录与样本，各种交易会、博览会、学术研讨会，各个国家的商会、行业协会、咨询公司、研究机构，甚至必要时可以进行实地考察。总之，要进行广泛深入的调查研究，选择合适的交易对象，保证交易的顺利完成。

（四）制订可行的磋商交易方案

为了保证在磋商中取得理想的结果，应该在磋商前做好充分的准备，制订好交易磋商的方案。

磋商方案的内容一般包括以下几点。

（1）磋商的目标。在磋商方案中，既要拟定好所要达到的最理想的目标，也要考虑好可以接受的"底线"。

（2）磋商的策略。在确定了每一个层次的目标后，要对目标实现的方法和策略进行设计。

（3）交易条件的确定。对需要磋商的交易条件逐个进行推敲，确定哪些条件是必须坚持、不能让步的，哪些是尽量争取的，哪些是可以妥协的，哪些是磋商中的重点等。

（4）价格幅度的把握。价格是所有交易中的"敏感要素"，也是磋商中的"焦点"，在方案中，既要设计好价格的上、下限，又要为每一种价格提供充足的理由和依据，这就需要做好市场价格行情的调查，并在方案中设计好可以接受的价格幅度。

磋商方案是交易磋商的行动指南，所以最关键的是可行性，只有针对谈判对手的特点和当时的市场供需状况，并对要进行的交易做全面的市场调查，对市场变动的趋势做科学的预测，才能制订出切实可行的方案。

第二节　磋商交易的步骤

在国际贸易中，交易磋商是指交易双方为买卖某种商品通过面谈或信函、传真、电子数据交换等方式，就交易的各项条件进行的国际商务谈判，具体步骤包括询盘、发盘、还盘和接受。其中，发盘和接受是构成每笔交易必不可少的两个环节。

一、询盘

询盘（inquiry）又称询价，是指买方主动发出的，其内容可以是询问价格、商品品质、数量、交货日期等，也可以是向对方提出的发盘要求。

询盘对于询盘人和被询盘人均无法律上的约束力，而且不是交易磋商的必要步骤，但是它是一笔交易的起点，被询盘的一方对接到的每份询盘都应高度重视，妥善处理，切忌不理睬、不回复。

在实际业务中，询盘可以采用传真、电传、电报、书信、E-mail，也可以用询价单（inquiry sheet）。

询盘的作用主要是引起对方的注意，诱使对方发盘。对询盘的对象事先应有所选择，交易对象的多少要根据商品和交易特点选择确定。如果对方是制造商，选择对象少，无法货比三家，则应该在不同的区域范围内选择一定数量的询盘对象。如果询盘对象是经销商或代理商，数量不宜太多，否则当同一询盘都被转到同一制造商的手里时，不仅会造成"需求假象"，给交易秩序带来混乱，而且会使制造商看到商机，从而抬高价格，反而弄巧成拙。

在国际贸易实务中，一般不直接使用"询盘"（inquiry）这个字眼，常常使用的是：对××有兴趣，请发盘（interested in...please offer）；请告（please advise）；请电告（please advise by FAX）等。

在询盘中要注意策略和技巧，不要第一次询盘就明确地告知对方自己所需的数量、可接受的价格等，以免在以后的磋商中处于被动。

二、发盘

（一）发盘的含义及其应具备的条件

发盘（offer）又称报盘，是买方或卖方向对方提出各种交易条件并愿意按照所提条件达成交易、订立合同的一种肯定的表达。发盘通常是一方在收到对方的询盘后做出的，但也可不经过对方询盘而直接做出发盘。

发盘一般采用书面和口头两种方式。书面发盘包括书信、电报、电传、传真和电子邮件等，口头发盘一般是指电话报价。发盘既是商业行为，又是法律行为，在法律上称为要约。由卖方发出的叫售货发盘（selling offer），由买方发出的叫购货发盘（buying offer）或递盘（bid）。

下面是发盘的示例。

"兹发盘 10 000 打 T 恤衫，规格按 5 月 15 日样品每打 CIF 纽约价 95.5 美元，标准出口包装，8/9 月装运，以不可撤销信用证支付，限 20 日复到。"

"OFFER 10 000 DOZENS T-SHIRTS SAMPLES MAY 15TH USD 95.50 PER DOZEN CIF NEW YORK EXPORT STANDARD PACKING AUGUEST/SEPTEMBER SHIPMENT REPLY HERE 20TH ."

可以看出，发盘的构成条件如下。

（1）发盘应向一个或一个以上特定的人提出。发盘是向特定人发出的，"特定的人"可以是法人，也可以是自然人；可以是一个人，也可以是一个以上的人；但不能是面向大众的"泛定"，必须是有明确选择的"特定"。面对公众的产品宣传，即使内容再完整，包含了产品的所有方面，但由于没有特定的接受者，也不能看成是发盘。

《联合国国际货物销售合同公约》第十四条（2）款指出，"非向一个或一个以上的特定的人提出的建议，仅应视为邀请发盘（做出发价）……"，所以，没有特定受盘人的发盘只能视为邀请发盘。

（2）发盘内容必须十分确定。发盘内容应该是完整的、明确的和终局的。"完整"是指货物的各种主要交易条件完备；"明确"是指主要交易条件不能用含糊不清、模棱两可的词句表述；"终局"是指发盘人只能按发盘条件与受盘人签订合同，而无其他保留或限制性条款，如注明"参考价""交货期大约×月份""以我方确认为准"，则只能被认为是发盘的邀请。

《联合国国际货物销售合同公约》规定，在发盘中至少包括下列三个基本要素：① 应标明货物的名称；② 应明示或默示地规定货物的数量或规定数量的方法；③ 应明示或默示地规定货物的价格或规定确定价格的方法。凡包含这三项基本要素的订约建议即可构成一项发盘。

应该注意的是，关于构成一项发盘究竟应包括哪些内容的问题，各国法律规定不尽相同。有的国家（如美国）的合同法恰好与《联合国国际货物销售合同公约》要求一致。按美国法律的规定，对于发盘中没有规定的其他事项，可以在合同成立之后按照公约中关于买卖双方权利义务的有关规定来处理。但是我国的惯例和做法是发盘要完整（complete）、明确（clear），一般都要求在发盘中列明合同的主要条款，包括商品名称、品质、规格、数量、包装、价格、支付方式等，这样做的好处是可以缩短磋商的进程和环节，有利于合同的订立。

（3）必须表明发盘人对其发盘一旦被受盘人接受即受约束的意思。这是指发盘人在发盘时向对方表示，在得到有效接受时，双方即按发盘内容订立合同。这种约束可以在发盘中明确表示出来，如通过使用"发盘"（offer）、"递盘"（bid）、"实盘"（firm offer）等词语来表示发盘人肯定的订约意图，也可以通过规定发盘的有效期来表示其约束性。

（二）发盘的有效期

国际贸易的货物买卖，凡是发盘都是有有效期（time of validity 或 duration of offer）的。发盘的有效期是指受盘人对发盘做出接受的时间和期限。它有以下两层含义。

（1）表示在发盘有效期内，发盘人受其发盘内容的约束，即如果受盘人在发盘的有效期内将"接受"的通知送达发盘人，发盘人就承担按发盘条件与之订立合同的责任。

（2）表示超过发盘的有效期，发盘人将不再受约束。发盘的有效期既是对发盘人的一种约束，也是对发盘人的一种保障。

明确规定发盘的有效期并不是构成发盘的有效条件。如果在发盘中明确规定了有效期，则发盘从被送达到受盘人开始生效，到规定的有效期届满为止。不规定明确的有效期的，按照《联合国国际货物销售合同公约》第十八条（2）款，则发盘按法律规定在合理时间内（within a reasonable time）有效。

按照我国的惯例，常见的明确规定有效期的方法如下。

（1）规定最迟接受的期限。发盘人在发盘中明确规定受盘人表示接受的最迟期限，如"发盘限 5 月 20 日复"（offer subject to reply on May 20th）。

（2）规定有效期的时间段。发盘人规定发盘在一段时间内（a period of time）有效，如"发盘有效 5 天"（offer valid for five days）、"发盘十日内复"（offer reply in ten days）。

对发盘有效期时间的长短，国际上没有统一的惯例和规则，可以根据商品的特性、市场情况和交易额等因素来确定。如果是新产品且数额不大，市场状况稳定，有效期可规定得长些；如果是大宗商品、原料性的或初级产品，市场波动周期性短且交易额大，就可以规定得短些，甚至可以短到几个小时。

对所谓的"合理时间"（within a reasonable time），在国际上也并无统一明确的解释，也无明确的标准，伸缩性很大，因此，在实际业务中，还是以明确规定发盘的有效期为妥。

（三）发盘的生效、撤回与撤销

1. 发盘生效的时间

按照《联合国国际货物销售合同公约》第十五条的解释，"发盘于送达受盘人时生效"，也就是说，发盘虽已发出，但在到达受盘人之前并不产生对发盘人的约束力。发盘时间的确定意义非常大，主要体现在两个方面。

（1）关系到受盘人能否表示接受。一项发盘只有送达受盘人时才能发生法律效力。也就是说，只有当受盘人收到发盘之后，才能表示接受，在收到发盘之前（发盘生效之前），即使受盘人通过其他途径已经知道发盘的发出及发盘的内容，也不能做出接受或者即使做出接受也无效。

（2）关系到发盘人何时可以撤回或修改发盘。一项发盘，只要在生效之前，发盘人可随时撤回或修改其内容，但撤回的通知或更改其内容的通知，必须在受盘人收到发盘之前或同时送达受盘人。

2. 发盘的撤回

发盘的撤回（withdrawal）是指在发盘送达受盘人之前将其撤回，以阻止其生效。根据《联合国国际货物销售合同公约》的规定，一项发盘（包括注明不可撤销的发盘），只要在其尚未生效以前，都是可以修改或撤回的。如果发盘人因发盘内容有误或改变了想法和条件，可以用更快捷的方法将发盘撤回或更改的通知在发盘到达之前或与发盘同时送达受盘人，则发盘就可以撤回或修改。因此，发盘撤回的实质就是阻止发盘生效，在实际业务中，发盘的撤回只有在使用信件或电报向国外发盘时方适用。因为信件或电报在送达收件人之前有一段时间间隔，可采用电话、电传等更快捷的方法在信件或电报送达之前通知受盘人将发盘撤回，但是如果发盘时使用的是随发随到的信息传递方式，如 E-mail、电话、电传等，就没有撤回的可能性了。

3. 发盘的撤销

发盘的撤销（revocation）是指发盘人将已经为受盘人收到的发盘予以取消的行为。

对于发盘的撤销，各国的法律存在着分歧。大陆法认为，一项发盘一经送达受盘人后，就不得撤销，除非发盘人在发盘中注明不受其约束。英美法认为，发盘在被接受之前可以撤销，即使发盘人在发盘中明确规定了接受的期限，该发盘对发盘人也不具有约束力，除非受盘人为使该发盘保持可供接受（remain open for acceptance）而付出某种对价（consideration），如支付一定的金额或物品。

这里要特别提醒的是，美国虽然属于英美法系，但对发盘是否可以撤销的问题有着与英美法系国家不同的解释。美国《统一商法典》第 205 条第 2 款规定：书面发盘在规定的时间里不得撤销，即使没有规定的时间，在"合理时间"内也不可撤销。

《联合国国际货物销售合同公约》第十六条对大陆法和英美法进行了协调和折中，规定：已为受盘人收到的发盘，如果撤销的通知在受盘人发出接受通知前送达受盘人，可予以撤销。但是，下面两种情况除外：① 发盘是以规定有效期或以其他方式表明为不可撤销的；② 受盘人有理由相信该发盘是不撤销的，并已本着信任原则采取了行动。

（四）发盘效力的终止

发盘的终止（termination）是指发盘法律效力的消失，它含有两方面的意义：一是发盘人不再受发盘的约束；二是受盘人失去了接受该发盘的权利。

发盘效力的终止有以下几种情况。

（1）发盘在规定的有效期内未被接受，或者虽然未规定有效期，但在合理时间未被接受，则发盘的效力即告终止。

（2）发盘被发盘人依法撤销。

（3）受盘人拒绝或还盘后，即拒绝或还盘通知送达发盘人时，发盘的效力即告终止。

（4）发盘人发盘之后，发生了不可抗力事件，按照出现不可抗力免除责任的一般原则，发盘的效力即告终止。

（5）发盘人或受盘人在发盘被接受前丧失行为能力，则该发盘的效力即告终止。

三、还盘

还盘（counter-offer）又称还价，在法律上称为反要约。还盘是指受盘人不同意或不完全同意发盘提出的各项条件，并提出了修改意见。因此，还盘的实质是受盘人对发盘内容和条件做了修改后，对发盘人的一种答复。如果受盘人对发盘条件做了实质性变更，就构成了对发盘的拒绝。还盘一旦做出，发盘的效力即告终止，发盘人也就不再受其约束。根据《联合国国际货物销售合同公约》的规定，受盘人对货物的价格、支付、品质、数量、交货时间与地点，一方当事人对另一方当事人的赔偿责任范围或解决争端的办法等条件提出添加或更改，均视为实质性变更发盘条件。

此外，还盘除了表示拒绝，还可以表示一种有条件的接受。还盘的内容，凡不具备发盘条件即为邀请发盘；如果具备发盘条件，就构成了一个新的发盘，这时，还盘人就成了新的发盘人，原发盘人成为新受盘人，而新的受盘人同样具有做出接受、拒绝或再发盘的权利。

四、接受

（一）接受的含义及其应具备的条件

1. 接受的含义

接受在法律上称为承诺，是指受盘人在发盘规定的期限内，以声明（statement）或其他行为（performing an act）表示同意发盘提出的条件。显而易见，接受就是对发盘表示同意。根据《联合国国际货物销售合同公约》的规定，受盘人对发盘表示接受可以通过口头或书面进行表达或者采取其他实际行动表示。但是如果受盘人在思想上非常认同并愿意接受发盘的内容，但缄默不语或不做出任何行动的表示，那么接受就不存在，也就是说"无声不等于默许""默许不等于接受"。按照《联合国国际货物销售合同公约》的规定：缄默或不行动（silence or inactivity）本身并不等于接受。因为在法律上，受盘人一般并不承担对发盘进行答复的法律义务和责任。

2．接受应具备的条件

构成一项有效的接受，必须具备下列条件。

（1）接受必须由受盘人做出。发盘是向特定的人提出的，只有特定的人才能对发盘做出接受。由其他人做出的接受，不能视为接受，只能作为一项新的发盘。

（2）接受必须是同意发盘所提出的交易条件。根据《联合国国际货物销售合同公约》的规定，一项有效的接受必须是同意发盘所提出的交易条件，只接受发盘中的部分内容、对发盘提出实质性修改或提出有条件接受，均不能构成接受，而只能看作还盘。但是，若受盘人在表示接受时对发盘内容提出某些非实质性添加、限制和更改（如要求增加原产地证明、重量单、装箱单等），仍可构成有效的接受。

（3）接受必须在发盘规定的时限内做出。如果发盘规定了接受的时限，受盘人就必须在规定的时限内做出接受才是有效的，超过时限做出的接受则无效。

（4）接受的传递方式应符合发盘的要求。发盘人发盘时，有的会具体规定接受的传递方式，那么就应该按照发盘人的规定来表示接受。如在发盘中明确表示"用传真"（by FAX），那么就应该使用传真表示。如果没有规定传递方式，那么受盘人可采用与发盘相同的方式或比发盘更快捷的方式将接受通知送达发盘人。

> **【思考】**
>
> 　　上海某公司向外商询购某商品，不久外商发盘，发盘有效期至5月22日。上海公司于5月20日复电："价格若能降低至50美元，可以接受。"对方未予答复。5月21日上海公司发现国际市场行情上涨，于当日向对方去电表示完全接受对方的发盘。
>
> 　　请问买卖双方的合同是否成立？为什么？

（二）接受生效的时间

"接受"是一种法律行为。根据法律的要求，接受必须在发盘的有效期内被传送到发盘人才能生效。在当面口头谈判或电话、电传进行磋商时，接受可立即传达给对方。所以，在发盘规定的有效期内表示接受并传达给发盘人是没有问题的，可是如果使用的是信件或电报传达，接受应于何时生效，是接受发送时还是接受到达时，对此，各国有不同的法律解释。

英美法系国家采用"投邮生效"原则（dispatch theory），即作为一般原则，接受必须传达到发盘人才生效。但是，如果是以信件或电报传达时，则遵循"信箱原则"（mailbox rule），即信件投邮或电报交发，接受即告生效，即使接受的函电在邮递途中延误或遗失，发盘人未能在有效期内收到，甚至根本就没有收到，也不影响合同的成立。也就是说，传递延误或遗失的风险由发盘人承担。

大陆法系国家则采取"到达生效"原则（receipt theory），即表示接受的函电必须在发盘有效期内到达发盘人，接受才生效。如果表示接受的函电在邮递过程中延误或遗失，合同不能成立。也就是说，传递延误或遗失的风险由受盘人承担。

《联合国国际货物销售合同公约》采用"到达生效"的原则，其第十八条第 2 款中规定，接受于到达发盘人时生效，如果接受在发盘的有效期内或合理时间内未到达发盘人，接受为无效。

（三）逾期接受

逾期接受又叫迟到的接受，是指接受的通知超过发盘规定的有效期限，或发盘未规定有效期而超过合理时间才传达到发盘人。各国法律均认为逾期接受应视为无效，或把它看作一个新的发盘，但是《联合国国际货物销售合同公约》规定，在下列两种情况下仍然有效。

（1）如果发盘人毫不迟疑地用口头或书面将逾期接受仍然有效的意见通知受盘人。

（2）一项逾期接受，从它使用的信件或其他书面文件表明，在传递正常的情况下，本来能及时送达发盘人，由于出现传递不正常的情况而造成了延误，那么逾期接受可以被认为是有效的，除非发盘人毫不迟疑地用口头或书面形式通知受盘人，认为他的发盘已经失效。

由此可见，逾期接受是否有效，取决于发盘人对其是否认可。所以，在接受逾期接受时，发盘人及时通知受盘人明确他对该逾期接受所持的态度是十分必要的。

（四）接受的撤回或修改

对于接受的撤回或修改，《联合国国际货物销售合同公约》采取了大陆法"送达生效"的原则。该公约第二十二条规定，如果撤回通知于接受原发盘生效之前或同时送达发盘人，则接受可以撤回和修改，如果接受已送达发盘人，即接受一旦生效，合同即告成立，就不得撤回接受或修改其内容，因为这样做就等于在撤销修改合同。

第三节　合同的成立

在国际贸易中，当买卖双方就交易条件经过磋商达成协议后，合同即告成立。

一、合同成立的时间

由于合同是法律文件，因此合同成立的时间非常重要，因为成立时间是双方责任认定的起点。

根据《联合国国际货物销售合同公约》的规定，接受生效的时间实际上就是合同成立的时间，合同一经订立，买卖双方即存在合同关系，彼此都应受到合同的约束。

在实际业务中，双方当事人往往在磋商交易时约定，合同成立的时间以订约时合同上所写明的日期为准或以收到对方确认合同的日期为准。在这两种情况下，双方的合同关系即在签订正式或书面合同时成立。

另外，根据我国法律和行政法规的规定，应当由国家批准的合同，在获得批准时方成立。

二、合同成立的有效条件

一份有法律约束力的国际货物销售合同，不仅是交易双方通过发盘和接受而达成的协议，还需要具备一定的有效条件才是一份规范的法律文件。合同的有效条件有以下五个。

（一）当事人必须具有签订合同的行为能力

如果签订合同的当事人是自然人，那么必须是精神正常的成年人才能签订合同，未成年人、精神病患者等不具有行为能力的人签订的合同均无效。如果签订合同的当事人是法人，那么合同的内容必须属于法人的经营范围，超越经营范围的合同没有任何法律效力。

（二）合同必须有对价或约因

英美法认为，对价（consideration）是指当事人为了取得合同利益所付出的代价。法国法认为，约因（cause）是指当事人签订合同所追求的直接目的。按照英美法和法国法的规定，合同只有在有对价或约因时，才是法律上有效的合同，无对价或无约因的合同是得不到法律保障的。

（三）合同的内容必须合法

这里所说的内容"合法"是广义的概念，即不仅要符合法律、法规，而且要符合国家政策、商业道德和国际惯例。

（四）合同必须符合法律规定的形式

世界上绝大多数国家一般不从法律上规定合同的形式，只有少数国家规定了合同的法定标准文本和形式并要求必须遵守。

（五）合同当事人的意思表示必须真实

所有的国家都认为，合同当事人的意思必须是真实的意思才能成为一份有约束力的合同，否则，这种合同无效或可以撤销。

第四节　合同的形式与内容

一、合同的形式

在国际贸易中，合同的形式有三种：书面合同、口头合同、行为合同。随着国际通信技术和互联网的发展，出现了很多快捷、方便、即时性的沟通联络方式，如 E-mail、MSN 即时交流、IP 电话等，所以很多交易往往是使用现代化的通信方法达成的，很难要求必须使用书面合同的形式。为了方便迅速成交，许多国家尽量简化订立合同的手续，对国际货物买卖合同一般不做形式上的法律要求。但是，按照国际贸易的惯例，交易双方通过口头或函电进行磋商达成协议后，一般还是需要签订正式的书面合同。书面合同有以下几种意义。

（一）合同成立的证据

合同是否成立，必须要有证据，而书面合同可以作为合同成立的凭证。

（二）合同生效的条件

交易双方如果明确表示以签订正式的书面合同来表示双方的关系，那么就只有在正式签订书面合同时，合同方为成立。

（三）合同履行的依据

交易双方把磋商时达成的共识和交易条件都可以订立在书面合同中，双方都可以以书面的合同为准，履行合同中的条款。

书面合同的形式包括合同（contract）、确认书（confirmation）和协议书（agreement）等。其中，采用得最多的是合同和确认书，这两种形式的合同，其法律的约束力是一样的，只是内容的繁简不同。合同包括销售合同（sales contract）和购买合同（purchase contract）两种；确认书是合同的简化形式，分为售货确认书（sales confirmation）和购买确认书（purchase confirmation）。在实际业务中，合同或确认书通常一式两份，由双方各执一份，作为合同订立和履行的证据。

二、合同的内容

无论是哪一种类型的书面合同，都包括约首、基本条款和约尾三部分。

（一）约首

约首，顾名思义是合同的开头部分，一般包括合同的名称、编号、买卖双方名称和地址（要求写明全称），通信联络方式（如电报挂号、电传号码、电子信箱地址）和订约日期等。

（二）基本条款

基本条款是合同的主体和核心，体现了双方当事人的权利和义务。它包括合同的主要条款和一般交易条件，即商品的名称、质量规格、数量或重量、包装、价格、交货条件、运输、保险、支付、检验、不可抗力和仲裁等内容，其实这也是交易的磋商和谈判的主要内容和关键。

在正式的合同中，应至少包括以上各项交易条件在内，简式合同或确认书以列明主要交易条件为主。

（三）约尾

约尾是合同的结尾部分，一般包括订约地点、双方当事人的手写签字等内容。

在规定合同内容时应该全面、具体、严密、衔接、明确，并且与磋商时的内容保持一致，以保证争取到的利益，并使合同顺利履行。

合同样本

上海×××进出口贸易实业有限公司

Shanghai ××× Imp. &. Exp.Enterprises Co, Ltd

中国上海外高桥保税区台中南路×号

Tai Zhong South Road WaiGaoQiao Free Trade Zone,Shanghai,PRC

电话 Telephone: 86-21-504805655   传真 Fax:86-21-55480168

致（To）：

售 货 确 认 书

SALES CONFIRMATION

OVERSEAS TRADINGCORP.　　　　　　　合同编号 NO.: 01XDJJD-14778

P.O.BOX 1563　　　　　　　　　　　　　签订日期 Date: Oct.16th,2020

SINGAPOREELOPMENT

经双方同意按照下述条款签订本合同

The Buyer and Seller Have agree to conclude the following transactions according to the terms and Conditions stipulated below:

1. 货物名称及规格 Commodit & Specifications	2. 数量 Quantity	3. 单价 Unit Price	4. 总额 Total Value
MAXAM TOOTH PASTE ART.NW101	60 000DOZENS （10 000CARTONS）	HKD118.00 CIFC5%	USD7 080 000
合计　TOTAL			USD7 080 000

5. 原产国（地）COUNTRY OF ORIGIN: MADE IN CHINA

6. 包装 PACKING: IN CARTON

7. 保险 INSURANCE:TO BE COVERED BY THE SELLER FOR 110% OF INVOICE VALUE AGAINST ALL RISKS AND WAR RISK AS PER THE OCEAN MARINE CARGO CLAUSE OF PICC DATED JAN. 1ST，1981.

8. 付款条件: THE BUYER SHALL OPEN THROUGH A BANK ACCEPTABLE BY THE SELLER AN IRREVOCABLE SIGHT LETTER OF CREDIT TO REACH THE SELLE 30 DAYS BEFORE THE MONTH OF SHIPMENT VALID FOR NEGOTIATION IN CHINA UNTIL THE 15TH DAY AFTER THE DATE OF SHIPMENT.

9. 装运期 TIME OF SHIPMENT: DURING DEC.

10. 装运口岸 PORT OF SHIPMENT: SHANGHAI

11. 到货口岸 PORT OF DESTINATION: SINGAPORE

买方：　　　　　　　　　　　　　卖方：上海×××进出口贸易实业有限公司

The Buyer:　　　　　　　　　　　The Seller:

　　　　　　　　　　　　　　　　Shanghai××× Imp. & .Exp. Enterprises Co,Ltd

本章小结

国际贸易交易前的准备工作非常重要，需要对交易对手的背景有充分的了解，做好市场调研，进行贸易谈判，然后再进入正式的磋商过程。磋商的基本环节包括询盘、发盘、还盘和接受。每一个环节的形式和有效期的确定都因法律的不同而异，而《联合国国际货物销售合同公约》也有明确的规定。贸易磋商的最终结果以合同的形式体现，合同分为口头和书面两种，我国以书面合同为主，对其形式与内容都有明确的规定。

本章重要概念

询盘	发盘	还盘	接受	合理时间
撤回	撤销	合同签订	交易磋商	逾期接受

思考题

1. 交易前应做哪些准备工作？
2. 贸易磋商为什么一定要坚持"双赢原则"？
3. 发盘的构成条件是什么？发盘的有效期如何规定？
4. 发盘的撤回和撤销有什么区别？
5. 发盘在什么情况下效力终止？
6. 接受的有效条件是什么？
7. 接受在什么情况下可以撤回？怎样撤销一项接受？
8. 合同成立的条件是什么？
9. 上海某公司出口农产品，于某年 2 月 1 日向美国某进口商发盘，在发盘中除了列明各项必要条件外，还表示："PACKING IN CARTONS"。在发盘的有效期内美进口商复电称："REFER TO YOUR TELEX FIRST ACCEPTED,PACKING IN WOODEN CASES."上海公司收到上述复电后，即着手备货。数日后，该农产品国际市场价格猛跌，美进口商来电称："我方对包装条件做了变更，你未确认，合同并未成立。"而上海公司坚持合同已经成立，于是双方对此发生争执。你认为此案应如何处理？为什么？
10. 英国某出口商 A 于某年 5 月 3 日向德国某进口商 B 发出一项发盘，德国商人于收到该发盘的次日（5 月 6 日）上午答复英国商人，表示完全同意发盘内容。但英国商人在发出发盘后发现该商品行情上涨，便于 5 月 7 日下午致电德国商人，要求撤销其发盘，英国商人收到德国商人接受的通知时间是 5 月 8 日上午。请分析：

（1）若按英国法律，英国商人提出撤销发盘的要求是否合法？

（2）若按《联合国国际货物销售合同公约》，英、德双方是否存在合同关系？

学生课后参考阅读文献

[1] 宫焕久，许源. 进出口业务教程[M]. 上海：上海人民出版社，2007.

[2] 吴百福. 进出口贸易实务教程[M]. 上海：上海人民出版社，2003.

[3] 吴国新，毛小明. 国际贸易实务[M]. 3 版. 北京：清华大学出版社，2019.

[4] 王保树. 中国商事法[M]. 北京：人民法院出版社，2001.

[5] 法律出版社法规中心. 中华人民共和国合同法[M]. 北京：法律出版社，2008.

第二十章　进出口合同的履行

学习目的和要求

通过本章的学习，理解依法履行合同的重要意义；掌握进出口合同履行的程序以及进出口索赔和理赔的相关内容。

开篇案例：懂得开列信用证的国际惯例

【案情】

上海 A 进出口公司与外商按照 CIF 条件签订一笔大宗商品出口合同，合同规定装运期为 8 月份，但未规定具体开证日期。外商拖延开证，上海 A 公司见装运期快到，从 7 月底开始，连续多次电催外商开证，8 月 5 日收到简电，怕耽误装运期，急忙按简电办理装运。8 月 28 日，外商开来信用证正本，正本上对有关单据做了与合同不符的规定。上海 A 公司审证时未予注意，通过银行议付，银行也未发现，但开证行以单证不符为由，拒付货款。经过多次交涉，最后该批货物被港口海关拍卖处理，使上海 A 公司遭受货款两空的损失。

【讨论】

本案中 A 公司的做法存在哪些问题？

【分析】

在此合同的履行中上海 A 公司存在明显的失误。首先，在出口业务中，一般应明确规定买方开到信用证的期限，而在合同中却未做此项规定。其次，装运期为 8 月份，而出口公司 7 月底才开始催证，8 月 5 日收到简电后，即忙于装船，过于草率。再次，以信用证付款的交易，即使合同中未规定开证期限，按惯例买方有义务不迟于装运期开始前一天将信用证送达卖方，而本案的信用证迟至装运期开始后 28 天才送达，显然违反惯例。A 出口公司理应向外商提出异议，并保留以后索赔的权利，而 A 公司对此只字未提；收到信用证后理应认真地逐字加以审核，而 A 公司工作人员竟如此疏忽大意。最后，发生争议时理应做好货物的保全工作，而本案的货物最后竟然被港口海关拍卖处理，A 公司对争议的处理工作是如此不到位。

熟悉和掌握进出口合同各环节及有关的国际惯例、法律的规定和要求对买卖双方行使和取得各自的权利尤为重要。本章将用两节分别介绍出口合同和进口合同的履行过程。

第一节　出口合同的履行

《联合国国际货物销售合同公约》第三十条规定了卖方应履行的三项基本义务：卖方

必须按照合同和本公约的规定交付货物；移交一切与货物有关的单据；转移货物的所有权。

合同采用的贸易术语和支付方式则决定了卖方履行合同的具体方式，如采用托收方式和 CIF 价格术语成交的合同，卖方履约的一般程序是备货、签订委托协议、租船订舱和投保、报验、报关和装运、制单、交单、结汇；而采用信用证方式和 CIF 价格术语成交的合同，卖方履约的程序有所不同，其一般程序是备货、催证、审证、改证、租船订舱和投保、报验、报关和装运、制单、交单、结汇。在实际业务中，卖方以信用证和 CIF 价格术语成交的合同较为常见。

一、备货

合同的实体是货物，卖方根据合同规定条款，按时、按质、按量地准备货物是最基本的义务。备货工作的内容主要包括产前准备、投入生产、质量跟踪、商检验收。在以信用证为支付方式时，卖方备货阶段工作的好坏关系到是否能认真履行合同义务，是否符合信用证的规定，落实生产计划，安排必要的对应的货物进行清点、加工整理、刷制运输标志以及办理申报检验和领证等工作，然后核实、检查应交货物的品质、数量、包装等情况，对货物进行催交验收。

（一）产前准备

在投入生产之前，应做好充分的准备，如落实购买原材料的资金、按照合同规定提交产前样（pre-production sample）、机器调试和员工培训等。

（1）落实购买原材料和配套设备资金是接盘的时候就应认真考虑的问题，一般有几种方法，如自有资金、向银行申请出口打包贷款、贸工农联营、代理出口等。

（2）为了避免凭文字说明产生的误解，提交产前样是买方控制并确保卖方能生产合同所要求标准的商品的重要手段。在实际业务中，合同中往往规定产前样合格后，卖方才能继续生产，否则要重新打样，这样势必影响后面的生产周期。同样，产前样对卖方的大货生产的把握也非常重要。如果产品不宜生产产前样的，一般也应具体规定质量标准。

（二）投入生产

应根据合同和信用证上的交货期安排生产计划，并要留出解决突发事件的时间，确保货物按时完成。除非合同另有规定或信用证允许分批装运，卖方一般是全部一次交货，否则买方有权拒收货物、提出索赔甚至宣布合同无效。

（三）质量跟踪

从生产的周期来讲，质量跟踪一般分为前期、中期、终期阶段完成，主要把握大货的质量标准符合合同或合格产前样的要求，数量充足，或符合合同中"溢短装条款"规定的数量。货物的内包装（package）和外箱包装/运输包装（packing）的材质、文字、标识均应认真按合同规定完成，其中运输包装的材质还应符合进口国海关的要求，如"本箱草垫中不应有寄生虫"。

（四）商检验收

凡属于法定商检的出口商品，应根据出口国商检法的规定，在规定的期限和地点向有关部门报检，在装运前取得必要的商检合格证。

二、催证、审证和改证

以信用证方式作为支付方式时，催证、审证和改证对卖方来讲是能否安全结汇的关键。

（一）催证

信用证是卖方能安全结汇的有效保证，从买卖双方的利益角度来讲，由于银行要押款或遇有市场发生变化或资金短缺时，往往拖延开证，买方一般不愿意很早地开证，而卖方要获得结款的保障，尤其是大宗交易或按买方要求而特制的商品交易，买方及时开证更为重要，否则卖方无法安排生产和组织货源，因此催证的过程经常发生。

如果供应的不是现货，正常情况下，买方信用证最少应在货物装运期前 30 天开到卖方手中。为使合同顺利履行，在下列几种情况下，应及时催促买方开立信用证。

（1）合同规定装运期限较长（如 3 个月），同时规定买方应在卖方装运期前一定期限（如 30 天）内开证，那么卖方应在通知对方预计装运期时，同时催请对方按约定时间开证。

（2）如果根据卖方备货和船舶情况，有可能提前装运时，也可与对方商量，要求其提前开证。

（3）买方未在销售合同规定期限内开立信用证，卖方有权向对方要求损害赔偿，且在这之前仍可催促买方开证。

（4）开证期限未到，但发现客户资信不佳或市场情况有变，也可催促对方开证。

（二）审证

信用证的条款和开证行的资信都关系到能否安全结汇。卖方收到买方开来的信用证后，应对照销售合同和 UCP600 进行审核。审证的基本原则是：信用证的内容必须与销售合同的规定相一致。可是，在实际业务中，某些国家、地区的习惯做法往往有特殊规定，或买卖双方的政策不相同，或开证行工作的疏忽或差错，甚至不法分子故意玩弄手法而在信用证中加列一些不合理的条款等造成信用证与合同出现不符，因此必须认真审核信用证。审核信用证是银行和出口方（受益人）的共同职责，但各自审核的内容不同。

银行审核主要涉及的内容为：① 检查信用证的真伪和信用证的表面真实性，如果银行不能确定信用证的表面真实性，它必须不延误地告知开证行，并且告知受益人它不能核对信用证的真实性；② 开证行/保兑行的资信情况必须与所承担的信用证义务相适应，如果发现其资信不佳，应酌情采取适当的措施；③ 检查信用证是不是不可撤销的信用证，因为只有不可撤销的信用证才有付款保证；④ 检查信用证是否已经生效、条款中是否加列了"限制性"条款或其他"保留"条款。

出口方（受益人）审核信用证条款的主要内容有以下方面。

（1）开证申请人和受益人的名称和地址，前后要一致，否则会影响收汇。

（2）信用证的金额及其采用的货币应与合同金额一致，总金额的小写和大写数字必须一致，如"溢短装条款"与合同规定的一致。

（3）信用证有关货物的描述中关于品名、质量、规格、数量、包装、单价、金额、港口、保险等是否与合同规定一致，有无附加特殊条款及保留条款，如指定由某轮船公司的船只运输，或者商业发票、产地证书必须由国外的领事签证等，这些都应慎重审核，视具体情况做出是否接受或提请修改的决策。

（4）信用证的到期地点、付款、承兑的交单地点是否对出口方有利，根据 UCP600 规定，所有信用证均必须规定一个到期日及一个付款、承兑的交单地点。议付到期日是指受益人向议付银行交单并要求议付的最后期限，到期地点通常在出口国。承兑或付款到期日是指受益人通过出口地银行向开证行或信用证指定的付款银行交单要求承兑或付款的最后期限，到期地点一般选择在出口地。

（5）装运期和有效期原则上必须与合同规定一致。如果信用证到达得太晚，不能如期装运，应及时电请国外买方。如由于生产或船舶等原因不能在装运期限内装运，应要求买方修改信用证，延展装运期限。信用证的有效期与装运期应有一定的合理间隔，以便在货物装船后有足够的时间进行制单和结汇等工作。

（6）转船和分批装运条款应与合同的规定一致，合同中如允许转船，还应注意在允许转船的内容后面有无加列特殊限制或要求，如指定转运地点、船名或船公司，规定分批、定期、定量装运，应注意每批装运的时间是否留有适当的间隔等，如发现不合理均应要求对方及时修改。

（7）付款方式是否与合同规定的一致。

（8）要求提供的单据种类、份数及填制方法是否有不适当的要求和规定，应酌情做出适当处理。

（9）信用证上有很多印就的内容，对信用证空白处、边缘处加注的字句和戳记等应特别注意。这些内容往往是信用证内容的重要补充或修改，稍不注意就可能造成事故或损失。审核信用证上的特别条款是否能做到，不合理的要求要及时提请修改。

（三）改证

在不可撤销信用证的有效期内，修改均需有关当事人的同意方可进行。UCP600 第十条对修改信用证的规则做了非常详细的规定。

（1）不可撤销信用证未经开证行、保兑行及受益人同意，既不能修改也不能撤销。

（2）自发出修改通知之日起，开证行即受该修改内容的约束，而且对已发出的修改不得撤销，如果信用证经另一银行保兑，保兑行可对修改内容扩展保兑，并自通知修改之时起受到其约束。如果保兑行对修改内容不同意保兑，可仅将修改通知受益人而不加保兑，但必须毫不迟延地将情况告知开证行和受益人。

（3）直至受益人将接受修改的意见告知通知修改银行为止，原信用证的条款对受益人依然有效。受益人应对该修改做出接受或拒绝的通知，否则，当受益人向银行提交符合信用证和尚未被接受的修改的单据时，即视为受益人接受了该修改的通知，自此信用证已被修改。

（4）对同一修改通知，必须全面接受，部分接受或拒绝是无效的。

对于出口方来讲，凡影响合同履行和安全收汇的情况，必须要求修改。除此之外，为了减少改证费用和周期，可酌情处理不做修改而按信用证规定走货；对开证申请人来讲，如果情况有变化，也有必要修改所开的信用证，并且所有的修改条款应一次提出完成，程序如下。

① 受益人先向申请人提出异议，由 L/C 申请人向开证行提交信用证修改申请书。

② 开证行审核同意后，向信用证通知行发出信用证修改书，修改一经发出就不能撤销。

③ 通知行收到修改书后，验核修改书的表面真实性并将其转达给受益人。

④ 修改书的通知程序和信用证的通知程序大致相同。受益人同意接受后，则信用证项下修改正式生效。如受益人拒绝接受修改，将修改通知书退回通知行，并附表示拒绝接受修改的文件，则此项修改不能成立，视为无效。受益人对修改拒绝或接受的表态，可推迟至交单时。

三、租船订舱与投保

对于贸易术语中必须由卖方办理保险的（如 CIF），当货物备妥，有关信用证审核或修改无误后，卖方就应做好租船订舱工作，同时办理申请检验、投保和报关工作，在货物装运期内将货物装运出口。

（一）委托承运人

1. 货运代理人（forwarding agent/forwarder）

货运代理人又称为货代，出口方在加紧备货的同时，应寻找一位合适的货运代理人。良好的货代掌握着国际贸易运输方面的专业知识、丰富的实践经验，熟悉各种运输方式、工具、路线、手续和法律规定、习惯做法等，与国内外有关机构如海关、商检、银行、保险、仓储、包装、各种承运人以及各种代理人等有着广泛的联系和密切的关系，在世界各地建有客户网和自己的分支机构。货代接受货主的委托，代表货主办理有关货物的报关、报验、交接、仓储、包装、转运、订舱等业务，收取一定的代理费。

2. 租船经纪人（broker）

租船经纪人的主要业务是按照委托人（船东或租船人）的要求，在市场上为委托人寻找货运对象或合适的运输船舶，从中收取佣金。除此之外，他们还向委托人提供航运市场行情、国际航运动态及其有关资料，斡旋于船东和租船人之间，为他们调解纠纷，以取得公平合理的解决。中国租船公司是我国最大的一家租船代理。租船经纪人的作用相当重要，大宗交易往往是通过他们达成的，因为他们有广泛的业务联系渠道，能向船东提供询租消息及向租船人提供船源情况，促使双方选择到合适的洽租对象。国际上最大的租船市场是伦敦租船市场，其成交量约占世界总成交量的 30%。纽约租船市场也蔚为壮观，它的船源以油轮为主，成交量约占世界同类租船业务总成交量的 30% 以上，货船业务成交量居该市场第二位。北欧的租船市场分布在奥斯陆、汉堡和斯德哥尔摩，那里大多经营专业化的高质量船舶，如冷藏船、滚上滚下船、液化石油气船等。

（二）安排托运的程序

如果出口方出口的是大宗货物，如粮谷、饲料、矿砂等，可以采用租船运输；如果货物不足一整船，则可以选用程租船，租船订舱即租用一部分舱位。

（1）缔结租船合同。与货物买卖相同，托运人（货主）和承运人要通过从询租、报盘、还盘、接受，达成货运委托合同。承租船合同的主要条款包括货物、装卸港口、受载日和解约日、运费、装卸费的划分、许可装卸时间、速遣费和滞期费等。期租合同的主要条款有船舶说明、使用范围和航行区域、租期、交船和还船、租金、停租及转租等。

（2）托运。托运人应根据货代最新发布的出口船期表填写托运单/订舱委托书，写明托运人、船期、目的港、货名、箱唛、总件数、毛重和体积等代理配载的资料，如果货物数量较大，需要整理或整舱装运的或需要用专门舱位的货物，如冷藏舱、通风舱、油舱、散载舱等，应事先与外运公司洽商，在截止收单期前送达货代，作为订舱依据。

（3）货代收到托运单后与租船公司/船主联系，根据配载协议，结合船期、货物性质、货运数量、目的港等条件进行考虑，认为合适可以接受后，在托运单上签章，退回托运人一份，或将有关的进舱通知书/下货单（shipping order）发到托运人处，承诺接受委托，完成订舱手续。

（4）货物装船后，船长或大副便签发收货单，即大副收据。托运人凭收货单向外轮代理公司交付运费并换取正式提单。收货单上如有大副批注，则在换取提单时，将该项大副批注转注在提单上。至此，租船订舱乃至装船都已完成。

出口方在确定出运安排时，应及时向进口方发出装运通知（shipping advice），以便对方准备付款赎单和办理进口清关的有关事宜。

（三）投保

凡是按 CIF 或 CIP 价格术语成交的出口合同，卖方在装船或货交承运人之前，必须及时向保险公司办理投保手续，填制投保申请单。出口商品的投保手续，一般都是逐笔办理的，投保人在投保时，应将货物名称、保险金额、运输路线、运输工具、开航日期、投保险别等一一列明。保险公司接受投保后，即签发保险单或保险凭证。

四、报关与检验检疫

（一）报关

报关是指进出口货物的收发货人或其代理人，由获得海关资格认证的报关员，在海关规定的期限内向海关以书面或者电子数据交换方式（EDI）申报，请求海关放行该货物的行为。海关对其呈交的单证和申请进出口的货物依法进行审核、查验、征缴税费，批准出口的全过程称为通关。出口货物的通关一般分 4 个基本环节，即申报、查验、征税和放行。

（1）申报。出口申报的主要工作是填写报关单，出口货物的报关时限为装货的 24 小时以前。根据我国海关规定，报关时应随附的单证有报关单、发票、装箱单、进出口许可证和法定商检证书。一般的进出口货物应填制报关单一式三联，俗称基本联，其中第一联为海关留存联，第二联为海关统计联，第三联为企业留存联。在已实行报关自动化系统，利用计算机报关进行数据录入的口岸报关，报关员只需填写一份报关单，交指定的预录入中心将数据输入计算机，其他贸易方式进出口的货物，按贸易方式的不同填制不同份数的报关单。

报关单是申请海关审查、放行货物的必要的法律文书，在对外经济贸易活动中具有十分重要的法律效力，既是海关对进出口货物进行监管、征税、统计以及开展稽查和调查的重要依据，又是加工贸易进出口货物核销以及出口退税和外汇管理的重要凭证，也是海关处理进出口货运走私、违规案件及税务、外汇管理部门查处骗税和套汇犯罪活动的重要书证。因此，申报人对报关单所填报的真实性和准确性承担法律责任。

报关单的填报必须真实，要做到两个相符：一是单证相符，即报关单与合同、批文、发票、装箱单等相符；二是单货相符，即报关单中所报内容与实际进出口货物情况必须真实，不得出现差错，更不能伪报、瞒报及虚报。

（2）查验。查验是指海关在接受报关单位的申报后，依法为确定进口境货物的性质、原产地、货物状况、数量和价值是否与货物申报单上已填报的详细内容相符，对货物进行实际检查的行政执法行为。海关在查验中要求：进出口货物的收发货人或其代理人必须到场，并按海关的要求负责办理货物的搬运、拆装箱和重封货物的包装等工作；海关认为必要时，也可以径行开验、复验或者提取货样，货物保管人员应到场作为见证人。

（3）征税。税费计征是指海关根据出口国有关政策、法规对进出口货物征收关税及进口环节税费。例如，我国的《海关法》和《进出口关税条例》规定，进出口的货物除国家另有规定外，均应依照海关税则征收关税。

（4）放行。放行是指海关在接受进出口货物的申报，经过审核报关单据、查验货物、依法征收税费，对进出口货物做出结束海关现场监管决定的工作程序。海关在决定放行进出口货物后，需在有关报关单据上签章，即"海关放行章"，进出口货物的收发货人凭此办理提取进口货物或装运出口货物手续。对于海关监管货物来说，盖章的报关单也是海关核销的依据。

对涉及出口退税的货物，出口货物的发货人应在向海关申报出口时，增附一份浅黄色的出口退税专用报关单。海关放行后，在报关单上加盖"验讫单"和已向税务机关备案的海关审核出口退税负责人的签章，并加贴防伪标签后退还报关单位，送交退税地税务机关。

（二）检验检疫

关检融合后，出入境检验检疫职责纳入海关现有通关流程。对于法检商品，申报环节按照企业通过"互联网+海关"及"单一窗口"报关报检合一界面录入报关报检数据向海关一次申报。企业先填写报检数据取得检验检疫编号，再填写报关数据，并在报关单随附单据栏中填写检验检疫编号。

五、制单、结汇

制单、结汇是出口合同履行过程中的最后一个环节，也是关系到能否按时收到货款的一个非常重要的环节。出口公司在货物出运后备齐全套单据向银行结汇，对于结汇单据，要求做到正确、完整、及时、简明、整洁。

正确是指制作的单据正确，保证及时收汇。单据应做到两个一致，即单据与信用证一致、单据与单据一致。此外，单据与货物也应一致。这样，单据才能真实地代表货物，以免发生错装错运事故。

完整是指必须按照信用证的规定提供各项单据，不能短少。单据的份数和单据本身的项目，如产地证明书的原产国别、签章、其他单据上的货物名称、数量等内容，也必须完整无缺。

及时是指应在信用证的有效期内，及时将单据送交议付银行，以便银行早日寄出单据，按时收汇。此外，在货物出运之前，应尽可能将有关结汇单据送交银行预先审核，使银行有较充裕的时间来检查单证、单单之间有无差错或问题。如发现一般差错，可以提前改正；如有重大问题，也可及早由进出口公司与国外买方联系修改信用证，以免在货物出运后不能收汇。

简明是指单据的内容，应按信用证要求和国际惯例填写，力求简明，切勿加列不必要的内容，以免弄巧成拙。

整洁是指单据的布局要美观大方，缮制或打印的字迹要清楚，单据表面要清洁，对更改的地方要加盖校对图章。有些单据，如提单、汇票以及其他一些单据的主要项目，如金额、件数、重量等一般不宜更改。

（一）结汇单据的种类和制作说明

如果是托收方式成交，则按合同要求提供单据；如果是信用证方式成交，则按信用证要求提供单据。结汇单据一般包括汇票、发票、装箱单、提单、保险单、产地检验证等。下面选择汇票、发票、海运提单说明填制结汇单据的基本方法。

1. 汇票

目前，国际贸易结算不管是信用证支付方式还是托收支付方式均使用跟单汇票，为了安全邮寄单据，避免丢失，一般对国际贸易结算单据的邮寄均分两次寄发，故商业汇票分一式两联缮制。在汇票的第一联有这样的表示："This first of exchange（Second of the same tenor and date unpaid）"。第二联表示："This second of exchange（First of the same tenor and date unpaid）"。这就是所谓"付一不付二""付二不付一"的条款，即支付了第一联就不支付第二联，支付了第二联就不支付第一联。第一联和第二联内容除这个条款外，其他内容完全一样。

汇票的主要项目有汇票号码（draft No.）、出票日期及地点（place and date of issue）、汇票金额（amount of draft）、付款期限（tenor）、受款人（payee）、出票条款（drawn clause）、付款人（payer）和出票人签章（signature of the drawer）等。

2. 发票

发票根据用途不同有很多种形式，常见的有商业发票、海关发票、形式发票、领事发票等。虽然这几种发票在表示内容上很相近，但其中唯有商业发票才对卖方具有法律约束力。商业发票是卖方向买方开立的，对所装运货物做全面、详细说明，并凭以向买方收款的价目总清单。

3．海运提单（bill of lading）

海运提单的格式由于不同的国家、不同的船运公司而有所不同，但其内容和项目基本一致。

（二）出口结汇

出口结汇的主要方式有收妥结汇、押汇和定期结汇。

1．收妥结汇

收妥结汇又称收妥付款，是指议付行收到外贸公司的出口单据后，经审查无误，将单据寄交国外付款行索取货款，待收到付款行将货款拨入议付行账户通知书时，即按当时外汇牌价，折成人民币拨给外贸公司。

2．押汇

押汇又称买单结汇，是指议付行在审单无误的情况下，按信用证条款买入受益人（外贸公司）的汇票和单据，从票面金额中扣除从议付日到估计收到票款之日的利息，将余款按议付日外汇牌价折成人民币，拨给外贸公司。议付行向受益人垫付资金、买入跟单汇票后，即成为汇票持有人，可凭票向付款行索取票款。银行同意做出口押汇，是为了对外贸公司提供资金融通有利于外贸公司的资金周转。

3．定期结汇

定期结汇是指议付行根据向国外付款行索偿所需时间，预先确定一个固定的结汇期限，到期后主动将票款金额折成人民币拨交外贸公司。如前所述，开证行在审核单据与信用证完全相符后，才承担付款的责任。开证行对所提交的单据如发现任何不符，均有拒付货款的权利。因此，正确、完备地缮制各种结汇单据与安全迅速收汇有着十分重要的关系。

六、出口收汇核销管理

出口收汇核销制度是国家为加强出口收汇管理，确保国家外汇收入，防止外汇流失而指定外汇管理部门对出口企业贸易项下的外汇收入进行监督检查的一种制度。我国自 1991 年 1 月 1 日起，开始采用出口收汇核销单（简称核销单）对出口货物实施直接收汇控制，其做法是国家外汇管理局印发出口收汇核销单，由货物的发货人或其代理人填写，海关凭以接受报关，外汇管理部门凭依核销收汇。因此，出口收汇核销单是跟踪、监督出口单位出口货物收汇核销的重要凭证之一。

（一）出口收汇核销单的缮制

出口收汇核销单由出口收汇核销单存根、正联以及出口退税专用联三联构成，其缮制要点如下。

1．存根联的缮制

（1）编号。编号事先由国家外汇管理局统一印就。

（2）出口单位。填写合同的出口方全称，并加盖公章，应与出口货物报关单、发票等同项内容一致。

（3）单位代码。填写领取核销单的单位在外汇管理局备案的号码，由 9 位数代码组成。

（4）出口币种总价。填写出口成交货物总价及使用币种，按照应收外汇的原币种和收汇总额填写，一般应与商业发票总金额相同。

（5）收汇方式。根据合同的规定填制收汇方式，如 L/C、T/T、D/P 等。

（6）预计收款日期。根据具体的收汇方式，推算出可能收汇的日期，按照不同的规定填写。即期信用证和即期托收项下的货款，从寄单之日起，近洋地区（香港和澳门）20 天内，远洋地区（香港和澳门以外的地区）30 天内结汇或收账；远期信用证和远期托收项下货款，从汇票规定的付款日期起，港澳地区 30 天内，远洋地区 40 天内结汇或收账；分期付款要注明每次收款日期和金额。

（7）报关日期。填写海关放行日期。

（8）备注。填写出口单位就该核销单项下需要说明的事项。如在委托代理方式下，使用代理出口单位的核销单时，代理出口单位须在此栏注明委托单位名称和地址，并加盖代理单位公章；两个或两个以上单位联合出口时，应由报关单位在此栏加注联合出口单位名称地址和各单位的出口金额，并加盖报关单位公章；原出口商品调整或部分退货、部分更换的，还应填写原出口商品核销单的编号等情况。

（9）此单报关有效期截止到。通常填写出口货物的装运日期。

2．正联的缮制

正联除编号、出口单位和单位代码与存根联相同以外，还有以下栏目。

（1）银行签注栏。由银行填写商品的类别号、货币名称和金额、收结汇日期，并加盖银行公章。

（2）海关签注栏。海关验放该核销单项下的出口货物后，在该栏目内加盖放行或验讫章，并填写放行日期。

（3）外汇局签注栏。由外汇管理部门将核销单、报关单、发票等审核无误后，在该栏内签注，并由核销人员签字，加盖已核销章。

3．退税联的缮制

退税联除编号、出口单位和单位代码与上述两联相同以外，还有以下栏目。

（1）货物名称。填写实际出口货物名称，与发票、出口货物报关单的品名相一致。

（2）数量。按包装方式的件数填写，应与报关单同项内容一致。

（3）币种总价。同存根联。

（4）报关单编号。按照报关单实际编号填入。

（5）外汇局签注栏。同正联。

（二）出口收汇核销业务的基本操作流程

出口收汇核销工作主要当事人有出口企业、外汇管理局、海关、银行和税务机关。出口企业向当地外汇管理局申领出口收汇核销单，并办好其他相关手续，在当地办理核销手续。其具体流程如图 20-1 所示。

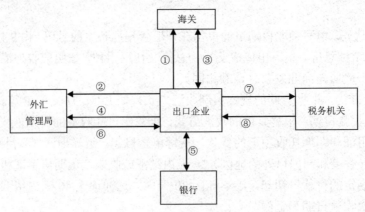

图 20-1　出口收汇核销业务流程

①　到海关办理"中国电子口岸"入网手续。出口单位到海关办理"中国电子口岸"入网手续，并到有关部门办理"中国电子口岸"企业法人 IC 卡和"中国电子口岸"企业操作员 IC 卡电子认证手续。

②　向外汇管理局申领核销单。初次申领出口收汇核销单的出口单位应先到注册所在地外汇局办理登记手续，外汇局在审核相关材料后，为出口单位办理登记手续，建立出口单位电子档案信息。出口单位操作员在网上向外汇局申请所需领用核销单份数后，凭 IC 卡、核销员证、出口合同（首次申领时提供）到注册地外汇局申领纸质出口收汇核销单。出口单位在核销单正式使用前，应当加盖单位名称及组织机构代码条形章，在骑缝处加盖单位公章，出口单位填写的核销单应与出口货物报关单上记载的有关内容相一致。在骑缝处加盖单位公章，出口单位填写的核销单应与出口货物报关单上记载的有关内容相一致。

③　向海关报关。出口企业报关时，向海关提交事先从外汇管理部门领取的加盖出口单位公章的有编号的出口收汇核销单，经审核无误后，海关在核销单和有核销单编号的报关单上加盖放行章。应该注意的是，一张外汇核销单只能对应于一张出口货物报关单。

④　向外汇管理局交单。出口单位通过"中国电子口岸出口收汇系统"，在网上将已用于出口报关的核销单向外汇管理局交单。

⑤　向银行办理出口收汇手续。出口单位在汇票和发票上注明核销单编号，持全套结汇单据向银行办理议付或托收。银行在办理议付或托收手续后，应在核销单上盖章后连同结汇水单（收账通知）一并退回出口单位。出口单位在向议付行（信用证业务）或托收行（无证托收业务）交单时，必须随附盖有放行章的核销单，凡没有随附核销单的单据，银行一律拒绝受理。

⑥　到外汇管理局办理出口收汇核销手续。出口单位不论采用何种方式收汇，必须在最迟收款日期后 30 个工作日内，凭银行签章的核销单、结汇水单或收账通知以及有关证明文件到当地外汇管理部门办理出口收汇核销手续。如逾期未收汇，出口单位应及时书面向外汇管理部门申报原因。实行自动核销的出口单位，除特殊情况外，无须向外汇管理局进行核销报告。外汇管理局为出口企业办理完核销手续后，在出口收汇核销单的"出口退税专

用联"上签注净收汇额、币种、日期，并加盖"已核销单"，并将出口退税专用联等凭证退出口企业办理退税。

⑦ 出口单位向税务机关申请办理退税手续。

⑧ 税务机关核准后，向出口企业退税。

七、出口退税

为鼓励出口企业自主经营、自负盈亏，增强我国出口产品的国际竞争力，根据国际惯例，我国从 1985 年开始对出口产品实行退税制度。所谓出口退税，是指有出口经营权的企业和代理出口货物的企业，除另有规定外，可在货物报关出口并在企业财务账册做销售处理后，凭有关凭证按月报送税务机关批准退还或免征增值税和消费税。

1994 年，国家相继出台了《出口货物退（免）税管理办法》等有关退税的政策法规。为加强出口退税的管理，我国政府实行出口退税与出口收汇核销挂钩的政策，规定出口企业申请出口退税时，应向国家税务机关提交出口货物报关单（出口退税专用联）、出口销售发票、购货发票以及出口收汇核销单（出口退税专用联）、税收缴款书等单据，经国家税务机关审核无误后才予以办理退税。

2007 年财政部、国家税务总局联合发出《关于调低部分商品出口退税率的通知》（财税〔2007〕90 号），从 2007 年 7 月 1 日起，取消濒危动物、植物及其制品等 10 类商品的出口退税，调低植物油等 15 类出口退税率，花生果仁、油画、雕饰板、邮票、印花税票等商品改为出口免税。

（一）出口企业的退税登记

凡经批准有进出口经营权的企业，以及实行独立经济核算的企业单位，均应持工商营业执照（副本），填写"出口企业退税登记表"，于批准日起 30 天内到所在地主管退税业务的税务机关办理出口企业退税登记。

（二）出口退税的一般程序

出口企业在产品报关出口，并在财务上做完销售处理后，按月、旬逐批填具出口产品退税申请书，报主管出口退税税务机关申请退税，同时必须提供"三单两票"，即银行结汇水单、出口收汇核销单（出口退税专用联）、出口货物报关单、出口销售发票、出口购货发票，经税务机关审核无误后，退还有关税款。

1. 有关证件的送验及登记表的领取

出口企业办理出口退税应先办理出口退税登记，持出口经营权批件（复印件）和工商营业执照（副本），于批准日起 30 天内到当地主管退税业务的税务机关办理退税登记。企业领到"出口企业退税登记表"后，即按登记表及有关要求填写，加盖企业公章和有关人员印章后，连同出口产品经营权批准文件、工商登记证明等材料一起报送税务机关，税务机关经审核无误后，即受理登记。

2. 出口货物退税的按时申报

出口企业应按期向当地主管出口退税的税务机关申报退税。出口企业在报关后，通过

"中国电子口岸"核对报关信息，并将有关信息输入国税局的出口货物退（免）税电子申报系统向税务机关办理预申报。从2005年起，国税局已经取消对出口货物的退（免）税清算。关于出口货物退（免）税申报期限的现行政策规定为：出口企业应在货物报关出口之日（以出口货物报关单"出口退税专用"上注明的出口日期为准）起90日内，向退税部门申报办理出口货物退（免）税手续。逾期不申报的，除另有规定者和确有特殊原因经地市级以上税务机关批准的外，不再受理该笔出口货物的退（免）税申报。如果出口企业未按上述规定期限申报退（免）税的，主管其征税部门应视同内销货物予以征税。因此，凡是已超过上述规定期限未申报退（免）税的，应该尽快到主管征税部门将其视同内销申报纳税，否则主管征税部门可依据《中华人民共和国税收征收管理法》给予处罚。

3．税务机关定期审核

税务机关对出口企业的电子数据进行初审，受理申报，若预申报没有获得通过（如报关单、增值税专用发票无信息等情况），经同意可予以改正补报。

4．出口企业提供相关凭证，取得退税

出口企业向税务机关办理正式退税时需要提供出口货物的增值税专用发票（已认证）、出口货物报关单（出口退税专用联）、出口收汇核销单（出口退税专用联）以及已输入税务机关软件的光盘（包括三张表：出口货物退税进货明细表、出口货物销售明细账、出口退税汇总申请表）。税务机关在审核后，安排退税资金有关工作，将出口退税资金划转出口企业，并通知出口企业退税款到达的时间。

（三）出口退税应提供的凭证

企业办理出口退税须提供的凭证主要有以下几种。

（1）购进出口货物的增值税专用发票（税款抵扣款）或普通发票。

（2）出口货物销售明细账。

（3）盖有海关验讫章的出口货物报关单（出口退税联，附核销单编号）。

（4）已办完核销手续的出口收汇核销单（出口退税专用）。

（5）出口货物退税申请表。

（6）与出口退税有关的其他材料。

如属于委托代理出口，委托方在申办退税时还必须提供"代理出口货物证明"和"代理出口协议副本"。"代理出口证明"由省、自治区、直辖市国家税务局印制，由受托方开具并经主管其退税的税务机关签章后，由受托方交给委托方。代理出口协议约定由受托方收汇核销的，税务机关须在外汇管理局办理完外汇核销手续后，方能签发"代理出口货物证明"，并注明"收汇已核销"的字样。

（四）出口退税的计算方法

为了与出口企业的会计核算办法相一致，原《出口货物退（免）税管理办法》规定了两种退税计算办法，一种是出口企业兼营内销和出口货物，且其出口货物不能单独设账核算的，应先对出口的货物免征出口环节增值税，然后对内销货物计算销项税额并扣除当期进项税额后，对未抵扣完的进项税额再用公式计算出口货物的应退税额。这种计算办法简称为"免、抵、退"办法。

另一种计算办法是出口企业将出口货物单独设立库存账和销售账记载的，就依据购进出口货物增值税专用发票所列明的进项金额和退税率计算应退税额。由于运用这种办法是对购进的出口货物先缴税，然后再纳入国家出口退税计划审批退税，因此简称为"先征后退"办法，主要适用于未按"免、抵、退"办法退税的其他生产企业和外贸企业。

1. "免、抵、退"税的计算

"免、抵、退"税适用于有进出口经营权的生产企业自营或委托出口的自产货物的增值税，计税依据为出口货物的离岸价，退税率与外贸企业出口货物退税率相同。其特点是，出口货物的应退税款不是全额退税，而是先免征出口环节税款，再抵减内销货物应纳税额，对内销货物应纳税额不足抵减应退税额部分，根据企业出口销售额占当期（1 个季度）全部货物销售额的比例确定是否给予退税，具体计算公式为

当期应纳税额=当期内销货物的销项税额−当期给予免征抵扣和退税的税额

当期给予免征抵扣和退税的税额=当期进项税额−当期出口货物不予免征抵扣和退税的税额

当期出口货物不予免征抵扣和退税的税额=当期出口货物的离岸价×外汇人民币牌价

×(增值税规定税率−退税率)

如果生产企业有"进料加工"复出口货物业务，对以"进料加工"贸易方式进口的料件，应先按进口料件组成计税价格填具进料加工贸易申报表，报经主管出口退税的国税机关同意签章后，允许对这部分进口料件以"进料加工贸易申请表"中的价格为依据，按规定征税税率计算税额作为进项税额予以抵扣，并在计算其免抵税额时按规定退税率计算税额予以扣减。为了简化手续，便于操作，具体体现在"当期出口货物不予免征抵扣和退税的税额中"，计算公式为

当期出口货物不予免征抵扣和退税的税额=当期出口货物的离岸价×外汇人民币牌价

×(征税税率−退税率)

−当期海关核销免税进口料件组成计税价格

×(征税税率−退税率)

当生产企业一个季度出口销售额不足其同期全部货物销售额的 50%，且季度末应纳税额出现负数时，应将未抵扣完的进项税额结转下期继续抵扣。当生产企业 1 个季度出口销售额占其同期全部货物销售额 50%以上（含 50%），且季度末应纳税额出现负数时，按下列公式计算应退税额。

（1）当应纳税额为负数，且绝对值≥本季度出口货物的离岸价×外汇人民币牌价×退税率时

应退税额=本季度出口货物的离岸价格×外汇人民币牌价×退税率

（2）当应纳税额为负数，且绝对值<本季度出口货物的离岸价格×外汇人民币牌价×退税率时

应退税额=应纳税额的绝对值

（3）结转下期抵扣的进项税额=本期未抵扣完的进项税额−应退税额。

2. "先征后退"税的计算

"先征后退"税办法适用于没有进出口经营权的生产企业委托出口的自产货物，其特点是，对出口货物出口环节照常征收增值税、消费税，手续齐全给予退税。征税由主管征税的国税机关负责，退税由主管出口退税的国税机关负责。

先征后退的征、退增值税计税依据，均为出口货物的离岸价格。征税税率为增值税规定税率，退税税率为出口货物适用退税率。具体计算公式为

当期应纳税额=当期内销货物的销项税额+当期出口货物的销项税额−当期进项税额

其中：

当期出口货物销项税额=当期出口货物的离岸价×外汇人民币牌价×征税税率

所以：

当期应纳税额=当期内销货物的销项税额+当期出口货物离岸价
×外汇人民币牌价×征税率−当期全部进项税额
当期应退税额=当期出口货物离岸价格×外汇人民币牌价×退税税率
−当期海关核销免税进口料件组成计税价格×退税率

以上公式中：

（1）当期是指国税机关给企业核定的纳税期，一般为一个月。

（2）当期进项税额包括当期全部国内购料、水电费、允许抵扣的运输费、当期海关代征增值税等税法规定可以抵扣的进项税额。

（3）外汇人民币牌价应按财务制度规定的两种办法确定，即国家公布的当日牌价或月初、月末牌价的平均价。计算方法一旦确定，企业在一个纳税年度内不得更改。

（4）企业实际销售收入与出口货物报送单、外汇核销单上记载的金额不一致时，税务机关按金额大的征税，按出口货物报关单上记载的金额退税。

（5）应纳税额小于零的，结转下期抵减应交税额。

第二节　进口合同的履行

进口合同的履行是指进口商对其合同义务的履行。与出口合同一样，进口合同的履行程序也随着合同采用的贸易术语、支付条件等不同而不同。现以一般贸易方式下 FOB 贸易术语及信用证支付方式为例，介绍进口合同的履行。

一、申领进口许可证

在我国，有许多商品是不能直接进口的，需要根据国家的有关规定，在进口这些商品之前申领进口许可证，其程序如下。

（1）进口商向发证机关提出申请报告。内容包括将要进口货物的名称、规格、数量、单价、总金额、进口国别、贸易方式、出口商名称等信息。同时随附相关的证件和材料，如相关主管部门的批准文件等。

（2）在发证机关审核通过申请材料后，进口商还要填写"中华人民共和国进口许可证申请表"。

（3）发证机关在进口商递交申请表 3 个工作日内签发许可证。

二、开证和改证

（一）开立信用证

1．开立信用证的手续

合同签订后，进口方应按合同规定，通过指定银行办理信用证开立手续。

（1）进口商向开证行提交开证申请书及有关的文件和证明。开证申请书是银行开立信用证的依据，也是申请人和银行之间的契约关系的法律证据。开证申请书一般包括两部分内容。

第一部分是拟开立的信用证的内容，包括：① 开证申请人与受益人名称、地址；② 汇票付款人的名称与付款期限；③ 信用证的性质、金额；④ 货物基本情况，如名称、规格、数量、包装等；⑤ 运输条件，如装运港、目的港、装运时间等；⑥ 所需要的单据；⑦ 信用证的有效期与到期地等；⑧ 信用证的通知方式，等等。这部分内容是开证行打印信用证的依据，应严格根据买卖合同和有关国际惯例的规定填写。

第二部分是申请人对开证行的声明，其内容包括承认并遵守 UCP600 的规定，保证向银行支付信用证项下的货款、手续费、利息及其他费用，在申请人付款赎单前单据及货物所有权属银行所有，开证行收下不符信用证规定的单据时申请人有权拒绝赎单等。

申请人申请开立信用证时必须同时提交有关文件及证明，如对外签订的合同、进口审批证明、备案登记表等，首次开证的申请人需要提供工商行政管理部门颁发的营业执照和主管部门批准其成立的证书。

（2）进口商向银行交付开证保证金或提供担保人，并支付开证手续费。

（3）开证行对开证申请书的内容和开证人的资信进行审核，开证行对开证申请审核无误后，则按申请书的要求对外开立信用证。

2．开立信用证应该注意的事项

（1）信用证的内容应该是完整的、自足的。信用证内容应严格以合同为依据，信用证的内容必须具体列明，不能使用"按××号合同规定"等类似的表达方式，因为信用证是一个自足文件，有其自身的完整性和独立性，不应参照或依附于其他契约文件。

（2）合同中有关规定单据化。UCP600 规定：如信用证载有某些条件，但并未规定须提交与之相符的单据，银行将视这些条件为"未予规定而不予置理"。因而，进口商在申请开证时，应将合同的有关规定转化成单据，而不能照搬照抄。

（3）按时开证。如合同规定开证日期，进口商应在规定期限内开立信用证；如合同只规定了装运期的起止日期，则应让受益人在装运期开始前收到信用证；如合同只规定了最迟装运日期，则应在合理时间内开证，以使卖方有足够时间备妥货物并予以出运，通常掌握在交货期前一个月至一个半月。

（4）关于装船前检验证明。由于信用证是单据业务，银行不过问货物质量，因此可在信用证中要求对方提供双方认可的检验机构出具的装船前检验证明，并明确规定货物的数量和规格。如果受益人所交检验证明的结果和信用证规定不符，银行即可拒绝。

（5）关于保护性规定。UCP600中若干规定，均以"除非信用证另有规定"为前提。如果进口商认为UCP600的某些规定将给自己增加风险，则可利用"另有规定"这一前提，在信用证中列入相应的保护性条件。

（6）关于保兑和可转让信用证。我国银行原则上不开立保兑信用证，对可转让信用证也持慎重态度，对此，进口商在签订合同时应予注意，以免开证时被动。

（二）修改信用证

信用证开出后，如果发现内容与开证申请书不符，或由于其他原因，需要对信用证进行修改，原开证申请人要向开证行提交修改申请书。开证行经审查，若同意修改，便缮制信用证修改书，并将由原通知行通知出口方，以征求出口方的同意。如果出口方同意，则该修改书即成为信用证的一部分；若不同意，则仍按原信用证执行。

按照国际惯例，修改信用证有以下几条原则。

（1）信用证的修改必须经开证行、保兑行（如已保兑）、受益人的同意。不经开证行、保兑行（如已保兑）、受益人各方的同意，开证人对信用证的部分修改内容是无效的。

（2）如果银行利用另一家银行的服务将信用证通知受益人，则它必须利用同一家银行的服务通知修改。

（3）开证行自发出修改书之时，即对修改书负有不可撤销的义务。保兑行可将其保兑扩大至修改书，并自收到修改书之时起负有不可撤销的义务。但是，保兑行可以选择不扩大保兑，并将修改书通知受益人。如果保兑行这样做，那么它必须将此情况通知开证行和受益人。

（4）原信用证（或含有先前被接受修改的信用证）的条款，在受益人告知通知修改的银行接受修改之前，仍对受益人具有约束力。

三、租船订舱和催装

FOB进口合同下，租船订舱应由买方负责。目前，我国大部分进口货物是委托中国对外贸易运输公司、中国租船公司或其他运输代理机构代办运输，也有直接向中国远洋运输公司或其他国际货运的实际承运人办理托运手续。买方根据合同规定的交货期联系安排出运时间及预订舱位，并与卖方联系确认。买方租船订舱后，及时通知卖方船名、航次、航行日程及船运公司的联系地址，并催告卖方如期装船，对于大宗商品和重要物资，应随时了解卖方备货情况，必要时可请我国驻外机构就地了解，并督促卖方如期履约。

四、保险

为了简化投保手续，防止漏保，进口单位一般与保险公司订有长期预约保险合同，其中对进口货物的应保险别、保险费、适用条款、赔付方法等作了具体明确的规定。根据预保合同的规定，凡属合同承保范围内的所有 FOB 条件进口货物的保险，都由中国人民保险公司自动承保。货物一经装船，在收到卖方装船通知后，进口单位只要将进口货物装船通知书（包括货物的名称、船名、日期、金额、起运港和目的港、提单号等内容）送交保险公司，即作为已办妥保险手续，保险即时开始生效。

未与保险公司签订预约保险合同的企业，对进口货物须逐笔办理保险。进口企业在接到出口方的发货通知后，应立即填制投保单，经保险公司在投保单上签署同意后，进口方向保险公司交纳保险费。然后，保险公司出具正式的保险单给进口方。进口次数少的企业一般采用逐笔投保的方式。

五、审单、付款、进口付汇核销和信用证注销

（一）审单

开证行接到国外议付行寄来的单据，应根据信用证规定的条款全面、逐项地审核单证之间、单单之间是否相符，并根据国外议付行的寄单索偿通知书，核对单据的种类、份数，以及汇票、发票与索偿通知书所列金额是否正确。审核无误后，凭议付行的寄单索偿通知，填制进口单据发送清单，附上全部单据送公司签收，经公司全面审核无误，在五个工作日内办理付款。索偿通知书、汇票及一份清单，连同信用证留底，归入代办卷内，以待办理对外付款。

对于审单付款的问题，银贸双方都应当在思想上明确，若按正常做法，审核进口单据应当是开证银行的职责。开证行在审核单据无误以后，就应当直接对外办理付款，不必事先征得开证申请人的同意。在我国，开证行在接到国外寄来单据以后，未经详细审核就先交开证申请人审核，这是一种变通的做法，是属于暂借单据的性质。之所以采用这种做法，主要是为了节省手续，因为开证行如果先审核单据，以后再转交申请人，申请人仍须再审一遍，况且开证申请人对货物规格等较开证行熟悉，申请人又都是国内企业，所以才把这两道手续合而为一。正因为这样，申请人接到单据在办理对外付款之前，要对单据妥善保管，以便在单证不符欲拒付时可以对外退单。

在审单过程中，如发现单证不符，一般可采取全部拒付、部分拒付或扣减货款的办法处理，但应在合理的时间内（一般在三个工作日），立即以最迅速的方法向议付行提出，在对方尚未答复之前，由开证行代议付行保存全部单据，归存拒付案卷单独保管，等待处理。如果是电拒付，所发生的电报或电传费用，于付款时扣收或另函收取。

（二）承兑或付款

进口商收到开证行转去的单据经核验无误后向开证行办理付款或承兑手续。银行则应立即根据信用证规定，并结合国外议付行索汇通知书的要求，对外办理付款或承兑。如果信用证规定为即期付款，则应对外办理付款手续；如为远期付款，则应办理承兑手续，确定付款到期日，发出承兑通知书，于到期日付款转账。对于总的付款或承兑时间，应掌握在银行接到单据后五个工作日内对外办理。

银行收到进口公司交来加章后确认付款的发送清单，对照证号以待付款卷内调出原进

口单据发送清单、索偿证明书及信用证留底，经核查，证明手续齐备、内容正确、本币与外币折算无误后，同时在信用证留底背批付汇日期、金额、余额及有关事宜后，办理付款手续。

为了做到在合理的时间内对外办理或承兑，银行应建立检查制度，即每日检查待付款卷内的到期付款或承兑情况，如有到期应付而未付或未承兑款项，应及时办理手续，对外付款或承兑。如因申请人迟付而引起国外议付行索赔，其迟付利息应由申请人负担，如属银行责任则应由银行负责。

（三）进口付汇核销

进口付汇核销是国家为防止企业汇出外汇而实际不进口货物的逃汇行为，通过海关对进口货物实施监管，监督进口付汇，对进口单位实行进口付汇核销制度。根据该制度的规定，进口企业在进口付汇前，须向付汇银行申领由国家外汇管理局统一印制的进口付汇核销单，凭以办理付汇。货物进口后，进口单位或其代理单位凭盖有海关放行章或验讫章的该批货物进口报关单，连同购买外汇申请书、进口付汇核销单向银行办理进口付汇核销手续。购买外汇申请书和进口付汇核销单由进口单位填写，银行根据外汇牌价表的汇率，以人民币兑换信用证上所规定的外币以及各项费用，其基本操作流程如下。

1．进口付汇核销资格的申请

进口单位需持下列材料向注册所在地的外汇局申请办理列入"对外付汇进口单位名录"手续：① 商务部（委、厅）的进出口经营权的批件；② 工商管理部门颁发的营业执照；③ 技术监督部门颁发的企业代码证书。外汇局审核无误后，为进口单位办理"对外付汇进口单位名录"手续，只有列入名录内的单位才具有对外付汇的资格，不在名录内的进口单位不得直接到外汇指定银行办理进口付汇。进口单位如果被列入"由外汇局审核真实性的进口单位名单"，在付汇时需要提交由外汇局签发的"进口付汇备案表"。

2．进口付汇备案的办理

国家外汇管理部门对较为特殊的贸易，银行资金风险较大以及逃、套汇发生频率较高的进口付汇一般实行事前登记制度，即通过发放进口付汇备案表的方式进行管理。进口单位付汇或开列信用证前，要判断是否需要向外汇局办理进口付汇备案手续，如需要则持有关材料到外汇局办理进口付汇备案手续，领取进口付汇备案表，外汇指定银行凭此办理进口付汇，最后由备案表签发地外汇局办理核销手续。

一般情况下，需要事前向进口单位所在地外汇局办理备案手续的情况主要有以下几种：① 进口单位不在"对外付款单位名录"或被列入"由外汇局审核真实性的进口单位名单"的；② 付汇后 90 天以上到货的；③ 预付款超过合同金额 15%且超过 10 万美元以上的；④ 属于异地付汇的；⑤ 属于转口贸易的；⑥ 所购买的货物直接用于境外工程使用的；⑦ 开立一年以上远期信用证的；⑧ 推延进口付汇期限的。

3．办理开证或购付汇手续

进口单位需持有关材料到外汇指定银行办理开证或购汇手续，主要包括以下几点：① 进口单位填写的进口付汇核销单；② 进口付汇备案表（需要时）；③ 进口合同、发票；④ 正本进口货物报关单（货到付款方式）。

4．办理进口付汇核销报审

进口单位在有关货物报关后一个月内到外汇局办理进口核销报审手续，进口单位在办理到货报审手续时，需提供下列单据：① 进口付汇核销单（如核销单上的结算方式为"货到付款，则报关单号栏不得为空"）；② 进口付汇备案表（如核销单付汇原因为"正常付汇"，企业可不提供该单据）；③ 进口货物报关单正本（如核销单上的结算方式为"货到付汇"，企业可不提供该单据）；④ 进口付汇到货核销表（一式两份）；⑤ 结汇水单及收账通知单（如核销单付汇原因为"境外工程使用物资"及"转口贸易"，企业可不提供该单据）；⑥ 外汇局要求提供的其他凭证和文件。

银行进口付汇核销及对外付汇申报应严格按照外汇局有关规定办理，其申报的凭证是进口付汇核销单，在办理时要注意以下事项：① 每份进口核销单只能办理一笔付汇手续；② 付汇时，企业必须提交加盖企业印章的进口核销单；③ 进口核销单加盖银行有关业务章后，第一联装订成册报外汇局，第二联退进口单位，第三联银行留存；④ 如信用证没有执行或对外拒付，业务已了结，应将进口核销单退申请人，银行代外汇局发放的进口核销单须予以注销，并归专夹保管。

（四）信用证注销

信用证无论是否发生对外支付均应在超过有效期 3 个月后注销。如果信用证未超过有效期或在超过有效期不到 3 个月的情况下，经有关各方当事人同意，且通知行已确认收益人同意撤证并已确认收回信用证正本，该信用证可予以撤销并收取有关费用。在信用证执行完毕或信用证注销、撤销后，银行应将保证金退还开证申请人，并在开证登记簿上做好相应的记录，对于采用授信开证的，应通知有关部门恢复其授信额度。

六、报关、验收和拨交货物

（一）报关

根据《中华人民共和国海关法》的规定：进出境的货物必须通过设有海关的地方进出境，接受海关实施监管，即接受申报、查验货物、征收关税、结关放行四个环节。因此进口方在提货之前，应与海关积极配合，顺利完成进口报关。

1．申报

货物入境时，由收货人或其代理人向海关申报、交验规定的单据文件，如货物报关单、进口许可证、提货单、发票、装箱单、减税或免税证明文件，海关认为必要时，应交验买卖合同、产地证明和其他有关单证，请求办理进口手续的法律行为。

可以向海关办理申报手续的单位有以下几种：① 海关准予注册的代理收发货人办理报关手续的企业；② 海关准予注册的有权经营进出口业务的企业、中外合资（合作）经营企业、外资企业；③ 其他经常有进出口业务的企业。没有经过海关注册登记的单位，不得直接办理进出口货物报关手续。报关单位的报关员必须经海关培训和考核，获得报关员证书，每次向海关递交的进口货物报关单上必须盖有报关单位和报关员已备案的印章或签字。

法定申报时限为，进口货物的收货人应当自运输工具申报进境之日起 14 日内向海关申报，超过 14 日期限未向海关申报的，由海关征收滞报金，对于超过 3 个月还没有向海关申报的，其进口货物由海关依法提取变卖处理，如属于不宜长期保存的货物，海关可以根据实际情况提前处理，变卖后所得价款作扣除运输、装卸、储存等费用和税款后，尚有余款的，自货物变卖之日起一年内，经收货人申请，予以发还，逾期无人申请的，上缴国库。

2. 查验

海关以报关单、许可证等为依据，对进口货物进行实际的核对和检查，以确保货物合法进口。海关查验应在海关监管区域的仓库、场地进行，货物的收货人或其代理人应当在场，并负责搬移货物，开拆和重封货物的包装。为了适应对外开放的需要，方便合法进出，对进口的散装货物、大宗货物和危险品等，海关可以结合装卸环节在现场直接验放。对于成套设备和"门到门"运输的集装箱货物，经申报人申请，海关可以派员到监管区域外的地点，就地查验放行，但海关需按规定收取费用。

海关通过对货物的查验，检查核对实际进出口货物是否与报关单和进口许可证相符，确定货物的性质、成分、规格、用途等，以便准确依法计征关税，进行归类统计。

报验时应给商检机构留有检验出证和订货公司办理对外索赔的时间，要求不少于 1/3 的索赔有效期。若索赔期限迫近，预计无法完成检验出证的，报验单位需与订货公司联系办理延长索赔期或保留索赔权手续，在得到外方确认函电后方能受理报验；对包装残损的进口商品，应由到货口岸商检机构签发"异地检验通知单"，货物到达使用地后，当地商检机构凭"异地检验通知单"受理残损鉴定工作。

3. 征税

为了保证关税及时入库，进口货物的纳税人应在海关填发税款缴纳的次日起 15 日内（星期日和假日除外）缴纳税款。

进口关税包括：① 进口货物关税，根据《中华人民共和国海关进出口税则》，除少数进口商品免税外，对绝大多数进口商品都征收进口货物关税；② 进口调节税，这是进口货物关税的附加税，目前对国家限制进口的部分商品征收进口调节税；③ 对入境旅客行李物品和个人邮递进口物品征收的进口税，仅适用于非贸易性的个人进口物品。

4. 结关

在办完向海关申报、查验、纳税等手续后，进口货物由海关在货运单据上签印结关放行。进口方或其代理人必须凭海关签印放行的货运单据才能提取进口货物。

货物的放行是海关对一般进出口货物监管的最后一个环节，放行就是结关。但是对于担保放行货物、保税货物、暂时进口货物和海关给予减免税进口的货物来说，放行不等于结关，还要在办理核销、结案或者补办进出口和纳税手续后，才能结关。

（二）报验

进口货物若属于法定检验商品，进口商或其代理人需持货运单据和进口货物报关单并随附对外贸易成交合同、国外商业发票、装箱单、提单、进口货物通知书等必要单据向口岸商检机构申请办理报验，由口岸商检机构审核，编号登记，并在进口货物报关单上加盖已接受报验印章。申请人凭此向海关办理进口报关。海关凭国家商检已接受报验印章验关放行，准予卸货。

除口岸海关机构实施的检验外，进口港的港务局还将按码头惯例在卸货时核查进口货物表面情况，若发现短缺或残损，港务局将把短缺或残损情况做成书面报告，并提交船方确认和签字。然后，将货物存放于海关仓库，等候保险公司会同海关相关部门进行进一步的检验。

（三）提货与拨交

货物经海关、商检机构和港务局等部门检验无误后，进口商即可办理提货手续。提货与拨交可由进口商自行办理，俗称"自提"，也可由进口商委托的运输部门将货物直接从进口港转运到用货单位，转运费用一般先由进口商垫付。

七、进口索赔

进口货物常因品质、数量包装等不符合合同规定而需要向有关方面提出索赔。进口索赔是一项技术性、政策性极强的工作，办理进口索赔时，应注意以下问题。

（1）在查明原因、分清责任的基础上确定索赔对象。根据事故性质和致损原因的不同，向责任方提出索赔。例如，凡属原装短少和品质、规格与合同不符，应向卖方提出索赔；货物数量少于提单所载数量，或在签发清洁提单情况下货物出现残损短缺，则应向承运人索赔；由于自然灾害、意外事故而使货物遭受承保险别范围内的损失，则应向保险公司索赔。

（2）提供索赔证据。为了保证索赔工作的顺利进行，必须提供切实有效的证据。首先，必须制备索赔清单和证明文件，并随附检验证明书、发票、装箱单、提单副本等；其次，对不同索赔对象还要另附有关证件。

（3）掌握索赔期限。向责任方提出索赔，应在规定的期限内提出，过期提出索赔无效。在合同内一般都规定了索赔期限：向卖方索赔，应在约定期限内提出，如合同未规定索赔期限，按《联合国国际货物销售合同公约》规定，买方向卖方声明货物不符合合同规定时限，是买方实际收到货物之日起两年；向船公司索赔的时限，按《海牙规则》规定，是货物到达目的港交货后一年；向保险公司索赔的时限，按中国人民保险公司制定的《海洋运输货物保险条款》的规定，为货物在卸货港全部卸离海轮后两年。

（4）索赔金额。索赔金额应适当确定，除受损的商品的价值外，应根据具体情况将有关费用如商检费、装卸费、银行手续费、仓租、利息等包括在内。

本章小结

进出口合同的履行是一个繁杂但又需要认真、仔细对待的过程。合同履行中任何环节出错都可能导致违约发生，影响合同的继续履行和预期利益的获取。在履行 CIF 或 CFR 出口合同时，必须切实做好备货、催证、审证、租船订舱、报验、报关、投保、装船和制单结汇工作，尤其是信用证的审核及议付单据的制作。在履行进口合同时，必须切实做好开立信用证、租船订舱、装运、办理保险、审单付汇、接货报关、检验等环节的工作。进出口合同的履行是由进出口企业、运输部门、银行、海关、商检等各有关方面分工负责、紧密配合而共同完成的。

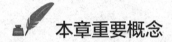

本章重要概念

审证　　　　　　租船订舱　　　　　制单结汇　　　　　改证
预约保险　　　　审单付汇　　　　　出口核销

思考题

1. 一般贸易方式下，采用 CIF 条件和信用证支付方式的出口合同履行要经过哪些环节？

2. 审核信用证的依据是什么？通常应审核哪些内容？

3. 简述改证一般要经过的路线。修改信用证应该注意哪些问题？

4. 当前我国出口结汇有哪几种方式？

5. 出口贸易中使用的主要单据有哪几种？试列出这些单据的中英文名称，并分别说明其作用。

6. 采用 FOB 条件和信用证支付方式的进口合同履行一般包括哪些环节？

7. 申请开立信用证时应注意哪些事项？

8. 买卖双方在处理索赔与理赔时应注意哪些问题？

9. 中方贸易公司与荷兰进口商按 CIF 鹿特丹条件签订一份皮手套合同，向中国人民保险公司投保一切险。生产厂家在生产的最后一道工序将手套的湿度降到最低程度，然后用牛皮纸包好装入双层瓦楞纸箱，再装入 20 英尺集装箱。货物到达鹿特丹后，检验结果表明：全部货物湿、霉、变色，损失价值达 10 万美元。据分析，该批货物的出口地不异常热，进口地鹿特丹不异常冷，运输途中无异常，运输工具完全属于正常运输。试分析：

（1）保险公司对该批货损是否负责赔偿？

（2）进口商对受损货物是否应支付货款？

（3）出口商应如何处理此事？

10. 我国 A 公司向巴基斯坦 B 公司以 CIF 条件出口一批货物。国外来证中单据条款规定："商业发票一式两份；全套清洁已装船提单，注明'运费预付'，做成指示抬头空白背书；保险单一式两份，根据中国人民保险公司 1981 年 1 月 1 日海洋运输货物保险条款投保一切险和战争险。"信用证内并注明"按 UCP600 办理"。A 公司在信用证规定的装运期内将货物装上船，并于到期日前向议付行交单议付，议付行随即向开证行寄单索偿。开证行收到单据后，来电表示拒绝付款，其理由是有下列单证不符：

（1）商业发票上没有受益人签字；

（2）正本提单由一份组成，不符合全套要求；

（3）保险单上的保险金额与发票金额相等，因此投保金额不足。

试分析开证行单证不符的理由是否成立，并说明理由。

学生课后参考阅读文献

[1] 吴百福. 进出口贸易实务教程[M]. 上海：上海人民出版社，2003.

[2] 黎孝先. 国际贸易实务[M]. 北京：对外经济贸易大学出版社，2000.

[3] 吴国新，毛小明. 国际贸易实务[M]. 3 版. 北京：清华大学出版社，2019.

[4] 董谨. 国际贸易理论与实务[M]. 北京：北京理工大学出版社，1998.

[5] 谢凤燕. 国际贸易实务[M]. 成都：西南财经大学出版社，2002.

后　记

  《国际贸易理论与实务》的参编老师为各高校多年从事"国际贸易理论与实务"课程教学，具有丰富实践经验的老师。在此，首先感谢参编该书的全体同人。我们来自不同的高校，在编写本书的过程中，大家体现了较好的团队合作精神。同时，我们要感谢清华大学出版社在本书编写过程中给予的帮助和支持。其次，要感谢在编写该书过程中给我们提供案例资料的企业界的朋友。

  参加本书编写的老师包括李智玲、刘斌、宋志培、赵承勇、佟玉亭、杨勤、毛小明、杨春梅、李春梅、郭凤艳、孙钰、潘红梅、谷冬青、刘一君、沈国栋、姚博、陈君丽等。

编　者